TÁBULA RASA

STEVEN PINKER

Tábula rasa
*A negação contemporânea
da natureza humana*

Tradução
Laura Teixeira Motta

6ª reimpressão

Copyright © 2002 by Steven Pinker
Este livro foi publicado originalmente em 2002,
nos Estados Unidos, pela Viking Penguin.

Título original
The Blank Slate: The Modern Denial of Human Nature

Capa
Marcelo Serpa

Foto de capa
SPL / Stock Photos

Índice remissivo
Daniel A. de André

Preparação
Wladimir Araújo

Revisão
Beatriz de Freitas Moreira
Denise Pessoa

Dados Internacionais de Catalogação na Publicação (CIP)
Câmara Brasileira do Livro, SP, Brasil

Pinker, Steven, 1954-
   Tábula rasa : a negação contemporânea da natureza
humana / Steven Pinker ; tradução Laura Teixeira Motta. —
1ª ed. — São Paulo : Companhia das Letras, 2004.

   Título original: The Blank Slate : The Modern Denial of
Human Nature.
   Bibliografia.
   ISBN 978-85-359-0494-9

   1. Hereditariedade e meio ambiente I. Título.

04-2151   CDD-155.234

Índices para catálogo sistemático:
1. Hereditariedade e meio ambiente : Natureza humana :
      Determinantes : Psicologia individual   155.234
2. Natureza humana : Hereditariedade e meio ambiente :
      Determinantes : Psicologia individual   155.234

[2021]
Todos os direitos desta edição reservados à
EDITORA SCHWARCZ S.A.
Rua Bandeira Paulista, 702, cj. 32
04532-002 — São Paulo — SP
Telefone: (11) 3707-3500
www.companhiadasletras.com.br
www.blogdacompanhia.com.br
facebook.com / companhiadasletras
instagram.com / companhiadasletras
twitter.com / cialetras

Para Don, Judy, Leda e John

Sumário

Prefácio 9

PARTE I — A TÁBULA RASA, O BOM SELVAGEM E O FANTASMA NA MÁQUINA 17

1. A teoria oficial 23
2. Silly Putty 34
3. A última muralha a cair 53
4. Abutres da cultura 91
5. A última trincheira da tábula rasa 110

PARTE II — MEDO E AVERSÃO 149

6. Cientistas políticos 153
7. A santíssima trindade 173

PARTE III — NATUREZA HUMANA COM ROSTO HUMANO 193

8. O medo da desigualdade 199
9. O medo da imperfectibilidade 223
10. O medo do determinismo 242
11. O medo do niilismo 259

PARTE IV — CONHECE A TI MESMO 269

12. Em contato com a realidade 273

13. Não está em nós 302

14. As muitas raízes do nosso sofrimento 331

15. O animal santarrão 367

PARTE V — VESPEIROS 383

16. Política 387

17. Violência 416

18. Gênero 456

19. Crianças 503

20. As artes 541

PARTE VI — A VOZ DA ESPÉCIE 567

Apêndice: Lista de universais humanos, por *Donald E. Brown* 587

Notas 593

Referências bibliográficas 627

Créditos das imagens 665

Índice remissivo 667

Prefácio

"Outro livro sobre natureza e criação! Ainda existe gente que acredita que a mente é uma tábula rasa? Não é óbvio para qualquer pessoa com mais de um filho, para qualquer pessoa que tenha tido um relacionamento heterossexual ou para qualquer pessoa que tenha notado que as crianças aprendem a língua mas os animais domésticos não, que os indivíduos nascem com certos talentos e temperamentos? Já não superamos a dicotomia simplista entre hereditariedade e ambiente e percebemos que todo comportamento provém da interação entre ambos?"

Esse é o tipo de reação que vi em meus colegas quando lhes expliquei meus planos para este livro. À primeira vista, não é uma reação despropositada. Talvez a questão da natureza *versus* criação *já esteja* encerrada. Quem está familiarizado com as obras atuais sobre mente e comportamento tem visto argumentos em favor de um meio-termo como:

Se o leitor agora estiver convencido de que a explicação da genética ou a explicação do ambiente venceu excluindo a outra, não teremos feito um trabalho suficientemente bom na apresentação de um lado ou do outro. A nosso ver, é muito provável que tanto os genes como o ambiente tenham sua importância nesta questão. Qual poderia ser a combinação? Somos decididamente agnósticos neste problema; até onde podemos determinar, os dados ainda não justificam uma estimativa.

Este não será mais um daqueles livros afirmando que a genética é tudo: não é. O ambiente é tão importante quanto os genes. O que as crianças vivenciam durante seu crescimento é tão importante quanto aquilo com que elas já nascem.

Mesmo quando um comportamento é hereditário, o comportamento de um indivíduo ainda é produto do desenvolvimento e, portanto, possui um componente causal ambiental. [...] A visão moderna de como os fenótipos são herdados pela replicação tanto das condições genéticas como das ambientais leva a crer que [...] as tradições culturais — comportamentos que as crianças copiam dos pais — provavelmente são cruciais.

Se você acha que esses são meios-termos inócuos mostrando que todo mundo já superou o debate natureza-criação, pense melhor. Na verdade, essas citações provêm de três dos livros mais incendiários da última década. A primeira foi extraída de *The Bell Curve* ["A curva normal", sem tradução em português], de Richard Herrnstein e Charles Murray, para quem a diferença nas médias dos resultados de testes de QI entre negros e brancos americanos tem causas genéticas e ambientais.[1] A segunda vem de *The nurture assumption* [*Diga-me com quem anda*, na tradução para o português], de Judith Harris, para quem a personalidade da criança é moldada por seus genes e pelo seu ambiente, e portanto as semelhanças entre filhos e pais podem ser devidas ao fato de terem genes em comum, e não apenas aos efeitos da educação.[2] A terceira é encontrada em *A natural history of rape* ["Uma história natural do estupro", sem tradução em português], de Randy Thornhill e Craig Palmer, que argumentam que o estupro não é simplesmente um produto da cultura, mas tem raízes também na sexualidade masculina.[3] Por terem invocado a criação *e* a natureza, e não somente a criação, esses autores foram acuados, vaiados, duramente atacados pela imprensa e até criticados no Congresso. Outros que expressaram opiniões nessa linha foram censurados, agredidos ou ameaçados de processo criminal.[4]

A idéia de que natureza e criação interagem e moldam alguma parte da mente pode até vir a revelar-se errada, mas *não é* débil nem inatacável, mesmo no século XXI, milhares de anos depois de a questão ter sido colocada. Quando se trata de explicar o pensamento e o comportamento humanos, a possibilidade de a hereditariedade ter algum papel, seja ele qual for, ainda tem o poder de escandalizar. Admitir a natureza humana, muita gente pensa, é endossar o racismo, o sexismo, a guerra, a ganância, o genocídio, o niilismo, a política reacionária e o descaso com as crianças e os desfavorecidos. Qualquer afirmação de que a mente possui uma organização inata é interpretada não como uma hipótese que pode ser incorreta, mas como um pensamento imoral até para ser cogitado.

Este livro trata das colorações morais, emocionais e políticas do conceito de natureza humana na vida moderna. Reconstituirei a história que levou as pessoas a ver a natureza humana como uma idéia perigosa, procurando desenredar as armadilhas morais e políticas que emaranharam a idéia ao longo do caminho. Embora nenhum livro sobre a natureza humana possa ter esperança de não causar polêmica, não o escrevi para que fosse mais um livro "explosivo", como se diz nas sobrecapas. Não estou, como muitos supõem, contrabalançando uma posição extrema a favor da "criação" com uma posição extrema a favor da "natureza", deixando a verdade em algum ponto intermediário. Em alguns casos, uma explicação que dá predominância extrema ao ambiente é correta: a língua que falamos é um exemplo óbvio, e as diferenças entre raças e grupos étnicos nas pontuações de testes podem ser outro. Em outros casos, como o de certos distúrbios neurológicos hereditários, uma explicação extremamente fundamentada na hereditariedade é correta. Na maioria dos casos, a explicação correta invocará uma complexa interação entre hereditariedade e ambiente: a cultura é crucial, mas a cultura não poderia existir sem faculdades mentais que permitam aos seres humanos criar e aprender a cultura. Meu objetivo neste livro não é argumentar que os genes são tudo e a cultura não é nada — ninguém acredita nisso —, e sim investigar por que a posição extrema (de que a cultura é tudo) é tão freqüentemente vista como moderada, e a posição moderada é vista como extrema.

Tampouco admitir a natureza humana tem as implicações políticas que muitos temem. Não requer, por exemplo, que se abandone o feminismo ou que se aceitem os atuais níveis de desigualdade ou violência, nem que se trate a moralidade como ficção. De modo geral, tentarei não advogar políticas específicas nem apoiar propostas políticas de esquerda ou de direita. Acredito que as controvérsias sobre políticas quase sempre envolvem *trade-offs* entre valores concorrentes, e que a ciência está equipada para identificar esses *trade-offs*, mas não para resolvê-los. Muitos desses *trade-offs*, como demonstrarei, originam-se de características da natureza humana, e ao trazê-los à luz espero tornar mais bem fundamentadas as nossas escolhas coletivas, sejam elas quais forem. Se estou advogando algo, são as descobertas sobre a natureza humana que foram menosprezadas ou suprimidas nas discussões modernas dos assuntos humanos.

Por que é importante esclarecer tudo isso? A recusa em admitir a natureza humana é equivalente ao constrangimento vitoriano com o sexo, só que pior: ela distorce nossa ciência e nosso trabalho acadêmico, nosso discurso público e nossa vida cotidiana. Os lógicos dizem que uma única contradição pode corromper uma série de afirmações e permitir a proliferação de falsidades nesse encadeamento. O dogma de que a natureza humana não existe, diante dos fatos obtidos pela ciência e do bom senso indicando que ela existe, é justamente uma dessas influências corruptoras.

Primeiro, a idéia de que a mente é uma tábula rasa distorceu o estudo dos seres humanos e, assim, as decisões públicas e privadas que se guiam por essa investigação. Muitas políticas voltadas para a criação de filhos, por exemplo, inspiram-se em pesquisas que encontram correlação entre o comportamento dos pais e o comportamento dos filhos. Pais amorosos têm filhos confiantes, pais autoritários (não muito permissivos nem muito punitivos) têm filhos bem-comportados, pais que conversam com suas crianças têm filhos com maiores capacidades verbais e assim por diante. Todo mundo conclui que para criar os melhores filhos os pais têm de ser amorosos, autoritários e conversadores, e se os filhos não se saem bem na vida a culpa tem de ser dos pais. Mas essas conclusões dependem da crença de que as crianças são tábulas rasas. Os pais, lembremos, fornecem aos filhos os genes, e não só o ambiente do lar. As correlações entre pais e filhos podem estar nos dizendo unicamente que os mesmos genes que fazem os adultos serem amorosos, autoritários e conversadores fazem seus filhos serem autoconfiantes, bem-comportados e bem-falantes. Até que os estudos sejam refeitos com filhos adotivos (que recebem dos pais apenas o ambiente, e não os genes), os dados são compatíveis com as possibilidades de os genes serem fundamentais, de a criação ser fundamental, ou de qualquer coisa intermediária entre essas duas hipóteses. Contudo, em quase todos os casos, a posição mais extrema — a de que os pais são tudo — é a única contemplada pelos pesquisadores.

O tabu da natureza humana não só põe antolhos nos pesquisadores mas também faz de qualquer discussão sobre o tema uma heresia que precisa ser aniquilada. Muitos autores, de tão desesperados para desabonar toda insinuação de uma constituição humana inata, jogam a lógica e a civilidade pela janela. Distinções elementares — entre "alguns" e "todos", "provável" e "sempre", "é" e "tem de ser" — são sofregamente menosprezadas a fim de que a natureza humana seja pintada como uma doutrina extremista e, com isso, os leitores sejam conduzidos para longe dela. A análise de idéias é comumente substituída por difamações políticas e críticas pessoais. Esse envenenamento da atmosfera intelectual privou-nos dos instrumentos para analisar questões prementes sobre a natureza humana, justamente quando novas descobertas científicas as tornam críticas.

A negação da natureza humana transbordou da academia e provocou uma desconexão entre a vida intelectual e o bom senso. A idéia de escrever este livro ocorreu-me quando comecei a fazer uma coleção de assombrosas afirmações de sumidades e críticos sociais acerca da maleabilidade da psique humana: os meninos brigam e lutam porque são incentivados a isso; as crianças gostam de doces porque os pais os usam como recompensa por comerem verduras; os adolescentes têm a idéia de competir na aparência e na moda por causa dos concursos de ortografia e prêmios acadêmicos; os homens pensam que o objetivo do sexo é o orgasmo devido ao modo como foram socializados. O problema não é só essas afirmações serem despropositadas, mas também os autores não reconhecerem que estão dizendo coisas passíveis de serem questionadas pelo bom senso. Essa é a mentalidade de um culto no qual crenças fantásticas são alardeadas como prova de devoção. Tal mentalidade não pode coexistir com o apreço pela verdade, e a meu ver é responsável por algumas das lamentáveis tendências da vida intelectual recente. Uma dessas tendências é um desprezo declarado de muitos estudiosos pelos conceitos de verdade, lógica e fato. Outra é uma divisão hipócrita entre o que os intelectuais dizem em público e aquilo em que realmente acreditam. A terceira é a reação inevitável: uma cultura de comunicadores de massa "politicamente incorretos" que se deleitam com o antiintelectualismo e a intolerância, encorajados pela certeza de que o *establishment* intelectual perdeu o direito à credibilidade aos olhos do público.

Finalmente, a negação da natureza humana não apenas corrompeu o mundo dos críticos e intelectuais mas também prejudicou a vida de pessoas reais. A teoria de que os pais podem moldar os filhos como argila impingiu aos pais métodos de educação que são antinaturais e às vezes cruéis. Distorceu as escolhas que se ofereciam às mães quando tentavam equilibrar suas vidas e multiplicou a angústia de pais cujos filhos acabaram não correspondendo às expectativas paternas. A crença de que os gostos humanos são preferências culturais reversíveis levou planejadores sociais a desconsiderar que as pessoas apreciam a ornamentação, a luz natural e a escala humana, e forçou milhões a viver em insípidas caixas de cimento. A idéia romântica de que todo mal é produto da sociedade justificou a libertação de perigosos psicopatas que logo em seguida assassinaram pessoas inocentes. E a convicção de que a humanidade poderia ser reestruturada por gigantescos projetos de engenharia social gerou algumas das maiores atrocidades da história.

Embora muitos de meus argumentos sejam friamente analíticos — o reconhecimento da natureza humana não implica, logicamente falando, os resultados negativos que muitos temem —, não tentarei esconder minha opinião de que eles também têm um intuito positivo. "O homem se tornará melhor quando lhe for mostrado como ele é", escreveu Tchekhov; portanto as novas ciências da natureza humana podem ajudar na condução a um humanismo realista e fundamentado na biologia. Elas revelam a unidade psicológica de nossa espécie sob as diferenças superficiais da aparência física e da cultura local. Levam-nos a avaliar a prodigiosa complexidade da mente humana, que tendemos a deixar passar despercebida precisamente porque funciona tão bem. Identificam as intuições morais que podemos empregar para melhorar nossas condições. Prometem naturalidade nos relacionamentos humanos, encorajando-nos a tratar as pessoas segundo o modo como elas realmente se sentem, e não como alguma teoria afirma que deveriam se sentir. Proporcionam uma pedra de toque com a qual podemos identificar o sofrimento e a opressão onde quer que ocorram, desmascarando as racionalizações dos poderosos. Dão-nos um modo de enxergar através dos desígnios de autonomeados reformistas sociais que querem nos livrar de nossos prazeres. Renovam nosso apreço pelas conquistas da democracia e da soberania do direito. E intensificam as percepções intuitivas de artistas e filósofos que há milênios refletem sobre a condição humana.

Uma discussão honesta sobre a natureza humana nunca foi mais oportuna. Por todo o século XX, muitos intelectuais tentaram assentar princípios de decência em afirmações de base factual precária como as de que os seres humanos são biologicamente indistinguíveis, não têm motivações ignóbeis e são totalmente livres na capacidade de fazer escolhas. Essas afirmações agora vêm sendo questionadas graças a descobertas das ciências da mente, cérebro, genes e evolução. No mínimo, a conclusão do Projeto Genoma Humano, com sua promessa de uma compreensão sem precedentes das raízes genéticas do intelecto e das emoções, deveria servir como um toque de despertar. A nova refutação científica da negação da natureza humana nos deixa um desafio. Se não pretendemos abandonar valores como a paz e a igualdade, ou nosso comprometimento com a ciência e a verdade, temos de apartá-los das afirmações sobre nossa constituição psicológica que são suscetíveis de revelar-se comprovadamente falsas.

Este livro é para as pessoas que se perguntam de onde veio o tabu da natureza humana e que estão dispostas a investigar se os questionamentos desse tabu são verdadeiramente perigosos ou apenas pouco conhecidos. É para quem tem curiosidade pelo perfil que está emergindo de nossa espécie e pelas críticas legítimas a esse perfil. É para quem suspeita que o tabu da natureza humana nos deixou jogando sem um baralho completo quando lidamos com as questões urgentes com que deparamos. E é para quem reconhece que as ciências da mente, cérebro, genes e evolução estão permanentemente mudando nossa concepção sobre nós mesmos, e se pergunta se os valores que prezamos definharão, sobreviverão ou (como procurarei mostrar) serão fortalecidos.

É um prazer dar crédito aos amigos e colegas que melhoraram este livro de inúmeras formas. Helena Cronin, Judith Rich Harris, Geoffrey Miller, Orlando Patterson e Donald Symons ofereceram análises profundas e inspiradas de todos os aspectos, e só posso esperar que a versão final seja digna de sua sabedoria. Também me beneficiei de comentários inestimáveis de Ned Block, David Buss, Nazli Choucri, Leda Cosmides, Denis Dutton, Michael Gazzaniga, David Geary, George Graham, Paul Gross, Marc Hauser, Owen Jones, David Kemmerer, David Lykken, Gary Marcus, Roslyn Pinker, Robert Plomin, James Rachels, Thomas Sowell, John Tooby, Margo Wilson e William Zimmerman. Agradeço também aos colegas que revisaram capítulos em suas áreas de especialização: Josh Cohen, Richard Dawkins, Ronald Green, Nancy Kanwisher, Lawrence Katz, Glenn Loury, Pauline Mayer, Anita Patterson, Mriganka Sur e Milton S. Wilkinson.

Sou grato a muitos outros que gentilmente responderam a pedidos de informação ou deram sugestões aproveitadas no livro: Mahzarin Banaji, Chis Bertram, Howard Bloom, Thomas Bouchard, Brian Boyd, Donald Brown, Jennifer Campbel, Rebecca Cann, Susan Carey, Napoleon Chagnon, Martin Daly, Irven DeVore, Dave Evans, Jonathan Freedman, Jennifer Ganger, Howard Gardner, Tamar Gendler, Adam Gopnik, Ed Hagen, David Housman, Tony Ingram, William Irons, Christopher Jencks, Hanry Jenkins, Jim Johnson, Erica Jong, Douglas Kenrick, Samuel Jay Keyser, Stephen Kosslyn, Robert Kurzban, George Lakoff, Eric Lander, Loren Lomasky, Martha Nussbaum, Mary Parlee, Larry Squire, Wendy Steiner, Randy Thonrhill, James Watson, Torsten Wiesel e Robert Wright.

Os temas deste livro foram primeiramente apresentados em seminários cujos participantes e ouvintes me deram um *feedback* vital. Esses encontros incluíram o Centro de Bioética da Universidade da Pensilvânia, o Simpósio sobre Cognição, Cérebro e Arte do Instituto de Pesquisas Getty, a conferência sobre Genética do Desenvolvimento do Comportamento na Universidade de Pittsburgh, a Human Behavior and Evolution Society, o Projeto Liderança Humana da Universidade da Pensilvânia, o Instituto de Divisão Racial e Social da Universidade de Boston, a Faculdade de Humanidades, Artes e Ciências Sociais do MIT, o Programa de Pesquisas em Neurociências do Neuroscience Institute, o Positive Psychology Summit, a Society of Evolutionary Analysis in Law e as Conferências Tanner sobre Valores Humanos na Universidade de Yale.

Agradeço com grande satisfação as esplêndidas condições de ensino e pesquisa do Instituto de Tecnologia de Massachusetts e o apoio de Mriganka Sur, chefe do Departamento de Ciências Cognitivas e do Cérebro, de Robert Silbey, diretor da Faculdade de Ciência, Charles Vest, presidente do MIT, e de muitos colegas e alunos. John Bearley, bibliotecário da Biblioteca Teuber, localizou textos acadêmicos e deu resposta até às mais obscuras questões. Também sou grato pelo apoio financeiro do programa MacVicar Faculty Fellows e da cátedra Peter de Florez. Minha pesquisa sobre linguagem é financiada pela subvenção HD18381 do NIH.

Wendy Wolf, da Viking Penguin, e Stefan McGrath, da Penguin Books, deram-me excelente consultoria e um muito bem-vindo ânimo. Minha gratidão a ambos e a meus agentes, John Brockman e Katinka Matson, por seus esforços em benefício deste livro. Fiquei exultante quando Katya Rice concordou em fazer a preparação do texto, nosso quinto trabalho em colaboração.

Meu caloroso reconhecimento à minha família, os Pinker, os Boodman e os Subbiah-Adam, por seu afeto e apoio. Agradeço especialmente a minha esposa, Ilavenil Subbiah, por seus sábios conselhos e amoroso incentivo.

Este livro é dedicado a quatro pessoas que têm sido grandes amigos e profundas influências: Donald Symons, Judith Rich Harris, Leda Cosmides e John Tooby.

PARTE I

A tábula rasa, o bom selvagem e o fantasma na máquina

Todo mundo tem uma teoria da natureza humana. Todo mundo precisa prever o comportamento dos outros, e isso significa que todos nós necessitamos de teorias sobre o que motiva as pessoas. Uma teoria tácita da natureza humana — a de que o comportamento é causado por pensamentos e sentimentos — está embutida no próprio modo como pensamos sobre as pessoas. Encorpamos essa teoria perscrutando nossa própria mente e supondo que a outra pessoa é como nós, observando o comportamento das pessoas e arquivando na mente as generalizações. Outras idéias absorvemos de nosso clima intelectual: de opiniões de especialistas e da sabedoria convencional de nossa época.

Nossa teoria da natureza humana é o manancial de muita coisa em nossa vida. Nós a consultamos quando queremos persuadir ou ameaçar, informar ou enganar. Ela nos aconselha sobre o modo de manter nosso casamento, criar nossos filhos e controlar nosso comportamento. Suas suposições sobre o aprendizado gerem nossa política educacional; suas suposições sobre motivação gerem nossas políticas para a economia, o direito e o crime. E porque ela delineia o que as pessoas podem conseguir facilmente, o que podem conseguir somente com sacrifício ou dor e o que não podem conseguir de jeito nenhum, ela afeta nossos valores: os objetivos que julgamos racionalmente possíveis de atingir como indivíduos e como sociedade. Teorias rivais da natureza humana entrelaçam-se

19

em diferentes modos de vida e em diferentes sistemas políticos, e têm sido fonte de muito conflito ao longo da história.

Por milênios as principais teorias da natureza humana vieram da religião.[1] A tradição judaico-cristã, por exemplo, oferece explicações para boa parte dos assuntos hoje em estudo pela biologia e psicologia. Os seres humanos são feitos à imagem de Deus e não têm parentesco com os animais.[2] As mulheres derivam dos homens e destinam-se a ser governadas por eles.[3] A mente é uma substância imaterial; tem poderes que nenhuma estrutura puramente física possui, e pode continuar a existir quando o corpo morre.[4] A mente é constituída por diversos componentes, incluindo senso moral, capacidade para amar, capacidade de raciocínio que reconhece se um ato condiz com ideais de bondade, e faculdade de decisão que escolhe o modo de se comportar. Embora a faculdade de decisão não seja limitada pelas leis de causa e efeito, possui tendência inata a escolher o pecado. Nossas faculdades cognitivas e perceptivas funcionam com precisão porque Deus implantou nelas ideais que correspondem à realidade e porque ele coordena seu funcionamento com o mundo exterior. A saúde mental provém de reconhecer o propósito de Deus, escolhendo o bem e arrependendo-se do pecado, e amando a Deus e aos semelhantes em consideração a Deus.

A teoria judaico-cristã baseia-se em eventos narrados na Bíblia. Sabemos que a mente humana nada tem em comum com a dos animais porque a Bíblia afirma que os humanos foram criados separadamente. Sabemos que a constituição da mulher baseia-se na do homem porque, no brevíssimo relato da criação da mulher, Eva foi moldada a partir de uma costela de Adão. As decisões humanas não podem ser os efeitos inevitáveis de alguma causa, podemos inferir, pois Deus responsabilizou Adão e Eva por comerem o fruto da árvore do conhecimento, e isso implica que eles poderiam ter escolhido não fazê-lo. As mulheres são dominadas pelos homens como castigo pela desobediência de Eva, e homens e mulheres herdam o pecado do primeiro casal.

A concepção judaico-cristã ainda é a mais popular teoria da natureza humana nos Estados Unidos. Segundo levantamentos recentes, 76% dos americanos acreditam no relato bíblico da criação, 79% acreditam que os milagres descritos na Bíblia realmente aconteceram, 76% acreditam em anjos, no diabo e em outras almas imateriais, 67% acreditam que existirão sob alguma forma depois de morrer e apenas 15% acreditam que a teoria da evolução de Darwin é a melhor explicação para a origem da vida humana na Terra.[5] Políticos de direita acolhem explicitamente a teoria religiosa, e nenhum político influente ousaria contradizê-la em público. Mas as ciências modernas da cosmologia, geologia, biologia e arqueologia tornaram impossível que uma pessoa com conhecimentos científicos elementares acredite que a história bíblica da criação aconteceu de fato. Em conseqüência, a teoria judaico-cristã da natureza humana não é mais explicitamente sustentada pela maioria dos acadêmicos, jornalistas, analistas sociais e outros integrantes da intelectualidade.

Apesar disso, toda sociedade precisa operar com uma teoria da natureza humana, e nossa corrente intelectual dominante está comprometida com outra. Essa teoria raramente é enunciada ou abertamente defendida, mas está no cerne de numerosas crenças e políticas. Bertrand Russell escreveu: "Todo homem, aonde quer que vá, está envolto por uma nuvem de convicções confortadoras, que se deslocam com ele como moscas em um dia de verão". Para os intelectuais de hoje, muitas dessas convicções estão no campo da psicologia e das relações sociais. Chamarei essas convicções de tábula rasa: a idéia de que a mente humana não possui estrutura inerente e de que a sociedade, ou nós mesmos, podemos escrever nela à vontade.

Essa teoria da natureza humana — ou seja, a de que ela praticamente inexiste — é o tema deste livro. Assim como a religião contém uma teoria da natureza humana, também as teorias da natureza humana assumem algumas das funções da religião, e a tábula rasa tornou-se a religião secular da vida intelectual moderna. É vista como uma fonte de valores, e por isso o fato de que se baseia em um milagre — uma mente complexa surgindo do nada — não é usado para questioná-la. Contestações da doutrina por céticos e cientistas mergulharam alguns crentes em uma crise de fé e levaram outros a desferir os tipos de ataques ferozes comumente destinados a hereges e infiéis. E assim como muitas tradições religiosas acabaram por conciliar-se com aparentes ameaças da ciência (como as revoluções de Copérnico e Darwin), também nossos valores, procurarei mostrar, sobreviverão à extinção da tábula rasa.

Os capítulos desta parte do livro (Parte I) tratam da ascendência da tábula rasa na vida intelectual moderna e da nova visão da natureza e cultura humanas que está começando a contestá-la. Em partes subseqüentes mencionaremos a preocupação provocada por essa contestação (Parte II) e veremos como essa preocupação pode ser abrandada (Parte III). Em seguida, mostrarei como uma concepção mais rica da natureza humana pode nos proporcionar vislumbres esclarecedores da linguagem, pensamento, vida social e moralidade (Parte IV) e esclarecer controvérsias sobre política, violência, gênero, criação dos filhos e artes (Parte V). Finalmente, mostrarei que a extinção da tábula rasa é menos inquietante, e em alguns aspectos menos revolucionária, do que parece à primeira vista (Parte VI).

1. A teoria oficial

O termo "tábula rasa" origina-se do latim medieval *tabula rasa*. Em geral é atribuído ao filósofo John Locke (1632-1704), embora na verdade Locke usasse uma metáfora diferente. Eis a célebre passagem de *Ensaio acerca do entendimento humano*:

> Suponhamos, pois, que a mente seja, como dizemos, um papel em branco, totalmente desprovido de caracteres, sem idéias quaisquer que sejam. Como ela vem a ser preenchida? De onde provém a vasta provisão que a diligente e ilimitada imaginação do homem nela pintou com uma variedade quase infinita? De onde lhe vêm todos os materiais da razão e do conhecimento? A isso respondo, em uma palavra: da EXPERIÊNCIA.[1]

Locke estava mirando as teorias de idéias inatas segundo as quais as pessoas nascem com idéias matemáticas, verdades eternas e noção de Deus. Sua teoria alternativa, o empirismo, destinava-se a ser tanto uma teoria da psicologia — como a mente funciona — como uma teoria da epistemologia — como chegamos ao conhecimento da verdade. Ambos os objetivos ajudaram a motivar sua filosofia política, freqüentemente reverenciada como o alicerce da democracia liberal. Locke opôs-se às justificações dogmáticas do *status quo* político, como a autoridade da Igreja e o direito divino dos reis, que haviam sido apregoadas como verdades manifestas. Ele procurou demonstrar que as disposições sociais deviam ser articuladas desde o princípio e aprovadas por consentimento mútuo, baseadas no conhecimento que cada pessoa podia adquirir. Como as idéias têm por base a experiência, a qual varia de pessoa para pessoa, as diferenças de opinião surgem não porque uma mente está equipada para compreender a verdade e a outra é deficiente, mas porque as duas mentes têm diferentes histórias. Essas diferenças, portanto, tinham de ser toleradas, e não suprimidas. A concepção lockiana de uma tábula rasa também minava os alicerces da realeza hereditária e da aristocracia, cujos membros não podiam arrogar-se mérito ou sabedoria inata se suas mentes haviam começado tão vazias quanto as de qualquer outra pessoa. Também se contrapunha à instituição da escravidão, já que com ela não se podia mais conceber uma inferioridade ou subserviência inata nos escravos.

Durante o século passado, a doutrina da tábula rasa norteou os trabalhos de boa parte das ciências sociais e humanidades. Como veremos, a psicologia procurou explicar todo pensamento, sentimento e comportamento com alguns mecanismos simples de aprendizado. As ciências sociais procuraram explicar todos os costumes e disposições sociais como um produto da socialização das crianças pela cultura circundante: um sistema de palavras, imagens, estereótipos, modelos e contingências de recompensa e punição. Uma longa e crescente lista de conceitos que pareceriam naturais ao modo de pensar humano (emoções, parentesco, os sexos, doença, natureza, o mundo) passou então a ser vista como "inventada" ou "socialmente construída".[2]

A tábula rasa também serviu de sagrada escritura para crenças políticas e éticas. Segundo a doutrina, toda diferença que vemos entre raças, grupos étnicos, sexos e indivíduos provém não de diferenças em sua constituição inata, mas de diferenças em suas experiências. Mudando as experiências — reformando o modo de criar os filhos, a educação, a mídia e as recompensas sociais — podemos mudar a pessoa. Notas baixas, pobreza e comportamento anti-social podem ser melhorados; de fato, não fazê-lo é uma irresponsabilidade. Toda discriminação com base em características ditas inatas de um sexo ou grupo étnico é absolutamente irracional.

A tábula rasa freqüentemente anda em companhia de duas outras doutrinas que também alcançaram status sagrado na vida intelectual moderna. Meu epíteto para a primeira das duas é comumente atribuído ao filósofo Jean-Jacques Rousseau (1712-78), embora na verdade provenha da peça *The conquest of Granada* ["A conquista de Granada", sem tradução em português], de John Dryden, publicada em 1670:

Sou tão livre quanto o primeiro homem da Natureza,
Antes de começarem as ignóbeis leis da servidão,
*Quando o nobre selvagem corria solto nas florestas.**

O conceito do bom selvagem foi inspirado na descoberta, pelos colonizadores europeus, de povos indígenas nas Américas, África e (posteriormente) Oceania. Capta a crença de que os seres humanos em seu estado natural são altruístas, pacíficos e serenos, e que males como a ganância, a ansiedade e a violência são produtos da civilização. Em 1755 Rousseau escreveu:

Muitos autores precipitaram-se a concluir que o homem é naturalmente cruel e requer um sistema de polícia regular para regenerar-se, porém nada pode ser mais manso do que ele em seu estado primitivo, quando posto pela natureza a igual distância da estupidez dos brutos e do pernicioso bom senso do homem civilizado. [...]

Quanto mais refletirmos sobre esse estado, mais convencidos ficaremos de que era o menos sujeito de todos a revoluções, o melhor para o homem, e que nada poderia ter arrancado disso o homem a não ser algum fatal acidente, o qual, pelo bem público, nunca deveria ter acontecido. O exemplo dos selvagens, que em sua maioria foram encontrados nessa condição, parece confirmar que a humanidade foi formada para manter-se sempre nela, que essa condição é a verdadeira juventude do mundo, e que todos os progressos ulteriores foram muitos passos aparentemente em direção à perfeição dos indivíduos, mas de fato no caminho da decrepitude da espécie.[3]

---

* *I am as free as Nature first made man/ Ere the base laws of servitude began,/ When wild in woods the noble savage ran.*

O primeiro dos autores que Rousseau tinha em mente era Thomas Hobbes (1588-1679), que apresentara um quadro muito diferente:

Está assim evidente que, durante o tempo em que os homens vivem sem um poder comum que os mantenha em temor reverencial, encontram-se naquela condição denominada guerra; e essa guerra é de cada homem contra cada homem. [...]

Em tal condição não há lugar para a laboriosidade, pois o fruto dela é incerto, e conseqüentemente não há cultivo da terra, navegação, uso de artigos que podem ser importados por mar, não há edificações cômodas, instrumentos para mover e remover coisas que requerem muita força, não há conhecimento da face da Terra, contagem do tempo, artes, letras, sociedade; e, o que é pior de tudo, [há] contínuo medo e perigo de morte violenta; e a vida do homem [é] solitária, pobre, grosseira, animalesca e breve.[4]

Hobbes acreditava que as pessoas só poderiam escapar dessa existência infernal entregando sua autonomia a uma pessoa ou assembléia soberana. Chamou-a de leviatã, palavra hebraica que designa uma monstruosa criatura marinha subjugada por Jeová no início da criação.

Muito depende de qual desses antropólogos de gabinete está correto. Se as pessoas são bons selvagens, um leviatã dominador é desnecessário. De fato, ao forçar as pessoas a descrever a propriedade privada para que seja reconhecida pelo Estado — propriedade que, de outro modo, elas poderiam ter compartilhado —, o leviatã cria a própria cobiça e beligerância para cujo controle foi concebido. Uma sociedade feliz seria nosso direito inato; tudo o que teríamos de fazer seria eliminar as barreiras institucionais que a afastam de nós. Se, em contraste, as pessoas são naturalmente perversas, o melhor que podemos esperar é uma trégua precária mantida graças à polícia e ao exército. As duas teorias também têm implicações para a vida privada. Toda criança nasce selvagem (isto é, não civilizada), portanto, se os selvagens são naturalmente mansos, a criação dos filhos é uma questão de fornecer às crianças oportunidades de desenvolver seu potencial, e as pessoas más são produto de uma sociedade que as corrompeu. Se os selvagens são naturalmente perversos, a criação de filhos é uma arena de disciplina e conflito, e as pessoas más estão mostrando um lado ruim que foi insuficientemente subjugado.

Os textos que os filósofos efetivamente escrevem sempre são mais complexos do que as teorias que passam a simbolizar nos livros didáticos. Na realidade, as idéias de Hobbes e Rousseau não são tão díspares. Rousseau, como Hobbes, acreditava (incorretamente) que os selvagens eram solitários, sem laços de amor ou lealdade, e sem nenhum ofício ou arte (e talvez tenha sido mais hobbesiano do que o próprio Hobbes quando afirmou que não tinham sequer uma língua). Hobbes imaginou — de fato, efetivamente desenhou — seu leviatã como uma materialização da vontade coletiva, a ele conferida por uma espécie de contrato social; a obra mais célebre de Rousseau chama-se *Contrato social,* e nela as pessoas são exortadas a subordinar seus interesses a uma "vontade geral".

Apesar disso, Hobbes e Rousseau esboçaram quadros contrastantes do estado de natureza que tem inspirado pensadores dos séculos posteriores. Ninguém pode deixar de reconhecer a influência da doutrina do bom selvagem na consciência contemporânea. Ela é vista no presente respeito por tudo o que é natural (alimentos naturais, remédios naturais, parto natural) e na desconfiança do que é feito pelo homem, no desuso dos estilos autoritários de criação de filhos e educação e na concepção dos problemas sociais como defeitos reparáveis em nossas instituições, e não como tragédias inerentes à condição humana.

A outra doutrina sagrada que com freqüência acompanha a tábula rasa geralmente é atribuída ao cientista, matemático e filósofo René Descartes (1596-1650):

> Existe uma grande diferença entre mente e corpo, porquanto o corpo é por natureza sempre divisível, e a mente é inteiramente indivisível. [...] Quando considero a mente, vale dizer, eu mesmo, na medida em que sou apenas um ser pensante, não posso distinguir partes em mim, mas apreender-me como claramente uno e inteiro; e embora toda a mente pareça unida a todo o corpo, se um pé, ou um braço, ou alguma outra parte for separada do corpo, percebo que nada foi tirado de minha mente. E as faculdades de querer, sentir, conceber etc. não podem, com acerto, ser consideradas suas partes, pois é a mesma mente que se ocupa de querer, sentir e entender. No entanto é muito diferente no caso de objetos corpóreos ou dimensionáveis, pois não existe algum imaginável por mim que minha mente não possa facilmente dividir em partes. [...] Isto bastaria para ensinar-me que a

mente ou alma do homem é inteiramente diferente do corpo, caso eu já não houvesse avaliado isso a partir de outras premissas.[5]

Um nome memorável para essa doutrina foi dado três séculos depois por um detrator, o filósofo Gilbert Ryle (1900-76):

Há uma doutrina sobre a natureza e o lugar das mentes de tal modo prevalecente entre os teóricos e até entre leigos que merece ser designada como teoria oficial. [...] A doutrina oficial, que procede sobretudo de Descartes, é mais ou menos como descrita a seguir. Com a duvidosa exceção dos idiotas e das crianças de colo, todo ser humano possui um corpo e uma mente. Alguns prefeririam afirmar que todo ser humano é tanto um corpo como uma mente. Seu corpo e sua mente normalmente estão atrelados um ao outro, mas depois da morte do corpo a mente pode continuar a existir e funcionar. Os corpos humanos existem no espaço e estão sujeitos a leis mecânicas que governam todos os outros corpos no espaço. [...] Mas as mentes não existem no espaço, nem suas operações estão sujeitas a leis mecânicas. [...]

Eis o esboço da teoria oficial. Com freqüência me referirei a ela, com intuito pejorativo, como "o dogma do fantasma na máquina".[6]

O fantasma na máquina, como o bom selvagem, emergiu em parte como uma reação a Hobbes. A vida e a mente podiam ser explicadas em bases mecânicas, Hobbes argumentara. A luz põe nossos nervos e cérebro em movimento, e é isso que significa enxergar. Os movimentos podem persistir como a esteira de um navio ou a vibração de uma corda tangida, e é isso que significa imaginar. "Quantidades" são somadas ou subtraídas no cérebro, e é isso que significa pensar.

Descartes rejeitou a idéia de que a mente podia operar segundo princípios físicos. Para ele, o comportamento, especialmente a fala, não era *causado* por nada, e sim livremente *escolhido*. Ele observou que nossa consciência, diferentemente de nosso corpo e de outros objetos físicos, não dá a impressão de ser divisível em partes ou disposta no espaço. Ressaltou que não podemos duvidar da existência de nossa mente — de fato, não podemos duvidar de que *somos* nossa mente — porque o próprio ato de pensar pressupõe que nossa mente existe. Mas *podemos* duvidar da existência de nosso corpo, pois podemos nos imaginar como espíritos imateriais que apenas sonham ou têm a alucinação de que estão encarnados.

Descartes encontrou também um bônus moral em seu dualismo (a crença de que a mente é uma coisa diferente do corpo): "Nada há de mais eficaz para desviar espíritos fracos do caminho reto da virtude do que imaginar que a mente do animal é da mesma natureza que a nossa e que, em conseqüência, depois desta vida não temos nada a temer nem a esperar, assim como as moscas e as formigas".[7] Ryle explica o dilema de Descartes:

> Quando Galileu mostrou que seus métodos de descoberta científica eram adequados para fornecer uma teoria mecânica que deveria abranger tudo o que ocupa espaço, Descartes descobriu em si mesmo dois motivos conflitantes. Como homem de gênio científico, não podia deixar de concordar com as proposições da mecânica, e contudo, como homem religioso e moral, não podia aceitar, como Hobbes aceitava, o desalentador corolário dessas proposições, isto é, que a natureza humana difere apenas em grau de complexidade do mecanismo de um relógio.[8]

Realmente, pode ser consternador pensarmos em nós como enobrecidos conjuntos de molas e engrenagens. Máquinas são insensíveis, construídas para ser usadas e descartáveis; seres humanos têm sensibilidade, possuem dignidade e direitos e são infinitamente preciosos. Uma máquina tem algum propósito prosaico, como moer grãos ou apontar lápis; um ser humano tem propósitos mais elevados, como amor, devoção, boas obras e criação de conhecimento e beleza. O comportamento das máquinas é determinado pelas inelutáveis leis da física e da química; o comportamento das pessoas é livremente escolhido. Com a escolha vem a liberdade e, portanto, o otimismo quanto às nossas possibilidades para o futuro. Com a escolha vem também a responsabilidade, o que nos permite sustentar que as pessoas têm de responder por suas ações. E, evidentemente, se a mente é separada do corpo, pode continuar a existir quando o corpo sucumbe, e nossos pensamentos e prazeres não se extinguirão para sempre.

Como mencionei, a maioria dos americanos continua a acreditar na alma imortal, feita de alguma substância não física, que pode separar-se do corpo. Mas até quem não admite essa crença em todas as suas implicações ainda imagina que, de algum modo, nós devemos ser alguma coisa mais do que atividade química e elétrica no cérebro. Escolha, dignidade e responsabilidade são dons que distinguem os seres humanos de tudo o mais que há no universo, e parecem incompatíveis com a idéia de que somos meras coleções de moléculas. As tentativas de explicar o comportamento em bases mecanicistas geralmente são tachadas de "reducionistas" ou "deterministas". É raro os críticos saberem exatamente o que querem dizer com essas palavras, mas todo mundo sabe que se referem a algo ruim. A dicotomia entre mente e corpo também permeia a nossa fala cotidiana, como por exemplo quando dizemos "use a cabeça", quando nos referimos a nossas experiências "extracorporais" e quando falamos do "corpo de João" ou até do "cérebro de João", o que pressupõe um possuidor, João, que é de algum modo separado do cérebro que ele possui. Os jornalistas às vezes especulam sobre "transplantes de cérebro", quando na realidade deveriam dizer "transplantes de corpo", pois, como observou o filósofo Dan Dennett, essa é a única operação de transplante que é melhor para o doador do que para o receptor.

As doutrinas da tábula rasa, do bom selvagem e do fantasma na máquina — ou, como os filósofos as denominam, empirismo, romantismo e dualismo — são logicamente independentes, mas na prática com freqüência são encontradas juntas. Se a tábula é rasa (isto é, em branco), estritamente falando ela não contém injunções para fazer o bem nem injunções para fazer o mal. Mas bem e mal são assimétricos: existem mais modos de prejudicar as pessoas do que de ajudá-las, e atos danosos podem prejudicá-las em um grau maior do que atos virtuosos podem beneficiá-las. Portanto, uma tábula rasa, se comparada a uma tábula preenchida com motivos, decerto nos impressiona mais por sua incapacidade de fazer mal do que por sua incapacidade de fazer bem. Rousseau não acreditava exatamente numa tábula rasa, mas acreditava que o comportamento ruim era produto do aprendizado e socialização.[9] "Os homens são maus; uma triste e constante experiência dispensa provas", ele escreveu.[10] Mas essa maldade provém da sociedade: "Não existe perversidade original no coração humano. Não se encontra nele um único vício que não seja possível identificar como e quando entrou".[11] Se as metáforas na fala cotidiana servem de indicativo, então todos nós, como Rousseau, associamos a brancura da página à virtude, e não ao nada. Lembremos as conotações morais dos adjetivos *limpo, claro, imaculado, cândido, puro, sem jaça, ilibado*, e dos substantivos *marca, mancha, jaça, mácula, nódoa* e *estigma*.

A tábula rasa também coexiste naturalmente com o fantasma na máquina, pois uma página que está em branco é um lugar convidativo para um fantasma assombrar. Se um fantasma deve assumir os controles, a fábrica pode fornecer o dispositivo com um mínimo de componentes. O fantasma pode ler nos monitores do corpo e manejar suas alavancas, sem necessidade de um programa executivo avançado, de diretrizes ou de uma CPU. Quanto menos o controle do comportamento tiver semelhança com um mecanismo de relógio, menos mecanismo de relógio teremos de postular. Por motivos parecidos, o fantasma na máquina é ótima companhia para o bom selvagem. Se a máquina se comporta perversamente, podemos culpar o fantasma, que livremente escolheu perpetrar os atos iníquos; não precisamos sondar o projeto da máquina em busca de defeitos.

Hoje em dia não se tem respeito pela filosofia. Muitos cientistas usam o termo como sinônimo de especulação estéril. Quando meu colega Ned Block contou ao pai que se especializaria nessa matéria, a resposta do pai foi "Luft!" — palavra iídiche que significa "ar" e também designa um sonhador sem senso prático. E existe a piada do rapaz que disse à mãe que seria doutor em filosofia, e ela replicou: "Esplêndido! Mas que tipo de doença é filosofia?".

Mas, longe de serem estéreis ou sonhadoras, as idéias dos filósofos podem ter repercussões durante séculos. A tábula rasa e suas doutrinas acompanhantes infiltraram-se na sabedoria convencional de nossa civilização e afloraram repetidamente em lugares inesperados. William Godwin (1756-1835), um dos fundadores da filosofia política liberal, escreveu que "as crianças são uma espécie de matéria-prima posta em nossas mãos", e suas mentes, "como uma folha de papel em branco".[12] Em tom mais sinistro, Mao Tsé-Tung justificou sua radical engenharia social dizendo: "É numa página em branco que se escrevem os mais belos poemas".[13] Até Walt Disney inspirou-se na metáfora e escreveu: "Imagino a mente de uma criança como um livro em branco. Durante seus primeiros anos de vida, muito será escrito nessas páginas. A qualidade desses escritos afetará profundamente sua vida".[14]

Locke não poderia ter imaginado que suas palavras um dia levariam ao Bambi (Disney queria ensinar autoconfiança); Rousseau não poderia ter antevisto Pocahontas, o mais rematado exemplo de bom selvagem. A alma de Rousseau parece ter sido canalizada pelo autor de um artigo recentemente publicado na página de Opiniões do *Boston Globe* no Dia de Ação de Graças:

Eu diria que o mundo que os nativos americanos conheciam era mais estável, mais feliz e menos bárbaro que nossa sociedade atual. [...] não havia problemas de emprego, a harmonia na comunidade era grande, não existia abuso de substâncias tóxicas, o crime quase inexistia. A guerra que havia era em grande medida ritualista e raramente resultava em matança em massa e indiscriminada. Embora ocorressem tempos difíceis, a vida, o mais das vezes, era estável e previsível. [...] Pois os nativos respeitavam o que os circundava, não havia perda de água ou recursos alimentícios decorrente de poluição ou de extinção, nem escassez de matéria-prima para os artigos básicos da vida, como cestas, canoas, abrigo ou fogo.[15]

Não que não existam céticos:

Calvin and Hobbes © Watterson. Reproduzido sob permissão de Universal Press Syndicate. Todos os direitos reservados.

Também a terceira doutrina continua a marcar presença nos tempos modernos. Em 2001 George W. Bush anunciou que o governo americano não financiaria pesquisas sobre células-tronco humanas se os cientistas tivessem de destruir novos embriões para obtê-las (a política permitia pesquisas baseadas em linhagens de células-tronco previamente extraídas de embriões). Essa política ele derivou de consultas não só com cientistas mas também com filósofos e pensadores religiosos. Muitos deles alicerçaram o problema moral no "recebimento da alma", o momento em que o agrupamento de células que se desenvolverá até tornar-se uma criança é dotado de alma. Alguns afirmaram que esse momento ocorre na concepção, o que implica que o blastocisto (a bola de células de cinco dias de existência da qual são retiradas as células-tronco) é moralmente equivalente a uma pessoa, e que destruí-lo é uma forma de assassinato.[16] Esse argumento revelou-se decisivo, o que significa que a política americana sobre a talvez mais promissora tecnologia médica do século XXI foi decidida ponderando-se a questão moral como ela poderia ter sido proposta séculos atrás: quando o fantasma entra na máquina?

Essas são apenas algumas das impressões digitais que a tábula rasa, o bom selvagem e o fantasma na máquina deixaram na vida intelectual moderna. Nos próximos capítulos veremos como as idéias aparentemente elevadas dos filóso-fos do Iluminismo arraigaram-se na consciência moderna e como descobertas recentes estão lançando dúvidas sobre essas idéias.

2. Silly Putty

O filólogo dinamarquês Otto Jespersen (1860-1943) é um dos mais diletos lingüistas da história. Seus vívidos livros são lidos até hoje, especialmente *Growth and structure of the English language* ["Crescimento e estrutura da língua inglesa", sem tradução em português], publicado pela primeira vez em 1905. Embora o embasamento acadêmico de Jespersen seja totalmente moderno, as páginas iniciais nos lembram de que não estamos lendo uma obra contemporânea:

> Há uma expressão que continuamente me ocorre quando penso na língua inglesa e a comparo a outras: ela parece ser positivamente e expressamente *masculina*, é a língua de um homem adulto e tem bem pouco de infantil e feminino. [...]
>
> Para evidenciar um desses elementos, seleciono ao acaso, para fins de contraste, uma passagem na língua do Havaí: "I kona hiki ana aku ilaila ua hookipa ia mai la oia ke aloha pumehana loa". Assim ela prossegue, sem uma única palavra terminada em consoante e nunca se encontrando duas ou mais consoantes agrupadas. Alguém pode ter dúvida de que, mesmo que essa língua soe agradável e seja repleta de música e harmonia, a impressão geral é de uma língua infantil e efeminada? Não se espera muito vigor ou energia de um povo que fala uma língua assim; ela parece amoldar-se apenas a habitantes de regiões ensolaradas onde o solo requer pouquíssimo trabalho do homem que o cultiva para produzir tudo o que

ele quiser, e portanto onde a vida não traz a marca de uma luta árdua contra a natureza e os semelhantes. Em menor grau, encontramos a mesma estrutura fonética em línguas como o italiano e o espanhol; porém muito diferentes são nossas línguas setentrionais.[1]

E assim ele prossegue, alardeando a virilidade, a sobriedade e a lógica do inglês, concluindo o capítulo com: "Tal como é a língua, é a nação".

Nenhum leitor moderno deixará de chocar-se com o sexismo, o racismo e o chauvinismo dessa argumentação: ela dá a entender que as mulheres são infantis, estereotipa um povo colonizado como indolente e exalta gratuitamente a cultura do autor. Igualmente surpreendentes são os deploráveis critérios que o grande acadêmico se rebaixou a adotar. A suposição de que uma língua pode ser "adulta" e "masculina" é tão subjetiva que chega a não ter sentido. Ele atribui um traço de personalidade a todo um povo sem nenhuma prova, e então propõe duas teorias: fonologia reflete personalidade, e clima quente gera preguiça — sem invocar ao menos dados de correlação, que dizer de provas de causação. Mesmo em sua própria área de especialização o raciocínio é precário. Línguas com uma estrutura silábica do tipo consoante-vogal como a havaiana requerem palavras mais longas para transmitir a mesma quantidade de informação, o que não se esperaria de um povo sem "vigor ou energia". E as sílabas incrustadas de consoantes do inglês estão sujeitas a ser engolidas e passar despercebidas ao ouvinte, o que não se esperaria de um povo lógico e prático.

Mas talvez o mais perturbador seja não ocorrer a Jespersen a possibilidade de estar dizendo algo contestável. Ele pressupôs que seus preconceitos seriam compartilhados por seus leitores, os quais, ele sabia, eram gente de seu meio e falantes de "nossas" línguas setentrionais. "Alguém pode duvidar?", perguntou retoricamente; "não se espera muito vigor" de um povo como esse, afirmou. A inferioridade das mulheres e de outras raças não necessitava de justificativa ou argumentação.

Menciono Otto Jespersen, um homem destacado em sua época, para mostrar como os critérios mudaram. Essa passagem é uma amostra aleatória da vida intelectual de um século atrás; passagens igualmente inquietantes poderiam ter sido extraídas de quase qualquer autor do século XIX ou do início do século XX.[2] Era uma época em que os homens brancos assumiam o fardo de conduzir seus "amuados povos recém-avassalados, meio demônios e meio crianças"; de praias

35

apinhadas de multidões e deploráveis refugos; de potências imperiais européias rivais ameaçando umas às outras e às vezes se engalfinhando. Imperialismo, imigração, nacionalismo e o legado da escravidão ressaltaram em demasia as diferenças entre grupos étnicos. Alguns pareciam educados e cultos, outros ignorantes e atrasados; alguns usavam punhos e porretes para preservar sua segurança, outros pagavam à polícia e ao exército para fazê-lo. Era tentador supor que os europeus setentrionais eram uma raça avançada e apropriada para governar as outras. Igualmente conveniente era a crença de que as mulheres eram, por sua constituição física, adequadas para a cozinha, a igreja e os filhos, crença essa corroborada por "pesquisas" indicando que o esforço cerebral era prejudicial à saúde física e mental feminina.

O preconceito racial também tinha um verniz científico. Era comum a teoria da evolução de Darwin ser erroneamente interpretada como explicação de um progresso intelectual e moral em vez de uma explicação de como os seres vivos adaptam-se a um nicho ecológico. Facilmente se julgava que as raças não brancas eram degraus em uma escada evolutiva entre os macacos e os europeus. E o pior: Herbert Spencer, seguidor de Darwin, escreveu que os caridosos só fariam interferir no progresso da evolução se tentassem melhorar a sorte das classes e raças desfavorecidas, que eram, na opinião de Spencer, biologicamente menos aptas. A doutrina do darwinismo social (ou, como deveria ser chamada, spencerismo social, pois Darwin não queria nada com ela) atraiu defensores nada surpreendentes, como John D. Rockefeller e Andrew Carnegie.[3] O primo de Darwin, Francis Galton, sugerira que se desse uma mãozinha à evolução desencorajando os menos aptos de reproduzir-se, política que ele denominou eugenia.[4] Em poucas décadas foram aprovadas leis em favor da esterilização involuntária de delinqüentes e "débeis mentais" no Canadá, nos países escandinavos, em trinta estados americanos e, ominosamente, na Alemanha. A ideologia nazista das raças inferiores posteriormente foi usada para justificar o assassinato de milhões de judeus, ciganos e homossexuais.

Avançamos muito. Embora atitudes muito piores que as de Jespersen continuem a prosperar em boa parte do mundo e em setores de nossa sociedade, elas foram banidas da corrente intelectual dominante nas democracias ocidentais. Hoje em dia nenhuma figura pública de respeito nos Estados Unidos, Grã-Bretanha e Europa Ocidental pode despreocupadamente insultar as mulheres ou lançar aos quatro ventos estereótipos ofensivos de outras raças ou grupos étnicos. As pessoas educadas procuram ser conscientes de seus preconceitos ocultos e avaliá-los com base nos fatos e nas sensibilidades dos outros. Na vida pública tentamos julgar as pessoas como indivíduos, e não como espécimes de um sexo ou grupo étnico. Tentamos distinguir entre força e direito e entre os nossos gostos provincianos e o mérito objetivo, e assim respeitar culturas que são diferentes ou mais pobres que a nossa. Percebemos que nenhum mandarim é sábio o bastante para que lhe confiemos a condução da evolução da espécie, e que, de qualquer modo, é errado o governo interferir em uma decisão tão pessoal quanto a de ter um filho. A própria idéia de que os membros de um grupo étnico devem ser perseguidos em razão de sua biologia nos enche de indignação.

Essas mudanças foram consolidadas pelas amargas lições dos linchamentos, guerras mundiais, esterilizações forçadas e do Holocausto, que puseram em foco as graves implicações de menosprezar um grupo étnico. Mas emergiram mais no início do século XX, como subproduto de um experimento impremeditado: a gigantesca imigração, mobilidade social e difusão do conhecimento da era moderna. A maioria dos *gentlemen* vitorianos não poderia ter imaginado que o século seguinte veria uma nação-Estado formada por pioneiros e soldados judeus, uma onda de intelectuais afro-americanos ou uma indústria de software em Bangalore. Também não poderia ter previsto que mulheres conduziriam países em guerra, dirigiriam corporações colossais, ganhariam prêmios Nobel de ciências. Hoje sabemos que as pessoas de ambos os sexos e de todas as raças são capazes de atingir qualquer posição na vida.

Esse mar de mudanças inclui uma revolução no tratamento da natureza humana pelos cientistas e estudiosos. Os acadêmicos foram arrastados pela mudança nas atitudes com relação a raça e sexo, mas também ajudaram a direcionar a maré pregando sobre a natureza humana em livros e revistas e pondo seus conhecimentos a serviço de órgãos do governo. As teorias da mente prevalecentes foram remodeladas de modo a tornar o racismo e o sexismo o mais indefensáveis possível. A doutrina da tábula rasa arraigou-se na vida intelectual sob uma forma que foi chamada de Modelo Padrão da Ciência Social ou construcionismo social.[5] Hoje esse modelo está tão incorporado à vida das pessoas que poucas têm noção da história que ele encerra.[6] Carl Degler, o mais eminente historiador dessa revolução, nos dá o seguinte resumo:

O que os dados disponíveis parecem indicar é que a ideologia ou a crença filosófica de que o mundo poderia ser um lugar mais livre e mais justo teve papel substancial na mudança da biologia para a cultura. A ciência, ou pelo menos certos princípios científicos ou o saber inovador, também teve seu papel na transformação, mas um papel limitado. O principal impulso proveio da vontade de estabelecer uma ordem social na qual forças biológicas inatas e imutáveis não influíssem na explicação do comportamento de grupos sociais.[7]

A tomada da vida intelectual pela tábula rasa seguiu caminhos diferentes na psicologia e nas outras ciências sociais, porém o motor foram os mesmos eventos históricos e a mesma ideologia progressista. Na segunda e na terceira década do século XX, os estereótipos de mulheres e grupos étnicos começavam a parecer tolos. Levas de imigrantes do Sul e Leste da Europa, incluindo muitos judeus, estavam enchendo as cidades e ascendendo na escala social. Afro-americanos haviam aproveitado as vantagens das novas "faculdades para negros", migrado para o Norte e dado início ao Renascimento do Harlem. As florescentes faculdades para mulheres estavam formando alunas que ajudavam a lançar a primeira onda de feminismo. Pela primeira vez nem todos os professores e alunos eram homens, brancos, protestantes e anglo-saxões. Afirmar que essa lasca da humanidade era constitucionalmente superior não só passara a ser ofensivo mas também colidia com o que as pessoas estavam vendo com os próprios olhos. As ciências sociais em particular estavam atraindo mulheres, judeus, asiáticos e afro-americanos, alguns dos quais se tornaram pensadores influentes.

Muitos dos problemas sociais urgentes das primeiras décadas do século XX diziam respeito aos menos afortunados membros desses grupos. Deveriam ser admitidos mais imigrantes no país e, em caso positivo, de que lugares? Uma vez nos Estados Unidos, deveriam ser encorajados à assimilação e, em caso afirmativo, como? Deveriam ser concedidos iguais direitos políticos e oportunidades econômicas às mulheres? Negros e brancos deveriam ser integrados? Outros desafios relacionavam-se às crianças.[8] A educação tornara-se compulsória e da responsabilidade do Estado. À medida que as cidades se tornaram apinhadas de gente e os laços familiares se afrouxaram, crianças desordeiras ou sofredoras tornaram-se um problema de todos, e novas instituições foram inventadas para lidar com elas, como creches, orfanatos, reformatórios, acampamentos de férias, sociedades humanitárias e clubes de meninos e de meninas. O desenvolvimento da criança de súbito passou a ser prioridade. Esses desafios sociais não iriam desaparecer, e a suposição mais humana era que todos os seres humanos tinham um potencial igual para prosperar se lhes fossem dadas a criação e as oportunidades certas. Muitos cientistas sociais consideraram tarefa sua reforçar essa suposição.

A teoria psicológica moderna, como evidencia todo livro didático introdutório, tem raízes em John Locke e em outros pensadores do Iluminismo. Para Locke, a tábula rasa era uma arma contra a Igreja e os monarcas tirânicos, mas no século XIX essas ameaças haviam amainado no mundo anglófono. John Stuart Mill (1806-73), herdeiro intelectual de Locke, foi talvez o primeiro a aplicar a psicologia da tábula rasa a questões políticas que reconhecemos hoje. Ele esteve entre os primeiros a defender o voto feminino, a educação compulsória e a melhora das condições das classes menos favorecidas. Isso interagia com suas idéias nos campos da psicologia e filosofia, como explicou em sua autobiografia:

> Há tempo julgo que a tendência reinante de considerar todas as pronunciadas distinções de caráter humano como inatas, e essencialmente indeléveis, e de desconsiderar as incontestáveis provas de que decididamente a maior parte dessas diferenças, sejam elas entre indivíduos, raças ou sexos, são de tal sorte que não só poderiam mas naturalmente seriam produzidas por diferenças em circunstâncias, é um dos principais entraves ao tratamento racional de grandes questões sociais, e um dos maiores obstáculos ao avanço humano. [...] [Essa tendência é] tão condizente com a indolência humana, assim como com interesses conservadores em geral, que se não for combatida na própria raiz seguramente há de ser levada ainda mais longe do que é realmente justificada pelas formas mais moderadas de filosofia intuitiva.[9]

Essa "filosofia intuitiva" era uma referência de Mill aos intelectuais do continente europeu que, entre outras coisas, afirmavam que as categorias da razão eram inatas. Mill queria combater na raiz a teoria da psicologia desses pensadores para debelar o que, a seu ver, eram as implicações sociais conservadoras de tais idéias. Ele refinou uma teoria do aprendizado denominada associacionismo (previamente formulada por Locke), que tentava explicar a inteligência humana sem admitir nela uma organização inata. Segundo essa teoria, na tábula rasa estão inscritas sensações, que Locke chamava de "idéias" e os psicólogos modernos chamam de "características". Idéias que aparecem repetidamente em sucessão (como o avermelhado, o arredondado e a doçura de uma maçã) tornam-se associadas, e com isso qualquer uma delas pode trazer à mente as demais. E objetos semelhantes no mundo podem ativar conjuntos coincidentes de idéias na mente. Por exemplo, depois de muitos cães apresentarem-se aos sentidos, as características que eles têm em comum (pêlos, latidos, quatro pernas etc.) agrupam-se e passam a representar a categoria "cão".

O associacionismo de Locke e Mill tem sido reconhecível na psicologia desde então. Tornou-se o núcleo da maioria dos modelos de aprendizado, especialmente na abordagem chamada behaviorismo, que dominou a psicologia da década de 1920 à de 1960. O fundador do behaviorismo, J. B. Watson (1878-1958), escreveu um dos mais famosos enunciados da tábula rasa no século XX:

Dêem-me uma dúzia de recém-nascidos sadios, bem formados, e um mundo especificado por mim para criá-los, e garanto escolher qualquer um ao acaso e prepará-lo para tornar-se qualquer tipo de especialista que eu possa selecionar — médico, advogado, artista, comerciante e, sim, até mesmo mendigo e ladrão, independentemente de seus talentos, pendores, tendências, capacidades, vocações e raça de seus ancestrais.[10]

Para o behaviorismo, os talentos e capacidades de um bebê não importavam, pois talento e capacidade eram coisas que *não existiam*. Watson os havia banido da psicologia, junto com outros conteúdos da mente, como idéias, crenças, desejos e sentimentos. Eram subjetivos e imensuráveis, disse ele, e inadequados para a ciência, que só estuda coisas objetivas e mensuráveis. Para o behaviorista, o único assunto legítimo para a psicologia é o comportamento manifesto e como ele é controlado pelo ambiente presente e passado. (Uma velha piada da psicologia: o que diz um behaviorista depois de fazer amor? "Foi bom para você; e para mim, como foi?")

As "idéias" de Locke haviam sido substituídas por "estímulos" e "respostas", mas suas leis da associação sobreviveram como leis do condicionamento. Uma resposta pode ser associada a um novo estímulo, como quando Watson deu um rato branco a um bebê e então bateu ruidosamente um martelo numa barra de ferro, pretensamente fazendo o bebê associar medo a pêlo. E uma resposta poderia ser associada a uma recompensa, como quando um gato em uma caixa acaba aprendendo que quando ele puxa um barbante uma porta se abre e ele pode escapar. Nesses casos o experimentador estipula uma contingência entre um estímulo e outro ou entre uma resposta e uma recompensa. Em ambiente natural, diziam os behavioristas, essas contingências são parte de uma textura causal do mundo, e moldam inexoravelmente o comportamento dos organismos, inclusive dos humanos.

Entre as baixas do behaviorismo minimalista estava a rica psicologia de William James (1842-1910). James inspirara-se no argumento de Darwin de que a percepção, a cognição e a emoção, tal como os órgãos físicos, haviam evoluído como adaptações biológicas. James invocou a noção de instinto para explicar as preferências dos humanos, e não só as dos animais, e postulou numerosos mecanismos em sua teoria da vida mental, incluindo a memória de curto prazo e a de longo prazo. Mas com o advento do behaviorismo todos esses foram juntar-se ao índex de conceitos proibidos. O psicólogo J. R. Kantor escreveu em 1923: "Breve é a resposta à pergunta de qual a relação entre psicologia social e instintos. Claramente, não há relação".[11] Até o desejo sexual foi redefinido como uma resposta condicionada. O psicólogo Zing Yang Kuo escreveu em 1929:

O comportamento não é uma manifestação de fatores hereditários, e não pode ser expresso com base em hereditariedade. [É] um movimento passivo e forçado determinado mecanicamente e unicamente pelo padrão estrutural do organismo e pela natureza de forças ambientais. [...] Todos os nossos apetites sexuais são resultados de estimulação social. O organismo não possui nenhuma reação pronta ao sexo oposto, do mesmo modo que não possui idéias inatas.[12]

Os behavioristas acreditavam que o comportamento podia ser compreendido independentemente do resto da biologia, sem atentar para a constituição genética do animal ou para a história evolutiva da espécie. A psicologia passava a consistir no estudo do aprendizado em animais de laboratório. B. F. Skinner (1904-90), o mais célebre psicólogo de meados do século XX, escreveu um livro intitulado *The behavior of organisms* ["O comportamento dos organismos", sem tradução em português], no qual os únicos organismos eram ratos e pombos e o único comportamento era pressionar uma alavanca e bicar uma tecla. Foi preciso uma visita a um circo para lembrar os psicólogos de que as espécies e seus instintos tinham importância, sim. Em artigo intitulado "The misbehavior of organisms" ["O mau comportamento dos organismos", sem tradução em português], Keller e Marian Breland, alunos de Skinner, relataram que quando tentaram usar as técnicas do mestre para treinar animais a inserir fichas de pôquer em máquinas automáticas, as galinhas bicaram as fichas, os racuns urinaram nelas e os porcos tentaram enterrá-las com o focinho.[13] E os behavioristas eram tão hostis com o cérebro quanto com a genética. Já em 1974, Skinner escreveu que estudar o cérebro era só mais uma busca equivocada das causas do comportamento no organismo em vez de no mundo exterior.[14]

O behaviorismo não só dominou a psicologia mas também se infiltrou na consciência pública. Watson escreveu um influente manual sobre criação de filhos recomendando aos pais que estabelecessem horários rígidos para a alimentação das crianças e que lhes dessem só o mínimo de atenção e amor. Se você consolar uma criança que chora, escreveu, estará recompensando-a por chorar, e assim aumentará a freqüência do comportamento de choro. (O livro *Baby and child care* [*Meu filho, meu tesouro,* na tradução em português], de Benjamin Spock, lançado em 1946, famoso por aconselhar a satisfação das necessidades das crianças, foi em parte uma reação a Watson.) Skinner escreveu vários best-sellers argumentando que o comportamento nocivo não é instintivo nem livremente escolhido, mas inadvertidamente condicionado. Se transformássemos a sociedade em uma grande caixa de Skinner e controlássemos o comportamento deliberadamente, e não a esmo, poderíamos eliminar a agressão, a superpopulação, a aglomeração, a poluição e a desigualdade, e assim alcançaríamos uma utopia.[15] O bom selvagem tornou-se o bom pombo.

O behaviorismo estrito está praticamente morto na psicologia, mas muitas de suas atitudes sobrevivem. Muitos modelos matemáticos e redes neurais que simulam o aprendizado tomam por base a teoria do aprendizado do associacionismo.[16] Muitos neurocientistas *igualam* o aprendizado à formação de associações e procuram uma ligação associativa na fisiologia dos neurônios e sinapses, não fazendo caso de outros tipos de computação que poderiam implementar o aprendizado no cérebro.[17] (Por exemplo, armazenar o valor de uma variável no cérebro, como em "$x = 3$", é um passo computacional crucial para um indivíduo orientar-se durante seus deslocamentos e para procurar alimento, talentos que são altamente desenvolvidos nos animais quando livres na natureza. Mas esse tipo de aprendizado não pode ser reduzido à formação de associações, e por isso não tem recebido a atenção da neurociência.) Psicólogos e neurocientistas ainda consideram os organismos intercambiáveis, raramente indagando se um animal de laboratório adequado (um rato, um gato, um macaco) é ou não parecido com os seres humanos em aspectos essenciais.[18] Até recentemente, a psicologia não atentava para os *conteúdos* de crenças e emoções e para a possibilidade de que a mente tenha evoluído de modo a tratar categorias biologicamente importantes de maneiras distintas.[19] Teorias da memória e do raciocínio não distinguiam pensamentos sobre pessoas de pensamentos sobre pedras ou casas. Teorias da emoção não distinguiam medo de raiva, ciúme ou amor.[20] Teorias das relações sociais não distinguiam entre parentes, amigos, inimigos e estranhos.[21] De fato, os temas da psicologia que mais interessam aos leigos — amor, ódio, trabalho, divertimento, alimento, sexo, status, dominância, ciúme, amizade, religião, arte — estão quase totalmente ausentes dos livros didáticos de psicologia.

Um dos principais documentos da psicologia do final do século XX foi *Parallel distributed processing* ["Processamento paralelo distribuído", sem tradução em português], de David Rumelhart, James McClelland e colaboradores, que apresentou um estilo de modelo de rede neural denominado conexionismo.[22] Rumelhart e McClelland argumentaram que redes associacionistas genéricas, sujeitas a intenso treinamento, poderiam explicar tudo sobre cognição. Perceberam que sua teoria os deixava sem uma boa resposta à pergunta: "Por que as pessoas são mais inteligentes do que os ratos?". Eis a resposta que deram:

> Considerando toda a exposição acima, essa pergunta parece mesmo intrigante. [...] As pessoas têm muito mais córtex do que os ratos, ou mesmo do que outros primatas; em particular, possuem muito mais [...] estrutura cerebral não dedicada a input/output* — e, presumivelmente, esse córtex extra é estrategicamente situado no cérebro de modo a servir exatamente às funções que diferenciam pessoas de ratos ou mesmo de macacos. [...]
>
> Mas deve haver outro aspecto na diferença entre ratos e pessoas. É o fato de o ambiente humano incluir outras pessoas e dispositivos culturais que elas desenvolveram para organizar seus processos de raciocínio.[23]

---

* *input/output*: entrada/saída (de informações no cérebro). (N. T.)

Os humanos, portanto, são apenas ratos com tábulas rasas maiores, mais algo chamado "dispositivos culturais". E isso nos traz à outra revolução na ciência social em meados do século XX.

Ele é bronco demais, quando a gente diz "Dylan",
Pensa que estamos falando de Dylan Thomas (seja lá quem for).
O cara não tem cultura.*

Simon and Garfunkel

A palavra *cultura* outrora se referia a nobilitados gêneros de entretenimento, como poesia, ópera e balé. O outro sentido bem conhecido — "a totalidade de padrões de comportamento socialmente transmitidos, artes, crenças, instituições e todos os outros produtos do trabalho e pensamento humano" — só tem um século. Essa mudança idiomática é apenas um dos legados do pai da antropologia moderna, Franz Boas (1858-1942).

As idéias de Boas, como as dos principais pensadores da psicologia, tiveram suas raízes nos filósofos empiristas do Iluminismo, neste caso em George Berkeley (1685-1753). Berkeley formulou a teoria do idealismo, a concepção de que as idéias, e não os corpos ou outras porções de matéria, são os constituintes essenciais da realidade. Depois de reviravoltas tortuosas demais para serem relatadas aqui, o idealismo tornou-se influente entre os pensadores alemães do século XIX. Foi adotado pelo jovem Boas, judeu alemão nascido em uma família liberal e secular.

O idealismo permitiu a Boas assentar um novo alicerce intelectual para o igualitarismo. As diferenças entre raças humanas e grupos étnicos, ele propôs, não provinham da constituição física, e sim da *cultura,* um sistema de idéias e valores disseminado pela língua e por outras formas de comportamento social. As pessoas diferem porque suas culturas diferem. De fato, é assim que deveríamos nos referir a elas: a cultura esquimó ou a cultura judaica, e não a raça esquimó ou a raça judaica. A idéia de que as mentes são moldadas pela cultura servia de baluarte contra o racismo e era a teoria que se deveria preferir por razões morais. Boas escreveu: "Afirmo que, a menos que se possa provar o contrário,

* *He's so uncouth, when you say "Dylan",/ He thinks you're talking about Dylan Thomas (whoever he was)./ The man ain't got no culture.*

temos de supor que todas as atividades complexas são socialmente determinadas, não hereditárias".[24]

A argumentação de Boas não era apenas uma injunção moral; baseava-se em descobertas reais. Boas estudou povos nativos, imigrantes e crianças em orfanatos para provar que todos os grupos humanos possuíam igual potencial. Subvertendo Jespersen, Boas demonstrou que as línguas dos povos primitivos não eram mais simples que as dos europeus; eram só diferentes. A dificuldade dos esquimós para distinguir os sons de nossa língua, por exemplo, é comparável à nossa dificuldade para distinguir os sons da língua deles. É verdade que muitas línguas não ocidentais não têm meios de expressar certos conceitos abstratos. Podem não ter palavras para designar números maiores que três, por exemplo, ou não possuir um termo que expresse bondade em geral distintamente de bondade de um indivíduo específico. Mas essas limitações simplesmente refletem as necessidades cotidianas dessas pessoas conforme seu modo de vida, e não uma enfermidade em suas capacidades mentais. Como na história de Sócrates arrancando conceitos filosóficos abstratos de um jovem escravo, Boas mostrou que podia extrair novas formas de palavras para conceitos abstratos como "bondade" ou "piedade" de um nativo kwakiutl do noroeste do Pacífico. Também observou que quando povos nativos entram em contato com a civilização, e adquirem coisas que precisam ser contadas, não tardam a adotar um sistema de contagem totalmente desenvolvido.[25]

Apesar de toda a ênfase que deu à cultura, Boas não era um relativista que acreditava que todas as culturas eram equivalentes, nem um empirista que acreditava na tábula rasa. Ele considerava a civilização européia superior às culturas tribais, insistindo apenas em que todos os povos eram capazes de atingi-la. Não negava que devia existir uma natureza humana universal ou que poderia haver diferenças entre as pessoas de um mesmo grupo étnico. O que importava para ele era a idéia de que todos os grupos étnicos são dotados das mesmas capacidades mentais básicas.[26] Boas estava certo quanto a isso, e hoje essa idéia é aceita por praticamente todos os acadêmicos e cientistas.

Mas Boas havia criado um monstro. Seus alunos acabaram por dominar a ciência social americana, e cada geração superou a anterior em seus pronunciamentos abrangentes. Os discípulos de Boas asseveraram que não só as *diferenças* entre grupos étnicos deviam ser explicadas com base na cultura, mas que *todos os aspectos* da existência humana deviam ser explicados com base na cultura. Por exemplo, Boas favorecia as explicações sociais a menos que fossem refutadas, mas seu aluno Albert Kroeber as privilegiava independentemente de comprovação. Ele escreveu: "Não se pode admitir que a hereditariedade tenha tido algum papel na história".[27] Em vez disso, a cadeia de eventos que moldam uma pessoa "envolve o absoluto condicionamento de eventos históricos por outros eventos históricos".[28]

Kroeber não só negou que o comportamento social pudesse ser explicado por propriedades inatas da mente; negou que pudesse ser explicado por *quaisquer* propriedades da mente. Uma cultura é *superorgânica,* ele escreveu — flutua em seu próprio universo, livre da carne e do sangue dos homens e mulheres reais: "Civilização não é ação mental, e sim um corpo ou fluxo de produtos de exercício mental. [...] A mentalidade relaciona-se ao indivíduo. O social ou o cultural, por outro lado, é em essência não individual. A civilização como tal só começa onde termina o indivíduo".[29]

Essas duas idéias — a negação da natureza humana e a autonomia da cultura com relação às mentes individuais — também foram articuladas pelo fundador da sociologia, Emile Durkheim (1858-1917), que prenunciara a doutrina da mente superorgânica de Kroeber:

> Toda vez que um fenômeno social é diretamente explicado por um fenômeno psicológico, podemos ter certeza de que a explicação é falsa. [...] O grupo pensa, sente e age de modo muito diferente daquele como agiriam seus membros se estivessem isolados. [...] Se começarmos com o indivíduo ao procurar explicar os fenômenos, não conseguiremos compreender nada do que acontece no grupo. [...] As naturezas dos indivíduos são meramente o material indeterminado que o fator social molda e transforma. Sua contribuição consiste exclusivamente em atitudes muito gerais, em predisposições vagas e conseqüentemente plásticas.[30]

E Durkheim formulou uma lei para as ciências sociais que seria citada com freqüência no século seguinte: "A causa determinante de um fato social deve ser buscada entre os fatos sociais que o precederam, e não entre os estados de consciência individual".[31]

Tanto a psicologia como as outras ciências sociais, portanto, negavam que a mente das pessoas individuais fosse importante, mas a partir daí seguiam em direções diferentes. A psicologia descartou totalmente entidades mentais como crenças e desejos, e os substituiu por estímulos e respostas. As outras ciências sociais situaram crenças e desejos em culturas e sociedades em vez de na cabeça das pessoas individuais. As diferentes ciências sociais também concordavam que os conteúdos da cognição — idéias, pensamentos, planos etc. — eram realmente fenômenos de linguagem, comportamentos manifestos que qualquer um poderia ouvir e escrever. (Watson propôs que "pensar", na realidade, consistia em minúsculos movimentos da boca e da garganta.) Mas sobretudo todas elas tinham em comum a aversão pelos instintos e pela evolução. Eminentes cientistas sociais repetidamente declararam que a tábula era rasa:

Instintos não criam costumes; costumes criam instintos, pois os supostos instintos dos seres humanos são sempre aprendidos, e nunca inatos.

Ellsworth Faris (1927)[32]

Fenômenos culturais [...] não são, em nenhum aspecto, hereditários, e sim, caracteristicamente e sem exceção, adquiridos.

George Murdock (1932)[33]

O homem não tem natureza; o que ele tem é história.

José Ortega y Gasset (1935)[34]

Com exceção das reações instintóides de recém-nascidos a súbitas retiradas de apoio e a ruídos altos repentinos, o ser humano é inteiramente desprovido de instinto. [...] O homem é homem porque não tem instintos, pois tudo o que ele é e se tornou ele aprendeu, adquiriu, de sua cultura, da parte do ambiente feita pelo homem, de outros seres humanos.

Ashley Montagu (1973)[35]

É verdade que a metáfora da escolha já não era uma tábua raspada ou um papel em branco. Durkheim falara em "material indeterminado", algum tipo de coisa amorfa que era moldada ou batida pela cultura até assumir uma forma. Talvez a melhor metáfora moderna seja a Silly Putty, uma massinha borrachuda que as crianças usam para copiar material impresso (como uma tábula rasa) e para moldar em diferentes formas (como material indeterminado). A metáfora da maleabilidade ressurgiu em declarações de dois dos mais conhecidos alunos de Boas:

A maioria das pessoas é moldada à forma de sua cultura devido à maleabilidade de sua dotação original. [...] A grande massa de indivíduos assume prontamente a forma que lhe é apresentada.

Ruth Benedict (1934)[36]

Somos forçados a concluir que a natureza humana é quase inacreditavelmente maleável, respondendo de modo acurado e contrastante a condições culturais contrastantes.

Margaret Mead (1935)[37]

Outros equipararam a mente a uma espécie de peneira:

Boa parte do que comumente se denomina "natureza humana" é meramente *cultura* lançada contra uma malha de nervos, glândulas, órgãos dos sentidos, músculos etc.

Leslie White (1949)[38]

Ou à matéria-prima de uma fábrica:

A natureza humana é a matéria-prima mais bruta, mais indiferenciada.

Margaret Mead (1928)[39]

Nossas idéias, nossos valores, nossos atos, até nossas emoções são, como nosso próprio sistema nervoso, produtos culturais — de fato, produtos fabricados com tendências, capacidades e inclinações com as quais nascemos, mas ainda assim fabricados.

Clifford Geertz (1973)[40]

Ou a um computador não programado:

O homem é o animal mais intensamente dependente desses tipos de mecanismos de controle extragenéticos, fora da pele, como programas culturais, para ordenar seu comportamento.

Clifford Geertz (1973)[41]

Ou a alguma outra entidade amorfa com a qual é possível fazer muitas coisas:

> A psicologia cultural é o estudo do modo como tradições culturais e práticas sociais regulam, expressam, transformam e permutam a psique humana, resultando menos em unidade psíquica para a humanidade do que em divergências étnicas na mente, no *self* e na emoção.
>
> Richard Shweder (1990)[42]

A mente superorgânica ou grupal também se tornou um artigo de fé na ciência social. Robert Lowie (outro aluno de Boas) escreveu: "Os princípios da psicologia são tão incapazes de explicar os fenômenos da cultura quanto a gravitação de explicar os estilos arquitetônicos".[43] E, para o caso de não terem sido percebidas todas as implicações disso, Leslie White esmiuçou:

> Em vez de considerar o indivíduo a Primeira Causa, a força motora, o iniciador e determinante do processo cultural, agora o vemos como uma parte componente, de fato uma parte minúscula e relativamente insignificante, de um vasto sistema sociocultural que abrange inúmeros indivíduos em qualquer momento e se estende também pelo passado remoto. [...] Para fins de interpretação científica, o processo cultural pode ser considerado uma coisa *sui generis*; a cultura é explicável com base na cultura.[44]

Em outras palavras, devemos desconsiderar a mente de uma pessoa individual como *você*, leitor, essa parte ínfima e insignificante de um vasto sistema sociocultural. A mente que importa é aquela pertencente ao *grupo*, o qual é capaz de pensar, agir e sentir por conta própria.

A doutrina do superorganismo causou um impacto sobre a vida moderna que se estende muito além dos escritos dos cientistas sociais. Ela fundamenta a tendência de reificar a "sociedade" como um agente moral que pode ser culpado por pecados como se fosse uma pessoa. Norteia a chamada *identity politics* [política de identidade], na qual direitos civis e prerrogativas políticas são concedidos a grupos, e não a indivíduos. E, como veremos em capítulos posteriores, ela definiu algumas das grandes divisões entre importantes sistemas políticos no século xx.

A mente do homem, por indeterminação, pelo poder da escolha e da comunicação cultural, está prestes a escapar do controle cego do mundo determinista com o qual os darwinistas haviam inconscientemente algemado o homem. As características inatas com que os biólogos extremistas o cobriram desmoronaram. [...] Wallace viu, e viu corretamente, que com a ascensão do homem a evolução de partes em grande medida tornou-se obsoleta, que a mente passou a ser o árbitro do destino humano.[51]

O "Wallace" a quem Eiseley se refere é Alfred Russel Wallace (1823-1913), co-descobridor com Darwin da seleção natural. Wallace distanciou-se de Darwin ao afirmar que a mente humana não podia ser explicada pela evolução e devia ter sido projetada por uma inteligência superior. Ele certamente acreditava que a mente do homem podia escapar ao "controle cego do mundo determinista". Wallace tornou-se espiritualista e passou os anos finais de sua carreia buscando um modo de comunicar-se com as almas dos mortos.

Os cientistas sociais que acreditavam na separação absoluta entre cultura e biologia talvez não tenham acreditado literalmente em um fantasma assombrando a mente. Alguns usaram a analogia da diferença entre matéria viva e não viva. Kroeber escreveu: "O alvorecer do social [...] não é um elo em nenhuma cadeia, nem um passo em um caminho, mas um salto a outro plano. [...] [É como] a primeira ocorrência de vida no universo até então sem vida. [...] A partir desse momento deveria haver dois mundos em vez de um".[52] E Lowie asseverou que não era "misticismo, e sim método científico bem fundado" dizer que a cultura era *sui generis* e só podia ser explicada pela cultura, pois todo mundo sabe que na biologia uma célula viva só pode provir de outra célula viva.[53]

Na época em que escreveram, Kroeber e Lowie tinham a biologia do seu lado. Muitos biólogos ainda julgavam que os seres vivos eram animados por uma essência especial, um *élan vital,* e não podiam ser reduzidos a matéria inanimada. Uma história da biologia publicada em 1931, referindo-se à genética como então era entendida, afirmou: "Assim, a última das teorias biológicas deixa-nos onde havíamos começado, na presença de um poder chamado vida ou psique que não é só o único de seu tipo mas também único em cada uma de suas manifestações".[54] No próximo capítulo veremos que a analogia entre a autonomia da cultura e a autonomia da vida seria mais reveladora do que esses cientistas sociais imaginavam.

3. A última muralha a cair

Em 1755 Samuel Johnson escreveu que não se devia esperar que seu dicionário haveria de "mudar a natureza sublunar e livrar o mundo imediatamente da tolice, vaidade e afetação". Poucas pessoas hoje em dia estão familiarizadas com a encantadora palavra *sublunar*, literalmente "abaixo da Lua". Ela alude à antiga crença em uma estrita divisão entre o cosmo, puro, regido por leis e imutável lá em cima, e nossa Terra, imunda, caótica e instável aqui embaixo. Essa divisão já estava obsoleta quando Johnson usou o termo: Newton demonstrara que a mesma força que puxava uma maçã para o chão mantinha a Lua em sua órbita celeste.

A teoria de Newton de que um único conjunto de leis governava os movimentos de todos os objetos no universo foi o primeiro evento em um dos grandes avanços no saber humano: a unificação do conhecimento, que o biólogo E. O. Wilson denominara consiliência.[1] A brecha aberta por Newton na muralha entre o terrestre e o celeste foi seguida pelo colapso da outrora igualmente firme (e agora igualmente esquecida) muralha entre o passado criativo e o presente estático. Isso aconteceu quando Charles Lyell mostrou que a Terra foi esculpida no passado por forças que vemos hoje (como terremotos e erosões) atuando ao longo de imensos intervalos de tempo.

O vivo e o não vivo também não ocupam mais reinos diferentes. Em 1628 William Harvey mostrou que o corpo humano é uma máquina que funciona segundo a hidráulica e outros princípios mecânicos. Em 1828 Friedrich Wöhler mostrou que o material da vida não é uma geléia mágica e pulsátil, e sim compostos comuns que seguem as leis da química. Charles Darwin mostrou que a espantosa diversidade da vida e seus onipresentes sinais de ter sido projetada podiam emergir do processo físico da seleção natural entre replicadores. Gregor Mendel, depois James Watson e Francis Crick, mostraram como a própria replicação podia ser compreendida em bases físicas.

A unificação de nossa compreensão da vida com nossa compreensão da matéria e energia foi a maior realização científica da segunda metade do século XX. Uma de suas numerosas conseqüências foi puxar o tapete de cientistas sociais como Kroeber, que haviam invocado o "bem fundado método científico" de situar o vivo e o não-vivo em universos paralelos. Hoje sabemos que nem sempre células provêm de outras células e que o surgimento da vida não criou um segundo mundo onde antes só existia um. As células evoluíram de moléculas replicadoras mais simples, uma parte não viva do mundo físico, e podem ser vistas como coleções de mecanismos moleculares — fantasticamente complexos, é verdade, mas ainda assim mecanismos.

Isso deixa ainda uma muralha em pé na paisagem do conhecimento, aquela que os cientistas sociais do século XX guardaram tão zelosamente. Ela divide a matéria da mente, o material do espiritual, o físico do mental, a biologia da cultura, a natureza da sociedade, e as ciências das ciências sociais, humanidades e artes. A divisão foi embutida em cada uma das doutrinas da teoria oficial: a tábula rasa dada pela biologia *versus* os conteúdos inscritos pela experiência e pela cultura, a nobreza do selvagem no estado de natureza *versus* a corrupção de instituições sociais, a máquina seguindo leis inescapáveis *versus* o fantasma que é livre para escolher e melhorar a condição humana.

Mas essa muralha também está caindo. Novas idéias de nossas fronteiras do conhecimento — as ciências da mente, cérebro, genes e evolução — estão abrindo uma brecha nessa muralha com uma nova compreensão da natureza humana. Neste capítulo mostrarei como estão preenchendo a tábula rasa, desenobrecendo o bom selvagem e exorcizando o fantasma na máquina. No próximo capítulo, mostrarei que essa nova concepção da natureza humana, ligada à biologia por baixo, pode, por sua vez, ser ligada às humanidades e às ciências sociais por cima. Essa nova concepção pode pôr os fenômenos da cultura em seu devido lugar sem segregá-los em um universo paralelo.

* * *

A primeira ponte entre biologia e cultura é a ciência da mente, a ciência cognitiva.[2] O conceito de mente tem sido desconcertante desde que as pessoas começaram a refletir sobre seus pensamentos e sentimentos. A própria idéia gerou paradoxos, superstições e teorias bizarras em todos os períodos e culturas. Quase dá para entender os behavioristas e construcionistas sociais da primeira metade do século XX, que viam a mente como um enigma ou armadilha conceitual que era melhor evitar dando preferência ao comportamento aberto ou às características da cultura.

Mas a partir da década de 1950, com a revolução cognitiva, tudo isso mudou. Agora é possível entender processos mentais e até estudá-los em laboratório. E com uma compreensão mais firme do conceito de mente, podemos ver que muitos princípios da tábula rasa, que outrora pareciam atraentes, hoje são desnecessários ou mesmo incoerentes. Vejamos a seguir cinco idéias da revolução cognitiva que reformularam nosso modo de pensar e falar sobre a mente.

Primeira idéia: *O mundo mental pode ser alicerçado no mundo físico pelos conceitos de informação, computação e feedback.* Uma grande divisão entre mente e matéria sempre pareceu natural porque o comportamento parece ter um tipo de desencadeador diferente dos outros eventos físicos. Eventos comuns têm *causas,* ao que parece, mas o comportamento humano tem *razões.* Certa vez participei de um debate na televisão da BBC cujo tema era se "a ciência pode explicar o comportamento humano". Argumentando contra essa idéia, uma filósofa perguntou como poderíamos explicar por que alguém era mandado para a prisão. Digamos que fosse por incitar o ódio racial. A intenção, o ódio e mesmo a prisão, ela disse, não podem ser descritos na linguagem da física. Simplesmente não existe um modo de definir "ódio" ou "prisão" com base no movimento de partículas. Explicações sobre o comportamento são como *narrativas,* ela argumentou, expressas nas intenções dos agentes — um plano totalmente separado da ciência natural. Ou tomemos um exemplo mais simples. Como poderíamos explicar por que João foi até o telefone? Não diríamos que os estímulos em forma de telefone fizeram com que os membros de João balançassem em certos arcos. Em vez disso, poderíamos dizer que ele queria falar com seu amigo Pedro e sabia que Pedro estava em casa. Nenhuma explicação tem tanto poder de predição quanto essa. Se João houvesse cortado a amizade com Pedro, ou se ele se lembrasse de que Pedro estava fora jogando boliche naquela noite, seu corpo não teria se levantado do sofá.

Durante milênios o hiato entre eventos físicos, de um lado, e significado, conteúdo, idéias, razões e intenções, de outro, pareceu cortar em dois o universo. Como é que algo tão etéreo quanto "incitar o ódio" ou "querer falar com Pedro" realmente faz com que a matéria se mova no espaço? Mas a revolução cognitiva unificou o mundo das idéias com o mundo da matéria usando uma nova e influente teoria: a de que a vida mental pode ser explicada em termos de informação, computação e feedback. Crenças e lembranças são coleções de informações — como fatos em um banco de dados, porém residindo em padrões de atividade e estrutura no cérebro. Pensar e planejar são transformações sistemáticas desses padrões, como a operação de um programa de computador. Querer e tentar são *feedback loops*,* como no princípio que fundamenta os termostatos: recebem informações sobre a discrepância entre um objetivo e o estado corrente do mundo e então executam operações que tendem a reduzir a diferença. A mente é conectada ao mundo pelos órgãos dos sentidos, que fazem a transdução, ou transformação, de energia física em estruturas de dados no cérebro, e por programas motores, por meio dos quais o cérebro controla os músculos.

Essa idéia geral pode ser chamada teoria computacional da mente. Não é o mesmo que a "metáfora do computador" da mente, a suposição de que a mente funciona exatamente como um banco de dados, um programa de computador ou um termostato de fabricação humana. A teoria diz apenas que podemos explicar a mente e os processadores de informação de fabricação humana usando alguns dos mesmos princípios. É como outros casos nos quais o mundo natural e a engenharia humana coincidem. Um fisiologista poderia invocar as mesmas leis da óptica para explicar como o olho funciona e como uma câmera funciona sem implicar que o olho é igual à câmera em todos os detalhes.

A teoria computacional da mente faz mais do que explicar, sem invocar um fantasma na máquina, a existência dos processos de conhecer, pensar e tentar (embora só isso já seja uma façanha e tanto). Também explica como esses processos podem ser *inteligentes* — como a racionalidade pode emergir de um processo físico irracional. Se uma seqüência de transformações de informações armazena-

---

* Termo da informática que designa a ocorrência de um caminho de retorno de um ponto de saída para a entrada. (N. T.)

das em uma porção de matéria (como tecido cerebral ou silício) reflete uma seqüência de deduções que obedecem às leis da lógica, probabilidade ou causa e efeito no mundo, essa seqüência gerará predições corretas sobre o mundo. E fazer predições corretas ao se buscar um objetivo é uma definição bem aceitável de "inteligência".[3]

Obviamente não há nada de novo debaixo do sol, e Hobbes prefigurou a teoria computacional da mente quando descreveu a atividade mental como minúsculos movimentos e escreveu que "raciocinar nada mais é do que calcular". Três séculos e meio depois, a ciência alcançou a visão de Hobbes. Percepção, memória, imagens mentais, raciocínio, tomada de decisão, linguagem e controle motor estão sendo estudados em laboratório, gerando modelos eficazes de parafernália computacional como regras, cadeias, matrizes, ponteiros, listas, arquivos, árvores, arranjos, *loops,* proposições e redes. Por exemplo, psicólogos cognitivos estão estudando o sistema gráfico na cabeça e com ele explicando como as pessoas "vêem" a solução de um problema em uma imagem mental. Estão estudando a rede de conceitos na memória de longo prazo e explicando por que alguns fatos são mais fáceis de recordar do que outros. Estão estudando o processador e a memória usados pelo sistema de linguagem para descobrir por que algumas sentenças são agradáveis de ler e outras um árduo trabalho.

E se a prova está na computação, o campo irmão da inteligência artificial está confirmando que a matéria comum pode realizar façanhas que se supunha serem da competência exclusiva da mente. Na década de 1950, computadores já estavam sendo chamados de "cérebros eletrônicos" por serem capazes de calcular somas, organizar dados e demonstrar teoremas. Logo se tornaram capazes de corrigir ortografia, fazer composição tipográfica, resolver equações e simular especialistas em temas restritos como escolher ações e diagnosticar doenças. Durante décadas, nós, psicólogos, preservamos os direitos de gabolice da humanidade dizendo em nossas aulas que nenhum computador seria capaz de ler textos, decifrar a fala ou reconhecer rostos, mas essas bazófias estão obsoletas. Hoje os microcomputadores vêm com software que reconhece letras impressas e palavras faladas. Programas rudimentares que entendem ou traduzem sentenças estão disponíveis em muitos mecanismos de busca e programas de ajuda, e sendo sempre aperfeiçoados. Sistemas de reconhecimento de rostos avançaram a ponto de os defensores das liberdades civis preocuparem-se com a possibilidade de abuso quando esses dispositivos forem usados com câmeras de segurança em lugares públicos.

Os chauvinistas humanos ainda podem menosprezar esses arremedos de proezas. Tudo bem, dizem eles, o processamento de input e output pode ser impingido a módulos computacionais, mas ainda é preciso um usuário humano com capacidade de julgamento, reflexão e criatividade. Mas, segundo a teoria computacional da mente, essas capacidades são, elas próprias, formas de processamento de informação e podem ser implementadas em um sistema computacional. Em 1997 um computador da IBM chamado Deep Blue derrotou o campeão mundial de xadrez Garry Kasparov e, diferentemente de seus predecessores, não se limitou a avaliar trilhões de movimentos pela força bruta, mas também foi equipado com estratégias que responderam inteligentemente a padrões do jogo. A *Newsweek* chamou a competição de "a última trincheira do cérebro". Kasparov referiu-se ao resultado como "o fim da humanidade".

Ainda se poderia objetar que o xadrez é um mundo artificial com movimentos distintos e um vencedor inequívoco, perfeitamente adequado ao processamento de regras de um computador. As pessoas, por sua vez, vivem em um mundo confuso que oferece movimentos ilimitados e objetivos nebulosos. Decerto isso requer a criatividade e a intuição humanas — razão por que todo mundo sabe que jamais os computadores comporão uma sinfonia, escreverão uma história ou pintarão um quadro. Mas talvez todo mundo esteja errado. Sistemas de inteligência artificial recentes escreveram contos passáveis,[4] compuseram convincentes sinfonias no estilo de Mozart,[5] desenharam belas imagens de pessoas e paisagens[6] e conceberam idéias espertas para anúncios publicitários.[7]

Nada disso implica que o cérebro funciona como um computador digital, que a inteligência artificial um dia duplicará a mente humana ou que os computadores são conscientes no sentido de ter experiência subjetiva em primeira pessoa. Mas indica que raciocínio, inteligência, imaginação e criatividade são formas de processamento de informação, um processo físico bem compreendido. A ciência cognitiva, com a ajuda da teoria computacional da mente, exorcizou pelo menos um fantasma da máquina.

Uma segunda idéia: *a mente não pode ser uma tábula rasa, pois tábulas rasas não fazem coisa alguma.* Enquanto as pessoas tiveram apenas uma idéia muito vaga do que era a mente ou de como ela poderia funcionar, a metáfora de uma tábula rasa na qual o ambiente escrevia não parecia tão estapafúrdia. Mas assim que se começa a pensar seriamente sobre que tipo de computação permite a um sistema ver, pensar, falar e planejar, o problema das tábulas rasas torna-se muito óbvio: elas não fazem nada. As inscrições ficarão ali eternamente à espera, a menos que alguém note padrões nelas, combine-os com padrões aprendidos em outras ocasiões, use as combinações para escrever novos pensamentos na página e leia os resultados para guiar os comportamentos na direção de objetivos. Locke reconheceu esse problema e aludiu a algo chamado "o entendimento", que olhava as inscrições no papel branco e se encarregava de reconhecer, refletir e associar. Mas, evidentemente, explicar como a mente entende invocando algo chamado "entendimento" é circular.

Esse argumento contra a tábula rasa foi exposto energicamente por Gottfried Wilhelm Leibniz (1646-1716) em uma réplica a Locke. Leibniz repetiu o lema do empirismo: "Não existe nada no intelecto que não estivesse primeiro nos sentidos", e acrescentou: "exceto o próprio intelecto".[8] *Alguma coisa* na mente tem de ser inata, se ela é apenas o mecanismo responsável pelo aprendizado. Alguma coisa tem de ver um mundo de objetos em vez de um caleidoscópio de pixels tremeluzentes. Alguma coisa tem de inferir o conteúdo de uma sentença em vez de papaguear as palavras exatas em resposta. Alguma coisa tem de interpretar o comportamento de outras pessoas como tentativas de atingir objetivos em vez de como trajetórias espasmódicas de braços e pernas.

No espírito lockiano, poderíamos atribuir essas façanhas a um substantivo abstrato — talvez não "entendimento", mas "aprendizado", "inteligência", "plasticidade" ou "adaptabilidade". Mas, como observou Leibniz, fazer isso é "[salvar as aparências] fabricando faculdades ou qualidades ocultas, [...] e imaginando-as como minúsculos demônios ou diabretes capazes de, sem dificuldade, realizar o que quer que se deseje, como relógios de bolso que mostrassem as horas graças a um certo fator horológico sem necessitar de engrenagens, ou moinhos que moessem grãos em virtude de uma faculdade fracionativa sem necessitar de nada para fazer o papel das mós".[9] Leibniz, como Hobbes (que o influenciara) estava à frente de sua época quando reconheceu que a inteligência é uma forma de processamento de informação e requer um maquinário complexo para fazê-la funcionar. Como sabemos agora, os computadores não entendem a fala nem reconhecem textos quando saem da linha de montagem; alguém precisa primeiro instalar o software apropriado. O mesmo provavelmente vale para o desempenho imensamente mais complexo do ser humano. Os criadores de modelos cognitivos descobriram que desafios corriqueiros como andar ao redor da mobília, entender uma sentença, recordar um fato ou adivinhar as intenções de alguém são formidáveis problemas de engenharia que estão na fronteira da engenharia artificial, ou além dela. A suposição de que eles podem ser resolvidos por um pedaço de Silly Putty que é passivamente moldado por algo chamado "cultura" não dá conta do recado.

Isso não quer dizer que os cientistas cognitivos deixaram totalmente para trás o debate natureza *versus* criação; eles ainda se distribuem ao longo de um *continuum* de opiniões na questão de quanto equipamento básico vem com a mente humana. Em um extremo estão o filósofo Jerry Fodor, para quem todos os conceitos poderiam ser inatos (até "maçaneta" e "pinça"), e o lingüista Noam Chomsky, para quem a palavra "aprender" é equivocada, pois deveríamos dizer que as crianças "desenvolvem" a linguagem.[10] No outro extremo encontramos os conexionistas, incluindo Rumelhart, McClelland, Jeffrey Elman e Elizabeth Bates, que constroem modelos de computador relativamente simples e os treinam exaustivamente.[11] Os fãs situam o primeiro extremo, que se originou no Instituto de Tecnologia de Massachusetts, no Pólo Leste, o lugar mítico a partir do qual todas as direções são oeste. Situam o segundo extremo, originário da Universidade da Califórnia em San Diego, no Pólo Oeste, o lugar mítico a partir do qual todas as direções são leste. (Esses nomes foram sugeridos por Fodor durante um seminário no MIT no qual ele deblaterava contra um "teórico da Costa Oeste" quando alguém ressalvou que o teórico em questão trabalhava em Yale, que é, tecnicamente, na Costa Leste.)[12]

Mas eis por que o debate entre o Pólo Leste e o Pólo Oeste difere dos que ocuparam os filósofos por milênios: nenhum dos lados acredita na tábula rasa. Todo mundo reconhece que não pode haver aprendizado sem um conjunto de circuitos inato que faça o aprendizado. No manifesto do Pólo Oeste intitulado *Rethinking innateness* ["Repensando o inato", sem tradução em português], Bates e Elman e seus co-autores admitem isso de bom grado: "Nenhuma regra de aprendizado pode ser inteiramente desprovida de conteúdo teórico, nem a *tábula* pode ser completamente rasa".[13] E explicam:

> Existe a crença disseminada de que os modelos conexionistas (e seus criadores) estão comprometidos com uma forma extrema de empirismo, e que qualquer forma de conhecimento inato deve ser evitada como a peste. [...] Nós, obviamen-

te, não concordamos com esse ponto de vista. [...] Há boas razões para crer que alguns tipos de restrições prévias [sobre os modelos de aprendizado] são necessários. De fato, todos os modelos conexionistas necessariamente fazem algumas suposições que têm de ser consideradas restrições inatas.[14]

As discordâncias entre os dois pólos, embora significativas, são sobre detalhes: quantas redes de aprendizado inatas existem e o quanto elas são especificamente estruturadas para tarefas específicas. (Examinaremos algumas dessas discordâncias no capítulo 5.)

A terceira idéia: *Um conjunto infinito de comportamentos pode ser gerado por programas combinatórios finitos na mente.* A ciência cognitiva solapou a tábula rasa e o fantasma na máquina de outra maneira. Pode-se desculpar as pessoas por zombarem da suposição de que o comportamento humano está "nos genes" ou é "produto da evolução" nos sentidos comumente aplicados ao mundo animal. Os atos humanos não são selecionados de um repertório de ações automáticas como as de um peixe que ataca uma mancha vermelha ou de uma galinha que choca ovos. Em vez disso, as pessoas podem adorar deusas, participar de leilões de objetos *kitsch* pela internet, tocar uma guitarra fictícia, jejuar para redimir pecados do passado, construir um forte com as cadeiras do jardim etc., aparentemente sem um limite. Uma olhada na *National Geographic* mostra que nem mesmo os mais estranhos atos de nossa cultura esgotam aquilo de que nossa espécie é capaz. Na verdade, poderíamos pensar, talvez sejamos Silly Putty, ou agentes sem restrições, afinal de contas.

Mas essa impressão tornou-se obsoleta por obra da teoria computacional da mente, que era quase inconcebível na época do surgimento da tábula rasa. O exemplo mais claro é a revolução chomskyana na linguagem.[15] A linguagem é o epítome do comportamento criativo e variável. A maioria das emissões vocais são combinações novinhas em folha de palavras, nunca antes enunciadas na história da humanidade. Não somos como as bonecas falantes que têm uma lista fixa de respostas verbais gravadas e embutidas no corpo. Mas, observou Chomsky, apesar de toda a sua flexibilidade, a língua não é um vale-tudo; obedece a regras e padrões. Um falante do português pode emitir séries de palavras sem precedentes como *Todo dia surgem novos universos,* ou *Ele gosta de torrada com queijo cremoso e ketchup,* ou *Meu carro foi comido por glutões.* Mas ninguém diria *Foi carro glutões meu comido* ou emitiria a maioria das outras possíveis ordenações de palavras em português. Alguma coisa na cabeça tem de ser capaz de gerar não só qualquer combinação de palavras, mas também combinações de palavras altamente sistemáticas.

Essa alguma coisa é uma espécie de software, uma gramática gerativa capaz de produzir novos arranjos de palavras. Uma bateria de regras como "Uma sentença contém sujeito e predicado", "Um predicado contém verbo, objeto e complemento" e "O sujeito de *comer* é o comedor" pode explicar a infinita criatividade do falante humano. Com alguns milhares de substantivos capazes de ser inseridos no espaço do sujeito e alguns milhares de verbos que podem ser inseridos no espaço do predicado, já temos vários milhões de modos de iniciar uma sentença. As possíveis combinações rapidamente se multiplicam em números inconcebivelmente grandes. De fato, o repertório de sentenças teoricamente é infinito, pois as regras da linguagem usam um truque chamado recursividade. Uma regra recursiva permite que uma frase contenha um exemplo de si mesma, como em *Ela pensa que ele pensa que eles pensam que ele sabe* e assim por diante, *ad infinitum*. E se o número de sentenças é infinito, o número de possíveis pensamentos e intenções também é infinito, pois praticamente cada sentença expressa um pensamento ou intenção diferente. A gramática combinatória da língua engrena-se a outros programas combinatórios na cabeça a serviço dos pensamentos e intenções. Uma coleção fixa de maquinário na mente pode gerar um conjunto infinito de comportamento dos músculos.[16]

Assim que começamos a pensar em software mental em vez de comportamento físico, as diferenças radicais entre culturas humanas tornam-se muito menores, e isso leva à quarta idéia: *mecanismos mentais universais podem fundamentar a variação superficial entre culturas*. Novamente, podemos usar a linguagem como um paradigma das infinitas possibilidades de comportamento. Os humanos falam cerca de 6 mil línguas mutuamente ininteligíveis. Apesar disso, os programas gramaticais em suas mentes diferem muito menos do que a fala que efetivamente sai de suas bocas. Sabemos há muito tempo que todas as línguas humanas podem transmitir os mesmos tipos de idéias. A Bíblia foi traduzida em centenas de línguas não ocidentais, e durante a Segunda Guerra Mundial o Corpo de Fuzileiros Navais dos Estados Unidos transmitiu mensagens secretas através do Pacífico fazendo com que índios navajos as traduzissem de e para sua língua nativa. O fato de qualquer língua poder ser usada para transmitir qualquer proposição, de parábolas teológicas a instruções militares, indica que todas as línguas são farinha do mesmo saco.

Chomsky supôs que as gramáticas gerativas das línguas individuais são variações de um único padrão, que ele denominou gramática universal. Por exemplo, em inglês o verbo vem antes do objeto (*drink beer* — beba cerveja) e a preposição vem antes do sintagma nominal (*from the bottle* — da garrafa). Em japonês, o objeto vem antes do verbo (*beer drink* — cerveja beba) e o sintagma nominal vem antes da preposição ou, para ser mais exato, da posposição (*the bottle from* — garrafa da). Mas, para começar, é uma descoberta significativa a de que ambas as línguas têm verbos, objetos e preposições ou posposições em vez de possuírem incontáveis outros tipos concebíveis de mecanismos que poderiam impulsionar um sistema de comunicação. E é ainda mais significativo que línguas não aparentadas construam suas frases montando um núcleo (como um verbo ou preposição) e um complemento (como um sintagma nominal) e determinando uma ordem consistente para os dois. Em inglês, o núcleo vem primeiro; em japonês, por último. Mas tudo o mais na estrutura das frases nas duas línguas é bem parecido. E assim se dá com frase após frase e em língua após língua. Os tipos comuns de núcleos e complementos podem ser ordenados em 128 modos logicamente possíveis, mas 95% das línguas do mundo usam um destes dois: a ordem do inglês ou, sua imagem invertida, a ordem do japonês.[17] Um modo simples de sintetizar essa uniformidade é dizer que todas as línguas têm a mesma gramática com exceção de um parâmetro ou comutador que pode ser posto em uma de duas posições: "núcleo primeiro" ou "núcleo por último". O lingüista Mark Baker recentemente resumiu cerca de uma dúzia desses parâmetros, abrangendo sucintamente a maioria das variações conhecidas entre as línguas do mundo.[18]

Destilar a variação dos padrões universais não é só um modo de arrumar a bagunça de um conjunto de dados. Também fornece pistas sobre o conjunto inato de circuitos que possibilita o aprendizado. Se a parte universal de uma regra está embutida nos circuitos neurais que guiam os bebês quando aprendem a língua, isso poderia explicar como as crianças aprendem a língua com tanta facilidade e de maneira tão uniforme sem o benefício da instrução. Em vez de tratar os sons que saem da boca da mamãe como apenas um ruído interessante de se imitar literalmente ou de se fragmentar e misturar de modos arbitrários, o bebê presta atenção aos núcleos e complementos, ao modo como eles são ordenados, e constrói um sistema gramatical consistente com essa ordenação.

Essa idéia pode permitir a compreensão de outros tipos de variabilidade entre culturas. Muitos antropólogos simpáticos ao construcionismo social afirmaram que emoções que para nós são familiares, como a raiva, inexistem em algumas culturas.[19] (Um punhado de antropólogos assevera que existem culturas sem emoção nenhuma!)[20] Por exemplo, Catherine Lutz escreveu que os ifaluk (um povo micronésio) não sentem a nossa "raiva", e no lugar dela vivenciam uma experiência que denominam *song*. *Song* é um estado de irritação desencadeado por uma infração moral, como a violação de um tabu ou uma demonstração de arrogância. Ele autoriza a pessoa a evitar, olhar feio, ameaçar ou falar mal do infrator, mas não a atacá-lo fisicamente. O causador do *song* vivencia outra emoção pretensamente desconhecida pelos ocidentais: *metagu*, um estado de temor que o impele a apaziguar o acometido pelo *song* com pedidos de desculpas, pagamento de uma multa ou oferta de um presente.

Os filósofos Ron Mallon e Stephen Stich, inspirados por Chomsky e outros cientistas cognitivos, salientam que a questão de dizer que o *song* dos ifaluk e a *raiva* dos ocidentais são a mesma emoção ou que são emoções diferentes não passa de querela em torno do significado de palavras relacionadas a emoções: se devem ser definidas com base no comportamento superficial ou na computação mental subjacente.[21] Se uma emoção for definida pelo comportamento, sem dúvida as emoções diferem de uma cultura para outra. Os ifaluk reagem emocionalmente a uma mulher que trabalha nas plantações de taro quando está menstruada ou a um homem que entra numa casa onde está ocorrendo um parto, e nós não. Nós reagimos emocionalmente quando alguém grita epítetos raciais ou mostra o dedo médio erguido, mas os ifaluk, pelo que sabemos, não. Mas se uma emoção for definida por mecanismos mentais — que psicólogos como Paul Ekman e Richard Lazarus denominam "programas de afeto" ou "fórmulas se-então" (notem o vocabulário de computação) —, nós e os ifaluk não diferimos tanto, afinal de contas.[22] Poderíamos todos ser equipados com um programa que reage a uma afronta aos nossos interesses ou à nossa dignidade com um sentimento abrasador desagradável que nos motiva a punir ou exigir compensação. Mas o que é considerado afronta, se permitimos ou não que a carranca apareça em determinado contexto e a que tipos de retribuição julgamos ter direito, isso depende de nossa cultura. Os estímulos e respostas podem diferir, mas os estados mentais são os mesmos, sejam ou não perfeitamente rotulados por palavras em nossa língua.

Como no caso da linguagem, sem *alguns* mecanismos inatos de computação mental não haveria como aprender as partes de uma cultura que realmente têm de ser aprendidas. Não é coincidência que as situações que provocam *song* entre os ifaluk incluam a violação de tabus, a preguiça ou o desrespeito, a recusa a compartilhar, mas não incluam acatar um tabu, ser gentil e respeitoso, plantar bananeira. Os ifaluk interpretam os três primeiros tipos de ato como semelhantes porque evocam o mesmo programa de afeto — são percebidos como afrontas. Isso facilita aprender que exigem o mesmo tipo de reação e torna mais provável que os três sejam agrupados juntos como desencadeadores aceitáveis de uma única emoção.

A moral da história, portanto, é que categorias bem conhecidas de comportamento — costumes matrimoniais, tabus relacionados a alimentos, superstições populares etc. — certamente variam entre as culturas e têm de ser aprendidas, mas os mecanismos mais profundos de computação mental que as geram talvez sejam universais e inatos. As pessoas podem vestir-se de jeitos diferentes, mas todas se empenham em ostentar seu status por meio da aparência. Podem respeitar os direitos dos membros de seu clã exclusivamente ou podem estender esse respeito a todos da tribo, nação-Estado ou espécie, mas todas dividem o mundo em quem é do grupo e quem não é do grupo. Podem diferir em que resultados atribuem às intenções de seres conscientes, havendo aquelas que aceitam que só os artefatos são deliberadamente produzidos, outras que acreditam que as doenças são causadas por feitiços de inimigos, outras ainda que crêem que o mundo inteiro é obra de um criador. Mas todas elas explicam certos eventos invocando a existência de entidades com mentes que se esforçam para concretizar objetivos. Os behavioristas entenderam ao contrário; é a mente, e não o comportamento, que segue leis.

A quinta idéia: *a mente é um sistema complexo composto de muitas partes que interagem.* Os psicólogos que estudam as emoções em diferentes culturas fizeram outra descoberta importante. As expressões faciais sinceras parecem ser as mesmas por toda parte, mas em algumas culturas as pessoas aprendem a manter o rosto impassível quando estão em companhia que requer boas maneiras.[23] Uma explicação simples é que os programas de afeto desencadeiam expressões faciais do mesmo modo em todas as pessoas, mas quando

65

elas podem ser mostradas é governado por um sistema distinto de "regras de exibição".

A diferença entre esses dois mecanismos alicerça outra descoberta da revolução cognitiva. Antes da revolução, os estudiosos invocavam imensas caixas pretas como "o intelecto" ou "o entendimento" e faziam pronunciamentos muito abrangentes sobre a natureza humana, como o de que somos essencialmente nobres ou essencialmente perversos. Mas agora sabemos que a mente não é um orbe homogêneo dotado de poderes unitários ou características globais. A mente é modular, com muitas partes que cooperam para gerar um encadeamento de pensamentos ou uma ação organizada. Ela possui sistemas distintos de processamento de informações para filtrar e eliminar as distrações, aprender habilidades, controlar o corpo, recordar fatos, manter informações temporariamente e armazenar e executar regras. Transitando por esses sistemas de processamento de dados estão as faculdades mentais (às vezes chamadas de inteligências múltiplas) dedicadas a diferentes tipos de conteúdo, como linguagem, número, espaço, ferramentas e seres vivos. Cientistas cognitivos do Pólo Leste desconfiam que os módulos baseados em conteúdo são diferenciados, em grande medida, pelos genes;[24] os do Pólo Oeste desconfiam que esses módulos começam como minúsculas propensões inatas da atenção e depois se coagulam com base nos padrões estatísticos do input sensitivo.[25] Mas em ambos os pólos concorda-se que o cérebro não é uma massa de carne uniforme. Ainda outra camada de sistemas de processamento de informação pode ser encontrada nos programas de afeto, ou seja, os sistemas de motivação e emoção.

O resultado é que um impulso ou hábito proveniente de um módulo pode ser traduzido em comportamento de diferentes modos — ou ser totalmente suprimido — por algum outro módulo. Vejamos um exemplo simples. Os psicólogos cognitivos acreditam que um módulo denominado "sistema de hábito" fundamenta nossa tendência a produzir certas respostas habitualmente, como quando respondemos a uma palavra impressa pronunciando-a em silêncio. Mas outro módulo, chamado "sistema de atenção supervisora", pode suplantar aquele e enfocar as informações que sejam relevantes para um problema especificado, como dizer o nome da cor em que a palavra está impressa ou imaginar uma ação condizente com a palavra.[26] De modo mais geral, a interação de sistemas mentais pode explicar como as pessoas podem ter fantasias de vingança que nunca põem em prática, ou cometer adultério apenas em imaginação. Dessa maneira, a teoria da natureza humana que emerge da revolução cognitiva tem mais em comum com a teoria judaico-cristã da natureza humana e com a teoria psicanalítica proposta por Sigmund Freud do que com o behaviorismo, o construcionismo social e outras versões da tábula rasa. O comportamento não é apenas emitido ou evocado, e também não provém diretamente da cultura ou da sociedade. Ele emerge de uma luta interna entre módulos mentais com diferentes destinações e objetivos.

A idéia aventada pela revolução cognitiva de que a mente é um sistema de módulos computacionais gerativos universais lança por terra as bases sobre as quais os debates sobre a natureza humana foram travados por séculos. Hoje em dia é totalmente equivocado indagar se os humanos são flexíveis ou programados, se o comportamento é universal ou varia entre as culturas, se os atos são aprendidos ou inatos, se somos essencialmente bons ou essencialmente maus. Os humanos comportam-se de maneira flexível *porque* são programados: suas mentes são dotadas de software combinatório capaz de gerar um conjunto ilimitado de pensamentos e comportamentos. O comportamento pode variar entre as culturas, mas a estrutura dos programas mentais que geram o comportamento não precisa variar. O comportamento inteligente é aprendido com êxito porque temos sistemas inatos que se incumbem do aprendizado. E todas as pessoas podem ter motivos bons e maus, mas possivelmente nem todas os traduzirão em comportamentos da mesma maneira.

A segunda ponte entre mente e matéria é a neurociência, especialmente a neurociência cognitiva, o estudo de como a cognição e a emoção são implementadas no cérebro.[27] Francis Crick escreveu um livro sobre o cérebro intitulado *The astonishing hypothesis* ["A hipótese espantosa", sem tradução em português], aludindo à idéia de que todos os nossos pensamentos e sentimentos, alegrias e pesares, sonhos e desejos consistem em atividade fisiológica do cérebro.[28] Neurocientistas calejados, para quem essa idéia já é ponto pacífico, escarneceram do título, mas Crick tinha razão: essa hipótese é espantosa para a maioria das pessoas na primeira vez que refletem sobre ela. Quem não consegue sensibilizar-se com o prisioneiro Dmitri Karamazov quando ele tenta dar um sentido ao que acabou de saber por um acadêmico visitante?

Imagine: dentro, os nervos, na cabeça — isto é, esses nervos estão lá na cabeça... (malditos sejam!) há uma espécie de rabichos, os rabichos desses nervos, e assim que começam a tremular... quer dizer, sabe, eu olho para alguma coisa com meus olhos e quando começam a tremular, esses rabichos... e quando tremulam aparece uma imagem... não de imediato, passado um instante, um segundo... e então algo como um momento aparece; quer dizer, não um momento — ao diabo com o momento! —, mas uma imagem, isto é, um objeto, ou uma ação, droga! É por isso que vejo e então penso, por causa desses rabichos, e não porque eu tenha uma alma nem porque eu seja alguma espécie de imagem e semelhança. Tudo isso é bobagem! Rakitin me explicou tudo ontem, meu irmão, e fiquei de boca aberta. É magnífica, Alyosha, essa ciência! Um novo homem está surgindo — isso eu entendo. [...] Mas lamento perder Deus![29]

A presciência de Dostoievski, em si, já é espantosa, pois em 1880 compreendiam-se apenas os rudimentos do funcionamento neural, e uma pessoa ponderada poderia duvidar de que toda experiência emerge dos rabichos tremulantes dos nervos. Mas hoje não. Pode-se afirmar que a atividade de processamento de informação do cérebro *causa* a mente, ou se pode afirmar que ela *é* a mente, mas em qualquer dos casos são incontestáveis os indícios de que todo aspecto de nossa vida mental depende inteiramente de eventos fisiológicos nos tecidos do cérebro.

Quando um cirurgião manda uma corrente elétrica para o cérebro, a pessoa pode ter uma experiência vívida, tal como na vida real. Quando substâncias químicas penetram no cérebro, podem alterar a percepção, o humor, a personalidade e o raciocínio de uma pessoa. Quando morre um pedaço de tecido cerebral, uma parte da mente pode desaparecer; um paciente neurológico pode perder a capacidade de dizer o nome de utensílios, reconhecer rostos, prever o resultado de seu comportamento, ter empatia com outras pessoas ou ter noção de uma região ou espaço de seu próprio corpo. (Portanto, Descartes estava errado quando disse que "a mente é inteiramente indivisível" e concluiu que ela tinha de ser totalmente distinta do corpo.) Toda emoção e todo pensamento emitem sinais físicos, e as novas tecnologias para detectá-los são tão precisas que podem praticamente ler a mente de uma pessoa e dizer a um cientista cognitivo se a pessoa está imaginando um rosto ou um lugar. Os neurocientistas podem desativar um gene de um camundongo (um gene também encontrado em humanos) e impedir o camundongo de aprender, ou inserir cópias extras e fazer o camundongo aprender mais depressa. Ao microscópio, o tecido cerebral apresenta uma complexidade estarrecedora — 100 bilhões de neurônios conectados por 100 trilhões de sinapses — que é comensurável com a estarrecedora complexidade do pensamento e da experiência humana. Os criadores de modelos de redes neurais começaram a mostrar como as unidades constitutivas da computação mental, como a armazenagem e a recuperação de um padrão, podem ser implementadas em um conjunto de circuitos neurais. E quando o cérebro morre, a pessoa deixa de existir. Apesar dos esforços conjuntos de Alfred Russel Wallace e outros cientistas vitorianos, não parece ser possível a comunicação com os mortos.

As pessoas instruídas, naturalmente, sabem que a percepção, a cognição, a linguagem e a emoção têm raízes no cérebro. Mas ainda é tentador conceber o cérebro como era mostrado em velhos desenhos educativos, como um painel de controle com medidores e alavancas operados por um usuário — o *self*, a alma, o fantasma, a pessoa, o eu. Mas a neurociência cognitiva está mostrando que o *self* também é só mais uma rede de sistemas cerebrais.

O primeiro indício veio de Phineas Gage, o empregado de ferrovia do século XIX muito conhecido por gerações de estudantes de psicologia. Gage estava usando uma barra de ferro de um metro de comprimento para socar pólvora num buraco de rocha quando uma fagulha provocou a explosão e fez a barra entrar-lhe pelo osso malar, atravessar seu cérebro e sair pelo topo do crânio. Phineas sobreviveu com a percepção, a memória, a linguagem e as funções motoras intactas. Mas, na célebre declaração comedida de um colega, "Gage não foi mais Gage". Um pedaço de ferro transformara-o em uma pessoa diferente — um sujeito antes cortês, responsável e ambicioso tornou-se um homem rude, irresponsável e indolente. Fez isso empalando seu córtex pré-frontal ventromedial, a região do cérebro acima dos olhos que hoje sabemos ter participação no raciocínio sobre as outras pessoas. Junto com outras áreas dos lobos pré-frontais e do sistema límbico (a sede das emoções), essa região prevê as conseqüências das ações de seu possuidor e seleciona o comportamento conforme seus objetivos.[30]

Os neurocientistas cognitivos não só exorcizaram o fantasma, mas também mostraram que o cérebro nem sequer possui uma parte que faz exatamente o que se supõe que o fantasma faça: examinar todos os fatos e tomar uma decisão para o resto do cérebro implementar.[31] Cada um de nós *sente* que existe um "eu" único no controle. Mas essa é uma ilusão que o cérebro se esforça arduamente para produzir, como a impressão de que nosso campo visual é rico em detalhes de ponta a ponta. (Na verdade, somos cegos para os detalhes fora do ponto de fixação. Movemos rapidamente os olhos para o que quer que pareça interessante, e isso nos leva a pensar enganosamente que os detalhes estavam lá o tempo todo.) O cérebro possui, de fato, sistemas supervisores nos lobos pré-frontais e no córtex do cíngulo anterior, que podem apertar os botões do comportamento e predominar sobre hábitos e impulsos. Mas esses sistemas são dispositivos com peculiaridades e limitações específicas; não são implementações do agente racional livre tradicionalmente identificado com a alma ou o *self*.

Uma das mais eloqüentes demonstrações da ilusão do *self* unificado foi dada pelos neurocientistas Michael Gazzaniga e Roger Sperry; eles mostraram que quando cirurgiões cortam o corpo caloso que une os hemisférios cerebrais, praticamente cortam o cérebro em dois, e cada hemisfério pode exercer o livre-arbítrio sem o conselho ou consentimento do outro. Mais desconcertante ainda é o fato de que o hemisfério esquerdo constantemente tece um relato coerente mas falso do comportamento escolhido sem seu conhecimento pelo hemisfério direito. Por exemplo, se um experimentador mostra de relance o comando "Ande" ao hemisfério direito (mantendo-o na parte do campo visual que só pode ser vista pelo hemisfério direito), a pessoa obedece à ordem e começa a sair andando da sala. Mas quando se pergunta à pessoa (especificamente, ao hemisfério esquerdo da pessoa) por que ela acaba de se levantar, ela responde, com toda a sinceridade, "para buscar uma Coca-Cola" — em vez de "eu não sei" ou "tive esse impulso", ou ainda "vocês fazem testes comigo há anos desde que fiz a cirurgia, e às vezes me induzem a fazer coisas, mas não sei exatamente o que me pediram para fazer". Analogamente, se for mostrada uma galinha ao hemisfério esquerdo do paciente e uma nevasca ao hemisfério direito, e ambos os hemisférios tiverem de selecionar uma imagem condizente com o que vêem (cada um usando uma mão diferente), o hemisfério esquerdo escolhe uma garra (corretamente), e o direito uma pá (também corretamente). Mas quando se pergunta ao hemisfério esquerdo por que a pessoa como um todo fez as duas escolhas, ele responde alegremente: "Ora, é simples: a garra da galinha é uma parte da galinha, e a pá é usada para limpar o galinheiro".[32]

O assombroso é que não temos razão para pensar que o gerador de conversa fiada no hemisfério esquerdo do paciente está se comportando de modo diferente do *nosso* hemisfério esquerdo quando interpretamos as inclinações que emanam do resto de *nosso* cérebro. A mente consciente — o *self* ou alma — é uma forjadora de interpretações, e não o comandante-em-chefe. Sigmund Freud imodestamente escreveu que "a humanidade ao longo do tempo teve de sofrer nas mãos da ciência três grandes ultrajes a seu ingênuo amor-próprio": a descoberta de que nosso mundo não é o centro das esferas celestes, e sim um grãozinho de poeira em um vasto universo, a descoberta de que não fomos especialmente criados, e sim descendemos de animais, e a descoberta de que com freqüência nossa mente consciente não controla o modo como agimos, mas simplesmente nos conta uma história sobre nossas ações. Freud estava certo quanto ao impacto cumulativo, mas foi a neurociência cognitiva, e não a psicanálise, que desferiu conclusivamente o terceiro golpe.

A neurociência cognitiva está solapando não só o fantasma na máquina mas também o bom selvagem. Lesões nos lobos frontais não apenas deixam a pessoa embotada ou diminuem seu repertório comportamental; podem também desencadear ataques agressivos.[33] Isso acontece porque os lobos com lesão não atuam mais como freios inibidores sobre partes do sistema límbico, particularmente um circuito que liga a amígdala ao hipotálamo por um trajeto denominado *stria terminalis*. Conexões entre o lobo frontal em cada hemisfério e o sistema límbico fornecem uma alavanca por meio da qual o conhecimento e os objetivos da pessoa podem predominar sobre outros mecanismos, e entre esses mecanismos aparentemente está aquele formado para gerar comportamentos que agridem outras pessoas.[34]

Tampouco a estrutura física do cérebro é uma tábula rasa. Em meados do século XIX o neurologista Paul Broca descobriu que as dobras e pregas do córtex cerebral não têm um traçado de floreios aleatórios como as impressões digitais, e sim uma geometria reconhecível. De fato, a disposição é tão consistente de cérebro para cérebro que cada dobra e cada prega pode receber um nome. Desde então, os neurologistas descobriram que a anatomia macroscópica do cérebro — os tamanhos, formas e conectividade de seus lobos e núcleos, bem como o plano básico do córtex cerebral — é em grande medida moldada pelos genes no desenvolvimento pré-natal normal.[35] O mesmo vale para a quantidade de matéria cinzenta nas diferentes regiões cerebrais de pessoas distintas, incluindo as que alicerçam a linguagem e o raciocínio.[36]

Essa geometria e essas ligações inatas podem ter conseqüências reais para o pensamento, o sentimento e o comportamento. Como veremos em capítulo posterior, bebês que sofrem lesões em determinadas áreas do cérebro freqüentemente crescem com déficits permanentes em faculdades mentais específicas. E pessoas que nascem com variações no plano típico têm variações no modo como sua mente funciona. Segundo um estudo recente dos cérebros de gêmeos idênticos e fraternos, diferenças na quantidade de matéria cinzenta nos lobos frontais não são só geneticamente influenciadas mas também significativamente correlacionadas com diferenças na inteligência.[37] Um estudo do cérebro de Albert Einstein revelou que eram grandes e de formato incomum os seus lóbulos parietais inferiores, que participam do raciocínio espacial e das intuições sobre números.[38] Os homens homossexuais tendem a possuir um núcleo intersticial 3 do hipotálamo anterior menor, e sabemos que esse núcleo tem um papel nas diferenças entre os sexos.[39] E os assassinos e outras pessoas anti-sociais violentas tendem a possuir um córtex pré-frontal menor e menos ativo, sendo essa a parte do cérebro que governa a tomada de decisões e inibe impulsos.[40] Essas características macroscópicas do cérebro quase certamente não são esculpidas por informações enviadas pelos sentidos, o que implica que diferenças em inteligência, gênio científico, orientação sexual e violência impulsiva não são inteiramente aprendidas.

De fato, até recentemente o caráter inato da estrutura cerebral era um estorvo para a neurociência. O cérebro não podia ter todas as suas conexões, até a última sinapse, feitas pelos genes, pois não existem informações suficientes no genoma para que isso aconteça. E sabemos que as pessoas aprendem durante toda a vida, e que os produtos do aprendizado têm de ser armazenados no cérebro de algum modo. A menos que se acredite em um fantasma na máquina, tudo o que uma pessoa aprende tem de afetar alguma parte do cérebro; mais precisamente: aprendizado *é* uma mudança em alguma parte do cérebro. Mas era difícil encontrar as características no cérebro que refletissem essas mudanças em meio a toda aquela estrutura inata. Quando alguém melhora seus conhecimentos matemáticos, coordenação motora ou discriminação visual, seu cérebro não ganha volume da mesma maneira que um halterofilista aumenta seus músculos exercitando-se.

Agora, finalmente, a neurociência está começando a alcançar a psicologia, descobrindo mudanças no cérebro subjacentes ao aprendizado. Como veremos, as fronteiras entre trechos de córtex dedicados a diferentes partes do corpo, talentos e até sentidos físicos podem ser ajustadas pelo aprendizado e pela prática. Alguns neurocientistas, empolgadíssimos com essas descobertas, estão tentando empurrar o pêndulo na outra direção, enfatizando a plasticidade do córtex cerebral. Mas, por razões que exporei no capítulo 5, a maioria dos neurocientistas acredita que essas mudanças ocorrem dentro de uma matriz de estrutura geneticamente organizada. Existem muitas coisas que não compreendemos com respeito ao modo como se dá o traçado do cérebro durante seu desenvolvimento, mas sabemos que o cérebro não é indefinidamente moldável pela experiência.

A terceira ponte entre o biológico e o mental é a genética comportamental, o estudo de como os genes afetam o comportamento.[41] Todo o potencial para pensar, aprender e sentir que distingue os humanos de outros animais reside nas informações contidas no DNA do óvulo fertilizado. Isso fica mais evidente quando comparamos espécies. Chimpanzés criados em um lar humano não falam, não pensam e não agem como pessoas, e isso ocorre devido às informação nos dez megabytes de DNA que diferem entre nós. Mesmo as duas espécies de chimpanzé, os chimpanzés comuns e os bonobos, que diferem apenas em alguns décimos de 1% de seus genomas, têm distinção em seus comportamentos, como os tratadores de zoológico descobriram na primeira vez que inadvertidamente misturaram os dois. Os chimpanzés comuns estão entre os mamíferos mais agressivos conhecidos da zoologia, e os bonobos entre os mais pacíficos; nos chimpanzés comuns, os machos dominam as fêmeas, enquanto nos bonobos quem manda são elas; os chimpanzés comuns têm relações sexuais para procriação, e os bonobos para recreação. Pequenas diferenças nos genes podem levar a grandes diferenças de comportamento. Podem afetar o tamanho e a forma de diferentes partes do cérebro, suas conexões e a nanotecnologia que libera, liga e recicla hormônios e neurotransmissores.

A importância dos genes na organização do cérebro normal é corroborada pelos muitos modos como genes que não são típicos podem originar mentes que não são típicas. Quando eu era aluno de graduação, foi perguntado em uma prova de psicologia do anormal: "Qual o melhor indicador para prognosticar que uma pessoa se tornará esquizofrênica?". A resposta era: "Ter um gêmeo idêntico que é esquizofrênico". Na época, essa era uma questão capciosa, pois as teorias reinantes sobre a esquizofrenia mencionavam estresse social, "mães esquizofrenogênicas", duplos dilemas e outras experiências de vida (nenhuma das quais revelou muita, ou alguma, importância); praticamente ninguém pensava nos genes como uma possível causa. Mas, mesmo então, as evidências estavam presentes: a esquizofrenia é acentuadamente concordante com gêmeos idênticos, que têm em comum todo o DNA e a maior parte do ambiente, porém muito menos concordante com gêmeos fraternos, que têm em comum apenas metade do DNA (do DNA que varia na população) e a maior parte do ambiente. Essa pergunta capciosa poderia ser feita — e teria a mesma resposta — para praticamente todo distúrbio ou diferença cognitiva e emocional já observada. Autismo, dislexia, atraso na linguagem, deficiência na linguagem, incapacidade de aprendizado, canhotismo, depressões graves, distúrbio bipolar, distúrbio obsessivo-compulsivo, orientação sexual e muitas outras condições encontradas em famílias são mais concordantes em gêmeos idênticos do que em gêmeos fraternos, são mais acertadamente prognosticadas com base em parentes biológicos do que em parentes adotivos e mal prognosticadas com base em qualquer característica mensurável do ambiente.[42]

Os genes não só nos impelem para condições excepcionais de funcionamento mental, mas também nos distribuem ao longo da diversidade normal, produzindo boa parte das variações de capacidade e temperamento que observamos nas pessoas que nos cercam. A famosa charge de Chas Addams publicada na *The New Yorker* é só um pouco exagerada.

Gêmeos idênticos pensam e sentem de modos tão semelhantes que às vezes desconfiam estar ligados por telepatia. Quando são separados ao nascer e reunidos já adultos, afirmam ter a impressão de se conhecerem a vida toda. Testes confirmam que os gêmeos idênticos, separados ou não ao nascer, são fantasticamente parecidos (embora longe de idênticos) em praticamente qualquer característica que se possa medir. São semelhantes em inteligência verbal, matemática e geral, no grau de satisfação com a vida e em características de personalidade como ser introvertido, aquiescente, neurótico, consciencioso e receptivo à experiência. Têm atitudes semelhantes diante de questões polêmicas como pena de morte, religião e música moderna. São parecidos não só em testes de papel e lápis, mas no comportamento conseqüencial como jogar, divorciar-se, cometer crimes, envolver-se em acidentes e ver televisão. E exibem dezenas de idiossincrasias como rir sem parar, dar respostas intermináveis a perguntas simples, molhar o pão com manteiga no café e — no caso de Abigail van Buren e

74

Separados ao nascer, os gêmeos Mallifert se encontram acidentalmente.

© The New Yorker Collection 1981. Charles Addams, de cartonbank.com. Todos os direitos reservados.

Ann Landers — escrever textos indistinguíveis nas colunas de conselhos sentimentais. Os penhascos e vales de seus eletroencefalogramas (ondas cerebrais) são tão parecidos quanto os de uma única pessoa registrados em duas ocasiões, e as pregas de seus cérebros e a distribuição da matéria cinzenta pelas áreas corticais também são similares.[43]

Os efeitos das diferenças nos genes sobre as diferenças nas mentes podem ser medidos, e a mesma estimativa aproximada — substancialmente maior do que zero, mas substancialmente menor do que 100% — surge nos dados, independentemente do critério de medida usado. Gêmeos idênticos são muito mais semelhantes do que gêmeos fraternos, sejam criados juntos ou separados;

gêmeos idênticos criados separadamente são muito semelhantes; irmãos biológicos, sejam criados juntos ou separados, são muito mais parecidos do que
irmãos adotivos. Muitas dessas conclusões provêm de extensos estudos feitos
em países escandinavos, onde os governos mantêm gigantescos bancos de dados
sobre seus cidadãos, e empregam os instrumentos de mensuração mais confiáveis conhecidos pela psicologia. Céticos apresentaram explicações alternativas,
tentando empurrar os efeitos dos genes na direção do zero — aventaram que os
gêmeos idênticos separados ao nascer poderiam ter sido postos em lares adotivos semelhantes, que poderiam ter entrado em contato antes de passar pelos
testes, que por serem parecidos devem ter sido tratados de modo parecido e que
compartilharam um útero além dos genes. Mas, como veremos no capítulo
sobre as crianças, todas essas explicações foram testadas e rejeitadas. Recentemente um novo tipo de evidência pode ter se amontoado na pilha. "Gêmeos virtuais" são a imagem invertida de gêmeos idênticos criados separadamente: são
irmãos sem parentesco consangüíneo, um deles ou os dois adotados, que são
criados juntos desde recém-nascidos. Embora tenham a mesma idade e estejam
crescendo na mesma família, a psicóloga Nancy Seagal descobriu que os resultados de seus testes de QI praticamente não têm correlação.[44] Um pai participante do estudo disse que, apesar dos esforços para tratá-los do mesmo modo, os
irmãos virtuais são "como o dia e a noite".

Irmãos gêmeos e irmãos adotivos são experimentos naturais que proporcionam eloqüentes indícios indiretos de que diferenças em mentes podem provir de diferenças em genes. Recentemente, geneticistas apontaram alguns dos
genes que podem causar as diferenças. Um único nucleotídeo caprichoso em
um gene chamado FOXP2 causa um distúrbio hereditário na fala e na linguagem.[45] Um gene no mesmo cromossomo, LIM-kinase1, produz uma proteína
encontrada em neurônios em crescimento que ajuda a instalar a faculdade da
cognição espacial: em caso de deleção desse gene, a pessoa tem inteligência normal mas não é capaz de agrupar objetos, arranjar blocos ou copiar formas.[46]
Uma versão do gene IGF2R está associada a elevada inteligência geral, sendo responsável por nada menos que quatro pontos no QI e 2% da variação em inteligência entre indivíduos normais.[47] Quem tem uma versão mais longa do que a
média do gene receptor de dopamina D4DR tem maior probabilidade de ansiar
por emoções fortes, de ser o tipo de pessoa que salta de aviões, escala cachoei-
ras congeladas ou faz sexo com estranhos.[48] Quem tem uma versão mais curta

de um trecho de DNA que inibe o gene transportador de serotonina no cromossomo 17 tem maior probabilidade de ser neurótico ou ansioso, o tipo de pessoa que se sente paralisada em reuniões sociais por medo de ofender alguém ou agir como uma tola.[49]

Genes individuais com conseqüências destacadas são os exemplos mais dramáticos dos efeitos dos genes sobre a mente, mas não os exemplos mais representativos. A maioria das características psicológicas são produto de muitos genes com efeitos diminutos que são modulados pela presença de outros genes, e não produto de um único gene com um efeito substancial que se evidencia haja o que houver. É por isso que estudos de gêmeos idênticos (duas pessoas que têm em comum *todos* os genes) consistentemente revelam poderosos efeitos genéticos sobre uma característica mesmo quando a busca de um *único* gene responsável por essa característica não é bem-sucedida.

Em 2001 foi publicada a seqüência completa do genoma humano, e com ela ganhou-se uma nova e poderosa capacidade de identificar genes e seus produtos, incluindo os que são ativos no cérebro. Na década vindoura, os geneticistas identificarão genes que nos diferenciam dos chimpanzés, inferirão quais deles estiveram sujeitos à seleção natural durante os milhões de anos ao longo dos quais nossos ancestrais evoluíram até a espécie humana, identificarão que combinações estão associadas a capacidades mentais normais, anormais e excepcionais e começarão a identificar a cadeia de causação no desenvolvimento fetal pela qual os genes moldam os sistemas cerebrais que nos permitem aprender, sentir e agir.

Às vezes as pessoas temem que se os genes afetam a mente de alguma forma, devem determiná-la em todos os detalhes. Isso é errado, por duas razões. A primeira é que a maioria dos efeitos dos genes é probabilística. Se um gêmeo idêntico tem uma característica, geralmente não há mais do que a mesma probabilidade de que o outro a tenha, apesar de ambos possuírem um genoma completo em comum. Geneticistas comportamentais estimam que apenas cerca de metade da variação na maioria das características psicológicas em dado ambiente correlaciona-se com os genes. No capítulo sobre as crianças estudaremos o que isso significa e de onde vem a outra metade da variação.

A segunda razão por que os genes não são tudo é que seus efeitos podem variar dependendo do ambiente. Um exemplo simples pode ser encontrado em qualquer livro didático de genética. Embora diferentes variedades de trigo cultivadas em um único campo variem em altura devido a seus genes, uma única variedade de trigo cultivada em diferentes campos — um árido, o outro irrigado — variará em altura devido ao ambiente. Woody Allen nos fornece um exemplo humano. Embora sua fama, fortuna e capacidade para atrair belas mulheres talvez dependam de ele possuir genes que intensifiquem o senso de humor, no filme *Stardust memories* [*Memórias*, na tradução em português] ele explica a um invejoso colega de infância que também existe um fator ambiental crucial: "Vivemos em uma sociedade que dá grande valor às piadas. [...] Se eu fosse um índio apache, esses caras não precisam de comediantes, e então eu seria um desempregado".

É preciso encontrar em cada caso o significado das descobertas da genética comportamental para nossa compreensão da natureza humana. Um gene aberrante que causa um distúrbio indica que a versão padrão desse gene é necessária para ter uma mente humana normal. Mas o que a versão padrão faz não é imediatamente óbvio. Se uma engrenagem com um dente quebrado faz *clunque* a cada volta, não concluímos que o dente em sua forma intacta é um supressor de *clunques*. Assim, um gene que perturba uma capacidade mental não necessariamente é uma versão defeituosa de um gene "para" essa capacidade. Ele pode produzir uma toxina que interfere no desenvolvimento normal do cérebro, ou pode deixar uma fresta no sistema imune que permite a um agente patogênico infectar o cérebro, ou ainda pode fazer com que a pessoa tenha aparência estúpida ou sinistra e, com isso, afetar o modo como as outras pessoas reagem a ela. No passado, os geneticistas não podiam descartar as possibilidades desinteressantes (aquelas que não envolvem diretamente o funcionamento cerebral), e os céticos insinuavam que *todos* os efeitos genéticos podiam ser desinteressantes, meramente distorcendo ou apagando uma tábula rasa em vez de ser uma versão ineficaz de um gene que ajuda a dar estrutura a um cérebro complexo. Mas cada vez mais os geneticistas estão conseguindo vincular genes ao cérebro.

Um exemplo promissor é o gene FOXP2, associado a um distúrbio na fala e na linguagem em uma família numerosa.[50] O nucleotídeo aberrante foi encontrado em todos os membros da família portadores do distúrbio (e em uma pessoa não aparentada que apresentava a mesma síndrome), mas não foi encontrado em nenhum dos familiares livres do distúrbio, nem em 364 cromossomos de pessoas normais não aparentadas. Esse gene pertence a uma família de genes para fatores de transcrição — proteínas que ativam outros genes — que sabe-

78

mos ter papéis importantes na embriogênese. A mutação desarranja a parte da proteína que engata em uma região específica do DNA, o passo essencial para a ativação do gene certo no momento certo. O gene parece ser acentuadamente ativo no tecido cerebral fetal, e uma versão estreitamente relacionada encontrada em camundongos é ativa no córtex cerebral em desenvolvimento. Segundo os autores do estudo, esses são sinais de que a versão normal desse gene desencadeia uma cascata de eventos que ajuda a organizar uma parte do cérebro em desenvolvimento.

Também o significado da variação genética entre indivíduos normais (em comparação com defeitos genéticos que causam um distúrbio) tem de ser investigado com atenção. Uma *diferença* inata entre pessoas não é o mesmo que uma natureza humana inata que é *universal* na espécie. Documentar os modos como variam as pessoas não revelará diretamente o funcionamento da natureza humana, da mesma forma que documentar os modos como variam os automóveis não revelará diretamente como funcionam os motores dos carros. Ainda assim, a variação genética certamente tem implicações para a natureza humana. Se existem muitos modos de a mente poder variar geneticamente, a mente deve possuir muitas partes geneticamente influenciadas e atributos que possibilitam a variação. Além disso, qualquer concepção moderna de natureza humana que se fundamente na biologia (em contraste com as concepções tradicionais de natureza humana fundamentadas na filosofia, na religião ou no senso comum) tem de predizer que as faculdades componentes da natureza humana apresentam variação quantitativa, mesmo que a sua estrutura fundamental (como elas funcionam) seja universal. A seleção natural depende da variação genética e, embora reduza essa variação à medida que molda os organismos ao longo das gerações, ela nunca a esgota totalmente.[51]

Independentemente de qual venha a ser sua interpretação exata, as descobertas da genética comportamental são imensamente prejudiciais à tábula rasa e suas doutrinas associadas. A tábula não pode ser rasa se diferentes genes podem torná-la mais ou menos inteligente, bem-falante, aventureira, tímida, feliz, conscienciosa, neurótica, receptiva, introvertida, risonha, espacialmente deficiente ou propensa a molhar o pão no café. Para que os genes afetem a mente de todos esses modos, a mente tem de possuir muitas partes e aspectos a ser afetados pelos genes. Analogamente, se a mutação ou deleção de um gene pode atingir seletivamente uma capacidade cognitiva tão específica quanto a construção espacial ou uma característica de personalidade tão específica quanto a ânsia por sensações, essa característica pode ser um componente distinto de uma psique complexa.

Além disso, muitas das características afetadas pelos genes nada têm de nobres. Psicólogos descobriram que nossas personalidades diferem de cinco principais modos: somos em vários graus introvertidos ou extrovertidos, neuróticos ou estáveis, desinteressados ou abertos à experiência, aquiescentes ou antagônicos e atentos ou dispersivos. A maioria dos 18 mil adjetivos relacionados a características de personalidade em um dicionário integral da língua inglesa pode ser associada a uma dessas cinco dimensões, incluindo pecados e defeitos como ser *desnorteado, descuidado, conformista, impaciente, tacanho, rude, autocomiserativo, egoísta, desconfiado, não cooperativo* e *não confiável*. Todas as cinco principais dimensões da personalidade são hereditárias, e talvez 40% a 50% da variação em uma população típica estejam ligados a diferenças em seus genes. O pobre coitado que é introvertido, neurótico, tacanho, egoísta e não confiável provavelmente é desse jeito em parte devido a seus genes, e assim, muito provavelmente, é o resto de nós que tem tendências em quaisquer dessas direções quando comparado aos nossos semelhantes.

Não são apenas os temperamentos desagradáveis que são parcialmente hereditários, mas também o comportamento real com suas conseqüências. Incontáveis estudos mostraram que a disposição para cometer atos anti-sociais, incluindo mentir, roubar, começar brigas e destruir propriedade, é parcialmente hereditária (embora como todas as características hereditárias esta seja exercida mais em certos ambientes do que em outros).[52] Pessoas que cometem atos verdadeiramente hediondos, como apossar-se fraudulentamente das economias de uma pessoa idosa, estuprar várias mulheres ou atirar no caixa da loja que estava deitado no chão durante um assalto, freqüentemente são diagnosticadas como "psicopatas" ou "portadoras de distúrbio de personalidade anti-social".[53] A maioria dos psicopatas apresentava sinais de perversidade desde criança. Maltratavam crianças menores, torturavam animais, mentiam habitualmente e eram incapazes de sentir empatia ou remorso, muitas vezes apesar de viver em um ambiente familiar normal e de árduos esforços por parte de seus consternados pais. A maioria dos especialistas em psicopatia acredita que isso provém de uma predisposição genética, embora em alguns casos possa ter origem em lesão cerebral sofrida no início da vida.[54] Em qualquer dos casos, a genética e a neurociência estão mostrando que nem sempre se pode culpar os pais ou a sociedade por um coração de trevas.

E os genes, mesmo que absolutamente não selem nosso destino, também não dão base à intuição de que somos fantasmas na máquina. Imagine que você está angustiado porque precisa fazer uma escolha — que carreira seguir, casar-se ou não, em quem votar, que roupa usar em certa ocasião. Quando finalmente você chega, a duras penas, à sua decisão, toca o telefone. É o gêmeo idêntico que você não sabia que tinha. Durante a exultante conversa, você fica sabendo que ele acaba de escolher uma carreira semelhante, decidiu casar-se mais ou menos na mesma época, planeja votar no mesmo candidato a presidente e está usando uma camisa da mesma cor — exatamente como os geneticistas comportamentais que descobriram vocês dois teriam apostado. Que grau de escolha o "você" que fez as escolhas realmente teve se o resultado poderia ter sido predito, ao menos probabilisticamente, com base em eventos ocorridos nas tubas uterinas de sua mãe décadas atrás?

A quarta ponte da biologia para a cultura é a psicologia evolucionista, o estudo da história filogenética e das funções adaptativas da mente.[55] Essa área oferece a esperança de compreendermos o *projeto* ou *propósito* da mente — não em algum sentido místico ou teleológico, mas no sentido do simulacro de engenharia que impregna o mundo natural. Vemos esses sinais de engenharia por toda parte: nos olhos, que parecem projetados para formar imagens, no coração, que parece projetado para bombear sangue, nas asas, que parecem projetadas para alçar as aves no vôo.

Darwin mostrou, evidentemente, que a ilusão de um projeto no mundo natural pode ser explicada pela seleção natural. Certamente um olho tem uma organização demasiado perfeita para ter surgido por acaso. Nenhuma verruga, tumor ou produto de uma grande mutação poderia ter tido sorte suficiente para possuir cristalino, íris, retina, canal lacrimal etc., tudo perfeitamente arranjado de modo a formar uma imagem. Mas tampouco o olho é uma obra-prima de engenharia literalmente criada por um projetista cósmico que criou os seres humanos à sua própria imagem. O olho humano é espantosamente semelhante aos olhos de outros organismos, e contém singulares vestígios de ancestrais extintos, como por exemplo uma retina que parece ter sido instalada de trás para a frente.[56] Os órgãos de hoje são réplicas de órgãos de nossos ancestrais cujo projeto funcionou melhor que as alternativas, e assim permitiu que eles *se tornassem* nossos ancestrais.[57] A seleção natural é o único processo físico que conhecemos capaz de simular engenharia, pois é o único processo no qual o grau em que algo funciona bem pode ter um papel causal no modo como esse algo veio a existir.

A evolução é essencial para a compreensão da vida, incluindo a vida humana. Como todos os seres vivos, somos resultado da seleção natural; chegamos aqui porque herdamos características que permitiram aos nossos ancestrais sobreviver, encontrar parceiros sexuais e se reproduzir. Esse fato de suma importância explica nossos mais ardentes empenhos: por que ter um filho ingrato dói mais que picada de cobra, por que é uma verdade universalmente aceita que um homem solteiro em posse de uma boa fortuna tem de estar precisando de uma esposa, por que não entramos docilmente na derradeira noite, mas nos rebelamos desesperadamente contra a extinção da luz.

A evolução é fundamental para compreendermos a nós mesmos porque os sinais de um projeto deliberado nos seres humanos não param no coração ou no olho. Com toda a sua primorosa engenharia, um olho é inútil sem um cérebro. O que ele produz não são padrões sem sentido de um protetor de tela, e sim matéria-prima para um conjunto de circuitos que computa uma representação do mundo exterior. Essa representação alimenta outros circuitos que interpretam o mundo atribuindo causas a eventos e situando-as em categorias que nos permitem fazer predições úteis. E essa interpretação, por sua vez, trabalha a serviço de motivos como fome, medo, amor, curiosidade e busca de status e apreço. Como mencionei, capacidades que dão a impressão de não precisar de esforço — categorizar eventos, deduzir causa e efeito e empenhar-se em objetivos conflitantes — são imensos desafios quando se projeta um sistema inteligente, e os projetistas de robôs têm se esforçado, por enquanto em vão, para duplicá-las.

Portanto, os sinais de engenharia na mente humana vão até o nível mais elevado, e é por isso que a psicologia sempre foi evolucionista. Faculdades cognitivas e emocionais sempre foram reconhecidas como não aleatórias, complexas e úteis, e isso significa que devem ter sido produto do desígnio divino ou da seleção natural. Mas até recentemente na psicologia raras vezes se invocou explicitamente a seleção natural porque, em muitos temas, as intuições dos leigos sobre o que é adaptativo bastam para avançar. Ninguém precisa que um biólogo evolucionista lhe diga que a percepção de profundidade impede um animal de cair em abismos e trombar com árvores, que a sede impede que ele se desidrate ou que é melhor lembrar o que funciona e o que não funciona do que ser amnésico.

Mas para outros aspectos de nossa vida mental, particularmente na esfera social, a função de uma faculdade não é tão fácil de adivinhar. A seleção natural favorece organismos que são bons em reproduzir-se num certo ambiente. Quando o ambiente consiste em rochas, grama e cobras, é razoavelmente óbvio qual estratégia funciona e qual não funciona. Mas quando o ambiente relevante consiste em outros membros da espécie desenvolvendo suas próprias estratégias, não é tão óbvio. No jogo da evolução é melhor ser monógamo ou polígamo? Brando ou agressivo? Cooperativo ou egoísta? Indulgente com os filhos ou severo? Otimista, pragmático ou pessimista?

Para questões como essas, palpites são inúteis, e é por isso que a biologia evolucionista cada vez mais tem sido trazida para a psicologia. Os biólogos evolucionistas nos dizem que é um erro pensar em qualquer coisa conducente ao bem-estar das pessoas — coesão do grupo, abstenção de violência, união monogâmica de casais, prazer estético, auto-estima — como uma "adaptação". O que é "adaptativo" na vida cotidiana não é necessariamente uma "adaptação" no sentido técnico de ser uma característica que foi favorecida pela seleção natural na história evolutiva de uma espécie. A seleção natural é o processo moralmente indiferente no qual os replicadores mais eficazes se reproduzem mais do que as alternativas e acabam por prevalecer na população. Os genes selecionados, portanto, serão os "egoístas", na metáfora de Richard Dawkins — mais precisamente, os megalomaníacos, aqueles que fazem mais cópias de si mesmos.[58] Uma adaptação é qualquer coisa ocasionada pelos genes que os ajuda a concretizar essa obsessão metafórica, independentemente de isso atender ou não às aspirações humanas. E essa é uma concepção gritantemente distinta das nossas intuições corriqueiras sobre os propósitos de nossas faculdades.

A megalomania dos genes não significa que a benevolência e a cooperação não podem evoluir, assim como a lei da gravidade não prova que a capacidade de voar não pode evoluir. Significa apenas que a benevolência, como a capacidade de voar, é um estado de coisas especial que requer uma explicação, e não algo que simplesmente acontece. Ela pode evoluir somente em determinadas circunstâncias, e tem de ser sustentada por um conjunto de faculdades cognitivas e emocionais. Assim, a benevolência (e outros motivos sociais) tem de ser trazida para o palco em vez de ser tratada como parte do cenário. Na revolução sociobiológica da década de 1970, biólogos evolucionistas substituíram a vaga impressão de que os organismos evoluem para servir ao bem da maioria por deduções de que tipos de motivos tendem a evoluir quando os organismos interagem com prole, parceiros, irmãos, amigos, estranhos e adversários.

Quando essas predições foram combinadas com alguns fatos básicos sobre o estilo de vida de caçadores-coletores no qual a humanidade evoluiu, partes da psique que antes eram inescrutáveis revelaram possuir um fundamento lógico tão claro quanto o da percepção de profundidade e a regulação da sede. A apreciação da beleza, por exemplo, faz a preferência recair sobre rostos que mostram sinais de saúde e fertilidade — exatamente como poderíamos predizer se essa característica de preferência houvesse evoluído para ajudar seu possuidor a encontrar o parceiro mais apto.[59] As emoções de solidariedade, gratidão, culpa e raiva permitem às pessoas beneficiar-se da cooperação sem ser exploradas por mentirosos e trapaceiros.[60] Uma reputação de agressividade e sede de vingança era a melhor defesa contra a agressão num mundo no qual ninguém podia discar 190 e chamar a polícia.[61] As crianças adquirem a linguagem falada instintivamente, mas a linguagem escrita, só com esforço, pois a linguagem falada tem sido uma característica da vida humana por dezenas ou centenas de milênios, enquanto a linguagem escrita é uma invenção recente e de difusão lenta.[62]

Nada disso significa que as pessoas se empenham conscientemente em replicar seus genes. Se a mente funcionasse desse modo, os homens fariam fila às portas dos bancos de sêmen e as mulheres pagariam para que seus óvulos fossem coletados e doados a casais inférteis. Significa apenas que os sistemas hereditários de aprendizado, pensamento e sentimento possuem uma organização que, no ambiente onde evoluíram nossos ancestrais, teria conduzido, em média, a maiores chances de sobrevivência e reprodução. As pessoas gostam de comer, e, num mundo sem *junk food,* esse gosto levava-as a nutrir-se, mesmo que a tabela de informação nutricional dos alimentos nunca lhes tivesse passado pela cabeça. As pessoas gostam de sexo e de crianças, e, num mundo sem contracepção, isso bastava para que os genes se virassem sozinhos.

A diferença entre os mecanismos que impelem os organismos a comportar-se em tempo real e os mecanismos que moldaram a estrutura do organismo ao longo do tempo evolucionário é importante o suficiente para merecer seu próprio jargão. Uma causa *próxima* de comportamento é o mecanismo que aperta os botões do comportamento em tempo real, como a fome e a sensualidade, que impelem as pessoas a comer e a ter relações sexuais. Uma causa *última* é o fundamento lógico adaptativo que levou a causa próxima a evoluir, como a necessidade de nutrição e reprodução que nos dá os impulsos de fome e desejo sexual. A distinção entre causação próxima e última é indispensável para a compreensão de nós mesmos, pois ela determina a resposta a toda pergunta na forma "Por que essa pessoa agiu assim?". Para dar um exemplo simples, em última análise as pessoas anseiam por sexo para reproduzir-se (pois a causa última do sexo é a reprodução), mas, analisando de uma perspectiva mais imediata, elas talvez façam todo o possível para não se reproduzir (porque a causa próxima do sexo é o prazer).

A diferença entre objetivos próximos e últimos é outro tipo de prova de que não somos tábulas rasas. Sempre que as pessoas se empenham por recompensas óbvias como saúde e felicidade, que têm sentido tanto na esfera próxima como na última, pode-se plausivelmente supor que a mente está equipada apenas com o desejo de ser feliz e saudável e com um cálculo de causa e efeito que ajuda as pessoas a conseguir o que querem. Mas com freqüência as pessoas têm desejos que subvertem seu bem-estar próximo, desejos que elas não são capazes de explicar e que elas (e a sociedade) podem tentar em vão extirpar. Podem cobiçar a mulher do próximo, morrer precocemente por comer demais, explodir por causa de pequenas desconsiderações, não amar os enteados, acelerar o corpo em resposta a um estímulo estressante que não conseguem combater ou evitar, extenuar-se para aparentar grandeza ou subir na carreira e preferir para consorte uma pessoa sexy e perigosa a uma sem encantos mas confiável. Esses impulsos pessoalmente intrigantes têm um fundamento evolucionário transparente, e indicam que a mente é equipada com anseios moldados pela seleção natural, e não com um desejo genérico de bem-estar pessoal.

A psicologia evolucionista também explica *por que* a tábula não é rasa. A mente foi forjada na competição darwiniana, e um meio inerte teria sido suplantado por rivais equipados com alta tecnologia — com sistemas perceptivos aguçados, perspicazes, solucionadores de problemas, estrategistas astuciosos e circuitos de feedback sensíveis. Pior ainda: se nossa mente fosse de fato maleável, seria facilmente manipulada por nossos rivais, que poderiam nos moldar ou condicionar para que servíssemos às necessidades deles, e não às nossas. Uma mente maleável teria sido facilmente eliminada no processo de seleção.

Pesquisadores das ciências humanas começaram a dar corpo à hipótese de que a mente evoluiu com uma estrutura universal complexa. Alguns antropólogos reexaminaram registros etnográficos que alardeavam diferenças entre culturas e descobriram um conjunto espantosamente detalhado de aptidões e gostos que todas as culturas têm em comum. Essa coincidência nos modos como pensamos, sentimos e vivemos nos faz parecer uma única tribo, que o antropólogo Donald Brown denominou povo universal, inspirado na gramática universal de Chomsky.[63] Centenas de características, do medo de cobras aos operadores lógicos, do amor romântico aos insultos humorísticos, da poesia aos tabus alimentares, da troca de bens ao luto pelos mortos, podem ser encontradas em todas as sociedades já documentadas. Isso não quer dizer que todo comportamento universal reflete diretamente um componente universal da natureza humana — muitos emergem de uma interação de propriedades universais da mente, propriedades universais do corpo e propriedades universais do mundo. Não obstante, a extraordinária riqueza e detalhamento na descrição do povo universal é um choque para qualquer intuição de que a mente é uma tábula rasa ou de que as culturas podem variar sem limite, e na lista sempre existe alguma coisa que refuta quase qualquer teoria nascida dessas intuições. Nada pode substituir a visão da lista completa de Brown, por isso ela está reproduzida, com a permissão do autor, em um apêndice (ver página 586).

A idéia de que a seleção natural dotou os humanos com uma mente universal complexa recebeu apoio de outras áreas. Os psicólogos infantis já não acreditam que o mundo de um bebê é uma confusão de imagens súbitas e ruídos indistintos, pois descobriram sinais das categorias básicas da mente (como as referentes a objetos, pessoas e utensílios) em bebês muito novos.[64] Arqueólogos e paleontólogos descobriram que os humanos pré-históricos não eram trogloditas animalescos, pois exercitavam a mente com arte, rituais, trocas, violência, cooperação, tecnologia e símbolos.[65] E os primatologistas mostraram que nossos parentes peludos não são como ratos de laboratório prontos para ser condicionados, e sim criaturas equipadas com muitas faculdades complexas que outrora eram consideradas exclusivamente humanas, incluindo conceitos, senso espacial, uso de ferramentas, inveja, amor aos filhos, reciprocidade, apaziguamento e diferenças entre os sexos.[66] Com tantas capacidades mentais aparecendo em todas as culturas humanas, nas crianças antes de terem adquirido cultura e em criaturas que têm pouca ou nenhuma cultura, a mente já não parece uma massa informe que a cultura molda.

Mas é a doutrina do bom selvagem que tem sido mais impiedosamente desmoralizada pelo novo pensamento evolucionista. *Qualquer coisa* inteiramente nobre é um produto improvável da seleção natural, já que na competição entre os genes pela representação na próxima geração quem é nobre tende a chegar por último. Conflitos de interesse são ubíquos entre os seres vivos, pois dois animais não podem comer o mesmo peixe ou monopolizar o mesmo parceiro sexual. Na medida em que os motivos sociais são adaptações que maximizam cópias dos genes que os produzem, devem ser estruturados para prevalecer em tais conflitos, e um modo de prevalecer é neutralizar a competição. Como disse William James, com só um pouquinho de exagero: "Nós, os representantes da linhagem dos bem-sucedidos responsáveis por uma cena de matança após outra, independentemente das virtudes mais pacíficas que também possamos ter, com toda a certeza ainda possuímos, prontos para a qualquer momento explodir em chamas, os latentes e sinistros traços de caráter por meio dos quais nossos ancestrais sobreviveram a tantos massacres, ferindo outros mas saindo ilesos".[67]

De Rousseau ao autor do editorial do Dia de Ação de Graças citado no capítulo 1, muitos intelectuais acalentaram a imagem dos nativos pacíficos, igualitários e amantes da natureza. Mas nestas duas últimas décadas os antropólogos reuniram dados sobre a vida e a morte em sociedades pré-estatais em vez de aceitar os generosos e vagos estereótipos. O que descobriram? Em poucas palavras: Hobbes estava certo, Rousseau estava errado.

Para começar, as histórias de tribos remotas que jamais conheceram a violência revelaram-se lendas urbanas. As descrições de Margaret Mead sobre os nativos da Nova Guiné amantes da paz e os sexualmente displicentes samoanos basearam-se em pesquisas superficiais e se revelaram quase perversamente erradas. Como documentou posteriormente o antropólogo Derek Freeman, os samoanos podem espancar ou matar as filhas se elas não forem virgens na noite de núpcias, e um jovem que não consegue namorar uma virgem pode estuprar uma para obrigá-la a fugir com ele, e a família de um marido traído pode atacar e matar a adúltera.[68] Os !Kung San do deserto do Kalahari haviam sido descritos por Elizabeth Marshall Thomas como "o povo inofensivo" em um livro com esse título [*The harmless people*]. Mas logo que os antropólogos acamparam por lá o suficiente para acumular dados, descobriram que os !Kung San têm uma taxa de assassinatos maior que as das *inner cities* [regiões centrais pobres e decadentes de grandes cidades americanas]. Constataram também que um grupo dos San recentemente vingara um assassinato esgueirando-se até o grupo a que pertencia o assassino e executando todos os homens, mulheres e crianças enquanto dormiam.[69] Mas pelo menos os !Kung San existem. No início da década de 1970, a *New York Times Magazine* noticiou a descoberta dos "dóceis tasadays" na floresta pluvial filipina, um povo sem palavras que designassem conflito, violência ou armas. Acontece que os tasadays eram agricultores locais vestidos com folhas para uma fotografia oportunista a fim de que protegidos de Ferdinand Marcos pudessem demarcar sua "terra natal" como uma reserva e gozar direitos exclusivos de exploração de minérios e madeira.[70]

Antropólogos e historiadores também andaram contando corpos. Muitos intelectuais alardeiam os números reduzidos de baixas em campo de batalha nas sociedades pré-estatais como sinal de que a guerra primitiva é sobretudo ritualista. Não observam que duas mortes em um bando de quinze pessoas equivalem a 10 milhões de mortes em um país do tamanho dos Estados Unidos. O arqueólogo Lawrence Keeley resumiu a proporção de mortes de homens causadas por guerras em várias sociedades para as quais há dados disponíveis.[71] As

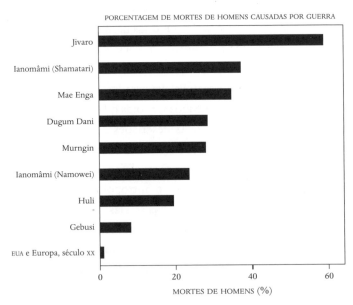

oito primeiras barras, que variam de quase 10% a quase 60%, correspondem a povos indígenas da América do Sul e da Nova Guiné. A barra quase invisível embaixo representa os Estados Unidos e a Europa no século XX e inclui as estatísticas das duas guerras mundiais. Além disso, Keeley e outros observaram que povos nativos levam a guerra tremendamente a sério. Muitos deles fazem as armas mais letais que sua tecnologia permite, exterminam seus desafetos sempre que podem escapar de ser punidos por isso e intensificam a experiência torturando prisioneiros, decepando partes para guardar como troféus e banqueteando-se com a carne dos inimigos.[72]

Contar sociedades em vez de cadáveres resultou em números igualmente sinistros. Em 1978 a antropóloga Carol Ember calculou que 90% das sociedades de caçadores-coletores sabidamente tomam parte em guerras, e 64% guerreiam pelo menos uma vez a cada dois anos.[73] Mesmo esse nível de 90% pode ser uma subestimação, pois é freqüente os antropólogos não conseguirem estudar uma tribo por tempo suficiente para medir surtos que ocorrem mais ou menos a cada década (imagine um antropólogo estudando os pacíficos europeus entre 1918 e 1938). Em 1972, outro antropólogo, W. T. Divale, investigou 99 grupos de caçadores-coletores de 37 culturas, e descobriu que 68 estavam em guerra na época, vinte tinham estado em guerra de cinco a 25 anos antes, e todos os outros relataram ter guerreado no passado mais distante.[74] Com base nesses e em outros levantamentos etnográficos, Donald Brown inclui conflito, estupro, vingança, inveja, dominância e violência masculina em coalizão como universais humanos.[75]

Obviamente, é compreensível que as pessoas tenham escrúpulos em admitir a violência nas sociedades pré-estatais. Durante séculos o estereótipo do selvagem selvagem foi usado como pretexto para aniquilar povos indígenas e roubar-lhes as terras. Mas decerto é desnecessário pintar um falso retrato de um povo como pacífico e ecologicamente consciencioso para condenar os grandes crimes cometidos contra ele, como se o genocídio só fosse errado quando as vítimas são boazinhas.

O predomínio da violência nos tipos de ambiente em que evoluímos não significa que nossa espécie tem desejo de morte, sede inata de sangue ou imperativo territorial. Existem boas razões evolutivas para que os membros de uma espécie inteligente tentem viver em paz. Muitas simulações em computador e modelos matemáticos demonstraram que a cooperação compensa da perspectiva da evolução se os cooperadores possuírem cérebros com a combinação certa de faculdades cognitivas e emocionais.[76] Assim, embora o conflito seja um universal humano, a resolução de conflitos também é. Juntamente com todos os seus motivos perversos e animalescos, todos os povos apresentam uma profusão de motivos mais cordiais e brandos: senso de moralidade, justiça e comunidade, capacidade de antever conseqüências quando escolhe como agir, amor pelos filhos, cônjuges e amigos.[77] Se um grupo se entregará à violência ou se empenhará pela paz depende de que conjunto de motivos está atuando, um tema que examinarei pormenorizadamente em capítulos posteriores.

Mas nem todos serão tranqüilizados por essas compensações, pois elas minam a tão prezada terceira suposição da vida intelectual moderna. Amor, vontade e consciência constam da tradicional lista de tarefas da alma e sempre foram contrapostos a meras funções "biológicas". Se essas faculdades também forem "biológicas" — ou seja, adaptações evolutivas implementadas nos circuitos do cérebro —, então o fantasma fica com ainda menos para fazer, e pode acabar tendo de se aposentar de uma vez.

4. Abutres da cultura

Como todos os homens da Babilônia, fui procônsul; como todos, escravo. Olhem — em minha mão direita falta o indicador. Olhem — por este rasgão em minha capa podem ver em meu estômago uma tatuagem rubra — é a segunda letra, *Beth*. Em noites de lua cheia, este símbolo confere-me poder sobre os homens com a marca de Gimel, mas sujeita-me aos de Aleph, que em noites sem lua devem obediência aos que têm a marca de Gimel. Na penumbra do amanhecer, em um porão, diante de um altar negro, cortei a garganta de touros sagrados. Certa vez, durante todo um ano lunar, declararam-me invisível — gritava e ninguém me respondia, roubava pão e não me decapitavam. [...]

Devo essa variedade quase monstruosa a uma instituição — a Loteria — que é desconhecida em outras nações, ou nelas atua imperfeitamente ou em segredo.[1]

O conto "A loteria da Babilônia", de Jorge Luis Borges, talvez seja a melhor representação da idéia de que a cultura é um conjunto de papéis e símbolos que misteriosamente recaem sobre indivíduos passivos. Sua loteria começava como o conhecido jogo no qual um bilhete premiado era recompensado com o total apostado. Mas, para aumentar o suspense, os organizadores adicionavam alguns números que davam ao portador do bilhete uma multa em vez de uma recompensa. Depois impuseram sentenças de prisão aos que não pagavam as multas, e o sistema expandiu-se em uma variedade de punições e recompensas não monetárias. A loteria tornou-se livre, compulsória, onipotente e cada vez mais misteriosa. As pessoas passaram a especular sobre como ela funcionava e até mesmo se continuava a existir.

À primeira vista, as culturas humanas realmente parecem apresentar a monstruosa variedade de uma loteria borgesiana. Membros da espécie *Homo sapiens* ingerem de tudo, de larvas e vermes a urina de vaca e carne humana. Atam, cortam, marcam com cicatrizes e esticam partes do corpo com modos que provocariam arrepios no mais perfurado adolescente ocidental. Sancionam práticas sexuais esdrúxulas como a felação diária de adolescentes feita por meninos mais novos e o arranjo de casamento entre duas crianças de cinco anos pelos pais. O aparente capricho da variação cultural conduz naturalmente à doutrina de que a cultura vive em um universo separado dos cérebros, genes e evolução. E essa separação, por sua vez, depende do conceito de uma tábula que a biologia deixa rasa e na qual a cultura escreve. Agora que tentei convencer o leitor de que a tábula não é rasa, chegou a hora de trazer a cultura novamente para o quadro. Isso completará a consiliência que abrange as ciências da vida, as ciências da natureza humana e as ciências sociais, humanidades e artes.

Neste capítulo exporei uma alternativa para a crença de que a cultura é como uma loteria. Outro modo de ver a cultura é como parte do fenótipo humano: a organização distinta que nos permite sobreviver, prosperar e perpetuar nossas linhagens. Os humanos são uma espécie cooperativa e usuária de conhecimento, e a cultura emerge naturalmente desse estilo de vida. Adiantando o assunto: os fenômenos que denominamos "cultura" emergem quando as pessoas reúnem e acumulam suas descobertas e quando instituem convenções para coordenar seus esforços e julgar seus conflitos. Quando grupos de pessoas separados pelo tempo e pela geografia acumulam diferentes descobertas e convenções, usamos o plural e dizemos culturas. Assim, culturas diferentes não provêm de tipos de genes diferentes — Boas e seus herdeiros estavam certos nesse ponto —, mas também não vivem em um mundo separado nem impõem uma forma a mentes informes.

O primeiro passo para ligar a cultura às ciências da natureza humana é reconhecer que a cultura, apesar de toda a sua importância, não é um miasma que penetra nas pessoas através da pele. A cultura depende de um conjunto de circuitos neurais responsável pela proeza que denominamos aprendizado. Esses circuitos não fazem de nós imitadores indiscriminados; têm de funcionar de modos surpreendentemente sutis para possibilitar a transmissão da cultura. Por isso é que o enfoque sobre as faculdades inatas da mente não é alternativa a um enfoque sobre aprendizado, cultura e socialização, e sim uma tentativa de explicar como essas faculdades funcionam.

Vejamos o caso da língua nativa de uma pessoa, que é uma habilidade cultural aprendida por excelência. Um papagaio e uma criança aprendem *alguma coisa* quando são expostos à fala, mas só a criança possui um algoritmo mental que extrai palavras e regras das ondas sonoras e as usa para emitir e entender um número ilimitado de novas sentenças. O dom inato da linguagem é, de fato, um mecanismo inato para *aprender* a língua.[2] Da mesma forma, para aprender sobre a cultura as crianças não podem ser meras câmeras de vídeo que registram passivamente visões e sons. Elas têm de ser equipadas com mecanismos mentais capazes de extrair as crenças e valores que fundamentam o comportamento de outras pessoas, para que possam tornar-se, elas próprias, membros competentes da cultura.[3]

Mesmo o mais humilde ato de aprendizado cultural — imitar o comportamento de um dos pais ou de um colega — é mais complicado do que parece. Para ter uma noção do que se passa em nossa mente quando, sem esforço, aprendemos com outras pessoas, precisamos imaginar como seria ter *outro* tipo de mente. Felizmente, cientistas cognitivos imaginaram isso para nós investigando as mentes de robôs, animais e pessoas com mentes deficientes.

O pesquisador de inteligência artificial Rodney Brooks, que almeja construir um robô capaz de aprender por imitação, imediatamente encontrou esse problema quando pensou em usar técnicas de aprendizado que são comuns na ciência da computação:

> O robô está observando uma pessoa abrir um frasco de vidro. A pessoa se aproxima do robô e coloca o vidro sobre uma mesa perto dele. Esfrega as mãos e se prepara para remover a tampa do frasco. Pega o frasco com uma mão, põe a outra na tampa e começa a desatarraxá-la girando-a em sentido anti-horário. Enquanto abre o frasco, pára a fim de limpar o suor da testa e dá uma olhada no robô para ver o que ele está fazendo. Depois continua a abrir o frasco. O robô, então, tenta

imitar a ação. [Mas] que partes da ação a ser imitada são importantes (como girar a tampa no sentido anti-horário) e que partes não são (como enxugar a testa)? [...] Como o robô pode abstrair o conhecimento ganho com essa experiência e aplicá-lo a uma situação semelhante?[4]

A resposta é que o robô tem de ser equipado com a capacidade de ver dentro da mente da pessoa que é imitada para que possa inferir os objetivos da pessoa e escolher os aspectos do comportamento que a pessoa usou intencionalmente para atingir o objetivo. Os cientistas cognitivos chamam essa capacidade de psicologia intuitiva, *folk psychology* [psicologia popular] ou teoria da mente. ("Teoria", neste caso, refere-se às crenças tácitas de uma pessoa, animal ou robô, e não às crenças explícitas de cientistas.) Nenhum robô existente sequer chega perto de ter essa capacidade.

Outra mente que tem dificuldade para inferir os objetivos de terceiros é a do chimpanzé. A psicóloga Laura Petitto foi a principal treinadora de língua de sinais para um animal batizado de Nim Chimpsky, e viveu com ele durante um ano em um alojamento de universidade. À primeira vista, Nim parecia "imitá-la" lavando os pratos, mas com uma importante diferença. Os pratos não ficavam necessariamente mais limpos depois de Nim esfregá-los com uma esponja, e se lhe dessem um prato já limpo, Nim o "lavava" exatamente como se estivesse sujo. Nim não absorveu o conceito de "lavar", ou seja, usar líquido para limpar algo. Ele simplesmente imitava os movimentos de sua mentora esfregando os pratos enquanto desfrutava a sensação da água morna nos dedos. Muitos experimentos de laboratório mostraram coisa parecida. Embora os chimpanzés e outros primatas tenham a reputação de imitadores ("macaco vê, macaco faz"), sua capacidade de imitar como as pessoas imitam — replicando a *intenção* da outra pessoa em vez de fazer os mesmos movimentos apenas — é rudimentar, pois sua psicologia intuitiva é rudimentar.[5]

A mente sem equipamento para discernir crenças e intenções de outras pessoas, mesmo se for capaz de aprender de outros modos, é incapaz do tipo de aprendizado que perpetua a cultura. As pessoas com autismo sofrem de uma deficiência desse tipo. São capazes de entender representações físicas como mapas e diagramas, mas não representações *mentais* — ou seja, não conseguem ler a mente de outras pessoas.[6] Embora certamente imitem, fazem-no de maneiras bizarras. Algumas são propensas à ecolalia, repetindo literalmente o que o outro diz sem extrair os padrões gramaticais que lhes permitiriam compor suas próprias sentenças. Autistas que aprendem a falar por conta própria com freqüência usam a palavra *você* no lugar de seu próprio nome, pois outras pessoas referem-se a eles como *você*, e nunca lhes ocorre que essa palavra é definida com relação a quem a está proferindo para quem. Se o pai derruba um copo e exclama "Droga!", uma criança autista talvez use *droga* para designar um copo — refutando a teoria empirista de que as crianças normais aprendem palavras meramente associando sons e eventos sobrepostos no tempo. Nada disso é conseqüência de pouca inteligência. As crianças autistas podem ser competentes (ou mesmo extremamente habilidosas) na resolução de outros problemas, e crianças retardadas sem autismo não apresentam os mesmos pontos fracos na linguagem e na imitação. O autismo é um distúrbio neurológico inato com fortes raízes genéticas.[7] Junto com os robôs e os chimpanzés, os autistas nos lembram que o aprendizado cultural só é possível porque pessoas neurologicamente normais possuem um equipamento inato para realizá-lo.

Os cientistas freqüentemente interpretam a longa infância na espécie *Homo sapiens* como uma adaptação que permite às crianças adquirir um vasto estoque de informações de sua cultura antes de viver por conta própria como adultos. Se o aprendizado cultural depende de equipamento psicológico especial, deveríamos ver esse equipamento a todo o vapor no início da infância. E, de fato, é o que vemos.

Experimentos mostram que bebês de um ano e meio não são associacionistas que ligam indiscriminadamente eventos coincidentes. São psicólogos intuitivos que analisam as intenções de outras pessoas antes de copiar o que elas fazem. Quando um adulto pela primeira vez expõe uma criança a uma palavra, como em "Isto é uma *bola*", o bebê se lembrará da palavra como o nome do brinquedo para o qual *o adulto* estava olhando no momento, e não como o nome do brinquedo para o qual o bebê estava olhando.[8] Se um adulto mexe em algum objeto mas indica que a ação foi acidental (dizendo "Opa!"), o bebê não se dará o trabalho de imitá-lo. Mas se o adulto fizer a mesma coisa porém indicando que a ação foi intencional, o bebê o imitará.[9] E quando um adulto tenta fazer alguma coisa mas fracassa (como tentar apertar um botão de campainha ou enrolar um barbante num pino), o bebê imitará o que o adulto tentou fazer, e não o que de fato fez.[10] Em meus estudos sobre a aquisição da linguagem pelas crianças, continuamente me espanto com a rapidez com que elas "captam" a lógica da linguagem, servindo-se da maior parte do vernáculo falado já aos três anos de idade.[11] Isso também pode ser uma tentativa do genoma para colocar *on-line* o nosso equipamento de aquisição de cultura o mais cedo que o cérebro em crescimento permite.

Nossa mente, portanto, é equipada com mecanismos destinados a ler os objetivos de outras pessoas para que possamos copiar seus atos intencionais. Mas por que iríamos querer copiá-los? Embora se pressuponha que adquirir cultura é bom, freqüentemente o ato de adquirir é considerado desprezível. O filósofo e estivador Eric Hoffer escreveu: "Quando as pessoas são livres para fazer o que bem entendem, geralmente imitam umas às outras". E temos metáforas que equiparam essa capacidade essencialmente humana com o comportamento de animais: ao lado de *macaco vê, macaco faz*, temos *macaquear, papaguear, mentalidade de rebanho*.

Psicólogos sociais documentaram amplamente que as pessoas sentem forte impulso de fazer como os outros fazem. Quando, sem saber, pessoas foram cercadas por ajudantes do experimentador que haviam sido pagos para fazer alguma coisa singular, muitas delas, ou a maioria, também faziam. Refutavam seus próprios olhos e diziam que uma linha longa era "curta", ou vice-versa, preenchiam despreocupadamente um questionário enquanto saía fumaça em profusão por um conduto do sistema de aquecimento, ou (em um quadro de *Câmera indiscreta*) de repente se despiam e ficavam só com a roupa de baixo sem uma razão aparente.[12] Mas os psicólogos sociais ressaltam que a conformidade humana, por mais hilariante que pareça em experimentos planejados, tem um fundamento lógico genuíno na vida social — dois, na verdade.[13]

O primeiro é *informacional*, o desejo de beneficiar-se do conhecimento e discernimento de outras pessoas. Fatigados veteranos de comitês dizem que o QI de um grupo é o QI mais baixo de qualquer membro do grupo dividido pelo número de pessoas no grupo, mas isso é pessimismo demais. Em uma espécie equipada com linguagem, psicologia intuitiva e disposição para cooperar, um grupo pode reunir as descobertas arduamente feitas por membros do presente e do passado e acabar sendo muito mais esperto do que uma raça de ermitões. Caçadores-coletores acumulam os conhecimentos para produzir utensílios, controlar o fogo, apanhar presas com astúcia e destoxificar plantas, e podem viver dessa engenhosidade coletiva mesmo que nenhum membro seja capaz de recriar tudo isso do zero. Além disso, coordenando seu comportamento (por exemplo, tangendo a caça ou revezando-se no cuidado das crianças enquanto os demais procuram alimento), podem agir como um animal de muitas cabeças e muitos membros e realizar proezas impossíveis para um individualista ferrenho. E, apesar de todas as imperfeições e idiossincrasias, um conjunto de olhos, ouvidos e cabeças interconectados é mais forte do que os de uma única pessoa. Uma expressão iídiche é um lembrete da realidade para os descontentes e teóricos da conspiração: o mundo inteiro não é louco.

Boa parte do que denominamos cultura é simplesmente sabedoria local acumulada: modos de confeccionar artefatos, escolher alimentos, dividir dádivas inesperadas etc. Alguns antropólogos, como Marvin Harris, afirmam que mesmo práticas que parecem arbitrárias como uma loteria podem, na verdade, ser soluções para problemas ecológicos.[14] As vacas têm mesmo de ser sagradas na Índia, ele observa; elas fornecem alimento (leite e manteiga), combustível (esterco) e força (puxando arados), por isso o costume que as protege impede as tentativas de matar a galinha dos ovos de ouro. Outras diferenças culturais podem ter seu fundamento lógico na reprodução.[15] Em algumas sociedades, os homens vivem com sua família paterna e sustentam esposas e filhos; em outras, vivem com a família materna e sustentam irmãs, sobrinhas e sobrinhos. Este segundo sistema tende a ser encontrado em sociedades nas quais os homens têm de passar longas temporadas longe de casa e o adultério é relativamente comum, por isso eles não podem ter certeza de ser realmente os pais dos filhos de sua esposa. Como os filhos da filha da mãe de um homem têm de ser seus parentes biológicos independentemente de quem dormiu com quem, uma família matrifocal permite aos homens investir em crianças que seguramente são portadoras de alguns de seus genes.

Evidentemente, só mesmo Procusto poderia afirmar que todas as práticas culturais têm um resultado econômico ou genético direto. O segundo motivo da conformidade é *normativo,* o desejo de seguir as normas de uma comunidade, sejam elas quais forem. Mas também isso não é um macaquear tão estúpido quanto parece à primeira vista. Muitas práticas culturais são arbitrárias em sua forma específica mas não em sua razão de ser. Não existe uma boa razão para que as pessoas dirijam do lado direito da rua em vez do esquerdo, ou vice-versa, mas existe uma razão fortíssima para que as pessoas dirijam todas do *mesmo* lado. Assim, uma escolha arbitrária quanto ao lado para dirigir e uma ampla conformidade com essa escolha têm perfeito sentido. Outros exemplos de escolhas arbitrárias mas coordenadas, que os economistas denominam "equilíbrio cooperativo", incluem dinheiro, dias designados para descanso e as combinações de som e sentido que compõem as palavras de uma língua.

Práticas arbitrárias compartilhadas também ajudam as pessoas a lidar com o fato de que, sendo muitas coisas na vida dispostas ao longo de um *continuum,* as decisões com freqüência têm de ser binárias.[16] As crianças não se tornam adultas instantaneamente, os casais que namoram não se tornam parceiros monógamos de imediato. Ritos de passagem e seus equivalentes modernos, pedaços de papel como a carteira de identidade e o registro de casamento, permitem a terceiros decidir como tratar casos ambíguos — como criança ou como adulto, como comprometido ou disponível — sem intermináveis discussões sobre diferenças de opinião.

E as categorias mais vagas de todas são as intenções das pessoas. Ele é um membro leal da coalizão (que eu gostaria de ter em minha trincheira), ou um traidor que irá virar a casaca quando a coisa ficar preta? Seu coração está com o clã de seu pai, ou com o de seu sogro? Essa viúva está alegre demais por algum motivo suspeito, ou apenas continua a levar a vida sem se abater? Ele está sendo desrespeitoso comigo, ou só está com pressa? Ritos de iniciação, emblemas tribais, períodos prescritos de luto e formas de tratamento ritualizadas podem não responder decisivamente a essas perguntas, mas podem remover nuvens de suspeita que, de outro modo, pairariam sobre a cabeça das pessoas.

Quando as convenções estão amplamente arraigadas, podem tornar-se uma espécie de realidade, muito embora existam apenas na mente das pessoas. No livro *The construction of social reality* ["A construção da realidade social", sem tradução em português] — que não deve ser confundida com a construção social da realidade —, o filósofo John Searle mostra que certos fatos são objetivamente verdadeiros só porque as pessoas agem como se eles fossem verdadeiros.[17] Por exemplo, é um fato, e não uma opinião, que George W. Bush é o quadragésimo terceiro presidente dos Estados Unidos, que O. J. Simpson foi absolvido da acusação de assassinato, que o Boston Celtics venceu o campeonato da NBA em 1986 e que um Big Mac custa (nos EUA na época em que foi escrito este livro) 2,62 dólares. Mas, embora esses sejam fatos objetivos, não são fatos sobre o mundo físico, como o número atômico do cádmio ou a classificação da baleia como mamífero. Consistem em uma interpretação compartilhada nas mentes da maioria dos membros de uma comunidade, em geral acordos para conceder (ou negar) poder ou status a determinadas pessoas.

A vida em sociedades complexas é construída sobre realidades sociais, sendo os exemplos mais óbvios o dinheiro e a soberania da lei. Mas um fato social depende inteiramente da disposição das pessoas para tratá-lo como um fato. É específico de uma comunidade, como vemos quando as pessoas se recusam a acatar a validade de uma moeda estrangeira ou não reconhecem a soberania de um líder autoproclamado. E pode dissolver-se com mudanças na psicologia coletiva, como quando uma moeda perde o valor com a hiperinflação ou um regime cai porque as pessoas desafiam a polícia e o exército em massa. (Searle observa que Mao estava apenas parcialmente certo quando afirmou que "o poder político nasce do cano de uma arma". Como nenhum regime pode manter uma arma apontada para cada cidadão, o poder político nasce da capacidade de um regime para inspirar medo a um número suficiente de pessoas ao mesmo tempo.) A realidade social existe apenas entre um grupo de pessoas, mas depende de uma capacidade cognitiva presente em cada indivíduo: a capacidade de compreender um acordo público para conferir poder ou status, e de honrá-lo enquanto as outras pessoas também o fizerem.

Como um evento psicológico — uma invenção, uma afetação, uma decisão de tratar certo tipo de pessoa de certa maneira — se torna um fato sociocultural — uma tradição, um costume, um etos, um modo de vida? Devemos conceber a cultura, segundo o antropólogo cognitivo Dan Sperber, como a *epidemiologia* de representações mentais: a propagação de idéias e práticas de pessoa a pessoa.[18] Muitos cientistas hoje usam as ferramentas matemáticas da epidemiologia (como as doenças se propagam) para construir modelos da evolução da cultura.[19] Mostraram como uma tendência das pessoas a adotar as inovações de outras pode conduzir a efeitos que compreendemos usando metáforas como epidemia, coqueluche, bola de neve, contágio. A psicologia individual torna-se cultura coletiva.

A cultura, portanto, é um fundo comum de inovações tecnológicas e sociais que as pessoas acumulam para ajudá-las na vida, e não uma coleção de papéis e símbolos arbitrários que por acaso surgem para elas. Essa idéia ajuda a explicar o que torna as culturas diferentes e semelhantes. Quando um grupo dissidente deixa a tribo e fica separado por um oceano, uma cadeia de montanhas ou uma zona desmilitarizada, uma inovação de um lado da barreira não tem como se difundir para o outro. À medida que cada grupo modifica sua própria coleção de descobertas e convenções, as coleções vão divergindo, e os grupos passam a ter culturas diferentes. Mesmo quando dois grupos se mantêm à distância de um grito, se o relacionamento entre eles for muito hostil eles podem adotar comportamentos indicadores de identidade que anunciem o lado a que pertencem, magnificando ainda mais as diferenças existentes. A ramificação e a diferenciação são bem visíveis na evolução das línguas, talvez o exemplo mais claro de evolução cultural. E, como ressaltou Darwin, têm um estreito paralelo na origem das espécies, as quais freqüentemente surgem quando uma população se divide em duas e os grupos de descendentes evoluem em direções distintas.[20] Como ocorre com as línguas e as espécies, as culturas que se separaram mais recentemente tendem a ser mais semelhantes. As culturas tradicionais da França e da Itália, por exemplo, têm mais semelhança entre si do que qualquer uma das duas com as culturas dos maoris e dos havaianos.

As raízes psicológicas da cultura também ajudam a explicar por que alguns aspectos da cultura mudam e outros se mantêm. Algumas práticas coletivas têm uma inércia enorme porque impõem um custo elevadíssimo ao primeiro indivíduo que tentar mudá-las. Uma mudança da mão de direção do lado esquerdo para o direito não poderia começar com algum ousado dissidente ou com um movimento de origem popular; teria de ser imposta de cima para baixo (foi o que aconteceu na Suécia às cinco da manhã do domingo 3 de setembro de 1967). Outros exemplos são depor as armas quando seus vizinhos hostis estão armados até os dentes, abandonar o padrão de teclado QWERTY e declarar que o imperador está nu.

Mas as culturas tradicionais também podem mudar, e mais radicalmente do que a maioria das pessoas imagina. Preservar a diversidade cultural é considerado uma virtude suprema hoje em dia, mas os membros das diversas culturas nem sempre pensam assim. As pessoas têm desejos e necessidades e, quando culturas entram em contato, fatalmente as pessoas pertencentes a uma não deixarão de notar quando seus vizinhos estão satisfazendo suas necessidades melhor do que elas próprias. Quando notam, a história nos mostra, despudoradamente tomam de empréstimo o que quer que funcione melhor. Longe de serem monólitos autopreservativos, as culturas são porosas e fluidas. A linguagem, mais uma vez, é um exemplo claro. Não obstante as eternas lamentações dos puristas e as sanções das academias de lingüística, nenhuma língua é falada do modo como era séculos antes. Basta comparar o inglês contemporâneo com a língua de Shakespeare, ou a de Shakespeare com a de Chaucer. Muitas outras práticas "tradicionais" são surpreendentemente recentes. Os ancestrais dos judeus hassídicos não usavam roupas pretas e chapéus com aba de pele nos desertos levantinos, e os índios das Grandes Planícies americanas não andavam a cavalo antes da chegada dos europeus. Também as culinárias nacionais têm raízes pouco profundas. Batatas na Irlanda, páprica na Hungria, tomates na Itália, pimenta vermelha na Índia e na China e mandioca na África provieram de plantas do Novo Mundo e foram levadas para seus "lares" tradicionais nos séculos seguintes à chegada de Colombo às Américas.[21]

A idéia de que a cultura é uma ferramenta para a vida pode até mesmo explicar o fato que inicialmente levou Boas a afirmar o oposto, ou seja, que a cultura é um sistema de idéias autônomo. A mais óbvia diferença cultural no planeta é o fato de certas culturas serem materialmente mais bem-sucedidas do que outras. Nos séculos passados, culturas da Europa e da Ásia dizimaram as culturas da África, Américas, Austrália e Pacífico. Mesmo no âmbito das culturas da Europa e Ásia a sorte variou imensamente: algumas culturas desenvolveram civilizações expansionistas ricas em arte, ciência e tecnologia, enquanto outras se atolaram na pobreza e foram impotentes para resistir à conquista. O que permitiu a pequenos grupos de espanhóis cruzar o Atlântico e derrotar os grandes impérios de incas e astecas em vez de acontecer o contrário? Por que tribos africanas não colonizaram a Europa em vez de ser colonizadas por europeus? A resposta imediata é que os conquistadores mais ricos possuíam melhor tecnologia e organização política e econômica mais complexa. Mas isso simplesmente traz de volta a questão de por que algumas culturas desenvolvem modos de vida mais complexos do que outras.

Boas ajudou a derrubar a péssima ciência racial do século XIX que atribuía tais disparidades a diferenças no grau em que cada raça evoluiu biologicamente. Em vez disso, os sucessores de Boas estipularam, o comportamento é determinado pela cultura, e a cultura é independente da biologia.[22] Infelizmente, isso deixou sem explicação diferenças gritantes entre culturas, como se elas fossem resultados aleatórios da loteria da Babilônia. De fato, as diferenças não só ficaram sem explicação mas também passaram a ser impronunciáveis, devido ao medo de que as pessoas interpretassem erroneamente a observação de que algumas culturas eram mais tecnologicamente sofisticadas do que outras como algum tipo de juízo moral determinando que as sociedades avançadas eram melhores do que as primitivas. Mas ninguém pode deixar de notar que algumas culturas conseguem, melhor do que outras, realizar coisas que todas as pessoas desejam, como saúde e conforto. O dogma de que as culturas variam a esmo é uma frágil refutação de qualquer opinião privada de que algumas raças têm o que é preciso para desenvolver a ciência, a tecnologia e o governo e outras não têm.

Mas recentemente dois estudiosos, trabalhando cada qual por si, mostraram de modo decisivo que não há necessidade de invocar a raça para explicar diferenças entre culturas. Ambos chegaram a essa conclusão evitando o Modelo Padrão da Ciência Social, no qual as culturas são sistemas de símbolos arbitrários que existem separadamente das mentes dos indivíduos. Em sua trilogia *Race and culture*, *Migrations and cultures* e *Conquests and cultures* ["Raça e cultura", "Migrações e culturas" e "Conquistas e culturas", sem tradução em português], o economista Thomas Sowell explica seu ponto de partida para uma análise das diferenças culturais:

> Uma cultura não é um padrão simbólico, preservado como uma borboleta em âmbar. Seu lugar não é em um museu, mas em atividades práticas da vida diária, onde ela evolui sob as pressões de objetivos concorrentes e outras culturas rivais. As culturas não existem simplesmente como "diferenças" estáticas a ser celebradas; competem umas com as outras como melhores e piores modos de fazer as coisas — melhores e piores não do ponto de vista de um observador, mas do ponto de vista das próprias pessoas, conforme suas labutas e aspirações em meio às duras realidades da vida.[23]

O fisiologista Jared Diamond é um proponente de idéias da psicologia evolucionista e da consiliência entre as ciências e as humanidades, particularmente a história.[24] Em *Guns, germs and steel* ["Armas, germes e aço", sem tradução em português] ele rejeitou a clássica suposição de que a história não passa de um acontecimento atrás de outro e tentou explicar a amplidão de 10 mil anos de história humana no contexto da evolução humana e da ecologia.[25] Sowell e Diamond argumentaram conclusivamente que os destinos das sociedades humanas não nascem do acaso nem da raça, mas do impulso humano para adotar as inovações de outros em combinação com as vicissitudes da geografia e da ecologia.

Diamond começa do princípio. Durante a maior parte da história evolutiva humana, vivemos como caçadores-coletores. As armadilhas da civilização — sedentarismo, cidades, divisão do trabalho, governo, exércitos profissionais, escrita, metalurgia — emergiram de um avanço recente, a agricultura, há cerca de 10 mil anos. A agricultura depende de plantas e animais que podem ser domesticados e explorados, e só algumas espécies se prestam a isso. Aconteceu de elas estarem concentradas em poucas partes do mundo, incluindo o Crescente Fértil, a China, as Américas do Sul e Central. As primeiras civilizações surgiram nessas regiões.

Dali por diante, geografia foi destino. Diamond e Sowell salientam que a Eurásia, a maior massa de terra do planeta, é uma enorme área de captação de inovações locais. Negociantes, viajantes e conquistadores podem coletá-las e disseminá-las, e as pessoas que vivem nas encruzilhadas podem concentrá-las em um pacote high-tech. Além disso, a Eurásia estende-se na direção leste-oeste, ao passo que a África e as Américas espraiam-se na direção norte-sul. As plantas cultivadas e os animais que são domesticados em uma região podem facilmente disseminar-se para outras nas mesmas latitudes, que também possuem climas semelhantes. Mas não se disseminam com tanta facilidade por longitudes diferentes, onde algumas centenas de quilômetros podem evidenciar a diferença entre os climas temperado e tropical. Os cavalos domesticados nas estepes asiáticas, por exemplo, podiam seguir para o oeste até a Europa e para o leste até a China, mas as lhamas e alpacas domesticadas nos Andes nunca se disseminaram para o norte até o México, e por isso as civilizações maia e asteca ficaram sem animais de carga. E até recentemente o transporte de artigos pesados por longas distâncias (e, com eles, os negociantes e suas idéias) só era possível por via aquática. A Europa e partes da Ásia são abençoadas por uma geografia de muitos recortes e canais, com muitas enseadas naturais e rios navegáveis; a África e a Austrália não.

Assim, a Eurásia conquistou o mundo não porque os eurasianos fossem mais inteligentes, mas porque puderam aproveitar melhor o princípio de que muitas cabeças pensam melhor do que uma. A "cultura" de qualquer uma das nações européias conquistadoras, como a da Grã-Bretanha, por exemplo, é, de fato, uma coleção das melhores invenções reunidas ao longo de milhares de quilômetros e anos. Essa coleção compõe-se de cereais e escrita alfabética provenientes do Oriente Médio, pólvora e papel da China, cavalos domesticados da Ucrânia e muitas outras coisas. Mas as culturas necessariamente isoladas da Austrália, da África e das Américas tiveram de se virar com um punhado de tecnologias desenvolvidas localmente e, como resultado, não foram páreo para seus conquistadores pluralistas. Mesmo na Eurásia e (posteriormente) nas Américas, as culturas que eram isoladas por geografia montanhosa — por exemplo, nos Apalaches, nos Bálcãs e nas *highlands* escocesas — permaneceram atrasadas por séculos em comparação com a vasta rede de pessoas à sua volta.

O caso extremo, salienta Diamond, é a Tasmânia. Os tasmanianos, que quase foram exterminados por europeus no século XIX, foram o povo mais tecnologicamente primitivo que a história já registrou. Diferentemente dos aborígines do continente australiano, os tasmanianos não sabiam acender fogo, não tinham bumerangues, atiradores de lanças, utensílios de pedra especializados, machados com cabo, canoas, agulhas de coser nem habilidade para pescar. Espantosamente, o registro arqueológico mostra que seus ancestrais haviam chegado do continente australiano com essas tecnologias 10 mil anos antes. Mas a faixa de terra que ligava a Tasmânia ao continente submergiu, e a ilha ficou isolada do resto do mundo. Diamond imagina que qualquer tecnologia pode ser perdida em uma cultura em algum momento de sua história. Talvez uma matéria-prima tenha escasseado e as pessoas tenham parado de fazer os artigos que dependiam dela. Talvez todos os artesãos especializados em uma geração tenham sido mortos por uma tempestade anormal. Talvez algum ludita ou aiatolá pré-histórico tenha imposto um tabu sobre a prática por uma ou outra razão fútil. Sempre que isso acontece com uma cultura que tem contato com outras, a tecnologia perdida pode acabar sendo readquirida quando as pessoas demandam o padrão de vida mais elevado que seus vizinhos desfrutam. Mas na isolada Tasmânia, o povo teria precisado reinventar a proverbial roda toda vez que ela fosse perdida, por isso seu padrão de vida gradualmente se deteriorou.

A suprema ironia do modelo padrão da ciência social é que ele não realizou o próprio objetivo que o originou: explicar os diferentes sucessos das sociedades humanas sem invocar as raças. A melhor explicação hoje é inteiramente cultural, mas depende de considerar a cultura um produto dos desejos humanos, e não uma moldadora desses desejos.

A história e a cultura, portanto, podem ser alicerçadas na psicologia, e esta pode ser alicerçada na computação, na neurociência, na genética e na evolução. Mas esse tipo de conversa dispara alarmes na mente de muitos que não são cientistas. Eles temem que a consiliência seja uma cortina de fumaça para a tomada hostil das humanidades, artes e ciências sociais pelos filisteus de avental branco. A riqueza de seus temas seria simplificada por um palavrório genérico sobre neurônios, genes e impulsos evolutivos. Esse cenário freqüentemente é designado como "reducionismo", e concluirei o capítulo mostrando por que a consiliência não o exige.

O reducionismo, como o colesterol, existe na forma boa e na ruim. O reducionismo ruim — também chamado "reducionismo voraz" ou "reducionismo destrutivo" — consiste em tentar explicar um fenômeno com base em seus elementos constituintes menores ou mais simples. O reducionismo voraz não é um testa-de-ferro. Conheço vários cientistas que acreditam (ou pelo menos dizem acreditar às entidades financiadoras de pesquisas) que faremos descobertas na educação, resolução de conflitos e outros temas sociais estudando a biofísica das membranas neurais ou a estrutura molecular da sinapse. Mas o reducionismo voraz está longe de ser a opinião da maioria, e é fácil mostrar por que ele é errado. Como observou o filósofo Hilary Putnam, nem mesmo o simples fato de que um pino quadrado não se encaixa num buraco redondo pode ser explicado com base em moléculas e átomos, mas somente em níveis de análise mais elevados que envolvem rigidez (independentemente do que torna rígido o pino) e geometria.[26] E se alguém realmente achasse que a sociologia, a história ou a literatura poderia ser substituída pela biologia, por que parar por aí? A biologia poderia, por sua vez, ser resumida a química, e esta a física, e alguém teria de se virar para explicar as causas da Primeira Guerra Mundial com base em elétrons e quarks. Mesmo se a Primeira Guerra Mundial não consistisse em nada além de um número muito, muito grande de quarks e um padrão muito, muito complexo de movimento, nada se esclareceria descrevendo-a dessa maneira.

105

O reducionismo bom (também chamado de reducionismo hierárquico) consiste não em *substituir* um campo de conhecimento por outro, mas em *conectá-los* ou *unificá-los*. As unidades constitutivas usadas por um campo são postas ao microscópio por outro campo. As caixas-pretas são abertas; as notas promissórias são sacadas. Um geógrafo pode explicar por que a linha da costa africana se encaixa na das Américas dizendo que as massas de terra foram adjacentes no passado mas se situavam em placas diferentes, que se separaram pela deriva continental. A questão do motivo de as placas se moverem é passada para os geólogos, que mencionam uma efusão de magma que as empurrou e as distanciou. E para explicar por que o magma esquentou tanto assim, chamam os físicos, que esclarecem as reações no núcleo e no manto terrestre. Nenhum dos cientistas é dispensável. Um geógrafo isolado teria de invocar a mágica para mover os continentes, e um físico isolado não poderia ter predito a forma da América do Sul.

Isso também vale para a ponte entre biologia e cultura. Os grandes pensadores das ciências da natureza humana afirmam categoricamente que a vida mental tem de ser compreendida em vários níveis de análise, e não apenas no mais inferior. O lingüista Noam Chomsky, o neurocientista computacional David Marr e o etologista Niko Tinbergen assinalaram, em trabalhos independentes, um conjunto de níveis de análise para a compreensão de uma faculdade da mente. Esses níveis incluem a função da faculdade (o que ela realiza em um sentido essencial, evolutivo), sua operação em tempo real (como ela funciona proximamente, de momento a momento), como ela é implementada no tecido neural, como ela se desenvolve no indivíduo e como evoluiu na espécie.[27] Por exemplo, a linguagem baseia-se em uma gramática combinatória estruturada para comunicar um número ilimitado de pensamentos. É utilizada pelas pessoas em tempo real por meio de uma interação entre pesquisa na memória e aplicação de regras. É implementada em uma rede de regiões no centro do hemisfério cerebral esquerdo que tem de coordenar memória, planejamento, significado das palavras e gramática. Desenvolve-se nos três primeiros anos de vida em uma seqüência que vai de balbuciar a pronunciar palavras e depois combinações de palavras, incluindo erros aos quais podem ter sido aplicadas regras em excesso. Evoluiu por modificações do trato vocal e de circuitos cerebrais que tinham outros usos em primatas primitivos, pois as modificações permitiram a nossos ancestrais prosperar em um estilo de vida marcado pela interconexão social e pela riqueza de conhecimentos. Nenhum desses níveis pode ser substituído por qualquer um dos outros, mas nenhum deles pode ser plenamente compreendido isoladamente dos demais.

Chomsky distingue todos eles de mais um nível de análise (que para o próprio Chomsky tem pouca serventia, mas que é usado por outros estudiosos da linguagem). Os enfoques que acabo de mencionar tratam a língua como uma entidade interna, individual, como o conhecimento do inglês falado no Canadá que tenho em minha cabeça. Mas a língua também pode ser compreendida como uma entidade externa: a "língua inglesa" como um todo, com sua história de quinze séculos, seus inúmeros dialetos e híbridos espalhados pelo mundo todo, seu meio milhão de palavras registradas no *Oxford English Dictionary*. Uma língua externa é uma abstração que reúne as línguas internas de centenas de milhões de pessoas vivendo em diferentes lugares e épocas. Não poderia existir sem as línguas internas nas mentes de seres humanos reais que conversam uns com os outros, mas também não pode ser reduzida ao que qualquer um deles sabe. Por exemplo, a afirmação de que "o inglês tem um vocabulário maior que o japonês" poderá ser verdadeira mesmo se nenhum falante do inglês possuir um vocabulário maior do que qualquer falante do japonês.

A língua inglesa foi moldada por eventos históricos abrangentes que não ocorreram no interior de uma única cabeça. Entre eles incluem-se as invasões escandinava e normanda na época medieval, que contaminaram a língua com palavras anglo-saxãs, a grande mudança nas vogais no século XV, que embaralhou a pronúncia das vogais longas, tornando confuso e irregular seu sistema de soletração, a expansão do Império Britânico, que fez o inglês desdobrar-se em mais variações (o americano, o australiano, o cingapuriano), e o desenvolvimento da mídia eletrônica global, que pode homogeneizar novamente as línguas à medida que formos lendo as mesmas páginas da web e assistindo aos mesmos programas na televisão.

Ao mesmo tempo, nenhuma dessas forças pode ser compreendida sem levar em consideração os processos de pensamento das pessoas de carne e osso. Entre elas, os bretões que reanalisaram palavras francesas quando as incorporaram ao inglês, as crianças que não conseguiam lembrar as formas pretéritas irregulares como *writhe-wrothe* e *crow-crew* e as converteram para verbos regulares, os aristocratas que afetavam pronúncias elaboradas para diferenciar-se da ralé, os resmungadores que engoliam consoantes e nos legaram *made* e *had* (originalmente *maked* e *haved*), e os falantes engenhosos que pioneiramente converteram *I had the house built* em *I had built the house* e inadvertidamente deram ao inglês seu *perfect tense*. A língua é recriada a cada geração conforme passa pelas mentes dos humanos que a falam.[28]

A língua externa, naturalmente, é um belo exemplo de cultura, a esfera dos cientistas sociais e estudiosos das humanidades. O modo como a língua pode ser compreendida em cerca de meia dúzia de níveis de análises relacionados, do cérebro e da evolução aos processos cognitivos dos indivíduos e aos vastos sistemas culturais, mostra como a cultura e a biologia podem relacionar-se. As possibilidades de conexões em outras áreas do conhecimento humano são abundantes, e as encontraremos ao longo de todo o livro. O senso moral pode lançar luz sobre códigos legais e éticos. A psicologia do parentesco ajuda-nos a compreender disposições sociopolíticas. A mentalidade da agressão ajuda a entender a guerra e a resolução de conflitos. As diferenças entre os sexos são importantes para as políticas de gênero. Estética e emoção humanas podem lançar luz sobre nossa compreensão das artes.

Qual a recompensa de relacionar os níveis de análise social e cultural aos níveis psicológico e biológico? É a emoção das descobertas que nunca poderiam ser feitas nos limites de uma única disciplina, como os universais de beleza, a lógica da linguagem e os componentes do senso moral. E é a compreensão incomparavelmente gratificante que nos foi proporcionada pela unificação das outras ciências — a explicação dos músculos como minúsculas lingüetas de catracas magnéticas, das flores como atrativos para os insetos, do arco-íris como um leque de comprimentos de onda que normalmente se fundem resultando no branco. É a diferença entre colecionar selos e fazer um trabalho de detetive, entre papaguear em jargão e dar esclarecimento, entre dizer que alguma coisa é assim e acabou-se e explicar por que tinha de ser assim em vez de ser de algum outro jeito que poderia ter sido. Em uma paródia de *talk-show* no filme *Monty Python's Flying Circus* [*Circo voador*, na tradução em português], uma especialista em dinossauros alardeou sua nova teoria do brontossauro: "Todos os brontossauros são estreitos numa extremidade, muito, mas muito mais grossos no meio e depois novamente finos na extremidade oposta". Achamos graça porque ela não explicou seu tema com base em princípios mais profundos — não o "reduziu", no bom sentido. Até mesmo a palavra inglesa *understand* [compreender], literalmente *"stand under"* [estar embaixo], alude a um nível mais profundo de análise.

Nossa compreensão da vida só fez enriquecer-se com a descoberta de que a carne viva é composta de mecanismo molecular com funcionamento de relógio, e não de protoplasma palpitante, ou de que as aves voam explorando as leis da física, e não as desafiando. Do mesmo modo, nossa compreensão de nós mesmos e de nossas culturas só pode ser enriquecida pela descoberta de que nossa mente se compõe de intricados circuitos neurais para pensar, sentir e aprender, em vez de tábulas rasas, massas informes ou fantasmas inescrutáveis.

5. A última trincheira da tábula rasa

A natureza humana é um assunto científico e, conforme novos fatos se apresentarem, mudará nossa concepção sobre ela. Às vezes os fatos podem mostrar que uma teoria atribui estrutura inata em excesso à nossa mente. Por exemplo, nossas faculdades da linguagem talvez não sejam equipadas com substantivos, verbos, adjetivos e preposições, mas apenas com uma distinção entre partes da fala mais parecidas com substantivos e partes mais parecidas com verbos. Outras vezes, podemos descobrir que uma teoria atribuiu à nossa mente muito pouca estrutura inata. Nenhuma teoria vigente da personalidade pode explicar por que ambos os irmãos gêmeos idênticos criados separadamente gostavam de usar elásticos nos pulsos e fingiam espirrar em elevadores lotados.

Também à espera de explicação está o modo exato como nossa mente usa as informações enviadas pelos sentidos. Depois que nossas faculdades para a linguagem e a interação social entram em pleno funcionamento, alguns tipos de aprendizado podem consistir simplesmente em registrar informações para uso futuro, como o nome de uma pessoa ou o conteúdo de uma nova lei. Outros podem ser mais parecidos com indicar num mostrador, acionar um interruptor ou calcular uma média, casos em que a aparelhagem está instalada mas um parâmetro é deixado em aberto para que a mente possa acompanhar variações no ambiente. Outros ainda podem usar as informações fornecidas por todos os ambientes normais, como presença de gravidade ou as estatísticas de cores e linhas no campo visual, para regular nossos sistemas sensitivo-motores. Existem ainda outros modos como a natureza e a criação podem interagir, e muitos tornarão vaga a distinção entre as duas.

Este livro baseia-se na opinião de que, independentemente de qual venha a ser o quadro exato, uma natureza humana universal complexa será parte dele. A meu ver, temos razões para acreditar que a mente é equipada com uma bateria de emoções, impulsos e faculdades para raciocinar e comunicar, que têm uma lógica comum a todas as culturas, são difíceis de apagar ou redesenhar a partir do zero, foram moldados pela seleção natural atuando ao longo da evolução humana e devem parte de sua estrutura básica (e parte de sua variação) a informações no genoma. Esse quadro geral pretende abarcar várias teorias, presentes e futuras, e um conjunto de descobertas científicas previsíveis.

Mas o quadro não abrange *qualquer* teoria ou descoberta. Concebivelmente, cientistas podem descobrir que há informações insuficientes no genoma para especificar qualquer conjunto de circuitos inato, ou que não existe mecanismo conhecido pelo qual ele poderia ser instalado no cérebro. Ou talvez venham a descobrir que o cérebro é feito de um material multiuso capaz de absorver praticamente qualquer padrão do input sensitivo e se organizar para realizar praticamente qualquer objetivo. A primeira descoberta tornaria impossível a organização inata; a segunda a tornaria desnecessária. Essas descobertas poriam em xeque o próprio conceito de natureza humana. Diferentemente das objeções morais e políticas ao conceito de natureza humana (objeções que discutirei no restante do livro), estas seriam objeções *científicas*. Se essas descobertas estão no horizonte, é melhor que eu as examine com atenção.

Este capítulo trata de três desdobramentos científicos que às vezes são interpretados como obstáculos à possibilidade de uma natureza humana complexa. O primeiro provém do Projeto Genoma Humano. Quando a seqüência do genoma humano foi publicada, em 2001, os geneticistas surpreenderam-se, pois o número de genes é menor do que eles haviam predito. As estimativas foram de aproximadamente 34 mil genes, bem distantes da faixa de 50 mil a 100 mil anteriormente esperada.[1] Alguns editorialistas concluíram que a contagem menor de genes refutava todas as hipóteses sobre talentos ou tendências inatas, pois a tábula era pequena demais para conter muita coisa escrita. Houve até quem a julgasse uma comprovação do conceito de livre-arbítrio: quanto menor a máquina, mais lugar para um fantasma.

O segundo desafio vem do uso de modelos computadorizados de redes neurais para explicar processos cognitivos. Essas redes neurais artificiais com freqüência podem ser muito boas no aprendizado de padrões estatísticos contidos em seu input. Alguns criadores de modelos da escola da ciência cognitiva chamada conexionismo supõem que as redes neurais genéricas podem ser responsáveis por toda a cognição humana, com pouco ou nenhum feitio inato para faculdades específicas como o raciocínio social ou a linguagem. No capítulo 2 encontramos os fundadores do conexionismo, David Rumelhart e James McClelland, que supõem que as pessoas são mais inteligentes do que os ratos unicamente porque possuem mais córtex associativo e porque seu ambiente contém uma cultura para organizá-lo.

O terceiro nasce do estudo da plasticidade neural, que examina como o cérebro se desenvolve no útero e no início da infância e como registra as experiências à medida que o animal aprende. Neurocientistas mostraram recentemente como o cérebro muda em resposta ao aprendizado, à prática e à entrada de informações pelos sentidos. Uma interpretação dessas descobertas pode ser denominada extrema plasticidade. Segundo esse ponto de vista, o córtex cerebral — a matéria cinzenta convoluta responsável pela percepção, pensamento, linguagem e memória — é uma substância multiforme que pode ser moldada quase ilimitadamente pela estrutura e pelas demandas do ambiente. A tábula rasa torna-se a tábula plástica.

O conexionismo e a extrema plasticidade são populares entre os cientistas cognitivos do Pólo Oeste, que rejeitam uma tábula completamente rasa mas desejam restringir a organização inata a simples propensões na atenção e na memória. A extrema plasticidade também atrai neurocientistas que desejam salientar a importância de sua área para a educação e a política social, e empresários que vendem produtos para acelerar o desenvolvimento na infância, curar deficiências de aprendizado ou desacelerar o envelhecimento. Fora das ciências, todos os três desdobramentos foram bem recebidos por alguns estudiosos das humanidades que desejam repelir as intrusões da biologia.[2] O genoma enxuto, o conexionismo e a extrema plasticidade são a última trincheira da tábula rasa.

Este capítulo pretende mostrar que essas hipóteses não são confirmações da doutrina da tábula rasa, e sim *produtos* da tábula rasa. Muitas pessoas (incluindo alguns cientistas) interpretaram seletivamente os dados, às vezes de modos bizarros, para adaptá-los a uma crença prévia de que a mente não pode possuir nenhuma estrutura inata, ou a noções simplistas de como a estrutura inata, se de fato existe, estaria codificada nos genes e se desenvolveria no cérebro.

Devo dizer desde já que considero essas "mais novas e melhores" teorias da tábula rasa altamente implausíveis — de fato, dificilmente coerentes. Nada vem do nada, e a complexidade do cérebro tem de provir de algum lugar. Não pode nascer apenas do ambiente, pois todo o propósito de possuir um cérebro consiste em realizar certos objetivos, e o ambiente não tem idéia de que objetivos são esses. Determinado ambiente pode acomodar organismos que constroem diques, migram orientando-se pelas estrelas, trinam e gorjeiam para impressionar as fêmeas, marcam árvores com seu cheiro, escrevem sonetos etc. Para uma espécie, um fragmento de fala humana é um alerta para a fuga; para outra, é um som novo e interessante a ser incorporado a seu repertório vocal; para uma terceira, é material para análise gramatical. As informações presentes no mundo não nos dizem o que fazer com elas.

Além disso, o tecido cerebral não é um gênio que pode conceder a seu possuidor qualquer poder que venha a calhar. É um mecanismo físico, um arranjo de matéria que converte input em output de modos específicos. A idéia de que uma substância genérica única pode enxergar em profundidade, controlar as mãos, atrair um parceiro sexual, criar filhos, enganar predadores, lograr a presa etc., sem *algum* grau de especialização, não merece crédito. Afirmar que o cérebro resolve esses problemas graças à sua "plasticidade" não é muito melhor do que afirmar que ele os resolve por mágica.

Apesar disso, neste capítulo examinarei cuidadosamente as mais recentes objeções científicas à natureza humana. Cada uma dessas descobertas é importante em si mesma, ainda que não fundamente as extravagantes conclusões que foram extraídas. E assim que os últimos sustentáculos da tábula rasa tiverem sido avaliados, poderei resumir adequadamente a argumentação científica em favor da alternativa.

O genoma humano freqüentemente é visto como a essência de nossa espécie, portanto não surpreende que, quando sua seqüência foi anunciada, em 2001, analistas tenham se apressado a dar a ele a interpretação correta para os assuntos humanos. Craig Venter, cuja empresa concorrera com um consórcio público na corrida para seqüenciar o genoma, declarou em entrevista coletiva à imprensa que o resultado menor que o esperado da contagem de genes demonstra que "simplesmente não temos genes suficientes para que essa idéia do determinismo biológico seja correta. A prodigiosa diversidade da espécie humana não está instalada em nosso código genético. Nosso ambiente é fundamental". No Reino Unido, o jornal *The Guardian* deu o seguinte cabeçalho à sua matéria sobre o assunto: "Revelado: O segredo do comportamento humano. O ambiente, e não os genes, é a chave para nossos atos".[3] Um editorial em outro jornal britânico concluiu que "ao que parece, somos mais livres do que pensávamos". Ademais, essa descoberta "é um apoio para a esquerda, com sua crença no potencial de todos, por mais destituída que seja sua origem. Mas é a perdição da direita, com sua predileção pelas classes dirigentes e pelo pecado original".[4]

Tudo isso por causa do número 34 mil! O que suscita a questão: que número de genes teria provado que a diversidade de nossa espécie estava instalada em nosso código genético, ou que somos menos livres do que pensávamos, ou que a direita política está certa e a esquerda está errada? 50 mil? 150 mil? Inversamente, se houvesse sido descoberto que tínhamos só 20 mil genes, isso nos teria feito ainda mais livres, ou tornado o ambiente mais importante, ou deixado a esquerda política ainda mais apoiada? O fato é que ninguém sabe o que esses números significam. Ninguém tem a menor idéia de quantos genes seria preciso para construir um sistema de módulos instalados, ou um programa de aprendizado multiuso, ou qualquer coisa intermediária — sem falar no pecado original ou na superioridade das classes dirigentes. Em nosso presente estado de ignorância quanto ao modo como os genes constroem um cérebro, o número de genes no genoma humano é apenas um número.

Se alguém não acredita nisso, reflita sobre o verme *Caenorhabditis elegans*, que possui aproximadamente 18 mil genes. Pela lógica dos editorialistas do genoma, ele deveria ser duas vezes mais livre, duas vezes mais diversificado e ter duas vezes mais potencial do que um ser humano. Na verdade, esse verme microscópico é composto de 959 células desenvolvidas segundo um rígido programa genético, com um sistema nervoso composto de exatamente 302 neurônios em um diagrama de instalação fixo. Quanto ao comportamento, ele come, acasala-se, aproxima-se de certos odores e evita outros e mais nada. Só com isso deveria ficar óbvio que a liberdade e a diversidade de comportamento dos humanos provêm de possuirmos uma constituição biológica complexa, e não simples.

Por que os humanos, com suas centenas de trilhões de células e centenas de bilhões de neurônios, precisam apenas de duas vezes mais genes do que um humilde vermezinho é um verdadeiro enigma. Muitos biólogos acreditam que houve erro para menos na contagem dos genes humanos. O número de genes em um genoma só pode ser estimado; atualmente não é possível contar um por um e descobrir o total. Programas de estimativas de genes procuram seqüências no DNA que sejam semelhantes a genes conhecidos e ativas o bastante para serem pegas no ato de construir uma proteína.[5] Os genes que são exclusivos dos humanos ou ativos somente no cérebro em desenvolvimento do feto — os genes mais relevantes para a natureza humana — e outros genes indiscerníveis poderiam escapar à detecção do software e ficar fora das estimativas. Hoje há rumores sobre estimativas alternativas de 57 mil, 75 mil e até 120 mil genes humanos.[6] Ainda assim, mesmo se os humanos possuíssem seis vezes mais genes do que um verme em vez de apenas duas vezes mais, o enigma permaneceria.

A maioria dos biólogos que refletem sobre o enigma não conclui que os humanos são menos complexos do que pensávamos. Em vez disso, concluem que o número de genes em um genoma tem pouca relação com a complexidade do organismo.[7] Um único gene não corresponde a um único componente, como se um organismo com 20 mil genes possuísse 20 mil componentes, um organismo com 30 mil genes possuísse 30 mil componentes etc. Genes especificam proteínas, e algumas das proteínas realmente se tornam o motor de um organismo. Mas outras proteínas ativam ou desativam genes, aceleram ou desaceleram sua atividade ou cortam e emendam outras proteínas formando novas combinações. James Watson salienta que deveríamos recalibrar nossas intuições sobre o que um dado número de genes pode fazer: "Imagine assistir a uma peça com 30 mil atores. Ficaríamos tremendamente confusos".

Dependendo de como os genes interagem, o processo de montagem pode ser muito mais intricado para um organismo do que para outro que tenha o mesmo número de genes. Em um organismo simples, muitos dos genes simplesmente constroem uma proteína e a lançam na sopa. Em um organismo complexo, um gene pode ativar um segundo gene, que acelera a atividade de um terceiro (mas só se um quarto estiver ativo), o qual então desativa o gene original (mas só se um quinto estiver inativo) e assim por diante. Isso define um tipo de receita capaz de construir um organismo mais complexo com o mesmo número de genes. A complexidade de um organismo, portanto, depende não só de sua contagem de genes, mas da complexidade do diagrama de blocos que capta o modo como cada gene se imiscui na atividade dos demais.[8] E como acrescentar um gene não apenas acrescenta um ingrediente mas pode multiplicar o número de modos como os genes podem interagir, a complexidade dos organismos depende do número de possíveis *combinações* de genes ativos e inativos em seus genomas. O geneticista Jean-Michel Claverie supõe ela poderia ser estimada pelo número dois (ativo *versus* inativo) elevado à potência do número de genes. Por essa medida, um genoma humano não é duas vezes mais complexo que o genoma de um verme, e sim 2^{16000} (1 seguido de 4800 zeros) vezes mais complexo.[9]

Há mais duas razões para a complexidade do genoma não se refletir no número de genes que ele contém. Uma é que um dado gene pode produzir não só uma única proteína, mas várias. Um gene é tipicamente segmentado em trechos de DNA que codificam fragmentos de proteínas (éxons), separados por trechos de DNA não codificadores (íntrons), mais ou menos como um artigo de revista interrompido por anúncios. Os segmentos de um gene podem então ser emendados de numerosos modos. Um gene composto de éxons A, B, C e D poderia originar proteínas correspondentes a ABC, ABD, ACD etc. — até dez proteínas diferentes por gene. Isso acontece em maior escala nos organismos complexos do que nos simples.[10]

Segundo, os 34 mil genes compõem apenas cerca de 3% do genoma humano. O restante consiste em DNA que não codifica proteína e que antes era menosprezado como *"junk"* [lixo, refugo]. Mas, como afirmou recentemente um biólogo, "o termo '*junk* DNA' é um reflexo de nossa ignorância".[11] O tamanho, a colocação e o conteúdo do DNA não codificador têm efeitos monumentais sobre o modo como os genes próximos são ativados para produzir proteínas. As informações contidas nos bilhões de bases nas regiões não codificadoras do genoma são parte da especificação de um ser humano, em grau muito maior do que as informações existentes nos 34 mil genes.

Portanto, o genoma humano é totalmente capaz de construir um cérebro complexo, apesar das bizarras declarações sobre como é maravilhoso que as pessoas sejam quase tão simples quanto os vermes. *Obviamente* "a prodigiosa diversidade da espécie humana não está instalada em nosso código genético", mas não precisávamos ter contado os genes para deduzir isso — já o sabemos pelo fato de que uma criança que cresce no Japão fala japonês, mas essa mesma criança se crescesse na Inglaterra falaria inglês. Esse é um exemplo de uma síndrome que encontraremos em outra parte deste livro: descobertas científicas que ficam irreconhecíveis por uma interpretação extremamente forçada, destinada a justificar um argumento moral que poderia ter sido defendido com mais facilidade com base em outras premissas.

A segunda defesa científica da tábula rasa provém do conexionismo, a teoria de que o cérebro é como as redes neurais artificiais simuladas em computador para aprender padrões estatísticos.[12]

Os cientistas cognitivos concordam que os processos elementares que compõem o conjunto de instruções do cérebro — armazenar e recuperar uma associação, seqüenciar elementos, concentrar a atenção — são implementados no cérebro como redes de neurônios densamente interconectados (células cerebrais). A questão é se um tipo genérico de rede, depois de ser moldado pelo ambiente, pode explicar toda a psicologia humana, ou se o genoma confecciona diferentes redes para atender às demandas de domínios específicos: linguagem, visão, moralidade, medo, sensualidade, psicologia intuitiva etc. Os conexionistas, evidentemente, não acreditam em uma tábula rasa, mas acreditam no mecanismo equivalente mais próximo, um dispositivo de aprendizado multiuso.

O que é uma rede neural? Os conexionistas usam o termo para referir-se não ao conjunto real de circuitos neurais do cérebro, mas a um tipo de programa de computador baseado na metáfora de neurônios e circuitos neurais. Na abordagem mais comum, um "neurônio" conduz informação sendo mais ou menos ativo. O nível de atividade indica a presença ou ausência (ou intensidade, ou grau de confiança) de uma característica simples do mundo. A característica pode ser uma cor, uma linha com certa inclinação, uma letra do alfabeto ou uma propriedade de um animal, como ter quatro patas, por exemplo.

Uma *rede* de neurônios pode representar diferentes conceitos, dependendo de quais estão ativos. Se os neurônios para "amarelo", "voa" e "canta" estão ativos, a rede está pensando em um canário; se os neurônios para "prateado", "voa" e "ronca" estão ativos, ela está pensando num avião. Vejamos agora como uma rede neural artificial faz a computação. Neurônios ligam-se a outros neurônios por conexões que funcionam de modo parecido com as sinapses. Cada neurônio conta as entradas [*inputs*] de outros neurônios e em resposta muda seu nível de atividade. A rede aprende permitindo que as entradas mudem as *forças* das conexões. A força de uma conexão determina a probabilidade de que o neurônio de entrada excite ou iniba o neurônio de saída.

Dependendo do que os neurônios representam, do modo como são suas conexões inatas e de como as conexões mudam com treinamento, uma rede conexionista pode aprender a computar várias coisas. Se cada coisa estiver conectada a todo o resto, uma rede pode absorver as correlações entre características em um conjunto de objetos. Por exemplo, depois de ser exposta a descrições de muitos pássaros, a rede pode predizer que coisas emplumadas que cantam tendem a voar, ou que coisas emplumadas que voam tendem a cantar, ou que coisas que voam e cantam tendem a ter penas. Se uma rede possui uma camada de entrada conectada a uma camada de saída, pode aprender associações de idéias, como, por exemplo: coisas pequenas e macias que voam são animais, mas coisas grandes e metálicas que voam são veículos. Se em sua camada de saída há realimentação [*feedback*] em camadas anteriores, ela pode produzir seqüências ordenadas, como os sons que compõem uma palavra.

O interessante nas redes neurais é que elas automaticamente generalizam seu treinamento para itens novos semelhantes. Se uma rede foi treinada em "tigres que comem Sucrilhos", tenderá a generalizar e concluir que leões comem Sucrilhos, pois "comer Sucrilhos" foi associado não a "tigres", mas a características mais simples como "ruge" e "tem bigodes", que também compõem parte da representação dos leões. A escola do conexionismo, como a escola do associacionismo encabeçada por Locke, Hume e Mill, afirma que essas generalizações são a característica essencial da inteligência. Se for verdade, redes neurais altamente treinadas mas em outros aspectos genéricas podem explicar a inteligência.

Os criadores de modelos computadorizados com freqüência os elaboram para trabalhar com problemas de brinquedo simplificados, para provar que são capazes, em princípio, de funcionar. A seguir, a questão passa a ser se os modelos podem trabalhar em "escala maior", com problemas mais realistas, ou se, como dizem os céticos, o criador do modelo "está subindo em árvores para chegar à Lua". Eis o problema do conexionismo. Redes conexionistas simples podem conseguir impressionantes exibições de memória e generalização em problemas circunscritos como ler uma lista de palavras ou aprender estereótipos de animais. Mas é ínfimo seu poder de duplicar proezas mais realistas da inteligência humana, como entender uma sentença ou raciocinar sobre seres vivos.

Os humanos não se limitam a associar vagamente coisas parecidas ou coisas que tendem a ocorrer juntas. Possuem mentes combinatórias que concebem proposições sobre o que é verdadeiro a respeito do quê, e sobre quem fez o que a quem, quando, onde e por quê. E isso requer uma arquitetura computacional que é mais complexa do que o emaranhado uniforme de neurônios usado nas redes conexionistas genéricas. Requer uma arquitetura equipada com aparelhagem lógica como regras, variáveis, proposições, declarações de objetivos e diferentes tipos de estruturas de dados, organizada em sistemas maiores. Muitos cientistas cognitivos argumentaram nessa linha, entre eles Gary Marcus, Marvin Minsky, Seymour Papert, Jerry Fodor, Zenon Pylyshyn, John Anderson, Tom Bever e Robert Hadley, e o argumento é reconhecido também por criadores de modelos de redes neurais que não pertencem à escola conexionista, como John Hummel, Lokendra Shastri e Paul Smolensky.[13] Escrevi pormenorizadamente sobre os limites do conexionismo, tanto em textos acadêmicos como em livros de divulgação; vejamos agora um resumo de minha argumentação.[14]

Em uma seção intitulada "Conectoplasma" no livro *Como a mente funciona*, apresentei algumas relações lógicas simples que fundamentam nossa compreensão de um pensamento complexo (como o significado de uma sentença), mas que são difíceis de representar em redes genéricas.[15] Uma é a distinção entre um tipo e um indivíduo: entre patos em geral e um pato específico. Ambos têm as mesmas características (nadam, têm penas etc.), portanto ambos são representados pelo mesmo conjunto de unidades ativas em um modelo conexionista clássico. Mas as pessoas sabem a diferença.

Um segundo talento é a compositividade: a capacidade de ter um pensamento novo, complexo, que não é apenas a soma de pensamentos simples que o compõem, mas que depende das relações entre esses pensamentos simples. O pensamento de que gatos caçam ratos, por exemplo, não pode ser captado ativando uma unidade para "gatos", outra para "ratos" e outra para "caçam", pois esse padrão poderia igualmente representar que ratos caçam gatos.

Um terceiro talento lógico é a quantificação (ou a aglutinação de variáveis): a diferença entre enganar algumas das pessoas todo o tempo e enganar todas as pessoas por algum tempo. Sem o equivalente computacional dos x, y, parênteses e declarações como "para todo x", um modelo não pode saber a diferença.

Um quarto é a recursão: a capacidade de embutir um pensamento em outro, de modo que podemos ter não só o pensamento de que Elvis está vivo, mas o de que o jornal *National Enquirer* noticiou que Elvis está vivo, o de que algumas pessoas acreditam que o *National Enquirer* noticiou que Elvis está vivo, o de que é espantoso que algumas pessoas acreditem que o *National Enquirer* tenha noticiado que Elvis está vivo e assim por diante. As redes conexionistas sobreporiam essas proposições e, assim, confundiriam os vários sujeitos e predicados.

Um último talento difícil de atingir é nossa capacidade de ter um raciocínio categórico em vez de impreciso: entender que Bob Dylan é avô, muito embora ele não tenha a aparência que se imagina de um avô, ou que os musaranhos não são roedores, embora se pareçam com camundongos. Sem nada além de uma sopa de neurônios para fazer a representação das propriedades de um objeto, e sem dispositivos para regras, variáveis e definições, as redes recorrem a estereótipos e se deixam lograr por exemplos atípicos.

Em *Words and rules* ["Palavras e regras", sem tradução em português] pus no microscópio um fenômeno da linguagem que serviu de teste para a capacidade de redes associativas genéricas de explicar a essência da linguagem: montar palavras, ou pedaços de palavras, formando novas combinações. As pessoas não se limitam a memorizar trechos da língua; criam trechos novos. Um exemplo simples é o tempo passado no inglês. Diante de neologismos como *to spam* ou *to snarf*, as pessoas não precisam correr para o dicionário em busca de suas formas do passado; instintivamente, sabem que são *spammed* e *snarfed*. O talento para formar novas combinações aparece já aos dois anos de idade, quando crianças aplicam equivocadamente o sufixo *ed*, do passado de verbos regulares, a verbos irregulares, como em *We holded the baby rabbits* e *Horton heared a Who*.[16]*

O modo óbvio de explicar esse talento é recorrer a dois tipos de operação computacional da mente. Formas irregulares como *held* e *heard* são armazenadas na memória e recuperadas, como qualquer outra palavra. Formas regulares como *walk-walked* podem ser geradas por uma versão mental da regra gramatical "acrescente *ed* ao verbo". A regra pode ser aplicada toda vez que a memória falha. Pode ser usada quando uma palavra é desconhecida e não há forma do passado armazenada na memória, como em *to spam*, e pode ser usada quando

* Em vez de dizerem corretamente "We *held* the baby rabbits" e "Horton *heard* a Who". (N. T.)

as crianças não conseguem lembrar uma forma irregular como *heard* e precisam de algum modo de assinalar o tempo verbal. Combinar um sufixo com um verbo é um pequeno exemplo de um importante talento humano: a combinação de palavras e frases para criar novas sentenças e, assim, expressar novos pensamentos. Essa é uma das novas idéias da revolução cognitiva introduzida no capítulo 3, e um dos desafios lógicos para o conexionismo que mencionei na discussão precedente.

Os conexionistas usaram o tempo passado como campo de prova para ver se conseguiam duplicar esse exemplo didático da criatividade humana sem usar uma regra e sem dividir o trabalho entre um sistema para a memória e um sistema para a combinação gramatical. Uma série de modelos computadorizados tentou gerar formas passadas usando redes de associação de padrões simples. As redes tipicamente conectam os sons nos verbos com os sons na forma passada: *-am* com *-ammed*, *-ing* com *-ung* e assim por diante. Os modelos podem então gerar novas formas por analogia, de modo semelhante ao da generalização de tigres para leões: treinado em *crammed*, um modelo pode adivinhar *spammed*; treinado em *folded*, tende a dizer *holded*.

Mas os falantes humanos fazem muito mais do que associar sons com sons, e portanto o modelo não lhes faz justiça. Esse fiasco deve-se à ausência de maquinário para lidar com relações lógicas. A maioria dos modelos malogra com palavras novas que soam diferente de palavras conhecidas e, assim, não podem ser generalizadas por analogia. Diante do verbo inédito *frilg*, por exemplo, os modelos não deduzem *frilged*, como as pessoas, e sim uma mixórdia estrambótica como *freezled*. Isso porque não têm o recurso de uma variável, como x na álgebra ou "verbo" na gramática, que possa aplicar-se a qualquer membro de uma categoria, não importa o quanto suas propriedades sejam conhecidas. (Esse é o dispositivo que permite às pessoas ter um raciocínio categórico em vez de impreciso.) As redes só podem associar fragmentos de som com fragmentos de som, portanto quando deparam com um verbo novo que não soa como coisa alguma existente naquilo que absorveram em seu treinamento, elas montam um pastiche dos sons mais semelhantes que conseguem encontrar na rede.

Os modelos também não conseguem fazer a distinção apropriada entre verbos que têm o mesmo som mas formas passadas diferentes, como em *ring the bell — rang the bell* ["toca a campainha" — "tocou a campainha"] e *ring the city — ringed the city* ["contorna a cidade" — "contornou a cidade"]. Isso porque os modelos clássicos representam apenas o som que é cego para as diferenças gramaticais entre verbos que requerem diferentes conjugações. A diferença crucial aqui é entre raízes simples como *ring* no sentido de "ressoar" [passado *rang*] e verbos complexos derivados de substantivos como *ring* [anel] que têm o sentido de "formar um anel em torno de" [tempo passado *ringed*]. Para registrar essa diferença, um sistema de uso da linguagem tem de ser equipado com estruturas de composição de dados (como por exemplo "um verbo feito do substantivo *ring*"), e não apenas com uma coleção de unidades.

Mais um problema é o fato de que as redes conexionistas rastreiam de perto as estatísticas do input: quantos verbos de cada padrão de som elas encontraram. Isso impede que elas levem em conta a grande revelação para as crianças pequenas falantes do inglês quando descobrem a regra do passado em *-ed* e começam a cometer erros como *holded* e *heared*. Os criadores de modelos conexionistas só conseguem induzir esses erros bombardeando a rede com verbos regulares (de modo a aumentar imensamente a densidade do *-ed*), de uma maneira que uma criança real provavelmente não vivenciaria. Por fim, uma massa de dados da neurociência cognitiva mostra que a combinação gramatical (incluindo verbos regulares) e a consulta léxica (incluindo verbos irregulares) são abordadas por diferentes sistemas no cérebro, e não por uma única rede associativa.

Isso não quer dizer que as redes neurais são incapazes de lidar com os significados de sentenças ou com a tarefa da conjugação gramatical. (É bom mesmo que não sejam, pois a própria idéia de que pensar é uma forma de computação neural requer que *algum* tipo de rede neural duplique qualquer coisa que a mente possa fazer.) O problema está na crença de que se pode fazer tudo com um modelo genérico desde que ele seja suficientemente treinado. Muitos criadores de modelos reforçaram, reequiparam ou combinaram redes para montar sistemas mais complicados e potentes. Destinaram nacos de hardware neural a símbolos abstratos como "sintagma verbal" e "proposição" e implementaram mecanismos adicionais (como padrões de disparos sincronizados) para ligá-los no equivalente de estruturas de símbolos compositivas e recursivas. Instalaram bancos de neurônios para palavras, ou para sufixos do inglês, ou para distinções gramaticais cruciais. Construíram sistemas híbridos com uma rede que recupera formas irregulares da memória e outra que combina um verbo com um sufixo.[17]

Um sistema montado com sub-redes reforçadas poderia escapar de todas as críticas. Mas nesse caso não estaríamos mais falando de uma rede neural genérica! Estaríamos falando de um sistema complexo inatamente feito sob medida para computar uma tarefa na qual as pessoas são proficientes. Na história infantil intitulada "Sopa de pedra", um vagabundo espertalhão pede para usar a cozinha de uma mulher dizendo que pretende fazer uma sopa de pedra. Mas pouco a pouco ele vai pedindo mais ingredientes para melhorar o sabor, até preparar um suculento cozido às custas da mulher. Agindo nessa mesma linha estão os criadores de modelos conexionistas que afirmam construir inteligência a partir de redes neurais genéricas sem necessitar de coisa alguma que seja inata. As escolhas do projeto que tornam inteligente um sistema de rede neural — o que cada um dos neurônios representa, como são conectados, que tipos de redes são montadas em um sistema maior, de que maneira — incorporam a organização inata da parte da mente que está sendo modelada. São tipicamente escolhidas a dedo pelo criador do modelo, como se um inventor vasculhasse uma caixa cheia de transistores e diodos, mas em um cérebro real elas teriam evoluído pela seleção natural (de fato, em algumas redes, a arquitetura do modelo realmente evolui segundo uma simulação de seleção natural).[18] A única alternativa é que algum episódio prévio de aprendizado tenha deixado as redes já prontas para o aprendizado corrente, mas obviamente a estrutura de suporte tem de parar em *alguma* especificação inata das primeiras redes que dê a partida no processo de aprendizado.

Portanto, o boato de que as redes neurais podem substituir estrutura mental por aprendizado estatístico é falso. Redes simples, genéricas, não estão à altura das demandas do pensamento e da fala humanos usuais; redes complexas, especializadas, são uma sopa de pedra na qual boa parte do trabalho interessante foi feito na instalação das conexões inatas da rede. Uma vez reconhecido isso, a criação de modelos de redes neurais torna-se um complemento indispensável, e não uma substituição, para a teoria de uma natureza humana complexa.[19] Reduz a lacuna entre os passos elementares da cognição e a atividade fisiológica do cérebro, servindo, assim, como um importante elo na longa cadeia de explicação entre biologia e cultura.

Durante boa parte de sua história, a neurociência deparou com um estorvo: o cérebro parecia ter sido inatamente especificado em todos os detalhes. Quando se trata do corpo, podemos ver muitos dos efeitos do que uma pessoa vivenciou: ela pode ser bronzeada ou pálida, ter pele calejada ou macia, ser magricela, rechonchuda ou esculpida. Mas nenhuma marca desse tipo pode ser encontrada no cérebro. Ora, algo tem de estar errado nesse quadro. As pessoas aprendem, e aprendem muitíssimo: aprendem sua língua, sua cultura, seu know-how, seu banco de dados de fatos. Além disso, a centena de trilhões de conexões no cérebro não pode, de modo nenhum, ser especificada individualmente por um genoma de 750 megabytes. O cérebro, de alguma maneira, tem de mudar em resposta ao input; a única questão é como.

Estamos finalmente começando a entender como. O estudo da plasticidade neural está na pista. Quase toda semana ocorre uma descoberta sobre como o cérebro faz conexões dentro do útero e é regulado fora dele. Depois de todas as décadas durante as quais ninguém conseguia encontrar coisa alguma que mudasse no cérebro, não surpreende que a descoberta da plasticidade tenha dado um empurrão no pêndulo da natureza *versus* criação. Há quem descreva a plasticidade como um arauto da expansão do potencial humano na qual os poderes do cérebro serão explorados para revolucionar a criação dos filhos, a educação, as terapias e o envelhecimento. E vários manifestos proclamaram que a plasticidade prova que o cérebro não pode ter nenhuma organização inata significativa.[20] Em *Rethinking innateness* [Repensando o inatismo], Jeffrey Elman e uma equipe de conexionistas do Pólo Oeste escreveram que as predisposições para pensar sobre coisas diferentes de modos diferentes (linguagem, pessoas, objetos etc.) podem ser implementadas no cérebro apenas como recursos para "prender a atenção", assegurando que o organismo receberá "vasta experiência de certos inputs antes do aprendizado subseqüente".[21] Em um "manifesto construtivista", os neurocientistas teóricos Stephen Quartz e Terrence Sejnowski escreveram que "embora o córtex não seja uma tábula rasa [...] ele é, em grande medida, eqüipotencial nos primeiros estágios", e, portanto, as teorias inatistas "parecem implausíveis".[22]

O desenvolvimento e a plasticidade neural inquestionavelmente constituem uma das grandes fronteiras do conhecimento humano. Como um filamento linear de DNA pode dirigir a montagem de um intricado órgão tridimensional que nos permite pensar, sentir e aprender é um problema para atordoar a imaginação, manter os neurocientistas ocupados por décadas e demolir qualquer insinuação de que estamos nos aproximando do "fim da ciência".

E as próprias descobertas são fascinantes e provocativas. Há tempos se sabe que o córtex cerebral (matéria cinzenta externa) do cérebro divide-se em áreas com diferentes funções. Algumas representam partes do corpo; outras, o campo visual ou o mundo dos sons; outras ainda concentram-se em aspectos da linguagem ou do pensamento. Agora sabemos que com o aprendizado e a prática algumas das fronteiras podem deslocar-se. (Isso não significa que o tecido cerebral efetivamente cresce ou encolhe, mas apenas que se o córtex for sondado com eletrodos ou monitorado com um scanner, a fronteira onde uma habilidade termina e outra começa pode mudar.) Os violinistas, por exemplo, possuem uma região do córtex expandida, representando os dedos da mão esquerda.[23] Se uma pessoa ou um macaco for treinado em uma tarefa simples como reconhecer formas ou atentar para um local no espaço, os neurocientistas conseguem observar enquanto partes do córtex, ou mesmo neurônios individuais, executam a tarefa.[24]

A realocação de tecido cerebral para novas tarefas é especialmente notável quando uma pessoa perde o uso de um sentido ou uma parte do corpo. Pessoas congenitamente cegas usam seu córtex visual para ler em braille.[25] Surdos congênitos usam parte do córtex auditivo para processar a língua de sinais.[26] Amputados usam a parte do córtex que antes correspondia ao membro perdido para representar outras partes do corpo.[27] Crianças pequenas podem crescer relativamente normais depois de sofrer traumas no cérebro que deixariam um adulto incapacitado — até a remoção de todo o hemisfério esquerdo, que nos adultos alicerça a linguagem e o raciocínio lógico.[28] Tudo isso indica que a alocação de tecido cerebral para processos perceptivos e cognitivos não é feita permanentemente e com base na localização exata do tecido no crânio, mas depende de como o próprio cérebro processa informação.

Essa alocação de tecido dinâmica também pode ser vista quando o cérebro se constitui no útero. Diferentemente de um computador que é montado numa fábrica e ligado pela primeira vez depois de completada sua fabricação, o cérebro é ativo *enquanto* está sendo montado, e essa atividade pode tomar parte do processo de montagem. Experimentos com gatos e outros mamíferos mostraram que quando um cérebro é quimicamente silenciado durante o desenvolvimento fetal ele pode acabar apresentando anormalidades significativas.[29] E trechos do córtex desenvolvem-se diferentemente dependendo do tipo de input que recebem. Em uma façanha experimental, o neurocientista Mriganka Sur literalmente *refez as conexões* de cérebros de furões, de modo que os sinais provenientes dos olhos fossem para o córtex auditivo primário, a parte do cérebro que normalmente recebe sinais dos ouvidos.[30] Quando o cientista sondou o córtex auditivo com eletrodos, descobriu que esse córtex agia, de muitos modos, como o córtex visual. Locais no campo visual foram indicados em um mapa, e neurônios individuais responderam a linhas e listras em determinada orientação e direção de movimento de maneira semelhante aos neurônios em um córtex visual comum. Os furões puderam até mesmo usar seus cérebros reconectados para aproximar-se de objetos que eram detectáveis apenas pela visão. O input para o córtex sensitivo deve ajudar a organizá-la: input visual faz o córtex auditivo funcionar de modo mais ou menos parecido com o córtex visual.

O que significam essas descobertas? Mostram que o cérebro é "capaz de ser moldado, modelado ou esculpido", como sugere a definição de *plástico* no dicionário? No restante deste capítulo demonstrarei que a resposta é não.[31] As descobertas sobre o modo como o cérebro muda com a experiência não mostram que o aprendizado é mais poderoso do que pensávamos, que o cérebro pode ser radicalmente remodelado pelo input ou que os genes não moldam o cérebro. De fato, as demonstrações da plasticidade do cérebro são menos radicais do que parecem à primeira vista: as regiões supostamente plásticas do córtex estão fazendo praticamente a mesma coisa que fariam caso nunca houvessem sido alteradas. E as mais recentes descobertas sobre o desenvolvimento do cérebro refutaram a idéia de que o cérebro é altamente plástico. Examinarei esses aspectos um a um.

O fato de que o cérebro muda quando aprendemos não é, como afirmaram alguns, uma descoberta radical com profundas implicações para a natureza e a criação ou para o potencial humano. Dmitri Karamazov poderia ter deduzido isso em sua cela de prisão no século XIX quando matutava sobre o fato de que o pensamento provém de rabichos tremulantes de nervos, e não de uma alma imaterial. Se pensamento e ação são produto da atividade física do cérebro, e se pensamento e ação podem ser afetados pela experiência, então a experiência tem de deixar um vestígio na estrutura física do cérebro.

Portanto, não existe a questão científica de o cérebro ser ou não ser afetado pela experiência, aprendizado e prática; seguramente ele é, se estivermos, mesmo que vagamente, no caminho certo. Não surpreende que pessoas que sabem tocar violino possuam cérebro diferente do de quem não sabe, ou que os proficientes em uma língua de sinais ou em braille tenham cérebro diferente do das pessoas que falam e lêem. Seu cérebro muda quando você é apresentado a uma nova pessoa, quando ouve uma fofoca, quando assiste ao Oscar, quando treina sua tacada de golfe — em suma, sempre que uma experiência deixa um traço na mente. A única questão é *como* o aprendizado afeta o cérebro. As memórias são armazenadas em seqüências de proteínas, em novos neurônios ou sinapses ou em mudanças na força das sinapses existentes? Quando alguém aprende uma nova habilidade, ela é armazenada apenas em órgãos dedicados ao aprendizado de habilidades (como o cerebelo e os gânglios basais), ou também se ajusta ao córtex? Um aumento na destreza depende de usar mais centímetros quadrados do córtex, ou de usar maior concentração de sinapses no mesmo número de centímetros quadrados? Estes são importantes problemas científicos, mas nada dizem sobre se as pessoas podem ou não aprender, ou quanto. Já sabíamos que violinistas com prática tocam melhor do que principiantes, ou nem teríamos posto o scanner em suas cabeças, para começar. Plasticidade neural é apenas mais um nome para aprendizado e desenvolvimento, descrito em um nível diferente de análise.

Tudo isso deveria ser óbvio, mas hoje em dia qualquer banalidade que diga respeito ao aprendizado pode ser envernizada com o neurojargão e tratada como uma grande revelação da ciência. Segundo uma manchete do *New York Times*, "A terapia da fala, afirma um psiquiatra, pode alterar a estrutura cerebral do paciente".[32] Espero que possa mesmo, caso contrário o psiquiatra estaria enganando seus clientes. "A manipulação do ambiente pode mudar o modo como o cérebro [de uma criança] se desenvolve", declarou ao *Boston Globe* o neurologista pediátrico Harry Chugani. "Uma criança cercada por agressão, violência ou estimulação inadequada refletirá essas conexões no cérebro e no comportamento."[33] Sim, ora! Se o ambiente tem algum efeito sobre a criança, será mudando conexões no cérebro. Uma edição especial do periódico *Educational Technology and Society* destinava-se a "examinar a suposição de que o aprendizado ocorre no cérebro de quem aprende, e que as pedagogias e tecnologias devem ser estruturadas e avaliadas com base no efeito que têm sobre o cérebro dos estudantes". O editor convidado (um biólogo) não disse se a alternativa seria que o aprendizado ocorreria em algum outro órgão do corpo, como o pâncreas, ou que ocorreria em uma alma imaterial. Até mesmo sumidades da neurociência às vezes proclamam "descobertas" que só seriam novidade para os crentes do fantasma na máquina: "Cientistas descobriram que o cérebro é capaz de alterar suas conexões. [...] Temos a capacidade de mudar as conexões sinápticas no cérebro".[34] Ainda bem, pois do contrário seríamos amnésicos permanentes.

Esse neurocientista é executivo de uma empresa que "usa a pesquisa e tecnologia do cérebro para desenvolver produtos destinados a aumentar o aprendizado e o desempenho humanos", uma das muitas novas empresas com essa aspiração. "O ser humano tem criatividade ilimitada se adequadamente direcionado e cultivado", afirma um consultor que ensina seus clientes a desenhar diagramas que "mapeiam seus padrões neurais". "Quanto mais velho você fica, mais conexões e associações seu cérebro deveria estar fazendo", declara um cliente satisfeito; "portanto, você deveria ter mais informações armazenadas no cérebro. Só é preciso extraí-las".[35] Muitas pessoas foram convencidas pelas declarações públicas de defensores da neurociência — absolutamente sem prova nenhuma — de que variar o caminho de volta para casa pode adiar os efeitos do envelhecimento.[36] E há o gênio do marketing que percebeu que blocos, bolas e outros brinquedos "fornecem estimulação visual e tátil" e "incentivam o movimento e o acompanhamento", parte de um movimento mais amplo de criação e educação de filhos "baseadas no cérebro" que tornaremos a encontrar no capítulo sobre crianças.[37]

As empresas exploram a crença das pessoas no fantasma na máquina dando a entender que qualquer forma de aprendizado que afete o cérebro (em contraste, presumivelmente, com os tipos de aprendizado que não o afetam) é inesperadamente real, profunda ou poderosa. Mas isso é equivocado. Todo aprendizado afeta o cérebro. É inegavelmente empolgante quando cientistas fazem uma descoberta sobre *como* o aprendizado afeta o cérebro, mas isso não torna o aprendizado em si mais difuso ou profundo.

Uma segunda interpretação errada da plasticidade neural pode ser ligada à crença de que não existe nada na mente que não tenha estado antes nos sentidos. As descobertas mais divulgadas sobre a plasticidade cortical relacionam-se ao córtex sensitivo primário, os trechos de matéria cinzenta que primeiro recebem sinais dos sentidos (via tálamo e outros órgãos subcorticais). Os autores que usam a plasticidade para fundamentar a tábula rasa supõem que se o córtex

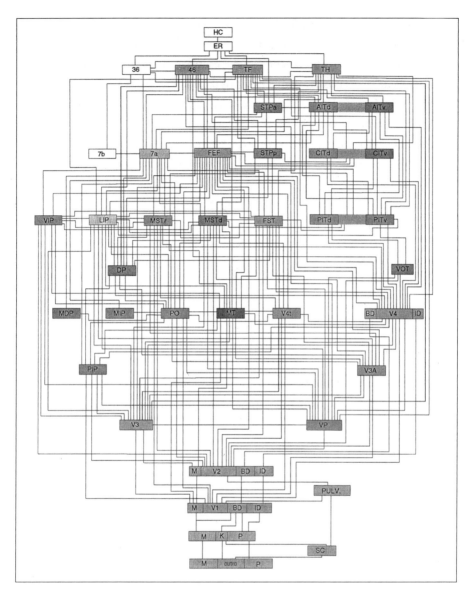

sensitivo primário é plástico, o resto do cérebro há de ser ainda *mais* plástico, já que a mente é construída com experiências sensitivas. Por exemplo, um neurocientista teria declarado, segundo se afirmou, que os experimentos de reconexão de Sur "contestam a recente ênfase sobre o poder dos genes" e "impelirão as pessoas de volta para uma maior concentração nos fatores ambientais como criadores da organização cerebral normal".[38]

Mas se o cérebro é um órgão complexo com muitas partes, essa conclusão não procede. O córtex sensitivo primário não é o alicerce da mente, mas um dispositivo, um dos muitos no cérebro, que é especializado em certos tipos de processamento de sinais nos primeiros estágios da análise sensitiva. Suponhamos que o córtex primário realmente fosse informe, ganhando toda a sua estrutura do input. Isso significaria que todo o cérebro é informe e ganha toda a sua estrutura do input? De jeito nenhum. Para começar, até mesmo o córtex sensitivo primário é apenas uma parte de um sistema imenso e intricado. Para pôr as coisas em perspectiva, eis um diagrama recente das conexões do sistema visual dos primatas.[39]

O córtex visual primário é o bloco próximo da base marcado "V1". É uma de no mínimo cinqüenta áreas cerebrais distintas dedicadas ao processamento visual, e elas são interconectadas de modos precisos. (Apesar da aparência de espaguete, nem tudo está ligado a todo o resto. Apenas cerca de um terço das conexões logicamente possíveis entre os componentes está realmente presente no cérebro.) O córtex visual primário, sozinho, não é suficiente para que possamos enxergar. De fato, ele está tão profundamente enterrado no sistema visual que Francis Crick e o neurocientista Christof Koch afirmaram que não estamos cônscios de nada do que se passa nele.[40] O que vemos — objetos coloridos familiares dispostos em uma cena ou movendo-se de maneiras específicas — é um produto de todo o dispositivo. Portanto, mesmo se as entranhas do bloco V1 fossem completamente especificadas pelo seu input, teríamos de explicar a arquitetura do resto do sistema visual — os cinqüenta blocos e suas conexões. Não estou querendo insinuar que todo o diagrama de blocos é geneticamente especificado, mas boa parte dele quase certamente é.[41]

E, obviamente, o próprio sistema visual tem de ser posto em perspectiva, pois ele é apenas uma parte do cérebro. O sistema visual domina cerca de meia dúzia das mais de cinqüenta principais áreas do córtex que podem ser distinguidas por sua anatomia e conexões. Muitas das outras fundamentam outras funções, como linguagem, raciocínio, planejamento e habilidades sociais. Embora ninguém saiba em que medida elas são geneticamente preparadas para seus papéis computacionais, há indícios de que a influência genética é substancial.[42] As divisões são estabelecidas no útero, mesmo se o córtex for isolado do input sensitivo durante o desenvolvimento. Conforme prossegue o desenvolvimento, diferentes conjuntos de genes são ativados em diferentes regiões. O cérebro possui uma bem fornida caixa de ferramentas com mecanismos para interconectar neurônios, incluindo moléculas que atraem ou repelem axônios (as fibras de saída dos neurônios) para guiá-los a seus alvos, e moléculas que os fazem grudar no lugar ou que os desviam. O número, tamanho e conectividade das áreas corticais diferem entre espécies de mamíferos, e diferem entre os humanos e outros primatas. Essa diversidade é causada por mudanças genéticas ao longo da evolução que estão começando a ser compreendidas.[43] Os geneticistas recentemente descobriram, por exemplo, que diferentes conjuntos de genes são ativados no cérebro em desenvolvimento dos humanos e no cérebro em desenvolvimento dos chimpanzés.[44]

A possibilidade de áreas corticais serem especializadas em diferentes tarefas foi obscurecida pelo fato de que diferentes partes do córtex parecem semelhantes quando examinadas ao microscópio. Mas como o cérebro é um sistema de processamento de informação, isso pouco significa. As depressões microscópicas em um CD parecem idênticas independentemente do que está gravado nelas, e as séries de caracteres em diferentes livros parecem idênticas para alguém que não sabe ler. Em um meio condutor de informações, o conteúdo reside em *padrões* combinatórios entre os elementos — no caso do cérebro, os detalhes dos microcircuitos —, e não em sua aparência física.

E o córtex não é o cérebro inteiro. Entrouxados sob o córtex há outros órgãos do cérebro que dirigem importantes partes da natureza humana. Incluem o hipocampo, que consolida a memória e alicerça os mapas mentais, a amígdala, que colore a experiência com certas emoções, e o hipotálamo, origem do desejo sexual e de outros apetites. Muitos neurocientistas, mesmo quando se impressionam com a plasticidade do córtex, reconhecem que as estruturas subcorticais são muito menos plásticas.[45] Isso não é um sofisma sem importância sobre anatomia. Alguns analistas ressaltaram a psicologia evolucionista como uma baixa causada pela plasticidade neural, pois, segundo eles, a natureza mutável do córtex prova que o cérebro não pode sustentar especializações evolutivas.[46] Mas a maioria das propostas da psicologia evolucionista relaciona-se a impulsos como medo, sexo, amor e agressão, que residem, em grande medida, em circuitos subcorticais. De modo mais geral, na teoria de qualquer pessoa uma capacidade humana inatamente moldada teria de ser implementada em uma *rede* de áreas corticais e subcorticais, e não em um único trecho do córtex sensitivo.

Outra questão básica sobre o cérebro perdeu-se em meio ao recente entusiasmo pela plasticidade. Uma descoberta de que a atividade neural é crucial para o desenvolvimento cerebral não demonstra que o aprendizado é crucial na moldagem do cérebro nem que os genes não moldam o cérebro.

O estudo do desenvolvimento neural freqüentemente é formulado da perspectiva da natureza e criação, porém é mais proveitoso pensar nele como um problema de biologia do desenvolvimento — como uma bola de células idênticas diferencia-se formando um órgão funcional. Fazer isso vira de ponta-cabeça as suposições convencionais do associacionismo. O córtex sensitivo primário, em vez de ser a parte mais firme do cérebro em cima da qual sucessivas histórias só podem ser ainda mais plásticas, pode ser a parte do cérebro que é *mais* dependente do input para um desenvolvimento adequado.

Na montagem de um cérebro, uma planta genética completa está fora de questão por duas razões. Uma é que um gene não pode antever todos os detalhes do ambiente, incluindo o ambiente composto dos outros genes do genoma. O gene tem de especificar um programa de desenvolvimento adaptativo assegurando que o organismo como um todo funcione adequadamente na presença de variações da nutrição, de outros genes, de taxas de crescimento ao longo de toda a vida, de perturbações aleatórias e do ambiente físico e social. E isso requer *feedback* do modo como o restante do organismo está se desenvolvendo.

Exemplifiquemos com o desenvolvimento do corpo. Os genes que constroem um fêmur não podem especificar a forma exata da cabeça no topo do osso, pois ela tem de articular-se com o acetábulo no quadril, que é moldado por outros genes, pela nutrição, idade e acaso. Assim, a cabeça e o acetábulo ajustam sua forma conforme fazem a rotação um contra o outro quando o bebê esperneia no útero. (Sabemos disso porque animais de laboratório quando paralisados durante o desenvolvimento acabam tendo articulações muito deformadas.) Analogamente, os genes que moldam o cristalino do olho em crescimento não podem saber a que distância a retina estará e vice-versa. Assim, o cérebro do bebê é equipado com um *feedback loop* que usa sinais sobre a nitidez da imagem na retina para desacelerar ou acelerar o crescimento físico do globo ocular. Esses são bons exemplos de "plasticidade", mas a metáfora do material plástico é enganosa. Os mecanismos não são projetados para permitir que ambientes variáveis moldem órgãos variáveis. Fazem o oposto: asseguram que apesar dos ambientes variáveis desenvolva-se um órgão *constante,* que seja capaz de fazer seu trabalho.

Assim como o corpo, o cérebro tem de usar circuitos de *feedback* para moldar-se em um sistema que funcione. Isso se aplica especialmente às áreas sensitivas, que precisam lidar com órgãos dos sentidos em crescimento. Só por isso já esperaríamos que a atividade do cérebro tivesse um papel em seu próprio desenvolvimento, mesmo se o seu estado final, como os do fêmur e do globo ocular, for em algum sentido especificado geneticamente. Como isso acontece ainda é, em boa medida, um mistério, mas sabemos que padrões de estimulação neural podem desencadear a expressão de um gene e que um gene pode acionar muitos outros.[47] Como cada célula do cérebro contém um programa genético completo, o maquinário existe, em princípio, para que a atividade neural desencadeie o desenvolvimento de um conjunto de circuitos neurais inatamente organizado em qualquer das várias regiões diferentes. Nesse caso, a atividade cerebral não estaria esculpindo o cérebro; estaria meramente dizendo ao genoma aonde, no cérebro, determinado circuito neural deveria ir.

Portanto, nem um inatista extremo precisa acreditar que o cérebro se diferencia segundo um equivalente das coordenadas do GPS no crânio, seguindo regras como "Se você está entre a têmpora esquerda e o ouvido esquerdo, torne-se um circuito da linguagem" (ou um circuito do medo, ou um circuito para o reconhecimento de rostos). Um programa de desenvolvimento pode ser desencadeado em uma parte do cérebro em desenvolvimento por alguma combinação da fonte da estimulação, do padrão de disparos, do meio químico e de outros sinais. O resultado final pode ser uma faculdade sediada em diferentes partes do cérebro em diferentes pessoas. Afinal, o cérebro é o órgão de computação, e a mesma computação pode ocorrer em diferentes lugares, desde que o padrão do fluxo de informações seja o mesmo. No computador, um arquivo ou programa pode alojar-se em diferentes partes da memória ou estar fragmentado em diferentes setores do disco e trabalhar do mesmo modo em cada um dos casos. Não surpreenderia que o cérebro em crescimento fosse no mínimo tão dinâmico na alocação de recursos neurais para as demandas computacionais.

A outra razão por que os cérebros não podem depender de uma planta genética completa é que o genoma é um recurso limitado. Os genes estão constantemente sofrendo mutações ao longo do tempo evolutivo, e a seleção natural só pode erradicar lentamente os que forem ruins. A maioria dos biólogos evolucionistas acredita que a seleção natural pode sustentar um genoma só até um certo tamanho. Isso significa que os planos genéticos para um cérebro complexo têm de ser comprimidos ao tamanho mínimo que seja consistente com o desenvolvimento e o funcionamento adequados do cérebro. Embora mais da metade do genoma seja posta em uso primordialmente ou exclusivamente no cérebro, isso nem de longe é suficiente para especificar o diagrama de conexões do cérebro.

O programa de desenvolvimento para o cérebro tem de ser versátil. Vejamos, por exemplo, o problema de fazer com que cada axônio (fibra de saída) dos olhos conecte-se com o cérebro de um modo ordenado. Pontos vizinhos no olho têm de conectar-se a pontos vizinhos no cérebro (uma disposição denominada mapeamento topográfico), e localizações correspondentes nos dois olhos devem terminar próximas uma da outra no cérebro, mas não se misturar uma à outra.

Em vez de dar a cada axônio um endereço geneticamente especificado, o cérebro do mamífero talvez organize as conexões de um modo mais sagaz. Em seus estudos sobre o desenvolvimento do cérebro em gatos, a neurocientista Carla Shatz descobriu que ondas de atividade fluem através de cada retina, primeiro em uma direção, depois em alguma outra.[48] Isso significa que neurônios que estão próximos um do outro em um único olho tenderão a disparar mais ou menos ao mesmo tempo, pois são freqüentemente atingidos pela mesma frente de onda. Mas axônios de olhos diferentes, ou de localizações distantes no mesmo olho, não serão correlacionados em sua atividade, pois uma onda que passa sobre um deles não atingirá o outro. Assim como poderíamos reconstituir o diagrama dos assentos em um estádio se os torcedores estivessem fazendo a "onda" em várias direções e nós soubéssemos apenas quem se levantou em que momento (uma vez que as pessoas que se levantaram ao mesmo tempo tinham de estar sentadas lado a lado), o cérebro poderia reconstituir a disposição espacial dos dois olhos atentando para que conjuntos de neurônios de entrada estavam disparando ao mesmo tempo. Uma das regras do aprendizado em redes neurais, esboçadas pela primeira vez pelo psicólogo D. O. Hebb, afirma: "Neurônios que disparam juntos conectam-se um ao outro; neurônios fora de sincronia não se ligam". À medida que ondas entrecruzam a retina por dias e semanas, o tálamo visual corrente abaixo poderia organizar-se em camadas, cada uma de um único olho, com neurônios adjacentes respondendo a partes adjacentes da retina. O córtex, em teoria, poderia organizar suas conexões de modo semelhante.[49]

Que partes do cérebro realmente usam essa técnica de auto-instalação é outra questão. O sistema visual não parece precisar da técnica para desenvolver conexões topograficamente organizadas; um mapa topográfico rudimentar desenvolve-se sob controle direto dos genes. Alguns neurocientistas acreditam que a técnica do "disparam juntos, conectam-se" ainda pode ser usada para tornar os mapas mais precisos ou para segregar o input dos dois olhos.[50] Isso, também, foi contestado, mas suponhamos que seja correto e vejamos o que significa.

O processo "disparam juntos, conectam-se" poderia, em teoria, ser acionado deixando que os globos oculares fitassem o mundo. O mundo possui linhas e arestas que estimulam partes vizinhas na retina ao mesmo tempo, e isso fornece as informações de que o cérebro precisa para instalar ou sintonizar um mapa ordenado. Mas no caso dos gatos de Shatz, isso funciona *sem nenhum input proveniente do ambiente.* O sistema visual desenvolve-se no útero totalmente escuro, antes de os olhos do animal se abrirem e antes que cones e bastonetes estejam sequer ligados e funcionando. As ondas da retina são geradas endogenamente pelos tecidos da retina durante o período em que o cérebro visual tem de formar suas conexões. Em outras palavras, o olho gera um *padrão de teste,* que o cérebro usa para completar sua própria montagem. Normalmente, axônios do olho conduzem informações sobre coisas no mundo, mas o programa de desenvolvimento cooptou esses axônios para conduzir informações sobre que neurônios provêm do mesmo olho ou do mesmo local no olho. Uma analogia aproximada ocorreu-me quando vi o instalador de TV a cabo descobrir que cabo no porão conduzia a um quarto específico lá em cima. Ele ligou um gerador de tom chamado *screamer* à ponta do cabo no quarto e correu lá para baixo para descobrir de qual dos cabos saídos da parede provinha o sinal. Embora os cabos fossem projetados para conduzir um sinal de televisão para o andar de cima, e não um tom de teste para o andar de baixo, eles se prestaram a esse outro uso durante o processo de instalação porque um conduto de informação é útil para ambos os propósitos. Conclui-se que uma descoberta de que o desenvolvimento do cérebro depende da atividade cerebral pode não dizer nada sobre aprendizado ou experiência, exceto que o cérebro aproveita suas próprias capacidades de transmissão de informação enquanto faz suas conexões.

O processo "disparam juntos, conectam-se" é um truque que resolve um tipo específico de problema de instalação: conectar uma superfície de receptores a uma representação semelhante a um mapa no córtex. O problema é encontrado não apenas no sistema visual, mas em outros sentidos espaciais, como o tato. Isso porque o problema de ladrilhar um trecho de córtex visual primário, que recebe informação da superfície 2-D da retina, é semelhante ao problema de ladrilhar um trecho de córtex sômato-sensitivo primário que recebe informação da superfície 2-D da pele. Até o sistema auditivo pode usar o truque, pois o input que representa diferentes freqüências de som (imprecisamente, tons) origina-se em uma membrana 1-D no ouvido interno, e o cérebro trata o tom na audição do mesmo modo como trata o espaço na visão e no tato.

Mas o truque pode ser inútil em outras partes do cérebro. O sistema olfativo, por exemplo, tem suas conexões formadas por uma técnica totalmente distinta. Diferentemente das visões, sons e toques, que são arranjados por local quando chegam ao córtex sensitivo, os odores chegam todos misturados, e são analisados segundo os compostos químicos que os compõem, cada qual detectado por um receptor diferente no nariz. Cada receptor conecta-se a um neurônio que leva seu sinal para dentro do cérebro, e neste caso o genoma realmente usa um gene diferente para cada axônio quando os conecta em seus respectivos lugares no cérebro, num total de mil genes. A economia de genes é notável. A proteína produzida por cada gene é usada duas vezes: uma vez no nariz, como receptor para detectar uma substância química trazida pelo ar, e a segunda vez no cérebro, como sonda na extremidade do axônio correspondente para dirigi-lo para seu lugar adequado no bulbo olfativo.[51]

Os problemas de instalação diferem, ainda, para outras partes do cérebro, como a medula, que gera o reflexo de engolir e outros padrões fixos de ação, a amígdala, que lida com o medo e outras emoções, e o córtex frontal ventromedial, que participa do raciocínio social. A técnica "disparam juntos, conectam-se" pode ser um método ideal para mapas sensitivos e outras estruturas que simplesmente têm de reproduzir redundâncias no mundo ou em outras partes do cérebro, como o córtex sensitivo primário para a visão, o tato e a audição. Mas outras regiões evoluíram com funções diferentes, como cheirar, engolir, evitar perigo ou fazer amigos, e suas conexões têm de ser feitas segundo técnicas mais complexas. Isso é simplesmente um corolário do argumento geral com que iniciei este capítulo: o ambiente não sabe dizer às várias partes de um organismo quais são os objetivos dessas partes.

A doutrina da extrema plasticidade usou a plasticidade descoberta no córtex sensitivo primário como uma *metáfora* para o que acontece em outras partes do cérebro. A conclusão destas duas sessões é que essa não é uma boa metáfora. Se a plasticidade do córtex sensitivo simbolizasse a plasticidade da vida mental como um todo, deveria ser fácil mudar o que não gostamos em nós mesmos ou em outras pessoas. Por exemplo, tomemos um caso muito diferente da visão: a orientação sexual. A maioria dos homens homossexuais sente frêmitos de atração por pessoas do sexo masculino mais ou menos na época das primeiras mudanças hormonais que pressagiam a puberdade. Ninguém sabe por que alguns garotos se tornam homossexuais — genes, hormônios pré-natais, outras causas biológicas e o acaso podem, todos, ter seu papel —, mas a questão a que me refiro não é tornar-se homossexual, e sim tornar-se heterossexual. No passado menos tolerante, homens homossexuais às vezes procuravam psiquiatras (e às vezes eram coagidos a procurá-los) em busca de ajuda para mudar sua orientação sexual. Mesmo hoje alguns grupos religiosos pressionam seus membros homossexuais a "escolher" a heterossexualidade. Muitas técnicas foram impingidas a eles: psicanálise, fazê-los sentir-se culpados, técnicas de condicionamento que usam a impecável lógica do "disparam juntos, conectam-se" (por exemplo, obrigá-los a olhar para garotas de capa da *Playboy* quando sexualmente excitados). Todas essas técnicas são inúteis.[52] Com poucas exceções questionáveis (que provavelmente são casos de autocontrole consciente, e não uma mudança do desejo), a orientação sexual da maioria dos homens homossexuais não pode ser revertida pela experiência. Algumas partes da mente simplesmente não são plásticas, e nenhuma descoberta sobre como se dão as conexões no córtex sensitivo mudará esse fato.

O que o cérebro realmente está fazendo quando passa pelas mudanças que chamamos de plasticidade? Um analista usou a expressão "o equivalente cerebral de Cristo transformar água em vinho", pretendendo com isso refutar qualquer teoria de que a evolução gerou partes do cérebro especializadas em tarefas.[53] Quem não acredita em milagres é cético. O tecido neural não é uma substância mágica que pode assumir qualquer forma que se exija dele, e sim um mecanismo que obedece às leis de causa e efeito. Quando examinamos mais atentamente os notáveis exemplos de plasticidade, descobrimos que as mudanças não são milagres, afinal de contas. Em cada caso, o córtex alterado não está fazendo nada muito diferente do que normalmente faz.

A maioria dos casos demonstrados de plasticidade consiste em remapeamentos no córtex sensitivo primário. Uma área cerebral correspondente a um dedo amputado ou imobilizado pode ser tomada por um dedo adjacente, ou uma área cerebral correspondente a um dedo estimulado expande suas fronteiras às custas de uma área vizinha. A capacidade do cérebro para atribuir novos pesos a seus inputs é verdadeiramente notável, mas o tipo de processamento de informação feito pelo córtex que foi tomado não mudou fundamentalmente: o córtex ainda está processando informação sobre a superfície da pele e os ângulos das articulações. E a representação de um dedo ou de parte do campo visual não pode crescer indefinidamente, por mais que haja estimulação; a instalação intrínseca do cérebro não permitiria.[54]

E quanto à tomada do córtex visual pelo braille nos cegos? À primeira vista, parece mesmo transubstanciação. Mas talvez não. Não estamos testemunhando meramente qualquer talento tomando qualquer terreno vago no córtex. A leitura em braille pode usar a anatomia do córtex visual da mesma maneira que a visão o faz.

Os neuroanatomistas sabem há muito tempo que existem tantas fibras trazendo informações de outras áreas cerebrais para o córtex visual quantas são as que levam informações dos olhos para outras áreas cerebrais.[55] Essas conexões para cima e para baixo poderiam ter várias utilidades. Talvez enfoquem a atenção sobre porções do campo visual, ou coordenem a visão com outros sentidos, ou agrupem pixels em regiões, ou ainda implementem imagens mentais, a capacidade de visualizar coisas no olho da mente.[56] Os cegos talvez simplesmente usem essas conexões para cima e para baixo pré-instaladas para ler em braille. Podem estar "imaginando" as fileiras de pontos conforme as sentem nos dedos, de um modo parecido com aquele no qual uma pessoa vendada pode imaginar os objetos que são postos em sua mão, só que muito mais rapidamente, é claro. (Estudos prévios determinaram que os cegos têm imagens mentais — talvez até mesmo imagens visuais — contendo informações espaciais.)[57] O córtex visual presta-se acentuadamente ao tipo de computação requerido pelo braille. Nas pessoas que enxergam, os olhos podem escanear uma cena, levando detalhes sutis para a fóvea, o centro de alta resolução da retina. Isso é semelhante a deslizar as mãos sobre uma linha escrita em braille, levando os detalhes sutis para a pele de alta resolução existente na ponta dos dedos. Portanto, o sistema visual poderia estar funcionando nos cegos exatamente como funciona nos que enxergam, apesar da ausência de input dos olhos. Anos de prática imaginando o mundo tátil e atentando para os detalhes do braille levaram o córtex visual a maximizar o uso dos inputs inatos de outras partes do cérebro.

Também no caso da surdez um dos sentidos apodera-se dos controles de um conjunto de circuitos conveniente, em vez de simplesmente mudar-se para qualquer território desocupado. Laura Petitto e seus colegas descobriram que os surdos usam o giro superior do lobo temporal (uma região próxima do córtex auditivo primário) para reconhecer os elementos dos sinais em línguas de sinais, exatamente como os ouvintes usam essa área para processar os sons da fala nas línguas faladas. Descobriram também que os surdos usam o córtex pré-frontal lateral para recuperar sinais da memória, do mesmo modo que os ouvintes usam essa área para recuperar palavras da memória.[58] Isso não deveria surpreender. Como os lingüistas há tempos já sabem, as línguas de sinais são organizadas de maneira muito parecida com as línguas faladas. Empregam palavras, uma gramática e até regras fonológicas que combinam gestos sem sentido para formar sinais com sentido, exatamente como as regras fonológicas nas línguas faladas combinam sons sem sentido para formar palavras com sentido.[59] As línguas faladas, além disso, são parcialmente modulares: as representações para as palavras e regras podem ser distinguidas dos sistemas de input/output que as conectam aos ouvidos e à boca. A interpretação mais simples, defendida por Petitto e seus colegas, é que as áreas corticais recrutadas pelos usuários de línguas de sinais são especializadas para a *linguagem* (palavras e regras) e não para a fala especificamente. O que as áreas estão fazendo nos surdos é o mesmo que estão fazendo nos ouvintes.

Tratemos agora da mais espantosa de todas as plasticidades: os furões que tiveram seus cérebros reconectados de modo que os olhos mandassem informações para o tálamo e córtex auditivos, fazendo com que essas áreas funcionassem como tálamo e córtex visual. Mesmo neste caso, não se está transformando água em vinho. Sur e seus colegas observaram que o input redirecionado não mudou a instalação efetiva do cérebro auditivo, mas apenas o padrão de forças sinápticas. Em conseqüência, encontraram muitas diferenças entre o cérebro auditivo cooptado e um cérebro visual normal.[60] A representação do campo visual no cérebro auditivo era mais vaga e mais desorganizada, pois o tecido está otimizado para a análise auditiva, e não visual. O mapa do campo visual, por exemplo, era muito mais preciso na direção esquerda-direita do que na direção em cima-embaixo. Isso porque a direção esquerda-direita era mapeada sobre um eixo do córtex auditivo que nos animais normais representa diferentes freqüências de som e, portanto, recebe inputs do ouvido interno que são arranjadas precisamente em ordem de freqüência. Mas a direção em cima-embaixo era mapeada sobre o eixo perpendicular do córtex auditivo, que normalmente recebe uma massa de inputs da mesma freqüência. Sur observou, ainda, que as conexões entre o córtex auditivo primário e outras áreas cerebrais que servem à audição (o equivalente do diagrama de instalação para o sistema visual da página 130) não foram alteradas pelo novo input.

Portanto, padrões do input podem regular um trecho do córtex sensitivo para que ele se engrene com esse input, mas apenas dentro dos limites da instalação já presente. Sur supõe que a razão de o córtex auditivo nos furões de cérebros reconectados conseguiu processar informações visuais é que certos tipos de processamento de sinais podem ser úteis para atuar sobre input sensitivo bruto, seja ele visual, auditivo ou tátil:

Desta perspectiva, uma função do tálamo ou córtex sensitivo é executar certas operações estereotípicas sobre o input independentemente da modalidade [visão, audição ou tato]; o tipo específico de input sensitivo, obviamente, fornece a informação básica que é transmitida e processada. [...] Se a organização normal das estruturas auditivas centrais não for alterada, ou pelo menos não alterada significativamente, pelo input visual, poderíamos esperar que algumas operações semelhantes às que observamos em inputs visuais em furões operados fossem executadas também no trajeto auditivo em furões normais. Em outras palavras, os animais com inputs visuais induzidos no trajeto auditivo proporcionam uma janela diferente para algumas das mesmas operações que deveriam ocorrer normalmente no tálamo e córtex auditivos.[61]

A suposição de que o córtex auditivo é inerentemente adequado para analisar input visual não é absurda. Mencionei que a freqüência (tom) na audição comporta-se em grande medida como o espaço na visão. A mente trata os emissores de som com diferentes tons como se fossem objetos em diferentes localizações, e trata os saltos de tom como movimentos no espaço.[62] Isso significa que algumas das análises feitas com base em visões podem ser iguais às análises feitas com base em sons, e poderiam ser computadas, pelo menos em parte, por tipos semelhantes de conjunto de circuitos. Inputs de um ouvido representam diferentes freqüências; inputs de um olho representam pontos em diferentes localizações. Neurônios no córtex sensitivo (tanto visual como auditivo) recebem informações de uma vizinhança de fibras de entrada e delas extraem padrões simples. Portanto, neurônios no córtex auditivo que normalmente detectam sons de transição ascendentes ou descendentes, tons cheios ou puros e sons que vêm de lugares específicos podem, nos furões reconectados, automaticamente ser capazes de detectar linhas de inclinações específicas, lugares e direções de movimento.

Isso não quer dizer que o córtex auditivo primário pode lidar prontamente com o input visual. O córtex ainda precisa regular suas conexões sinápticas em resposta aos padrões do input. Os furões reconectados são uma notável demonstração de como o córtex sensitivo em desenvolvimento se organiza em um sistema que funciona bem. Mas, como nos outros exemplos de plasticidade, não demonstram que o input dos sentidos pode transformar um cérebro amorfo para que ele possa fazer qualquer coisa que venha a calhar. O córtex possui uma estrutura intrínseca que lhe permite realizar certos tipos de computação. Muitos exemplos de "plasticidade" podem consistir em fazer com que o input se engrene com essa estrutura.

Quem assiste ao Discovery Channel já viu filmes de crias de gnus ou zebras saindo do canal do parto, cambaleando nas pernas trêmulas por um ou dois minutos, e então saltitando em volta da mãe com os sentidos, impulsos e controle motor em pleno funcionamento. Isso acontece rápido demais para que uma experiência padronizada tenha se organizado em seu cérebro, portanto têm de existir mecanismos genéticos capazes de moldar o cérebro antes do nascimento. Os neurocientistas tinham noção disso antes que a plasticidade entrasse na moda. Os primeiros estudos do desenvolvimento do sistema visual por David Hubel e Torsten Wiesel mostraram que os microcircuitos dos macacos estão praticamente completos por ocasião do nascimento.[63] Mesmo suas célebres demonstrações de que o sistema visual de gatos pode ser alterado pela experiência durante um período crítico do desenvolvimento (criando-os no escuro, em cilindros listrados ou com um olho tapado) mostram apenas que a experiência é necessária para *manter* o sistema visual e para ressintonizá-lo conforme o animal vai crescendo. Não mostram que a experiência é necessária para fazer a instalação inicial do cérebro.

Sabemos, de modo geral, como o cérebro monta a si mesmo sob orientação dos genes.[64] Mesmo antes de o córtex ser formado, os neurônios destinados a compor diferentes áreas organizam-se em um "protomapa". Cada área do protomapa é composta de neurônios com diferentes propriedades, mecanismos moleculares que atraem diferentes fibras de entrada e diferentes padrões de respostas ao input. Axônios são atraídos e repelidos por muitos tipos de moléculas dissolvidas no fluido circundante ou ligados às membranas de células vizinhas. E diferentes conjuntos de genes expressam-se em diferentes partes do córtex em crescimento. O neurocientista Lawrence Katz lamentou que a idéia do processo "disparam juntos, conectam-se" tenha se tornado um "dogma" que impede os neurocientistas de explorar todo o alcance desses mecanismos genéticos.[65]

Mas a maré está começando a mudar, e recentes descobertas estão mostrando como partes do cérebro podem organizar-se sem nenhuma informação dos sentidos. Em experimentos que a revista *Science* chamou de "heréticos", a equipe de Katz removeu um ou os dois olhos de um furão em desenvolvimento, privando totalmente de inputs o córtex visual. Apesar disso, o córtex visual desenvolveu-se com a disposição padrão das conexões vindas dos dois olhos.[66]

Camundongos modificados pela engenharia genética forneceram pistas especialmente importantes, pois desativar um único gene pode ser um procedimento mais exato do que as técnicas convencionais de envenenar neurônios ou fatiar o cérebro. Uma equipe inventou um camundongo cujas sinapses foram totalmente fechadas, impedindo que os neurônios sinalizassem um para o outro. O cérebro do camundongo desenvolveu-se com razoável normalidade, completo com suas estruturas em camadas, trajetos de fibras e sinapses nos lugares certos.[67] (O cérebro degenerou-se rapidamente depois do nascimento, mostrando mais uma vez que a atividade neural pode ser mais importante para a manutenção do cérebro do que para sua instalação.) Outra equipe projetou um camundongo com um tálamo inútil, privando todo o córtex de seu input. Mas o córtex diferenciou-se nas camadas e regiões normais, cada qual com um conjunto diferente de genes ativados.[68] Um terceiro estudo fez o oposto, inventando camundongos aos quais faltava um dos genes que são a base de gradientes de moléculas que ajudam a organizar o cérebro acionando outros genes em lugares específicos. O gene faltante fez muita diferença: as fronteiras entre áreas corticais ficaram acentuadamente distorcidas.[69] Os estudos com camundongos de partes desativadas, portanto, indicam que os genes talvez sejam mais importantes do que a atividade neural para a organização do córtex. A atividade neural sem dúvida tem seu papel, que depende da espécie, do estágio de desenvolvimento e da parte do cérebro, mas ela é apenas uma capacidade do cérebro, e não a fonte da estrutura cerebral.

E quanto à nossa espécie? Lembremos que um estudo recente sobre gêmeos mostrou que diferenças na anatomia do córtex, particularmente a quantidade de matéria cinzenta em diferentes regiões corticais, estão sob controle genético, correspondendo a diferenças na inteligência e em outros traços psicológicos.[70] E demonstrações da plasticidade do cérebro humano não excluem uma substancial organização genética. Um dos exemplos mais comumente citados de plasticidade em humanos e macacos é o fato de que o córtex dedicado a uma parte do corpo amputada ou entorpecida pode ser realocado para alguma outra parte do corpo. Mas o fato de que o input pode mudar o cérebro quando este está construído não significa que o input tenha moldado o cérebro inicialmente. A maioria dos amputados sente membros fantasmas: alucinações vívidas e detalhadas da parte faltante do corpo. Espantosamente, uma proporção substancial de pessoas que *nasceram* sem um membro também sente essas aparições.[71] Conseguem descrever a anatomia de seu membro fantasma (por exemplo, quantos dedos sentem no pé inexistente) e podem até sentir que estão gesticulando com suas mãos fantasmas durante uma conversa. Uma menina resolvia problemas de aritmética contando nos dedos fantasmas! O psicólogo Ronald Melzack, que documentou muitos desses casos, aventou que o cérebro contém uma "neuromatriz" inata, distribuída por várias regiões corticais e subcorticais, dedicada à representação do corpo.

A impressão de que o cérebro humano é ilimitadamente plástico também nasceu de demonstrações de que crianças às vezes conseguem recuperar-se de lesão cerebral sofrida no início da vida. Mas a existência da paralisia cerebral — dificuldades permanentes no controle motor e na fala devido a malformação ou lesão cerebral sofrida no início da vida — indica que mesmo a plasticidade do cérebro de uma criança tem limites severos. O mais célebre indício da extrema plasticidade em humanos tem sido a capacidade de algumas crianças de crescer relativamente normais apesar da remoção cirúrgica de todo um hemisfério quando lactentes.[72] Mas esse pode ser um caso especial, decorrente do fato de que o cérebro dos primatas é um órgão fundamentalmente simétrico. As assimetrias tipicamente humanas — linguagem mais no esquerdo, atenção espacial e algumas emoções mais no direito — coincidem nessa organização principalmente simétrica. Não surpreenderia se os hemisférios fossem geneticamente programados com praticamente as mesmas capacidades, junto com algumas pequenas propensões que levam cada hemisfério a especializar-se em alguns talentos enquanto deixa outros definharem. Com um hemisfério removido, o que restou tem de pôr em pleno uso todas as suas capacidades.

O que acontece quando uma criança perde uma parte do córtex em *ambos* os hemisférios, de modo que nenhum dos hemisférios pode assumir a tarefa da parte faltante do outro? Se as regiões corticais forem intercambiáveis, plásticas e organizadas pelo input, então uma parte intacta do cérebro deveria assumir a função das partes faltantes. A criança poderia ser um pouco mais lenta, já que está trabalhando com menos tecido cerebral, mas deveria desenvolver um complemento integral de faculdades humanas. Aparentemente, porém, não é isso que acontece. Várias décadas atrás, neurologistas estudaram um menino que sofreu uma falta temporária de oxigênio no cérebro e perdeu as áreas normais da linguagem no hemisfério esquerdo e suas correspondentes no direito. Embora tivesse apenas dez dias de vida quando ocorreu a lesão, ele se tornou uma criança com dificuldades permanentes na fala e na compreensão.[73]

Esse estudo de caso, como muitos na neurologia pediátrica, não é cientificamente puro, mas estudos recentes sobre duas outras faculdades mentais corroboram a idéia de que o cérebro dos bebês talvez seja menos plástico do que muitos pensam. A psicóloga Martha Farah e seus colaboradores recentemente relataram o caso de um rapaz de dezesseis anos que contraiu meningite no primeiro dia de vida e sofreu lesão no córtex visual e na base dos lobos temporais em ambos os lados do cérebro.[74] Quando adultos sofrem esse tipo de lesão, perdem a capacidade de reconhecer rostos e também têm dificuldade de reconhecer animais, embora com freqüência consigam reconhecer palavras, utensílios, móveis e outras formas. O rapaz apresentava exatamente essa síndrome. Embora crescesse com inteligência verbal normal, era totalmente incapaz de reconhecer rostos. Não conseguia sequer reconhecer fotos do elenco de seu programa de televisão favorito, *Baywatch,* a que vinha assistindo durante uma hora por dia havia um ano e meio. Sem as faixas de cérebro apropriadas, dezesseis anos vendo rostos e possuindo abundância de córtex disponível não bastaram para dar ao rapaz a capacidade humana de reconhecer outras pessoas pela visão.

Os neurocientistas Steven Anderson, Hannah e Antonio Damasio e seus colegas testaram recentemente dois jovens adultos que haviam sofrido lesão no córtex ventromedial e pré-frontal orbital quando crianças.[75] Essas são as partes do cérebro situadas acima dos olhos e são importantes para a empatia, habilidades sociais e autogoverno (como sabemos graças a Phineas Gage, o ferroviário que teve o cérebro empalado por um ferro de socar explosivos). As duas crianças recuperaram-se dos ferimentos e cresceram com QI médio em lares estáveis, com irmãos normais e pais de nível universitário. Se o cérebro realmente fosse homogêneo e plástico, as partes sadias deveriam ter sido moldadas pelo ambiente social normal e assumido as funções das partes lesadas. Mas não foi o que aconteceu com nenhuma dessas crianças. Uma delas, uma menina que fora atropelada por um carro aos quinze meses de vida, tornou-se uma criança intratável que não fazia caso de punições e mentia compulsivamente. Na adolescência, praticava furto em lojas, roubava dos pais, não conseguia fazer amigos, não demonstrava empatia nem remorso e perigosamente não se interessava por seu próprio bebê. O outro paciente era um rapaz que perdera partes semelhantes do cérebro devido a um tumor quando tinha três meses de vida. Também ele cresceu sem amigos, inepto e irascível e ladrão. Os dois pacientes, além do mau comportamento, tinham dificuldade para resolver problemas morais simples, apesar do QI normal. Não conseguiam, por exemplo, dizer o que duas pessoas deveriam fazer se discordassem sobre o canal de televisão a assistir, ou decidir se um homem deveria roubar um remédio para salvar sua esposa à beira da morte.

Esses casos fazem mais do que refutar a doutrina da extrema plasticidade. Impõem um desafio à genética e à neurociência do século XXI. Como o genoma diz a um cérebro em desenvolvimento para diferenciar-se em redes neurais que são preparadas para problemas computacionais abstratos como reconhecer um rosto ou pensar nos interesses de outras pessoas?

A tábula rasa instalou-se em sua última trincheira, mas, como vimos, suas últimas fortificações científicas são ilusórias. O genoma humano pode ter um número de genes menor do que os biólogos haviam estimado previamente, mas isso só mostra que o número de genes em um genoma tem pouca relação com a complexidade do organismo. As redes conexionistas podem explicar algumas das unidades constitutivas da cognição, mas também elas não têm poder para, sozinhas, responsabilizar-se pelo pensamento e pela linguagem; têm de ser inatamente engendradas e montadas para essas tarefas. A plasticidade neural não é um poder mágico versátil do cérebro, e sim um conjunto de ferramentas que ajudam a transformar megabytes de genoma em terabytes de cérebro, que fazem o córtex sensitivo encaixar-se com seu input e que implementam o processo chamado aprendizado.

Portanto, a genômica, as redes neurais e a plasticidade neural condizem com o quadro, que emergiu em décadas recentes, de uma natureza humana complexa. Não se trata, é claro, de uma natureza rigidamente programada, impermeável ao input, isenta de cultura ou dotada com as minúcias de cada conceito e sentimento. Mas é uma natureza que é rica o suficiente para dar conta das demandas de ver, mover-se, planejar, falar, manter-se vivo, entender o ambiente e lidar com o mundo das outras pessoas.

Agora que a tábula rasa chegou à sua última trincheira, é um bom momento para avaliarmos os argumentos em favor da alternativa. Eis meu resumo dos indícios da existência de uma natureza humana complexa, alguns deles reiterando argumentos de capítulos anteriores, outros antecipando argumentos de capítulos posteriores.

A lógica simples diz que não pode haver aprendizado sem mecanismos inatos para aprender. Esses mecanismos têm de ser poderosos o suficiente para alicerçar todos os tipos de aprendizado de que os humanos são capazes. A teoria da apreensibilidade — a análise matemática de como o aprendizado pode funcionar em princípio — nos diz que há sempre um número infinito de generalizações que um aprendiz pode extrair de um conjunto finito de inputs.[76] As sentenças que uma criança ouve, por exemplo, podem ser a base para que ela as repita textualmente, produza qualquer combinação de palavras com a mesma razão entre substantivos e verbos ou analise a gramática subjacente e produza sentenças que se amoldem a ela. A visão de alguém lavando pratos pode, com a mesma justificação lógica, estimular alguém a tentar fazer com que pratos fiquem limpos ou a deixar a água morna correr pelos dedos. Um aprendiz bem-sucedido, portanto, tem de ser compelido a tirar do input certas conclusões e não outras. A inteligência artificial reforça esse argumento. Computadores e robôs programados para imitar feitos humanos são invariavelmente dotados de numerosos módulos complexos.[77]

A biologia evolucionista mostrou que adaptações complexas são onipresentes no mundo vivo e que a seleção natural é capaz de fazê-las evoluir, inclusive com complexas adaptações cognitivas e comportamentais.[78] O estudo do comportamento de animais em seu hábitat natural mostra que as espécies diferem inatamente uma da outra em seus impulsos e habilidades, das quais algumas (como navegação pelas estrelas e obtenção de alimento) requerem sistemas neurais intricados e especializados.[79] O estudo de seres humanos da perspectiva evolucionista mostrou que muitas faculdades psicológicas (como nossa avidez por comidas gordurosas, status social e relacionamentos sexuais de risco) são mais bem adaptadas às demandas evolutivas de nosso ambiente ancestral do que às demandas reais do ambiente atual.[80] Levantamentos antropológicos mostraram que centenas de universais, relacionados a todos os aspectos da experiência, são encontrados em todas as culturas do mundo.[81]

Cientistas cognitivos descobriram que tipos distintos de representações e processos são usados em diferentes esferas de conhecimento, como por exemplo palavras e regras para a linguagem, o conceito de um objeto duradouro para a compreensão do mundo físico e uma teoria da mente para a compreensão das outras pessoas.[82] A psicologia do desenvolvimento mostrou que esses modos distintos de interpretar a experiência entram em funcionamento logo no início da vida: os bebês têm uma compreensão básica de objetos, números, rostos, utensílios, linguagem e outras esferas da cognição humana.[83]

O genoma humano contém uma quantidade colossal de informações, tanto nos genes como nas regiões não codificadoras, para guiar a construção de um organismo complexo. Em número crescente de casos, genes específicos podem ser relacionados a aspectos da cognição, linguagem e personalidade.[84] Quando traços psicológicos variam, boa parte da variação deve-se a diferenças em genes: gêmeos idênticos são mais semelhantes do que gêmeos fraternos, e irmãos biológicos são mais semelhantes que irmãos adotivos, sejam criados juntos ou separadamente.[85] O temperamento e a personalidade de uma pessoa emergem cedo na vida e permanecem razoavelmente constantes enquanto ela viver.[86] E tanto a personalidade como a inteligência mostram pouco ou nenhum efeito dos ambientes específicos das crianças no âmbito de sua cultura: crianças criadas na mesma família são semelhantes principalmente em razão de seus genes em comum.[87]

Finalmente, a neurociência está mostrando que a arquitetura básica do cérebro desenvolve-se sob controle genético. Independentemente da importância do aprendizado e da plasticidade, os sistemas cerebrais têm indícios de especialização inata e não podem arbitrariamente ser substituídos uns pelos outros.[88]

Nestes três capítulos procurei apresentar um resumo da atual argumentação científica em favor de uma natureza humana complexa. Suas implicações serão examinadas no restante do livro.

PARTE II

Medo e aversão

No terceiro quartel do século XX os ideais dos cientistas sociais da primeira metade do século haviam desfrutado uma bem merecida vitória. A eugenia, o darwinismo social, a conquista colonial, as políticas dickensianas para as crianças, as expressões manifestas de racismo e sexismo entre as pessoas educadas e a discriminação oficial contra mulheres e minorias haviam sido erradicadas, ou no mínimo estavam desaparecendo rapidamente da corrente dominante na sociedade ocidental.

Ao mesmo tempo, a doutrina da tábula rasa, que havia sido anuviada com ideais de igualdade e progresso, começava a apresentar rachaduras. Com as novas ciências da natureza humana começando a florescer, evidenciava-se que o pensamento é um processo físico, que as pessoas não são clones psicológicos, que os sexos diferem do pescoço para cima além de para baixo, que o cérebro humano não estava isento do processo da evolução e que as pessoas de todas as culturas compartilhavam características mentais que poderiam ser esclarecidas por novas idéias na biologia evolucionista.

Esses avanços impuseram uma escolha aos intelectuais. Cabeças mais frias poderiam ter explicado que essas descobertas eram irrelevantes para os ideais políticos da igualdade de oportunidade e de direitos, que eram doutrinas morais sobre como devemos tratar as pessoas, e não hipóteses científicas sobre como as pessoas são. Certamente é errado escravizar, oprimir, discriminar ou matar pessoas, não importa que dado previsível ou teoria um cientista mentalmente são venha a apresentar.

Mas não era uma época de cabeças frias. Em vez de dissociar as doutrinas morais das científicas, assegurando que o relógio não andaria para trás independentemente do que viesse das pesquisas de laboratório e de campo, muitos intelectuais, incluindo alguns dos mais eminentes cientistas do mundo, tudo fizeram para ligar as duas. As descobertas sobre a natureza humana foram recebidas com medo e aversão por julgar-se que elas ameaçavam os ideais progressistas. Tudo isso poderia ser relegado aos livros de história não fosse o fato de que esses intelectuais, que já se intitularam radicais, são hoje o *establishment*, e o pavor da natureza humana que eles semearam arraigou-se na vida intelectual moderna.

Esta parte do livro trata das reações politicamente motivadas às novas ciências da natureza humana. Embora a oposição fosse originalmente fruto da imaginação da esquerda, está se tornando comum à direita, cujos porta-vozes inflamam-se com algumas das mesmas objeções morais. No capítulo 6 relatarei as lorotas que emergiram como reação às novas idéias sobre a natureza humana. No capítulo 7 mostrarei como essas reações nasceram de um imperativo moral de defender a tábula rasa, o bom selvagem e o fantasma na máquina.

6. Cientistas políticos

A primeira conferência a que assisti como aluno de pós-graduação em Harvard em 1976 foi do famoso cientista da computação Joseph Weizenbaum. Ele foi um dos primeiros a trabalhar em inteligência artificial (AI), e é mais lembrado pelo programa Eliza, que levava as pessoas a pensar, erroneamente, que o computador estava conversando, embora estivesse apenas declamando respostas prontas. Weizenbaum acabara de publicar *Computer power and human reason* [*O poder do computador e a razão humana*, na tradução em português], uma análise crítica da inteligência artificial e dos modelos computadorizados de cognição, elogiada como "o mais importante livro sobre computadores da década passada". Eu estava com um pé atrás em relação ao livro, que era econômico em argumentos e pródigo em santimônia. (Por exemplo, afirmava que certas idéias em inteligência artificial, como uma proposta de ficção científica para um híbrido de sistemas nervosos e computadores, eram "simplesmente obscenas. São [aplicações] cuja própria cogitação já deveria provocar sentimentos de nojo em toda pessoa civilizada. [...] É impossível alguém não se perguntar o que deve ter acontecido à percepção que os proponentes têm da vida, e portanto de si mesmos como parte do *continuum* da vida, para chegarem mesmo a pensar em uma coisa dessa".)[1] Ainda assim, nada poderia ter me preparado para a apresentação que nos aguardava no Centro de Ciências aquela tarde.

153

Weizenbaum discutiu um programa de AI dos cientistas da computação Allan Newell e Herbert Simon que se baseava em analogias: se o programa soubesse a solução para um problema, aplicava a solução a outros problemas com uma estrutura lógica semelhante. Aquilo, Weizenbaum nos disse, na realidade era projetado para ajudar o Pentágono a formular estratégias de contra-insurreição no Vietnã. Dizia-se que os vietcongues "movem-se na selva como peixes na água". Se essa informação fosse fornecida ao programa, disse o conferencista, ele poderia deduzir que exatamente como podemos drenar um lago para expor os peixes, podíamos desmatar uma floresta para expor os vietcongues. Discorrendo sobre as pesquisas sobre reconhecimento da fala por computador, ele disse que a única razão concebível para estudar a percepção da fala era permitir à CIA monitorar milhões de conversas telefônicas simultaneamente, e instou os alunos presentes a boicotar as tentativas. Mas, acrescentou, na verdade não importava se não seguíssemos seu conselho, pois ele tinha absoluta certeza — não havia a mais ínfima dúvida em sua mente — de que no ano 2000 todos nós estaríamos mortos. E com essa inspiradora exortação à nova geração, encerrou a conferência.

Os rumores sobre nossa morte revelaram-se bem exagerados, e as outras profecias daquela tarde não se saíram melhor. O uso da analogia no raciocínio, longe de ser obra do demônio, é hoje um importante tema de pesquisa na ciência cognitiva, e amplamente considerado crucial para descobrirmos como funciona a nossa inteligência. Usa-se rotineiramente software de reconhecimento da fala em serviços de informação telefônica, e os computadores pessoais já vêm com esse tipo de software, uma bênção para pessoas deficientes e para quem sofre de lesão por esforço repetitivo. E as acusações de Weizenbaum permanecem como um lembrete da paranóia política e do exibicionismo moral que caracterizaram a vida universitária na década de 1970, a época na qual a atual oposição às ciências da natureza humana tomou forma.

Não era assim que eu havia imaginado o discurso acadêmico na Atenas da América, mas talvez eu não devesse me surpreender. Ao longo de toda a história, batalhas de opinião foram travadas por barulhentos moralizadores, demonizadores, hiperbolistas e coisas piores. A ciência deveria ser uma cabeça-de-ponte onde idéias, e não pessoas, eram atacadas, e onde fatos verificáveis eram separados da opinião política. Mas quando a ciência começava a abeirar-se do tema da natureza humana, os observadores reagiam de modo diferente daquele como agiriam em relação a descobertas, por exemplo, sobre a origem dos cometas ou a classificação dos lagartos, e os cientistas revertiam à mentalidade moralista que aflora tão naturalmente em nossa espécie.

Pesquisas sobre a natureza humana seriam polêmicas em qualquer época, mas as novas ciências escolheram uma década particularmente ruim para atrair publicidade. Nos anos 70 muitos intelectuais haviam se tornado radicais políticos. O marxismo era correto, o liberalismo era para fracotes, e Marx declarara que "as idéias dominantes de cada época sempre foram as idéias de sua classe dirigente". As tradicionais suspeitas contra a natureza humana foram embrulhadas em uma ideologia de extrema esquerda, e os cientistas que examinavam a mente humana em um contexto biológico foram então considerados instrumentos de um *establishment* reacionário. Os críticos anunciaram que eram parte de um "movimento científico radical", e com isso nos forneceram uma designação conveniente para o grupo.[2]

Weizenbaum abominou a tentativa feita pela inteligência artificial e pela ciência cognitiva de unificar mente e mecanismo, mas as outras ciências da natureza humana também suscitaram acrimônia. Em 1971 o psicólogo Richard Herrnstein publicou um artigo intitulado "IQ" na *Atlantic Monthly*.[3] O argumento de Herrnstein, ele foi o primeiro a salientar, deveria ter sido banal. Ele escreveu que na proporção em que o status social se tornasse menos acentuadamente determinado por legados arbitrários como raça, parentesco e riqueza herdada, passaria a ser mais fortemente determinado pelo talento, especialmente (em uma economia moderna) a inteligência. Uma vez que as diferenças em inteligência são parcialmente hereditárias, e como pessoas inteligentes tendem a casar-se com pessoas inteligentes, quando uma sociedade se tornasse mais justa também se tornaria mais estratificada segundo linhas genéticas. Pessoas mais inteligentes tenderiam a afluir para os estratos mais elevados, e seus filhos tenderiam a permanecer ali. Esse argumento básico deveria ser banal, pois fundamenta-se em uma necessidade matemática: conforme diminui a proporção de variação no status social causada por fatores não genéticos, a proporção causada por fatores genéticos tem de aumentar. O argumento só poderia ser completamente falso caso não houvesse variação no status social baseada no talento intelectual (e isso requereria que não se desse preferência aos talentosos na hora de empregar ou negociar) ou caso não houvesse variação genética na inteligência (e para isso as pessoas teriam de ser tábulas rasas ou clones).

O argumento de Herrnstein não implica que quaisquer diferenças na inteligência média entre as raças são inatas (uma hipótese distinta que dois anos antes fora aventada pelo psicólogo Arthur Jensen),[4] e ele negou expressamente estar afirmando tal coisa. A dessegregação nas escolas não completara ainda uma geração, a legislação sobre os direitos civis tinha menos de uma década, e por isso as diferenças que haviam sido documentadas nos resultados médios de QI de brancos e negros poderiam facilmente ser explicadas por diferenças de oportunidade. De fato, dizer que o silogismo de Herrnstein implicava que os negros acabariam na base de uma sociedade geneticamente estratificada era acrescentar a suposição gratuita de que os negros eram em média geneticamente menos inteligentes, coisa que Herrnstein teve o cuidado de evitar.

Apesar disso, o influente psiquiatra Alvin Poussaint escreveu que Herrnstein "tornou-se o inimigo dos negros, e suas declarações são uma ameaça à sobrevivência de todo negro nos Estados Unidos". Ele perguntou retoricamente: "Devemos carregar cartazes proclamando o direito de Herrnstein à liberdade de expressão?". Panfletos foram distribuídos em universidades na região de Boston instando os estudantes: "Combata as mentiras fascistas do professor de Harvard", e a Harvard Square foi coberta com fotografias de Herrnstein com a legenda PROCURADO POR RACISMO e cinco citações deturpadas pretensamente extraídas de seu artigo. Herrnstein recebeu uma ameaça de morte e descobriu que não podia mais falar sobre sua área de especialização, o aprendizado em pombos, pois aonde quer que fosse as salas de conferência enchiam-se de turbas vociferantes. Em Princeton, por exemplo, estudantes declararam que bloqueariam as portas do auditório para forçá-lo a responder questões sobre a controvérsia do QI. Várias conferências foram canceladas quando as universidades anfitriãs afirmaram não poder garantir a segurança do professor.[5]

O tema das diferenças inatas entre as pessoas tem implicações políticas óbvias, que examinarei em capítulos posteriores. Mas alguns intelectuais inflamavam-se com a aparentemente elogiosa afirmação de que as pessoas têm *características comuns* inatas. Em fins da década de 1960 o psicólogo Paul Ekman descobriu que sorriso, cenho franzido, riso de escárnio, careta de dor e outras expressões faciais eram encontrados e compreendidos no mundo inteiro, mesmo entre povos coletores sem contato prévio com o Ocidente. Essas descobertas, argumentou, corroboravam duas afirmações feitas por Darwin em seu livro *A expressão das emoções no homem e nos animais,* de 1872. Uma era que os humanos haviam sido dotados de expressões emocionais pelo processo da evolução; a outra, radical na época de Darwin, era que todas as raças haviam divergido recentemente a partir de um ancestral comum.[6] Apesar dessas mensagens enaltecedoras, Margaret Mead apontou os estudos de Ekman como "revoltantes", "consternadores" e "uma desgraça" — e essa foi uma das reações mais brandas.[7] No encontro anual da American Anthropological Association, Alan Lomax Jr. levantou-se na platéia gritando que não deveria ser dada a palavra a Ekman porque suas idéias eram fascistas. Em outra ocasião, um ativista afro-americano acusou Ekman de racismo por afirmar que as expressões faciais dos negros não eram diferentes das dos brancos. (Certas pessoas são impossíveis de contentar.) E não foram apenas afirmações sobre faculdades inatas na espécie humana que atraíram a ira de radicais, mas também afirmações sobre faculdades inatas de quaisquer espécies. Quando o neurocientista Torsten Wiesel publicou seu histórico trabalho em co-autoria com David Hubel mostrando que o sistema visual dos gatos está quase completo por ocasião do nascimento, outro neurocientista chamou-o raivosamente de fascista e prometeu provar que ele estava errado.

Alguns desses protestos eram sinais dos tempos e arrefeceram com o declínio do radical chique. Mas a reação a dois livros sobre a evolução continuou por décadas e se tornou parte da corrente intelectual dominante.

O primeiro foi *Sociobiology* ["Sociobiologia", sem tradução em português], de E. O. Wilson, publicado em 1975.[8] Esse livro sintetiza uma vasta literatura sobre comportamento animal usando novas idéias sobre seleção natural de George Williams, William Hamilton, John Maynard Smith e Robert Trivers. Analisa princípios sobre a evolução da comunicação, altruísmo, agressão, sexo e criação da prole e os aplica aos principais grupos taxonômicos dos animais sociais, como insetos, peixes e aves. O capítulo 27 faz o mesmo para o *Homo sapiens,* tratando nossa espécie como mais um ramo do reino animal. Inclui um exame da literatura sobre universais e variação entre sociedades, uma discussão sobre a linguagem e seus efeitos sobre a cultura e a hipótese de que alguns universais (incluindo o senso moral) podem provir de uma natureza humana moldada pela seleção natural. Wilson manifestou a esperança de que sua idéia pudesse ligar a biologia às ciências sociais e à filosofia, prefigurando o argumento de seu livro posterior, *Consilience* [*Consiliência,* na tradução em português].

O primeiro ataque a *Sociobiology* concentrou-se em sua principal heresia. Em uma crítica que ocupou um livro inteiro, o antropólogo Marshall Sahlins definiu a "sociobiologia vulgar" como uma contestação da doutrina do superorganismo de Durkheim e Kroeber: a crença de que cultura e sociedade viviam em uma esfera separada dos indivíduos, de seus pensamentos e sentimentos. "A sociobiologia vulgar", escreveu Sahlins, "consiste na explicação do comportamento social humano como a expressão de necessidades e impulsos do organismo humano, propensões essas que a evolução biológica construiu na natureza humana."[9] Admitindo temer uma incursão em seu terreno acadêmico, ele acrescentou: "O problema intelectual central efetivamente se resume à autonomia da cultura e do estudo da cultura. *Sociobiology* contesta a integridade da cultura como uma coisa-em-si, como uma criação humana distinta e simbólica".[10]

O livro de Sahlins chamou-se *The use and abuse of biology* ["O uso e abuso da biologia", sem tradução em português]. Um exemplo do pretenso abuso foi a idéia de que a teoria de Hamilton da aptidão inclusiva poderia ajudar a explicar a importância dos laços de família na vida humana. Hamilton mostrara como a tendência a fazer sacrifícios pelos parentes poderia ter evoluído. Parentes compartilham genes, portanto qualquer gene que incentive um organismo a ajudar um parente estaria indiretamente ajudando uma cópia de si mesmo. O gene proliferará se o custo do favor for menor que o benefício feito ao parente, levando-se em conta o grau de parentesco (metade para um irmão ou filho, um oitavo para um primo-irmão etc.). Isso não pode ser verdade, escreveu Sahlins, porque na maioria das culturas as pessoas não têm termos para designar frações. Isso as incapacita para calcular os coeficientes de parentesco que lhes diriam que parentes favorecer, e quanto. Sua objeção é uma confusão clássica de uma causa próxima com uma causa última. É como dizer que as pessoas não podem absolutamente ver em profundidade, pois a maioria das culturas não desenvolveu a trigonometria que fundamenta a visão estereoscópica.

De qualquer modo, "vulgar" não era nem a metade da crítica. Em seguida a uma resenha favorável do eminente biólogo C. H. Waddington na *New York Review of Books*, o "Grupo de Estudo da Sociobiologia" (incluindo dois colegas de Wilson, o paleontólogo Stephen Jay Gould e o geneticista Richard Lewontin) publicou uma amplamente divulgada filípica intitulada "Against 'Sociobiology'"

["Contra 'Sociobiologia'"]. Depois de embrulhar Wilson junto com os proponentes da eugenia e do darwinismo social e com a hipótese de Jensen sobre as diferenças raciais inatas na inteligência, os signatários escreveram:

A razão da sobrevivência dessas recorrentes teorias deterministas é consistentemente tenderem a fornecer justificação genética ao *status quo* e aos privilégios que existem para certos grupos com base em classe, raça ou sexo. [...] Essas teorias proporcionaram importante alicerce para a criação de leis sobre esterilização e de leis restritivas da imigração pelos Estados Unidos entre 1910 e 1930, e também para políticas de eugenia que levaram ao estabelecimento das câmaras de gás na Alemanha nazista.

O que o livro de Wilson nos ilustra é a imensa dificuldade de separar não só os efeitos do ambiente (por exemplo, transmissão cultural), mas também os preconceitos pessoais e de classe social do pesquisador. Wilson junta-se ao grande cortejo de biólogos deterministas cujo trabalho serve para fortalecer as instituições de sua sociedade eximindo-as da responsabilidade pelos problemas sociais.[11]

Também acusaram Wilson de discutir "as salutares vantagens do genocídio" e de fazer "instituições como a escravidão [...] parecerem naturais em sociedades humanas devido à sua existência 'universal' no reino biológico". Para o caso de a relação não estar suficientemente clara, um dos signatários escreveu em outro texto que "em última análise, foram os textos da sociobiologia [...] que forneceram a estrutura conceitual pela qual a eugenia foi transformada em prática genocida" na Alemanha nazista.[12]

Sem dúvida podemos encontrar motivos de crítica no último capítulo de *Sociobiology*. Hoje sabemos que alguns dos universais de Wilson são imprecisos ou formulados de modo demasiado rudimentar, e sua afirmação de que o raciocínio moral há de ser um dia suplantado pela biologia evolucionista certamente é errada. Mas as críticas de "Against 'Sociobiology'" eram demonstravelmente falsas. Wilson foi tachado de "determinista", alguém que acredita que as sociedades humanas conformam-se a uma rígida fórmula genética. Mas eis o que ele havia escrito:

A primeira e mais facilmente verificável característica diagnóstica [das sociedades humanas] é de natureza estatística. Os parâmetros da organização social [...]

variam muito mais entre as populações humanas do que entre os de qualquer outra espécie de primata. [...] Por que as sociedades humanas são tão flexíveis?[13]

Nessa mesma linha, Wilson foi acusado de acreditar que as pessoas estão presas em castas determinadas por sua raça, classe, sexo e genoma individual. Mas, na verdade, ele escrevera que "há poucos indícios de solidificação hereditária do status"[14] e que "as populações humanas não diferem muito umas das outras geneticamente".[15] Além disso:

> As sociedades humanas floresceram em níveis de extrema complexidade porque seus membros têm a inteligência e a flexibilidade para desempenhar papéis de praticamente qualquer grau de especialização, e para trocá-los conforme requeira a ocasião. O homem moderno é um ator de muitos papéis que pode perfeitamente ser exigido até seu limite pelas demandas constantemente em mudança do ambiente.[16]

Quanto à inevitabilidade da agressão — outra idéia perigosa que ele foi acusado de acalentar — o que Wilson escrevera foi que ao longo da evolução humana "a agressividade foi reprimida e as velhas formas de dominância dos primatas foram substituídas por complexas habilidades sociais".[17] A acusação de que Wilson (que toda a vida foi um democrata liberal) era impelido pelo preconceito pessoal a defender racismo, sexismo, desigualdade, escravidão e genocídio foi especialmente injusta — e irresponsável, pois Wilson tornou-se alvo de difamação e hostilidade de pessoas que leram o manifesto, mas não seu livro.[18]

Em Harvard houve panfletos e assembléias de estudantes, um manifestante com megafone exigindo a demissão de Wilson e invasões da sala onde ele dava aula por estudantes berrando slogans. Quando ele falava em outras universidades, cartazes intitulavam-no "Profeta de Direita do Patriarcado" e instavam as pessoas a trazer agitadores para suas conferências.[19] Wilson estava prestes a falar em um encontro da American Association for the Advancement of Science em 1978 quando um grupo de pessoas carregando cartazes (um deles com uma suástica) irrompeu no palco entoando: "Wilson racista, não pode se esconder, nós o acusamos de genocídio". Um manifestante agarrou o microfone e impingiu um discurso dramático à platéia enquanto outro ensopava Wilson com um jarro de água.

Conforme aumentou a má fama de *Sociobiology* nos anos seguintes, Hamilton e Trivers, que haviam formulado muitas das idéias, também se tornaram alvo de piquetes, e o mesmo aconteceu com os antropólogos Irven DeVore e Lionel Tiger quando tentaram ensinar aquelas idéias. A insinuação de que Trivers era um instrumento do racismo e da opressão da direita foi particularmente exasperante, pois Trivers na realidade era um radical político, defensor dos Panteras Negras e colaborador acadêmico de Huey Newton, o fundador do movimento.[20] Trivers afirmara que a sociobiologia, na verdade, é uma força para o progresso político. Ela se baseia na idéia de que os organismos não evoluíram para beneficiar sua família, grupo ou espécie, pois os indivíduos componentes desses grupos têm conflitos de interesses genéticos uns com os outros e são selecionados conforme defendem esses interesses. Isso imediatamente subverte a reconfortante crença de que os que estão no poder governam pelo bem de todos, e põe em evidência atores ocultos no mundo social, como as mulheres e a geração mais nova. Além disso, encontrando uma base evolucionária para o altruísmo, a sociobiologia mostra que o senso de justiça tem raízes profundas na mente das pessoas e não precisa contrariar nossa natureza orgânica. E mostrando que o auto-engano tem probabilidade de evoluir (porque o melhor mentiroso é o que acredita nas próprias mentiras), a sociobiologia incentiva o auto-exame e ajuda a minar a hipocrisia e a corrupção.[21] (Retomarei o tema das crenças políticas de Trivers e outros "esquerdistas darwinianos" no capítulo sobre política.)

Trivers escreveu posteriormente sobre os ataques à sociobiologia: "Embora alguns dos atacantes fossem eminentes biólogos, o ataque pareceu intelectualmente débil e preguiçoso. Erros crassos de lógica foram permitidos desde que parecessem dar alguma vantagem tática na luta política. [...] Porque éramos mercenários dos interesses dominantes, diziam aqueles colegas mercenários dos mesmos interesses, éramos seus porta-vozes, empregados para aprofundar os [engodos] com os quais a elite dirigente conservava sua injusta vantagem. Embora decorra do raciocínio evolucionista que os indivíduos tendem a argumentar de modos que sejam, em última análise (e às vezes inconscientemente), proveitosos para si mesmos, parecia, *a priori*, improvável que o mal residisse tão completamente em um grupo de mercenários, e a virtude, no outro".[22]

Os "eminentes biólogos" que Trivers tinha em mente eram Gould e Lewontin, que, juntamente com o neurocientista britânico Steven Rose, se tornaram a vanguarda intelectual do movimento da ciência radical. Por 25 anos eles têm combatido incansavelmente, numa batalha de retaguarda contra a genética comportamental, a sociobiologia (e depois a psicologia evolucionista) e a neurociência de temas politicamente sensíveis como diferenças entre os sexos e doença mental.[23] Além de Wilson, outro grande alvo de seus ataques foi Richard Dawkins. Em seu livro *The selfish gene* [*O gene egoísta*, na tradução em português], lançado em 1976, Dawkins abordou muitas das mesmas idéias de Wilson, mas concentrou-se na lógica das novas teorias evolucionistas, e não nos detalhes zoológicos. Quase nada disse sobre os humanos.

O argumento dos cientistas radicais contra Wilson e Dawkins pode ser resumido em duas palavras: "determinismo" e "reducionismo".[24] Seus textos são salpicados com essas palavras, usadas não em acepção técnica, mas como termos vagos de conotação ofensiva. Por exemplo, vejamos duas passagens representativas em um livro de Lewontin, Rose e do psicólogo Leon Kamin com o título desafiadoramente defensor da tábula rasa *Not in our genes* ["Não em nossos genes", sem tradução em português]:

> A sociobiologia é uma explicação da existência humana baseada no reducionismo e no determinismo biológico. Seus proponentes afirmam [...] que os detalhes das disposições sociais presentes e passadas são as manifestações inevitáveis da ação específica dos genes.[25]

> [Os reducionistas] afirmam que as propriedades de uma sociedade humana [...] não são nada além das somas dos comportamentos e tendências individuais dos indivíduos humanos dos quais a sociedade se compõe. Sociedades são "agressivas" porque os indivíduos que as compõem são "agressivos", por exemplo.[26]

As citações de Wilson que vimos anteriormente neste capítulo mostram que ele nunca expressou coisa alguma que chegue perto dessas crenças ridículas, e tampouco Dawkins o fez, obviamente. Por exemplo, depois de discutir a tendência nos mamíferos de os machos buscarem maior número de parceiras sexuais do que as fêmeas, Dawkins dedicou um parágrafo às sociedades humanas, escrevendo:

> O que essa espantosa variedade leva a crer é que o modo de vida humano é em grande medida determinado por sua cultura, e não pelos genes. Contudo, ainda é

possível que os humanos do sexo masculino em geral tenham tendência à promiscuidade, e as mulheres à monogamia, como poderíamos predizer pelo raciocínio evolucionista. Quais dessas tendências prevalecem em sociedades específicas depende de detalhes das circunstâncias culturais, assim como em diferentes espécies de animais depende de detalhes ecológicos.[27]

O que exatamente significam "determinismo" e "reducionismo"? Na acepção precisa em que os matemáticos empregam o termo, um sistema "determinista" é aquele cujos estados são causados por estados anteriores com absoluta certeza, e não probabilisticamente. Nem Dawkins nem qualquer outro biólogo mentalmente são jamais teriam sonhado em aventar que o comportamento humano é determinista, como se as pessoas *tivessem* de perpetrar atos de promiscuidade, agressão ou egoísmo a cada oportunidade. Entre os cientistas radicais e os numerosos intelectuais que eles influenciaram, "determinismo" assumiu um significado que é diametralmente oposto ao seu significado real. A palavra agora é usada para designar qualquer afirmação de que as pessoas têm uma *tendência* a agir de determinados modos em determinadas circunstâncias. É um sinal da tenacidade da tábula rasa que uma probabilidade maior do que zero é igualada a uma probabilidade de 100%. Zero para o inato é a única crença aceitável, e todos os afastamentos disso são tratados como equivalentes.

Isso é o que se diz sobre determinismo genético. E quanto ao "reducionismo" (conceito que examinamos no capítulo 4) e a afirmação de que Dawkins é "o mais reducionista dos sociobiólogos", que acredita que cada característica tem seu próprio gene? Lewontin, Rose e Kamin tentam instruir seus leitores sobre como os seres vivos realmente funcionam segundo sua alternativa ao reducionismo, que eles chamam de "biologia dialética":

> Pense, por exemplo, no preparo de um bolo: o gosto do produto é resultado de uma complexa interação dos componentes — como manteiga, açúcar e farinha — expostos por vários períodos a temperaturas elevadas; não é dissociável em tanto por cento de farinha, tanto por cento de manteiga etc., embora cada componente [...] tenha sua contribuição para fazer o produto final.[28]

Deixarei que Dawkins comente:

Assim expressa, essa biologia dialética parece ter muito sentido. Talvez até *eu* possa ser um biólogo dialético. Pensando bem, não tem alguma coisa familiar nesse bolo? Sim, aqui está, em uma publicação de 1981 do mais reducionista dos sociobiólogos:

"[...] Se seguirmos uma receita específica, palavra por palavra, de um livro de receitas, o que finalmente emerge do forno é um bolo. Não podemos agora dividir o bolo em suas migalhas componentes e dizer: esta migalha corresponde à primeira palavra da receita, esta migalha à segunda etc. Com exceções sem importância, como a cereja no topo, não existe um mapeamento biunívoco de palavras da receita para "pedaços" do bolo. A receita inteira mapeia o bolo inteiro."

Não estou, obviamente, reivindicando a prioridade do bolo. [...] Mas o que espero de fato é que essa pequena coincidência possa ao menos fazer com que Rose e Lewontin reconsiderem. Será que seus alvos não são propriamente os reducionistas ingenuamente atomistas que eles tanto gostariam que fossem?[29]

Com efeito, a acusação de reducionismo está às avessas, pois Lewontin e Rose, em seus próprios estudos, são biólogos reducionistas rematados que explicam fenômenos no nível dos genes e moléculas. Dawkins, em contraste, especializou-se como etologista e escreve sobre o comportamento dos animais em seu hábitat natural. Wilson, por sua vez, é um pioneiro das pesquisas em ecologia e ardoroso defensor do ameaçado campo que os biólogos moleculares depreciativamente designam por biologia "de passarinhos na floresta".

Tudo o mais tendo falhado, Lewontin, Rose e Kamin finalmente imputaram uma citação condenatória a Dawkins: "Eles [os genes] nos controlam, corpo e mente".[30] Isso soa extremamente determinista. Mas o que Dawkins escreveu foi: "Eles nos *criaram*, corpo e mente", o que é muito diferente.[31] Lewontin usou a citação deturpada em cinco lugares diferentes.[32]

Existe alguma explicação caridosa para esses "erros crassos", como Trivers os chamou? Uma possibilidade poderia ser o uso, por Dawkins e Wilson, da expressão "um gene para X" ao discutirem a evolução de comportamentos sociais como altruísmo, monogamia e agressão. Lewontin, Rose e Gould repetidamente investem sobre essa linguagem, que a seu ver refere-se a um gene que *sempre* causa o dado comportamento e é sua *única* causa. Mas Dawkins deixou claro que a frase refere-se a um gene que *aumenta a probabilidade* de um comportamento em comparação com genes alternativos naquele lócus. E essa probabilidade é uma média computada levando em conta os outros genes que o acompanharam ao longo do tempo evolutivo e os ambientes em que viveram os organismos possuidores do gene. Esse uso não reducionista e não determinista da frase "um gene para X" é rotineiro entre os geneticistas e biólogos evolucionistas porque é indispensável para o que eles fazem. *Algum* comportamento tem de ser afetado por *alguns* genes, ou nunca poderíamos explicar por que os leões agem de modo diferente das ovelhas, por que as galinhas chocam seus ovos em vez de comê-los, por que os cervos dão marradas e os gerbos não etc. A biologia evolucionista propõe-se a explicar por que esses animais acabaram tendo esses genes em vez de genes com efeitos diferentes. Ora, determinado gene pode não produzir o *mesmo* efeito em todos os ambientes, nem o mesmo efeito em todos os genomas, mas ele tem de ter um efeito *médio*. É essa média que a seleção natural seleciona (sendo tudo o mais igual), e é isso que significa o "para" em "um gene para X". É difícil acreditar que Gould e Lewontin, que são biólogos evolucionistas, poderiam literalmente ter se confundido com esse uso do termo, mas se de fato foram, isso explicaria seus 25 anos de críticas despropositadas.

A que grau de baixeza se pode descer? Ridicularizar a vida sexual do oponente pareceria algo saído diretamente de uma novela satírica sobre a vida acadêmica. Mas Lewontin, Rose e Kamin trazem à baila a afirmação feita pelo sociólogo Steven Goldberg de que as mulheres são hábeis em manipular as emoções dos outros, e comentam: "Que tocante imagem da vulnerabilidade de Goldberg à sedução vemos assim revelada!".[33] Posteriormente, mencionam um capítulo do pioneiro livro *The evolution of human sexuality* ["A evolução da sexualidade humana", sem tradução em português], de Donald Symons, no qual se mostra que em todas as sociedades o sexo tipicamente é concebido como um serviço ou favor feminino. "Quem lê sociobiologia", eles comentam, "tem a constante sensação de ser um *voyeur*, espiando as memórias autobiográficas de seus proponentes".[34] Rose gostou tanto do gracejo que o repetiu catorze anos depois em seu livro *Lifelines: Biology beyond determinism* ["Linhas da vida: A biologia além do determinismo", sem tradução em português].[35]

Toda esperança de que essas táticas fossem coisa do passado dissipou-se com eventos ocorridos no ano 2000. Os antropólogos há muito tempo se mostram hostis a qualquer um que discuta a agressão humana em um contexto biológico. Em 1976 a American Anthropological Association quase aprovou uma moção de censura a *Sociobiology* e proibiu dois simpósios sobre o tema, e em 1983 a entidade efetivamente aprovou uma moção declarando que o livro *Margaret Mead and Samoa*, de Derek Freeman, era "mal escrito, não científico, irresponsável e enganoso".[36] Mas isso não era nada em comparação com o que estava por vir.

Em setembro de 2000, os antropólogos Terrence Turner e Leslie Sponsel enviaram aos executivos da associação uma carta (que proliferou rapidamente pelo ciberespaço) alertando sobre um escândalo para a antropologia que em breve seria divulgado em livro do jornalista Patrick Tierney.[37] Os pretensos perpetradores eram o geneticista James Neel, fundador da moderna ciência da genética humana, e o antropólogo Napoleon Chagnon, célebre por seu estudo de trinta anos do povo ianomâmi da floresta Amazônica. Turner e Sponsel escreveram:

> Essa história medonha — um verdadeiro coração das trevas antropológico além da imaginação até de um Josef Conrad (embora não, talvez, de um Josef Mengele) — será vista (acertadamente, a nosso ver) pelo público, e pela maioria dos antropólogos, como pondo em xeque toda a disciplina. Como afirmou outro leitor das provas, este livro deve abalar os alicerces da antropologia. Deve levar a área a compreender como os corruptos e depravados protagonistas puderam espalhar seu veneno por tanto tempo enquanto gozavam de grande respeito em todo o mundo ocidental e gerações de estudantes universitários recebiam suas mentiras como a substância introdutória da antropologia. Nunca mais se deve permitir que uma coisa dessa torne a acontecer.

As acusações eram verdadeiramente chocantes. Turner e Sponsel acusaram Neel e Chagnon de terem deliberadamente infectado os ianomâmis com sarampo (que freqüentemente é fatal entre povos indígenas) e então negado tratamento médico a fim de testar as "teorias genéticas eugenicamente tendenciosas" de Neel. Segundo a interpretação dessas teorias por Turner e Sponsel, chefes políginos em sociedades coletoras eram biologicamente mais aptos do que os mimados ocidentais porque possuíam "genes dominantes" para "habilidade inata" que eram selecionados quando os chefes entravam em competição violenta por esposas. Neel acreditava, disseram Turner e Sponsel, que a "democracia, com sua liberdade de reprodução para as massas e suas ajudas sentimentais aos fracos", era um erro. Argumentaram:

A implicação política dessa eugenia fascista é claramente que a sociedade deveria reorganizar-se em pequenos grupos reprodutores isolados nos quais machos geneticamente superiores poderiam emergir como dominantes, eliminando ou subordinando os machos perdedores na competição pela liderança e pelas mulheres, e acumulando haréns de fêmeas reprodutoras.

As acusações contra Chagnon eram igualmente sinistras. Em seus livros e artigos sobre os ianomâmis, Chagnon documentara as freqüentes guerras e ataques de surpresa desse povo, e apresentara dados indicativos de que os homens que haviam participado de uma matança tinham mais esposas e filhos do que os que não participaram.[38] (Essa descoberta é provocativa, pois, se essa recompensa fosse típica das sociedades pré-estatais nas quais os humanos evoluíram, o uso estratégico da violência teria sido selecionado no decorrer do tempo evolutivo.) Turner e Sponsel acusaram Chagnon de forjar seus dados, de *causar* violência entre os ianomâmis (deixando-os frenéticos por causa das panelas e facas com que ele pagava a seus informantes) e de encenar lutas letais para seus documentários filmados. O retrato dos ianomâmis apresentado por Chagnon, declararam, fora usado para justificar uma invasão de garimpeiros de ouro no território desse povo, favorecida pela colusão de Chagnon com "sinistros" políticos venezuelanos. Os ianomâmis inquestionavelmente foram dizimados por doenças e pelas depredações dos garimpeiros, de modo que atribuir a Chagnon essas tragédias e crimes equivale a acusá-lo de genocídio. Para rematar, Turner e Sponsel acrescentaram que o livro de Tierney continha "breves referências a Chagnon [...] exigindo que os habitantes das aldeias lhe trouxessem garotas para fazer sexo com ele".

Manchetes como "Cientista matou índios amazônicos para testar teoria racial" logo apareceram no mundo todo, seguidas de um trecho do livro de Tierney publicado na *The New Yorker* e depois pelo próprio livro, intitulado *Darkness in El Dorado: How scientists and journalists devastated the Amazon* ["Trevas em El Dorado: Como cientistas e jornalistas devastaram a Amazônia", sem tradução em português].[39] Sob pressão dos advogados da editora, que receavam processo por difamação, algumas das acusações mais sensacionalistas do livro foram suprimidas, atenuadas ou postas na boca de jornalistas venezuelanos ou de informantes inidentificáveis. Mas a substância das acusações permaneceu.[40]

Turner e Sponsel admitiram que sua acusação contra Neel "permanece apenas uma inferência no presente estado de nosso conhecimento: não há uma prova conclusiva na forma de um texto escrito ou de uma gravação de conversa de Neel". Isso, como se viu, era dizer pouco. Depois de alguns dias, estudiosos com conhecimento direto dos eventos — historiadores, epidemiologistas, antropólogos e cinegrafistas — demoliram as acusações item por item.[41]

Longe de ser um eugenista depravado, James Neel (que morreu pouco depois de as acusações virem a público) era um cientista honrado e benquisto que invariavelmente *criticara* a eugenia. De fato, com freqüência se atribui a ele ter expurgado da genética humana as velhas teorias eugenistas, tornando-a, assim, uma ciência respeitável. Diante disso, a estapafúrdia teoria cuja autoria Turner e Sponsel lhe imputaram era incoerente e cientificamente iletrada (por exemplo, confundiram um "gene dominante" com um gene para dominância). Seja como for, não existe o menor indício de que Neel acalentasse qualquer convicção próxima disso. Registros mostram que Neel e Chagnon surpreenderam-se com a epidemia de sarampo já em progresso e fizeram heróicos esforços para contê-la. A vacina que administraram, e que Tierney afirmara ser a causa da epidemia, nunca provocou transmissão contagiosa de sarampo nas centenas de milhões de pessoas do mundo todo que a tomaram, e com toda a probabilidade os esforços de Neel e Chagnon salvaram centenas de vidas entre os ianomâmis.[42] Confrontado com declarações públicas de epidemiologistas que contestavam suas asserções, Tierney saiu-se com uma desculpa esfarrapada: "Os especialistas com quem falei na época tinham opiniões muito diferentes desses que estão se manifestando publicamente agora".[43]

Embora ninguém possa provar que Neel e Chagnon não tenham inadvertidamente introduzido a doença em outros lugares com sua presença, as chances de que isso tenha ocorrido são pouquíssimas. Os ianomâmis, espalhados por dezenas de milhares de quilômetros quadrados, tiveram muito mais contato com outros europeus do que com Chagnon ou Neel, pois milhares de missionários, negociantes, garimpeiros e aventureiros deslocam-se pela região. De fato, o próprio Chagnon documentou que um missionário católico salesiano fora a causa provável de um surto anterior. Isso, somado à crítica de Chagnon à missão por fornecer armas de fogo aos ianomâmis, custou-lhe a eterna inimizade dos missionários. Não por coincidência, a maioria dos informantes de Tierney era ligada à missão.

As acusações específicas contra Chagnon desmoronaram tão depressa quanto as feitas contra Neel. Chagnon, ao contrário do que afirmara Tierney, não havia exagerado a violência dos ianomâmis nem passado ao largo do restante do estilo de vida desse povo; na realidade, descrevera meticulosamente suas técnicas de resolução de conflitos.[44] A insinuação de que Chagnon os *iniciara* na violência é simplesmente inacreditável. Ataques de surpresa e guerras entre os ianomâmis têm sido descritos desde a primeira metade do século XVIII, e foram documentados por toda a primeira metade do século XX, muito antes de Chagnon ter posto os pés na Amazônia. (Um relato revelador foi uma narrativa em primeira pessoa intitulada *Yanoáma: The story of Helena Valero, a girl kidnapped by Amazonian Indians* ["Yanoáma: A história de Helena Valero, uma menina raptada por índios amazônicos", sem tradução em português].)[45] E as principais afirmações empíricas de Chagnon respeitam o padrão-ouro da ciência: a replicação independente. Em levantamentos de índices de mortes na guerra em sociedades pré-estatais, as estimativas de Chagnon para os ianomâmis inserem-se perfeitamente nos limites de variação, como vimos no gráfico do capítulo 3.[46] Mesmo sua afirmação mais controvertida, a de que os matadores tinham mais esposas e filhos, replicava-se em outros grupos, embora haja controvérsia quanto à interpretação. É instrutivo comparar o resumo de Tierney de um livro que supostamente refutava Chagnon com as palavras do próprio autor. Tierney relata:

> Entre os jivaro, caçar cabeças era uma obrigação ritual para todos do sexo masculino e uma iniciação exigida para os adolescentes. Também ali a maioria dos homens morria na guerra. Entre os líderes jivaro, porém, os que capturavam mais cabeças tinham menos esposas, e os que tinham mais esposas capturavam menos cabeças.[47]

A autora, a antropóloga Elsa Redmond, na verdade escrevera:

> Os homens ianomâmis que matam tendem a ter mais esposas, que adquirem raptando-as das aldeias atacadas ou mediante alianças de casamento usuais nas quais eles são considerados mais atraentes como consortes. O mesmo vale para os líderes guerreiros dos jivaro, que podem ter de quatro a seis esposas; de fato, um gran-

de líder guerreiro no rio Upano na década de 1930, chamado Tuki ou José Grande, teve onze esposas. Guerreiros que se destacam também têm mais filhos, devido sobretudo a seu maior êxito marital.[48]

Turner e Sponsel estavam entre os mais veementes críticos de Chagnon já fazia tempo (e, não por coincidência, foram fontes importantes para o livro de Tierney, apesar de se declararem chocados ao saber do conteúdo da obra). São francos quanto ao seu objetivo ideológico, que é defender a doutrina do bom selvagem. Sponsel escreveu que se empenha pela "antropologia da paz", a fim de promover um "mundo pacífico e com menos violência", que, a seu ver, é "latente na natureza humana".[49] Ele se opõe a uma "ênfase darwiniana sobre a violência e a competição" e recentemente declarou que "a não-violência e a paz foram provavelmente a regra durante a maior parte da pré-história humana, e a matança intra-humana provavelmente foi rara".[50] Admitiu até mesmo que boa parte de sua crítica a Chagnon provém de "uma reação quase automática contra qualquer explicação biológica do comportamento humano, da possibilidade de reducionismo biológico e das implicações políticas associadas".[51]

Também muito conhecido da época da ciência radical é um esquerdismo irredentista que considera reacionárias mesmo posições moderadas e liberais. Segundo Tierney, Neel "estava convicto de que a democracia, com sua liberdade de reprodução para as massas e sua ajuda sentimental aos fracos, violava a seleção natural",[52] sendo, portanto, "um erro eugênico". Mas, na realidade, Neel era um liberal político que protestara contra o desvio de dinheiro destinado a crianças pobres para pesquisas sobre envelhecimento que, a seu ver, beneficiariam os ricos. Ele também defendia o crescente investimento em assistência pré-natal, tratamento médico para crianças e adolescentes e educação de qualidade para todos.[53] Quanto a Chagnon, Tierney o chama de "um militante anticomunista e advogado do livre mercado". Sua prova? Uma citação de Turner (!) declarando que Chagnon é "um tipo de personagem de direita que tem uma atitude paranóide em relação a pessoas que considera de esquerda". Para explicar como ele veio a adquirir essas inclinações direitistas, Tierney informa seus leitores de que Chagnon cresceu em uma parte da zona rural de Michigan "onde as diferenças não são bem-vistas, onde grassa a xenofobia ligada ao sentimento anticomunista, e onde o senador Joseph McCarthy contou com forte apoio". Ignorante da ironia, Tierney conclui que Chagnon é uma "cria" de McCarthy que "recebeu toda uma porção do espírito [de McCarthy]". Chagnon, na verdade, é politicamente moderado e sempre votou nos democratas.[54]

Um comentário autobiográfico no prefácio de Tierney é revelador: "Gradualmente, passei de observador a defensor. [...] o jornalismo tradicional, objetivo, já não era uma opção para mim".[55] Tierney acredita que relatos sobre a violência entre os ianomâmis poderiam ser usados por invasores para retratá-los como selvagens primitivos que para seu próprio bem deveriam ser removidos ou assimilados. Difamar mensageiros como Chagnon, em sua opinião, é uma forma enobrecedora de ação social e um passo na direção da sobrevivência cultural dos povos indígenas (apesar do fato de o próprio Chagnon repetidamente ter atuado para proteger os interesses dos ianomâmis).

A dizimação de nativos americanos por doenças européias e genocídio ao longo de quinhentos anos é, de fato, um dos grandes crimes da história. Mas é bizarro atribuir o crime a um punhado de cientistas contemporâneos que se esforçaram para documentar o estilo de vida daqueles povos antes que ele desaparecesse para sempre sob as pressões da assimilação. E é uma tática perigosa. Sem dúvida os povos indígenas têm o direito de sobreviver em suas terras, sejam eles ou não — como todas as sociedades humanas — propensos à violência e à guerra. Os "advogados" autonomeados que associam a sobrevivência de povos nativos à doutrina do bom selvagem colocam-se numa tremenda enrascada. Quando os fatos refutam essa doutrina, quem a defendeu inadvertidamente solapou a defesa dos direitos dos nativos ou então é obrigado a adotar qualquer expediente necessário para suprimir os fatos.

Ninguém deveria surpreender-se com o fato de as afirmações sobre a natureza humana serem controvertidas. Obviamente, qualquer afirmação nesse sentido deve ser esmiuçada, e todas as falhas lógicas e empíricas devem ser apontadas, como se faz com qualquer hipótese científica. Mas a crítica às novas ciências da natureza humana foi muito além do debate acadêmico normal. Transformou-se em hostilidades, menoscabo, deturpações, citações adulteradas e, mais recentemente, acusações caluniosas de carnificina. Creio que há duas razões para esse comportamento tacanho.

Uma razão é que no século XX a tábula rasa tornou-se uma doutrina sagrada que, na mente de seus defensores, tinha de ser professada com uma fé perfeita ou rejeitada em todos os aspectos. Somente esse pensamento maniqueísta poderia levar pessoas a converter a idéia de que *alguns* aspectos do comportamento são inatos na idéia de que *todos* os aspectos do comportamento são inatos, ou converter a proposição de que características genéticas *influenciam* os assuntos humanos na idéia de que elas *determinam* os assuntos humanos. Somente sendo teologicamente necessário que 100% das diferenças na inteligência sejam causadas pelo ambiente alguém poderia inflamar-se com a banalidade matemática de que conforme diminui a proporção em que a variação é devida a causas não genéticas, tem de aumentar a proporção devida a causas genéticas. Só havendo a necessidade de que a mente seja uma tábua raspada alguém poderia indignar-se com a afirmação de que a natureza humana nos faz sorrir em vez de franzir o cenho quando estamos contentes.

Uma segunda razão é que os pensadores "radicais" caíram na armadilha de sua própria moralidade. Comprometendo-se com o argumento comodista de que racismo, sexismo, guerra e desigualdade política eram factualmente incorretos porque não existia essa tal de natureza humana (em contraposição a serem moralmente desprezíveis independentemente dos detalhes da natureza humana), toda descoberta sobre a natureza humana, segundo seu próprio raciocínio, era equivalente a dizer que esses tormentos não eram tão ruins, afinal de contas. Isso tornou ainda mais urgente desacreditar os hereges que estavam fazendo as descobertas. Se os critérios usuais de argumentação científica não estavam surtindo efeito, então outras táticas tinham de ser adotadas, pois um bem maior estava em jogo.

7. A santíssima trindade

A ciência comportamental não é para covardes. Os pesquisadores podem acordar um belo dia e descobrir que são figuras públicas desprezadas por causa de alguma área que decidiram estudar ou de alguns dados que acabaram encontrando. Descobertas sobre certos temas — creches, comportamento sexual, memórias da infância, tratamento da toxicomania — podem atrair difamação, hostilidade, intervenção de políticos e ataques físicos.[1] Até mesmo um tema inócuo como o canhotismo revela-se um campo minado. Em 1991 os psicólogos Stanley Coren e Diane Halpern publicaram estatísticas em uma revista de medicina indicando que em média os canhotos apresentam mais complicações pré-natais e perinatais, sofrem mais acidentes e morrem mais cedo do que os destros. Logo se viram sob uma avalanche de hostilidades — incluindo ameaça de processo, numerosas ameaças de morte e a proibição do tema em um periódico acadêmico — por parte de irados canhotos e seus advogados.[2]

Os truques sujos descritos no capítulo anterior seriam só mais um exemplo de como as pessoas se ofendem com afirmações sobre um comportamento que as deixam constrangidas? Ou, como insinuei, seriam parte de uma corrente intelectual sistemática: a tentativa de salvaguardar a tábula rasa, o bom selvagem e o fantasma na máquina como fonte de significado e moralidade? Os principais teóricos do movimento da ciência radical negam acreditar em uma tábula rasa, e nada mais justo que suas posições sejam estudadas com atenção. Adicionalmente, examinarei os ataques às ciências da natureza humana provenientes de seu oposto político, a direita contemporânea.

Será possível que os cientistas radicais realmente acreditem na tábula rasa? A doutrina poderia parecer plausível para alguns acadêmicos que vivem em um mundo de idéias incorpóreas. Mas especialistas práticos e realistas que vivem num mundo mecanicista de neurônios e genes poderiam realmente achar que a psique penetra no cérebro vinda da cultura circundante? Eles negam isso no abstrato, mas na esfera do específico sua posição é patentemente na tradição da ciência social do começo do século XX alicerçada na idéia da tábula rasa. Stephen Jay Gould, Richard Lewontin e os demais signatários do manifesto "Against 'Sociobiology'" escreveram:

> Não estamos negando que existem componentes genéticos no comportamento humano. Mas desconfiamos que universais biológicos humanos hão de ser descobertos mais nas generalidades de comer, excretar e dormir do que em hábitos tão específicos e altamente variáveis como guerra, exploração sexual de mulheres e uso do dinheiro como meio de troca.[3]

Atentemos para a formulação capciosa do problema. A idéia de que o dinheiro é um universal geneticamente codificado é tão ridícula (e, a propósito, algo que Wilson nunca aventou) que *qualquer* alternativa tem de ser vista como mais plausível. Mas se analisarmos a alternativa em si, e não como um dos pólos de uma falsa dicotomia, Gould e Lewontin parecem estar afirmando que os componentes genéticos do comportamento humano serão descobertos primordialmente nas "generalidades de comer, excretar e dormir". Em tudo o mais, presumivelmente, a tábula é rasa.

Essa tática de debate — primeiro negar a tábula rasa, depois fazê-la parecer plausível contrapondo-a a uma alternativa indefensável — pode ser encontrada em outros trechos de obras de cientistas radicais. Gould, por exemplo, escreveu:

> Portanto, minha crítica a Wilson não implica um "ambientalismo" não biológico; meramente lança o conceito de potencialidade biológica, com um cérebro capaz de toda uma gama de comportamentos humanos e predisposto a nenhum, contra

a idéia do determinismo biológico, com genes específicos para características comportamentais específicas.[4]

A idéia de "determinismo biológico" — de que os genes causam o comportamento com 100% de certeza — e a idéia de que toda característica comportamental tem seu próprio gene são obviamente tolas (não importa que Wilson nunca as tenha defendido). Assim, a dicotomia de Gould parece deixar a "potencialidade biológica" como a única escolha razoável. Mas o que isso significa? A afirmação de que o cérebro é "capaz de toda uma gama de comportamentos humanos" é quase uma tautologia: como o cérebro poderia *não* ser capaz de toda uma gama de comportamentos humanos? E a afirmação de que o cérebro não é predisposto a *nenhum* comportamento humano é apenas uma versão da tábula rasa. "Predisposto a nenhum" significa, efetivamente, que todos os comportamentos humanos têm probabilidades idênticas de ocorrer. Portanto, se qualquer pessoa, em qualquer lugar do planeta, executou algum ato em alguma circunstância — renunciar a alimento ou sexo, empalar-se com lanças, matar o filho —, então o cérebro não tem predisposição para evitar esse ato em comparação com as alternativas, como gostar de comida e sexo, proteger o próprio corpo ou cuidar do próprio filho.

Lewontin, Rose e Kamin também negam estar dizendo que os humanos são tábulas rasas.[5] Mas fazem apenas duas concessões à natureza humana. A primeira não nasce do recurso aos fatos ou à lógica, mas de sua política: "Se fosse verdade [uma tábula rasa], não poderia haver evolução social". Sua fundamentação para esse "argumento" consiste em apelar para a autoridade de Marx, que segundo eles teria escrito: "A doutrina materialista de que os homens são produto das circunstâncias e da criação e que, portanto, homens mudados são produto de outras circunstâncias e de mudança na criação desconsidera que são os homens que mudam as circunstâncias e que o próprio educador precisa ser educado".[6] A opinião dos autores é que "a única coisa sensata a dizer sobre a natureza humana é que é 'dessa' natureza construir sua própria história".[7] A implicação é que qualquer outra afirmação sobre a constituição psicológica de nossa espécie — sobre nossa capacidade para a linguagem, nosso amor pela família, emoções sexuais, medos típicos etc. — não é "sensata".

Lewontin, Rose e Kamin fazem, na verdade, uma concessão à biologia — não à organização da mente e do cérebro, mas ao tamanho do corpo. "Se os seres humanos tivessem apenas doze centímetros de altura, não poderia existir cultura humana alguma como a entendemos", observaram, pois um liliputiano não poderia controlar o fogo, quebrar rochas com uma picareta ou portar um cérebro grande o suficiente para sustentar a linguagem. Esse é seu único reconhecimento da possibilidade de a biologia humana afetar a vida social humana.

Oito anos depois, Lewontin reiterou essa teoria do que é inato nos humanos: "O fato mais importante concernente aos genes humanos é que eles ajudam a fazer com que sejamos do tamanho que somos e a ter um sistema nervoso central com o número de conexões que ele possui".[8] Mais uma vez, a retórica tem de ser cuidadosamente esmiuçada. Se interpretarmos a sentença literalmente, Lewontin está se referindo apenas ao "fato mais importante" concernente aos genes humanos. Porém, interpretando-a literalmente, a sentença não tem sentido. Como é que alguém poderia fazer uma ordenação dos milhares de efeitos dos genes, todos necessários à nossa existência, e apontar um ou dois no topo da lista? Nossa estatura é mais importante do que o fato de possuirmos um coração, ou pulmões, ou olhos? O número de nossas sinapses é mais importante do que nossas bombas de sódio, sem as quais nossos neurônios se encheriam de íons positivos e parariam de funcionar? Portanto, interpretar a sentença literalmente não tem sentido. A única leitura sensata, e a que se encaixa no contexto, é que esses são os *únicos* fatos importantes concernentes aos genes para a mente humana. As dezenas de milhares de genes que se expressam de modo primário ou exclusivo no cérebro nada fazem de importante além de dar-lhe uma porção de conexões; o *padrão* das conexões e a *organização* do cérebro (em estruturas como o hipocampo, a amígdala, o hipotálamo e um córtex cerebral dividido em áreas) são aleatórios, ou até poderiam ser. Os genes não dão ao cérebro sistemas de memórias múltiplas, complexos tratos visual e motores, capacidade para aprender uma língua ou um repertório de emoções (ou então os genes realmente fornecem essas faculdades, mas elas não são "importantes").

Atualizando a afirmação de John Watson de que ele poderia transformar qualquer bebê em um "médico, advogado, artista, comerciante e, sim, até mesmo mendigo e ladrão, independentemente de seus talentos, pendores, tendências, capacidades, vocações e raça de seus ancestrais", Lewontin escreveu um livro em cujo resumo de capa lia-se que "nossas dotações genéticas nos conferem uma plasticidade de desenvolvimento psíquico e físico, de modo que no decorrer da vida, da concepção à morte, cada um de nós, independentemente de raça, classe ou sexo, pode desenvolver praticamente qualquer identidade encontrada no âmbito humano".[9] Watson admite que estava "indo além de meus fatos", o que era perdoável porque na época em que ele escreveu não havia fatos. Mas a declaração no livro de Lewontin de que qualquer indivíduo podia assumir qualquer identidade (mesmo levando-se em conta a equivalência de raças, sexos e classes), em desafio a seis décadas de pesquisas em genética comportamental, é uma profissão de fé de pureza incomum. E em uma passagem que reergue o muro de Durkheim separando o biológico do cultural, Lewontin conclui um livro em 1992 escrevendo que os genes "foram substituídos por todo um novo nível de causação, o da interação social com suas próprias leis e sua própria natureza, que pode ser compreendido e explorado somente por meio de uma forma única de experiência, a ação social".[10]

Portanto, embora Gould, Lewontin e Rose neguem acreditar em uma tábula rasa, suas concessões à evolução e à genética — que elas nos permitem comer, dormir, urinar, defecar, ser maiores do que um esquilo e gerar mudança social — revelam que eles são empiristas mais extremos do que o próprio Locke, pois este ao menos reconhecia a necessidade de uma faculdade inata do "entendimento".

O bom selvagem também é uma doutrina muito cara aos críticos das ciências da natureza humana. Em *Sociobiology,* Wilson mencionou que a guerra tribal foi comum na pré-história humana. Os anti-sociobiólogos declararam que isso foi "solidamente refutado com base em estudos históricos e antropológicos". Consultei esses "estudos", que foram coligidos em *Man and aggression* ["Homem e agressão", sem tradução em português], de Ashley Montagu. Na verdade, não passavam de resenhas hostis de livros do etologista Konrad Lorenz, do dramaturgo Robert Ardrey e do romancista William Golding [autor de *Lord of the flies* — *O senhor das moscas,* na tradução em português].[11] Algumas das críticas, sem dúvida, eram merecidas: Ardrey e Lorenz acreditavam em teorias arcaicas como a de que a agressão era como a descarga de uma pressão hidráulica e que a evolução atuava pelo bem das espécies. Mas críticas muito mais acerbas a Ardrey e Lorenz haviam sido feitas pelos próprios sociobiólogos. (Na segunda página de *O gene egoísta,* por exemplo, Dawkins escreveu: "O problema desses livros é que os autores entenderam tudo completamente errado".) Seja como for, as resenhas praticamente não continham nenhum dado sobre a guerra tribal. Tampouco havia dados desse tipo no ensaio escrito por Montagu no sumário, que simplesmente dava nova roupagem às críticas ao conceito de "instinto" das décadas behavioristas. Um dos únicos capítulos com dados "refutava" afirmações de Lorenz sobre a guerra e os ataques de surpresa entre os índios ute afirmando que eles não se dedicavam a essas práticas mais do que outros grupos de nativos!

Vinte anos depois, Gould escreveu que o *Homo sapiens* não é uma espécie perversa ou destrutiva". Seu novo argumento provém do que ele denomina grande assimetria. É uma "verdade essencial", ele escreveu, o fato de que "pessoas boas e gentis superam numericamente todas as outras em mil para uma".[12] Além disso, "realizamos dez mil atos de pequena e não registrada bondade para cada momento extraordinariamente raro, mas tristemente compensador, de crueldade".[13] As estatísticas para embasar essa "verdade essencial" são extraídas do ar e inegavelmente erradas: os psicopatas, que sem dúvida nenhuma não são "pessoas boas e gentis", constituem 3% ou 4% da população masculina, e não vários centésimos de 1%.[14] Mas mesmo se aceitássemos aqueles números, o argumento supõe que para uma espécie classificar-se como "perversa e destrutiva" ela teria de ser perversa e destrutiva o tempo todo, como um *serial killer* permanentemente desenfreado. É justamente porque um ato *pode* compensar outros 10 mil atos gentis que o designamos como "perverso". Além disso, tem sentido julgar toda a nossa espécie, como se estivéssemos em massa às portas do céu? A questão não é se nossa *espécie* é "perversa e destrutiva", mas se abrigamos *motivos* perversos e destrutivos juntamente com os benévolos e construtivos. Isto ocorrendo, podemos tentar compreender quais são eles e como funcionam.

Gould opôs-se a toda tentativa de compreender os motivos para a guerra no contexto da evolução humana porque "cada caso de genocídio pode ser contraposto a numerosos incidentes de beneficência social; cada bando assassino pode ser contraposto a um clã pacífico".[15] Mais uma vez uma proporção foi conjurada a partir do nada; os dados mencionados no capítulo 3 deste livro mostram que "clãs pacíficos" não existem ou são consideravelmente superados em número pelos "bandos assassinos".[16] Mas para Gould tais fatos não vêm ao caso, pois ele julga necessário acreditar nos clãs pacíficos por razões morais. Somente se os humanos não tiverem nenhuma predisposição para o bem ou o mal, ou para qualquer outra coisa, ele propõe, temos motivos para não aceitar o genocídio. Eis como ele imagina a posição dos psicólogos evolucionistas de quem discorda:

> Talvez a mais popular de todas as explicações para nossa capacidade genocida cite a biologia evolucionista como uma lamentável fonte — e como uma fuga essencial da plena responsabilidade moral. [...] Um grupo destituído de xenofobia e ignorante em matéria de assassinato poderia invariavelmente sucumbir a outros que fossem repletos de genes para codificar uma propensão para essa categorização e destruição. Os chimpanzés, nossos parentes mais próximos, juntam-se em bandos e sistematicamente matam os membros de grupos adjacentes. Talvez também sejamos programados para agir dessa maneira. Essas medonhas propensões outrora promoveram a sobrevivência de grupos armados com nada mais destrutivo do que dentes e pedras. Em um mundo de bombas nucleares essas heranças inalteradas (e talvez inalteráveis) podem agora resultar em nossa aniquilação (ou no mínimo propagar nossas tragédias) — mas não podemos ser culpados por esses fracassos morais. Nossos amaldiçoados genes fizeram de nós criaturas das trevas.[17]

Nessa passagem Gould apresenta um resumo mais ou menos razoável do motivo de os cientistas poderem pensar que a violência humana poderia ser esclarecida pela evolução. Só que então, casualmente, ele introduz alguns afrontosos *non sequitur* ("uma fuga essencial da plena responsabilidade moral", "não podemos ser culpados"), como se os cientistas não tivessem escolha além de acreditar nisso também. Assim ele conclui o seu ensaio:

> Em 1525, milhares de camponeses alemães foram massacrados [...] e Michelangelo trabalhou na Capela dos Medici. [...] Os dois lados dessa dicotomia representam nossa humanidade comum, evoluída. Qual deles, em última análise, havemos de escolher? Quanto ao potencial caminho do genocídio e destruição, assumamos esta posição. Ele não tem de acontecer. Podemos fazer de outro modo.[18]

A implicação é que todo aquele que acreditar que as causas do genocídio poderiam ser esclarecidas por uma compreensão da constituição evoluída dos seres humanos está, na verdade, assumindo uma posição *em favor* do genocídio!

E quanto ao terceiro membro da trindade, o fantasma na máquina? Os cientistas radicais são materialistas consumados, não poderiam acreditar em uma alma imaterial. Mas incomodam-se também com qualquer alternativa claramente formulada, pois ela tolheria sua crença política de que podemos coletivamente implementar qualquer disposição social que escolhermos. Atualizando a descrição feita por Ryle do dilema de Descartes: como homens de agudeza científica, eles não podem deixar de endossar as afirmações da biologia, mas como homens políticos não podem aceitar o desalentador adendo a essas afirmações, ou seja, que a natureza humana difere de um mecanismo de relógio apenas em grau de complexidade.

Normalmente trazer à baila as crenças políticas dos intelectuais ao discutir seus argumentos acadêmicos é fazer jogo sujo, mas Lewontin e Rose asseveram que suas crenças científicas são inseparáveis de suas crenças políticas. Lewontin escreveu um livro em co-autoria com o biólogo Richard Levins intitulado *The dialectical biologist* ["O biólogo dialético", sem tradução em português], e o dedicaram a Friedrich Engels ("que se equivocou boa parte do tempo, mas acertou no que era importante"). Ali escreveram: "Como cientistas práticos na área da genética e ecologia evolucionista, vimos tentando, com algum êxito, conduzir nossas pesquisas segundo uma aplicação consciente da filosofia marxista".[19] Em *Not in our genes,* Lewontin, Rose e Kamin declararam "partilhar o comprometimento com a perspectiva de uma sociedade socialmente mais justa — uma sociedade socialista" e considerar sua "ciência crítica como parte integrante da luta para criar essa sociedade".[20] A certa altura, formulam nos seguintes termos sua discordância do reducionismo:

Contra essa redução econômica como o princípio explicativo subjacente a todo comportamento humano, poderíamos contrapor [...] práticos e teóricos revolucionários como Mao Tsé-Tung versando sobre o poder da consciência humana para interpretar e mudar o mundo, um poder baseado na compreensão da unidade dialética essencial do biológico e do social não como duas esferas distintas, ou componentes separáveis da ação, mas como ontologicamente contérminos.[21]

O comprometimento de Lewontin e Rose com a abordagem "dialética" de Marx, Engels e Mao explica por que eles negam a natureza humana e também negam que a negam. A própria idéia de uma natureza humana durável que pode ser discutida separadamente de sua interação sempre mutável com o ambiente é, na opinião dos três cientistas, um erro estúpido. O erro não está só em desconsiderar as interações com o ambiente — Lewontin e Rose já arrasaram os argumentos indefensáveis que fazem isso. O erro mais sério, em sua opinião, está antes de tudo em tentar analisar o comportamento como uma interação entre a natureza humana e o ambiente humano (incluindo a sociedade).[22] O próprio ato de separá-los na mente, mesmo com o objetivo de descobrir como os dois interagem, "supõe a alienação do organismo e do ambiente". Isso contradiz os princípios do entendimento dialético, segundo os quais os dois são "ontologicamente contérminos" — não só no sentido trivial de que nenhum organismo vive no vácuo, mas no sentido de que são inseparáveis em todos os aspectos de seu ser.

Como a dialética entre organismo e ambiente muda constantemente ao longo do tempo histórico, sem que um cause diretamente o outro, os organismos podem alterar essa dialética. Assim, vezes sem conta Rose refuta os "deterministas" com a declaração: "Nós temos a capacidade de construir nosso futuro, embora não em circunstâncias de nossa própria escolha"[23] — presumivelmente reafirmando a declaração de Marx de que "os homens fazem sua própria história, mas não como bem entendem; eles a fazem em circunstâncias diretamente encontradas, dadas e transmitidas do passado". Mas Rose nunca explica quem é o "nós", se não são os circuitos neurais altamente estruturados, que tem de receber essa estrutura em parte dos genes e da evolução. Poderíamos chamar essa doutrina de pronome na máquina.

Gould não é um doutrinário como Rose e Lewontin, mas também usa o pronome da primeira pessoa do plural como se isso de algum modo refutasse a importância dos genes e da evolução para os assuntos humanos: "Qual deles [...] havemos de escolher? [...] Assumamos essa posição [...] Podemos fazer de outro modo". E também cita o "esplêndido aforismo" de Marx sobre fazer nossa própria história, e acredita que Marx defendeu o conceito de livre-arbítrio:

O próprio Marx tinha uma concepção muito mais sutil do que a maioria de seus contemporâneos sobre as diferenças entre a história humana e a natural. A seu ver, a evolução da consciência e o conseqüente desenvolvimento da organização social e econômica introduziram elementos de diferença e volição que geralmente chamamos de "livre-arbítrio".[24]

É mesmo muito sutil o argumento que explica o livre-arbítrio com base em seu sinônimo "volição" (com ou sem "elementos de diferença", seja lá o que for que isso signifique) e o atribui à igualmente misteriosa "evolução da consciência". Basicamente, Rose e Gould estão se esforçando para dar sentido a uma dicotomia que inventaram entre, de um lado, um cérebro naturalmente selecionado e geneticamente organizado e, de outro, o desejo de paz, justiça e igualdade. Na Parte III veremos que essa dicotomia é falsa.

A doutrina do pronome na máquina não é um descuido casual na visão de mundo dos cientistas radicais. É consistente com seu desejo de mudança política radical e sua hostilidade à democracia "burguesa". (Lewontin com freqüência usa "burguês" como epíteto.) Se o "nós" é realmente desacorrentado da biologia, assim que "nós" virmos a luz poderemos implementar a visão de mudança radical que julgamos correta. Mas se o "nós" for um produto imperfeito da evolução — limitado em conhecimento e sabedoria, tentado por status e poder, cego pelo auto-engano e por ilusões de superioridade moral —, então é melhor que "nós" pensemos duas vezes antes de construir toda essa história. Como será explicado no capítulo sobre política, a democracia constitucional baseia-se em uma teoria sem doces ilusões da natureza humana, na qual "nós" somos eternamente vulneráveis à arrogância e à corrupção. As restrições e contrapesos das instituições democráticas foram explicitamente criados para tolher as freqüentemente perigosas ambições dos humanos imperfeitos.

O fantasma na máquina, evidentemente, é muito mais caro à direita do que à esquerda política. No livro *The new know-nothings: The political foes of the scientific study of human nature* ["Os novos ignorantes: Os inimigos políticos do estudo científico da natureza humana", sem tradução em português], o psicólogo Morton Hunt mostrou que os inimigos políticos do estudo científico da natureza humana incluem pessoas de esquerda, pessoas de direita e, no meio, uma coleção heterogênea de fanáticos de uma causa só.[25] Até aqui discorri sobre a indignação da extrema esquerda porque ela foi usada no campo de batalha das idéias nas universidades e nos principais veículos impressos. Os de extrema direita também se indignaram, embora até recentemente tenham mirado alvos diferentes e lutado em outras arenas.

A mais duradoura oposição da direita às ciências da natureza humana provém dos setores religiosos da coalizão, em especial o fundamentalismo cristão. Qualquer um que não acredite na evolução decerto não acredita na evolução da mente, e qualquer um que acredite em uma alma imaterial decerto não acredita que pensamento e sentimento consistem em processamento de informações nos tecidos do cérebro.

A oposição religiosa à evolução é impulsionada por vários medos morais. O mais óbvio é o fato de que a evolução contesta a verdade literal da história da criação encontrada na Bíblia e, portanto, a autoridade que dela extrai a religião. Como disse um ministro criacionista: "Se a Bíblia erra quanto à biologia, por que deveríamos confiar na Bíblia quando ela fala sobre moralidade e salvação?".[26]

Mas a oposição à evolução vai além do desejo de defender a literalidade da Bíblia. Os fiéis modernos podem não acreditar na verdade literal de cada milagre narrado na Bíblia, mas acreditam que o homem foi criado à imagem de Deus e posto na Terra para um propósito maior — viver uma vida moral obedecendo aos mandamentos de Deus. Se os humanos forem produtos acidentais da mutação e seleção de replicadores químicos, receiam eles, a moralidade não teria fundamento, e estaríamos obedecendo irracionalmente a impulsos biológicos. Um criacionista, testemunhando sobre esse perigo perante o Comitê Judiciário do Congresso dos Estados Unidos, citou a letra de uma canção de rock: "You and me baby ain't nothin' but mammals/ So let's do it like they do it on the Discovery Channel" [Você e eu, benzinho, não passamos de mamíferos/ Então, vamos fazer como eles fazem no Discovery Channel].[27] Depois dos ataques letais perpetrados em 1999 por dois adolescentes na Columbine High School, no Colorado, Tom Delay, líder da maioria republicana na Câmara dos Deputados, disse que a violência daquele tipo era inevitável enquanto "nossos sistemas de ensino ensinarem às crianças que elas não passam de macacos glorificados, que evoluíram de alguma sopa primordial de lama".[28]

O efeito mais pernicioso da oposição da direita à evolução é a corrupção da educação científica americana por militantes do movimento criacionista. Até uma decisão da Suprema Corte em 1968, os estados podiam proibir totalmente o ensino da evolução. Desde então, criacionistas vêm tentando mutilar esse ensino com manobras que eles esperam ser constitucionalmente aceitáveis. Isso inclui excluir a evolução dos requisitos para a proficiência científica, exigir declarações de que ela é "apenas uma teoria", diminuir a participação da disciplina no currículo e fazer oposição a livros didáticos que dêem uma boa cobertura da evolução ou impor outros que versem sobre o criacionismo. Nos últimos anos, o National Center for Science Education foi notificado de novas ocorrências dessas táticas à taxa de aproximadamente uma por semana, em quarenta estados.[29]

A direita religiosa atrapalha-se não só com a evolução, mas também com a neurociência. Exorcizando o fantasma na máquina, a ciência do cérebro está minando duas doutrinas morais que dependem dele. Uma dessas doutrinas é a de que toda pessoa tem uma alma que encontra o valor, exerce o livre-arbítrio e é responsável por suas escolhas. Se, em vez disso, o comportamento for controlado por circuitos no cérebro que obedecem às leis da química, escolha e valor seriam mitos, e a possibilidade da responsabilidade moral evaporaria. Como disse o defensor dos criacionistas John West: "Se os seres humanos (e suas crenças) realmente são o produto irracional de sua existência material, tudo o que dá sentido à vida humana — religião, moralidade, beleza — revela-se desprovido de uma base objetiva".[30]

A outra doutrina moral (que é encontrada em algumas vertentes cristãs, mas não em todas) é que a alma entra no corpo na concepção e o deixa na morte, definindo, assim, quem é uma pessoa com direito à vida. Essa doutrina faz com que aborto, eutanásia e extração de células-tronco de blastocistos sejam equivalentes a assassinato. Diferencia fundamentalmente os humanos dos animais. E faz da clonagem humana uma violação da ordem divina. Tudo isso pareceria ameaçado pelos neurocientistas, que afirmam que o *self* ou a alma é inerente à atividade neural que se desenvolve gradualmente no cérebro de um embrião, que pode ser vista em cérebros de animais e que pode deteriorar-se gradualmente com o envelhecimento e a doença. (Retomaremos esta questão no capítulo 13.)

Mas a oposição da direita às ciências da natureza humana já não pode ser associada apenas aos fundamentalistas cristãos fanáticos e a televangelistas. Hoje em dia, a evolução vem sendo contestada por alguns dos mais intelectualizados teóricos do outrora secular movimento neoconservador. Eles estão adotando uma hipótese denominada design inteligente, originada pelo químico Michael Behe.[31] O maquinário molecular das células não pode funcionar em uma forma mais simples, afirma Behe, portanto não poderia ter evoluído gradativamente pela seleção natural. Em vez disso, deve ter sido concebido por um designer inteligente como uma invenção que funciona. O designer poderia, em teoria, ter sido um extraterrestre avançado do espaço cósmico, mas todo mundo sabe que implicitamente a teoria está dizendo que deve ter sido Deus.

Os biólogos rejeitam o argumento de Behe por várias razões.[32] Suas afirmações específicas sobre a "complexidade irredutível" da bioquímica não são comprovadas ou são incorretas. Behe cita cada fenômeno cuja história evolutiva ainda não foi descoberta e o credita ao design inteligente por *default*. Quando se trata do designer inteligente, Behe subitamente joga para o alto todos os escrúpulos científicos e não questiona de onde teria vindo o designer ou como ele trabalha. E não faz caso da esmagadora evidência de que o processo da evolução, longe de ser inteligente e deliberado, é destrutivo e cruel.

Ainda assim, o design inteligente foi acolhido de braços abertos por eminentes neoconservadores, entre eles Irving Kristol, Robert Bork, Roger Kimball e Gertrude Himmelfarb. Outros intelectuais conservadores também simpatizaram com o criacionismo por razões morais, como o professor de direito Philip Johnson, o escritor William F. Buckley, o colunista Tom Bethell e, desconcertantemente, o bioético Leon Kass — diretor do novo Conselho de Bioética de George W. Bush e, portanto, formulador das diretrizes políticas do país para a biologia e a medicina.[33] Uma matéria intitulada "The deniable Darwin" foi publicada, espantosamente, na capa de *Commentary*, o que significa que uma publicação que já foi importante fórum dos intelectuais judeus seculares agora é mais descrente da evolução do que o papa![34]

Não está claro se esses pensadores seculares realmente estão convencidos de que o darwinismo é falso ou se pensam que é importante que outras pessoas acreditem que é falso. Em uma cena de *Inherit the wind* [*E o vento será tua herança*, na tradução em português do filme], uma peça sobre o que veio a ser conhecido como o julgamento do macaco de Scopes, o promotor e o advogado de defesa (personagens baseadas em William Jennings Bryan e Clarence Darrow) estão descansando juntos depois de um dia no tribunal. O promotor comenta sobre os habitantes do Tennessee:

São gente simples, Henry; gente pobre. Trabalham duro e precisam acreditar em algo, algo belo. Por que você quer tirar isso deles? É tudo o que têm.

Não difere muito da atitude dos neoconservadores. Kristol escreveu:

> Se há um fato inquestionável sobre a condição humana, é o de que nenhuma comunidade pode sobreviver se for persuadida — ou mesmo se suspeitar — de que seus membros estão levando uma vida sem sentido em um universo sem sentido.[35]

Ele expõe minuciosamente o corolário moral:

> Há diferentes tipos de verdades para diferentes tipos de pessoas. Há verdades apropriadas para crianças, verdades que são apropriadas para estudantes, verdades que são apropriadas para adultos instruídos e verdades que são apropriadas para adultos muito instruídos, e a idéia de que deve existir um conjunto de verdades acessível a todos é uma falácia democrática moderna. Não funciona.[36]

Como observa Ronald Bailey, jornalista que escreve sobre ciências: "Ironicamente, hoje muitos conservadores modernos concordam fervorosamente com Karl Marx que a religião 'é o ópio do povo'; e acrescentam um sincero 'Graças a Deus!'".[37]

Muitos intelectuais conservadores aliam-se aos fundamentalistas cristãos para deplorar a neurociência e a psicologia evolucionista, que em sua opinião invalidam a alma, os valores eternos e o livre-arbítrio. Kass escreveu:

> Com a ciência, a principal ala do racionalismo moderno, veio a progressiva desmistificação do mundo. Apaixonar-se, caso isso ainda ocorra, para o temperamento moderno deve ser explicado não por possessão demoníaca (Eros) nascida da deslumbrante visão da beleza (Afrodite), mas por um aumento da concentração de algum ainda não identificado hormônio polipeptídio no hipotálamo. O poder das sensibilidades e compreensões religiosas também esmaece. Mesmo se for verdade que a grande maioria dos americanos ainda professa uma crença em Deus, para poucos de nós Ele é um Deus diante de quem se treme de medo do julgamento.[38]

De modo semelhante, o jornalista Andrew Ferguson alerta seus leitores de que a psicologia evolucionista "com certeza vai provocar calafrios", pois "se o comportamento é ou não moral, se significa ou não virtude, esse é um julgamento que a nova ciência, e o materialismo em geral, não podem fazer".[39] As novas ciências, ele escreveu, afirmam que as pessoas não passam de "marionetes de carne", um assustador afastamento da tradicional concepção judaico-cristã na qual "os seres humanos [são] pessoas desde o princípio, dotadas de alma, criadas por Deus e infinitamente preciosas".[40]

Até Tom Wolfe, fustigador da esquerda e admirador da neurociência e da psicologia evolucionista, preocupa-se com suas implicações morais. Em seu ensaio "Sorry, but your soul just died" ["Lamento, mas sua alma acaba de morrer", sem tradução em português], ele escreveu que quando a ciência finalmente houver matado a alma ("o último refúgio dos valores") "a sinistra orgia que resultará pode fazer a frase [de Nietzsche] 'o eclipse total dos valores' parecer branda":

> Enquanto isso, a noção de um *self* — um *self* que exerce a autodisciplina, posterga a gratificação, contém o apetite sexual, refreia a agressão e o comportamento criminoso — um *self* que pode tornar-se mais inteligente e elevar-se aos pináculos da vida pelos próprios esforços por meio do estudo, da prática, da perseverança e da recusa a desistir em face de grandes adversidades — essa noção antiquada de sucesso por meio do espírito empreendedor e verdadeira determinação já está se esvaindo, se esvaindo... se esvaindo...[41]

"Onde isso deixa o autocontrole?", ele pergunta. "Onde, com efeito, se as pessoas acreditam que esse *self* fantasmagórico nem sequer existe, e se as imagens de ressonância magnética do cérebro o provam, conclusivamente?"[42]

Uma ironia da negação moderna da natureza humana é que os militantes nos extremos opostos do espectro, que normalmente não podem nem ver uns aos outros, descobrem-se como estranhos aliados. Lembremos que os signatários de "Against 'Sociobiology'" escreveram que teorias como a de Wilson "proporcionaram um importante alicerce para [...] as políticas de eugenia que levaram ao estabelecimento das câmaras de gás na Alemanha nazista". Em maio de 2001, o Comitê para a Educação da Câmara dos Deputados de Louisiana discutiu se "Adolf Hitler e outros exploraram as concepções racistas de Darwin e daqueles a quem ele influenciou [...] para justificar a aniquilação de milhões de indivíduos alegadamente de raça inferior".[43] O proponente da resolução (que acabou sendo derrotada) citou em sua defesa uma passagem de Gould, não sendo essa a primeira vez que esse autor foi mencionado com aprovação na propaganda criacionista.[44] Embora Gould tenha sido um incansável oponente do criacionismo, foi igualmente um incansável oponente da idéia de que a evolução pode explicar a mente e a moralidade, e essa é a implicação do darwinismo mais temida pelos criacionistas.

A esquerda e a direita também concordam que as novas ciências da natureza humana ameaçam o conceito de responsabilidade moral. Quando Wilson afirmou que nos humanos, como em muitos outros mamíferos, os machos têm maior desejo de múltiplos parceiros sexuais do que as fêmeas, Rose acusou-o de estar dizendo:

> Não culpem seus companheiros por dormirem com outras, minhas senhoras; não é culpa deles, são geneticamente programados.[45]

Comparemos com Tom Wolfe, que pôs nesta passagem apenas uma pitada de exagero irônico:

> O macho da espécie humana é geneticamente estruturado para ser polígamo, ou seja, infiel à companheira legal. Qualquer macho leitor de revistas entende isso de imediato. (Três milhões de anos de evolução me levaram a fazer isso!)[46]

De um lado temos Gould fazendo a pergunta retórica:

> Por que queremos impingir a responsabilidade por nossa violência e sexismo aos nossos genes?.[47]

E, do outro, vemos Ferguson levantando a mesma questão:

> A "crença científica" [...] parece ser corrosiva para toda noção de livre-arbítrio, responsabilidade pessoal ou moralidade universal.[48]

Para Rose e Gould, o fantasma na máquina é um "nós" que pode construir sua própria história e mudar o mundo como bem entender. Para Kass, Wolfe e Ferguson, é uma "alma" que faz julgamentos morais segundo preceitos religiosos.

Mas todos eles vêem a genética, a neurociência e a evolução como ameaças a esse irredutível lócus da liberdade de escolha.

Como isso influencia a vida intelectual hoje? A hostilidade da direita religiosa às ciências da natureza humana provavelmente se intensificará, mas a influência da direita será sentida mais em apelos diretos a políticos do que em mudanças do clima intelectual. Qualquer incursão da direita religiosa na corrente intelectual dominante será limitada pela própria oposição à teoria da evolução. Seja designada por criacionismo ou pelo eufemismo "design inteligente", a negação da teoria da seleção natural sucumbirá ao peso da massa de indícios de que a teoria é correta. Ainda não se sabe quanto dano adicional à educação científica e às pesquisas biomédicas ela causará antes de soçobrar.

A hostilidade da esquerda radical, por outro lado, deixou uma marca substancial na vida intelectual moderna, pois os chamados cientistas radicais agora são o *establishment*. Conheci muitos cientistas sociais e cognitivos que afirmam com orgulho ter aprendido tudo o que sabem de biologia com Gould e Lewontin.[49] Muitos intelectuais acatam Lewontin como o infalível pontífice da evolução e da genética, e muitos filósofos da biologia passaram algum tempo como seus aprendizes. Uma resenha desdenhosa de Rose para cada novo livro sobre evolução ou genética humana tornou-se presença obrigatória no jornalismo britânico. Quanto a Gould, Isaac Asimov provavelmente não tencionava ser irônico quando escreveu para a sobrecapa de um livro que "Gould é incapaz de errar", mas essa é precisamente a atitude de muitos jornalistas e cientistas sociais. Um artigo recente na revista *New York* sobre o jornalista Robert Wright chamou-o de "perseguidor" e "jovem punk" com "inveja do pênis" porque ele cometeu a temeridade de criticar Gould com respeito a sua lógica e seus fatos.[50]

Em parte, o respeito aos cientistas radicais foi merecidamente conquistado. Independentemente de suas realizações científicas, Lewontin é um analista incisivo de muitas questões científicas e sociais, Gould escreveu centenas de magníficos ensaios sobre história natural, e Rose escreveu um excelente livro sobre a neurociência da memória. Mas eles também se posicionaram astutamente na paisagem intelectual. Como explica o biólogo John Alcock: "Stephen Jay Gould abomina a violência, pronuncia-se contra o sexismo, despreza os nazistas, considera medonho o genocídio, está invariavelmente do lado dos anjos. Quem pode discutir com uma pessoa assim?".[51] Essa imunidade à argumentação permitiu que os ataques injustos dos cientistas radicais a outros se tornassem parte da sabedoria convencional.

Muitos autores hoje em dia displicentemente igualam genética comportamental a eugenia, como se estudar os correlatos genéticos do comportamento fosse o mesmo que coagir as pessoas em suas decisões sobre ter filhos. Muitos igualam psicologia evolucionista a darwinismo social, como se estudar nossas raízes evolucionárias fosse o mesmo que justificar a situação dos pobres. As confusões acontecem não só entre os analfabetos científicos, mas também podem ser encontradas em publicações de prestígio como *Scientific American* e *Science*.[52] Depois que Wilson afirmou em *Consiliência* que as divisões entre os campos do conhecimento humano estavam ficando obsoletas, o historiador Tzvetan Todorov escreveu sarcasticamente: "Tenho uma sugestão para o próximo livro de Wilson [...] [uma] análise do darwinismo social, a doutrina que foi adotada por Hitler, e dos modos como ela difere da sociobiologia".[53] Quando o Projeto Genoma Humano foi concluído, em 2001, seus líderes fizeram uma crítica ritual ao "determinismo genético", a crença — que ninguém tem — de que "todas as características das pessoas são 'instaladas' em nosso genoma".[54]

Existem até muitos cientistas perfeitamente satisfeitos com o construcionismo social dos radicais, não tanto porque concordam com ele mas porque estão ocupadíssimos em seus laboratórios e a última coisa que desejam é ter manifestantes e piquetes à porta. Como observaram o antropólogo John Tooby e a psicóloga Leda Cosmides, o dogma de que a biologia é intrinsecamente desvinculada da ordem social humana proporciona aos cientistas "um salvo-conduto para atravessar o campo politicamente minado da vida acadêmica moderna".[55] Como veremos, mesmo hoje em dia pessoas que contestam a tábula rasa ou o bom selvagem às vezes ainda são silenciadas por manifestantes ou tachadas de nazistas. Mesmo quando esses ataques são esporádicos, criam um clima de intimidação que distorce em todos os aspectos as atividades intelectuais.

Mas o clima intelectual está dando mostras de mudança. Idéias sobre a natureza humana, embora ainda sejam anátema para alguns acadêmicos e analistas, começam a ganhar atenção. Cientistas, artistas, estudiosos das humanidades, teóricos do direito e leigos conscienciosos têm manifestado uma sede pelos novos vislumbres esclarecedores da mente que vêm sendo obtidos pelas ciências biológicas e cognitivas. E o movimento da ciência radical, apesar de todo o seu sucesso retórico, revelou-se um deserto empírico. Vinte e cinco anos de dados não têm feito nada bem às suas predições. Os chimpanzés não são pacíficos vegetarianos, como afirmou Montagu, a hereditariedade da inteligência não é indistinguível de zero, o QI não é uma "reificação" sem relação com o cérebro, a personalidade e o comportamento social não são desprovidos de base genética, as diferenças entre os sexos não são apenas produtos das "expectativas psicoculturais" e o número de clãs assassinos não é igual ao de bandos pacíficos.[56] Hoje a idéia de conduzir pesquisas científicas segundo "uma aplicação consciente da filosofia marxista" é apenas embaraçosa, e, como salientou o psicólogo evolucionista Martin Daly, "estudos suficientes para ocupar uma primeira edição de *Dialectical biology* ainda estão para se materializar".[57]

Em contraste, a sociobiologia não se revelou uma moda passageira, como previra Sahlins. O título do livro de Alcock, *The triumph of sociobiology* ["O triunfo da sociobiologia", sem tradução em português], publicado em 2001, diz tudo: no estudo do comportamento animal, ninguém sequer fala mais em "sociobiologia" ou "genes egoístas", pois essas idéias são parte integrante da ciência.[58] No estudo dos humanos, há esferas importantes da experiência humana — beleza, maternidade, parentesco, moralidade, cooperação, sexualidade, violência — nas quais a psicologia evolucionista fornece a única teoria coerente e gerou novas e vibrantes áreas de estudo empírico.[59] A genética comportamental reviveu o estudo da personalidade, e só se expandirá com a aplicação do conhecimento advindo do Projeto Genoma Humano.[60] A neurociência cognitiva não se furtará a aplicar essas novas ferramentas a todos os aspectos da mente e do comportamento, incluindo os dotados de carga emocional e política.

A questão não é se a natureza humana cada vez mais será explicada pelas ciências da mente, cérebro, genes e evolução, mas o que faremos com o conhecimento. Quais são de fato as implicações para nossos ideais de igualdade, progresso, responsabilidade e valor da pessoa? Os oponentes das ciências da natureza humana, de esquerda e de direita, têm razão em uma coisa: essas são questões vitais. Então há mais motivo ainda para que sejam confrontadas não com medo e aversão, mas com a razão. Esse é o objetivo da próxima parte deste livro.

PARTE III

Natureza humana com rosto humano

Quando Galileu atraiu a indesejada atenção da Inquisição, em 1633, havia mais em jogo além de questões da astronomia. Afirmando que a Terra girava em torno do Sol, e não vice-versa, Galileu estava contradizendo a verdade literal da Bíblia, como a passagem em que Josué deu o bem-sucedido comando: "Sol, de-tém-te". Pior: ele estava contestando uma teoria da ordem moral do universo.

Segundo a teoria, formulada na época medieval, a esfera da Lua dividia o universo em uma perfeição imutável lá em cima no céu e uma degeneração cor-rupta cá embaixo na Terra (daí Samuel Johnson afirmar que ele não podia "mudar a natureza sublunar"). Ao redor da Lua estavam as esferas para os pla-netas internos, o Sol, os planetas externos e as estrelas fixas, cada qual movido por um anjo superior. E ao redor de tudo isso estava o céu, o lar de Deus. Con-tidas no interior da esfera da Lua, e portanto um pouco abaixo dos anjos, esta-vam as almas humanas, e a seguir, em ordem descendente, corpos humanos, animais (mamíferos, aves, peixes e insetos, nesta ordem), depois os vegetais, os minerais, os elementos inanimados, nove camadas de demônios e finalmente, no centro da Terra, Lúcifer no inferno. Portanto, o universo era disposto nessa hierarquia, uma Grande Cadeia do Ser.

A Grande Cadeia era repleta de implicações morais. Nosso lar, julgava-se, situava-se no centro do universo, refletindo a importância de nossa existência e comportamento. As pessoas passavam a vida na posição social que lhes cabia (rei, duque ou camponês), e depois da morte sua alma ascendia a um lugar superior ou descia a um lugar inferior. Todos deviam ter em mente que a morada humana era um lugar humilde no esquema das coisas e que era mister olhar para cima para ter um vislumbre da perfeição celeste. E num mundo que parecia sempre à beira da fome em massa e do barbarismo, a Grande Cadeia oferecia o conforto de saber que a natureza das coisas era ordenada. Se os planetas saíssem de suas esferas, sobreviria o caos, pois tudo era conectado na ordem cósmica. Como escreveu Alexander Pope: "Da cadeia da natureza, qualquer elo que se atingir, / Seja o décimo, seja o décimo milésimo, quebra-se a cadeia".[1]

Nada disso escapou a Galileu enquanto ele golpeava seu elo. Ele sabia que não podia simplesmente argumentar em bases empíricas que a divisão entre uma Terra corrupta e o céu imutável era refutada por manchas solares, novas e luas passando por Júpiter. Ele também argumentou que as armadilhas morais da teoria geocêntrica eram tão dúbias quanto suas afirmações empíricas, por isso, se a teoria se revelasse falsa, ninguém seria prejudicado. Eis o *alter ego* de Galileu em *Diálogo sobre os dois máximos sistemas do mundo,* perguntando-se o que haveria de tão grandioso em ser invariável e inalterável:

De minha parte, considero a Terra muito nobre e admirável precisamente em razão das diversas alterações, mudanças, gerações etc. que nela ocorrem incessantemente. Se, não estando sujeita a mudança alguma, fosse ela vasto deserto de areia ou montanha de jaspe, ou se no tempo de enchente as águas que a cobriram houvessem congelado, e ela permanecesse um imenso globo de gelo onde nada jamais nasceu ou jamais se alterou ou mudou, eu a veria como um naco inútil do universo, destituída de atividade e, em suma, supérflua e essencialmente inexistente. Essa é precisamente a diferença entre um animal vivo e um morto; e o mesmo digo da Lua, de Júpiter e de todos os demais globos do mundo.

[...] Aqueles que tão pomposamente exaltam a incorruptibilidade, a inalterabilidade etc. estão reduzidos a expressar-se desse modo, creio, por seu grande desejo de seguir vivendo e pelo pavor que têm da morte. Não refletem que se o homem fosse imortal eles próprios jamais teriam vindo ao mundo. Tais homens em verdade merecem encontrar uma cabeça de Medusa que os transmute em estátuas de jaspe ou diamante e assim os faça mais perfeitos do que são.[2]

Hoje vemos as coisas como Galileu. É difícil para nós imaginar por que o arranjo tridimensional de rochas e gases no espaço deveria ter alguma relação com o certo e o errado ou com o significado e o propósito de nossa vida. As sensibilidades morais do tempo de Galileu acabaram por ajustar-se aos fatos astronômicos, não só porque foram obrigadas a admitir a realidade mas porque, para começo de conversa, a própria idéia de que a moralidade tem alguma relação com uma Grande Cadeia do Ser era tola.

Hoje, a meu ver, estamos passando por uma transição semelhante. A tábula rasa é a Grande Cadeia do Ser do presente: uma doutrina que é amplamente acalentada como uma base racional do significado e da moralidade e que se vê atacada pelas ciências da atualidade. Como no século que se seguiu a Galileu, nossas sensibilidades morais se ajustarão aos fatos biológicos, não só porque fatos são fatos, mas porque as credenciais morais da tábula rasa são igualmente espúrias.

Esta parte do livro mostrará por que uma concepção renovada de significado e moralidade sobreviverá à extinção da tábula rasa. Não estou propondo uma nova filosofia da vida, como um líder espiritual de um novo culto, e isso é o mínimo que posso dizer. Os argumentos que apresentarei têm circulado há séculos, e foram expostos por alguns dos maiores pensadores da história. Meu objetivo é reuni-los em um só lugar e relacioná-los aos aparentes desafios morais representados pelas ciências da natureza humana, para lembrar por que as ciências não conduzirão a um nietzschiano eclipse total dos valores.

A preocupação em torno da natureza humana pode ser reduzida a quatro temores:

- Se as pessoas forem inatamente diferentes, a opressão e a discriminação serão justificadas.
- Se as pessoas forem inatamente imorais, a esperança de melhorar a condição humana será vã.
- Se as pessoas forem produto da biologia, o livre-arbítrio será um mito, e não poderemos mais considerar as pessoas responsáveis por suas ações.
- Se as pessoas forem produto da biologia, a vida não terá um significado e um propósito maiores.

Para cada um deles há um capítulo. Primeiro explicarei a base do temor: quais afirmações sobre a natureza humana estão em jogo e por que se julga que elas têm implicações insidiosas. Em seguida demonstrarei que, em cada caso, a lógica é falha; as implicações absolutamente não procedem. Mas irei além disso. Não ocorre apenas que as afirmações sobre a natureza humana são menos perigosas do que muita gente pensa. É a *negação* da natureza humana que pode ser *mais* perigosa do que muita gente pensa. Isso torna imperativo examinar as afirmações sobre a natureza humana objetivamente, sem acrescentar um dedo moral em qualquer dos lados da balança, e descobrir como podemos viver com essas afirmações se elas se revelarem verdadeiras.

8. O medo da desigualdade

O maior atrativo moral da doutrina da tábula rasa nasce de um fato matemático simples: zero é igual a zero. Isso permite que a tábula rasa sirva como garantia de igualdade política. Uma página em branco é uma página em branco, portanto se somos todos tábulas rasas, diz o argumento, temos de ser todos iguais. Mas se a tábula de um recém-nascido não for rasa, diferentes bebês poderiam ter diferentes coisas escritas em suas tábulas. Indivíduos, sexos, classes e raças poderiam diferir inatamente em seus talentos, habilidades, interesses e inclinações. E isso, julga-se, poderia conduzir a três males.

O primeiro é o preconceito: se grupos de pessoas são biologicamente diferentes, poderia ser racional discriminar os membros de alguns grupos. O segundo é o darwinismo social: se diferenças entre os grupos nas condições de vida — sua renda, status e índice de criminalidade, por exemplo — provêm de suas condições inatas, essas diferenças não podem ser atribuídas à discriminação, e isso facilita culpar as vítimas e tolerar a desigualdade. O terceiro é a eugenia: se as pessoas diferem biologicamente de modos que outras pessoas valorizam ou menosprezam, isso as levaria a tentar melhorar a sociedade interferindo biologicamente — encorajando ou desencorajando as decisões das pessoas sobre ter filhos, tirando-lhes a possibilidade de tomar essas decisões ou, diretamente, matando-as. Os nazistas implementaram a "solução final" porque consideravam os judeus e outros grupos étnicos biologicamente inferiores. Assim, o medo das terríveis conseqüências que poderiam advir de uma descoberta de diferenças inatas levou muitos intelectuais a asseverar que essas diferenças não existem — ou mesmo que não existe a natureza humana, pois, se existisse, diferenças inatas seriam possíveis.

Espero que no momento em que essa linha de raciocínio for exposta, imediatamente um alarme dispare. Não devemos admitir que *nenhuma* descoberta previsível sobre os humanos possa ter essas implicações horríveis. O problema não está na possibilidade de as pessoas diferirem umas das outras, o que é uma questão factual que poderá vir a ser confirmada ou refutada. O problema está na linha de raciocínio segundo a qual, se fosse descoberto que as pessoas são diferentes, então discriminação, opressão e genocídio seriam aceitáveis. Valores fundamentais (como igualdade e direitos humanos) não deveriam ser mantidos reféns de uma conjectura factual a respeito de tábulas rasas que poderia vir a ser refutada amanhã. Neste capítulo veremos como esses valores poderiam ser assentados sobre alicerces mais seguros.

Que tipos de diferenças poderiam ser preocupantes? Nos capítulos sobre gênero e crianças examinaremos os atuais indícios de diferenças entre os sexos e entre indivíduos, juntamente com suas implicações e não-implicações. O objetivo desta parte do capítulo é mais geral: mencionar os tipos de diferenças que as pesquisas *poderiam* revelar no longo prazo, com base em nossa compreensão da evolução e da genética humanas, e expor as questões morais que elas suscitam.

Este livro tem por tema principal a natureza humana — uma dotação de faculdades cognitivas e emocionais que é universal nos espécimes sadios do *Homo sapiens*. Samuel Johnson escreveu: "Somos todos movidos pelos mesmos motivos, todos enganados pelas mesmas falácias, todos animados pela esperança, tolhidos pelo perigo, enredados pelo desejo e seduzidos pelo prazer".[1] Os copiosos indícios de que compartilhamos uma natureza humana não significam que as *diferenças* entre indivíduos, raças ou sexos também estão em nossa natureza. Confúcio poderia ter razão quando escreveu que "As naturezas dos homens são parecidas; são seus hábitos que as distanciam".[2]

A biologia moderna nos diz que as forças que tornam as pessoas parecidas não são as mesmas que tornam as pessoas diferentes.[3] (De fato, elas tendem a ser estudadas por diferentes cientistas: as semelhanças, pelos psicólogos evolucionistas; as diferenças, pelos geneticistas comportamentais.) A seleção natural atua homogeneizando uma espécie em uma organização geral típica, por meio da concentração dos genes eficazes — aqueles que constroem órgãos com bom funcionamento — e do peneiramento que elimina os genes ineficazes. Portanto, em se tratando de uma explicação para o que nos faz funcionar, somos todos farinha do mesmo saco. Assim como todos nós temos os mesmos órgãos físicos (dois olhos, um fígado, um coração com quatro cavidades), também temos os mesmos órgãos mentais. Isso se evidencia ao máximo no caso da linguagem, pois toda criança neurologicamente intacta é equipada para adquirir qualquer linguagem humana, mas também se aplica a outras partes da mente. Descartar a tábula rasa lançou muito mais luz sobre a unidade psicológica da humanidade do que sobre quaisquer diferenças.[4]

Somos todos bem parecidos, mas, obviamente, não somos clones. Com exceção dos gêmeos idênticos, cada pessoa é geneticamente única. Isso porque mutações aleatórias infiltram-se no genoma e demoram a ser eliminadas, e são embaralhadas entre si em novas combinações quando os indivíduos se reproduzem sexualmente. A seleção natural tende a preservar algum grau de heterogeneidade genética em nível microscópico na forma de pequenas variações aleatórias entre proteínas. Essa variação brinca com as combinações das fechaduras moleculares do organismo e mantém seus descendentes um passo à frente dos germes microscópicos que estão constantemente evoluindo para arrombar essas fechaduras.

Em todas as espécies existe variabilidade genética, mas o *Homo sapiens* está entre as menos variáveis. Os geneticistas nos consideram uma espécie "pequena", o que soa como uma piada ruim, já que infestamos o planeta como baratas. O que eles têm em mente é que o grau de variação genética encontrado entre os humanos é o que os biólogos esperariam em uma espécie com um número pequeno de membros.[5] Há mais diferenças genéticas entre os chimpanzés, por exemplo, do que entre os humanos, apesar de os superarmos espantosamente em número. A razão é que nossos ancestrais passaram por um gargalo populacional em um período razoavelmente recente de nossa história evolutiva (há menos de 100 mil anos) e reduziram-se a um número pequeno de indivíduos com uma variação genética correspondentemente pequena. As espécies sobreviveram, retomaram o crescimento e então tiveram uma explosão populacional com a invenção da agricultura, há cerca de 10 mil anos. Essa explosão originou muitas cópias dos genes que estavam em circulação quando éramos poucos numericamente; não houve tempo suficiente para acumular muitas versões novas dos genes.

Em vários pontos depois do gargalo emergiram diferenças entre raças. Mas as diferenças na pele e nos cabelos que são tão óbvias quando olhamos pessoas de outras raças são, na realidade, uma peça pregada às nossas intuições. As diferenças raciais são, em grande medida, adaptações ao clima. O pigmento da pele era um protetor solar nos trópicos; as dobras nas pálpebras eram óculos protetores na tundra. As partes do corpo em contato com os elementos também são as partes que se apresentam aos olhos das outras pessoas, e que as levam enganosamente a pensar que as diferenças raciais são mais profundas do que de fato são.[6] Trabalhando em oposição à adaptação aos climas locais, que ocasiona diferenças na pele entre os grupos, está uma força evolutiva que torna grupos vizinhos semelhantes por dentro. Genes raros podem proporcionar imunidade a doenças endêmicas, e por isso são sugados de um grupo para outro grupo vizinho como tinta em um mata-borrão, mesmo se membros de um grupo acasalarem-se com membros do outro com pouca freqüência.[7] É por isso que os judeus, por exemplo, tendem a ser geneticamente semelhantes a seus vizinhos não judeus no mundo todo, muito embora até recentemente eles tendessem a casar-se somente com outros judeus. Uma única conversão, caso amoroso ou estupro envolvendo um não-judeu em cada geração pode ser suficiente para enevoar fronteiras genéticas com o passar do tempo.[8]

Levando em consideração todos esses processos, obtemos o quadro a seguir. As pessoas são qualitativamente iguais, mas podem diferir quantitativamente. As diferenças quantitativas são pequenas em termos biológicos, e são encontradas em um grau muito maior entre membros individuais de um grupo étnico ou raça do que entre grupos étnicos ou raças. Essas descobertas são tranqüilizadoras. Qualquer ideologia racista que afirme que os membros de um grupo étnico são todos iguais, ou que um grupo étnico difere fundamentalmente de outro, baseia-se em falsas suposições sobre nossa biologia.

Mas a biologia não nos livra totalmente do problema. Os indivíduos não são geneticamente idênticos, e é improvável que as diferenças afetem todas as partes do corpo exceto o cérebro. E embora as diferenças genéticas entre raças e grupos étnicos sejam muito menores que as encontradas entre indivíduos, elas não são inexistentes (como vemos em sua capacidade de originar diferenças físicas e diferentes suscetibilidades a doenças genéticas, como a doença de Tay-Sachs e a anemia falciforme). Hoje virou moda dizer que as raças não existem, que são puramente construções sociais. Embora isso certamente seja verdade com respeito aos escaninhos burocráticos como "de cor", "hispânico", "asiático/habitante de ilha do Pacífico" e à regra generalizante para "negro", é um exagero quando falamos das diferenças humanas em geral. O antropólogo e biólogo Vincent Sarich observa que uma raça é apenas uma família imensa e parcialmente endógama. Algumas distinções raciais, portanto, podem ter um grau de realidade biológica, embora não sejam fronteiras exatas entre categorias fixas. Os humanos, tendo evoluído recentemente de uma única população fundadora, são todos aparentados, mas os europeus, como se reproduziram principalmente entre si durante milênios, são em média parentes mais próximos de outros europeus do que de africanos ou asiáticos, e vice-versa. Como os oceanos, desertos e cordilheiras impediram as pessoas de escolher seus parceiros aleatoriamente no passado, as grandes famílias endógamas que denominamos raças ainda são discerníveis, e cada qual tem uma distribuição de freqüência de genes um tanto diferente das demais. Em teoria, alguns dos genes que variam poderiam afetar a personalidade ou a inteligência (embora quaisquer diferenças desse tipo se apliquem sobretudo a médias, com muitas coincidências entre os membros do grupo). Isso não equivale a dizer que tais diferenças genéticas são esperadas ou que temos provas de sua existência, mas apenas que elas são biologicamente possíveis.

(No meu entender, a propósito, quando se trata da mais discutida de todas as diferenças raciais — a diferença de QI de brancos e negros nos Estados Unidos —, os indícios atuais não requerem uma explicação genética. Thomas Sowell documentou que, durante a maior parte do século XX e no mundo todo, diferenças étnicas de QI foram a regra, não a exceção.[9] Membros de grupos minoritários não inseridos na corrente cultural predominante comumente apresentaram em média QI inferior ao da maioria, e nessa categoria incluíram-se imigrantes do Sul e Leste da Europa nos Estados Unidos, filhos de montanheses brancos nos Estados Unidos, crianças que cresceram em chatas nos canais da Grã-Bretanha e crianças falantes do gaélico nas Hébridas. As diferenças foram pelo menos tão acentuadas quanto a atualmente encontrada entre negros e brancos, mas desapareceram em poucas gerações. Por muitas razões, a experiência dos afro-americanos nos Estados Unidos sob a escravidão e a segregação não é comparável à dos imigrantes ou à dos isolados rurais, e sua transição para os padrões culturais da corrente dominante poderá facilmente levar mais tempo.)[10]

E há também os sexos. Diferentemente dos grupos étnicos e raças, nos quais as diferenças são biologicamente secundárias e aleatórias, os dois sexos diferem em pelo menos um aspecto que é fundamental e sistemático: possuem órgãos reprodutores diferentes. Por razões evolutivas, seria de esperar que homens e mulheres mostrassem alguma diferença nos sistemas neurais que controlam o modo como usam esses órgãos — em sua sexualidade, instintos paternos/maternos e táticas de acasalamento. Pela mesma lógica, seria de esperar que não diferissem muito nos sistemas neurais que lidam com os desafios enfrentados por ambos os sexos, como os da inteligência geral (como veremos no capítulo sobre gênero).

Então as descobertas da biologia poderiam acabar justificando o racismo e o sexismo? De jeito nenhum! O argumento contra a intolerância não é uma afirmação factual de que os seres humanos são biologicamente indistinguíveis. É uma postura moral que condena o julgamento de um *indivíduo* segundo as características médias de certos *grupos* aos quais ele pertence. Sociedades esclarecidas escolhem não dar importância a raça, sexo e etnia nas contratações, promoções, salários, admissões em estabelecimentos de ensino e no sistema de justiça criminal porque essa alternativa é moralmente repugnante. Discriminar pessoas com base em raça, sexo ou etnia seria injusto, penalizando-as por características sobre as quais elas não têm controle. Perpetuaria as injustiças do passado, nas quais afro-americanos, mulheres e outros grupos foram escravizados ou oprimidos. Fragmentaria a sociedade em facções hostis e poderia conduzir a medonhas perseguições. Mas nenhum desses argumentos contra a discriminação depende de os grupos de pessoas serem ou não geneticamente indistinguíveis.

Uma concepção da natureza humana, longe de ser conducente à discriminação, é a razão de nos opormos a ela. É onde a distinção entre variação inata e universais inatos é crucial. Independentemente do QI, da força física ou de qualquer outra característica que possa variar, podemos supor que todos os humanos possuem certas características em comum. Ninguém gosta de ser escra-

204

vizado. Ninguém gosta de ser humilhado. Ninguém gosta de ser tratado injustamente, ou seja, com base em características que a pessoa não pode controlar. A repulsa que sentimos pela discriminação e pela escravidão provém de uma convicção de que, não importa como muitas pessoas possam variar em algumas características, nessas elas não variam. Essa convicção, a propósito, contrasta com a doutrina supostamente progressista de que as pessoas não têm interesses inerentes, o que implica que poderiam ser condicionadas a gostar da servidão ou da degradação.

A idéia de que a igualdade política é uma postura moral, e não uma hipótese empírica, foi expressa por alguns dos mais célebres expoentes da igualdade na história. A Declaração de Independência proclama: "Consideramos evidentes por si mesmas as seguintes verdades: que todos os homens são criados iguais [...]". O autor, Thomas Jefferson, deixou claro que se referia à igualdade de direitos, e não a uma igualdade biológica. Por exemplo, em uma carta de 1813 a John Adams ele escreveu: "Concordo com você que existe uma aristocracia natural entre os homens. Suas bases são a virtude e os talentos. [...] Pois a experiência prova que as qualidades morais e físicas do homem, sejam boas ou más, são transmissíveis em certa medida de pai para filho".[11] (O fato de a Declaração originalmente aplicar-se apenas a homens brancos, e de que Jefferson estava longe de ser igualitário na condução de sua própria vida, não muda o argumento. Jefferson defendeu a igualdade política entre os brancos — uma idéia inusitada em sua época — mesmo reconhecendo diferenças inatas entre os brancos.) Analogamente, Abraham Lincoln pensava que os signatários da Declaração "não quiseram dizer que todos eram iguais na cor, tamanho, intelecto, desenvolvimento moral ou capacidade social", mas apenas com respeito a "certos direitos inalienáveis".[12]

Alguns dos mais influentes pensadores contemporâneos da biologia e da natureza humana apontaram a mesma distinção. Ernst Mayr, um dos fundadores da moderna teoria da evolução, sabiamente antecipou quase quatro décadas de debates quando escreveu em 1963:

A igualdade, a despeito da evidente não-identidade, é um conceito um tanto refinado e requer um desenvolvimento moral do qual muitos indivíduos parecem ser incapazes. Preferem negar a variabilidade humana e equiparar igualdade a identidade. Ou afirmam que a espécie humana é excepcional no mundo orgânico no aspecto de que apenas as características morfológicas são controladas pelos genes, e as outras características da mente ou do caráter são devidas a "condicionamento" ou a outros fatores não genéticos. Esses autores convenientemente não dão atenção aos resultados dos estudos com gêmeos e às análises genéticas de características não morfológicas em animais. Uma ideologia baseada em premissas obviamente erradas como essas só pode conduzir ao desastre. Sua defesa da igualdade humana tem por base uma afirmação de identidade. Tão logo for provado que essa identidade não existe, o alicerce da igualdade igualmente se perderá.[13]

Noam Chomsky afirmou a mesma coisa em um artigo intitulado "Psichology and ideology" ["Psicologia e ideologia", sem tradução em português]. Embora discordasse do argumento de Herrnstein sobre o QI (discutido no capítulo 6), ele contestou a popular acusação de que Herrnstein era racista e se distanciou de seus colegas cientistas radicais que estavam apontando os fatos como perigosos:

Uma correlação entre raça e QI (caso se revelasse existente) não implica conseqüências sociais exceto em uma sociedade racista na qual cada indivíduo é inserido em uma categoria racial e tratado não como indivíduo com seus próprios méritos, mas como representante dessa categoria. Herrnstein menciona uma possível correlação entre altura e QI. Que importância social tem isso? Nenhuma, obviamente, pois nossa sociedade não sofre com a discriminação por altura. Não fazemos questão de classificar cada adulto na categoria "abaixo de 1,80 metro" ou "acima de 1,80 metro" quando perguntamos que tipo de educação ele deve receber, onde ele deve morar ou que trabalho deve fazer. Em vez disso, ele é o que é, independentemente do QI médio das pessoas em sua categoria de altura. Em uma sociedade não racista, a categoria raça não teria maior importância. O QI médio dos indivíduos de determinada origem racial é irrelevante para a situação de um indivíduo específico que é o que ele é. [...]

Surpreende-me, a propósito, que tantos analistas julguem inquietante a possibilidade de o QI ser hereditário, talvez em alto grau. Também seria inquietante descobrir que a altura relativa, o talento musical ou a classificação numa corrida de cem metros rasos é em parte racialmente determinada? Por que se deveria ter preconcepções de um modo ou de outro nessas questões, e que relação têm as respostas a elas, não importa quais possam ser, com assuntos científicos sérios (no

presente estado de nosso conhecimento) ou com a prática social em uma sociedade decente?[14]

Alguns leitores talvez não se tranqüilizem com essa perspectiva sublime.
Se todos os grupos étnicos e ambos os sexos fossem idênticos em todos os talentos, a discriminação simplesmente evidenciaria sua própria inutilidade, e as pessoas a abandonariam assim que os fatos fossem conhecidos. Mas se não forem
idênticos, seria *racional* levar essas diferenças em consideração. Afinal de contas,
segundo o teorema de Bayes, um planejador que precisa fazer uma previsão (por
exemplo, se uma pessoa será ou não bem-sucedida em uma profissão) *deveria*
levar em consideração a probabilidade prévia, que é a taxa básica de êxito para
as pessoas desse grupo. Se as raças ou os sexos diferem em média, seria atuarial-
mente sensato traçar o perfil racial ou ter estereótipos dos sexos, e seria ingênuo esperar que informações sobre raça e sexo não fossem usadas para fins prejudiciais. Portanto, uma política de tratar as pessoas como indivíduos parece
uma base precária para assentar qualquer esperança de reduzir a discriminação.

Uma resposta imediata a essa preocupação é que o perigo surge independentemente de as diferenças entre os grupos serem de origem genética ou ambiental. Uma média é uma média, e um planejador que se baseia em dados atua-
riais deveria atentar apenas para o que ela é, e não para o que a causou.

Além disso, o fato de a discriminação poder ser economicamente racional
só seria realmente perigoso se nossas políticas favorecessem uma impiedosa otimização econômica independentemente de todos os outros custos. Mas, na verdade, temos muitas políticas permitindo que princípios morais suplantem a eficiência econômica. Por exemplo, é ilegal vender nosso voto, vender nossos
órgãos, vender nossos filhos, muito embora um economista possa argumentar
que qualquer troca voluntária é benéfica para ambas as partes. Essas decisões
são naturais nas democracias modernas, e podemos com a mesma determinação escolher políticas públicas e costumes privados que proíbam o preconceito
de raça e sexo.[15]

Prescrições morais e legais não são o único modo de reduzir a discriminação diante de possíveis diferenças entre grupos. Quanto mais informações tivermos sobre as qualificações de um indivíduo, menos impacto produzirá uma
média para toda uma raça ou todo um sexo sobre uma decisão estatística relacionada a essa pessoa. Assim, a melhor cura para a discriminação é o teste mais

preciso e mais abrangente das habilidades mentais, pois isso forneceria tantas informações preditivas sobre um indivíduo que ninguém seria tentado a levar em conta sua raça ou sexo. (Esta, porém, é uma idéia sem futuro político.)

A discriminação — no sentido de usar uma característica estatisticamente preditiva do grupo a que pertence um indivíduo para tomar uma decisão sobre esse indivíduo — nem sempre é imoral, ou ao menos nem sempre a consideramos imoral. Para predizer com perfeição o comportamento de alguém precisaríamos de uma máquina de raios X para a alma. Mesmo a predição do comportamento de alguém com as ferramentas de que dispomos — como testes, entrevistas, verificação de antecedentes e recomendações — demandaria recursos ilimitados se fôssemos usá-las integralmente. Decisões que têm de ser tomadas com tempo e recursos finitos, e que têm altos custos para certos tipos de erros, precisam usar *alguma* característica como base para julgar uma pessoa. E isso necessariamente significa julgar a pessoa segundo um estereótipo.

Em alguns casos as coincidências entre dois grupos são tão poucas que não nos incomodamos por discriminar um deles totalmente. Por exemplo, ninguém faz objeção a mantermos os chimpanzés fora de nossas escolas, muito embora seja concebível que se testássemos cada chimpanzé do planeta talvez encontrássemos um que conseguisse aprender a ler e escrever. Aplicamos um estereótipo de espécie segundo o qual os chimpanzés não podem beneficiar-se com uma educação humana, calculando que a probabilidade de encontrar uma exceção não supera os custos de examinar cada indivíduo.

Em circunstâncias mais realistas, temos de decidir caso por caso se a discriminação é justificável. Negar direitos de dirigir e votar aos adolescentes é uma forma de discriminação por idade injusta para os adolescentes responsáveis. Mas não estamos dispostos a pagar os custos financeiros de desenvolver um teste de maturidade psicológica ou os custos morais dos erros de classificação, como por exemplo adolescentes estraçalhando seus carros em muros. Quase todos se horrorizam com a desconfiança racial — um policial parar um motorista só porque ele é negro, por exemplo. Mas depois dos ataques terroristas ao World Trade Center e ao Pentágono, cerca de metade dos americanos entrevistados afirmou não se opor à desconfiança étnica — revistar passageiros de avião porque são árabes.[16] As pessoas que fazem distinção entre essas duas atitudes provavelmente raciocinam que os benefícios de apanhar um traficante de maconha não superam os danos causados a motoristas negros inocentes, mas os benefícios de deter um seqüestrador suicida superam inquestionavelmente o dano causado a passageiros árabes inocentes. As análises de custo-benefício também são usadas às vezes para justificar preferências raciais: considera-se que os benefícios de locais de trabalho e estabelecimentos de ensino racialmente diversificados superam os custos da discriminação contra os brancos.

A possibilidade de que homens e mulheres não sejam os mesmos em todos os aspectos também apresenta escolhas aos formuladores de políticas. Seria repreensível um banco contratar um homem em detrimento de uma mulher como gerente pelo motivo de que ele tem menos probabilidade do que ela de pedir demissão depois de ter um filho. Seria também repreensível um casal contratar uma mulher em vez de um homem como babá para sua filha porque ela tem menor probabilidade de abusar sexualmente da menina? A maioria das pessoas acredita que a punição para determinado crime deveria ser a mesma independentemente de quem o comete. Mas conhecendo as emoções sexuais típicas de ambos os sexos, deveríamos aplicar a mesma punição a um homem que seduz uma garota de dezesseis anos e a uma mulher que seduz um garoto de dezesseis anos?

Essas são algumas das questões que se apresentam às pessoas em uma democracia ao decidirem o que fazer com respeito à discriminação. O importante não é que diferenças entre grupos *nunca* podem ser usadas como base para discriminação. O importante é que elas não *têm* de ser usadas desse modo, e às vezes podemos decidir que por razões morais elas não devem ser usadas desse modo.

A tábula rasa, portanto, não é necessária para combater o racismo e o sexismo. Tampouco é necessária para combater o darwinismo social, a crença de que os ricos e os pobres merecem o status que têm e por isso devemos abandonar quaisquer princípios de justiça econômica em favor de políticas extremas de *laissez-faire*.

Devido ao medo do darwinismo social, a idéia de que a classe tem alguma relação com os genes é tratada pelos intelectuais modernos como um barril de pólvora, muito embora seja difícil imaginar como ela não poderia ser parcialmente verdadeira. Adaptando um exemplo do filósofo Robert Nozick, suponhamos que 1 milhão de pessoas se disponha a pagar dez dólares para ver

Pavarotti cantar e não se disponha a pagar dez dólares para me ver cantar, em parte devido a diferenças genéticas entre nós. Pavarotti seria 10 milhões de dólares mais rico, e viveria em um nível econômico do qual meus genes me manteriam afastado, mesmo em uma sociedade que fosse totalmente justa.[17] É um fato bruto que maiores recompensas serão direcionadas a pessoas com maior talento inato se outras pessoas se dispuserem a pagar mais pelos frutos desse talento. A única maneira de isso não poder acontecer é se as pessoas forem presas em castas arbitrárias, se todas as transações econômicas forem controladas pelo Estado ou se não existir essa coisa de talento inato porque somos todos tábulas rasas.

Um número surpreendente de intelectuais, particularmente de esquerda, nega que exista o talento inato, especialmente a inteligência. O best-seller *The mismeasure of man* ["A falsa medida do homem", na tradução para o português], de Stephen Jay Gould, foi escrito para desmascarar "a abstração da inteligência como uma entidade única, sua localização no cérebro, sua quantificação como um número para cada indivíduo e o uso desses números para classificar pessoas em uma única série de mérito, invariavelmente para constatar que grupos oprimidos e desfavorecidos — raças, classes ou sexos — são inatamente inferiores e merecem seu status".[18] O filósofo Hilary Putnam afirmou que o conceito de inteligência é parte de uma teoria social chamada "elitismo" que é específica das sociedades capitalistas:

> Sob uma forma de organização social menos competitiva, a teoria do elitismo poderia muito bem ser substituída por uma teoria diferente — a teoria do igualitarismo. Essa teoria poderia dizer que pessoas comuns podem fazer qualquer coisa que seja de seu interesse e fazê-lo bem quando (1) estiverem altamente motivadas e (2) trabalharem coletivamente.[19]

Em outras palavras, qualquer um de nós poderia tornar-se um prêmio Nobel de Física como Richard Feynman ou um astro do golfe como Tiger Woods se estivesse altamente motivado e trabalhasse coletivamente.

A meu ver, é absolutamente surrealista ler textos acadêmicos que negam a existência da inteligência. Os acadêmicos são *obcecados* pela inteligência. Eles a discutem interminavelmente quando deliberam sobre admissão de alunos, contratam professores e funcionários e especialmente quando fazem mexericos uns dos outros. Tampouco os cidadãos ou os planejadores podem ignorar o conceito, independentemente de suas políticas. Pessoas que afirmam que o QI não tem sentido apressam-se a invocá-lo quando a discussão se volta para a execução de um assassino com 64 de QI, a remoção do chumbo da tinta que diminui em cinco pontos o QI de uma criança ou as qualificações presidenciais de George W. Bush. Seja como for, existem hoje numerosos indícios de que a inteligência é uma propriedade estável do indivíduo, que ela pode ser associada a características do cérebro (incluindo o tamanho geral, a quantidade de matéria cinzenta nos lobos frontais, a velocidade de condução neural e o metabolismo da glicose cerebral), que é parcialmente hereditária entre indivíduos e que prediz algumas das variações nos sucessos da vida, como a renda e o status social.[20]

A existência de talentos inatos, contudo, *não* requer o darwinismo social. A preocupação de que uma coisa tem de conduzir à outra baseia-se em duas falácias. A primeira é uma mentalidade de tudo-ou-nada que com freqüência contamina as discussões sobre as implicações sociais da genética. A probabilidade de que diferenças inatas sejam *um* dos fatores que contribuem para o status social não significa que sejam o *único* fator. Os outros incluem pura sorte, riqueza herdada, preconceito racial e social, desigualdade de oportunidade (como o nível de instrução e as relações sociais de cada um) e o capital cultural: hábitos e valores que promovem o sucesso econômico. Reconhecer que o talento tem importância não significa que o preconceito e a desigualdade de oportunidade não tenham importância.

Mas o mais relevante é que, mesmo que os talentos herdados possam conduzir ao êxito socioeconômico, isso não significa que, de uma perspectiva moral, o êxito é *merecido*. O darwinismo social baseia-se na suposição de Spencer de que podemos consultar a evolução para descobrir o que é certo — que "bom" pode resumir-se a "evolutivamente bem-sucedido". Isso tem má reputação porque remete à "falácia naturalista": a crença de que tudo o que acontece na natureza é bom. (Spencer também confundia o êxito social de uma pessoa — sua riqueza, poder e status — com seu êxito evolutivo, ou seja, o número de descendentes viáveis.) A falácia naturalista recebeu esse nome do filósofo moral G. E. Moore em seu livro de 1903 *Principia ethica* ["Princípios éticos", sem tradução em português], a obra que matou a ética de Spencer.[21] Moore aplicou a "Guilhotina de Hume", o argumento de que não importa o quanto se mostre convincentemente que alguma coisa é verdadeira, nunca decorre logicamente daí que ela *deveria* ser verdadeira. Moore observou que é sensato indagar: "Essa conduta é mais bem-sucedida evolutivamente, mas é boa?". O mero fato de essa questão ter razão de ser mostra que ter êxito evolutivo e ser bom não são a mesma coisa.

É realmente possível conciliar diferenças biológicas com um conceito de justiça social? É absolutamente possível. Em sua célebre teoria da justiça, o filósofo John Rawls pede que imaginemos um contrato social redigido por agentes movidos pelo interesse próprio negociando sob um véu de ignorância, desconhecendo os talentos ou status que herdarão ao nascer — fantasmas ignorantes da máquina que assombrarão. Rawls procura mostrar que uma sociedade justa é aquela na qual essas almas desencarnadas concordariam em nascer, sabendo que poderia caber-lhes uma condição social ou genética ruim.[22] Se concordarmos que essa é uma concepção razoável de justiça e que os agentes fariam questão de uma ampla rede de segurança social e de uma tributação redistributiva (mas que não chegasse a eliminar incentivos que beneficiariam a todos), então poderemos justificar as políticas sociais compensatórias *mesmo se pensarmos que as diferenças de status social são 100% genéticas.* As políticas seriam, literalmente, uma questão de justiça, e não uma conseqüência de os indivíduos serem indistinguíveis.

De fato, a existência de diferenças inatas de habilidade tornam a concepção de justiça social de Rawls especialmente precisa e eternamente relevante. Se fôssemos tábulas rasas, e se uma sociedade alguma vez chegasse realmente a eliminar a discriminação, poderíamos afirmar que os pobres merecem sua condição porque indubitavelmente escolheram fazer menos com seus talentos, os quais são iguais aos de todo mundo. Mas se as pessoas diferirem em talentos, é possível indivíduos serem pobres em uma sociedade sem preconceitos mesmo se eles se empenharem ao máximo. É uma injustiça que tem de ser corrigida, diria um rawlsiano, e passaria despercebida se não reconhecêssemos que as pessoas diferem em suas habilidades.

Algumas pessoas me disseram que esses argumentos grandiloqüentes são ilusórios demais para o mundo perigoso em que vivemos. Tudo bem, há indícios de que as pessoas são diferentes, mas, uma vez que os dados das ciências sociais nunca são perfeitos, e que uma conclusão de desigualdade poderia ser usada para os piores fins por intolerantes ou darwinistas sociais, não deveríamos pecar por precaução e ficar com a hipótese nula de que as pessoas são idênticas? Há quem acredite que mesmo se tivéssemos *certeza* de que as pessoas diferem geneticamente, ainda assim poderíamos querer divulgar a ficção de que elas são iguais, pois isso dá menos margem a abusos.

Esse argumento baseia-se na falácia de que a tábula rasa não tem nada além de boas implicações morais e que uma teoria da natureza humana não tem nada além de más implicações morais. No caso das diferenças humanas, assim como no dos universais humanos, os perigos andam nos dois sentidos. Se considerarmos erroneamente que as pessoas de diferentes posições socioeconômicas diferem em sua habilidade inerente, poderemos não dar atenção à discriminação e à desigualdade de oportunidades. Nas palavras de Darwin, "Se a miséria dos pobres for causada não pelas leis da natureza, mas por nossas instituições, grande é o nosso pecado". Mas se considerarmos erroneamente que as pessoas de diferentes posições socioeconômicas são iguais, então poderemos invejar as recompensas que receberam de modo justo, e implementar políticas coercitivas para trazer para baixo as que se destacarem. O economista Friedrich Hayek escreveu: "Não é verdade que os humanos nascem iguais; [...] se os tratarmos igualmente, o resultado há de ser a desigualdade em sua verdadeira posição; [...] [portanto] o único modo de colocá-los em uma posição igual seria tratá-los diferentemente. A igualdade perante a lei e a igualdade material são, pois, não apenas diferentes, mas conflitantes entre si".[23] Os filósofos Isaiah Berlin, Karl Popper e Robert Nozick argumentaram de modo semelhante.

O tratamento desigual em nome da igualdade pode assumir várias formas. Algumas têm defensores e críticos, como a tributação pesada dos ricos, os altos impostos sobre a propriedade imobiliária, o agrupamento dos alunos por idade e não por habilidade nas escolas, cotas e preferências favorecendo certas raças ou regiões e proibições contra a assistência médica particular ou outras transações voluntárias. Mas outras podem ser flagrantemente perigosas. Se supusermos que as pessoas começam idênticas mas algumas acabam mais ricas do que outras, os observadores podem concluir que as mais ricas têm de ser mais gananciosas. E conforme o diagnóstico passa de talento para pecado, o remédio pode mudar de redistribuição para vingança. Muitas atrocidades do século XX foram cometidas em nome do igualitarismo, atingindo pessoas cujo sucesso foi tratado como prova de sua criminalidade. Os *kulaks* ("camponeses burgueses") foram exterminados por Lenin e Stalin na União Soviética; professores, ex-proprietários de terras e "camponeses ricos" foram humilhados, torturados e assassinados durante a Revolução Cultural na China; moradores de cidades e profissionais liberais instruídos foram postos para trabalhar até a morte ou executados durante o reinado do Khmer Vermelho no Camboja.[24] Minorias instruídas e empreendedoras que prosperaram em suas regiões de adoção, como os indianos no Leste da África e na Oceania, os ibos na Nigéria, os armênios na Turquia, os chineses na Indonésia e na Malásia e os judeus em quase toda parte, foram expulsos de suas casas ou mortos em *pogroms* porque seus membros visivelmente bem-sucedidos foram vistos como parasitas e exploradores.[25]

Uma tábula que não é rasa significa que um *trade-off* entre liberdade e igualdade material é inerente a todos os sistemas políticos. As principais filosofias políticas podem ser definidas pelo modo como lidam com esse *trade-off.* A direita darwinista social não dá valor à igualdade; a esquerda totalitarista não dá valor à liberdade. A esquerda rawlsiana sacrifica alguma liberdade em favor da igualdade; a direita libertária sacrifica alguma igualdade em favor da liberdade. Embora pessoas sensatas possam discordar quanto ao melhor *trade-off*, não é sensato fingir que *não existe* um *trade-off.* E isto, por sua vez, significa que qualquer descoberta de diferenças inatas entre indivíduos não é um conhecimento proibido a ser suprimido, e sim uma informação que poderia nos ajudar a tomar decisões a respeito desses *trade-offs* de um modo inteligente e humano.

O espectro da eugenia pode ser descartado tão facilmente quanto os espectros da discriminação e do darwinismo social. Mais uma vez, o segredo está em distinguir fatos biológicos de valores humanos.

Se as pessoas diferem geneticamente em inteligência e caráter, poderíamos implementar uma reprodução seletiva para obter pessoas mais inteligentes e mais amáveis? Possivelmente, mas as complexidades da genética e do desenvolvimento dificultariam a tarefa muito mais do que imaginam os fãs da eugenia. A reprodução seletiva é direta para genes com efeitos aditivos — isto é, genes que têm o mesmo impacto independentemente dos outros genes do genoma. Mas algumas características, como a genialidade científica, o virtuosismo atlético e o talento musical, são o que os geneticistas comportamentais denominam emergências: materializam-se apenas com certas *combinações* de genes e, portanto, "não se reproduzem sem variação".[26] Além disso, um dado gene pode levar a comportamentos diferentes em ambientes diferentes. Quando foi pedido ao bioquímico (e cientista radical) George Wald que doasse uma amostra de sêmen para o banco de sêmen de cientistas ganhadores do prêmio Nobel organizado por William Shockley, ele respondeu: "Se vocês querem sêmen que produza ganhadores de prêmios Nobel, deveriam entrar em contato com pessoas como meu pai, um alfaiate imigrante pobre. O que meu sêmen deu ao mundo? Dois guitarristas!".[27]

Independentemente de *podermos* ou não fazer uma reprodução seletiva para obter certas características, *devemos* fazê-la? Isso requereria um governo suficientemente sagaz para saber que características selecionar, suficientemente conhecedor para saber como implementar a reprodução e suficientemente intruso para incentivar ou coagir as pessoas em suas decisões mais íntimas. Poucas pessoas em uma democracia concederiam a seu governo esse tipo de poder, mesmo se ele realmente prometesse uma sociedade melhor no futuro. Os custos em liberdade para os indivíduos e em possíveis abusos de autoridade são inaceitáveis.

Contrariamente à crença disseminada pelos cientistas radicais, a eugenia foi, durante boa parte do século XX, uma causa favorita da esquerda, e não da direita.[28] Foi defendida por muitos progressistas, liberais e socialistas, entre eles Theodore Roosevelt, H. G. Wells, Emma Goldman, George Bernard Shaw, Harold Laski, John Maynard Keynes, Sidney e Beatrice Webb, Margaret Sanger e os biólogos marxistas J. B. S. Haldane e Hermann Muller. Não é difícil ver por que as facções alinharam-se desse modo. Os católicos conservadores e os protestantes do Cinturão da Bíblia odiavam a eugenia porque era uma tentativa das elites intelectuais e científicas de fazer o papel de Deus. Os progressistas adoravam a eugenia porque ela estava do lado da reforma e não do *status quo,* do ativismo e não do *laissez-faire,* e da responsabilidade social e não do egoísmo. Além disso, agradava-lhes a idéia de expandir a intervenção do Estado para concretizar um objetivo social. A maioria só abandonou a eugenia quando viu como ela conduziu a esterilizações forçadas nos Estados Unidos e na Europa Ocidental e, mais tarde, às políticas da Alemanha nazista. A história da eugenia é um dos muitos casos em que os problemas morais impostos pela natureza humana não podem ser enquadrados nos familiares debates entre esquerda e direita, tendo de ser analisados de um novo ângulo, com base nos valores conflitantes em jogo.

As mais repugnantes associações de uma concepção biológica da natureza humana são com o nazismo. Embora a oposição à idéia de uma natureza humana tenha começado décadas antes, os historiadores concordam que lembranças amargas do Holocausto foram a principal razão de a natureza humana ter se tornado um tabu na vida intelectual depois da Segunda Guerra Mundial.

Hitler inegavelmente foi influenciado pelas versões abastardadas do darwinismo e da genética que se popularizaram nas primeiras décadas do século XX, e citou especificamente a seleção natural e a sobrevivência dos mais aptos quando expôs sua doutrina venenosa. Ele acreditava no darwinismo social extremo no qual os grupos eram a unidade de seleção e a luta entre os grupos era necessária para o vigor e a força da nação. Acreditava que os grupos eram raças constitucionalmente distintas, que seus membros compartilhavam uma constituição biológica distinta e que diferiam uns dos outros em força, coragem, honestidade, inteligência e espírito cívico. Escreveu que a extinção de raças inferiores era parte da sabedoria da natureza, que as raças superiores deviam sua vitalidade e virtude à sua pureza genética e que corriam perigo de degradar-se com cruzamentos com raças inferiores. Hitler usou essas crenças para justificar sua guerra de conquista e seu genocídio de judeus, ciganos, eslavos e homossexuais.[29]

O uso impróprio da biologia pelos nazistas é um lembrete de que idéias pervertidas podem ter conseqüências medonhas e que os intelectuais têm a responsabilidade de cuidar sensatamente para que suas idéias não sejam manipuladas para fins perversos. Mas parte dessa responsabilidade consiste em não banalizar o horror do nazismo explorando-o para dar sopapos retóricos em brigas acadêmicas. Associar as pessoas de quem discordamos ao nazismo não faz nada pela memória das vítimas de Hitler nem pelo esforço de impedir outros genocídios. É precisamente porque esses eventos são tão graves que temos a responsabilidade social de identificar suas causas com exatidão.

Uma idéia não é falsa ou má porque os nazistas fizeram mau uso dela. Como escreveu o historiador Robert Richards sobre uma pretensa conexão entre nazismo e biologia evolucionista: "Se essas vagas semelhanças bastassem aqui, todos nós deveríamos ser mandados para a forca".[30] De fato, se censurássemos as idéias das quais os nazistas abusaram, teríamos de abrir mão de muito mais do que a aplicação da evolução e da genética ao comportamento humano. Teríamos — nada mais, nada menos — que censurar o estudo da evolução e da genética. E de suprimir muitas outras idéias que Hitler deturpou para criar os fundamentos do nazismo:

- *A teoria da doença causada por germes*: os nazistas repetidamente citaram Pasteur e Koch para argumentar que os judeus eram como um bacilo infeccioso que tinha de ser erradicado para que fosse controlada uma doença contagiosa.
- *Romantismo, ambientalismo e amor pela natureza*: os nazistas ampliaram uma veia romântica na cultura alemã que acreditava que o *Volk* era um povo predestinado com uma ligação mística com a natureza e a terra. Os judeus e outras minorias, em contraste, criavam raízes nas cidades degeneradas.
- *Filologia e lingüística*: o conceito de raça ariana baseou-se em uma tribo pré-histórica postulada por lingüistas, os indo-europeus, que teriam se espalhado a partir de uma terra natal antiga há milhares de anos e conquistado boa parte da Europa e da Ásia.
- *Crença religiosa*: embora Hitler não gostasse do cristianismo, ele não era ateu, e encorajava-se com a convicção de que estava levando a cabo um plano ordenado divinamente.[31]

O perigo de podermos distorcer nossa ciência em reação às distorções do nazismo não é hipotético. O historiador da ciência Robert Proctor mostrou que as autoridades de saúde pública nos Estados Unidos demoraram a reconhecer que fumar causa câncer porque foram os nazistas que originalmente estabeleceram essa ligação.[32] E alguns cientistas alemães afirmam que a pesquisa biomédica foi prejudicada em seu país devido a vagas associações com o nazismo que ainda perduram.[33]

Hitler foi perverso porque causou a morte de 30 milhões de pessoas e sofrimento inconcebível a inúmeras outras, e não porque suas crenças faziam referência à biologia (ou à lingüística, à natureza, a fumar, ou a Deus). Sujar com a culpa de suas ações todos os aspectos concebíveis de suas crenças factuais só produzirá efeito contrário ao desejado. Idéias são ligadas a outras idéias, e se alguma das de Hitler mostrar que possui uma pontinha de verdade — se, por exemplo, as raças mostrarem ter alguma realidade biológica, ou se os indo-europeus realmente tiverem sido uma tribo conquistadora — não vamos querer admitir que o nazismo, afinal de contas, não foi tão errado.

O Holocausto nazista foi um evento singular que mudou atitudes em relação a incontáveis temas políticos e científicos. Mas não foi o único holocausto inspirado na ciência no século XX, e os intelectuais estão apenas começando a assimilar as lições dos outros: as chacinas em massa na União Soviética, China, Camboja e outros Estados totalitários perpetradas em nome do marxismo. A abertura de arquivos soviéticos e a liberação de dados e memórias sobre as revoluções chinesa e cambojana estão forçando uma reavaliação tão angustiante das conseqüências da ideologia quanto a que se deu na esteira da Segunda Guerra Mundial. Os historiadores atualmente debatem se as execuções em massa, as marchas forçadas, o trabalho escravo e as fomes coletivas provocadas pelo homem entre os comunistas acarretaram 100 milhões de mortes ou "apenas" 25 milhões. Debatem se essas atrocidades são ou não moralmente piores que o Holocausto nazista ou "apenas" equivalentes.[34]

E eis o fato notável: embora tanto a ideologia nazista como a marxista conduzissem à matança em escala industrial, *suas teorias biológicas e psicológicas eram opostas*. Os marxistas não tinham serventia para o conceito de raça, eram avessos à idéia de herança genética e hostis à própria idéia de uma natureza humana fundamentada na biologia.[35] Marx e Engels não defenderam explicitamente a doutrina da tábula rasa em seus escritos, mas asseveraram que a natureza humana não tem propriedades permanentes. Ela consiste somente nas interações de grupos de pessoas com seus ambientes materiais em um período histórico, e muda constantemente à medida que as pessoas mudam seu ambiente e são simultaneamente mudadas por ele.[36] Portanto, a mente não possui estrutura inata; emerge dos processos dialéticos da história e da interação social. Como explicou Marx:

Toda a história nada mais é do que uma contínua transformação da natureza humana.[37]

As circunstâncias fazem os homens tanto quanto os homens fazem as circunstâncias.[38]

218

O modo de produção da vida material condiciona os processos da vida social, política e intelectual em geral. Não é a consciência dos homens que determina sua existência; ao contrário, sua existência social é que determina sua consciência.[39]

Prefigurando a veemente defesa por Durkheim e Kroeber da idéia de que a mente humana individual não merece atenção, Marx escreveu:

O homem não é um ser abstrato, acampando fora do mundo. O homem é *o mundo dos homens,* o Estado e a sociedade. A essência do homem não é uma abstração inerente a cada indivíduo específico. A verdadeira natureza do homem é a totalidade das relações sociais.[40]

Lida-se com os indivíduos apenas na medida em que eles são personificações de categorias econômicas, corporificações de relações de classe e interesses de classe específicos.[41]

[A morte] parece ser uma dura vitória da espécie sobre *determinado* indivíduo e parece contradizer a unidade entre indivíduo e espécie. Mas esse determinado indivíduo é apenas *um determinado ser de sua espécie* e, portanto, mortal.[42]

Os seguidores de Marx no século xx defenderam a tábula rasa, ou pelo menos a metáfora relacionada do material maleável. Lenin endossou o ideal de Nikolai Bukharin da "fabricação do homem comunista a partir do material humano da era capitalista".[43] Máximo Gorky, admirador de Lenin, escreveu: "As classes trabalhadoras são para Lenin o que os minerais são para o metalúrgico"[44] e "A matéria-prima humana é incomensuravelmente mais difícil de ser trabalhada do que a madeira" (esta última frase escrita quando ele admirava um canal construído por trabalho escravo).[45] Deparamos com a metáfora da tábula rasa nos textos de um homem que pode ter sido responsável por 65 milhões de mortes:

Uma folha de papel em branco não tem borrões, por isso nela as mais novas e belas palavras podem ser escritas, os mais novos e belos quadros podem ser pintados.

Mao Tsé-Tung[46]

E a encontramos em um ditado de um movimento político que matou um quarto de seus concidadãos:

Somente o bebê recém-nascido é imaculado.
Slogan do Khmer Vermelho[47]

A nova percepção de que o assassinato em massa patrocinado pelo governo pode originar-se de um sistema de crença antiinatista tão facilmente quanto pode provir de um inatista vira de cabeça para baixo a concepção do pós-guerra de que as abordagens biológicas do comportamento são as únicas sinistras. Uma avaliação precisa da causa dos genocídios de Estado tem de procurar pelas crenças comuns ao nazismo e ao marxismo que lançaram esses dois movimentos em suas trajetórias paralelas, além de procurar pelas crenças específicas do marxismo que conduziram às atrocidades únicas cometidas em seu nome. Uma nova onda de historiadores e filósofos está fazendo exatamente isso.[48]

O nazismo e o marxismo compartilharam o desejo de remodelar a humanidade. "A alteração dos homens em grande escala é necessária", escreveu Marx; "a vontade de recriar a humanidade" é o cerne do nacional-socialismo, escreveu Hitler.[49] Também compartilharam um idealismo revolucionário e uma certeza tirânica na busca de seu sonho, sem paciência para a reforma incremental ou para os ajustes norteados pelas conseqüências humanas de suas políticas. Isso já era, em si, uma receita para o desastre. Como escreveu Aleksandr Soljenitzyn em *Arquipélago Gulag*: "As autojustificações de Macbeth eram débeis — e sua consciência o devorou. Sim, até Iago também foi um cordeirinho. A imaginação e a força espiritual dos malfeitores de Shakespeare detinham-se ante uma dúzia de cadáveres. Porque não tinham *ideologia*".

A conexão ideológica entre socialismo marxista e nacional-socialismo não é fantasiosa.[50] Hitler leu Marx atentamente quando vivia em Munique, em 1913, e pode ter colhido em Marx um fatídico postulado que as duas ideologias teriam em comum.[51] Refiro-me à crença de que a história é uma sucessão preordenada de conflitos entre grupos de pessoas e que a melhora da condição humana só pode provir da vitória de um grupo sobre os outros. Para os nazistas, os grupos eram as raças; para os marxistas, eram as classes. Para os nazistas, o conflito era o darwinismo social; para os marxistas, a luta de classes. Para os nazistas, os vitoriosos predestinados eram os arianos; para os marxistas, o proletariado. As ideologias, quando implementadas, conduziram a atrocidades em poucos passos: a luta (com freqüência um eufemismo para violência) é inevitável e benéfica; certos grupos de pessoas (as raças não arianas ou a burguesia) são moralmente inferiores; melhoras no bem-estar humano dependem de esses grupos serem subjugados ou eliminados. Além de fornecer uma justificativa direta para o conflito violento, a ideologia da luta entre grupos desencadeia uma característica perversa da psicologia social humana: a tendência a dividir as pessoas em pertencentes ao grupo e não pertencentes ao grupo e a tratar os de fora como menos do que humanos. Não importa se os grupos são definidos segundo sua biologia ou sua história. Psicólogos descobriram que podem criar hostilidade instantânea entre grupos dividindo pessoas sob praticamente qualquer pretexto, até mesmo com base no cara-ou-coroa.[52]

A ideologia da luta de grupo contra grupo explica as conseqüências semelhantes do marxismo e do nazismo. A ideologia da tábula rasa explica algumas das características que foram únicas dos Estados marxistas:

- Se as pessoas não diferem em características psicológicas como talento ou impulso, qualquer um em situação material melhor tem de ser avaro ou ladrão (como já mencionei). A matança em massa de *kulaks* e de camponeses "ricos" ou "burgueses" foi uma característica da União Soviética de Lenin e Stalin, da China de Mao e do Camboja de Pol Pot.
- Se a mente não possui uma estrutura ao nascer e é moldada por sua experiência, uma sociedade que deseja o tipo certo de mentes tem de controlar a experiência ("É em uma página em branco que se escrevem os mais belos poemas").[53] Os Estados marxistas do século XX não eram apenas ditaduras, mas ditaduras *totalitárias*. Tentavam controlar todos os aspectos da vida: criação de filhos, educação, vestuário, entretenimento, arquitetura, as artes, até a alimentação e o sexo. Na União Soviética exortavam-se os autores a se tornar "engenheiros da alma humana". Na China e no Camboja, refeitórios comunitários obrigatórios, dormitórios exclusivos para adultos do mesmo sexo e a separação entre filhos e pais foram experimentos recorrentes (e detestados).
- Se as pessoas são moldadas por seus ambientes sociais, crescer como burguês pode deixar uma mancha psicológica permanente ("Somente o bebê recém-nascido é imaculado"). Os descendentes de proprietários de terras e

"camponeses ricos" em regimes pós-revolucionários carregavam um estigma permanente e eram perseguidos sem hesitação, como se ter pais burgueses fosse uma característica genética. E pior: como a origem familiar é invisível mas pode ser descoberta por terceiros, a prática de denunciar pessoas de "má origem" tornou-se uma arma de competição social. Isso levou a um clima de delação e paranóia que transformou em um pesadelo orwelliano a vida nesses regimes.

- Se não existe natureza humana que leve as pessoas a favorecer os interesses de sua família de preferência aos da "sociedade", as pessoas que produzem safras maiores em seus próprios lotes do que nas fazendas comunais cujas safras são confiscadas pelo Estado têm de ser gananciosas ou preguiçosas, e portanto devem ser punidas. O medo substitui o interesse pessoal como incentivo para o trabalho.

- De modo mais geral, se as mentes individuais são componentes intercambiáveis de uma entidade superorgânica chamada sociedade, a sociedade, e não o indivíduo, é a unidade natural de saúde e bem-estar e o beneficiário adequado do empenho humano. Não há lugar para os direitos da pessoa individual.

Nada disso tem por intuito impugnar a tábula rasa como uma doutrina perversa, do mesmo modo que uma crença na natureza humana também não é uma doutrina perversa. Ambas estão separadas por muitíssimos passos dos atos maldosos cometidos sob suas bandeiras, e devem ser avaliadas com base nos fatos. Mas *existe* aqui o intuito de derrubar a associação simplista das ciências da natureza humana com as catástrofes morais do século xx. Essa associação superficial e capciosa é um estorvo para nosso desejo de compreender a nós mesmos, e um estorvo para o imperativo de compreender as causas daquelas catástrofes. Ainda mais se as causas tiverem alguma relação com um lado de nós mesmos que não entendemos plenamente.

9. O medo da imperfectibilidade

> Mas a natureza era então soberana em minha mente,
> E formas poderosas, apossando-se de uma fantasia juvenil,
> Haviam dado licença a esperanças desautorizadas.
> Em qualquer era de calma rotineira
> Entre as nações, decerto meu coração
> Teria sido possuído por desejo semelhante;
> Mas a Europa na época vibrava de alegria,
> A França postada no auge de momentos áureos,
> E a natureza humana parecia renascida.*
>
> William Wordsworth[1]

Nessa reminiscência de Wordsworth encontramos o segundo medo susci-tado por uma psique inata. O poeta romântico exulta com a idéia de que a natu-reza humana pode renascer, e só poderia abater-se com a possibilidade de que estejamos permanentemente atrelados aos nossos defeitos fatais e pecados mor-

---

* But Nature then was sovereign in my mind, / And mighty forms, seizing a youthful fancy, / Had given a charter to irregular hopes. / In any age of uneventful calm / Among the nations, surely would my heart / Have been possessed by similar desire; / But Europe at that time was thrilled with joy, / France standing on the top of golden hours, / And human nature seeming born again.

tais. Pensadores políticos românticos têm a mesma reação, pois uma natureza humana imutável parece subverter toda esperança de reforma. Por que tentar tornar o mundo um lugar melhor se as pessoas não prestam e estragarão tudo não importa o que façamos? Não é coincidência que as obras de Rousseau tenham inspirado tanto o movimento romântico na literatura como a Revolução Francesa na história, ou que a década de 1960 tenha visto o romantismo e a política radical ressurgirem lado a lado. O filósofo John Passmore mostrou que o anseio por um mundo melhor por meio de uma natureza humana nova e melhorada é um motivo recorrente no pensamento ocidental, e sintetiza isso em um comentário de D. H. Lawrence: "A Perfectibilidade do Homem! Ah, céus, que tema desolador!".[2]

O pavor de uma natureza humana permanentemente perversa assume duas formas. Uma delas é um medo prático: o de que a reforma social seja perda de tempo porque a natureza humana é imutável. A outra é uma preocupação mais profunda, nascida da crença romântica de que o que é natural é bom. Segundo essa preocupação, se os cientistas disserem que é "natural" — que é parte da natureza humana — ser adúltero, violento, etnocêntrico e egoísta, estarão insinuando que essas características são *boas*, e não apenas inevitáveis.

Como no caso das outras convicções relacionadas à tábula rasa, o medo da imperfectibilidade não deixa de ter sentido no contexto da história do século xx. A repulsa à idéia de que as pessoas são naturalmente belicosas e xenófobas é uma reação compreensível a uma ideologia que glorificou a guerra. Uma das imagens mais marcantes com que deparei quando aluno de pós-graduação foi uma pintura de um soldado morto em um campo lamacento. Um fantasma uniformizado pairava sobre seu cadáver, um braço ao redor de um homem sem rosto envolto em um manto, o outro em torno de uma valquíria loura de seios nus. A legenda dizia: "Felizes os que com uma fé ardente em um abraço agarraram a morte e a vitória". Era um cartaz *kitsch* recrutando alimento de canhão para uma empreitada imperialista? Um monumento jingoísta no castelo de um aristocrata militar prussiano? Não, *Morte e vitória* foi pintado em 1922 pelo grande artista americano John Singer Sargent, e está exposto com destaque em uma das mais famosas bibliotecas acadêmicas do mundo, a Bibilioteca Widener, na Universidade Harvard.

O fato de uma obra de iconografia pró-morte decorar aqueles augustos salões do saber é um testamento da mentalidade beligerante de décadas passadas. A guerra era considerada revigorante, enobrecedora, a aspiração natural dos homens e das nações. Essa crença levou líderes mundiais a entrar como sonâmbulos na Primeira Guerra Mundial e milhões de homens a alistar-se sofregamente, sem pensar na carnificina que os esperava. Começando com a desilusão que se seguiu àquela guerra e culminando com a ampla oposição à guerra no Vietnã, as sensibilidades ocidentais recuaram constantemente da glorificação do combate. Até mesmo obras recentes destinadas a prestar um tributo à coragem de combatentes, como o filme *Saving private Ryan* [*O resgate do soldado Ryan*, na tradução em português], mostram a guerra como um inferno que homens corajosos suportam a um custo terrível com o intuito de eliminar um mal identificado, e não como algo que eles talvez pudessem sentir-se "felizes" em fazer. As guerras de verdade hoje em dia são travadas com máquinas guiadas por controle remoto para minimizar as baixas, às vezes ao custo de desvalorizar os objetivos da guerra. Nesse clima, qualquer sugestão de que a guerra é "natural" seria recebida com declarações indignadas em contrário, como as repetidas Declarações sobre a Violência veiculadas por cientistas sociais asseverando que é "cientificamente incorreto" dizer que os humanos têm tendências à agressão.[3]

A hostilidade à idéia de que impulsos sexuais egoístas podem estar arraigados em nossa natureza provém do feminismo. Por milênios as mulheres sofreram com um tratamento parcial baseado em suposições sobre diferenças entre os sexos. Leis e costumes puniam as mulheres que faziam sexo fora do casamento muito mais severamente do que os homens que faziam o mesmo. Pais e maridos privavam as mulheres do controle sobre sua sexualidade reprimindo-as na aparência e nos movimentos. Sistemas jurídicos absolviam estupradores ou atenuavam sua punição caso se julgasse que a vítima despertara um impulso irresistível com seus trajes ou comportamento. As autoridades tratavam com descaso as vítimas de assédio, perseguição e espancamento, supondo que tais crimes eram características comuns da corte ou do casamento. Devido ao medo de aceitar qualquer idéia que parecesse tornar essas infâmias "naturais" ou inevitáveis, algumas escolas do feminismo rejeitaram qualquer sugestão de que os homens nascem com mais desejo sexual ou ciúme que as mulheres. Vimos no capítulo 7 que a afirmação de que os homens desejam mais sexo casual do que as mulheres foi criticada tanto pela direita como pela esquerda. Ataques bipartidários ainda mais pesados foram desferidos recentemente contra Randy Thornhill e Craig Palmer por afirmarem em seu livro *A natural history of rape* que o estupro é conseqüência da sexualidade masculina. Uma porta-voz da Feminist Majority Foundation tachou o livro de "assustador" e "regressivo" porque "quase valida o crime e culpa a vítima".[4] Um porta-voz do Discovery Institute, uma organização criacionista, afirmou em depoimento no Congresso que o livro ameaçava a estrutura moral sobre a qual se assentava a nação americana.[5]

Um terceiro vício com implicações políticas é o egoísmo. Se as pessoas, como os outros animais, são movidas por genes egoístas, o egoísmo poderia parecer inevitável, ou até mesmo uma virtude. Esse argumento é falacioso desde o princípio, pois genes egoístas não necessariamente levam ao desenvolvimento de organismos egoístas. Ainda assim, consideremos a possibilidade de que as pessoas tenham alguma tendência a valorizar seus próprios interesses e os de sua família acima dos interesses de sua tribo, sociedade ou espécie. As implicações políticas são esmiuçadas nas duas principais filosofias sobre como as sociedades devem organizar-se, que têm suposições opostas a respeito do egoísmo humano inato:

> Não é da benevolência do açougueiro, do cervejeiro ou do padeiro que esperamos nosso jantar, e sim da atenção que dão a seus próprios interesses. Recorremos não à sua humanidade, mas ao amor que têm por si mesmos.
>
> Adam Smith

> De cada um segundo sua capacidade, a cada um segundo suas necessidades.
>
> Karl Marx

Smith, o expoente do capitalismo, supõe que as pessoas, por egoísmo, fornecerão seu trabalho segundo suas necessidades e serão pagas segundo suas habilidades (pois quem as paga também é egoísta). Marx, o arquiteto do comunismo e socialismo, supõe que em uma sociedade socialista do futuro o açougueiro, o cervejeiro e o padeiro nos fornecerão o jantar por benevolência ou por perceberem seu papel na sociedade — pois por que outro motivo eles se empenhariam alegremente segundo sua capacidade e não segundo suas necessidades?

Os que acreditam que o comunismo ou socialismo é a forma mais racional de organização social horrorizam-se com a afirmação de que ambos são contrários às nossas naturezas egoístas. A propósito, todos, independentemente de política, têm de horrorizar-se com pessoas que impõem custos à sociedade na busca de seus interesses individuais — caçando espécies ameaçadas, poluindo rios, destruindo sítios históricos para construir shopping centers, pichando monumentos públicos, inventando armas que enganam detectores de metais. Igualmente consternadores são os resultados de ações que têm sentido para os indivíduos que as escolhem mas são onerosas para a sociedade quando escolhidas por todos. Exemplos disso são pescar abusivamente em uma enseada, permitir que o gado esgote uma pastagem comunitária, viajar todo dia de casa para o trabalho por uma rodovia superlotada ou comprar um utilitário esportivo para proteger-se em caso de colisão porque todo mundo está dirigindo um utilitário esportivo. Muitas pessoas não gostam da idéia de que os humanos são propensos ao egoísmo porque isso pareceria implicar que esses padrões de comportamento conducentes ao próprio fracasso são inevitáveis, ou no mínimo redutíveis apenas por medidas coercivas permanentes.

O medo da imperfectibilidade e a resultante adoção da tábula rasa fundamentam-se em duas falácias. Já tratamos da falácia naturalista, a crença de que tudo o que acontece na natureza é bom. Poderíamos até pensar que essa crença foi irreversivelmente maculada pelo darwinismo social, mas ela foi revivida pelo romantismo das décadas de 1960 e 1970. O movimento ambientalista, em particular, freqüentemente invoca a bondade da natureza para promover a conservação de ambientes naturais, apesar da sangueira onipresente. Por exemplo, predadores como lobos, ursos e tubarões receberam uma imagem maquiada de promotores da eutanásia de velhos e deficientes, merecendo assim os esforços de preservação e reintrodução. Portanto, poderia parecer, qualquer coisa que herdamos desse Éden é salutar e adequada, de modo que a afirmação de que a agressão ou o estupro são "naturais", no sentido de terem sido favorecidos pela evolução, equivale a dizer que são coisas boas.

A falácia naturalista conduz depressa à sua proposição invertida: se uma característica é moral, tem de ser encontrada na natureza. Ou seja, não só "é" implica "tem de ser", mas "tem de ser" implica "é". Estipula-se que a natureza, incluindo a humana, só tem características virtuosas (não há matança desnecessária, nem ganância, nem exploração) ou não tem característica nenhuma, pois a alternativa é horrível demais para ser aceita. É por isso que as falácias naturalista e moralista são tão freqüentemente associadas ao bom selvagem e à tábula rasa.

Os defensores das falácias naturalista e moralista não são testas-de-ferro; entre eles há eminentes acadêmicos e escritores. Por exemplo, em resposta aos primeiros trabalhos de Thornhill sobre o estupro, a acadêmica feminista Susan Brownmiller escreveu: "Parece bem claro que a biologização do estupro e o descarte de fatores sociais ou 'morais' [...] tenderão a legitimar o estupro [...] É redutivo e reacionário isolar o estupro de outras formas de comportamento anti-social violento e dignificá-lo com significância adaptativa".[6] Note-se a falácia: se uma coisa é explicada pela biologia, foi "legitimada"; se for comprovado que uma coisa é adaptativa, ela foi "dignificada". De modo semelhante, Stephen Jay Gould escreveu sobre outra discussão a respeito do estupro em animais: "Descrevendo falsamente um comportamento herdado em aves com um nome antigo para uma ação humana desviante, sugerimos sutilmente que o verdadeiro estupro — o nosso próprio tipo — poderia ser um comportamento natural com vantagens darwinianas também para certas pessoas".[7] A crítica implícita é que descrever um ato como "natural" ou possuidor de "vantagens darwinianas" é, de algum modo, tolerá-lo.

A falácia moralista, como a naturalista, é, enfim, uma falácia, como aprendemos nesta tira de *Arlo & Janis*:

Arlo & Janis, reproduzido sob permissão de Newspaper Enterprise Association, Inc.

O garoto tem a biologia do seu lado.[8] George Williams, o reverenciado biólogo evolucionista, descreve o mundo natural como "flagrantemente imoral".[9] A seleção natural, desprovida de previdência ou solidariedade, "pode honestamente ser descrita como um processo de maximizar o egoísmo míope". Com todas as desgraças infligidas por predadores e parasitas, os membros de uma espécie não demonstram piedade por seus semelhantes. Infanticídio, assassinato de irmãos e estupro podem ser observados em muitas espécies de animais; a infidelidade é comum até nas espécies consideradas monogâmicas; o canibalismo pode ser esperado em todas as espécies que não são estritamente vegetarianas; a morte em lutas é mais comum na maioria das espécies animais do que nas mais violentas cidades americanas.[10] Comentando o fato de os biólogos descreverem a matança de cervos esfomeados por leões-da-montanha como um ato de misericórdia, Williams escreveu:

> Os fatos são pura e simplesmente que tanto a predação como a morte pela fome são perspectivas dolorosas para um cervo e que a sorte do leão não é mais inveijá-vel. Talvez a biologia tivesse podido amadurecer mais rapidamente em uma cultura não dominada pela teologia judaico-cristã e pela tradição romântica. Teria sido beneficiada pela Primeira Verdade Sagrada do Sermão [de Buda] em Benares: "O nascimento é doloroso, a velhice é dolorosa, a doença é dolorosa, a morte é dolorosa [...]".[11]

Tão logo reconhecemos que não há nada de moralmente louvável nos produtos da evolução, podemos descrever a psicologia humana honestamente, sem o medo de que identificar uma característica "natural" signifique perdoá-la. Como Katharine Hepburn diz a Humphrey Bogart em *The African queen* [*Uma aventura na África*, na tradução em português]: "Natureza, senhor Allnut, é o que fomos postos neste mundo para transcender".

De modo crucial, isso leva a conclusões contraditórias. Muitos analistas da direita religiosa e cultural acreditam que qualquer comportamento que lhes pareça biologicamente atípico, como a homossexualidade, a abstenção voluntária de ter filhos e as mulheres assumindo papéis masculinos tradicionais e vice-versa, deve ser condenado por ser "antinatural". Por exemplo, a popular apresentadora de televisão Laura Schlesinger declarou: "Estou levando pessoas a parar de fazer o que é errado e a começar a fazer o que é certo". Como parte dessa cruzada, ela conclamou os gays a submeter-se a terapia para mudar sua orientação sexual, pois a homossexualidade é um "erro biológico". Esse tipo de raciocínio moral só pode provir de pessoas que não sabem nada de biologia. A maioria das atividades que os guardiães da moral exaltam — ser fiel ao cônjuge, oferecer a outra face, tratar toda criança como alguém precioso, amar o próximo como a si mesmo — são "erros biológicos" e totalmente antinaturais no resto do mundo vivo.

Reconhecer a falácia naturalista não significa que os fatos relativos à natureza humana são *irrelevantes* para nossas escolhas.[12] O cientista político Roger Masters, notando que a falácia naturalista pode ser invocada capciosamente para negar a importância da biologia para os assuntos humanos, ressalta: "Quando um médico diz que um paciente tem de ser operado porque os fatos indicam uma apendicite, não é provável que o paciente reclame de uma dedução lógica falaciosa".[13] Reconhecer a falácia naturalista implica apenas que as descobertas sobre a natureza humana, em si, não *ditam* nossas escolhas. Os fatos precisam ser combinados com uma declaração de valores e um método de resolver conflitos entre eles. Dados o fato da apendicite, o valor de que a saúde é desejável e a convicção de que a dor e as despesas da operação são mais que compensadas pelo resultante ganho em saúde, é preciso fazer a operação.

Suponhamos que o estupro esteja arraigado a uma característica da natureza humana, como por exemplo a de que os homens desejam fazer sexo em um leque de circunstâncias mais amplo que o das mulheres. *Também* é uma característica da natureza humana, igualmente arraigada em nossa evolução, que as mulheres querem ter o controle sobre quando e com quem fazem sexo. É inerente ao nosso sistema de valores que os interesses das mulheres não devem ser subordinados aos dos homens e que o controle sobre o próprio corpo é um direito fundamental que suplanta os desejos de outras pessoas. Por isso, o estupro não é tolerado, independentemente de qualquer conexão possível com a natureza da sexualidade masculina. Notemos como esse cálculo requer uma afirmação "determinista" e "essencialista" sobre a natureza humana: a de que as mulheres abominam ser estupradas. Sem essa afirmação, não teríamos como escolher entre tentar deter o estupro e tentar socializar as mulheres para aceitá-lo, o que seria perfeitamente compatível com a supostamente progressista doutrina de que somos matéria-prima maleável.

Em outros casos, o melhor modo de resolver um conflito não é tão óbvio. Os psicólogos Martin Daly e Margo Wilson documentaram que padrastos e madrastas têm probabilidade muito maior de maltratar uma criança do que seus pais biológicos. Essa descoberta não foi nem um pouco banal: muitos especialistas em criação de filhos garantem que padrasto ou madrasta perversos são um mito originado nas histórias de Cinderela e que ser pai/mãe é um "papel" que qualquer pessoa pode assumir. Daly e Wilson originalmente haviam examinado as estatísticas sobre maus-tratos a fim de testar uma predição da psicologia evolucionista.[14] O amor pelos filhos é selecionado ao longo do tempo evolutivo porque impele os pais a proteger e criar seus rebentos, os quais provavelmente possuem os genes conducentes ao amor pelos filhos. Em qualquer espécie na qual filhos de terceiros têm probabilidade de ingressar no círculo familiar, a seleção favorecerá uma tendência a preferir a própria prole, pois, segundo o frio raciocínio da seleção natural, investir em filhos dos outros seria um desperdício. A paciência de pais adotivos tenderá a esgotar-se mais rapidamente com os enteados do que com os filhos biológicos e, em casos extremos, isso pode conduzir a maus-tratos.

Tudo isso significa que as assistentes sociais deveriam monitorar padrastos e madrastas mais rigorosamente do que fariam com pais biológicos? Não tiremos conclusões apressadas. A grande maioria dos pais, de ambos os tipos, nunca maltrata os filhos, por isso envolver padrastos e madrastas em uma nuvem de suspeitas seria injusto com milhões de pessoas inocentes. Como salienta o especialista em direito Owen Jones, a análise evolucionista do papel de padrasto/madrasta — ou de qualquer outra coisa — não tem implicações automáticas para a elaboração de políticas. Em vez disso, delineia um *trade-off* e nos força a escolher um ótimo. Neste caso, o *trade-off* se dá entre, de um lado, minimizar os maus-tratos às crianças enquanto se estigmatizam o padrasto e a madrasta e, de outro, ser maximamente justo com padrastos e madrastas enquanto se tolera um aumento nos maus-tratos às crianças.[15] Se não soubéssemos que as pessoas são predispostas a perder a paciência com enteados mais rapidamente do que com os filhos biológicos, escolheríamos implicitamente um dos extremos desse *trade-off* — menosprezando totalmente a condição de padrasto/madrasta como um fator de risco e tolerando os eventuais casos de maus-tratos a crianças — e nem ao menos nos daríamos conta disso.

A compreensão da natureza humana com todas as suas fraquezas pode enriquecer não só nossas políticas, mas nossa vida pessoal. Famílias com enteados tendem a ser menos felizes e mais frágeis do que famílias com filhos biológicos, em grande medida devido a tensões em torno de quanto tempo, paciência e dinheiro os padrastos/madrastas deveriam empenhar. Muitos padrastos e madrastas, não obstante, *são* bons e generosos com os filhos do cônjuge, em parte por amar o parceiro. Ainda assim, existe uma diferença entre o amor instintivo que os pais prodigalizam automaticamente aos filhos biológicos e a amabilidade e a generosidade deliberadas que padrastos e madrastas sábios concedem a seus enteados. Compreender essa diferença, afirmam Daly e Wilson, poderia melhorar um casamento.[16] Embora um casamento baseado em uma reciprocidade estritamente do tipo toma-lá-dá-cá em geral seja infeliz, em um bom casamento cada cônjuge sabe apreciar os sacrifícios que o outro fez ao longo do caminho. Reconhecer a benevolência consciente do companheiro para com os filhos que não são dele pode, em última análise, gerar menos ressentimento e mal-entendidos do que *exigir* essa benevolência como se ela fosse natural e ressentir-se de qualquer ambivalência que o parceiro possa sentir. Esse é um dos muitos modos como o realismo quanto às emoções imperfeitas que realmente sentimos pode trazer mais felicidade do que a ilusão sobre as emoções ideais que gostaríamos de ter.

Portanto, se somos postos neste mundo para transcender a natureza, como fazemos isso? Onde, na cadeia causal de genes evoluídos que constroem um computador neural, encontramos uma fresta onde podemos encaixar o evento aparentemente não mecânico de "escolher valores"? Se abrimos espaço para a escolha, estamos convidando um fantasma de volta à máquina?

A própria questão é um sintoma da tábula rasa. Se começamos pensando que a tábula é rasa, quando alguém menciona um desejo inato imediatamente o assentamos na superfície árida de nossa imaginação e concluímos que ele tem de ser um impulso inevitável, pois não existe mais nada na tábula para combatê-lo. Pensamentos egoístas traduzem-se em comportamento egoísta, impulsos agressivos geram assassinos natos, um gosto por numerosas parceiras sexuais significa que os homens simplesmente não conseguem deixar de pular a cerca. Por exemplo, quando o primatologista Michael Ghiglieri foi ao programa *Science Friday*, da National Public Radio, para falar de seu livro sobre a violência, o entrevistador perguntou: "Você explica estupro, assassinato, guerra e todas as coisas más que os homens fazem como algo — se eu for resumir — que eles não podem evitar porque está... está embutido em seus genes evolutivos?".[17]

Se, contudo, a mente é um sistema com muitas partes, um desejo inato é apenas um componente entre outros. Algumas faculdades podem dotar-nos de cobiça, luxúria ou malignidade, mas outras podem dotar-nos de solidariedade, previdência, amor-próprio, desejo de ser respeitado e capacidade de aprender com nossas experiências e as de nossos semelhantes. Esses são circuitos físicos situados no córtex pré-frontal e em outras partes do cérebro, e não poderes ocultos de um *Poltergeist*, e têm base genética e história evolutiva tanto quanto os impulsos primais. São apenas a tábula rasa e o fantasma na máquina que fazem as pessoas pensarem que os impulsos são "biológicos" mas que o pensamento e a tomada de decisão são alguma outra coisa.

As faculdades subjacentes à empatia, à previdência e ao amor-próprio são sistemas de processamento de informação que aceitam input e requisitam outras partes do cérebro e do corpo. São sistemas combinatórios, como a gramática mental subjacente à linguagem, capazes de produzir um número ilimitado de idéias e linhas de ação. A mudança pessoal e social pode ocorrer quando pessoas trocam informações que afetam esses mecanismos — mesmo se *não* formos marionetes de carne, mecanismos de relógio glorificados ou robôs desajeitados criados por genes egoístas.

Reconhecer a natureza humana não só é compatível com o progresso social e moral mas também pode ajudar a explicar o óbvio avanço ocorrido no decorrer de milênios. Costumes que foram comuns ao longo de toda a história e pré-história — escravidão, punição com mutilação, execução pela tortura, genocídio por conveniência, rixas intermináveis entre famílias, morte sumária de estranhos, estupro como despojos de guerra, infanticídio como forma de controle da natalidade e posse legal de mulheres — desapareceram em vastas porções do mundo.

O filósofo Peter Singer mostrou que o progresso moral contínuo pode emergir de um senso moral fixo.[18] Suponhamos que somos dotados de uma consciência que trata outras pessoas como alvos de solidariedade e nos inibe de explorá-las ou prejudicá-las. Suponhamos, também, que temos um mecanismo para avaliar se um ser vivo se classifica como pessoa. (Afinal de contas, não queremos classificar vegetais como pessoas e preferir morrer de fome a comê-los.) Singer explica o progresso moral no título de seu livro: *The expanding circle* ["O círculo crescente", sem tradução em português]. As pessoas expandiram constantemente a linha pontilhada mental que abrange as entidades consideradas dignas de consideração moral. O círculo foi sendo ampliado, da família e da aldeia para o clã, a tribo, o país, a raça e, mais recentemente (como na Declaração Universal dos Direitos Humanos), para toda a humanidade. Foi se afrouxando, da realeza, aristocracia e senhores de terra até abranger todos os homens. Cresceu, passando da inclusão apenas de homens à inclusão de mulheres, crianças e recém-nascidos. Avançou lentamente até abranger criminosos, prisioneiros de guerra, civis inimigos, os moribundos e os mentalmente deficientes.

E as possibilidades de progresso moral não terminaram. Atualmente, há quem deseje ampliar o círculo para incluir os macacos antropóides, as criaturas de sangue quente ou os animais com sistema nervoso central. Alguns querem incluir zigotos, blastocistos, fetos e as pessoas com morte cerebral. Outros ainda pretendem abranger espécies, ecossistemas ou todo o planeta. Essa mudança arrebatadora nas sensibilidades, a força propulsora na história moral de nossa espécie, não requer uma tábula rasa ou um fantasma na máquina. Poderia ter surgido de um mecanismo moral contendo um único botão ou cursor que ajustasse o tamanho do círculo abrangendo as entidades cujos interesses tratamos como comparáveis aos nossos.

A expansão do círculo moral não tem de ser movida por algum impulso misterioso de bondade. Pode provir da interação entre o processo egoísta da evolução e uma lei de sistemas complexos. Os biólogos John Maynard Smith e Eörs Szathmáry e o jornalista Robert Wright explicaram como a evolução pode conduzir a graus cada vez maiores de cooperação.[19] Repetidamente na história da vida, replicadores agruparam-se, especializaram-se para dividir o trabalho e coordenaram seu comportamento. Isso acontece porque os replicadores freqüentemente se vêem em jogos de soma não-zero, nos quais estratégias específicas adotadas por dois jogadores podem beneficiar os dois (ao contrário de um jogo de soma zero, no qual o ganho de um jogador implica perda para o outro). Uma analogia exata é encontrada na peça de William Butler Yeats na qual um cego carrega um coxo nos ombros, permitindo a ambos locomover-se. Durante a evolução da vida essa dinâmica levou moléculas replicadoras a agrupar-se em cromossomos, organelas a agrupar-se em células, células a aglomerar-se em organismos complexos e organismos a juntar-se em sociedades. Agentes independentes repetidamente atrelaram seu destino a um sistema maior, não por possuir uma mentalidade cívica inerente, mas porque se beneficiaram da divisão do trabalho e desenvolveram modos de abafar conflitos entre os agentes que compõem o sistema.

As sociedades humanas, como os seres vivos, tornaram-se mais complexas e cooperativas com o passar do tempo. Repetindo, isso ocorre porque os agentes beneficiam-se quando se agrupam e se especializam na busca de seus interesses comuns, contanto que resolvam os problemas da troca de informações e da punição dos trapaceiros. Se tenho mais frutas do que posso comer e você tem mais carne do que pode comer, compensa trocarmos os excedentes. Se defrontamos um inimigo comum, como disse Benjamin Franklin, "Temos de nos juntar, pois separados seremos trucidados".

Wright afirma que três características da natureza humana conduziram a uma constante expansão do círculo de cooperadores humanos. Uma é o recurso cognitivo para descobrir como o mundo funciona. Isso produz know-how que vale a pena ser compartilhado e habilidade para disseminar bens e informação por territórios mais amplos, duas coisas que expandem as oportunidades de ganhos na troca. A segunda é a linguagem, que permite compartilhar tecnologia, efetuar transações e fazer acordos. A terceira é um repertório emocional — solidariedade, confiança, culpa, raiva, auto-estima — que nos impele a buscar novos cooperadores, manter relações com eles e salvaguardar as relações contra possível exploração. Muito tempo atrás essas dotações colocaram nossa espécie em uma escada rolante moral. Nosso círculo mental contendo as pessoas dignas de respeito expandiu-se lado a lado com nosso círculo físico de aliados e parceiros de trocas. À medida que a tecnologia se acumula e as pessoas em mais partes do planeta se tornam interdependentes, o ódio entre elas tende a diminuir, pela simples razão de que não se pode matar alguém e fazer transações com ele ao mesmo tempo.

Jogos de soma não-zero surgem não só da capacidade das pessoas de ajudar umas às outras mas de sua capacidade de abster-se de prejudicar umas às outras. Em muitas disputas, ambos os lados saem ganhando ao dividir o que foi poupado graças a não ter lutado. Isso fornece um incentivo para desenvolver tecnologias de resolução de conflitos, como a mediação, medidas para salvar as aparências, restituição e retribuição reguladas e códigos legais. O primatologista Frans de Waal afirmou que rudimentos da resolução de conflitos podem ser encontrados em muitas espécies de primatas.[20] As formas humanas são encontradas em todas as culturas, tão universais quanto os conflitos de interesses que elas se destinam a dissipar.[21]

Embora a evolução do círculo crescente (sua causa última) possa soar pragmática ou mesmo cínica, a psicologia do círculo crescente (sua causa próxima) não precisa sê-lo. Assim que o botão da solidariedade passa a existir, tendo evoluído para desfrutar os benefícios da cooperação e da troca, ele pode ser acionado por novos tipos de informação indicadora de que outras pessoas são semelhantes. Palavras e imagens de inimigos de outrora podem desencadear a resposta da solidariedade. Um relato histórico pode nos alertar contra ciclos autoderrotadores de vingança. Uma percepção cosmopolita pode levar as pessoas a pensar: "Não fosse pelo destino, eu estaria no lugar dele". A expansão da solidariedade pode surgir de algo tão básico como a necessidade de ser logicamente coerente ao implorar a outras pessoas que se comportem de determinados modos: as pessoas acabam percebendo que não podem forçar outros a obedecer regras que elas próprias descumprem. Atitudes egoístas, sexistas, racistas e xenófobas são logicamente incoerentes com a demanda de que todos respeitem um único código de comportamento.[22]

Assim, a coexistência pacífica não tem de surgir porque os desejos egoístas das pessoas são arrancados delas. Pode surgir quando alguns desejos — o desejo de segurança, dos benefícios da cooperação, da capacidade de formular e reconhecer códigos universais de comportamento — são contrapostos ao desejo de ganho imediato. Esses são apenas alguns dos modos como o progresso moral e social pode avançar gradualmente, não a despeito de uma natureza humana fixa, mas graças a ela.

Quando paramos para pensar, a idéia de uma natureza humana maleável não merece sua reputação de otimismo e enaltecimento. Se merecesse, B. F. Skinner teria sido louvado como grande humanitário quando afirmou que a sociedade deveria aplicar a tecnologia do condicionamento aos humanos, moldando as pessoas para usar métodos anticoncepcionais, economizar energia, promover a paz e evitar cidades apinhadas.[23] Skinner era defensor ferrenho da tábula rasa e um utopista exaltado. Sua visão incomumente pura permite-nos examinar as implicações da negação "otimista" da natureza humana. Dada sua premissa de que o comportamento indesejado não está nos genes, mas é um produto do ambiente, decorre daí que deveríamos controlar esse ambiente — pois tudo o que estaríamos fazendo seria substituir esquemas aleatórios de reforço por esquemas planejados.

Por que a maioria das pessoas sente repulsa por essa visão? Críticos de *Beyond freedom and dignity* [*Para além da liberdade e da dignidade,* na tradução em português], de Skinner, ressaltaram que ninguém duvida da possibilidade de controlar o comportamento; apontar uma arma para a cabeça de alguém ou ameaçar a pessoa de tortura são técnicas tradicionais.[24] Até mesmo o método preferido de Skinner, o condicionamento operante, requeria fazer o organismo passar fome até que seu peso se reduzisse a 80% do que seria com alimentação livre e confiná-lo em uma cela onde os esquemas de reforço fossem cuidadosamente controlados. A questão não é se somos capazes de mudar o comportamento humano, e sim a que custo.

Como não somos apenas produto do nosso ambiente, haverá custos. As pessoas têm desejos inerentes, como conforto, amor, família, estima, autonomia, estética e auto-expressão, independentemente de sua história de reforço, e sofrem quando a liberdade de exercer esses desejos é tolhida. De fato, é difícil *definir* a dor psicológica sem alguma noção de natureza humana. (Até o jovem Marx apelou para um "caráter de espécie", com um impulso para a atividade criativa, como a base de sua teoria da alienação.) Às vezes podemos escolher impor sofrimento para controlar o comportamento, como quando punimos pessoas que causam sofrimento evitável a outras. Mas não podemos fingir que somos capazes de remodelar o comportamento sem infringir de algum modo a liberdade e a felicidade das outras pessoas. A natureza humana é a razão de não entregarmos nossa liberdade nas mãos dos engenheiros comportamentais.

Desejos humanos inatos são um estorvo para quem tem visões utópicas e totalitárias, as quais com freqüência acabam sendo uma coisa só. O que barra o caminho da maioria das utopias não é a peste nem a seca, mas o comportamento humano. Por isso, os utopistas têm de imaginar modos de controlar o comportamento, e quando a propaganda não funciona, eles partem para técnicas mais enfáticas. Os utopistas marxistas do século XX, como vimos, precisavam de uma tábula rasa livre de egoísmo e laços de família, e usaram medidas totalitárias para raspar as tábuas ou começar de novo com tábuas novas. Como Bertolt Brecht comentou sobre o governo alemão: "Se o povo não se saísse bem, o governo demitiria o povo e elegeria um novo". Filósofos e historiadores políticos que recentemente "refletiram sobre nosso século devastado", como Isaiah Berlin, Kenneth Minogue, Robert Conquest, Jonathan Glover, James Scott e Daniel Chirot, mencionaram os sonhos utópicos como causa fundamental dos pesadelos do século XX.[25] Nesse aspecto, a França revolucionária de Wordsworth, que "vibrava de alegria" enquanto a natureza humana "renascia", também não foi brincadeira.

Não foram só os behavioristas e stalinistas que esqueceram que a negação da natureza humana pode ter custos nas esferas da liberdade e da felicidade. O marxismo do século XX foi parte de uma corrente intelectual mais ampla, designada por alto modernismo autoritário: a presunção de que os planejadores podiam reestruturar a sociedade de cima para baixo usando princípios "científicos".[26] O arquiteto Le Corbusier, por exemplo, afirmou que os planejadores urbanos não deviam ser tolhidos por tradições e preferências, pois elas apenas perpetuavam o caos superlotado das cidades de seu tempo. "Temos de construir lugares onde a humanidade renascerá", ele escreveu. "Cada homem há de viver em relação ordenada com o todo."[27] Na utopia de Le Corbusier, os planejadores começariam com uma "toalha de mesa limpa" (soa familiar?) e arquitetariam todas as edificações e espaços públicos a serviço das "necessidades humanas". Tinham uma concepção minimalista dessas necessidades: julgavam que cada pessoa requeria uma quantidade fixa de ar, calor, luz e espaço para comer, dormir, trabalhar, deslocar-se de casa para o trabalho e algumas outras atividades. Não ocorreu a Le Corbusier que reuniões íntimas com a família e os amigos podiam ser uma necessidade humana, por isso ele propôs que grandes salões de refeições comunitários substituíssem as cozinhas. Também faltou em sua lista de necessidades o desejo de socializar-se em pequenos grupos em lugares públicos, por isso planejou suas cidades em torno de ruas de várias pistas, grandes prédios e vastas praças abertas, sem pracinhas ou encruzilhadas onde as pessoas se sentiriam à vontade para sentar e bater papo. As casas eram "máquinas para viver", livres de ineficiências arcaicas como jardins e ornamentação, e por isso eficientemente agrupadas em grandes projetos habitacionais retangulares.

Le Corbusier foi frustrado em sua aspiração de derrubar Paris, Buenos Aires e Rio de Janeiro e reconstruí-las segundo seus princípios científicos. Mas na década de 1950 deram-lhe carta branca para planejar Chandigarh, a capital do Punjab, e um de seus discípulos recebeu uma toalha de mesa limpa para erigir Brasília, a capital do Brasil. Hoje em dia, ambas as cidades têm a péssima reputação de ser imensidões inabitáveis detestadas pelos funcionários públicos que as habitam. O alto modernismo autoritário também levou aos projetos de "renovação urbana" em muitas cidades americanas nos anos 60 que substituíram bairros cheios de vida por *freeways,* arranha-céus e enormes praças vazias varridas pelo vento.

Cientistas sociais às vezes também se deixaram empolgar por sonhos de engenharia social. O psiquiatra infantil Bruce Perry, julgando que as mães dos guetos não dão aos filhos o ambiente rico necessário a seus cérebros plásticos, acredita que é imperioso "transformarmos nossa cultura": "Precisamos mudar nossas práticas de criação de filhos, precisamos mudar a idéia maligna e destrutiva de que as crianças são propriedade de seus pais biológicos. Os seres humanos evoluíram não como indivíduos, mas como comunidades. [...] As crianças *pertencem* à comunidade, são *entregues aos cuidados* de seus pais".[28] Ora, ninguém poderia objetar a que se salvassem as crianças vítimas de negligência ou crueldade, mas se a cultura transformada de Perry fosse aprovada, homens armados poderiam separar toda família que não seguisse a última moda em teoria da criação de filhos. Como veremos no capítulo sobre as crianças, a maioria dessas modas fundamenta-se em estudos falhos que tratam toda correlação entre pais e filhos como prova de causação. Pais asiático-americanos e afro-americanos freqüentemente descumprem os conselhos dos gurus do desenvolvimento infantil, empregando estilos autoritários mais tradicionais de criação que, com toda a probabilidade, não causam nenhum mal permanente aos seus filhos.[29] A polícia da educação infantil poderia tirar-lhes os filhos.

Nada na concepção de natureza humana é inconsistente com os ideais do feminismo, o que procurarei mostrar no capítulo sobre gênero. Mas algumas teóricas feministas adotaram a tábula rasa e, com ela, uma filosofia política autoritária que deseja conferir ao governo poderes totais para implementar sua visão de mentes nas quais inexiste gênero. Em um diálogo de 1975, Simone de Beauvoir afirmou: "Nenhuma mulher deveria ser autorizada a ficar em casa para cuidar dos filhos. A sociedade deveria ser totalmente diferente. As mulheres não deveriam ter essa escolha, precisamente porque se existir essa escolha um número excessivo de mulheres a fará".[30] Gloria Steinem foi um pouco mais liberal; em artigo de 1970 para a revista *Time* ela escreveu: "A revolução [feminista] não eliminaria a opção de ser dona de casa. A mulher que preferisse ser a empregada e/ou anfitriã de seu marido receberia uma porcentagem do salário dele, estipulada pelos tribunais de relações domésticas".[31] Betty Friedan falou em favor da "pré-escola compulsória" para crianças de dois anos.[32] Catharine MacKinnon (que junto com Andrea Dworkin empenhou-se por leis contra obras sobre temas eróticos) comentou: "O que precisamos é de pessoas com uma visão perspicaz da literatura, como Andrea Dworkin, com uma visão perspicaz da lei, como eu, e com uma visão perspicaz da arte que criem o vocabulário visual feminino descomprometido"[33] — esquecendo-se do perigo inerente à situação de um punhado de intelectuais arrogando-se o papel de decidir que arte e que literatura o restante da sociedade desfrutará.

Em entrevista para a *New York Times Magazine,* Carol Gilligan explicou as implicações de sua (absurda) teoria de que problemas de comportamento em meninos, como gagueira e hiperatividade, são causados por normas culturais que os pressionam a separar-se das mães:

P: Você diria que a biologia masculina não é tão poderosa que nos impeça de mudar a cultura dos homens?

R: Exato. Temos de construir uma cultura que não recompense essa separação da pessoa que os criou. [...]

P: Tudo o que você disse dá a entender que, a menos que os homens mudem de modo fundamental, não teremos uma transformação da cultura.

R: Isso me parece certo.[34]

Um leitor incrédulo, ouvindo um eco da tentativa de engendrar "um novo homem socialista", perguntou: "Alguém, mesmo entre os acadêmicos, ainda acredita que esse tipo de coisa dá certo?".[35] Ele tinha razão para se preocupar. Em muitas escolas, os professores foram informados, falsamente, de que existe uma "zona de oportunidade" na qual a identificação de gênero de uma criança é maleável. Usaram essa zona para tentar eliminar o jeito de ser dos meninos: proibindo grupos de brincadeiras e festas de aniversário só com crianças do mesmo sexo, forçando as crianças a participar de atividades atípicas de seu sexo, suspendendo meninos que correm durante o recreio ou brincam de polícia e ladrão.[36] Em seu livro *The war against boys* ["A guerra contra os meninos", sem tradução em português], a filósofa Christina Hoff Sommers acertadamente denomina essa linha de ação "intrusiva, abusiva e totalmente fora do que os educadores em uma sociedade livre têm licença para fazer".[37]

O feminismo, longe de precisar de uma tábula rasa, precisa do oposto, uma concepção clara da natureza humana. Uma das causas feministas mais prementes da atualidade é a condição das mulheres no mundo em desenvolvimento. Em muitos lugares pratica-se o aborto seletivo de fetos femininos, recém-nascidas são mortas, filhas são malnutridas e impedidas de freqüentar a escola, meninas adolescentes têm os genitais cortados, mulheres jovens são cobertas por um manto dos pés à cabeça, adúlteras são apedrejadas até a morte, e as viúvas têm o dever de jogar-se sobre a pira funerária do marido. O clima relativista em muitos círculos acadêmicos não permite que tais horrores sejam criticados porque são práticas de outras culturas, e culturas são superorganismos que, como as pessoas, têm direitos inalienáveis. Para escapar dessa armadilha, a filósofa feminista Martha Nussbaum invocou "capacidades funcionais centrais" que todos os humanos têm o direito de exercer, como integridade física, liberdade de consciência e participação política. Por sua vez, ela foi criticada por empenhar-se em uma "missão civilizadora" colonialista ou "fardo da mulher branca", na qual europeus arrogantes querem instruir os povos pobres do mundo sobre o que é que eles precisam. Mas o argumento moral de Nussbaum é defensável se tais "capacidades" têm por base, direta ou indiretamente, uma natureza humana universal. A natureza humana fornece um padrão de comparação para identificar o sofrimento em qualquer membro de nossa espécie.

A existência de uma natureza humana não é uma doutrina reacionária que nos condena à eterna opressão, violência e ganância. *Evidentemente* devemos tentar reduzir o comportamento danoso, assim como tentamos reduzir tribulações como a fome, a doença e as intempéries. Mas combatemos essas tribulações não negando os fatos desagradáveis da natureza, e sim jogando alguns deles contra os outros. Para que os esforços em prol da mudança social sejam eficazes, devem identificar os recursos cognitivos e morais que possibilitam alguns tipos de mudança. E para que os esforços sejam humanos, devem reconhecer os prazeres e dores universais que tornam desejáveis alguns tipos de mudança.

10. O medo do determinismo

Este capítulo não trata da palavra insultante que com freqüência (e impropriamente) é lançada contra qualquer explicação de uma tendência de comportamento que mencione a evolução ou a genética. Trata do determinismo em seu sentido original, o conceito que se opõe ao de "livre-arbítrio" nos cursos de introdução à filosofia. O medo do determinismo nesta acepção é captado por este poema humorístico:

> Comentou certa vez um rapaz: "Raios!
> Sofro ao pensar que sou
> Predestinado a andar
> Num sulco circunscrito:
> Em vez de um ônibus, de fato, um bonde".*

Na concepção tradicional de um fantasma na máquina, nosso corpo é habitado por um *self* ou uma alma que escolhe o comportamento a ser executado pelo corpo. Essas escolhas não são compelidas por algum evento físico prévio,

---

* There was a young man who said: "Damn!/ It grieves me to think that I am/ Predestined to move/ In a circumscribed groove:/ In fact, not a bus, but a tram".

como uma bola de bilhar que bate em outra e a manda para a caçapa. A idéia de que nosso comportamento é causado pela atividade fisiológica de um cérebro moldado geneticamente parece refutar a visão tradicional. Isso tornaria nosso comportamento uma conseqüência automática de moléculas em movimento e não deixaria margem para uma entidade que escolhe o comportamento não causado.

O medo do determinismo consiste em uma angústia existencial assombrosa: a de que, no fundo, não temos o controle de nossas escolhas. Toda a nossa reflexão e preocupação com o que é certo fazer é inútil, pode parecer, pois tudo já está preordenado pelo estado de nosso cérebro. Se você sofre dessa angústia, sugiro o experimento a seguir. Durante alguns dias, não se dê o trabalho de deliberar sobre suas ações. Afinal de contas, é perda de tempo; elas já foram determinadas. Aja sem pensar, viva o momento e, se der vontade, faça. Não, não estou sugerindo a sério que você faça isso! Mas um momento de reflexão sobre o que aconteceria se você *realmente* tentasse desistir de tomar decisões deve servir como um Valium para a angústia existencial. A experiência de escolher não é uma ficção, independentemente de como o cérebro funciona. É um processo neural, com a óbvia função de selecionar o comportamento segundo suas conseqüências previsíveis. Responde a informações mandadas pelos sentidos, incluindo as exortações de outras pessoas. Você não pode sair dele nem deixar que ele prossiga sem você, pois ele *é* você. De qualquer modo, se a mais rígida forma de determinismo fosse real, você não poderia fazer nada a respeito, porque sua ansiedade quanto ao determinismo e o modo como você lidaria com ele também seriam determinados. É o medo existencial do determinismo que representa a verdadeira perda de tempo.

Um medo mais prático do determinismo é captado por uma frase de A. A. Milne: "Sem dúvida, Jack, o Estripador, desculpava-se dizendo que era da natureza humana". O medo é que uma compreensão da natureza humana parece minar a noção da responsabilidade pessoal. Na visão tradicional, o *self* ou alma, tendo escolhido o que fazer, assume a responsabilidade se as conseqüências forem ruins. Como o presidente Harry Truman gostava de lembrar com uma placa sobre sua mesa: "A responsabilidade final é minha". Mas quando atribuímos uma ação ao cérebro, genes ou história evolutiva de uma pessoa, parece que não mais consideramos o indivíduo responsável. A biologia torna-se o álibi perfeito, o passe para livrar-se da cadeia, o supremo atestado médico. Como vimos, essa acusação foi feita pela direita religiosa e cultural, que deseja preservar a alma, e pela esquerda acadêmica, que deseja preservar um "nós" que possa construir nosso futuro, embora em circunstâncias que não são de nossa escolha.

Por que a noção de livre-arbítrio é tão estreitamente relacionada à noção de responsabilidade, e por que se considera que a biologia ameaça ambas? Eis a lógica. Censuramos as pessoas por um ato perverso ou uma má decisão somente quando planejaram as conseqüências e poderiam ter feito outra escolha. Não condenamos um caçador que atira sem querer num amigo quando pretendia acertar um cervo, nem o motorista que dirigiu o carro de John F. Kennedy até a linha de tiro, pois eles não podiam prever e não tinham em mente o resultado de suas ações. Mostramos misericórdia para com uma vítima de tortura que trai um camarada, ou um paciente delirante que insulta uma enfermeira, ou um louco que ataca alguém que ele pensava ser um animal feroz, porque achamos que eles não têm o comando de suas faculdades. Não levamos uma criança a julgamento se ela causar uma morte, nem julgamos um animal ou um objeto inanimado, pois acreditamos que são constitucionalmente incapazes de fazer uma escolha fundamentada.

A biologia da natureza humana parece admitir cada vez mais pessoas nas fileiras dos inculpáveis. Um assassino pode não ser exatamente um lunático desenfreado, mas nossas novas ferramentas podem encontrar uma amígdala diminuída, um hipometabolismo em seus lobos frontais ou um gene deficiente para a monoamina oxidase A, que igualmente o deixa descontrolado. Ou talvez um teste do laboratório de psicologia cognitiva mostre que ele tem uma antevisão cronicamente limitada, tornando-o ignorante das conseqüências, ou uma deficiente teoria da mente, tornando-o incapaz de avaliar o sofrimento dos outros. Afinal, se não existe fantasma na máquina, *alguma coisa* no hardware do criminoso tem de torná-lo diferente da maioria das pessoas, as que não feririam ou matariam nas mesmas circunstâncias. Essa alguma coisa há de ser descoberta logo, e, teme-se, os assassinos estarão isentos de punição pelos crimes exatamente como hoje isentamos os loucos e as crianças.

Pior ainda: a biologia poderia acabar mostrando que somos *todos* inculpáveis. A teoria evolucionista afirma que o fundamento lógico essencial de nossos motivos está no fato de eles perpetuarem os genes de nossos ancestrais no ambiente em que evoluímos. Como nenhum de nós se apercebe desse fundamento lógico, nenhum de nós pode ser culpado por buscá-lo, do mesmo modo que não culpamos o doente mental que pensa estar subjugando um cachorro louco quando na verdade está atacando uma enfermeira. Estranhamos quando ouvimos falar sobre costumes antigos que puniam seres sem alma: a regra hebraica de apedrejar até a morte um boi se ele matasse um homem, a prática ateniense de levar um machado a julgamento se ele ferisse um homem (e atirá-lo por sobre a muralha da cidade se fosse considerado culpado), um caso na França medieval em que uma porca foi sentenciada à mutilação por ter ferido uma criança, e o açoitamento e enterro de um sino de igreja em 1685 por ter servido a hereges franceses.[1] Mas os biólogos evolucionistas asseveram que não somos fundamentalmente diferentes dos animais, e os geneticistas moleculares e neurocientistas garantem que não somos fundamentalmente diferentes da matéria inanimada. Se as pessoas não têm alma, por que não é igualmente tolo punir pessoas? Não deveríamos dar atenção aos criacionistas quando eles dizem que, se ensinarmos às crianças que elas são animais, elas se comportarão como animais? Deveríamos ir ainda mais longe do que o adesivo de párachoque da National Rifle Association — ARMAS NÃO MATAM; PESSOAS MATAM — e dizer que as pessoas também não matam, porque são tão mecânicas quanto as armas?

Essas preocupações não têm nada de acadêmicas. Os neurocientistas cognitivos às vezes são procurados por advogados de defesa criminal na esperança de que um pixel malcomportado em um escaneamento do cérebro possa levar à absolvição de seu cliente (cenário explorado com perspicácia no romance *Brain storm* ["Tempestade no cérebro", sem tradução em português], de Richard Dooling). Quando uma equipe de geneticistas encontrou um gene raro que predispunha os homens de certa família a acessos de violência, o advogado de um réu acusado de assassinato, sem parentesco nenhum com aquela família, argumentou que seu cliente talvez tivesse o mesmo gene. Neste caso, afirmou o advogado, "suas ações podem não ter sido um produto de total livre-arbítrio".[2] Quando Randy Thornhill e Craig Palmer afirmaram que o estupro é conseqüência de estratégias reprodutivas masculinas, outro advogado pensou em usar essa teoria para defender suspeitos de estupro.[3] (Insira aqui sua piada de advogado favorita.) Especialistas em direito versados em biologia, como Owen Jones, afirmaram que uma defesa baseada em um "gene do estupro" quase com certeza fracassará, mas permanece a ameaça geral de que explicações biológicas sejam usadas para absolver transgressores.[4] Será esse o brilhante futuro prometido pelas ciências da natureza humana — Não fui eu, foi minha amígdala? Darwin levou-me a fazer isso? Os genes comeram minha lição de casa?

Quem espera que uma alma sem causa antecedente possa salvar a responsabilidade pessoal sofrerá uma decepção. Em *Elbow room: The varieties of free will worth wanting* ["Espaço para manobra: As variedades de livre-arbítrio que vale a pena querer", sem tradução em português], o filósofo Dan Dennett mostra que a última coisa que queremos em uma alma é liberdade para fazer tudo o que ela deseja.[5] Se o comportamento fosse escolhido por uma vontade totalmente livre, então *realmente* não poderíamos considerar as pessoas responsáveis por suas ações. Essa entidade não se deteria ante a ameaça de punição, não se envergonharia com a perspectiva do opróbrio, e nem mesmo sentiria a pontada de culpa que talvez inibisse uma tentação perversa no futuro, porque sempre seria possível optar por afrontar essas causas de comportamento. Não poderíamos esperar reduzir atos malignos instituindo códigos morais e legais, pois um agente livre, flutuando num plano diferente do das setas de causa e efeito, não seria afetado pelos códigos. Moralidade e lei não teriam utilidade. Poderíamos punir um transgressor, mas seria por pura vingança, pois a punição não teria nenhum efeito previsível sobre o comportamento futuro do transgressor ou de outras pessoas cientes da punição.

Por outro lado, se a alma *for* previsivelmente afetada pela perspectiva de apreço e vergonha ou recompensa e punição, ela não é mais realmente livre, pois é compelida (ao menos probabilisticamente) a respeitar essas possíveis conseqüências. Qualquer coisa que converta padrões de responsabilidade em mudanças na probabilidade de comportamento — como a regra "Se a comunidade pensar que você é um mal-educado por fazer X, não faça X" — pode ser programada em um algoritmo e implementada no hardware neural. A alma é supérflua.

Cientistas defensivos às vezes tentam desviar a acusação de determinismo salientando que o comportamento nunca é perfeitamente previsível, mas sempre probabilístico, mesmo nos sonhos dos mais ferrenhos materialistas. (No apogeu do behaviorismo de Skinner, seus alunos formularam a Lei Harvard do Comportamento Animal: "Sob condições experimentais controladas de temperatura, tempo, iluminação, nutrição e treinamento, o organismo se comportará como bem entender".) Até mesmo gêmeos idênticos criados juntos, que têm em comum todos os genes e a maior parte do ambiente, não são idênticos em personalidade e comportamento, mas apenas muito semelhantes. Talvez o cérebro amplifique eventos aleatórios no nível molecular ou quântico. Talvez os cérebros sejam sistemas dinâmicos não lineares sujeitos ao caos imprevisível. Ou talvez as influências interligadas de genes e ambiente sejam tão complexas que nenhum mortal jamais as identificará com precisão suficiente para predizer com exatidão o comportamento.

A previsibilidade menos que perfeita do comportamento certamente desmascara o clichê de que as ciências da natureza humana são "deterministas" no sentido matemático. Mas não é capaz de dissipar o medo de que a ciência esteja minando o conceito de livre-arbítrio e responsabilidade. Não é nenhum consolo ficar sabendo que os genes de um homem (ou seu cérebro, ou sua história evolutiva) deram-lhe 99% de probabilidade de matar sua senhoria em vez de 100%. Está certo, o comportamento não foi rigorosamente preordenado, mas por que a probabilidade de 1% de ele ter agido de outro modo subitamente tornou-o "responsável"? De fato, *não* existe um valor de probabilidade que, em si, traga a responsabilidade de volta. Sempre se pode pensar que existe uma probabilidade de 50% de que algumas moléculas no cérebro de Raskolnikov façam assim, compelindo-o a cometer o assassinato, e uma probabilidade de 50% de que façam assado, compelindo-o a não cometer o crime. Ainda não temos nada parecido com o livre-arbítrio, e nenhum conceito de responsabilidade que prometa reduzir atos danosos. Os filósofos chamam isso de "bifurcação de Hume": "ou nossas ações são determinadas, e nesse caso não somos responsáveis por elas, ou são resultado de eventos aleatórios, e nesse caso não somos responsáveis por elas".

Quem espera que uma proibição das explicações biológicas possa restaurar a responsabilidade pessoal terá a maior de todas as decepções. Os mais risíveis pretextos para mau comportamento em décadas recentes provieram não do determinismo biológico, mas do determinismo *ambiental*: a desculpa dos maus-tratos, a defesa Twinkie,* black rage [raiva dos negros], envenenamento

---

* Julgamento em 1980 no qual um homem que matou a tiros duas autoridades em San Francisco teve sua defesa estruturada em torno do argumento de que ele fora afetado pela ingestão de muito açúcar (Twinkie é a marca de um bolinho doce recheado). O réu foi absolvido, surgindo então a expressão "defesa Twinkie" para designar uma defesa legal baseada em argumentos forçados. (N. T.)

por pornografia, doença social, violência na mídia, letras de rock e diferentes costumes culturais (desculpa recentemente usada por um advogado para defender um charlatão cigano e por outro para defender uma índia canadense que assassinou o namorado).[6] Só na semana em que escrevi este parágrafo já apareceram mais dois exemplos nos jornais. Um é de um psicólogo clínico que "busca um diálogo" com *serial killers* e para ajudá-los a obter atenuação da pena, clemência ou recurso. Consegue juntar a tábula rasa, o bom selvagem, a falácia moralista e o determinismo ambiental em uma única passagem:

A maioria das pessoas não comete crimes horrendos sem que coisas profundamente prejudiciais tenham acontecido com elas. Não é que monstros estejam nascendo por toda parte. Crianças estão nascendo por toda parte e estão sendo sujeitas a coisas horríveis. Em conseqüência, acabam fazendo coisas horríveis. E eu sem dúvida prefiro viver nesse mundo do que em um mundo onde monstros simplesmente nascem.[7]

O outro é o caso de uma estudante de serviço social em Manhattan:

Tiffany F. Goldberg, 25 anos, de Madison, Wisconsin, foi golpeada na cabeça com um pedaço de concreto por um estranho este mês. Posteriormente ela expressou preocupação com o atacante, imaginando que ele poderia ter tido uma infância perturbada.

Alunos de pós-graduação da Universidade de Colúmbia consideraram a atitude da srta. Goldberg coerente com a concepção que têm sobre a violência: "A sociedade gosta de culpar os indivíduos", comentou Kristen Miller, 27, uma das estudantes. "A violência é transmitida entre gerações".[8]

Os psicólogos evolucionistas comumente são criticados por "desculpar" a promiscuidade masculina com a teoria de que a tendência a pular a cerca em nossos ancestrais era recompensada com um número maior de descendentes. Podem ser encorajados pela biografia recente de Bruce Springsteen, na qual ele afirma que suas "dúvidas sobre si mesmo o levaram a procurar freqüentemente a compreensão de *groupies*",[9] pela resenha de um livro que afirmou que as transgressões sexuais de Woody Allen "originaram-se de trauma" e de uma relação com a mãe marcada por "maus-tratos";[10] e pela explicação de Hillary

Clinton para a libido de seu marido em sua famigerada entrevista para a revista *Talk*:

> Ele era muito novo, pouco mais de quatro anos, quando foi marcado por maus-tratos que ele nem sequer consegue recordar e encarar. Havia um conflito terrível entre sua mãe e sua avó. Um psicólogo me explicou que, para um menino, estar no meio de um conflito entre duas mulheres é a pior situação possível. Existe sempre o desejo de agradar às duas.[11]

A sra. Clinton foi severamente criticada pelos especialistas por tentar desculpar as escapadas sexuais de seu marido, embora ela não tenha dito uma só palavra a respeito de cérebro, genes ou evolução. A lógica da condenação parece ser: se alguém tenta explicar um ato como efeito de alguma causa, está dizendo que o ato não foi escolhido livremente, e que o agente não pode ser responsabilizado.

O determinismo ambiental é tão comum que um gênero de sátira floresceu em torno do tema. Em uma charge na revista *New Yorker*, uma mulher no banco das testemunhas declara: "É verdade, meu marido me espancava por causa de sua infância; mas eu o matei por causa da minha". Nas tiras de quadrinhos intituladas *Non sequitur*, o mural de uma clínica de doenças mentais informava: "1º andar: Culpa da Mãe. 2º andar: Culpa do Pai. 3º andar: Culpa da Sociedade". E quem pode esquecer dos Jets em *West Side story*, que se imaginaram explicando ao sargento de polícia do bairro: "Somos maus porque somos carentes"?

> *Meu bom sargento Krupke,*
> *Precisa compreender,*
> *Do jeito que fomos criados*
> *Só podíamos virar celerados*
> *Nossas mães vivem chapadas,*
> *Nossos pais caem de bêbados,*
> *Caramba, é natural a gente ser marginal!**

---

* *Dear kindly Sergeant Krupke, / You gotta understand, / It's just our bringin' up-ke, / That gets us out of hand. / Our mothers all are junkies, / Our fathers all are drunks. / Golly Moses, natcherly we're punks!*

* * *

Algo saiu muito errado. Estão confundindo *explicação* com *absolvição*. Ao contrário do que insinuam os críticos das teorias das causas biológicas *e* ambientais do comportamento, explicar um comportamento não é desculpar quem o executou. Hillary Clinton pode ter dado a mais tola explicação na história da psicoverbiagem, mas não merece a acusação de ter tentado desculpar o comportamento do presidente. (Uma matéria no *New York Times* descreveu a reação do sr. Clinton à crítica que fizeram à sua esposa: "'Não dei nenhuma desculpa para o que é indesculpável, e ela também não, acreditem', disse ele de sobrancelhas erguidas para enfatizar".[12]) Se o comportamento não é totalmente aleatório, há de ter alguma explicação; se o comportamento *fosse* totalmente aleatório, não poderíamos responsabilizar a pessoa em nenhum caso. Portanto, se *alguma vez* responsabilizarmos pessoas por seu comportamento, terá de ser a despeito de qualquer explicação causal que julguemos cabível, independentemente de ela invocar genes, cérebro, evolução, imagens da mídia, dúvida sobre si mesmo, criação ou convívio com mulheres briguentas. A diferença entre *explicar* o comportamento e *desculpá-lo* é captada no ditado "Compreender não é desculpar", e foi salientada de diferentes modos por muitos filósofos, entre eles Hume, Kant e Sartre.[13] A maioria dos filósofos acredita que, a menos que uma pessoa seja realmente coagida (ou seja, se alguém apontar uma arma para sua cabeça), devemos considerar suas ações livremente escolhidas, mesmo se forem causadas por eventos no interior de seu crânio.

Mas *como* podemos ter ao mesmo tempo uma explicação, com seu requisito de causação regida por lei, e a responsabilidade, com seu requisito de liberdade de escolha? Para termos ambas, não precisamos resolver a antiga e talvez insolúvel antinomia entre livre-arbítrio e determinismo. Só precisamos refletir claramente sobre o que desejamos que a noção de responsabilidade consiga. Qualquer que possa ser seu valor abstrato, a responsabilidade tem uma função eminentemente prática: dissuadir do comportamento prejudicial. Quando dizemos que consideramos alguém responsável por um ato errado, esperamos que puna a si mesmo — com uma reparação à vítima, concordando com a humilhação, sofrendo penalidades ou expressando um remorso digno de crédito — e nos reservamos o direito de puni-lo nós mesmos. A menos que uma pessoa se disponha a sofrer alguma conseqüência desagradável (e, portanto, dissuasiva), as pretensões à responsabilidade são vãs. Richard Nixon foi ridicularizado quando cedeu às pressões e finalmente "assumiu a responsabilidade" pelo roubo de Watergate mas não aceitou nenhum custo, como desculpar-se, renunciar ou demitir seus assessores.

Uma razão para responsabilizar alguém é dissuadir essa pessoa de cometer atos semelhantes no futuro. Mas não se pode parar por aí, pois isso difere apenas em grau das possíveis conseqüências punitivas usadas pelos behavioristas para modificar o comportamento dos animais. Em um organismo social que raciocina e usa linguagem, essa política também pode dissuadir *outros organismos* de praticar atos semelhantes, pois eles podem tomar conhecimento das possíveis conseqüências e controlar seu comportamento para não incorrer nas penalidades. Essa é a principal razão de nos sentirmos compelidos a punir criminosos nazistas idosos, muito embora inexista o perigo de eles perpetrarem outro holocausto se deixarmos que morram em suas camas na Bolívia. Quando os responsabilizamos — isto é, quando garantimos a aplicação de uma política de erradicar e punir o mal sempre e onde quer que ele ocorra —, esperamos dissuadir outros de cometer perversidades comparáveis no futuro.

Isso não equivale a dizer que o conceito de responsabilidade é uma recomendação dos *nerds* formuladores de políticas para que seja prevenido o maior número de atos nocivos ao menor custo. Mesmo se os especialistas houvessem determinado que punir um nazista não impediria outras atrocidades ou se pudéssemos salvar mais vidas alocando a mão-de-obra para a tarefa de prender motoristas alcoolizados, ainda assim desejaríamos confrontar os nazistas com a justiça. A demanda por responsabilidade pode provir de um senso abrasador de castigo merecido, e não só de cálculos precisos sobre como é melhor prevenir atos específicos.

Mas a punição, mesmo no sentido puro de castigo merecido, é *em última análise* uma política de dissuasão. Decorre de um paradoxo inerente à lógica da dissuasão: embora a *ameaça* da punição possa prevenir o comportamento, se o comportamento realmente ocorrer a punição não tem outra finalidade além do puro sadismo ou um desejo ilógico de fazer com que a ameaça tenha credibilidade retroativamente. "Isso não trará a vítima de volta", afirmam os opositores da pena de morte, mas podemos dizer a mesma coisa com respeito a *qualquer* punição. Se começarmos o filme no ponto em que uma punição está para ser aplicada, parece ser por rancor, pois ela é custosa para quem a aplica e faz mal a quem é punido sem trazer nenhum bem imediato a pessoa alguma. Em meados do século XX, o paradoxo da punição e a ascensão da psicologia e da psiquiatria levaram alguns intelectuais a argumentar que a pena de morte é um resquício de tempos bárbaros e deveria ser substituída por terapia e reabilitação. Essa posição estava clara nos títulos de livros como *The crime of imprisonment* ["O crime do aprisionamento", sem tradução em português], de George Bernard Shaw, e *The crime of punishment* ["O crime da punição", sem tradução em português], do psiquiatra Karl Menninger. Também foi defendida por juristas eminentes como William O. Douglas, William Brennan, Earl Warren e David Bazelon. Esses krupkeístas radicais não sofriam de medo do determinismo: acolhiam-no de braços abertos.

Hoje em dia poucas pessoas afirmam que a pena de morte está obsoleta, mesmo reconhecendo que (com exceção de incapacitar algum criminoso habitual) ela é inútil no curto prazo. Isso porque, se realmente calculássemos os efeitos no curto prazo da decisão de punir ou não, os potenciais transgressores poderiam *prever* esse cálculo e levá-lo em consideração quando agissem. Poderiam prever que pensaríamos não valer a pena puni-los sendo tarde demais para prevenir o crime, e poderiam agir com impunidade, sabendo que estávamos blefando com nossas ameaças. A única solução é adotar uma política resoluta de punir os transgressores *independentemente* dos efeitos imediatos. Se efetivamente não estivermos blefando com relação à ameaça de punição, ninguém pagará para ver. Como explicou Oliver Wendell: "Se eu estivesse tendo uma conversa filosófica com um homem que eu estivesse mandando enforcar (ou eletrocutar), eu diria: 'Não duvido que seu ato foi inevitável para você, mas para torná-lo mais evitável para outros propomos sacrificar você pelo bem comum. Pode considerar-se um soldado morrendo por seu país, se quiser. Mas a lei tem de cumprir suas promessas'".[14] Esse cumprimento das promessas fundamenta a política de aplicar a justiça "por questão de princípio", independentemente dos custos imediatos ou mesmo da compatibilidade com o bom senso. Se um detento no corredor da morte tenta suicidar-se, nós o levamos depressa para a sala de emergência, lutamos para ressuscitá-lo, damos a ele o melhor da medicina moderna para ajudá-lo na recuperação e então o matamos. Fazemos isso como parte de uma política de cercear todas as possibilidades de "ludibriar a justiça".

A pena de morte é uma vívida ilustração da lógica paradoxal da dissuasão, mas essa lógica se aplica a punições criminais menos importantes, a atos pessoais de vingança e a penalidades sociais intangíveis como o ostracismo e o desdém. Psicólogos evolucionistas e especialistas em teoria dos jogos argumentaram que o paradoxo da dissuasão levou à evolução das emoções que alicerçam o desejo de justiça: a implacável necessidade de retribuição, o sentimento arrebatador de que um ato perverso desequilibra o universo e só pode ser compensado por uma punição comensurável. As pessoas que são emocionalmente impelidas a retaliar contra os que lhes fazem mal, mesmo se isso lhes impuser um custo, são adversários mais dignos de crédito e têm menos probabilidades de ser exploradas.[15] Muitos teóricos jurídicos afirmam que a justiça criminal é simplesmente uma implementação controlada do desejo humano de retribuição, destinada a impedir que essa retribuição evolua para ciclos de vingança. O jurista vitoriano James Stephen afirmou que "a lei criminal tem a mesma relação com o impulso de vingança que o casamento com o impulso sexual".[16]

As concepções religiosas de pecado e responsabilidade simplesmente estendem essa alavanca dando a entender que qualquer transgressão que não for descoberta ou punida pelos semelhantes será descoberta e punida por Deus. Martin Daly e Margo Wilson resumem o fundamento lógico essencial de nossas intuições sobre responsabilidade e retribuição divina:

> Da perspectiva da psicologia evolucionista, esse tipo quase místico e aparentemente irredutível de imperativo moral é produto de um mecanismo mental com uma função adaptativa clara: levar em conta a justiça e aplicar punição segundo um cálculo que assegura que os transgressores não terão vantagem com suas violações. O enorme volume de discurseira místico-religiosa sobre expiação, penitência, justiça divina e coisas do gênero é uma atribuição a uma autoridade superior e neutra de algo que na realidade é uma questão mundana, pragmática: desencorajar atos competitivos cometidos em interesse próprio reduzindo sua lucratividade a zero.[17]

O paradoxo da dissuasão também fundamenta a parte da lógica da responsabilidade que nos faz expandi-la ou contraí-la quando tomamos conhecimento do estado mental de uma pessoa. As sociedades modernas não escolhem simplesmente qualquer política que seja mais eficaz para dissuadir transgressores. Por exemplo, se nosso único valor fosse a redução do crime, sempre poderíamos fazer com que as punições por atos criminosos fossem especialmente cruéis, como até recentemente fez a maioria das sociedades. Poderíamos condenar uma pessoa com base em uma acusação, em uma aparência culpada ou uma confissão forçada. Poderíamos executar toda a família de um criminoso, ou todo o seu clã ou aldeia. Poderíamos dizer a nossos adversários o que Vito Corleone disse aos chefes das outras famílias mafiosas em The Godfather [O poderoso chefão, na tradução em português]: "Sou um homem supersticioso. E se por infelicidade meu filho sofrer algum acidente, se meu filho for atingido por um raio, porei a culpa em algumas das pessoas aqui presentes".

A razão de essas práticas nos parecerem bárbaras é infligirem mais danos do que o necessário para prevenir o mal no futuro. Como afirmou o escritor político Harold Laski: "Civilização significa, acima de tudo, relutância em infligir dor desnecessária". O problema dos dissuasores de amplo espectro é apanharem pessoas inocentes em suas redes, pessoas que, de qualquer modo, não poderiam ter sido dissuadidas de cometer um ato indesejável (como o parente do homem que puxou o gatilho ou um transeunte durante uma tempestade de raios que mata o filho do Poderoso Chefão). Uma vez que a punição desses inocentes não poderia absolutamente dissuadir outras pessoas como eles, o dano não tem um benefício compensador nem mesmo no longo prazo, e o consideramos injustificado. Procuramos regular nossa política de punição para que ela seja aplicada apenas às pessoas que *poderiam* ter sido dissuadidas por ela. São elas que "responsabilizamos", que julgamos "merecedoras" de castigo.

Uma política de dissuasão bem regulada explica por que isentamos de punição certas pessoas que causam danos. Não punimos os que não tinham noção de que seus atos seriam prejudiciais, pois tal política não adiantaria para prevenir atos semelhantes dessas pessoas ou de outras no futuro. (Não podemos dissuadir motoristas de conduzir um presidente para a linha de tiro se eles não têm como saber que haverá uma linha de tiro.) Não aplicamos punição criminal a pessoas delirantes, aos loucos, a crianças pequenas, animais ou objetos inanimados, pois julgamos que eles — e entidades semelhantes — não dispõem do aparato cognitivo que poderia ser informado da política de punição e assim inibir o comportamento. Isentamos essas entidades de responsabilidade não porque sigam leis previsíveis da biologia enquanto todo o resto segue misteriosas não-leis do livre-arbítrio. Nós as isentamos porque, diferentemente da maioria dos adultos, elas não dispõem de um sistema cerebral atuante capaz de responder às possíveis conseqüências públicas da punição.

E isso explica por que as costumeiras isenções de responsabilidade *não* devem ser concedidas a todos os homens ou a todas as vítimas de maus-tratos ou a toda a humanidade, mesmo quando julgamos poder explicar o que levou essas pessoas a agir como agiram. As explicações podem nos ajudar a compreender as partes do cérebro que tornaram um comportamento tentador, mas nada dizem sobre as *outras* partes do cérebro (principalmente no córtex pré-frontal) que poderiam ter inibido o comportamento prevendo como a comunidade reagiria. Nós somos essa comunidade, e nossa maior alavanca de influência consiste em apelar para esse sistema cerebral inibitório. Por que deveríamos descartar nossa alavanca do sistema de inibição só porque começamos a compreender o sistema de tentação? Se você acredita que não devemos descartá-la, isso basta para considerar as pessoas responsáveis por seus atos — sem apelar para uma vontade, uma alma, um *self* ou para qualquer outro espírito na máquina.

Esse argumento é paralelo a um debate de longa data sobre o mais gritante exemplo de uma explicação psicológica que anula a responsabilidade: a defesa da insanidade.[18] Muitos sistemas legais no mundo anglófono seguem a regra oitocentista de M'Naughten:

> os jurados têm de ser informados em todos os casos de que cada homem é presumivelmente são de espírito e possui um grau suficiente de capacidade de raciocínio para ser responsável por seus crimes até que se prove satisfatoriamente o contrário, e de que, para estabelecer-se uma defesa com base na insanidade, deve ficar claramente provado que, no momento de cometer o ato, o acusado estava agindo sob uma falha da razão, decorrente de doença da mente, que lhe impossibilitava saber a natureza e a qualidade do ato que estava executando ou, caso soubesse, que desconhecia ser errado o que ele estava fazendo.

Essa é uma excelente caracterização de uma pessoa que não pode ser dissuadida. Se uma pessoa está confusa demais para saber que um ato prejudicará alguém, não pode ser inibida pelo aviso: "Não prejudique as pessoas, senão...". A regra de M'Naughten visa a descartar a punição por rancor — a retribuição que causa dano ao perpetrador sem que haja esperança de dissuadi-lo ou de dissuadir pessoas semelhantes a ele.

A defesa da insanidade alcançou sua presente notoriedade, com duelos de psiquiatras alugados e engenhosas desculpas de maus-tratos, quando foi expandida de um teste prático para verificar se o sistema cognitivo respondia ou não à dissuasão para os testes mais nebulosos para descobrir o que poderia ter produzido o comportamento. Na resolução de *Durham*, em 1954, Bazelon invocou a "ciência da psiquiatria" e "a ciência da psicologia" para criar uma nova base para a defesa da insanidade:

A regra que hoje observamos é simplesmente que um acusado não é criminalmente responsável se o seu ato ilícito foi produto de doença mental ou falha mental.

A menos que se acredite que atos comuns são escolhidos por um fantasma na máquina, *todos* os atos são produtos de sistemas cognitivos e emocionais no cérebro. Atos criminosos são relativamente raros — se todo mundo na mesma situação do réu agisse como ele agiu, a lei contra o que ele fez seria rejeitada — portanto, atos hediondos com freqüência serão produto de um sistema cerebral que é *de algum modo* diferente do usual, e o comportamento pode ser interpretado como "um produto de doença mental ou falha mental". A decisão de *Durham* e regras de insanidade semelhantes, ao distinguir o comportamento que é produto de uma deficiência do cérebro do comportamento que é alguma outra coisa, ameaça transformar todo avanço em nossa compreensão da mente em uma erosão da responsabilidade.

Na verdade, algumas descobertas sobre a mente e o cérebro realmente poderiam ter um impacto sobre nossas atitudes concernentes à responsabilidade — mas podem requerer uma expansão da esfera da responsabilidade, e não uma contração. Suponhamos que desejos que às vezes culminam em assédio e espancamento de mulheres estejam presentes em muitos homens. Isso efetivamente significa que os homens deveriam ser punidos com menos severidade por tais crimes, porque não conseguem evitá-los? Ou significa que deveriam ser punidos com mais severidade e certeza, pois esse é o melhor modo de combater um impulso intenso ou generalizado? Suponhamos que seja constatado que um psicopata perverso apresenta um senso de compreensão deficiente, o que torna mais difícil para ele avaliar o sofrimento de suas vítimas. Deveríamos abrandar a punição porque ele tem essa capacidade diminuída? Ou deveríamos tornar a punição mais inevitável e severa para dar-lhe uma lição na única linguagem que ele entende?

Por que as intuições das pessoas seguem direções opostas — ou "se ele tem dificuldade para controlar-se, deveria ser punido mais brandamente", ou "se ele tem dificuldade para controlar-se, deveria ser punido mais severamente"? A origem está no paradoxo da dissuasão. Suponhamos que algumas pessoas precisam da ameaça de uma chibatada para dissuadi-las de estacionar na frente de um hidrante. Suponhamos que pessoas com um gene problemático, um cérebro problemático ou uma infância problemática precisam da ameaça de dez chibatadas. Uma política que pune com nove chibatadas quem estacionar irregularmente causará sofrimento desnecessário e não resolverá o problema: nove chibatadas é mais que o necessário para dissuadir as pessoas comuns e menos que o necessário para dissuadir pessoas com deficiência. Só uma pena de dez chibatadas pode reduzir o estacionamento irregular e as chibatadas: todos serão dissuadidos, ninguém bloqueará os hidrantes e ninguém será açoitado. Portanto, paradoxalmente, as duas políticas extremas (punição severa ou nenhuma punição) são defensáveis, e as intermediárias não. Obviamente, os limiares de dissuasão das pessoas na vida real não se polarizam em dois valores; distribuem-se amplamente (uma chibatada para algumas pessoas, duas para outras etc.); assim, muitos níveis intermediários de punição serão defensáveis, dependendo do peso que se der aos benefícios de dissuadir transgressores em comparação com os custos de infligir sofrimento.

Mesmo no caso das pessoas para quem a dissuasão é *totalmente* impossível, em razão de lesão no lobo frontal, genes para psicopatia ou qualquer outra causa suposta, não temos de permitir que os advogados as soltem e deixem o resto de nós à mercê delas. Já dispomos de um mecanismo para aqueles que têm probabilidade de fazer mal a si mesmos ou a outros mas não respondem aos incentivos e punições do sistema de justiça criminal: a internação compulsória, com a qual abrimos mão de algumas garantias de liberdades civis em troca da segurança de ser protegidos contra prováveis predadores. Em todas essas decisões, as ciências da natureza humana podem ajudar a estimar a distribuição dos graus de dissuasão, mas não podem ponderar os valores conflitantes de evitar a maior quantidade de punição desnecessária e prevenir a maior quantidade de futuras transgressões.[19]

Não tenho a pretensão de ter resolvido o problema do livre-arbítrio, mas apenas de ter mostrado que não precisamos resolvê-lo para preservar a responsabilidade pessoal diante de uma crescente compreensão das causas do comportamento. Também não estou querendo provar que a dissuasão é o único modo de encorajar a virtude, mas apenas que deveríamos reconhecê-la como o ingrediente ativo que faz valer a pena manter a responsabilidade. Acima de tudo, espero ter derrubado duas falácias que permitiram que as ciências da natureza humana semeassem um temor desnecessário. A primeira falácia é que as explicações biológicas solapam a responsabilidade de um modo que as explicações ambientais não fazem. A segunda falácia é que explicações causais (tanto as biológicas como as ambientais) solapam a responsabilidade de um modo que a crença em uma vontade não dependente de uma causa, ou em uma alma, não faz.

11. O medo do niilismo

O medo final das explicações biológicas da mente é que elas possam privar nossa vida de significado e propósito. Se somos apenas máquinas para permitir que nossos genes produzam cópias de si mesmos, se nossas alegrias e satisfações não passam de eventos bioquímicos que algum dia cessarão para sempre, se a vida não foi criada para um propósito superior e dirigida para um objetivo nobre, então por que continuar vivendo? A vida como a prezamos seria um logro, uma aldeia de Potemkim* com apenas uma fachada de valor e mérito.

Esse medo existe em duas versões, a religiosa e a secular. Uma versão sofisticada da preocupação religiosa foi formulada pelo papa João Paulo II em um pronunciamento à Pontifícia Academia das Ciências: "A verdade não pode contradizer a verdade".[1] O papa reconheceu que a teoria da evolução de Darwin é "mais do que apenas uma hipótese" porque descobertas convergentes em muitos campos independentes, "não buscadas nem forjadas", testemunham em seu favor. Mas erigiu uma barreira diante da "alma espiritual", uma transição na evolução dos humanos equivalente a um "salto ontológico" inobservável pela

---

* O governador Potemkim mandou construir uma bela aldeia de fachada para impressionar o tzar. (N. T.)

ciência. O espírito não poderia ter emergido "das forças da matéria viva", pois isso não pode "fundamentar a dignidade da pessoa":

> O homem é a única criatura na Terra que Deus quis a bem de si mesma. [...] Em outras palavras, o indivíduo humano não pode ser subordinado como um puro meio ou um puro instrumento, seja da espécie, seja da sociedade; ele tem valor por si mesmo. Ele é uma pessoa. Com seu intelecto e sua vontade, ele é capaz de formar uma relação de comunhão, solidariedade e altruísmo com seus semelhantes. [...] O homem é chamado a entrar em uma relação de conhecimento e amor com o próprio Deus, uma relação que verá sua completa consumação além do tempo, na eternidade. [...]
>
> É em virtude de sua alma espiritual que a pessoa em sua totalidade possui essa dignidade até mesmo em seu corpo. [...] Se o corpo humano tem sua origem em matéria viva preexistente, a alma espiritual é diretamente criada por Deus. [...] Conseqüentemente, as teorias da evolução que, de acordo com as filosofias que as inspiram, consideram o espírito emergente de forças da matéria viva ou um mero epifenômeno dessa matéria são incompatíveis com a verdade sobre o homem. Também não são capazes de fundamentar a dignidade da pessoa.

Em outras palavras, se os cientistas estiverem certos quando afirmam que a mente emergiu de matéria viva, teremos de abrir mão do valor e dignidade do indivíduo, da solidariedade e desprendimento em relação a nossos semelhantes e do propósito superior de realizar esses valores através do amor a Deus e do conhecimento de seus planos. Nada nos livraria de uma vida de desumana exploração e cínico egocentrismo.

Nem é preciso dizer que debater com o papa é o supremo exercício de inocuidade. O objetivo desta seção não é refutar as doutrinas papais, nem condenar a religião ou argumentar contra a existência de Deus. As religiões vêm proporcionando consolo, comunidade e orientação moral a inúmeras pessoas, e alguns biólogos afirmam que um deísmo refinado, para o qual muitas religiões estão evoluindo, pode ser compatibilizado com uma compreensão evolucionista da mente e da natureza humana.[2] Meu objetivo é defensivo: refutar a acusação de que uma visão materialista da mente é inerentemente amoral e que as concepções religiosas devem ser favorecidas porque são inerentemente mais humanas.

Obviamente, nem mesmo os cientistas mais ateístas defendem uma amoralidade impiedosa. O cérebro pode ser um sistema físico feito de matéria
comum, mas essa matéria é organizada de modo a originar um organismo sensível com capacidade para o prazer e a dor. E isso, por sua vez, prepara o cenário para o surgimento da moralidade. A razão é sucintamente explicada nos
quadrinhos de *Calvin e Haroldo* [*Calvin and Hobbes*] (ver p. 262).

O felino Hobbes, como seu xará humano, mostrou por que ser um egoísta amoral é uma posição insustentável. Ele tem mais vantagem se nunca for
jogado na lama, mas não pode exigir que outros não o joguem se ele próprio
não estiver disposto a abrir mão de jogar os outros. E como temos mais vantagem não jogando e não sendo jogados do que jogando e sendo jogados, compensa fazermos questão de um código moral, mesmo se o preço for ter de acatá-
lo nós mesmos. Como salientaram filósofos morais de todos os tempos, uma
filosofia de vida baseada em "Não para todo mundo, só para mim!" desmorona
tão logo a pessoa se vê de um ponto de vista objetivo como um indivíduo exatamente igual aos outros. É como insistir em que "aqui", o ponto no espaço que
se está ocupando no momento, é um lugar especial no universo.[3]

A dinâmica entre Calvin e Haroldo (os personagens dos quadrinhos) é inerente a organismos sociais, e há razões para crer que sua solução — um senso
moral — evoluiu em nossa espécie em vez de precisar ser deduzida da estaca zero
por cada um de nós depois de sairmos da lama.[4] Crianças de apenas um ano e
meio já dão brinquedos espontaneamente, oferecem ajuda e tentam consolar
adultos ou outras crianças que estão visivelmente aflitos.[5] Pessoas de todas as culturas distinguem o certo do errado, têm um senso do que é justo, ajudam umas
às outras, impõem direitos e obrigações, acreditam que os agravos têm de ser
compensados e condenam o estupro, o assassinato e certos tipos de violência.[6]
Esses sentimentos normais primam pela ausência nos indivíduos aberrantes que
chamamos de psicopatas.[7] Portanto, a alternativa à teoria religiosa da fonte de
valores é que a evolução nos dotou de um senso moral, cuja esfera de aplicação
nós expandimos no decorrer da história por meio da razão (entendendo a per-
mutabilidade lógica entre nossos interesses e os das outras pessoas), do conhecimento (aprendendo as vantagens da cooperação no longo prazo) e da compreensão (passando por experiências que nos permitem sentir a dor de outras pessoas).

Como podemos saber qual teoria é preferível? Um experimento mental
pode confrontar as duas. O que seria certo fazer se Deus ordenasse às pessoas

Calvin and Hobbes © Watterson. Reproduzido sob permissão de Universal Press Syndicate. Todos os direitos reservados.

que fossem egoístas e cruéis em vez de generosas e bondosas? Quem tem os valores arraigados na religião teria de dizer que deveríamos ser egoístas e cruéis. Quem se baseia em um senso moral diria que deveríamos rejeitar a ordem de Deus. Isso mostra — espero — que é nosso senso moral que merece prioridade.[8]

Esse experimento mental não é apenas um desafio de lógica como aqueles tão ao gosto de ateus pré-adolescentes, que perguntam, por exemplo, por que Deus prestaria atenção ao modo como nos comportamos se ele pode ver o futuro e já sabe. A história da religião sabe que Deus *ordenou* que pessoas cometessem todo tipo de atos cruéis e egoístas: massacrar os midianitas e raptar suas mulheres, apedrejar prostitutas, executar homossexuais, queimar bruxas, executar hereges e infiéis, jogar protestantes pela janela, negar remédio a crianças moribundas, vandalizar clínicas de aborto, caçar Salman Rushdie, explodir o próprio corpo em mercados e lançar aviões contra edifícios. Lembremos que até Hitler pensava estar executando a vontade de Deus.[9] A recorrência de atos perversos cometidos em nome de Deus mostra que não se trata de perversões aleatórias. Uma autoridade onipotente que ninguém pode ver é um esteio útil para líderes mal-intencionados ansiosos por recrutar combatentes devotos. E como as crenças que não se prestam a comprovação têm de ser transmitidas pelos pais e pelo grupo de iguais em vez de descobertas no mundo, elas diferem de grupo para grupo e se tornam distintivos que identificam e dividem.

E quem disse que a doutrina da alma é mais humana que a compreensão da mente como um órgão físico? Não vejo dignidade em deixar pessoas morrerem de hepatite ou serem devastadas pelo mal de Parkinson quando a cura pode estar em pesquisas sobre as células-tronco que movimentos religiosos se esforçam para proibir porque empregam bolas de células que deram o "salto ontológico" para "almas espirituais". Causas de imenso sofrimento como o mal de Alzheimer, depressão grave e esquizofrenia serão aliviadas não tratando o pensamento e a emoção como manifestações de uma alma imaterial, mas como manifestações da psicologia e da genética.[10]

Finalmente, a doutrina de uma alma que vive depois de morto o corpo não tem nada de justa, pois necessariamente desvaloriza nossa vida na Terra. Quando Susan Smith afogou seus dois filhos pequenos no lago,* apaziguou sua consciência racionalizando que "meus filhos merecem o melhor, e agora o terão". Alusões a uma existência feliz depois da morte são típicas nas últimas cartas de pais que tiram a vida dos filhos antes de suicidar-se,[11] e recentemente fomos lembrados de como tais crenças encorajam homens-bombas suicidas e seqüestradores camicases. É por isso que devemos rejeitar o argumento de que se as pessoas pararem de acreditar na retribuição divina farão o mal com impunidade. Certo, se os não-crentes pensassem que poderiam escapar ao sistema legal, ao opróbrio de sua comunidade e à própria consciência, não seriam dissuadidos pela ameaça

---

* Crime cometido em 1995 em Union, Carolina do Sul. Susan Smith, abandonada pelo companheiro, vendo-se sem meios de sustentar os dois filhos pequenos, trancou-os em seu carro enquanto dormiam e lançou-o no lago. (N. T.)

de passar a eternidade no inferno. Mas também não seriam tentados a massacrar milhares de pessoas pela promessa de passar a eternidade no paraíso.

Mesmo o conforto emocional de uma crença na vida após a morte pode ser uma faca de dois gumes. A vida perderia o propósito se deixássemos de existir quando nosso cérebro morresse? Ao contrário: nada dá mais significado à vida do que a percepção de que cada momento de sensibilidade é uma dádiva preciosa. Quantas brigas foram evitadas, quantas amizades se renovaram, quantas horas deixaram de ser desperdiçadas, quantos gestos de afeição foram oferecidos porque às vezes nos lembramos de que "a vida é curta"?

Por que os pensadores *seculares* temem que a biologia dissipe o significado da vida? É porque a biologia parece esvaziar os valores que mais prezamos. Se a razão de amarmos nossos filhos é que um jorro de oxitocina no cérebro nos impele a proteger nosso investimento genético, a nobreza de ser pais não seria solapada, e seus sacrifícios não perderiam o valor? Se a compreensão, a confiança e a ânsia de justiça evoluíram como um modo de ganhar favores e dissuadir trapaceiros, isso não implicaria que na realidade o altruísmo e a justiça não existem por si mesmos? Escarnecemos do filantropo que lucra com sua doação graças às deduções nos impostos, do televangelista que deblatera contra o pecado mas procura prostitutas, do político que defende os desfavorecidos só quando há câmeras por perto e do sensível homem *new age* que apóia o feminismo porque é um bom modo de atrair as mulheres. A psicologia evolucionista parece estar dizendo que somos *todos* hipócritas dessa laia, o tempo todo.

O medo de que o conhecimento científico mine os valores humanos me faz lembrar a cena inicial de *Annie Hall* [*Noivo neurótico, noiva nervosa*, na tradução em português], na qual o jovem Alvy Singer foi levado ao médico da família:

MÃE: Ele anda deprimido. De repente, não consegue fazer nada.

MÉDICO: Por que está deprimido, Alvy?

MÃE: Conte ao doutor Flicker. [Responde por ele] Foi uma coisa que ele leu.

MÉDICO: Uma coisa que ele leu, hein?

ALVY: [Cabisbaixo] O universo está se expandindo.

MÉDICO: O universo está se expandindo?

ALVY: Ora, o universo é tudo, e se está se expandindo, um dia irá se romper e será o fim de tudo!

MÃE: E o que você tem com isso? [Para o médico] Ele parou de fazer o dever de casa.

ALVY: De que adianta?

A cena é engraçada porque Alvy confundiu dois níveis de análise: a escala de bilhões de anos na qual medimos o universo e a escala de décadas, anos e dias com a qual medimos nossa vida. Como argumentou a mãe de Alvy: "O que o universo tem a ver com isso? Você está aqui no Brooklyn! O Brooklyn não está se expandindo!".

As pessoas que se deprimem com a idéia de que nossos motivos são egoístas estão tão confusas quanto Alvy. Confundiram causação última (por que algo evoluiu pela seleção natural) com causação próxima (como a entidade funciona aqui e agora). A confusão é natural porque as duas explicações podem ter muita semelhança.

Richard Dawkins mostrou que um bom modo de compreender a lógica da seleção natural é imaginar que os genes são agentes com motivos egoístas. Não se deve menosprezar sua metáfora, mas ela contém uma armadilha para os incautos. Os genes têm motivos metafóricos — fazer cópias de si mesmos — e os organismos que eles estruturam têm motivos reais. Mas não são os *mesmos* motivos. Às vezes a coisa mais egoísta que um gene pode fazer é instalar motivos *altruístas* em um cérebro humano — desprendimento sincero, puro, profundo. O amor pelos filhos (que transmitem nossos genes à posteridade), por um cônjuge fiel (cujo destino genético é idêntico ao nosso) e por amigos e aliados (que confiam em nós se formos confiáveis) pode ser ilimitado e irrepreensível quando estamos falando em nós, humanos (nível próximo), mesmo se metaforicamente for egoísta quando estamos falando em genes (nível último).

Desconfio que existe outra razão para as explicações serem tão facilmente confundidas. Todos sabemos que às vezes as pessoas têm motivos inconfessados. Podem ser publicamente generosas mas ganaciosas na vida privada, publicamente piedosas mas cínicas na vida privada, publicamente platônicas mas lúbricas na vida privada. Freud acostumou-nos à idéia de que motivos inconfessados permeiam o comportamento, exercendo seus efeitos a partir de um estrato inacessível da mente. Combinando isso com o equívoco comum de que os genes são um tipo de essência ou cerne da pessoa, temos um híbrido de Dawkins e Freud: a idéia de que os motivos metafóricos dos genes são os motivos profundos, inconscientes, inconfessados da pessoa. Isso é um erro. O Brooklyn não está se expandindo.

Mesmo quem consegue manter genes e pessoas separados em sua mente pode acabar deprimido. A psicologia nos ensinou que aspectos de nossa experiência podem ser fantasias, criações baseadas no modo como a informação é processada no cérebro. A diferença essencial entre nossa percepção do vermelho e nossa percepção do verde não reflete nenhuma diferença essencial nas ondas luminosas no mundo — os comprimentos de onda da luz, que originam nossa percepção de tom, formam um *continuum* regular. Vermelho e verde, percebidos como propriedades qualitativamente diferentes, são construções da química e dos circuitos de nosso sistema nervoso. Poderiam estar ausentes em um organismo com diferentes fotopigmentos ou conexões cerebrais; de fato, os portadores da forma mais comum de daltonismo são justamente um exemplo desse tipo de organismo. E a coloração emocional de um objeto é tão fantasiosa quanto sua coloração física. A doçura da fruta, o pavor de altura e o nojo da carniça são fantasias de um sistema nervoso que evoluiu para reagir a esses objetos de modos adaptativos.

As ciências da natureza humana parecem insinuar que o mesmo vale para certo e errado, mérito e demérito, beleza e feiúra, santidade e vileza. São construções neurais, filmes que projetamos no interior de nosso crânio, modos de estimular os centros de prazer do cérebro, tão sem realidade quanto a diferença entre vermelho e verde. Quando o fantasma de Marley perguntou a Scrooge por que duvidava de seus sentidos, a resposta foi: "Porque a menor coisa os afeta. Uma leve perturbação no estômago já os torna enganosos. Você pode ser um pedaço de carne indigesto, um salpico de mostarda, uma migalha de queijo, um fragmento de uma batata malcozida. Você está mais para molho do que para morto, seja lá quem você for!". A ciência parece estar dizendo que o mesmo se aplica a tudo o que valorizamos.

Mas só porque nosso cérebro é aparelhado para pensar de certos modos não significa que os objetos desses pensamentos sejam fictícios. Muitas de nossas faculdades evoluíram para engrenar-se com entidades reais no mundo. Nossa percepção de profundidade é produto de um complexo conjunto de circuitos cerebrais, circuitos que inexistem em outras espécies. Mas isso não significa que não existem árvores e penhascos de verdade fora de nós, ou que o mundo é achatado como uma panqueca. E assim pode ser com entidades mais abstratas.

Os humanos, como muitos animais, parecem possuir um senso inato de números, que pode ser explicado pelas vantagens de raciocinar sobre numerosidade no decorrer de nossa história evolutiva. (Por exemplo, se três ursos entram numa caverna e dois saem, é seguro entrar?) Mas o mero fato de que uma faculdade numérica evoluiu não significa que os números são alucinações. Segundo a concepção platônica de número preferida por muitos matemáticos e filósofos, entidades como números e formas têm uma existência independente das mentes. O número três não é pura invenção; possui propriedades reais que podem ser descobertas e exploradas. Nenhuma criatura racional equipada com circuitos para entender o conceito de "dois" e o conceito de adição poderia descobrir que dois mais um é igual a outra coisa que não três. É por isso que esperamos que conjuntos semelhantes de resultados matemáticos surjam de diferentes culturas ou mesmo de diferentes planetas. Sendo assim, o senso numérico evoluiu para compreender verdades abstratas que existem sem depender das mentes que as compreenderam.

Talvez o mesmo argumento possa valer para a moralidade. Segundo a teoria do realismo moral, certo e errado existem e possuem uma lógica inerente que permite alguns argumentos morais e não outros.[12] O mundo nos apresenta jogos de soma não-zero nos quais é melhor para ambas as partes agir sem egoísmo do que agir com egoísmo (é melhor não jogar e não ser jogado do que jogar e ser jogado na lama). Dado o objetivo de ficar na melhor situação, certas condições são necessariamente decorrentes. Nenhuma criatura dotada de circuitos para compreender que é imoral você me ferir poderia descobrir outra coisa além de que é imoral eu ferir você. Assim como ocorre com os números e o senso numérico, seria de esperar que os sistemas morais evoluíssem na direção de conclusões semelhantes em diferentes culturas ou mesmo em diferentes planetas. E, de fato, a Regra de Ouro foi redescoberta muitas vezes: pelos autores do Levítico e do Mahabharata, por Hillel, Jesus e Confúcio, pelos filósofos estóicos do Império Romano, pelos teóricos do contrato social como Hobbes, Rousseau e Locke, e pelos filósofos morais como Kant em seu imperativo categórico.[13] Nosso senso moral pode ter evoluído para engrenar-se com uma lógica intrínseca da ética em vez de criá-la do nada em nossa cabeça.

Mas mesmo se a existência platônica da lógica moral for rica demais para nosso sangue, ainda podemos ver a moralidade como algo mais do que uma convenção social ou um dogma religioso. Independentemente de qual possa ser seu status ontológico, um senso moral é parte do equipamento padrão da mente humana. *É a única mente que possuímos*, e não temos escolha além de levar a sério suas intuições. Se somos constituídos de tal modo que não podemos evitar pensar em bases morais (ao menos parte do tempo e em relação a algumas pessoas), então a moralidade é tão real *para nós* quanto se houvesse sido decretada pelo Todo-Poderoso ou escrita no cosmo. E isso vale também para outros valores humanos, como amor, verdade e beleza. Poderíamos saber se eles realmente estão "lá fora" ou se apenas pensamos que estão porque o cérebro humano torna impossível não pensar que estão? E seria tão ruim se eles *fossem* inerentes ao modo de pensar humano? Talvez devamos refletir sobre nossa condição como fez Kant em sua *Crítica da razão prática*: "Duas coisas enchem a mente de admiração e reverência sempre novas e crescentes quanto mais freqüente e regular for nossa reflexão sobre elas: o céu estrelado nas alturas e a lei moral no íntimo".

Nos últimos quatro capítulos mostrei por que novas idéias das ciências da natureza humana não solapam os valores humanos. Ao contrário, apresentam oportunidades para aguçar nosso raciocínio ético e assentar esses valores em alicerce mais firme. Em poucas palavras:

- É má idéia dizer que a discriminação é errada só porque as características de todas as pessoas são indistinguíveis.
- É má idéia dizer que a violência e a exploração são erradas só porque as pessoas não são naturalmente inclinadas a ela.
- É má idéia dizer que as pessoas são responsáveis por suas ações só porque as causas dessas ações são misteriosas.
- E é má idéia dizer que nossos motivos são significativos em um sentido pessoal só porque são inexplicáveis em um sentido biológico.

Essas são más idéias porque fazem de nossos valores reféns da sorte, levando a crer que algum dia descobertas factuais poderiam torná-las obsoletas. E são más idéias porque escondem os aspectos negativos da negação da natureza humana: perseguição aos bem-sucedidos, engenharia social intrusiva, menosprezo do sofrimento em outras culturas, incompreensão da lógica da justiça e desvalorização da vida humana na Terra.

PARTE IV

Conhece a ti mesmo

Agora que tentei tornar respeitável a própria idéia de natureza humana, é hora de dizer alguma coisa sobre o que ela é e que diferença ela faz em nossa vida pública e privada. Os capítulos da Parte IV apresentam algumas idéias atuais sobre as especificações estruturais das faculdades humanas básicas. Esses não são apenas tópicos de um currículo de psicologia; têm implicações para muitas áreas do discurso público. Idéias sobre os conteúdos da cognição — conceitos, palavras e imagens — lançam luz sobre as raízes do preconceito, sobre a mídia e sobre as artes. Idéias sobre a capacidade de raciocínio podem ser levadas em consideração em nossas políticas para a educação e aplicações da tecnologia. Idéias sobre relações sociais são relevantes para a família, a sexualidade, a organização social e o crime. Idéias sobre o senso moral direcionam o modo como avaliamos movimentos políticos e como fazemos o *trade-off* entre os valores.

Em cada uma dessas arenas as pessoas sempre apelam para alguma concepção de natureza humana, reconhecendo-a ou não. O problema é que as concepções freqüentemente se baseiam em palpites, teorias populares e versões arcaicas da biologia. Meu objetivo é explicitar essas concepções, indicar o que elas têm de certo e de errado e discorrer sobre algumas das implicações. Idéias sobre a natureza humana não podem, por si mesmas, resolver controvérsias desconcertantes nem determinar as políticas públicas. Mas sem essas idéias não estamos jogando com o baralho completo e ficamos vulneráveis a confusões desnecessárias. Como observou o biólogo Richard Alexander: "A evolução seguramente é mais determinista para os que ainda não têm noção dela".[1]

12. Em contato com a realidade

Que obra-prima é o homem!
Tão nobre na sua razão!
Tão infinito em suas faculdades!
Na forma, no movimento, tão preciso e admirável!
Na ação, tal qual um anjo!
No pensamento, tal qual um deus! *

William Shakespeare

O ponto de partida para reconhecer a natureza humana é o absoluto assombro e humildade em face da atordoante complexidade de sua fonte, o cérebro. Organizado pelos 3 bilhões de bases de nosso genoma e moldado por centenas de milhões de anos de evolução, o cérebro é uma rede inimaginavelmente intricada: 100 bilhões de neurônios ligados por 100 trilhões de conexões, tecidos em uma arquitetura tridimensional convoluta. Também nos curvamos diante da complexidade do que ele faz. Mesmo os talentos corriqueiros que compartilhamos com outros primatas — andar, agarrar, reconhecer — são soluções de pro-

---

* *What a piece of work is a man!/ How noble in reason!/ How infinite in faculty!/ In form, in moving, how express and admirable!/ In action, how like an angel!/ In apprehension, how like a god!*

blemas de engenharia que a inteligência artificial está começando a resolver ou ainda nem consegue abordar. Os talentos que são inatos nos humanos — falar e entender, usar o bom senso, ensinar os filhos, inferir os motivos das outras pessoas — provavelmente não serão reproduzidos por máquinas em nossa geração, se é que algum dia virão a ser. Tudo isso deveria contrabalançar a imagem da mente como uma matéria-prima informe e das pessoas como átomos insignificantes, constituintes do ser complexo que chamamos de "sociedade".

O cérebro humano equipa-nos para prosperar em um mundo de objetos, seres vivos e outras pessoas. Essas entidades têm grande impacto sobre nosso bem-estar, e seria de esperar que o cérebro fosse adequado para detectá-las e a seus poderes. Deixar de reconhecer um precipício, uma pantera faminta ou um consorte ciumento pode ter conseqüências negativas cruciais para a aptidão biológica, para dizer o mínimo. A fantástica complexidade do cérebro existe em parte para registrar fatos conseqüentes sobre o mundo à nossa volta.

Mas esse truísmo tem sido rejeitado por muitos setores da vida intelectual moderna. Segundo a sabedoria relativista hoje prevalecente em boa parte do mundo acadêmico, a realidade é socialmente construída pelo uso da linguagem, estereótipos e imagens da mídia. A idéia de que as pessoas têm acesso a fatos sobre o mundo é ingênua, afirmam os proponentes do construcionismo social, estudos da ciência, estudos da cultura, teoria crítica, pós-modernismo e desconstrucionismo. Segundo eles, as observações sempre são contaminadas por teorias, e as teorias são saturadas de ideologia e doutrinas políticas; portanto, quem afirma estar em posse dos fatos ou saber a verdade está apenas tentando exercer poder sobre todo o resto.

O relativismo é entremeado à doutrina da tábula rasa de dois modos. O primeiro é que os relativistas têm uma teoria parcimoniosa da psicologia na qual a mente não possui mecanismos estruturados para compreender a realidade; tudo o que ela pode fazer é um download passivo de palavras, imagens e estereótipos da cultura circundante. O segundo modo é a atitude dos relativistas diante da ciência. A maioria dos cientistas considera seu trabalho uma extensão de nossa capacidade comum de descobrir o que está lá fora e como as coisas funcionam. Telescópios e microscópios amplificam o sistema visual; teorias formalizam nossas intuições sobre causa e efeito; experimentos refinam nosso impulso de reunir dados sobre eventos que não podemos testemunhar diretamente. Os movimentos relativistas concordam que a ciência é percepção e cognição em grande escala, mas concluem o oposto: que os cientistas, como os leigos, não são equipados para apreender uma realidade objetiva. Em vez disso, dizem seus defensores:

> A ciência ocidental é apenas um modo de descrever a realidade, a natureza e o funcionamento das coisas — um modo muito eficaz, decerto, para a produção de bens e a geração de lucros, mas insatisfatório em muitos outros aspectos. É uma arrogância imperialista que não faz caso das ciências e percepções da maioria das outras culturas e épocas.[1]

Em nenhuma outra esfera isso é mais significativo que no estudo científico de temas politicamente delicados como raça, gênero, violência e organização social. Apelar para os "fatos" ou "a verdade" ao tratar desses temas é apenas artimanha, afirmam os relativistas, pois *não* existe "verdade" no sentido de um aferidor objetivo independente de pressuposições culturais e políticas.

O ceticismo quanto à confiabilidade das faculdades mentais das pessoas também determina se cabe respeitar os gostos e opiniões das pessoas comuns (mesmo aqueles que não apreciamos muito) ou tratar as pessoas como otárias ludibriadas por uma cultura comercial insidiosa. Segundo doutrinas relativistas como a da "falsa consciência", das "preferências inautênticas" e da "autoridade interiorizada", as pessoas podem estar enganadas quanto a seus próprios desejos. Nesse caso, isso solaparia as pressuposições fundamentadoras da democracia, que conferem a suprema autoridade às preferências da maioria de uma população, e as suposições fundamentadoras das economias de mercado, que tratam as pessoas como os melhores juízes para o modo como devem alocar seus recursos. Talvez não por coincidência, isso engrandece os estudiosos e artistas que analisam o uso da linguagem e das imagens na sociedade, pois só eles podem desmascarar os modos como essa mídia ilude e corrompe.

Este capítulo trata das suposições sobre a cognição — em particular, conceitos, palavras e imagens — que fundamentam movimentos relativistas recentes na vida intelectual. O melhor modo de introduzir o argumento é com exemplos do estudo da percepção, nossa conexão mais direta com o mundo. Eles mostram de imediato que a questão de a realidade ser socialmente construída ou diretamente disponível não foi bem formulada. Nenhuma das alternativas é correta.

Os relativistas têm razão quando afirmam que não simplesmente abrimos os olhos e apreendemos a realidade, como se a percepção fosse uma janela através da qual a alma vê o mundo. A idéia de que apenas vemos as coisas como elas são é denominada realismo ingênuo, e foi refutada por filósofos céticos há milhares de anos com a ajuda de um fenômeno simples: ilusões visuais. Nosso sistema visual pode pregar peças em nós, e isso basta para provar que ele é um dispositivo, e não um conduto para a verdade. Vejamos duas de minhas favoritas. Na figura "Turning the tables" [Virando as mesas], de Roger Shepard[2] (à direita), os dois paralelogramos são idênticos em forma e tamanho. Na ilustração abaixo, "Checker shadow illusion" [Ilusão da sombra no xadrez], de Edward Adelson,[3] o quadrado claro no meio da sombra (B) tem o mesmo tom de cinza que os quadrados escuros fora da sombra (A):

Mas só porque o mundo que conhecemos é uma construção de nosso cérebro, isso não significa que seja uma construção *arbitrária* — um fantasma criado por expectativas ou pelo contexto social. Nossos sistemas perceptivos são estruturados para registrar aspectos do mundo externo que foram importantes para nossa sobrevivência, como os tamanhos, formas e materiais dos objetos. Necessitam de uma estrutura complexa para realizar essa façanha, pois a imagem retiniana não é uma réplica do mundo. A projeção de um objeto na retina cresce, encolhe e se distorce conforme o objeto se desloca; cor e brilho flutuam à medida que a iluminação muda segundo o tempo ensolarado ou nublado, luz interna ou externa. Mas, de algum modo, o cérebro resolve esses problemas enlouquecedores. Ele funciona como se estivesse raciocinando em retrospectiva, da imagem retiniana para hipóteses sobre a realidade, usando geometria, óptica, teoria da probabilidade e suposições sobre o mundo. A maior parte do tempo, o sistema funciona: as pessoas normalmente não trombam com árvores nem dão topadas em pedras.

Mas, de vez em quando, o cérebro é iludido. O chão que se estende a partir de nossos pés projeta uma imagem do fundo para o centro de nosso campo visual. Em conseqüência, o cérebro freqüentemente interpreta o "de baixo para cima" no campo visual como "perto-longe" no mundo, em especial quando reforçado por outras sugestões de perspectiva como partes oclusas (por exemplo, as pernas da mesa ocultas). Objetos que se estendem para longe do observador ganham o efeito de escorço pela projeção (ou seja, são encurtados segundo as regras da perspectiva), e o cérebro compensa isso, e assim tendemos a ver uma dada distância que se estende de cima a baixo no campo visual como sendo proveniente de um objeto mais longo do que a mesma distância estendendo-se da esquerda para a direita. E isso faz com que vejamos os comprimentos e larguras de maneiras diferentes nas mesas viradas. Por uma lógica semelhante, objetos na sombra refletem menos luz sobre nossas retinas do que objetos sob iluminação total. Nossos cérebros compensam fazendo com que vejamos determinado matiz de cinza como sendo mais claro quando está na sombra do que quando está ao sol. Em cada um dos casos, podemos ver as linhas e trechos da página incorretamente, mas isso só ocorre porque nosso sistema visual está se esforçando muito para vê-los como provenientes de um mundo real. Como um policial armando uma cilada para incriminar um suspeito, Shepard e Adelson forjaram indícios que levariam um observador racional mas desavisado a uma conclusão incorreta. Se *estivéssemos* em um mundo de objetos tridimensionais comuns que projetassem essas imagens em nossa retina, nossa experiência perceptiva seria exata. Adelson explica:

> Como ocorre com muitas das chamadas ilusões, esse efeito realmente demonstra o sucesso, e não o fracasso, de nosso sistema visual. O sistema visual não é muito bom como um fotômetro físico, mas essa não é sua finalidade. A tarefa importante é fragmentar as informações da imagem em componentes significativos e assim perceber a natureza dos objetos vistos.[4]

Não que as expectativas originadas da experiência passada sejam irrelevantes para a percepção. Mas sua influência consiste em tornar nossos sistemas perceptivos mais acurados, e não mais arbitrários. Nas duas palavras abaixo, percebemos a mesma forma como um "H" na primeira palavra e como um "A" na segunda:[5]

THE CAT

Vemos as formas dessa maneira porque a experiência nos diz — corretamente — que é grande a probabilidade de que realmente haja um "H" no meio da primeira palavra e um "A" no meio da segunda, mesmo se isso não for verdade em um caso atípico. Os mecanismos da percepção têm uma trabalheira para assegurar que o que vemos corresponda ao que geralmente está lá fora.

Portanto, as demonstrações que refutam o realismo ingênuo também refutam decisivamente a idéia de que a mente é desvinculada da realidade. Existe uma terceira alternativa: a de que evoluíram no cérebro mecanismos falíveis mas inteligentes que trabalham para nos manter em contato com aspectos da realidade que foram relevantes para a sobrevivência e reprodução de nossos ancestrais. E isso vale não só para nossas faculdades perceptivas mas para nossas faculdades cognitivas. O fato de que nossas faculdades cognitivas (como as perceptivas) são sintonizadas com o mundo real evidencia-se acentuadamente em sua *resposta* a ilusões: elas reconhecem a possibilidade de uma ruptura na realidade e encontram um modo de chegar à verdade por trás da falsa impressão. Quando vemos um remo que parece cortado na superfície da água, sabemos como distinguir se ele está realmente cortado ou apenas parece estar: podemos apalpá-lo, deslizar por ele um objeto reto ou puxá-lo para ver se a parte submersa fica para trás. O conceito de verdade e realidade por trás de testes desse tipo parece ser universal. Pessoas de todas as culturas distinguem a verdade da falsidade e a vida mental interior da realidade externa, e tentam deduzir a presença de objetos inobserváveis a partir das pistas perceptivas que eles deixam.[6]

A percepção visual é a mais excitante forma de conhecer o mundo, mas os relativistas estão menos interessados no modo como vemos os objetos do que no modo como os *categorizamos*: como classificamos nossas experiências em categorias conceituais como aves, ferramentas e pessoas. A suposição aparentemente inócua de que as categorias da mente correspondem a algo na realidade tornou-se uma idéia polêmica no século XX porque algumas categorias — estereótipos de raça, gênero, etnia e orientação sexual — podem ser danosas quando usadas para discriminar ou oprimir.

A palavra *estereótipo* originalmente se referia a um tipo de prancha de impressão. Sua acepção atual de imagem pejorativa e incorreta para uma categoria de pessoas foi introduzida em 1922 pelo jornalista Walter Lippmann. Ele foi um importante intelectual que, entre outras coisas, ajudou a fundar a revista *The New Republic*, influenciou as políticas de Woodrow Wilson no final da Primeira Guerra Mundial e escreveu algumas das primeiras críticas aos testes de QI. Em seu livro *Public opinion* ["Opinião pública", sem tradução em português], Lippmann mostrou-se preocupado com a dificuldade de atingir a verdadeira democracia em uma época na qual pessoas comuns não mais podiam julgar questões públicas racionalmente porque obtinham suas informações no que hoje chamamos de *sound bites*: breves pronunciamentos de autoridades na mídia. Como parte desse argumento, Lippmann afirmou que os conceitos que as pessoas comuns tinham de grupos sociais eram estereótipos: imagens mentais incompletas, tendenciosas, insensíveis a variações e resistentes a informações refutadoras.

Lippmann exerceu influência direta sobre a ciência social (embora as sutilezas e ressalvas de seu argumento original tenham sido esquecidas). Os psicólogos mostraram listas de grupos étnicos e listas de características a um grupo de pessoas e então pediram-lhes que fizessem a correspondência entre grupos e características. Não deu outra: ligaram judeus a "astutos" e "mercenários", alemães a "eficientes" e "nacionalistas", negros a "supersticiosos" e "despreocupados" e assim por diante.[7] Tais generalizações são perniciosas quando aplicadas a indivíduos, e, embora lamentavelmente ainda sejam comuns em boa parte do mundo, hoje em dia as pessoas educadas e as principais figuras públicas empenham-se em evitá-las.

Nos anos 70, muitos pensadores não se contentaram em ressaltar que os estereótipos de categorias de pessoas podem ser incorretos. Começaram a asseverar que as próprias categorias não existem fora de nossos estereótipos. Um modo eficaz de combater racismo, sexismo e outros tipos de preconceito, segundo eles, é negar que categorias conceituais de pessoas tenham qualquer relação com a realidade objetiva. Seria impossível acreditar que homossexuais são efeminados, que negros são supersticiosos e que mulheres são passivas se não existissem as idéias de categorias de homossexuais, negros ou mulheres. Por exemplo, o filósofo Richard Rorty escreveu: "O mais apropriado é julgar que 'o homossexual', 'o negro' e 'a mulher' não são classificações inevitáveis de seres humanos, e sim invenções que fizeram mais mal do que bem".[8]

Já que é assim, pensam muitos autores, por que parar por aí? Melhor ainda seria garantir que *todas* as categorias são construções sociais e, portanto, ficções, pois assim *realmente* os estereótipos injustos seriam ficções. Rorty comenta com aprovação que muitos pensadores atuais "vão além e afirmam que quarks e genes provavelmente também são [invenções]". Pós-modernistas e outros relativistas criticam a verdade e a objetividade não tanto por estar interessados em problemas filosóficos de ontologia e epistemologia, mas por achar que esse é o melhor modo de puxar o tapete dos racistas, sexistas e homófobos. O filósofo Ian Hacking fez uma lista de quase quarenta categorias que em tempos recentes foram apontadas como "socialmente construídas". Os exemplos mais destacados são raça, gênero, masculinidade, natureza, fatos, realidade e o passado. Mas a lista vem crescendo, e agora inclui autoria, AIDS, fraternidade, escolha, perigo, demência, doença, florestas indígenas, desigualdade, o sistema de satélites Landsat, o imigrante doente e geneticamente inferior, nação-Estado, quarks, sucesso escolar, homicida serial, sistemas tecnológicos, crime de colarinho-branco, mulheres refugiadas e nacionalismo zulu. Segundo Hacking, a linha comum é a convicção de que a categoria não é determinada pela natureza das coisas e, portanto, inevitável. A implicação adicional é que seria muito melhor para nós se ela fosse eliminada ou radicalmente transformada.[9]

Toda essa iniciativa baseia-se em uma teoria não declarada da formação de conceitos humanos: a de que as categorias conceituais não têm relação sistemática com as coisas do mundo, sendo socialmente construídas (e, portanto, passíveis de reconstrução). É uma teoria correta? Em alguns casos, ela tem uma pontinha de verdade. Como vimos no capítulo 4, certas categorias realmente são construções sociais: só existem porque as pessoas tacitamente concordam em agir como se elas existissem. Incluem-se entre os exemplos o dinheiro, a posse efetiva de um cargo, a cidadania, as condecorações por bravura e a presidência dos Estados Unidos.[10] Mas isso não significa que *todas* as categorias conceituais são socialmente construídas. A formação de conceitos vem sendo estudada há décadas pelos psicólogos cognitivos, e eles concluem que a maioria dos conceitos distingue categorias de objetos no mundo que tinham algum tipo de realidade antes mesmo de termos parado para pensar nelas.[11]

Sim, cada floco de neve é único, e nenhuma categoria fará total justiça a cada um de seus membros. Mas a inteligência depende do agrupamento de coisas que possuem propriedades em comum, para que não fiquemos pasmos a cada nova coisa que encontrarmos. Como escreveu William James: "Um pólipo seria um pensador conceitual se uma sensação de 'Nossa! Outro troço estranho!' alguma vez lhe passasse pela cabeça". Percebemos algumas características de um novo objeto, situamo-lo em uma categoria mental e inferimos que é provável que ele tenha as outras características típicas dessa categoria, aquelas que não conseguimos perceber. Se anda como um pato e grasna como um pato, provavelmente é um pato. Se é um pato, provavelmente nada, voa, tem um dorso por onde a água rola e possui carne que fica saborosa quando envolta em uma massa de panqueca com cebolinha e molho *hoisin*.

Esse tipo de inferência funciona porque o mundo realmente contém patos que realmente compartilham propriedades. Se vivêssemos em um mundo onde objetos que andam e grasnam não tivessem mais probabilidade de conter carne do que qualquer outro objeto, a categoria "pato" seria inútil, e possivelmente não teria evoluído em nós a habilidade de formá-la. Se construíssemos uma gigantesca planilha nas quais as linhas e colunas fossem características que as pessoas notam e as células fossem preenchidas com objetos que possuem aquelas combinações de características, o padrão das células preenchidas seria composto de aglomerações. Veríamos muitas entradas na interseção da linha "grasna" e da coluna "anda bamboleando", mas nenhuma na linha "grasna" e na coluna "galopa". Uma vez especificadas as linhas e colunas, as aglomerações vêm do mundo, e não da sociedade ou da linguagem. Não é coincidência que os mesmos seres vivos tendam a ser classificados juntos pelas palavras das culturas européias, pelas palavras designativas de tipos de plantas e animais em outras culturas (incluindo culturas pré-letradas) e pelos grupos taxonômicos lineanos dos biólogos profissionais equipados com pinças, instrumentos de dissecação e seqüenciadores de DNA. Os patos, dizem os biólogos, são várias dezenas de espécies da subfamília *Anatinae,* cada uma com uma anatomia distinta, capacidade de cruzar com outros membros de sua espécie e um ancestral comum na história evolutiva.

A maioria dos psicólogos cognitivos acredita que as categorias conceituais provêm de dois processos mentais.[12] Um deles nota aglomerados de entradas na planilha mental e os trata como categorias com fronteiras vagas, membros prototípicos e semelhanças que coincidem, como membros de uma família. É por isso que nossa categoria mental "pato" pode abranger patos singulares que não correspondam ao pato prototípico, como um pato aleijado incapaz de nadar ou voar, patos-do-mato, que têm garras em vez de pés palmados e o Pato Donald, que fala e usa roupa. Os outros processos mentais buscam regras nítidas e definições e as inserem em raciocínios encadeados. O segundo sistema pode aprender que os patos verdadeiros mudam as penas duas vezes por estação e apresentam escamas sobrepostas nas pernas, por isso certas aves que parecem gansos e são chamadas de gansos na realidade são patos. Mesmo quando as pessoas não devem o conhecimento desses fatos à biologia acadêmica, têm acentuada intuição de que as espécies são definidas por uma essência interna ou uma característica oculta que, seguindo alguma lei, origina características visíveis.[13]

Quem dá aulas de psicologia da categorização já se viu às voltas com a seguinte pergunta de um aluno intrigado: "Você está nos dizendo que classificar as coisas em categorias é racional e nos torna inteligentes. Mas vivem nos dizendo que classificar *pessoas* em categorias é irracional e que quem faz isso é racista e sexista. Se a categorização é tão excelente quando falamos em patos e cadeiras, por que é tão terrível quando pensamos em *gênero* e *grupos étnicos?"*. Como ocorre com muitas perguntas engenhosas de alunos, esta revela uma deficiência da literatura, e não uma falha da compreensão dos estudantes.

A idéia de que os estereótipos são inerentemente irracionais deve-se mais a um sentimento de superioridade em relação às pessoas comuns do que a pesquisas psicológicas apropriadas. Muitos pesquisadores, tendo mostrado que estereótipos existiam na mente dos participantes de seus experimentos, supuseram que os estereótipos tinham de ser irracionais, pois preocupavam-se com a possibilidade de que alguma característica pudesse ser estatisticamente verdadeira para algum grupo. Nunca chegaram a investigar realmente. Isso começou a mudar nos anos 80, e hoje temos conhecimentos razoáveis sobre a exatidão dos estereótipos.[14]

Com algumas exceções importantes, os estereótipos, na verdade, *não* são inexatos quando avaliados com base em referenciais objetivos como dados censitários ou informações fornecidas pelas próprias pessoas estereotipadas. Quem acredita que os afro-americanos têm maior probabilidade de depender da previdência social do que os brancos, que os judeus têm renda média mais elevada do que os protestantes anglo-saxões brancos (os chamados WASPs), que os estudantes de administração de empresas são mais conservadores do que os estudantes de artes, que as mulheres têm maior probabilidade do que os homens de querer perder peso e que os homens têm maior probabilidade que as mulheres de matar uma mosca com a mão não está sendo irracional nem preconceituoso. Essas crenças são corretas. Os estereótipos de pessoas em geral condizem com as estatísticas e, em muitos casos, sua tendência é *subestimar* as diferenças reais entre os sexos ou grupos étnicos.[15] Isso não significa que as características estereotipadas sejam imutáveis, obviamente, ou que as pessoas pensem que são imutáveis; significa apenas que as pessoas percebem as características com razoável exatidão no momento.

Além disso, mesmo quando as pessoas acreditam que grupos étnicos têm características típicas, não quer dizer que estereotipam todo mundo insensatamente, acreditando que cada membro de um grupo possui exatamente aquelas características. As pessoas podem pensar que os alemães são, em média, mais eficientes que os não-alemães, mas ninguém acredita que todo alemão é mais eficiente que todo não-alemão.[16] E as pessoas não têm dificuldade para desconsiderar um estereótipo quando contam com boas informações sobre um indivíduo. Contrariamente a uma acusação comum, as impressões dos professores sobre seus alunos individualmente não são contaminadas por seus estereótipos de raça, gênero ou condição socioeconômica. As impressões dos professores refletem corretamente o desempenho do aluno medido por testes objetivos.[17]

Agora tratemos das exceções importantes. Estereótipos podem ser flagrantemente inexatos quando uma pessoa tem pouco ou nenhum contato direto com o grupo estereotipado ou quando pertence a um grupo que é declaradamente hostil ao que está sendo julgado. Durante a Segunda Guerra Mundial, quando os russos eram aliados dos Estados Unidos e os alemães eram os inimigos, os americanos achavam que os russos tinham mais características positivas que os alemães. Pouco depois, quando as alianças se inverteram, os americanos passaram a achar que eram os alemães que tinham mais características positivas que os russos.[18]

Ademais, a capacidade das pessoas de deixar de lado os estereótipos ao julgar um indivíduo é exercida por intermédio de um raciocínio consciente e deliberado. Quando as pessoas estão perturbadas ou quando são pressionadas a reagir rapidamente, têm maior probabilidade de julgar que um membro de um grupo étnico possui todas as características estereotipadas desse grupo.[19] Isso provém da estruturação em duas partes do sistema de categorização humana, já mencionada. Nossa rede de associações vagas naturalmente reverte para um estereótipo quando encontramos um indivíduo pela primeira vez. Mas nosso categorizador baseado em regras pode bloquear essas associações e fazer deduções fundamentadas nos fatos relevantes relacionados ao indivíduo. Pode fazê-lo seja por razões práticas, quando a informação sobre uma média referente a todo um grupo for menos indicativa do que a informação sobre o indivíduo, seja por razões sociais e morais, por respeito ao imperativo de que *temos* de deixar de lado certas médias referentes a todo um grupo ao julgar um indivíduo.

Conclui-se dessas pesquisas não que os estereótipos são sempre exatos, mas que eles nem sempre são falsos, ou mesmo geralmente falsos. É exatamente o que esperaríamos se a categorização humana — como o resto da mente — fosse uma adaptação que atenta para os aspectos do mundo que são relevantes para nosso bem-estar no longo prazo. Como salientou o psicólogo social Roger Brown, a principal diferença entre categorias de pessoas e categorias de outras coisas é que quando usamos um exemplar prototípico para representar uma categoria de coisas, ninguém se melindra. Quando o dicionário *Webster's* usou um pardal para representar todas as aves, "emas, avestruzes, pingüins e águias não partiram para o ataque". Mas imagine o que teria acontecido se o *Webster's* tivesse usado uma imagem de uma mãe jogadora de futebol para ilustrar o verbete *mulher* e a de um executivo de empresa para ilustrar *homem*. Brown observa: "Obviamente as pessoas teriam razão de melindrar-se, pois um protótipo nunca representa a variação que existe nas categorias naturais. Acontece que as aves não se importam, mas as pessoas sim".[20]

Quais as implicações do fato de que muitos estereótipos são estatisticamente corretos? Uma é que as pesquisas científicas contemporâneas sobre diferenças entre os sexos não podem ser descartadas só porque algumas constatações condizem com estereótipos tradicionais de homens e mulheres. Algumas partes desses estereótipos podem ser falsas, mas o mero fato de serem estereótipos não prova que são falsos em todos os aspectos.

A correção parcial de muitos estereótipos evidentemente não significa que o racismo, o sexismo e o preconceito étnico são aceitáveis. Independentemente do princípio democrático de que na esfera pública as pessoas devem ser tratadas como indivíduos, há boas razões para nos preocuparmos com os estereótipos. Os que se baseiam em descrições hostis e não na experiência direta fatalmente são incorretos. E alguns estereótipos só são corretos em razão de profecias auto-realizáveis. Quarenta anos atrás pode ter sido realmente correto que poucas mulheres e afro-americanos tinham qualificação para ser diretores de empresa ou candidatos à presidência. Mas isso ocorria somente em razão de barreiras que os impediam de obter a qualificação, como, por exemplo, políticas universitárias que lhes recusavam a entrada com base na crença de que eles não eram aptos. As barreiras institucionais tiveram de ser demolidas antes que os fatos pudessem mudar. A boa notícia é que, quando os fatos mudam, os estereótipos das pessoas podem mudar também.

E quanto às políticas que vão além e compensam ativamente os estereótipos preconceituosos, como as cotas e preferências favorecendo grupos com participação menos que proporcional em determinados setores? Alguns defensores dessas políticas supõem que quem controla o acesso sofre incuravelmente de preconceitos infundados e que as cotas têm de ser mantidas eternamente a fim de neutralizar seus efeitos. As pesquisas sobre a exatidão dos estereótipos refutam esse argumento. Não obstante, as pesquisas podem embasar um argumento diferente em favor de preferências e outras políticas relacionadas a gênero e cor. Os estereótipos, mesmo quando são corretos, podem ser auto-realizáveis, e não só no caso óbvio das barreiras institucionalizadas como as que mantiveram as mulheres e os afro-americanos fora das universidades e profissões. Muita gente já ouviu falar no efeito Pigmalião, no qual as pessoas mostram um desempenho conforme as expectativas de outras pessoas (como os professores). Na verdade, o efeito Pigmalião parece ser pequeno ou inexistente, mas existem formas mais sutis de profecias auto-realizáveis.[21] Se decisões subjetivas sobre pessoas, como admissões, contratações, crédito e salários, forem em parte baseadas em médias para todo um grupo, contribuirão para tornar os ricos mais ricos e os pobres mais pobres. As mulheres são marginalizadas na vida acadêmica, e isso as torna genuinamente menos influentes, o que aumenta sua marginalização. Os afro-americanos são tratados como maus pagadores e têm dificuldade para obter crédito, o que lhes dificulta ser bem-sucedidos, por sua vez fazendo deles maus pagadores. Políticas sensíveis aos aspectos de raça e gênero, segundo argumentos da psicóloga Virginia Valian, do economista Glenn Loury e do filósofo James Flynn, talvez sejam necessárias para romper o círculo vicioso.[22]

Empurrando na outra direção temos a constatação de que os estereótipos apresentam o menor grau de exatidão quando se referem a uma coalizão que está em competição hostil com a nossa. Isso deveria causar apreensão quanto à política de identidade, na qual instituições públicas identificam seus membros com base em raça, sexo e grupo étnico e avaliam cada política conforme ela favorece um grupo em detrimento de outro. Em muitas universidades, por exemplo, estudantes pertencentes a minorias são destacados para freqüentar sessões especiais de orientação e encorajados a ver toda a sua experiência acadêmica da perspectiva de seu grupo e do modo como ele foi vitimado. Tais políticas, implicitamente jogando um grupo contra outro, podem fazer com que cada grupo gere estereótipos sobre o outro que são mais pejorativos do que os que se desenvolveriam em encontros pessoais. Como ocorre com outras questões de elaboração de políticas que examino neste livro, os dados de laboratório não fornecem um veredicto positivo ou negativo para as políticas baseadas em raça e gênero. Mas, salientando as características de nossa psicologia abordadas por diferentes políticas, as descobertas podem tornar os *trade-offs* mais claros e os debates mais bem fundamentados.

De todas as faculdades encontradas na obra-prima chamada homem, a linguagem talvez seja a mais assombrosa. "Lembre-se de que você é um ser humano com uma alma e o dom divino da fala articulada", Henry Higgins implorou a Eliza Doolittle. O *alter ego* de Galileu, humilde ante as artes e invenções de sua época, comentou sobre a linguagem em sua forma escrita:

> Mas, superando todas as estupendas invenções, que mente sublime a daquele que sonhou encontrar um meio de comunicar seus mais íntimos pensamentos a qualquer outra pessoa, ainda que separado por imensos intervalos de espaço e tempo! Em conversar com os que estão na Índia, em falar com os que ainda não nasceram

e não serão nascidos em mil ou 10 mil anos; e com que facilidade, por meio de diferentes arranjos de vinte caracteres em uma página![23]

Mas uma coisa engraçada aconteceu com a linguagem na vida intelectual. Em vez de ser apreciada por sua capacidade de comunicar o pensamento, foi condenada por seu poder de *restringir* o pensamento. Citações célebres de dois filósofos refletem essa preocupação. "Temos de deixar de pensar se nos recusarmos a fazê-lo na prisão da língua", escreveu Friedrich Nietzsche. "Os limites de minha língua significam os limites de meu mundo", são palavras de Ludwig Wittgenstein.

Como a língua poderia exercer essa força repressora? Exerceria, sim, se as palavras e frases fossem o próprio meio do pensamento, uma idéia que decorre naturalmente da tábula rasa. Se não há nada no intelecto que não estivesse primeiro nos sentidos, então as palavras captadas pelos ouvidos são a fonte óbvia de qualquer pensamento abstrato que não pode ser reduzido a visões, odores ou outros sons. Watson tentou explicar o pensamento como movimentos microscópicos da boca e da garganta; Skinner teve esperança de que seu livro *Verbal behavior* [*O comportamento verbal,* na tradução em português], que explica a linguagem como um repertório de respostas recompensadas, diminuísse a distância entre pombos e pessoas.

As outras ciências sociais também tenderam a equiparar linguagem a pensamento. Edward Sapir, aluno de Boas, ressaltou diferenças no modo como as línguas esculpem o mundo em categorias, e Benjamin Whorf, aluno de Sapir, levou além essas observações, formulando a famosa hipótese do determinismo lingüístico:

> Retalhamos a natureza, organizamo-la em conceitos e atribuímos significados do modo como o fazemos em grande medida porque somos partes que entraram em um acordo para organizá-la dessa maneira — um acordo que tem validade em toda a nossa comunidade falante e é codificado nos padrões de nossa língua. O acordo é, obviamente, implícito e não declarado, *mas seus termos são absolutamente obrigatórios.*[24]

Mais recentemente, o antropólogo Clifford Geertz escreveu que "pensar consiste não em 'acontecimentos na cabeça' (embora para que ocorra sejam necessários acontecimentos ali e em outras partes), mas em um tráfego do que tem sido chamado de [...] símbolos significantes — palavras, em grande medida".[25]

Como se dá com tantas idéias na ciência social, a centralidade da linguagem é levada a extremos no desconstrucionismo, no pós-modernismo e em outras doutrinas relativistas. Os textos de oráculos como Jacques Derrida são crivados de aforismos como "Não é possível escapar da linguagem", "O texto é auto-referente", "Linguagem é poder" e "Não existe nada fora do texto". De modo semelhante, J. Hillis Miller escreveu que "A linguagem não é um instrumento ou ferramenta nas mãos do homem, um meio submisso de pensar. A linguagem, na verdade, pensa o homem e seu 'mundo' [...] se ele lhe permitir fazê-lo".[26] O prêmio para a afirmação mais extrema tem de ser para Roland Barthes, por sua declaração: "O homem não existe anteriormente à linguagem, seja como espécie, seja como indivíduo".[27]

Afirma-se que a origem dessas idéias é a lingüística, embora a maioria dos lingüistas acredite que os desconstrucionistas tenham enlouquecido. A observação original foi que muitas palavras são definidas, em parte, por sua relação com outras palavras. Por exemplo, *ele* é definido pelo contraste com *eu, você, eles* e *ela*, e *grande* só é compreensível como oposto de *pequeno*. E quando consultamos um dicionário, as palavras são definidas por outras palavras, as quais são definidas por outras palavras, até que o círculo se completa quando voltamos a uma definição contendo a palavra original. Portanto, dizem os construcionistas, a língua é um sistema auto-suficiente no qual as palavras não têm uma conexão necessária com a realidade. E como a língua é um instrumento arbitrário, e não um meio para comunicar pensamentos ou descrever a realidade, os poderosos podem usá-la para manipular e oprimir outros. Isso, por sua vez, leva à mobilização em prol de reformas lingüísticas: neologismos para servir de pronomes neutros, uma sucessão de novos termos para designar minorias raciais e a rejeição de padrões de clareza na crítica e na produção acadêmica (pois se a língua não é mais uma janela para o pensamento, mas a própria essência do pensamento, a metáfora da "clareza" já não vale).

Como todas as teorias de conspiração, a idéia de que a língua é uma prisão difama seu tema superestimando seu poder. A linguagem é a magnífica faculdade que usamos para transmitir pensamentos de uma cabeça para outra, e podemos cooptá-la de muitos modos para ajudar nossos pensamentos a fluir. Mas linguagem não é o mesmo que pensamento, nem a única coisa que separa os humanos dos outros animais, a base de toda cultura, uma prisão inescapável, um acordo obrigatório, os limites de nosso mundo ou o determinante do que é imaginável.[28]

Vimos que a percepção e a categorização nos fornecem conceitos que nos mantêm em contato com o mundo. A língua estende essa linha de comunicação conectando os conceitos a palavras. As crianças ouvem ruídos que saem da boca de um membro da família, usam sua psicologia intuitiva e sua compreensão do contexto para inferir o que o falante está tentando dizer, e mentalmente associam as palavras aos conceitos e as regras gramaticais às relações entre ambos. Totó derruba uma cadeira, a irmã diz "o cachorro derrubou a cadeira!" e o bebê deduz que *cachorro* significa cachorro, *cadeira* significa cadeira e o sujeito do verbo derrubar é o agente que derruba.[29] Agora o bebê pode falar sobre outros cachorros, outras cadeiras e outras derrubadas. Não há nada de auto-referente ou de prisão nisso. Como gracejou o romancista Walter Percy, um desconstrucionista é um acadêmico que afirma que os textos não têm referentes e então deixa uma mensagem na secretária eletrônica da esposa pedindo que ela encomende uma pizza de pimentão para o jantar.

A língua seguramente afeta nossos pensamentos, em vez de apenas rotulá-los com o único propósito de rotulá-los. Mais obviamente, a língua é o conduto através do qual as pessoas compartilham seus pensamentos e intenções e, com isso, adquirem o conhecimento, os costumes e os valores daqueles que as cercam. Na canção "Christmas" da ópera-rock *Tommy,* a banda The Who descreve as dificuldades de um garoto sem linguagem: "Tommy doesn't know what day it is; he doesn't know who Jesus was or what prayin' is" [Tommy não sabe que dia é hoje; não sabe quem foi Jesus nem o que é rezar].

A língua pode permitir que compartilhemos pensamentos não só diretamente, por seu conteúdo literal, mas também indiretamente, via metáforas e metonímias que incitam os ouvintes a apreender conexões que podem não ter notado antes. Por exemplo, muitas expressões tratam o tempo como se fosse um recurso valioso, como *perder tempo, gastar tempo, tempo precioso* e *tempo é dinheiro.*[30] Presumivelmente, na primeira vez que alguém usou uma dessas expressões, quem ouviu se perguntou por que a pessoa estava usando uma palavra que significava dinheiro para se referir a tempo; afinal, não se pode realmente gastar o tempo como se gastam moedas de ouro. Então, supondo que o falante não estava gracejando, seus ouvintes descobriram os modos como o tempo de fato tem algo em comum com o dinheiro, e supuseram que isso era o que o falante estava tentando transmitir. Note-se que mesmo nesse exemplo claro da língua afetando o pensamento, língua não é *o mesmo* que pensamento. Quem originalmente cunhou a metáfora precisou perceber a analogia sem o benefício das expressões existentes em sua língua, e os primeiros ouvintes precisaram entendê-la usando um encadeamento de pensamentos inexprimíveis sobre as intenções típicas dos falantes e as propriedades que tempo e dinheiro têm em comum.

Além de seu uso como meio de comunicação, a língua pode ser aproveitada como um dos meios usados pelo cérebro para armazenar e manipular informações.[31] A influente teoria da memória de trabalho humana, do psicólogo Alan Baddeley, capta bem essa idéia.[32] A mente emprega um *"loop* fonológico":* uma articulação silenciosa de palavras ou números que persiste por alguns segundos e pode ser percebida pelo ouvido da mente. O *loop* atua como um "sistema escravo" a serviço de um "executivo central". Descrevendo coisas para nós mesmos usando fragmentos da língua, podemos temporariamente armazenar o resultado de uma computação mental ou recuperar porções de dados armazenados como expressões verbais. A aritmética mental com números grandes, por exemplo, pode ser efetuada recuperando-se fórmulas verbais como "sete vezes oito são cinqüenta e seis".[33] Mas, como os termos técnicos da teoria deixam claro, a língua está servindo como escrava a um executivo, e não como o meio de todo o pensamento.

Por que praticamente todos os cientistas cognitivos e lingüistas acreditam que a língua não é uma prisão do pensamento?[34] Primeiro, muitos experimentos investigaram mentes de criaturas sem linguagem, como recém-nascidos e primatas não humanos, e descobriram as categorias fundamentais do pensamento funcionando a pleno vapor: objetos, espaço, causa e efeito, número, probabilidade, agência (a iniciação do comportamento por uma pessoa ou animal) e as funções de utensílios.[35]

Segundo, nosso imenso depósito de conhecimentos certamente não é expresso nas palavras e sentenças nas quais aprendemos os fatos individuais. O que você leu na página anterior a esta? Eu gostaria de pensar que você consegue dar uma resposta razoavelmente precisa a esta pergunta. Agora, tente escrever

---

* Em um programa de computador, *loop* é um procedimento ou conjunto de instruções que são executadas repetidamente até que uma condição específica seja satisfeita *ou* até que o programa seja concluído. (N. T.)

as palavras exatas que leu naquela página. Grande é a probabilidade de que você não consiga recordar uma única sentença palavra por palavra, provavelmente nem sequer uma única expressão. O que você lembra é o ponto essencial daquelas passagens — seu conteúdo, significado ou sentido —, e não a língua em si. Muitos experimentos sobre memória humana confirmaram que o que lembramos no longo prazo é o conteúdo, e não o palavreado, de histórias e conversas. Os cientistas cognitivos constroem modelos dessa "memória semântica" como uma rede de proposições lógicas, imagens, programas motores, séries de sons e outras estruturas de dados ligadas umas às outras no cérebro.[36]

Um terceiro modo de pôr a linguagem em seu lugar é refletir sobre como a usamos. Escrever e falar não consistem em transcrever um monólogo interior no papel ou proferi-lo ao microfone. O que fazemos é uma constante permuta entre os pensamentos que tentamos transmitir e os meios que nossa língua oferece para transmiti-los. Freqüentemente tenteamos em busca das palavras, ficamos insatisfeitos com o que escrevemos porque não expressa o que queríamos dizer, ou descobrimos, quando todas as combinações de palavras parecem erradas, que não *sabemos* realmente o que queremos dizer. E quando nos frustramos com uma disparidade entre nossa língua e nossos pensamentos, não desistimos, derrotados e calados, mas mudamos a língua. Inventamos neologismos (*quark, meme, clone, estrutura profunda*), criamos gírias (*spam, detonar, desmunhecar, surfar na web, enrolar*), emprestamos palavras úteis de outras línguas (*joie de vivre, schlemiel, angst, trade-off*), ou cunhamos novas metáforas (*desperdiçar tempo, lavagem de dinheiro, forçar a barra*). É por isso que toda língua, longe de ser uma penitenciária imutável, está em constante renovação. Apesar das lamentações dos amantes da língua e da coerção dos patrulheiros do idioma, as línguas mudam incessantemente, conforme as pessoas precisam falar sobre coisas novas ou transmitir novas atitudes.[37]

Finalmente, a própria língua não poderia funcionar se não se assentasse sobre uma vasta infra-estrutura de conhecimento tácito sobre o mundo e sobre as intenções de outras pessoas. Quando compreendemos a língua, temos de ler nas entrelinhas para eliminar as interpretações involuntárias de uma sentença ambígua, juntar emissões fragmentadas, passar por cima de lapsos verbais e preencher os incontáveis passos omitidos em um encadeamento completo de pensamento. Quando o rótulo do xampu diz "Faça espuma, enxágüe, repita", não passamos o resto da vida no banho; inferimos que significa "repita uma vez". E sabemos como interpretar manchetes ambíguas como "Crianças fazem lanches nutritivos" e "Papa interessa-se pelas prostitutas", porque, sem esforço, aplicamos nosso conhecimento básico sobre os tipos de coisa que as pessoas tendem a transmitir nos jornais. De fato, a própria existência de sentenças ambíguas, nas quais uma série de palavras expressa dois pensamentos, prova que pensamentos não são a mesma coisa que séries de palavras.

A língua com freqüência faz a notícia precisamente porque pode ser separada de pensamentos e atitudes. Em 1998, Bill Clinton explorou as expectativas por trás da compreensão usual para desnortear os promotores sobre seu caso com Monica Lewinsky. Usou as palavras *sozinho*, *sexo* e *estar* em sentidos que eram tecnicamente defensáveis mas que desviavam de suposições benevolentes sobre o que as pessoas normalmente querem dizer com esses termos. Por exemplo, ele afirmou que não estava "sozinho" com Monica Lewinsky, embora os dois fossem as únicas pessoas no aposento, porque havia outras pessoas no complexo do Salão Oval naquele momento. Ele disse que não fez "sexo" com ela, pois não praticaram o coito. Suas palavras, como todas as palavras, certamente são vagas em suas fronteiras. Exatamente quanto a pessoa mais próxima deve estar distante ou escondida para que alguém possa ser considerado sozinho? Em que ponto do *continuum* do contato corporal — de um esbarrão acidental no elevador ao êxtase tântrico — dizemos que ocorreu sexo? Em geral, resolvemos essa indefinição fazendo suposições sobre como nosso interlocutor interpretaria as palavras no contexto, e escolhemos nossos termos conforme o que supomos. A engenhosidade de Clinton na manipulação dessas suposições e a indignação provocada quando ele se viu forçado a explicar o que fizera mostram que as pessoas têm uma percepção aguçada da diferença entre as palavras e os pensamentos que elas se destinam a transmitir.

A língua transmite não apenas significados exatos, mas também a atitude de quem fala. Pense na diferença entre *gorda* e *voluptuosa*, *esguia* e *esquelética*, *econômico* e *sovina*, *bem-falante* e *labioso*. Epítetos raciais, que vêm entremeados com desprezo, justificadamente não são de bom-tom entre pessoas responsáveis, pois empregá-los transmite a mensagem tácita de que o desprezo pelas pessoas a quem o epíteto se refere é aceitável. Mas o impulso de adotar novos termos para grupos desfavorecidos vai muito além desse sinal básico de respeito; com freqüência supõe que palavras e atitudes são tão inseparáveis que podemos reestruturar as atitudes das pessoas mexendo com as palavras. Em 1994 o *Los Angeles Times* adotou um manual de estilo que proibia cerca de 150 palavras, entre elas *defeito congênito*, *Canuck* [canadense], *Chinese fire drill* [expressão que designa uma tremenda confusão; literalmente, exercício de brigada de incêndio chinesa], *continente negro*, *divorciada*, *Dutch treat* [prática de cada um pagar por si; literalmente, convite de holandês para comer e beber], *deficiente, ilegítimo, inválido, manmade* [feito pelo homem], *Novo Mundo, enteado* e *to welsh* [calotear; *Welsh* também significa galês]. Os editores supunham que as palavras registram-se no cérebro com sua acepção literal, de modo que *inválido* é compreendido como "alguém que não é válido" e *Dutch treat* é entendido como um desdouro para os holandeses contemporâneos. (De fato, essa é uma das muitas expressões idiomáticas inglesas na qual *Dutch* significa "substituto, imitação", como *Dutch oven* [panelão de ferro com tampa, para assar em cima do fogão], *Dutch door* [porta dividida horizontalmente, permitindo abrir só a parte de cima ou só a de baixo], *Dutch uncle* [mentor severo; literalmente, tio holandês], *Dutch courage* [coragem de bêbado] e *Dutch auction* [leilão no qual o preço vai sendo reduzido até que alguém se disponha a pagar], todas elas vestígios de uma rivalidade há tempos esquecida entre ingleses e holandeses.)

Mas até mesmo as tentativas mais razoáveis de reforma lingüística baseiam-se na dúbia teoria do determinismo lingüístico. Muita gente fica intrigada com a substituição de termos antes irrepreensíveis por novos termos: *Negro* por *black* ou *Afro-American*, *Spanish-American* [hispano-americano] por *Hispanic* ou *Latino*, *crippled* por *handicapped*, que por sua vez foi substituído por *disabled* e finalmente por *challenged*,* *slum* por *ghetto*, substituída então por *inner city* e por fim, novamente (segundo o *Times*) *slum*.** Ocasionalmente os neologismos são defendidos com algum fundamento lógico para seu significado. Na década de 1960, a palavra *Negro* foi substituída pela palavra *black* porque se pretendia que o paralelo entre as palavras *black* [preto] e *white* [branco] ressaltasse a igualdade das raças. Nessa mesma linha, *Native American* [americano nativo] nos lembra quem estava na América primeiro e evita o termo *Indian* [índio], que é geogra-

---

* Em português temos uma seqüência correspondente: aleijado, defeituoso, deficiente e portador de deficiência. (N. T.)

** Equivalentes dos nossos "favela" e "periferia". (N. T.)

ficamente incorreto. Mas é freqüente que novos termos substituam outros que eram perfeitamente apropriados em sua época, como vemos em nomes de instituições antigas que obviamente são solidárias com as pessoas a quem seus nomes se referem: o United Negro College Fund [Fundo Unido das Universidades Negras], a National Association for the Advancement of Colored People [Associação Nacional para o Progresso das Pessoas de Cor], o Shriners Hospitals for Crippled Children [Hospital dos Shriners para Crianças Aleijadas]. E às vezes um termo pode ser malvisto ou obsoleto enquanto uma variante secundária é aceita: *colored people* trocado por *people of color* [pessoas de cor], *Afro-American* por *African American*, *Negro* (em espanhol) por *black*. Na verdade, o respeito pelo significado literal deveria nos fazer procurar um novo termo para designar os descendentes de europeus que não são brancos nem caucasianos. Alguma outra coisa deve estar impelindo o processo de substituição.

Os lingüistas conhecem bem o fenômeno, que pode ser chamado de círculo vicioso do eufemismo. As pessoas inventam novas palavras para referentes com carga emocional, mas logo o eufemismo torna-se inaceitável por associação, e uma nova palavra tem de ser encontrada, por sua vez adquirindo suas próprias conotações e assim por diante. *Water closet* [w.c., latrina] torna-se *toilet* [toalete] (originalmente um termo para qualquer tipo de cuidados corporais, como *toilet kit* e *toilet water*), que se torna *bathroom*, que se torna *restroom*, que se torna *lavatory*. *Undertaker* [agente funerário] vira *mortician*, que vira *funeral director*. *Garbage collection* [coleta de lixo] dá lugar a *sanitation* [saneamento], que por sua vez é substituído por *environmental services* [serviços ambientais]. *Gym* (ginástica, derivado de *gymnasium*, originalmente "curso ginasial") passa a ser *physical education* [educação física], que dá lugar (em Berkeley) a *human biodynamics* [biodinâmica humana]. Até a palavra *minority* [minoria] — a designação mais neutra concebível, referindo-se apenas a números relativos — foi proibida em 2001 pela Câmara Municipal de San Diego (e quase proibida pela Câmara Municipal de Boston) por ser considerada depreciativa para os não-brancos. "Não importa como se faça a divisão, *minoria* significa menos que alguma coisa", afirmou um portador de deficiência semântica do Boston College, onde o termo preferido é AHANA (acrônimo de *African-American, Hispanic, Asian* e *Native American*).[38]

O círculo vicioso do eufemismo mostra que conceitos, e não palavras, estão primordialmente na mente das pessoas. Dê um novo nome a um conceito, e o nome passa a ser influenciado pelo conceito; o conceito não é renovado pelo nome, ao menos não por muito tempo. Nomes para minorias continuarão a mudar enquanto as pessoas tiverem atitudes negativas em relação a elas. Saberemos que alcançamos o respeito mútuo quando os nomes pararem de mudar.

"Imagem não é nada. Sede é tudo", grita um anúncio de refrigerante que tenta criar uma nova imagem para seu produto ridicularizando os anúncios de refrigerante que tentam criar imagens para seus produtos. Como as palavras, as imagens são símbolos proeminentes de nossa vida mental. E julga-se que, como as palavras, as imagens têm um poder insidioso sobre nossa consciência, presumivelmente porque são inscritas diretamente em uma tábula rasa. No pensamento pós-modernista e relativista, considera-se que as imagens moldam nossa visão da realidade, ou que *são* nossa visão da realidade, ou ainda que são a própria realidade. Isso vale especialmente para imagens que representam celebridades, políticos, mulheres e AHANAS. E, como a linguagem, o estudo científico das imagens mentais demonstra que esse temor é descabido.

Uma boa descrição da concepção típica das imagens em estudos culturais e disciplinas afins pode ser encontrada em *Concise glossary of cultural theory*. Ali se define imagem como a "representação mental ou visual de um objeto ou evento conforme representado na mente, em uma pintura, fotografia ou filme". Tendo assim reunido imagens no mundo (como as pinturas) com imagens na mente, o verbete discorre sobre a centralidade das imagens no pós-modernismo, em estudos culturais e no feminismo acadêmico.

Primeiro observa, acertadamente, que as imagens podem desvirtuar a realidade e, assim, servir aos interesses de uma ideologia. Uma caricatura racista, presumivelmente, é um excelente exemplo. Mas em seguida essa concepção é levada além:

Com o que se chama "crise de representação" originado pelo [...] pós-modernismo, porém, freqüentemente se questiona se podemos considerar que uma imagem simplesmente representa, ou desvirtua, uma realidade isenta de imagens supostamente anterior ou externa. Em vez disso, a realidade é vista como estando sempre sujeita a modos de representação ou como sendo sempre um produto deles. Dessa perspectiva, inescapavelmente habitamos um mundo de imagens ou representações, e não um "mundo real" e imagens verdadeiras ou falsas desse mundo.

Em outras palavras, se uma árvore cai numa floresta e não há um artista para pintá-la, não só a árvore não produz nenhum ruído mas também não cai, e para começar não existia árvore nenhuma.

> Em um avanço adicional [...] considera-se que existimos em um mundo de HIPER-REALIDADE no qual as imagens são autogeradoras e totalmente separadas de qualquer realidade suposta. Isso condiz com uma visão comum de que o entretenimento e a política contemporâneos são uma questão de "imagem", ou aparência, e não de conteúdo substancial.

Em verdade, a doutrina da hiper-realidade *contradiz* a concepção comum de que a política e o entretenimento contemporâneos são uma questão de imagem e aparência. O cerne dessa visão comum é que *existe* uma realidade separada das imagens, sendo isso o que nos permite desacreditar das imagens que são enganosas. Podemos, por exemplo, criticar um filme antigo que mostra escravos levando uma vida feliz ou um anúncio que mostra um político corrupto fingindo defender o meio ambiente. Se um conteúdo substancial fosse coisa inexistente, não poderíamos ter base para preferir um documentário fiel sobre a escravidão a uma apologia do sistema escravista, ou para preferir uma boa revelação sobre um político a um astuto anúncio de campanha.

O verbete ressalta que as imagens estão associadas ao mundo da publicidade, anúncios e moda e, portanto, a negócios e lucro. Assim, uma imagem pode estar ligada a um "estereótipo imposto ou a uma identidade subjetiva ou cultural alternativa". Imagens da mídia tornam-se imagens mentais: as pessoas não têm como não pensar que as mulheres, políticos ou afro-americanos enquadram-se no modo como são retratados em filmes e anúncios. E isso eleva os estudos culturais e a arte pós-modernista a forças de libertação pessoal e política:

> O estudo de "imagens de mulheres" ou "imagens das mulheres" considera que nesse campo os estereótipos de mulheres podem ser reforçados, parodiados ou ativamente contestados por meio de análise crítica, histórias alternativas ou trabalho

criativo em textos escritos e na mídia empenhada na produção de contra-imagens positivas.[39]

Não escondi minha opinião de que toda essa linha de pensamento é uma confusão conceitual. Se queremos entender como os políticos ou os publicitários nos manipulam, a última coisa que devemos fazer é enevoar as distinções entre as coisas no mundo, nossa percepção dessas coisas quando elas estão diante de nossos olhos, as imagens mentais dessas coisas que construímos de memória e imagens físicas como fotografias e desenhos.

Como vimos no início deste capítulo, o cérebro visual é um sistema imensamente complexo que as forças da evolução estruturaram para nos dar uma leitura precisa das coisas conseqüentes que temos diante de nós. O "olho inteligente", como os psicólogos da percepção o chamam, não simplesmente computa as formas e movimentos das pessoas à nossa frente. Ele também faz suposições sobre os pensamentos e intenções dessas pessoas observando como elas olham, aproximam-se, evitam, ajudam ou atrapalham outros objetos e pessoas. E essas suposições são então comparadas com todo o resto do que sabemos sobre pessoas — o que inferimos de boatos, das palavras e atos da pessoa e de deduções em estilo Sherlock Holmes. O resultado é a base de conhecimentos ou memória semântica que também fundamenta nosso uso da linguagem.

Imagens físicas como fotografias e pinturas são recursos que refletem a luz em padrões semelhantes aos provenientes de objetos reais, desse modo fazendo com que o sistema visual responda como se estivesse realmente vendo esses objetos. Embora há muito tempo se sonhe com ilusões que enganem *completamente* o cérebro — o demônio mau de Descartes, o experimento mental do filósofo no qual uma pessoa não percebe que é um cérebro em um tanque, a profecia do autor de ficção científica de uma realidade virtual perfeita como em *Matrix* — em verdade, as ilusões que as imagens físicas nos impingem nunca são mais do que parcialmente eficazes. Nossos sistemas perceptivos captam as imperfeições de uma imagem — as pinceladas, os pixels ou a moldura —, e nossos sistemas conceituais captam o fato de que estamos cogitando de um mundo hipotético que é separado do mundo real. Não que as pessoas invariavelmente distingam ficção de realidade: elas podem perder-se na ficção ou confundir algo que leram em um romance com algo que leram no jornal ou que aconteceu com um amigo, ou acreditar erroneamente que uma descrição estilizada de uma época e lugar é uma descrição exata. Mas todos nós somos *capazes* de distinguir mundos fictícios dos reais, como vemos quando uma criança de dois anos finge que uma banana é um telefone só para se divertir mas ao mesmo tempo entende que a banana não é um telefone de verdade.[40] Os cientistas cognitivos acreditam que a capacidade de pensar em proposições sem necessariamente acreditar nelas — distinguir "João acredita que Papai Noel existe" de "Papai Noel existe" — é uma capacidade fundamental da cognição humana".[41] Muitos acreditam que uma perturbação dessa capacidade está na base do distúrbio do pensamento na síndrome denominada esquizofrenia.[42]

Finalmente, existem as imagens mentais, as visualizações de objetos e cenas no olho da mente. O psicólogo Stephen Kosslyn mostrou que o cérebro é equipado com um sistema capaz de reativar e manipular memórias de experiência perceptiva, mais ou menos como um Photoshop com seus dispositivos para montar, girar e colorir imagens.[43] Como a linguagem, as imagens mentais podem ser usadas como um sistema escravo — um "bloco de rascunho visoespacial" — pelo executivo central do cérebro, o que faz delas uma valiosa forma de representação mental. Usamos imagens mentais, por exemplo, quando visualizamos como uma poltrona ficaria na sala de estar ou se determinada blusa ficaria bem em um parente. As imagens mentais também são uma ferramenta inestimável para romancistas, que imaginam as cenas antes de descrevê-las em palavras, e para os cientistas, que na imaginação fazem a rotação de moléculas ou põem em ação forças e movimentos.

Embora as imagens mentais permitam que nossas experiências (incluindo as de imagens da mídia) afetem nossos pensamentos e atitudes muito depois de os objetos originais não estarem mais na nossa presença, é um erro pensar que imagens brutas são carregadas em nossa mente e então passam a constituir nossa vida mental. As imagens não são armazenadas na mente como fotografias numa caixa de sapatos; se assim fosse, como poderíamos encontrar aquela que desejamos? Em vez disso, elas são rotuladas e ligadas a um vasto banco de dados de conhecimentos, o que permite que sejam avaliadas e interpretadas segundo o que elas representam.[44] Os mestres do xadrez, por exemplo, são famosos por sua capacidade de lembrar jogos em andamento, mas suas imagens mentais do tabuleiro não são fotografias brutas. São, antes, saturadas de informações abstratas sobre a partida, como por exemplo que peça está ameaçando outra e que agrupamentos de peças formam defesas viáveis. Sabemos disso porque quando se vêem diante de um tabuleiro no qual peças foram espalhadas aleatoriamente, os mestres do xadrez não são mais capazes de lembrar a disposição delas do que os amadores.[45] Quando imagens representam pessoas reais, e não apenas peças de xadrez, existem ainda mais possibilidades de organizá-las e associá-las a informações sobre objetivos e motivos das pessoas — por exemplo, se a pessoa em uma imagem é sincera ou se está apenas representando.

A razão de as imagens não poderem constituir os conteúdos de nossos pensamentos é que, como as palavras, as imagens são inerentemente ambíguas. Uma imagem de Lassie poderia representar Lassie, collies, cães, animais, astros de televisão ou valores familiares. Alguma outra forma de informação, mais abstrata, tem de distinguir o sentido do conceito que uma imagem é levada a exemplificar. Ou consideremos a sentença *Ontem meu tio dispensou sua advogada* (um exemplo sugerido por Dan Dennett). Quando compreende a sentença, Brad poderia visualizar seus próprios apuros do dia anterior e vislumbrar o "lugar" do tio na árvore genealógica da família, depois imaginar os degraus do edifício do tribunal e um homem zangado. Irene poderia não ter uma imagem para "ontem", mas poderia visualizar o rosto de seu tio Bob, uma porta batendo, uma mulher de *tailleur*. Mas, apesar dessas seqüências de imagens bem diferentes, ambos entenderam a sentença da mesma maneira, como podemos constatar perguntando a eles ou pedindo-lhes que parafraseiem a sentença. "As imagens mentais *não poderiam* ser a chave da compreensão", observa Dennett, "pois não se pode desenhar uma figura de um tio, ou de ontem, ou de demissão, ou de uma advogada. Tios, ao contrário dos palhaços e bombeiros, não têm nada de característico em sua aparência que possa ser representado visualmente, e 'ontem' não tem aparência de coisa alguma."[46]

Como as imagens são interpretadas no contexto de uma compreensão mais profunda das pessoas e suas relações, a "crise de representação", com sua paranóia sobre a manipulação de nossa mente por imagens da mídia, é exagerada. As pessoas não são programadas com imagens sem poder se defender; são capazes de avaliar e interpretar o que vêem, usando tudo o mais que conhecem, como a credibilidade e os motivos da fonte.

A equiparação pós-modernista de imagens e pensamentos não só lançou em confusão várias disciplinas acadêmicas mas também assolou o mundo da arte contemporânea. Se as imagens são a doença, argumenta-se, então a arte é a cura. Os artistas podem neutralizar o poder das imagens da mídia distorcen-

299

do-as ou reproduzindo-as em contextos estrambóticos (como as paródias de anúncios na revista *Mad* ou em *Saturday Night Live*, só que sem graça). Quem tem familiaridade com a arte contemporânea já viu inúmeras obras nas quais estereótipos de mulheres, minorias ou homossexuais são "reforçados, parodiados ou ativamente contestados". Um exemplo prototípico é uma exposição no Whitney Museum de Nova York em 1994 intitulada O Homem Negro: Representações de Masculinidade na Arte Contemporânea. Seu objetivo era desmontar o modo como os homens afro-americanos são culturalmente construídos, demonizando ou marginalizando estereótipos visuais como o símbolo sexual, o atleta, o Sambo* e a fotografia em um cartaz de criminoso procurado. Segundo o ensaio constante do catálogo, "a verdadeira luta é pelo poder de controlar imagens". O crítico de arte Adam Gopnik (cujas mãe e irmã são cientistas cognitivas) chamou a atenção para a teoria simplista da cognição por trás dessa fórmula tediosa:

A exposição destina-se a ser socialmente terapêutica: seu objetivo é colocar-nos diante de imagens socialmente construídas de homens negros, para que, confrontando-as — ou, antes, vendo artistas confrontarem-nas por nós — possamos fazer com que elas se dissipem. O problema é que todo o esforço de "desmontar imagens sociais" apóia-se na ambigüidade do modo como usamos a palavra "imagem". As imagens mentais, na realidade, não são imagens; consistem, antes, em complexas opiniões, posições, dúvidas e convicções ardorosamente acalentadas, assentadas na experiência e retificáveis pelo argumento, por mais experiência ou pela coerção. Nossas imagens mentais de homens negros, juízes brancos, a imprensa etc. não assumem a forma de retratos do tipo que se pode pendurar (ou "desconstruir") em uma parede de museu. [...] Hitler não odiava os judeus porque havia retratos de semitas morenos de nariz grande impressos em seu cerebelo; o racismo não existe nos Estados Unidos porque a fotografia de O. J. Simpson na revista *Time* é escura demais. A concepção de que clichês visuais moldam a crença é demasiado pessimista, pois supõe que as pessoas são inapelavelmente aprisionadas por estereótipos recebidos, e demasiado otimista, pois supõe que se pudermos mudar as imagens poderemos mudar as crenças.[47]

* Estereótipo originado da figura do escravo das fazendas do Sul americano: um negro dócil, fiel, humilde, mas infantilizado, preguiçoso e larápio. (N. T.)

300

Reconhecer que somos equipados com faculdades complexas que nos mantêm em contato com a realidade não implica ignorar os modos como nossas faculdades podem ser voltadas contra nós. As pessoas mentem, às vezes descaradamente, às vezes por meio de insinuação e pressuposição (como na pergunta "Quando você parou de espancar sua mulher?"). As pessoas disseminam informações sobre grupos étnicos, não só estereótipos pejorativos mas histórias de exploração e perfídia que servem para atiçar a indignação moralista contra esses grupos. As pessoas tentam manipular realidades sociais como o status (que existe na mente de quem olha) para parecer bem ou vender produtos.

Mas o melhor modo de nos proteger contra essa manipulação é apontando as vulnerabilidades de nossas faculdades de categorização, linguagem e formação de imagens mentais, e não negando sua complexidade. A idéia de que os humanos são receptáculos passivos de estereótipos, palavras e imagens provém de ver as pessoas comuns como incapazes e de dar importância indevida às pretensões das elites acadêmicas e culturais. E declarações exóticas sobre as limitações de nossas faculdades, como a de que não existe nada fora do texto ou a de que habitamos um mundo de imagens, e não um mundo real, impossibilitam até mesmo identificar mentiras e desvirtuações, quanto mais entender como elas são divulgadas.

13. Não está em nós

Um homem tem de conhecer suas limitações.
Clint Eastwood, em *Magnum force*

A maioria das pessoas conhece bem a idéia de que algumas de nossas aflições têm origem em uma incompatibilidade entre a fonte de nossas paixões na história evolutiva e os objetivos que estabelecemos para nós no presente. As pessoas empanturram-se de comida prevenindo-se contra uma fome coletiva que nunca acontece, envolvem-se em relações perigosas concebendo bebês indesejados e aceleram o ritmo de seu corpo em resposta a agentes estressantes dos quais elas não podem fugir.

O que se aplica às emoções também pode aplicar-se ao intelecto. Algumas de nossas perplexidades podem ter origem em uma incompatibilidade entre os propósitos para os quais nossas faculdades cognitivas evoluíram e os propósitos para os quais as empregamos no presente. Isso é mais do que óbvio quando se trata do processamento de dados brutos. As pessoas não tentam multiplicar de cabeça um número com seis algarismos, nem lembrar os números dos telefones de todas as pessoas que conhecem, pois sabem que sua mente não foi estruturada para essa tarefa. Mas não é tão óbvio quando se trata do modo como conceituamos o mundo. Nossa mente nos mantém em contato com aspectos da realidade — como objetos, animais, pessoas — com os quais nossos ancestrais lidaram durante milhões de anos. Mas à medida que a ciência e a tecnologia dão acesso a mundos novos e ocultos, nossas intuições ignorantes podem sentir-se perdidas.

Que intuições são essas? Muitos cientistas cognitivos acreditam que o raciocínio humano não é executado por um computador único e multiuso na cabeça. O mundo é um lugar heterogêneo, e somos equipados com diferentes tipos de intuições e lógicas, cada qual apropriada a um departamento da realidade. Esses modos de conhecimento têm sido chamados de sistemas, módulos, posturas [*stances*], faculdades, órgãos mentais, inteligências múltiplas e mecanismos de raciocínio.[1] Emergem no início da vida, estão presentes em todas as pessoas normais e parecem ser computados em conjuntos de redes parcialmente distintas no cérebro. Podem ser instalados por diferentes combinações de genes ou emergir quando o tecido cerebral se auto-organiza em resposta a diferentes problemas a serem resolvidos e a diferentes padrões do input sensitivo. O mais provável é que se desenvolvam segundo alguma combinação dessas forças.

O que diferencia nossas faculdades de raciocínio dos departamentos de uma universidade é o fato de elas não serem apenas amplas áreas de conhecimento, analisadas com as ferramentas que melhor se prestem à tarefa. Cada faculdade baseia-se em uma intuição central que foi adequada para analisar o mundo no qual evoluímos. Embora os cientistas cognitivos não tenham chegado a um consenso sobre uma anatomia da mente que pudesse ser descrita em um manual análogo à *Anatomia do corpo humano*, de Gray, apresento abaixo uma lista provisória, mas defensável, de faculdades cognitivas e das intuições centrais nas quais elas se baseiam:

- Uma física intuitiva, que usamos para acompanhar o modo como os objetos caem, ricocheteiam e vergam. Sua intuição central é o conceito de objeto, que ocupa um lugar, existe por um intervalo de tempo contínuo e obedece a leis de movimento e força. Não se trata das leis de Newton, mas de algo mais próximo da concepção medieval de ímpeto, um "vigor" que mantém um objeto em movimento e se dissipa gradualmente.[2]
- Uma versão intuitiva da biologia ou história natural, que usamos para compreender o mundo vivo. Sua intuição central é a de que os seres vivos contêm uma essência oculta que lhes dá sua forma e poderes e impele seu crescimento e suas funções corporais.[3]

- Uma engenharia intuitiva, que usamos para fazer e entender utensílios e outros objetos. Sua intuição central é a de que um utensílio é um objeto com um propósito — um objeto para o qual uma pessoa concebeu um objetivo.[4]

- Uma psicologia intuitiva, que usamos para compreender outras pessoas. Sua intuição central é a de que as outras pessoas não são objetos ou máquinas, sendo animadas pela entidade invisível que chamamos de mente ou alma. As mentes contêm crenças e desejos e são a causa imediata do comportamento.

- Um senso espacial, que usamos para nos orientar no mundo e manter a noção de onde as coisas estão. Funciona com base na navegação por estima, atualizando as coordenadas da localização do corpo conforme ele se move e se vira, e em uma rede de mapas mentais. Cada mapa é organizado segundo um referencial diferente: os olhos, a cabeça, o corpo ou objetos e lugares salientes no mundo.[5]

- Um senso numérico, que usamos para pensar sobre quantidades e totais. Baseia-se na capacidade de registrar quantidades exatas para pequenos números de objetos (um, dois e três) e de fazer estimativas aproximadas para números maiores.[6]

- Um senso de probabilidade, que usamos para raciocinar sobre as chances de ocorrerem eventos incertos. Baseia-se na capacidade de computar as freqüências relativas dos eventos, ou seja, a proporção de eventos de determinado tipo que têm um ou outro resultado.[7]

- Uma economia intuitiva, que usamos para trocar bens e favores. Baseia-se no conceito de troca recíproca, na qual uma parte concede um benefício a outra e tem, em troca, o direito a um benefício equivalente.

- Uma lógica e um banco de dados mentais, que usamos para representar idéias e inferir novas idéias a partir de idéias antigas. Baseia-se em afirmações sobre o que as coisas são, onde as coisas estão, ou quem fez o que a quem, quando, onde e por quê. As afirmações estão ligadas em uma rede por toda a mente e podem ser recombinadas com operadores lógicos e causais como E, OU, NÃO, TUDO, ALGUNS, NECESSÁRIO, POSSÍVEL e CAUSA.[8]

- A linguagem, que usamos para compartilhar as idéias de nossa lógica mental. Baseia-se em um dicionário mental de palavras memorizadas e em uma gramática mental de regras combinatórias. As regras organizam vogais e consoantes em palavras, palavras em palavras maiores e frases, e frases em sentenças, de modo que o significado da combinação possa ser computado a partir dos significados das partes e do modo como elas são arranjadas.[9]

A mente também possui componentes para os quais é difícil saber onde termina a cognição e começa a emoção. Entre eles incluem-se um sistema para avaliar o perigo, combinado à emoção chamada medo, um sistema para avaliar a contaminação, combinado à emoção chamada nojo, e um senso moral, que é complexo o suficiente para merecer um capítulo próprio.

Esses modos de conhecimento e intuições centrais são apropriados ao estilo de vida de pequenos grupos de pessoas analfabetas e sem pátria que vivem dos frutos da terra, sobrevivem graças a seu engenho e dependem daquilo que podem carregar consigo. Nossos ancestrais abandonaram esse estilo de vida em troca de uma existência sedentária há apenas alguns milênios, tempo muito reduzido para que a evolução pudesse ter feito muita coisa, ou alguma coisa, em nosso cérebro. Primam pela ausência as faculdades adequadas à espantosa nova compreensão do mundo alcançada pelos cientistas e pela tecnologia. Para muitas esferas do conhecimento não poderiam ter evoluído na mente os mecanismos apropriados, o cérebro e o genoma não dão sinal de especialização, e as pessoas não apresentam um conhecimento intuitivo espontâneo, seja ao nascer, seja posteriormente. Essas esferas incluem a física moderna, a cosmologia, a genética, a evolução, a neurociência, a embriologia, a economia e a matemática.

Não se trata apenas de precisarmos ir à escola ou ler livros para aprender sobre esses assuntos. Acontece que não possuímos as ferramentas mentais para compreendê-los intuitivamente. Dependemos de analogias que se socorrem de uma faculdade mental antiga ou de dispositivos mentais toscos que conectam fragmentos de outras faculdades. A compreensão dessas esferas tende a ser irregular, superficial e contaminada por intuições primitivas. E isso pode moldar os debates nas disputas de fronteira nas quais a ciência e a tecnologia entram em contato com a vida cotidiana. Este capítulo procura mostrar que devemos adicionar a todos os fatores morais, empíricos e políticos envolvidos nesses debates os fatores cognitivos: o modo como nossa mente formula naturalmente as questões. Nossa constituição cognitiva é uma peça faltante em muitos quebra-cabeças, entre eles a educação, a bioética, a segurança alimentar, a economia e a própria compreensão humana.

A arena mais óbvia na qual confrontamos modos de pensar inatos é a escola. Qualquer teoria da educação tem de basear-se em uma teoria da natureza humana, e no século XX essa teoria freqüentemente foi a tábula rasa ou o bom selvagem.

A educação tradicional baseia-se, em grande medida, na tábula rasa: as crianças chegam à escola vazias e nelas se deposita o conhecimento, que elas devem reproduzir depois nas provas. (Os críticos da educação tradicional chamam isso de modelo "poupança e empréstimo".) A tábula rasa também fundamenta a filosofia comum de que os primeiros anos escolares incidem em uma zona de oportunidade na qual os valores sociais são moldados para toda a vida. Muitas escolas atualmente usam as séries iniciais para incutir atitudes desejáveis quando o assunto é meio ambiente, gênero, sexualidade e diversidade étnica.

A prática educacional progressiva, por sua vez, é baseada no bom selvagem. Como escreveu A. S. Neill em seu influente livro *Summerhill*: "Uma criança é inatamente sábia e realista. Se deixada por conta própria sem nenhum tipo de sugestão de adultos, ela se desenvolverá até o máximo que for capaz de desenvolver-se".[10] Neill e outros teóricos progressivistas das décadas de 1960 e 1970 argumentaram que as escolas deveriam abolir os exames, séries, currículo e até livros. Embora poucas escolas tenham ido tão longe, o movimento deixou sua marca na prática educacional. No método de ensino da leitura denominado Linguagem Integral, não se ensina às crianças que letra corresponde a que som; em vez disso, elas ficam imersas em um meio abundante em livros no qual se espera que as habilidades de leitura floresçam espontaneamente.[11] Na filosofia de ensino da matemática conhecida como construtivismo, as crianças não se exercitam com tabuadas, mas são instadas a redescobrir por si mesmas as verdades matemáticas resolvendo problemas em grupo.[12] Ambos os métodos apresentam maus resultados quando o aprendizado dos alunos é avaliado objetivamente, mas os seus defensores tendem a desdenhar dos testes padronizados.

A compreensão da mente como um sistema complexo moldado pela evolução contraria essas filosofias. A alternativa emergiu do trabalho de cientistas cognitivos como Susan Carey, Howard Gardner e David Geary.[13] Educação não é escrever numa tábula rasa e também não é permitir que a nobreza da criança acabe por florescer. Educação é, na verdade, uma tecnologia que tenta compensar aquilo em que a mente humana é inatamente inepta. As crianças não precisam ir à escola para aprender a andar, falar, reconhecer objetos ou lembrar as personalidades de seus amigos, muito embora essas tarefas sejam bem mais difíceis do que ler, somar ou lembrar datas históricas. Elas têm de ir à escola para aprender a linguagem escrita, a aritmética e a ciência, pois esses conjuntos de conhecimentos e habilidades foram inventados tão recentemente que não foi possível evoluir nenhuma aptidão para eles generalizada em nossa espécie.

Longe de serem receptáculos vazios ou aprendizes universais, portanto, as crianças são equipadas com uma caixa de ferramentas contendo implementos para raciocinar e aprender de modos específicos, e esses implementos têm de ser recrutados com sagacidade para dominar problemas para os quais não foram estruturados. Isso requer não só inserir novos fatos e habilidades na mente das crianças mas depurar e desativar fatos e habilidades antigos. Os estudantes não podem aprender física newtoniana antes de desaprender sua física intuitiva baseada no ímpeto.[14] Não podem aprender biologia moderna antes de desaprender sua biologia intuitiva, que raciocina com base em essências vitais. E não podem aprender a evolução antes de desaprender sua engenharia intuitiva, que atribui a estruturação dos seres às intenções de um criador.[15]

A educação escolar também requer que os alunos tragam à tona e reforcem habilidades que normalmente ficam enterradas em caixas-pretas inconscientes. Quando as crianças aprendem a ler, as vogais e consoantes que se ligam umas às outras sem interrupções na fala têm de ser inseridas à força na percepção dos aprendizes antes que eles possam associá-las aos traços na página.[16] A educação eficaz também pode requerer a cooptação de faculdades antigas para lidar com novas demandas. Fragmentos de linguagem podem ser aproveitados para efetuar cálculos, como quando lembramos a estrofe "Cinco vezes cinco, vinte e cinco".[17] A lógica da gramática pode ser usada para apreender números grandes: a expressão *four thousand, three hundred and fifty seven* [quatro mil, trezentos e cinqüenta e sete] possui a estrutura gramatical de um sintagma nominal em inglês como *hat, coat, and mittens* [chapéu, casaco e luvas]. Quando um estudante analisa o sintagma numérico, pode evocar na mente a operação de agregação, que é relacionada à operação matemática da adição.[18] A cognição espacial é recrutada para a compreensão das relações matemáticas mediante o uso de gráficos, que transformam dados ou equações em formas.[19] A engenharia intuitiva alicerça o aprendizado de anatomia e fisiologia (os órgãos são compreendidos como aparelhos com funções), e a física intuitiva fundamenta o aprendizado da química e da biologia (a matéria, incluindo a matéria viva, é feita de minúsculos objetos que ricocheteiam e aderem).[20]

Geary ressalta uma última implicação. Uma vez que boa parte do conteúdo da educação não é cognitivamente natural, o processo de dominá-lo pode não ser sempre fácil e agradável, por mais que se repita o mantra de que aprender é divertido. As crianças podem ter motivação inata para fazer amigos, adquirir status, apurar habilidades motoras e explorar o mundo físico, mas não necessariamente são motivadas para adaptar suas faculdades cognitivas a tarefas que não são naturais, como a matemática formal. Pode ser necessário que a família, o grupo de iguais e a cultura atribuam status elevado à realização acadêmica para que uma criança tenha motivação para perseverar em árduas proezas de aprendizado cujas recompensas só se notam no longo prazo.[21]

A psicologia intuitiva do leigo ou "teoria da mente" é uma das mais espantosas habilidades do cérebro. Não tratamos as outras pessoas como bonecos de corda; pensamos nelas como sendo animadas pela mente: uma entidade não física que não podemos ver nem tocar, mas que é tão real para nós quanto os corpos e os objetos. Além de nos permitir predizer o comportamento das pessoas com base em suas crenças e desejos, nossa teoria da mente está ligada à nossa habilidade para ter empatia e à nossa concepção de vida e morte. A diferença entre um corpo morto e um vivo é que o morto não contém mais a força vital que denominamos mente. Nossa teoria da mente é a fonte do conceito de alma. O fantasma na máquina está profundamente arraigado em nosso modo de pensar sobre as pessoas.

Uma crença na alma, por sua vez, entrelaça-se às nossas convicções morais. O cerne da moralidade é o reconhecimento de que os outros têm interesses tanto quanto nós temos — que eles "sentem necessidade, experimentam o pesar, precisam de amigos", nas palavras de Shakespeare — e, portanto, que têm direito à vida, liberdade e busca de seus interesses. Mas quem são esses "outros"? Precisamos de uma fronteira que nos permita ser insensíveis a pedras e plantas mas nos force a tratar os outros humanos como "pessoas" detentoras de direitos inalienáveis. De outro modo, ao que parece, nos colocaríamos numa ladeira escorregadia que termina na eliminação de pessoas inconvenientes ou em grotescas deliberações sobre o valor de vidas individuais. Como ressaltou o papa João Paulo II, a noção de que todo ser humano encerra um valor infinito em virtude de possuir alma parece nos fornecer essa fronteira.

Até recentemente o conceito intuitivo de alma serviu-nos muito bem. As pessoas vivas têm uma alma, que passa a existir no momento da concepção e deixa o corpo quando elas morrem. Animais, plantas e objetos inanimados não têm alma. Mas a ciência está demonstrando que aquilo que denominamos alma — o lócus da sensibilidade, raciocínio e vontade — consiste na atividade de processamento de informação do cérebro, um órgão governado pelas leis da biologia. Em uma pessoa individual ela passa a existir gradualmente por meio da diferenciação de tecidos que crescem a partir de uma única célula. Na espécie, passou a existir gradualmente à medida que as forças da evolução modificaram os cérebros de animais mais simples. E embora nosso conceito de alma outrora se coadunasse perfeitamente com os fenômenos naturais — ou uma mulher estava grávida ou não estava, ou uma pessoa estava viva ou estava morta —, os estudos biomédicos agora nos apresentam casos em que nenhuma das duas alternativas se aplica. Esses casos não são apenas curiosidades científicas; estão imbricados a questões urgentes como contracepção, aborto, infanticídio, direitos dos animais, clonagem, eutanásia e pesquisas com embriões humanos, especialmente a retirada de células-tronco.

Diante dessas escolhas difíceis, é tentador recorrer à biologia para encontrar ou ratificar fronteiras como a de "quando começa a vida". Mas isso só faz salientar o conflito entre dois modos incompatíveis de conceber a vida e a mente. O conceito intuitivo e moralmente útil de um espírito imaterial não pode absolutamente ser conciliado com o conceito científico de uma atividade cerebral emergindo gradualmente na ontogenia e na filogenia. Não importa onde tentemos estabelecer a fronteira entre vida e não-vida, ou entre mente e não-mente, casos ambíguos aparecem para contestar nossas intuições morais.

O evento mais próximo que podemos encontrar de um trovão anunciando a entrada de uma alma no mundo é o momento da concepção. Nesse instante um novo genoma humano é determinado, e temos uma entidade destinada a desenvolver-se em indivíduo único. A Igreja católica e certas outras vertentes cristãs designam a concepção como o momento em que a alma passa a existir e no qual a vida começa (o que, evidentemente, faz do aborto uma forma de assassinato). Mas assim como um microscópio revela que uma linha reta na realidade é irregular, pesquisas sobre a reprodução humana mostram que o "momento da concepção" não é absolutamente um momento. Às vezes vários espermatozóides penetram na membrana externa do óvulo, e leva tempo para que o óvulo expulse os cromossomos extras. O que é e onde está a alma durante esse intervalo? Mesmo quando um único espermatozóide penetra, seus genes permanecem separados dos que existem no óvulo por um dia ou mais, e é preciso mais um dia aproximadamente para que o genoma recém-fundido controle a célula. Portanto, o "momento" da concepção é, de fato, um intervalo de 24 a 48 horas.[22] Tampouco o concepto está destinado a tornar-se um bebê. Entre dois terços e três quartos deles nunca se implantam no útero e são abortados espontaneamente, alguns por serem geneticamente defeituosos, outros por nenhuma razão discernível.

Ainda assim, poderíamos dizer que em qualquer ponto durante esse interlúdio em que o novo genoma se forma, a especificação de uma nova pessoa única passa a existir. A alma, segundo esse raciocínio, pode ser identificada com o genoma. Mas durante os poucos dias seguintes, conforme as células do embrião começam a dividir-se, elas podem separar-se em vários embriões, que se desenvolvem formando gêmeos idênticos, trigêmeos etc. Os gêmeos idênticos têm a mesma alma? Quíntuplos têm um quinto de alma cada um? Isso não ocorrendo, de onde vêm as quatro almas extras? De fato, cada célula no embrião em crescimento pode, com as manipulações certas, tornar-se um novo embrião capaz de desenvolver-se e formar uma criança. Um embrião com várias células consiste em uma alma por célula e, em caso afirmativo, aonde vão as outras almas quando a célula perde essa capacidade? E não só um embrião pode tornar-se duas pessoas, mas dois embriões podem tornar-se uma pessoa. Ocasionalmente dois óvulos fertilizados, que normalmente se desenvolveriam formando gêmeos fraternos, fundem-se em um único embrião que se desenvolve formando uma pessoa que é uma quimera genética: algumas de suas células têm um genoma, outras têm outro genoma. O corpo dessa pessoa abriga duas almas?

A propósito, se a clonagem humana algum dia se tornar possível (e não parece haver nenhum obstáculo técnico), cada célula no corpo de uma pessoa teria a capacidade especial que se supõe ser única dos conceptos: a capacidade de se desenvolver e formar um ser humano. É bem verdade que os genes em uma célula da bochecha só podem tornar-se uma pessoa mediante uma intervenção não natural, mas isso também é verdade para um óvulo que é fertilizado *in vitro*. E ninguém negaria que as crianças concebidas por fertilização *in vitro* têm alma.

A idéia de que a alma passa a existir no momento da concepção não só é difícil de ser conciliada com a biologia mas também não tem a superioridade moral que lhe creditam. Ela implica que devemos processar as usuárias de dispositivos intra-uterinos e da "pílula do dia seguinte" por assassinato, pois esses recursos impedem a implantação do concepto. Implica que devemos desviar as pesquisas médicas sobre a cura do câncer e doenças cardíacas para impedir os abortos espontâneos de um número imenso de conceptos microscópicos. Impele-nos a encontrar mães substitutas para o grande número de embriões residuais de fertilização *in vitro* que atualmente estão guardados em freezers de clínicas de fertilidade. Decretaria a ilegalidade das pesquisas sobre concepção e desenvolvimento embriônico inicial que acenam com a possibilidade da redução de infertilidade, defeitos congênitos e câncer pediátrico, e pesquisas com células-tronco que poderiam possibilitar tratamentos para o mal de Alzheimer, o mal de Parkinson, o diabetes e lesões na medula espinhal. E despreza a importantíssima intuição moral de que as outras pessoas são dignas de consideração moral devido a seus sentimentos — sua capacidade de amar, pensar, planejar, desfrutar e sofrer —, coisas que dependem, todas elas, de um sistema nervoso em funcionamento.

Os enormes custos morais de equiparar uma pessoa a um concepto, e a ginástica cognitiva requerida para manter essa crença diante da biologia moderna, podem às vezes levar a uma angustiante reconsideração de crenças profundamente acalentadas. Em 2001, o senador Orrin Hatch, de Utah, rompeu com seus aliados antigos do movimento antiaborto e pronunciou-se em favor das pesquisas com células-tronco depois de estudar a ciência da reprodução e meditar sobre sua fé mórmon. "Examinei minha consciência", declarou. "Não consigo de jeito nenhum equiparar uma criança viva no útero, movendo os dedos e com o coração batendo, a um embrião num congelador."[23]

A crença de que os corpos são dotados de alma não é apenas um produto de doutrina religiosa; ela está imersa na psicologia das pessoas, e tende a emergir toda vez que elas não digerem as descobertas da biologia. A reação do público à clonagem é um exemplo típico. Alguns pensam que a clonagem nos presenteará com a opção de ser imortal; outros, que ela poderia produzir um exército de zumbis obedientes ou uma fonte de órgãos para a pessoa original remover quando precisar. No filme recente de Arnold Schwarzenegger, *The sixth day* [*O sexto dia*, na tradução em português], os clones são chamados *"blanks"* [em branco], e seu DNA lhes dá apenas a forma física, e não uma mente; adquirem uma mente quando um registro neural da pessoa original é carregado neles. Quando a ovelha Dolly foi clonada, em 1997, a capa da *Der Spiegel* mostrou uma procissão de Claudias Schiffers, Hitlers e Einsteins, como se ser supermodelo, ditador fascista ou gênio científico pudesse ser copiado junto com o DNA.

Os clones, na verdade, são simplesmente gêmeos idênticos nascidos em momentos diferentes. Se Einstein tivesse um irmão gêmeo, o irmão não teria sido um zumbi, não teria continuado o fluxo de consciência de Einstein caso este morresse antes dele, não teria aberto mão de seus órgãos vitais sem luta e provavelmente não teria sido um Einstein (pois a inteligência é apenas parcialmente hereditária). O mesmo vale para uma pessoa que fosse clonada a partir de uma partícula de Einstein. Os bizarros equívocos sobre a clonagem podem ser atribuídos à persistente crença de que o corpo é infundido com uma alma. Uma concepção da clonagem, que gera o medo de um exército de zumbis, *blanks* ou criadouros de órgãos, imagina que o processo seja a duplicação de um corpo sem uma alma. A outra, que gera medos de uma tentativa faustiana de alcançar a imortalidade ou de um Hitler ressuscitado, concebe a clonagem como uma duplicação do corpo *junto* com a alma. Essa concepção pode também estar por trás do anseio de pais saudosos pela clonagem de um filho morto, como se isso fosse trazer a criança de volta à vida. Na realidade, o clone não só cresceria em um mundo diferente daquele no qual cresceu o irmão morto, mas possuiria tecido cerebral diferente e percorreria uma trajetória diferente de experiência sensível.

A descoberta de que aquilo que chamamos de "a pessoa" emerge pouco a pouco de um cérebro que se desenvolve gradualmente nos força a reformular os problemas da bioética. Teria sido conveniente se os biólogos houvessem descoberto um ponto no qual o cérebro está totalmente estruturado, é ligado e passa a funcionar pela primeira vez, mas não é assim que o cérebro funciona. O sistema nervoso emerge no embrião como um tubo simples e se diferencia em cérebro e medula espinhal. O cérebro começa a funcionar no feto, mas continua a fazer suas instalações durante boa parte da infância e até na adolescência. A exigência de eticistas religiosos e leigos de que identifiquemos os "critérios para qualificação como pessoa" supõe que é possível encontrar uma linha divisória no desenvolvimento do cérebro. Mas qualquer afirmação de que foi vista uma linha desse tipo conduz a absurdos morais.

Se estipulamos a fronteira para a qualificação como pessoa no momento do nascimento, devemos estar preparados para permitir um aborto minutos antes do nascimento, apesar de não haver nenhuma diferença significativa entre um feto no final da gestação e um recém-nascido. Parece mais razoável traçar a linha divisória na viabilidade. Mas a viabilidade é um *continuum* que depende do estado da tecnologia biomédica do momento e dos riscos de deficiências que os pais estiverem dispostos a tolerar na criança. E isso convida à inevitável réplica: se não há problema em abortar um feto de 24 semanas, então por que não um feto de 24 semanas e um dia, que dificilmente se pode distinguir daquele? E, se isso for permissível, por que não um feto de 24 semanas e dois dias, ou três dias, e assim por diante até o nascimento? Por outro lado, se é permissível abortar um feto um dia antes do nascimento, então que tal dois dias antes, e três dias, e assim por diante até o momento da concepção?

Enfrentamos o mesmo problema ao contrário quando consideramos a eutanásia e as declarações assinadas por pessoas que não querem ser mantidas vivas por aparelhos. A maioria das pessoas não deixa este mundo num suspiro; vai sofrendo um colapso gradual e irregular das várias partes do cérebro e do corpo. Há muitos tipos e graus de existência entre os vivos e os mortos, e isso deverá acentuar-se ainda mais à medida que a tecnologia médica for avançando.

Novamente nos vemos diante do problema quando estamos às voltas com reivindicações de direitos dos animais. Os ativistas que concedem o direito à vida a qualquer ser dotado de sensibilidade têm de concluir que um comedor de hambúrguer é cúmplice de assassinato e que um exterminador de roedores é um perpetrador de assassinato em massa. Têm de tornar ilegais as pesquisas médicas que sacrificam alguns camundongos mas salvam 1 milhão de crianças de uma morte dolorosa (já que ninguém concordaria em recrutar alguns seres humanos para tais experimentos e, dessa perspectiva, os camundongos têm os direitos que normalmente atribuímos às pessoas). Por outro lado, um oponente dos direitos dos animais para quem a qualificação como pessoa só vale para os membros do *Homo sapiens* não passa de um fanático da espécie, tão irrefletido quanto os fanáticos racistas que valorizam a vida dos brancos mais que a dos negros. Afinal de contas, outros mamíferos lutam para se manter vivos, parecem sentir prazer e sofrer com dor, medo e estresse quando seu bem-estar é comprometido. Os macacos antropóides também apresentam, como nós, os prazeres superiores da curiosidade e do amor pelos familiares e nossas dores mais profundas de tédio, solidão e luto. Por que esses interesses deveriam ser respeitados para nossa espécie mas não para outras?

Alguns filósofos morais tentam enfiar uma fronteira nessa paisagem traiçoeira equiparando a qualificação como pessoa a características cognitivas que convenientemente os humanos possuem. Entre elas inclui-se a capacidade de refletir sobre si mesmo como um lócus contínuo de consciência, formular planos para o futuro e deleitar-se com eles, temer a morte e expressar a escolha de não morrer.[24] À primeira vista, essa fronteira é interessante, pois coloca os humanos de um lado e os animais e os conceptos de outro. Mas ela também implica que não há nada de errado em matar recém-nascidos indesejados, os senis e os mentalmente deficientes, que não possuem aquelas características qualificadoras. Quase ninguém está disposto a aceitar um critério com tais implicações.

Não há solução para esses dilemas, pois eles surgem de uma incompatibilidade fundamental: entre nossa psicologia intuitiva, com seu conceito tudo-ou-nada de pessoa ou alma, e os fatos brutos da biologia, que nos dizem que o cérebro humano evoluiu gradualmente, desenvolve-se gradualmente e pode morrer gradualmente. E isso significa que dilemas morais como o aborto, a eutanásia e os direitos dos animais nunca serão resolvidos de um modo decisivo e intuitivamente satisfatório. Isso não significa que nenhuma política é defensável e que todo o problema deve ser deixado a cargo do gosto pessoal, do poder político ou do dogma religioso. Como salientou o bioeticista Ronald Green, significa apenas que temos de reconceituar o problema: de *encontrar* uma fronteira na natureza para *escolher* uma fronteira que melhor equilibre os benefícios e malefícios conflitantes para cada dilema na hora de estabelecer as políticas.[25] Caso a caso, devemos tomar decisões que possam ser implementadas na prática, que maximizem a felicidade e minimizem o sofrimento presente e futuro. Muitas de nossas políticas atuais já são uma conciliação desse tipo: a pesquisa com animais é permitida, mas regulamentada; um feto em final de gestação não recebe o status legal de pessoa mas não pode ser abortado a menos que isso seja necessário para proteger a vida ou a saúde da mãe. Green ressalta que a mudança de encontrar fronteiras para escolher fronteiras é uma revolução conceitual de proporções copernicanas. Mas a antiga conceituação, que equivale a tentar discernir quando o fantasma entra na máquina, é cientificamente insustentável e não tem o direito de pautar a elaboração de políticas no século XXI.

O argumento tradicional contra as decisões pragmáticas caso por caso é que elas levam a ladeiras escorregadias. Se permitirmos o aborto, logo permitiremos o infanticídio; se permitirmos as pesquisas com células-tronco, faremos emergir um Admirável Mundo Novo de humanos projetados pelo governo. Mas aqui, a meu ver, a natureza da cognição humana pode nos tirar do dilema em vez de nos empurrar para ele. Uma ladeira escorregadia pressupõe que as categorias conceituais têm de possuir fronteiras nítidas que permitam decisões sobre o que está dentro e o que está fora, ou então qualquer coisa é permitida. Mas não é assim que funcionam os conceitos humanos. Como vimos, muitos conceitos comuns têm fronteiras vagas, e a mente distingue entre uma fronteira vaga e nenhuma fronteira. "Adulto" e "criança" são categorias vagas, sendo esse o motivo por que podemos elevar para 21 anos a idade para ingerir bebidas alcoólicas ou diminuir para dezoito a idade para votar. Mas isso não nos coloca numa ladeira escorregadia na qual acabaremos por elevar para cinqüenta anos a idade para beber ou diminuir para cinco anos a idade para votar. Essas políticas realmente violariam nossos conceitos de "criança" e "adulto", por mais vagas que possam ser suas fronteiras. Do mesmo modo, podemos compatibilizar nossos conceitos de vida e mente com a realidade biológica sem necessariamente escorregar ladeira abaixo.

Em 1999, quando um ciclone na Índia deixou milhões de pessoas em perigo de morrer de fome, alguns ativistas censuraram as sociedades humanitárias que distribuíram um nutritivo preparado de cereais porque continha variedades de milho e soja geneticamente modificadas (variedades que haviam sido ingeridas sem danos perceptíveis nos Estados Unidos). Esses ativistas também se opuseram ao "arroz dourado", uma variedade geneticamente modificada que poderia prevenir a cegueira em milhões de crianças do mundo em desenvolvimento e atenuar a deficiência de vitamina A em mais um quarto de bilhão de crianças.[26] Outros ativistas perpetraram atos de vandalismo contra laboratórios de pesquisa que fazem testes sobre a segurança de alimentos geneticamente modificados e desenvolvem novas variedades. Para essa gente, até mesmo a *possibilidade* de que alimentos desse tipo sejam seguros é inaceitável.

Um relatório da União Européia em 2001 analisou 81 projetos de pesquisa conduzidos ao longo de quinze anos e não encontrou nenhum novo risco para a saúde humana ou para o meio ambiente representados por culturas geneticamente modificadas.[27] Isso não é surpresa para nenhum biólogo. Alimentos geneticamente modificados não são mais perigosos do que alimentos "naturais" porque não diferem fundamentalmente dos alimentos naturais. Praticamente todo animal e vegetal vendido em uma loja de produtos naturais foi "geneticamente modificado" por milênios de cruzamentos seletivos e hibridações. A ancestral silvestre da cenoura era uma cenoura branca, fina e amarga; o ancestral do milho era um sabugo de menos de três centímetros de comprimento facilmente debulhável com grãozinhos minúsculos e duros como pedra. As plantas são criaturas darwinianas que não têm nenhum desejo de ser comidas, e por isso não se esforçam para ser saborosas, saudáveis ou fáceis de cultivar e colher. Ao contrário: elas se esforçam para nos impedir de comê-las, desenvolvendo, pela evolução, substâncias irritantes, toxinas e compostos de gosto amargo.[28] Portanto, não há nada de especialmente seguro nos alimentos naturais. O método "natural" de reprodução seletiva para resistência a pragas simplesmente aumenta a concentração dos venenos das próprias plantas; uma variedade de batata natural teve de ser retirada do mercado porque se revelou tóxica para as pessoas.[29] De modo semelhante, os aromatizantes naturais — definidos por um cientista de alimentos como "um aromatizante que foi obtido por uma tecnologia ultrapassada" — com freqüência são quimicamente indistinguíveis de seus equivalentes artificiais, e, quando são distinguíveis, às vezes o aromatizante natural é o mais perigoso. Quando o aroma "natural" de amêndoa, o benzaldeído, é derivado de caroços de pêssego, vem acompanhado de vestígios de cianureto; quando é sintetizado como "aromatizante artificial", isso não acontece.[30]

O medo generalizado de todos os alimentos artificiais e geneticamente modificados é patentemente irracional se o motivo for a saúde, pois pode tornar os alimentos mais caros e, portanto, menos acessíveis para os pobres. De onde vêm esses medos equivocados? Em parte, eles nascem da escola de jornalismo dada a apregoar o "carcinógeno do dia", informando, sem analisar, sobre qualquer estudo que mostre elevação de taxas de câncer em ratos que foram alimentados com megadoses de substâncias químicas. Mas em parte esses medos provêm de uma intuição sobre os seres vivos que foi identificada pela primeira vez pelo antropólogo James George Frazer em 1890 e recentemente estudada em laboratório por Paul Rozin, Susan Gelman, Frank Keil, Scott Atran e outros cientistas cognitivos.[31]

A biologia intuitiva das pessoas começa com o conceito de uma essência invisível existente nos seres vivos, que lhes dá sua forma e poderes. Essas crenças essencialistas emergem bem cedo na infância, e em culturas tradicionais elas dominam o modo de pensar sobre as plantas e animais. Com freqüência essas intuições são úteis. Permitem a crianças em idade pré-escolar deduzir que um pato parecido com um ganso terá filhotes de pato, que uma semente tirada de uma maçã e plantada junto com flores num vaso produzirá uma macieira e que o comportamento de um animal depende do que está dentro dele, e não de sua aparência. Permitem que pessoas de culturas tradicionais deduzam que criaturas de aparência diferente (como uma lagarta e uma borboleta) podem pertencer a uma mesma espécie, e impelem essas pessoas a extrair sumos e pós de seres vivos e experimentá-los como remédios, venenos e suplementos alimentares. Podem impedir as pessoas de adoecer por comer coisas que estiveram em contato com substâncias infecciosas como fezes, pessoas doentes e carne putrefata.[32]

Mas o essencialismo intuitivo também pode induzir as pessoas ao erro.[33] As crianças acreditam erroneamente que um filho de pais falantes do inglês falará inglês mesmo se for criado em uma família falante do francês, e que os meninos terão cabelos curtos e as meninas usarão vestidos mesmo se forem criados sem a presença de nenhum outro membro de seu sexo com os quais possam aprender tais hábitos. Os povos tradicionais acreditam em magia por simpatia, também conhecida como vodu. Julgam que objetos de aparência semelhante têm poderes semelhantes, e assim um chifre de rinoceronte moído é a cura para a disfunção erétil. E pensam que partes de animais podem transmitir seus poderes a qualquer coisa com a qual se misturem, por isso comer ou usar uma parte de um animal feroz tornará a pessoa feroz.

Os ocidentais instruídos não devem ficar muito presumidos: Rozin demonstrou que também temos nossas intuições voduístas. A maioria dos americanos não aceita tocar em uma barata esterilizada, e nem mesmo numa barata de plástico, e se recusa a beber um suco que a barata tenha tocado por uma ínfima fração de segundo.[34] E mesmo os estudantes das universidades americanas mais conceituadas acreditam que somos o que comemos. Julgam que uma tribo que caça tartarugas para comer e javalis para aproveitar o pêlo terá bons nadadores, e que uma tribo que caça tartarugas para aproveitar os cascos e javalis para comer terá lutadores fortes.[35] Em sua história da biologia, Ernst Mayr mostrou que muitos biólogos originalmente rejeitaram a teoria da seleção natural por acreditar que uma espécie era um tipo puro definido por uma essência. Não conseguiam adaptar suas mentes ao conceito de que espécies são populações de indivíduos variáveis e que uma pode fundir-se em outra no decorrer do tempo evolutivo.[36]

Nesse contexto, o medo de alimentos geneticamente modificados já não parece tão estranho: ele é simplesmente a intuição humana típica de que todo ser vivo tem uma essência. Julga-se que os alimentos naturais possuem a essência pura da planta ou animal e contêm os poderes rejuvenescedores do ambiente bucólico no qual se desenvolveram. Alimentos geneticamente modificados, ou alimentos contendo aditivos artificiais, são vistos como deliberadamente misturados a uma substância contaminadora, maculada por suas origens em um cáustico laboratório ou fábrica. Os argumentos baseados em genética, bioquímica, evolução e análise de risco tendem a ser desconsiderados quando confrontados com esse arraigado modo de pensar.

As intuições essencialistas não são a única razão por que as percepções de perigo podem ser equivocadas. Analistas de risco descobriram, perplexos, que os medos das pessoas freqüentemente têm pouquíssima relação com perigos objetivos. Muita gente evita voar de avião, embora viajar de carro seja onze vezes mais perigoso. Há quem tema ser comido por um tubarão, embora seja quatrocentas vezes maior a probabilidade de afogar-se na própria banheira. Clama-se por medidas dispendiosas para retirar o clorofórmio e o tricloroetileno da água potável, embora seja centenas de vezes maior a probabilidade de contrair um câncer com a ingestão diária de um sanduíche de manteiga de amendoim (pois os amendoins podem conter um bolor altamente carcinogênico).[37] Alguns desses riscos podem ser estimados erroneamente porque têm origem em nossos medos inatos de altura, confinamento, predação e envenenamento.[38] Mas mesmo quando são fornecidas informações objetivas sobre o perigo, as pessoas podem não conseguir aquilatá-las devido ao modo como a mente avalia probabilidades.

Uma afirmação como "A chance de morrer de envenenamento por botulismo em dado ano é de 0,000001" é praticamente incompreensível. Para começar, magnitudes com muitos zeros no início ou no fim estão além da percepção de nosso senso numérico. O psicólogo Paul Slovic e seus colegas descobriram que as pessoas não se abalam com uma preleção sobre os perigos de não usar o cinto de segurança que menciona que uma colisão fatal ocorre uma vez a cada 3,5 milhões de viagens por pessoa. Mas dizem que usarão o cinto quando as chances são recalculadas para mostrar que sua probabilidade, ao longo de toda a vida, de morrer em uma colisão é de 1%.[39]

A outra razão de muitas estatísticas serem incompreensíveis é que a probabilidade de um único evento, como a de *eu* morrer em um acidente de avião (em contraste com a freqüência de alguns eventos relativamente a outros, como a proporção de todos os passageiros de avião que morrem em acidentes aéreos), é um evento genuinamente desconcertante, mesmo para matemáticos. Como é que podemos compreender as probabilidades, apresentadas por corretores de apostas especializados, de eventos específicos como o arcebispo de Canterbury confirmar o segundo advento dentro de um ano (1000 contra 1); um certo sr. Braham, de Luton, Inglaterra, inventar uma máquina de moto-contínuo (250 contra 1); ou Elvis Presley estar vivo e em boa saúde (1000 contra 1)?[40] Ou Elvis está vivo, ou não está, portanto o que significa dizer que a probabilidade de ele estar vivo é de 0,001? Analogamente, o que devemos entender quando analistas de segurança da aviação nos dizem que em média uma aterrissagem isolada em um avião comercial reduz a expectativa de vida de uma pessoa em quinze minutos? Quando o avião desce, ou minha expectativa de vida será reduzida em muito mais do que quinze minutos, ou não se reduzirá em nada. Alguns matemáticos afirmam que a probabilidade de um único evento mais parece um palpite de confiança, expresso em uma escala de 0 a 1, do que uma quantidade matemática significativa.[41]

A mente está mais à vontade quando calcula probabilidades com base na freqüência relativa de eventos lembrados ou imaginados.[42] Isso pode fazer com que eventos recentes e memoráveis — um acidente aéreo, um ataque de tubarão, uma infecção por antraz — ganhem muito mais vulto em nossa lista de preocupações do que eventos mais freqüentes e maçantes, como os acidentes de automóvel e as quedas de escadas que são noticiados ao pé da página B14 do jornal. E pode levar os especialistas em risco a falar uma língua e pessoas comuns a ouvir outra. Em audiências para deliberar sobre a proposta de um local para depósito de lixo nuclear, um especialista poderia apresentar um diagrama em árvore das falhas, expondo as seqüências concebíveis de eventos que poderiam acarretar um vazamento de radioatividade. Por exemplo, erosão, rachaduras no leito rochoso, perfuração acidental ou vedação imprópria poderiam acarretar a liberação de radioatividade no lençol freático. Por sua vez, o movimento da água subterrânea, a atividade vulcânica ou um impacto de um grande meteorito poderia ocasionar a liberação de resíduos nucleares na biosfera. A cada seqüência de eventos pode ser atribuída uma probabilidade, e a probabilidade agregada de um acidente originado por todas as causas pode ser estimada. Quando as pessoas ouvem tais análises, porém, ao invés de se tranqüilizarem, passam a sentir mais medo do que nunca — não haviam percebido que existem tantos modos de alguma coisa dar errado! Mentalmente, tabulam o *número* de cenários desastrosos em vez de agregar as *probabilidades* desses cenários.[43]

Nada disso implica que as pessoas são tolas ou que os "peritos" devem empurrar-lhes goela abaixo tecnologias indesejadas. Mesmo com uma compreensão plena dos riscos, pessoas razoáveis poderiam escolher abrir mão de certos avanços tecnológicos. Se alguma coisa é visceralmente revoltante, uma democracia deveria permitir às pessoas rejeitá-la, quer isso seja "racional" ou não segundo algum critério que desconsidere nossa psicologia. Muitas pessoas rejeitariam hortaliças cultivadas em dejetos humanos saneados e evitariam um elevador com assoalho de vidro, não por acreditar que essas coisas são perigosas, mas porque a idéia vira-lhes o estômago. Se elas têm a mesma reação diante de alimentos geneticamente modificados ou de viver próximo a uma usina nuclear, deveriam ter a opção de rejeitar essas situações, contanto que não tentem forçar suas preferências a outros ou onerá-los com os custos.

Além disso, mesmo se os tecnocratas fornecerem estimativas razoáveis de um risco (o que, em si, já é uma tarefa problemática), não podem ditar que nível de risco as pessoas têm de aceitar. As pessoas podem ter objeções contra uma usina nuclear que apresenta um risco ínfimo de vazamento não porque superestimam o risco, mas porque sentem que os custos da catástrofe, por mais remota que ela seja, são pavorosos demais. E, evidentemente, qualquer um desses *trade-offs* pode ser inaceitável se as pessoas perceberem que os benefícios vão para os ricos e poderosos enquanto elas ficam com os riscos.

Ainda assim, compreender a diferença entre nossa melhor ciência e nossos imemoriais modos de pensar só pode trazer mais embasamento para nossas decisões individuais e coletivas. Pode ajudar cientistas e jornalistas a explicar uma nova tecnologia confrontando-a com os equívocos mais comuns. E pode ajudar-nos a todos a compreender essa tecnologia para que possamos aceitá-la ou rejeitá-la por motivos que podemos justificar para nós mesmos e para os outros.

Em *A riqueza das nações,* Adam Smith escreveu que existe "certa propensão na natureza humana [...] a fazer trocas, permutas, escambo de uma coisa por outra". A troca de bens e favores é um universal humano, e pode ter uma história muito antiga. Em sítios arqueológicos de dezenas de milênios atrás, belas conchas e sílex afiados são encontrados a centenas de milhas de suas origens, indicando que chegaram lá por meio de redes de trocas.[44]

O antropólogo Alan Fiske analisou a literatura etnográfica e constatou que praticamente todas as transações humanas enquadram-se em quatro padrões, cada qual com uma psicologia distinta.[45] O primeiro é a partilha comunitária: grupos de pessoas, como por exemplo membros de uma família, compartilham coisas sem acompanhar quem fica com o quê. O segundo é a precedência da autoridade: pessoas dominantes confiscam o que querem das hierarquicamente inferiores. Mas os outros dois tipos de transação são definidos por trocas.

O tipo de troca mais comum é o que Fiske denomina equiparação. Duas pessoas trocam bens ou favores em momentos diferentes, e os itens trocados são idênticos ou ao menos muito semelhantes ou facilmente comparáveis. Os parceiros da troca avaliam suas dívidas por simples adição ou subtração e se satisfazem quando os favores se equiparam. Sentem que a troca os une em uma relação, e com freqüência as pessoas efetuam trocas só para mantê-la. Por exemplo, nos círculos de troca das ilhas do Pacífico, presentes circulam de chefe para chefe, e quem deu um presente primeiro pode acabar recebendo-o de volta. (Muitos americanos desconfiam que isso é o que acontece com os tradicionais panetones natalinos.) Quando alguém viola uma relação de equiparação aceitando um benefício sem retribuí-lo à altura, a outra parte sente-se lograda e pode retaliar agressivamente. A equiparação é o único mecanismo de troca na maioria das sociedades de caçadores coletores. Fiske ressalta que ela é alicerçada em um modelo mental de reciprocidade no qual se trocam equivalentes, e Leda Cosmides e John Tooby mostraram que esse modo de pensar também é bastante natural entre os americanos.[46] Ele parece ser o cerne de nossa economia intuitiva.

Fiske contrasta a equiparação com um sistema muito diferente denominado apreçamento de mercado, o sistema de aluguéis, preços, salários e taxas de juros que fundamenta as economias modernas. O apreçamento de mercado recorre à matemática da multiplicação, divisão, frações e grandes números, juntamente com as instituições sociais do dinheiro, crédito, contratos escritos e complexas divisões do trabalho. O apreçamento de mercado inexiste nas sociedades de caçadores-coletores, e sabemos que não desempenhou papel algum em nossa história evolutiva porque depende de tecnologias como escrita, dinheiro e matemática formal, que só emergiram recentemente. Mesmo hoje em dia as trocas efetuadas segundo o apreçamento de mercado podem incluir cadeias causais impossíveis de ser compreendidas plenamente por qualquer indivíduo. Digito em algumas teclas para introduzir caracteres neste texto hoje e adquiro o direito de receber algumas frutas daqui a alguns anos, não porque permuto um exemplar de *Tábula rasa* com um plantador de banana, mas devido a uma emaranhada rede de terceiras, quartas e quintas partes (editores, livreiros, transportadores, atacadistas) das quais eu dependo sem compreender plenamente o que fazem.

Quando as pessoas têm idéias diferentes sobre qual desses quatro modos de interagir se aplica a um relacionamento em curso, o resultado pode variar de total incompreensão a grande contrariedade ou até hostilidade declarada. Pense em um convidado de um jantar oferecendo-se para pagar ao anfitrião pela refeição, em uma pessoa gritando uma ordem para um amigo ou em um empregado servindo-se de um camarão do prato do chefe. Equívocos nos quais uma pessoa concebe uma transação em termos de equiparação e a outra pensa em termos de apreçamento de mercado são ainda mais comuns e podem ser ainda mais perigosos. Originam-se de psicologias bem diferentes, uma delas intuitiva e universal, a outra esparsa e aprendida, e os conflitos entre elas têm sido comuns ha história econômica.

Os economistas referem-se à "falácia física": a crença de que um objeto tem um valor verdadeiro e constante, em vez de valer apenas o que alguém se dispõe a pagar por ele em determinado local e época.[47] Essa é simplesmente a diferença entre as mentalidades da equiparação e do apreçamento de mercado. A falácia física pode não emergir quando três galinhas são trocadas por uma faca, mas quando as trocas são mediadas por dinheiro, crédito e terceiras partes, a falácia pode ter conseqüências bem desagradáveis. A crença de que os bens têm um "preço justo" implica que é avareza cobrar mais por qualquer coisa, e o resultado tem sido tabelamentos de preços impostos na era medieval, em regimes comunistas e em muitos países do Terceiro Mundo. Essas tentativas de contornar a lei da oferta e da procura em geral acarretam desperdício, escassez e mercados negros. Outra conseqüência da falácia física é a prática disseminada de proibir os juros, que nasce da intuição de que é ganancioso exigir dinheiro adicional de alguém que devolveu exatamente o que havia tomado de empréstimo. Obviamente, a única razão por que as pessoas pedem emprestado em um momento e restituem posteriormente é que o dinheiro vale mais para elas no momento do empréstimo do que no momento da restituição. Assim, quando governos decretam leis drásticas contra a usura, as pessoas que poderiam dar um uso produtivo ao dinheiro não conseguem obtê-lo, e o padrão de vida de todos cai.[48]

Assim como o valor de uma coisa pode mudar com o passar do tempo, criando um nicho para os emprestadores que movimentam coisas valiosas no tempo, também pode mudar no espaço, criando nicho para intermediários que movimentam coisas valiosas no espaço. Uma banana vale mais para mim na quitanda da esquina do que em um armazém a centenas de quilômetros, por isso estou disposto a pagar mais para o quitandeiro do que para o importador — muito embora "eliminando o atravessador" eu pudesse pagar menos por banana. Por motivos semelhantes, o importador está disposto a cobrar do quitandeiro menos do que cobraria de mim.

Mas como emprestadores e intermediários não fazem aparecer objetos tangíveis, suas contribuições são difíceis de entender, e freqüentemente eles são considerados aproveitadores e parasitas. Um evento recorrente na história humana é a ocorrência de confinamento em guetos, confisco, expulsão e violência do populacho contra intermediários, em geral minorias étnicas que aprenderam a se especializar no nicho da intermediação.[49] Os judeus na Europa são o exemplo mais conhecido, mas os chineses expatriados, os libaneses, os armênios e os gujeratis e chettyars da Índia sofreram histórias semelhantes de perseguição.

Um economista em uma situação singular mostrou como a falácia física não depende de nenhuma circunstância história única, emergindo facilmente da psicologia humana. Ele viu toda a síndrome surgir diante de seus olhos quando ficou detido em um campo para prisioneiros na Segunda Guerra Mundial. Todo mês os detentos recebiam pacotes idênticos da Cruz Vermelha. Alguns prisioneiros circulavam pelo campo, trocando e emprestando chocolates, cigarros e outros artigos entre prisioneiros que davam mais valor a alguns itens do que a outros ou que haviam consumido toda a sua ração antes do final do mês. Os intermediários obtinham um pequeno lucro a cada transação, e em conseqüência o rancor por eles era intenso — um microcosmo da tragédia da minoria dos intermediários. O economista escreveu: "A função [do intermediário] e seu árduo trabalho de pôr em contato o comprador e o vendedor eram desconsiderados; os lucros não eram vistos como uma recompensa pelo trabalho, mas como resultado de práticas astutas. Apesar do fato de sua própria existência ser prova em contrário, o intermediário era considerado supérfluo".[50]

A cura óbvia para as trágicas deficiências da intuição humana em um mundo de tecnologia avançada é a educação. E isso traz prioridades para a política educacional: dar aos estudantes as ferramentas cognitivas que são mais importantes para compreender o mundo moderno e que muito provavelmente não são as ferramentas cognitivas que já nasceram com eles. As perigosas falácias que vimos neste capítulo, por exemplo, dariam alta prioridade à economia, à biologia evolucionista e à probabilidade e estatística em qualquer currículo de nível médio ou universitário. Infelizmente, a maioria dos currículos quase não mudou desde os tempos medievais, e quase não são mutáveis, pois ninguém quer ser o filisteu que parece estar afirmando não ser importante aprender uma língua estrangeira, ou literatura, ou trigonometria, ou os clássicos. Mas independentemente do quanto possa ser valiosa uma disciplina, o dia só tem 24 horas, e a decisão de ensinar uma matéria também é a decisão de não ensinar outra. A questão não é se a trigonometria é importante, mas se é mais importante que a estatística; não é se uma pessoa educada deve conhecer os clássicos, mas se é mais importante uma pessoa conhecer os clássicos do que saber economia elementar. Em um mundo cujas complexidades estão constantemente desafiando nossas intuições, esses *trade-offs* não podem ser responsavelmente evitados.

"Nossa natureza é um espaço ilimitável no qual a inteligência se move sem chegar a um fim", escreveu o poeta Wallace Stevens em 1951.[51] A ilimitabilidade da inteligência nasce do poder de um sistema combinatório. Assim como algumas notas podem combinar-se para formar qualquer melodia e alguns caracteres podem combinar-se formando qualquer texto impresso, algumas idéias — PESSOA, LUGAR, COISA, CAUSA, MUDANÇA, DESLOCAMENTO, E, OU, NÃO — podem combinar-se em um espaço ilimitado de pensamentos.[52] A habilidade de conceber um número ilimitado de novas combinações de idéias é a usina de força da inteligência humana e a chave do nosso sucesso como espécie. Há dezenas de milhares de anos nossos ancestrais conceberam novas seqüências de ações capazes de conduzir animais de caça, extrair um veneno, tratar uma doença ou assegurar uma aliança. A mente moderna pode conceber uma substância como uma combinação de átomos, o esquema de um ser vivo como a combinação de nucleotídeos de DNA e uma relação entre quantidades como uma combinação de símbolos matemáticos. A linguagem, ela própria um sistema combinatório, permite-nos compartilhar esses frutos intelectuais.

Os poderes combinatórios da mente humana podem ajudar a explicar um paradoxo sobre o lugar de nossa espécie no planeta. Duzentos anos atrás o economista Thomas Malthus (1766-1834) chamou a atenção para duas características permanentes da espécie humana. Uma é que "o alimento é necessário para a existência do homem". A outra é que "a paixão entre os sexos é necessária e permanecerá quase em seu presente estado". E fez sua célebre dedução:

> O poder da população é infinitamente maior que o poder da terra para produzir a subsistência do homem. A população, quando não contida, aumenta em progressão geométrica. A subsistência aumenta apenas em progressão aritmética. A mínima familiaridade com os números mostrará a imensidão do primeiro poder em comparação com o segundo.

Malthus concluiu desalentadoramente que uma proporção cada vez maior da humanidade haveria de passar fome, e os esforços para ajudar essas pessoas só trariam mais miséria, pois os pobres teriam filhos fadados a passar fome também. Muitos profetas recentes da desventura reiteraram esse argumento. Em 1967, William e Paul Paddock escreveram um livro intitulado *Famine 1975!* ["Fome 1975!", sem tradução em português], e em 1970 o biólogo Paul Ehrlich, autor de *The population bomb* ["A bomba populacional", sem tradução em português], predisse que 65 milhões de americanos e 4 bilhões de outras pessoas morreriam de fome na década de 1980. Em 1972 um grupo de eminentes pensadores conhecido como Clube de Roma predisse que ou os recursos naturais sofreriam declínios catastróficos nas décadas vindouras, ou o mundo sufocaria na poluição.

As previsões malthusianas para os anos 70 não se cumpriram. Erhlich estava errado, tanto com respeito aos 4 bilhões de vítimas da fome como quanto ao declínio dos recursos. Em 1980 ele apostou com o economista Julian Simon que cinco metais estratégicos se tornariam cada vez mais escassos no final da década, sofrendo assim uma alta de preços. Perdeu cinco de cinco apostas que fez. As fomes coletivas e a escassez não aconteceram, apesar dos aumentos da população da Terra (agora 6 bilhões e continuando a crescer) e da quantidade de energia e recursos consumidos per capita.[53] Pavorosas fomes coletivas ainda ocorrem, obviamente, mas não em razão de uma discrepância mundial entre o número de bocas e a quantidade de alimentos. O economista Amartya Sen mostrou que a fome coletiva quase sempre pode ser atribuída a condições de curto prazo ou a convulsões militares que impedem que os alimentos cheguem a quem deles precisa.[54]

A situação de nosso planeta é uma preocupação vital, e precisamos ter a compreensão mais clara possível de onde estão os problemas para não direcionar incorretamente nossos esforços. O repetido fracasso do simples pensamento malthusiano demonstra que esse não pode ser o melhor modo de analisar os desafios ambientais. Ainda assim, a lógica de Malthus parece impecável. Onde ela falhou?

O problema imediato nas profecias malthusianas é que elas subestimam os efeitos da mudança tecnológica sobre o aumento dos recursos para uma vida confortável.[55] No século XX a oferta de alimentos cresceu exponencialmente, e não linearmente. Os agricultores cultivaram mais gêneros por unidade agrícola. Os beneficiadores transformaram uma porcentagem maior dessas culturas em gêneros comestíveis. Caminhões, navios e aviões levaram esses alimentos a mais pessoas antes que eles se estragassem ou fossem comidos por pragas. As reservas de petróleo e minerais aumentaram ao invés de diminuir, pois os engenheiros conseguiram encontrar mais e descobriram novos modos de extrair esses produtos.

Muitas pessoas relutam em reconhecer esse papel aparentemente miraculoso da tecnologia. Falar bem da tecnologia lembra muito aquelas narrações melosas de uma exposição futurista de feira mundial. A tecnologia pode ter comprado um adiamento da nossa sentença, pode-se pensar, mas ela não é uma fonte inesgotável de mágica. Não pode refutar as leis da matemática, que confronta o crescimento exponencial da população com recursos finitos ou, na melhor das hipóteses, em crescimento aritmético. O otimismo parece requerer uma fé em que poderemos quadrar o círculo.

Mas recentemente o economista Paul Romer recorreu à natureza combinatória do processamento de informação cognitiva para mostrar que é possível, sim, quadrar o círculo.[56] Ele começa ressaltando que a existência material humana é limitada por *idéias*, e não pela matéria. As pessoas não precisam de carvão, fio de cobre ou papel em si mesmos; precisam de modos de aquecer suas casas, comunicar-se com outras pessoas e armazenar informação. Essas necessidades não precisam ser satisfeitas aumentando a disponibilidade de recursos físicos. Podem ser satisfeitas por meio de novas idéias — receitas, projetos ou técnicas — para reorganizar os recursos existentes de modo a produzirem mais daquilo que desejamos. Por exemplo, o petróleo já foi apenas um contaminador de nascentes; depois se tornou fonte de combustível, substituindo o suprimento declinante de óleo de baleia. A areia outrora era usada para fazer vidro; hoje é empregada na fabricação de microchips e fibra óptica.

O segundo ponto da argumentação de Romer é que as idéias são o que os economistas chamam de "bens não rivais". Bens rivais, como alimentos, combustível e ferramentas, são feitos de matéria e energia. Se uma pessoa os usa, outras não podem usá-los, pois, como diz o ditado inglês, "não se pode comer o bolo e tê-lo". Mas as idéias são feitas de *informação*, que pode ser duplicada a um custo ínfimo. Uma receita de bolo, a planta de um edifício, uma técnica para cultivar arroz, a fórmula para um medicamento, uma lei científica útil ou um programa de computador podem ser dados a outros sem que nada seja subtraído de quem deu. A aparentemente mágica proliferação de bens não rivais recentemente vem trazendo novos problemas relacionados à propriedade intelectual, à medida que vamos tentando adaptar um sistema legal baseado na posse material ao problema da posse de informação — como gravações de músicas — que pode facilmente ser compartilhada via internet.

O poder dos bens não rivais pode ter sido sentido ao longo de toda a história evolutiva da humanidade. Os antropólogos John Tooby e Irven DeVore argumentaram que há milhões de anos nossos ancestrais ocuparam o "nicho cognitivo" no ecossistema mundial. Tendo evoluído neles as computações mentais capazes de criar modelos da estrutura causal do ambiente, os hominídeos puderam representar cenários no olho da mente e descobrir novos meios de explorar as pedras, plantas e animais à sua volta. A inteligência prática humana pode ter evoluído passo a passo com a linguagem (que permite compartilhar know-how a um custo baixo) e com a cognição social (que permite às pessoas cooperar sem ser trapaceadas), resultando em uma espécie que vive justamente do poder de suas idéias.

Romer salienta que o processo combinatório de criar novas idéias pode contornar a lógica de Maltuhs:

> Cada geração percebeu os limites ao crescimento que os recursos finitos e os efeitos colaterais indesejáveis imporiam se não fossem descobertas novas receitas ou idéias. E cada geração subestimou o potencial para encontrar novas receitas e idéias. Constantemente deixamos de perceber quantas idéias restam para ser descobertas. A dificuldade é a mesma que temos para compor. As possibilidades não se somam. Multiplicam-se.[57]

Por exemplo, cem elementos químicos, combinados serialmente quatro por vez e em dez proporções diferentes, podem produzir 330 bilhões de compostos. Se os cientistas os avaliassem ao ritmo de mil por dia, levariam 1 milhão de anos para examinar todas as possibilidades. O número de modos de montar instruções em programas de computador ou peças em máquinas é igualmente estonteante. Ao menos em princípio, o poder exponencial da cognição humana atua na mesma escala que o crescimento da população humana, e podemos resolver o paradoxo do desastre malthusiano que nunca aconteceu. É evidente que nada disso autoriza a displicência no uso dos recursos naturais. O fato de que o espaço para possíveis idéias é assombrosamente vasto não significa que a solução para um dado problema reside nesse espaço ou que a encontraremos na hora em que precisarmos. Significa apenas que nossa compreensão da relação dos humanos com o mundo material tem de reconhecer não só nossos corpos e nossos recursos, mas também nossas mentes.

O truísmo de que todas as coisas boas têm seus custos além de benefícios aplica-se perfeitamente aos poderes combinatórios da mente humana. Se a mente é um órgão biológico, e não uma janela para a realidade, deve haver verdades que são praticamente inconcebíveis e limites ao grau em que podemos entender bem as descobertas da ciência.

A possibilidade de chegarmos ao fim de nosso potencial cognitivo foi trazida à tona pela física moderna. Temos todas as razões para acreditar que as melhores teorias da física são verdadeiras, mas elas nos apresentam um quadro da realidade que não tem sentido para as intuições sobre espaço, tempo e matéria que evoluíram no cérebro dos primatas de médio porte. As estranhas idéias da física — por exemplo, que o tempo começou a existir com o Big Bang, que o universo é curvo na quarta dimensão e possivelmente finito, e que uma partícula pode agir como uma onda — só fazem nossa cabeça doer quanto mais refletimos sobre elas. É impossível deixar de ter idéias que são absolutamente incoerentes, como por exemplo: "Como era antes do Big Bang?". Ou: "O que existe além dos limites do universo?". Ou ainda: "Como é que a maldita partícula consegue passar por duas aberturas ao mesmo tempo?". Até os físicos que descobriram a natureza da realidade afirmam não entender suas teorias. Murray Gell-Mann descreveu a mecânica quântica como "essa disciplina misteriosa e desnorteante que nenhum de nós realmente entende mas que sabemos como usar".[58] Richard Feynman escreveu: "Creio poder dizer com segurança que nenhum de nós entende a mecânica quântica. [...] Não fique se perguntando, se for possível evitar, 'mas como pode ser assim?'. [...] Ninguém sabe como pode ser assim".[59] Em outra entrevista ele acrescentou: "Se você acha que entende a teoria quântica, então você não entende a teoria quântica!".[60]

Nossas intuições sobre a vida e a mente, como nossas intuições sobre matéria e espaço, podem ter deparado com um mundo estranho forjado por nossa melhor ciência. Vimos que o conceito de vida como um espírito mágico unido a nosso corpo não se coaduna com nossa compreensão da mente como a atividade de um cérebro que se desenvolve gradualmente. Nossas intuições sobre a mente vêem-se igualmente despreparadas na busca da fronteira avançada da neurociência cognitiva. Temos todas as razões para crer que a consciência e a tomada de decisão surgem da atividade eletroquímica de redes neurais no cérebro. Mas como moléculas em movimento produzem sentimentos subjetivos (em contraste com meras computações inteligentes) e como elas ocasionam escolhas que fazemos livremente (em contraste com um comportamento causado) permanecem enigmas profundos para nossas psiques pleistocênicas.

Esses enigmas têm um caráter enfurecedoramente holístico. A consciência e o livre-arbítrio parecem impregnar os fenômenos neurobiológicos em todos os níveis, e não podem ser localizados com precisão em nenhuma combinação ou interação entre partes. As melhores análises de nossos intelectos combinatórios não fornecem cabides onde possamos pendurar essas estranhas entidades, e os pensadores parecem condenados a negar sua existência ou a atolar no misticismo. Para o bem ou para o mal, nosso mundo talvez sempre contenha um fiozinho de mistério, e nossos descendentes talvez venham a refletir interminavelmente sobre os imemoriais enigmas da religião e da filosofia, os quais, em última análise, dependem de conceitos sobre matéria e mente.[61] *The devil dictionary* [*O dicionário do diabo,* na tradução em português], de Ambrose Bierce, traz a seguinte definição:

Mente, s. Uma forma misteriosa de matéria secretada pelo cérebro. Sua principal atividade consiste no esforço de determinar sua própria natureza, devendo-se a futilidade dessa tentativa ao fato de que a mente não tem nada além de si mesma que possa usar para conhecer-se.

14. As muitas raízes do nosso sofrimento

A primeira edição de *O gene egoísta*, de Richard Dawkins, continha um prefácio de Robert Trivers, o biólogo que originou algumas das idéias principais do livro. Ele concluiu com um floreio:

> A teoria social darwiniana permite-nos vislumbrar uma simetria e uma lógica básica nas relações sociais que, quando mais plenamente entendidas por nós, deverão revitalizar nossa compreensão política e fornecer o alicerce intelectual para uma ciência e medicina da psicologia. Nesse processo, deverão dar-nos também uma compreensão mais profunda das raízes do nosso sofrimento.[1]

São afirmações arrebatadoras para um livro de biologia, mas Trivers sabia que não falava sem bases. A psicologia social, ciência de como as pessoas comportam-se umas em relação às outras, com freqüência é uma miscelânea de fenômenos interessantes que são "explicados" dando-se a eles nomes imaginosos. Falta-lhe a rica estrutura dedutiva de outras ciências, na qual um punhado de princípios profundos pode gerar uma profusão de predições sutis — o tipo de teoria que os cientistas enaltecem como "bela" ou "elegante". Trivers derivou a primeira teoria em psicologia social que merece ser chamada de elegante. Ele mostrou que um princípio enganosamente simples — seguir os genes —

pode explicar a lógica de cada um dos principais tipos de relações humanas: como nos sentimos em relação a nossos pais, filhos, irmãos, pessoa amada, amigos e nós mesmos.[2] Mas Trivers sabia que a teoria também fazia algo mais. Ela oferecia uma explicação científica para a tragédia da condição humana.

"A natureza é um juiz drástico", diz um velho ditado. Muitas tragédias têm origem em nossa constituição física e cognitiva. Nosso corpo é um arranjo extraordinariamente improvável de matéria, com muitos modos de as coisas darem errado e apenas alguns de darem certo. Estamos fadados a morrer, e somos inteligentes o bastante para saber disso. Nossa mente é adaptada a um mundo que não existe mais, propensa a equívocos corrigíveis apenas com uma árdua educação, e condenada à perplexidade diante das questões mais profundas que podemos formular.

Mas alguns dos choques mais dolorosos vêm do mundo social — das manipulações e traições de outras pessoas. Na fábula, o escorpião pediu à rã que o carregasse na travessia do rio, garantindo-lhe que não a picaria, pois se o fizesse haveria de afogar-se também. Na metade da travessia, o escorpião a picou, e quando a rã perguntou por quê, o escorpião respondeu: "É da minha natureza". Tecnicamente falando, um escorpião com essa natureza não poderia ter evoluído, mas Trivers explicou por que às vezes *parece* que a natureza humana é como o escorpião da fábula, condenada ao conflito aparentemente despropositado.

Não é mistério a razão de os organismos às vezes lesarem uns aos outros. A evolução não tem consciência, e, se uma criatura faz mal a outra em benefício próprio, por exemplo, comendo, parasitando, intimidando ou traindo, seus descendentes virão a predominar, munidos eles também desses hábitos perversos. Tudo isso é bem familiar, como se depreende do uso do termo "darwinista" no falar do povo como sinônimo de "implacável" e da descrição da natureza por Tennyson como rubra nos dentes e nas garras. Se isso fosse tudo na evolução da condição humana, teríamos de concordar com a letra do rock que diz "Life sucks, then you die" [A vida é horrível, e depois você morre].

Mas obviamente a vida nem sempre é horrível. Muitas criaturas cooperam, cuidam e vivem em paz, e os humanos em particular encontram aconchego e alegria em sua família, amigos e comunidades. Isso também deveria ser do conhecimento dos leitores de *O gene egoísta* e de outros livros sobre a evolução do altruísmo que vêm aparecendo desde a publicação do livro de Dawkins.[3] Há várias razões para que possa evoluir nos organismos a disposição para fazer boas ações. Eles podem ajudar outras criaturas enquanto estão defendendo seus próprios interesses, por exemplo, quando formam um rebanho que confunde os predadores ou quando vivem dos subprodutos uns dos outros. Isso se chama mutualismo, simbiose ou cooperação. Entre os humanos, amigos que têm gostos, hobbies ou inimigos comuns são um tipo de par simbionte. O casal com um ou mais filhos é um exemplo ainda melhor. Seus genes estão ligados no mesmo pacote, seus filhos, portanto o que é bom para um é bom para o outro, e cada qual tem interesse em manter o outro vivo e saudável. Esses interesses comuns preparam o cenário para que evolua o amor companheiro e o amor conjugal.

E em alguns casos os organismos podem beneficiar outros organismos a um *custo* para si mesmos, o que os biólogos denominam altruísmo. Em seu sentido técnico, o altruísmo pode evoluir de dois modos principais. Primeiro, como os parentes compartilham genes, qualquer gene que incline um organismo a ajudar um familiar seu aumentará a chance de sobrevivência de uma cópia de si mesmo que existe naquele parente, mesmo se o organismo que o ajudou sacrifique seu próprio bem-estar no ato generoso. Esses genes, em média, acabarão por predominar, contanto que o custo para o organismo que ajudou seja menor que o benefício para o organismo ajudado, levando-se em conta seu grau de parentesco. O amor pela família — o carinho pelos filhos, irmãos, pais, avós, tios, sobrinhos e primos — pode evoluir. A isso se dá o nome de altruísmo nepotista.

O altruísmo também pode evoluir quando organismos trocam favores. Um ajuda o outro nas tarefas de limpeza, alimentação, proteção e apoio, e em troca é ajudado quando tem as mesmas necessidades. Isso recebe o nome de altruísmo recíproco, e pode evoluir quando as partes se reconhecem, interagem repetidamente, podem conceder um grande benefício a outros a um custo pequeno para si mesmas, mantêm na memória favores oferecidos ou negados e são impelidas a retribuir à altura. O altruísmo recíproco pode evoluir porque os cooperadores desfrutam mais vantagens do que os ermitões ou misantropos. Eles desfrutam os ganhos de trocar seus excedentes, arrancar piolhos dos pêlos uns dos outros, salvar-se mutuamente de afogamento ou fome e tomar conta dos filhos uns dos outros. Os retribuidores também podem ter mais vantagens no longo prazo do que os trapaceiros que recebem favores sem retribuir, pois os retribuidores acabarão por reconhecer os trapaceiros e passarão a evitá-los ou puni-los.

As demandas do altruísmo recíproco podem explicar por que evoluíram as emoções sociais e moralistas. Solidariedade e confiança impelem as pessoas a oferecer o primeiro favor. Gratidão e lealdade impelem-nas a retribuir favores. Culpa e vergonha impedem-nas de prejudicar outras ou deixar de retribuir. Raiva e desprezo impelem-nas a evitar ou punir trapaceiros. E entre os humanos, qualquer tendência de um indivíduo a retribuir ou trapacear não precisa ser testemunhada diretamente, pois pode ser relatada pela linguagem. Isso leva ao interesse pela reputação dos outros, divulgada pelos mexericos e pela aprovação ou condenação pública, e à preocupação com a própria reputação. Parcerias, amizades, alianças e comunidades podem emergir, consolidadas por essas emoções e preocupações.

Muita gente começa a ficar nervosa nessa altura, mas a inquietação não vem das tragédias que Trivers explicou. Vem, antes, de dois equívocos que já mencionamos antes. Primeiro, toda essa conversa de que os genes influenciam o comportamento não significa que somos relógios cuco ou pianos de corda, executando irracionalmente os ditames do DNA. Os genes em questão são aqueles mesmos que nos dotam de sistemas neurais para consciência, deliberação e vontade, e, quando falamos em seleção desses genes, estamos falando nas várias maneiras como essas faculdades poderiam ter evoluído. O erro provém da tábula rasa e do fantasma na máquina: se alguém começa pensando que nossas faculdades mentais superiores são impressas pela sociedade ou são inerentes a uma alma, então quando os biólogos mencionam influência genética as primeiras alternativas que vêm à mente são fantoches ou trilhos de bonde. Mas se as faculdades superiores, incluindo aprendizado, raciocínio e escolha, são produto de uma organização não aleatória do cérebro, tem de haver genes que ajudam a efetuar a organização, e isso leva à questão de como esses genes teriam sido selecionados no decorrer da evolução humana.

O segundo equívoco é imaginar que falar em custos e benefícios implica que as pessoas são cínicas, maquiavélicas, calculando friamente as vantagens genéticas de agir como amigo e de casar-se. Preocupar-se com essa imagem, ou criticá-la porque é desagradável, é confundir causa próxima com causa última. As pessoas não se importam com seus genes; importam-se com felicidade, amor, poder, respeito e outras paixões. Os cálculos de custo-benefício são um modo metafórico de descrever a seleção de genes alternativos ao longo de milênios, e não uma descrição exata do que se passa em um cérebro humano em tempo real. Nada impede que o processo amoral da seleção natural leve à evolução de um cérebro com genuínas emoções generosas. Costuma-se dizer que quem aprecia as leis e as salsichas não deveria ver como são feitas. O mesmo vale para as emoções humanas.

Ora, se amor e consciência podem evoluir, qual é a tragédia? Trivers observou que a confluência de interesses genéticos que originaram as emoções sociais é apenas *parcial*. Como não somos clones, ou nem mesmo insetos sociais (que podem ter em comum até três quartos de seus genes), o que essencialmente é melhor para uma pessoa não é idêntico ao que essencialmente é melhor para outra. Assim, todo relacionamento humano, mesmo o mais devotado e íntimo, contém a semente do conflito. No filme *AntZ* [*Formiguinhaz,* na versão brasileira], uma formiga com a voz de Woody Allen queixa-se a seu psicanalista:

> É que eu *não agüento* todo o fervor por esse tal de superorganismo. Eu me esforço, mas não agüento. Que diabo, esperam que eu faça tudo pela colônia... e quanto às *minhas* necessidades?

O humor está no conflito entre a psicologia das formigas, originada em um sistema genético que torna as operárias mais aparentadas umas com as outras do que seriam com sua prole, e a psicologia humana, na qual nossa individualidade genética leva-nos a indagar: "E quanto às *minhas* necessidades?". Trivers, complementando o trabalho de William Hamilton e George Williams, fez cálculos algébricos e predisse o grau em que as pessoas deveriam fazer a si mesmas essa pergunta.[4]

O restante deste capítulo trata dessa álgebra enganosamente simples e como suas implicações subvertem muitas concepções sobre a natureza humana. Ela desacredita a tábula rasa, que prediz que a consideração das pessoas por seus semelhantes é determinada por seu "papel", como se se tratasse de um papel arbitrariamente atribuído a um ator. Mas também desacredita algumas visões ingênuas da evolução que são comuns entre quem *não* acredita na tábula rasa. A maioria das pessoas tem intuições sobre como são as coisas na natureza. Podem acreditar que se agíssemos como a natureza "deseja", as famílias funcionariam como unidades harmônicas, os indivíduos agiriam pelo bem da espécie ou as pessoas revelariam seu verdadeiro eu por trás das máscaras sociais, ou ainda, como afirmou Newt Gingrich em 1995, os machos de nossa espécie caçariam girafas e se espojariam na lama como leitões.[5] Compreender os padrões de sobre-posição genética que nos unem e nos dividem pode substituir idéias simplistas de todos os tipos por uma compreensão mais sutil da condição humana. De fato, pode lançar luz sobre a condição humana de modos que complementam as per-cepções inspiradas de artistas e filósofos no decorrer de milênios.

A mais óbvia tragédia humana nasce da diferença entre nossos sentimen-tos pela família e nossos sentimentos por quem não é da família, uma das mais profundas divisões no mundo vivo. Quando se trata de amor e solidariedade entre pessoas, o sangue fala mais alto em todos os níveis, de clãs e dinastias em sociedades tradicionais à lotação dos aeroportos nos feriados, com as pessoas atravessando o planeta para ficar com a família.[6] Estudos quantitativos também evidenciaram o fato. Em sociedades extrativistas tradicionais é maior a probabi-lidade de que parentes genéticos vivam juntos, trabalhem nas plantações uns dos outros, protejam-se mutuamente e adotem os filhos necessitados ou órfãos uns dos outros, e é menor a probabilidade de que se ataquem, tenham rixas e matem uns aos outros.[7] Mesmo em sociedades modernas, que tendem a rom-per os laços de parentesco, quanto mais próximo o parentesco genético entre duas pessoas, mais inclinadas elas são a ajudar uma à outra, especialmente em situações de vida ou morte.[8]

Mas amor e solidariedade são relativos. Dizer que as pessoas cuidam mais de seus familiares é dizer que são mais insensíveis aos não-parentes. A epígrafe do livro de Robert Wright sobre psicologia evolucionista é um excerto de *The power and the glory* [*O poder e a glória*, na tradução em português], de Graham Greene, no qual o protagonista reflete sobre sua filha: "Ele disse: 'Deus, ajude-a. Condene-me, eu mereço, mas permita que ela viva para sempre'. Esse amor é o que ele deveria ter sentido por toda pessoa no mundo: todo o medo e o dese-jo de salvar concentrado injustamente em uma filha. Ele começou a chorar. [...] Pensou: é isto que eu deveria sentir o tempo todo por todo mundo".

O amor familiar, de fato, subverte o ideal do que deveríamos sentir por todas as pessoas no mundo. Os filósofos morais brincam com um dilema hi-potético no qual as pessoas podem sair correndo pela porta da esquerda de um prédio em chamas para salvar certo número de crianças ou pela porta da di-reita para salvar o próprio filho.[9] Se você for pai ou mãe, reflita sobre esta questão: existe *algum* número de crianças que o faria escolher a porta da esquerda? Com efeito, todos nós revelamos nossa preferência em nosso talão de cheques, quando gastamos dinheiro para comprar coisas supérfluas para nossos filhos (uma bicicleta, um aparelho ortodôntico, educação em uma escola ou universidade particular) em vez de salvar a vida de crianças do mundo em desenvolvimento que não são nossos parentes, doando esse dinheiro para caridade. Analogamente, a prática de os pais legarem sua riqueza aos filhos é um dos mais destacados impedimentos a uma sociedade economicamente igualitária. Apesar disso, poucas pessoas permitiriam que o governo confiscasse 100% de seus bens, pois a maioria das pessoas vê seus filhos como uma extensão de si mesmas, e portanto como os beneficiários adequados dos esforços de toda a sua vida.

O nepotismo é uma propensão humana universal e flagelo universal das grandes organizações. Tem a péssima fama de exaurir países governados por dinastias hereditárias e de lançar no atoleiro governos e empresas do Terceiro Mundo. Uma solução histórica recorrente foi dar cargos do poder local a pessoas sem laços de família, como eunucos, celibatários, escravos ou pessoas muito distantes de sua terra natal.[10] Uma solução mais recente é proibir por lei o nepotismo ou regulamentá-lo, muito embora as regulamentações sempre apresentem *trade-offs* e exceções. Pequenas empresas — ou, como freqüentemente são chamadas, "empresas familiares" — são altamente nepotistas e por isso podem conflitar com princípios de igualdade de oportunidade e atrair o ressentimento da comunidade circundante.

B. F. Skinner, sempre maoísta, escreveu na década de 1970 que as pessoas deveriam ser recompensadas por comer em grandes refeitórios comunitários em vez de comer em casa com a família, pois panelas grandes têm uma razão menor entre área da superfície e volume do que as panelas menores e, portanto, são mais eficientes no uso de energia. A lógica é impecável, mas essa mentalidade colidiu muitas vezes com a natureza humana no século XX — pavorosamente nas coletivizações forçadas na União Soviética e na China, e benignamente nos *kibutzim* israelenses, que logo abandonaram sua política de criar as crianças separadas dos pais. Uma personagem em um romance do autor israelense Batya Gur capta bem o tipo de sentimento que levou a essa mudança: "Quero eu mesma cobrir meus filhos na hora de dormir [...] e quando eles tiverem um pesadelo, quero que venham para a minha cama, e não para o interfone de alguém, e não fazê-los sair à noite no escuro procurando nosso quarto, trope-çando nas pedras, pensando que cada sombra é um monstro, para no fim se verem diante de uma porta fechada ou serem arrastados de volta para a casa das crianças".[11]

Não são apenas os sonhos recentes de coletivismo que se vêem subvertidos pela solidariedade familiar. O jornalista Ferdinand Mount documentou que a família tem sido uma instituição subversiva ao longo de toda a história. Laços de família opõem-se a laços que unem camaradas e membros de irmandades, e por-tanto são um estorvo para governos, cultos, gangues, movimentos revolucioná-rios e religiões estabelecidas. Mas nem mesmo um pensador tão sagaz sobre a natureza humana quanto Noam Chomsky admite que, em relação aos próprios filhos, as pessoas se sentem de modo diferente daquele como se sentem em rela-ção a conhecidos e estranhos. Eis um trecho de uma entrevista com o principal guitarrista do grupo de *rap metal* Rage Against the Machine:

> RAGE: Outra idéia inquestionável é que as pessoas são naturalmente competitivas e, portanto, o capitalismo é o único modo adequado de organizar a sociedade. O senhor concorda?
>
> CHOMSKY: Olhe em volta. Em uma família, por exemplo, se os pais estão com fome, roubam comida dos filhos? Roubariam, se fossem competitivos. Na maioria dos agrupamentos sociais que são ao menos semi-sadios as pessoas apóiam umas às outras, são solidárias e solícitas, importam-se com os outros etc. Essas são emo-ções humanas normais. É preciso muito treino para expulsar esses sentimentos da cabeça das pessoas, e eles surgem por toda parte.[12]

A menos que as pessoas tratem outros membros da sociedade do modo como tratam os próprios filhos, a resposta é um *non sequitur*: as pessoas poderiam im-portar-se imensamente com os filhos mas sentir-se de modo diferente em rela-ção aos milhões de outras pessoas que compõem a sociedade. A própria formu-lação da questão e da resposta pressupõe que os humanos são competitivos ou solidários em todas as frentes em vez de ter emoções diferentes em relação a pessoas com quem têm diferentes relações genéticas.

Chomsky dá a entender que as pessoas nascem com sentimentos fraternais em relação a seus grupos sociais e que esses sentimentos são arrancados de sua cabeça pelo treino. Mas parece ocorrer o oposto. Por toda a história, quando líderes tentaram unir um grupo social, treinaram seus membros a pensar no grupo como uma família e redirecionar suas emoções familiares para o grupo.[13] Os nomes usados por grupos que se empenham pela solidariedade — confrarias, irmandades, fraternidades, organizações fraternais, famílias criminosas, a família humana — admitem, em suas metáforas, que o parentesco é o paradigma ao qual aspiram. (Nenhuma sociedade tenta fortalecer a família equiparando-a a um sindicato, um partido político ou um grupo religioso.) Essa tática é comprovadamente eficaz. Vários experimentos mostraram que as pessoas são mais convencidas por um discurso político se o orador apelar para seus corações e mentes com metáforas de família.[14]

Metáforas verbais são um modo de incentivar pessoas a tratar conhecidos como parentes, mas em geral são necessárias táticas mais fortes. Em seu estudo etnográfico, Alan Fiske mostrou que o etos da partilha comunal (uma de suas quatro relações sociais universais) surge espontaneamente entre os membros de uma família mas só se estende a outros grupos com a ajuda de elaborados costumes e ideologias.[15] Pessoas não aparentadas que desejam compartilhar como uma família criam mitologias sobre um parentesco comum, uma linhagem comum e uma ligação mística com um território (reveladoramente chamado terra natal, pátria, torrão natal, solo paterno). Reforçam os mitos com refeições sacramentais, sacrifícios de sangue e rituais repetitivos, que submergem o *self* no grupo e criam a impressão de um único organismo em vez de uma federação de indivíduos. Suas religiões falam de possessão por espíritos e outros tipos de misturas de mentes que, segundo Fiske, "indicam que as pessoas podem freqüentemente desejar ter relações de partilha comunal mais intensas ou puras do que podem perceber com seres humanos comuns".[16] O lado sombrio dessa coesão é a mentalidade de grupo, a mentalidade de culto e os mitos de pureza racial — o sentimento de que os forasteiros são contaminadores que poluem a santidade do grupo.

Nada disso significa que não-parentes são implacavelmente competitivos entre si; significa apenas que não são tão espontaneamente cooperativos quanto os parentes. E, ironicamente, apesar de tudo o que se falou aqui sobre solidariedade, compreensão e laços de sangue, logo veremos que as famílias também não são unidades assim tão harmoniosas.

O célebre comentário de Tolstoi de que as famílias felizes são todas iguais mas cada família infeliz é infeliz a seu próprio modo não é verdadeiro no nível da causação última (evolutiva); Trivers mostrou que as sementes da infelicidade em cada família têm a mesma origem básica.[17] Embora parentes tenham interesses comuns devido a seus genes comuns, o grau de coincidência não é total em todas as permutações e combinações de membros da família. Os pais são aparentados com toda a sua prole por um fator igual, 50%, mas cada filho é aparentado consigo mesmo por um fator de 100%. E isso tem uma implicação sutil mas profunda para a moeda da vida familiar, o investimento dos pais em seus filhos.

O investimento paterno é um recurso limitado. Um dia só tem 24 horas, uma memória de curto prazo só pode conter quatro partes de informação e, como vivem dizendo as mães exaustas: "Eu só tenho duas mãos!". Em um extremo da vida, os filhos aprendem que a mãe não pode fornecer um fluxo ilimitado de leite; no outro extremo, aprendem que os pais não deixam heranças infinitas.

Na medida em que as emoções entre as pessoas refletem seu parentesco genético típico, afirmou Trivers, os membros de uma família devem discordar em como o investimento dos pais deve ser repartido. Os pais devem querer dividir igualmente seu investimento entre os filhos — quando não em partes absolutamente iguais, então segundo a capacidade de cada filho para prosperar com o investimento. Mas cada filho deve querer que o pai conceda duas vezes mais investimento em si mesmo do que em um irmão ou irmã, pois os filhos têm metade de seus genes em comum com cada irmão, mas têm todos os genes em comum consigo mesmos. Havendo uma família com dois filhos e um pão, cada filho deve querer dividi-lo à razão de dois terços para um terço, enquanto os pais devem querer dividi-lo meio a meio. O resultado é que nenhuma distribuição contentará a todos. Obviamente isso não quer dizer que pais e filhos realmente lutem por causa de pão, leite ou heranças (embora possam fazê-lo), e eles certamente não lutam por causa de genes. Em nossa história evolutiva, o investimento paterno afetou a sobrevivência do filho, o que por sua vez afetou a probabilidade de que os genes para várias emoções familiares em pais e em filhos nos fossem transmitidos até o presente. A predição é que as expectativas dos membros de uma família em relação uns aos outros não estarão em perfeita harmonia.

O conflito entre pais e filhos e seu anverso, o conflito entre irmãos, pode ser visto em todo o reino animal.[18] Os filhotes de uma mesma ninhada lutam entre si, às vezes mortalmente, e lutam com as mães pelo acesso a leite, alimento e cuidados. (Como observou o personagem de Woody Allen em *Formiguinhaz*: "Quando a gente é o filho do meio numa família de cinco milhões, não recebe muita atenção".) O conflito também se revela na psicologia do desenvolvimento pré-natal humano. Os fetos extraem da corrente sangüínea da mãe a maior quantidade possível de nutrientes, enquanto o corpo materno resiste para manter-se em boas condições para futuros filhos.[19] E o conflito prossegue depois do nascimento. Até recentemente, na maioria das culturas as mães que tinham poucas perspectivas de sustentar um recém-nascido até a maturidade abandonavam-no para morrer a fim de evitar desperdício de recursos e de esforço.[20] As bochechas gorduchas e as reações precoces no rosto de um bebê podem ser um anúncio de saúde destinado a inclinar a decisão a seu favor.[21]

Mas os conflitos mais interessantes são os psicológicos, ocorridos em dramas familiares. Trivers apregoou a natureza libertadora da sociobiologia invocando uma "simetria básica em nossas relações sociais" e "agentes submersos no mundo social".[22] Referia-se às mulheres, como veremos no capítulo sobre gênero, e aos filhos. A teoria do conflito entre pais e filhos supõe que as famílias não contêm pais todo-poderosos e oniscientes e seus filhos passivos e gratos. A seleção natural deve ter equipado as crianças com táticas psicológicas que lhes permitem defender seus interesses em uma luta com seus pais, sem que nenhuma das partes prevaleça em caráter permanente. Os pais têm uma vantagem efêmera na pura força bruta, mas as crianças podem reagir sendo graciosas, choramingando, fazendo birra, apelando para a culpa paterna, atormentando os irmãos, intrometendo-se entre os pais e fazendo-se de reféns mediante a ameaça de comportamento autodestrutivo.[23] Como se diz, a insanidade é hereditária: herda-se dos filhos.

Em um nível mais profundo, as crianças não permitem que sua personalidade seja moldada pelas broncas paternas, pelos carinhos ou tentativas de servir de modelo.[24] Como veremos no capítulo sobre as crianças, o efeito de ser criado por determinado casal em dada cultura é surpreendentemente pequeno: as crianças que crescem na mesma casa acabam não sendo mais parecidas em personalidade do que crianças que foram separadas ao nascer; irmãos adotivos crescem não se parecendo mais do que estranhos. Essas constatações contradizem diretamente as predições de todas as teorias na história da psicologia, com exceção de uma. Somente Trivers predisse:

Os filhos não podem contar com uma orientação desinteressada dos pais. É esperado que os filhos sejam pré-programados para resistir a alguma manipulação dos pais enquanto são receptivos a outras formas. Quando o pai impõe um sistema arbitrário de reforço (punição e recompensa) a fim de manipular os filhos para que ajam contrariamente ao que lhes convém, a seleção favorecerá os filhos que resistirem a esses esquemas de reforço.[25]

O fato de os filhos não se tornarem aquilo que os pais gostariam é, para muita gente, uma das lições agridoces de ser pai. "Seus filhos não são seus filhos", escreveu o poeta Kahlil Gibran. "Você pode dar-lhes seu amor, mas não seus pensamentos, pois eles têm pensamentos próprios."[26]

A mais óbvia predição da teoria do conflito entre pais e filhos é que pais e irmãos devem ter, todos, diferentes percepções sobre como os pais tratam os irmãos. De fato, estudos sobre os membros já adultos de famílias mostram que a maioria dos pais afirma ter tratado os filhos com igualdade, enquanto a maioria dos irmãos assevera que não recebeu sua justa parte.[27] Os pesquisadores chamam isso de efeito Smothers Brothers, lembrando o par cômico de irmãos cujo membro mais tolo tinha o bordão: "Mamãe sempre gostou mais de você".

Mas a lógica do conflito entre pais e filhos não se aplica apenas a irmãos contemporâneos. Filhos de qualquer idade competem tacitamente contra os descendentes não nascidos que os pais *poderiam* ter se lhes fossem cedidos tempo e energia. Como os homens sempre podem fazer filhos (em especial nos sistemas políginos que até recentemente caracterizaram a maioria das sociedades), e como ambos os sexos podem prodigalizar investimento em netos, potenciais conflitos de interesse entre pais e filhos pairam sobre eles a vida toda. Quando os pais arranjam um casamento, podem fazer um acordo que sacrifica os interesses de um filho por futuras considerações que beneficiem um irmão ou o pai. Filhos e adultos podem ter opiniões diferentes sobre se um filho deve permanecer em casa para ajudar a família ou partir para sua própria carreira reprodutiva. Filhos casados precisam decidir como alocar tempo e energia entre a família nuclear que formaram e a família extensa na qual nasceram. Pais têm de decidir se distribuem seus recursos em partes iguais ou se os destinam ao filho que possa fazer deles o melhor uso.

A lógica do conflito entre pais e filhos e entre irmãos lança nova luz sobre a doutrina dos "valores familiares" destacada pela direita religiosa e cultural contemporânea. Segundo essa doutrina, a família é um reduto de sustento e benevolência, permitindo aos pais transmitir aos filhos valores que melhor atendam aos seus interesses. Forças culturais modernas, ao permitirem que as mulheres passem menos tempo com os filhos pequenos e ao expandirem o mundo dos filhos maiores além do círculo familiar, supostamente atiraram uma granada nesse ninho, prejudicando as crianças e a sociedade. Parte dessa teoria seguramente é correta; os pais e outros parentes têm mais interesse no bem-estar de uma criança do que qualquer pessoa de fora. Mas o conflito entre pais e filhos implica que o quadro não se limita a isso.

Se pudéssemos perguntar à criança pequena o que ela deseja, sem dúvida ela diria que é a atenção de sua mãe só para si, 24 horas por dia. Mas isso não significa que o cuidado materno incessante seja o padrão biológico. A necessidade de encontrar um equilíbrio entre investir em um filho e se manter saudável (em última análise, para investir em outros filhos) é inerente a todos os seres vivos. As mães humanas não são exceção, e freqüentemente precisam resistir às demandas de seus pequenos tiranos para não comprometer sua própria sobrevivência e a de outros filhos nascidos e ainda não nascidos. A antropóloga Sarah Blaffer Hrdy mostrou que o *trade-off* entre trabalhar e cuidar dos filhos não foi inventado pelas *yuppies* de *tailleur* dos anos 80. As mulheres de sociedades extrativistas servem-se de vários expedientes para criar os filhos sem morrer de fome nesse processo, incluindo buscar status no grupo (o que aumenta o bem-estar dos filhos) e dividir o cuidado das crianças com outras mulheres do grupo. Os pais, evidentemente, são em geral os principais provedores além da mãe, mas têm maus hábitos como morrer, abandonar e não conseguir ganhar o sustento, e por isso as mães nunca dependeram unicamente deles.[28]

O enfraquecimento do poder dos pais sobre os filhos mais velhos também não é apenas mais uma vítima recente de forças destrutivas. Faz parte de uma expansão, já de longa data, da liberdade no Ocidente que vem concedendo aos filhos seu sempre presente desejo de ter mais autonomia do que os pais se dispõem a ceder. Em sociedades tradicionais, os filhos eram atrelados à terra da família, prometidos em casamentos arranjados e viviam sob o jugo do patriarca da família.[29] Isso começou a mudar na Europa medieval, e alguns historiadores afirmam que esse foi o primeiro degrau da extensão de direitos que associamos ao Iluminismo e que culminou na abolição do feudalismo e da escravidão.[30] Hoje em dia sem dúvida é verdade que algumas crianças são desviadas do bom caminho por uma turma ruim ou pela cultura popular. Mas há crianças que são salvas de famílias abusivas ou manipuladoras por colegas, vizinhos e professores. Muitas crianças beneficiaram-se de leis, como a do estudo compulsório e a proibição de casamentos forçados, que podem prevalecer sobre as preferências dos pais. Algumas podem beneficiar-se de informações, por exemplo, sobre contracepção ou carreiras, que seus pais tentam esconder delas. E algumas podem escapar de um sufocante gueto cultural e descobrir os prazeres cosmopolitas do mundo moderno. O romance *Shosha*, de Isaac Bashevis Singer, começa com uma reminiscência da infância do protagonista no bairro judeu de Varsóvia no início do século XX:

> Fui criado em três línguas mortas: hebraico, aramaico e iídiche [...] — e em uma cultura que se desenvolveu na Babilônia: o Talmude. O *cheder* [sala de aula] onde eu estudava era um aposento onde o professor comia e dormia e onde sua mulher cozinhava. Ali eu não estudava aritmética, geografia, física ou história, mas as leis que governam um ovo posto em um dia santificado e sacrifícios em um templo destruído há 2 mil anos. Embora meus ancestrais tivessem se estabelecido na Polônia cerca de seis ou sete séculos antes de meu nascimento, eu só conhecia algumas palavras da língua polonesa [...] Eu era um anacronismo em todos os aspectos, mas não sabia.

A reminiscência de Singer é mais nostálgica do que amarga, e, obviamente, a maioria das famílias oferece muito mais cuidados do que repressão ou antagonismo. No nível próximo, Tolstoi inegavelmente estava certo quando disse que existem famílias felizes e infelizes e que as famílias infelizes são infelizes de maneiras diferentes, dependendo da química das pessoas que a genética e o destino puseram juntas. O conflito inerente às famílias não torna os laços familiares menos importantes para a existência humana. Implica apenas que o confronto de interesses concorrentes que governa todas as interações humanas não termina na porta do lar.

Entre as combinações de pessoas que Trivers analisou está o par composto de homem e mulher. A lógica de sua relação baseia-se na mais fundamental das diferenças entre os sexos: não seus cromossomos, não suas entranhas, mas seu investimento nos filhos.[31] Nos mamíferos, os investimentos mínimos de um macho e de uma fêmea nos filhos diferem radicalmente. Os machos podem safar-se com alguns minutos de cópula e um punhadinho de sêmen, mas as fêmeas carregam os filhos no corpo durante meses e os nutrem antes e depois de nascerem. Como se diz sobre as respectivas contribuições de frangos e porcos para os ovos com bacon, uns estão envolvidos, mas outros estão condenados. Como é preciso um membro de cada sexo para fazer um bebê, o acesso às fêmeas é o recurso limitador para os machos na reprodução. Para que um macho maximize o número de seus descendentes, deve acasalar-se com o maior número possível de fêmeas; para que uma fêmea maximize o número de seus descendentes, deve acasalar-se com o macho de melhor qualidade disponível. Isso explica as duas diferenças entre os sexos mais comuns em muitas espécies do reino animal: os machos competem, as fêmeas escolhem; os machos buscam quantidade, as fêmeas, qualidade.

Os humanos são mamíferos, e nosso comportamento sexual condiz com nossa classificação lineana. Donald Symons resume o registro etnográfico sobre diferenças sexuais na sexualidade: "Entre todos os povos é principalmente o homem quem faz a corte, galanteia, propõe, seduz, emprega amuletos e magias de amor, dá presentes em troca de sexo e usa os serviços de prostitutas".[32] Estudos mostraram que, entre povos ocidentais, os homens procuram um maior número de parceiros sexuais do que as mulheres, são menos seletivos quando buscam uma relação breve e têm muito maior probabilidade de consumir pornografia visual.[33] Mas o macho do *Homo sapiens* difere do macho da maioria dos outros mamíferos em um aspecto crucial: os homens investem nos filhos em vez de deixar todo o investimento para a mãe. Embora desprovido dos órgãos que podem fornecer nutrientes diretamente aos filhos, um homem pode ajudá-los indiretamente alimentando-os, protegendo-os, ensinando-os e cuidando deles. Os investimentos mínimos de um homem e de uma mulher continuam sendo desiguais, pois uma criança pode nascer de uma mãe sem companheiro se ele a tiver abandonado, mas não de um pai sem companheira, abandonado pela mulher. Mas o investimento do homem é maior do que zero, o que significa que também é previsível que as mulheres entrem em competição no mercado de parceiros, embora devam competir pelos machos com maior probabilidade de investir (e pelos machos com a mais alta qualidade genética) em vez de pelos machos mais dispostos a acasalar-se.

A economia genética do sexo também prediz que ambos os sexos têm um incentivo genético para cometer adultério, embora por motivos parcialmente diferentes. Um homem afeito a pular a cerca pode ter filhos adicionais engravidando outras mulheres além da sua. Uma mulher afeita a pular a cerca pode ter filhos melhores concebendo uma criança de um homem com genes melhores que os de seu marido enquanto tem o marido por perto para ajudar a criar a criança. Mas quando a mulher consegue o melhor dos dois mundos com seu caso extraconjugal, o marido fica com o pior dos dois mundos, pois ele estará investindo nos genes de outro homem, que usurparam o lugar dos seus próprios genes. Assim temos o outro lado da moeda na evolução dos sentimentos paternos: a evolução do ciúme sexual masculino, destinado a impedir que sua mulher tenha filhos de outro homem. O ciúme das mulheres é mais propenso a impedir a alienação da afeição do homem, um sinal de que ele estaria disposto a investir nos filhos de outra mulher em detrimento dos seus.[34]

A tragédia biológica dos sexos é que os interesses genéticos de um homem e de uma mulher podem ser tão próximos que os dois quase poderiam ser considerados um único organismo, mas as possibilidades de seus interesses divergirem nunca estão muito distantes. O biólogo Richard Alexander afirma que se um casal se mantiver casado por toda a vida, for perfeitamente monógamo e favorecer sua família nuclear acima da família extensa de cada um dos cônjuges, seus interesses genéticos são idênticos, ligados em um único cesto contendo seus filhos.[35] Nessa idealização, o amor entre um homem e uma mulher deveria ser o mais forte dos laços emocionais no mundo vivo — "dois corações batendo como um só" —, e, evidentemente, para alguns afortunados casais é isso o que acontece. Infelizmente, os "se" nessa dedução são condições tremendas. O poder do nepotismo significa que os cônjuges estão sempre sendo repelidos pela ação de seus parentes por afinidade e por enteados, se houver. E os incentivos do adultério significam que os cônjuges sempre podem ser separados pela traição do parceiro. Um biólogo evolucionista não se surpreende com o fato de que infidelidade, enteados e parentes por afinidade estejam entre as principais causas de conflitos conjugais.

Também não surpreende que o próprio ato de amor seja permeado de conflito. O sexo é a mais concentrada fonte de prazer físico permitida por nosso sistema nervoso; sendo assim, por que é esse vespeiro emocional? Em todas as sociedades, o sexo é pelo menos um pouco "sujo". É praticado com privacidade, é objeto de obsessivas ponderações, regulado pelo costume e por tabus, alvo de mexericos e pirraças e desencadeador de fúria ciumenta.[36] Por um breve período nas décadas de 1960 e 1970 as pessoas sonharam com uma erotopia na qual homens e mulheres poderiam fazer sexo sem problemas nem inibições. A protagonista de *Fear of flying* [*Medo de voar*, na tradução em português], livro de Erica Jong, fantasiava sobre a "transa sem zíper": anônima, casual e livre de culpa e de ciúme. "If you can't be with the one you love, love the one you're with" [Se você não pode estar com quem ama, ame aquele com quem você está], cantou Stephen Stills. "If you love someone, set them free" [Se você ama alguém, liberte-o], cantou Sting.

Mas Sting também cantou "Every move you make, I'll be watching you" [Cada movimento que você fizer, estarei vigiando]. E Isadora Wing concluiu que a cópula isenta de amarras é "mais rara do que o unicórnio". Mesmo em uma época em que aparentemente vale tudo, a maioria das pessoas não participa de atividade sexual com a mesma despreocupação com que participa de refeições ou conversas. Isso inclui os campi de universidades atuais, famosos como viveiros de encontros sexuais breves que os americanos designam como *hooking up* [literalmente, ligar, enganchar]. A psicóloga Elizabeth Paul resume seus estudos do fenômeno: "O sexo casual não é casual. Pouquíssimas pessoas saem incólumes".[37] As razões são tão profundas quanto qualquer coisa na biologia. Um dos riscos do sexo é um bebê, e um bebê não é apenas um objeto de três quilos mas, do ponto de vista evolutivo, é nossa razão de ser. Toda vez que uma mulher faz sexo com um homem ela está correndo o risco de sentenciar-se a anos de maternidade, com a aposta adicional de que a veneta de seu parceiro poderá fazer dela uma mãe *solteira*. Ela está empenhando uma parcela de sua produção reprodutiva finita nos genes e intenções daquele homem, abrindo mão de usar essa parcela com algum outro homem que possa ter melhores dotações de uma dessas coisas ou de ambas. O homem, por sua vez, pode estar implicitamente comprometendo seu trabalho e suor com o filho incipiente ou enganando a parceira sobre tal intenção.

E isso abrange apenas os participantes imediatos. Como Jong lamentou em outro texto, nunca há apenas duas pessoas na cama. Elas estão sempre acompanhadas, mentalmente, por pais, ex-amantes e rivais reais e imaginários. Em outras palavras, terceiros têm um interesse no possível resultado de uma união sexual. Os rivais românticos do homem ou da mulher, que estão sendo traídos, mantidos no celibato ou privados por aquele ato de amor, têm razões para querer estar no lugar do outro. Os interesses de terceiros nos ajudam a compreender por que o sexo é quase universalmente praticado na privacidade. Symons ressalta que, como o êxito reprodutivo do homem é estritamente limitado pelo seu acesso a mulheres, na mente dos homens o sexo é sempre um bem raro. As pessoas podem fazer sexo na privacidade pela mesma razão pela qual em períodos de fome coletiva comem na privacidade: para evitar causar uma inveja perigosa.[38]

Como se a cama já não estivesse lotada, cada filho de um homem ou mulher também é neto de dois outros homens e duas outras mulheres. Os pais têm interesse na reprodução de seus filhos porque, no longo prazo, essa reprodução também é a sua. E pior: a preciosidade da capacidade reprodutiva da fêmea faz dela um recurso valioso para os homens que controlam as mulheres em sociedades patriarcais tradicionais, ou seja, seus pais e irmãos. Eles podem trocar uma filha ou irmã por esposas adicionais ou recursos para si mesmos, portanto têm interesse em proteger seu investimento, impedindo-as de engravidar de homens que não sejam aqueles a quem eles desejam vendê-las. Assim, não é só o marido ou namorado que tem um interesse de proprietário na atividade sexual da mulher, mas também seu pai e seus irmãos.[39] Os ocidentais horrorizaram-se com o tratamento dado às mulheres sob o regime do Talibã no Afeganistão de 1995 a 2001, quando as mulheres foram cobertas por *burqas* e proibidas de trabalhar, freqüentar escola e sair de casa desacompanhadas. Wilson e Daly mostraram que leis e costumes com o mesmo intuito — dar aos homens o controle sobre a sexualidade de suas esposas e filhas — têm sido comuns ao longo de toda a história e em muitas sociedades, incluindo a nossa.[40] A idéia fugaz de que a *burqa* até que não é uma idéia assim tão má já passou pela cabeça de muito pai de garota adolescente.

Em bases estritamente racionais, a volatilidade do sexo é um paradoxo, pois numa era de contracepção e direitos das mulheres esses obstáculos arcaicos não deveriam tolher nossos sentimentos. Deveríamos estar amando sem zíper aquela pessoa com quem estamos, e o sexo não deveria inspirar mais mexericos, músicas, ficção, humor obsceno ou emoções fortes do que as práticas de comer e conversar. O fato de as pessoas serem atormentadas pela economia darwiniana dos bebês que elas não estão mais tendo é testemunho do longo alcance da natureza humana.

E quanto às pessoas que não são ligadas pelo sangue ou por filhos? Ninguém duvida que seres humanos fazem sacrifícios por pessoas que não são seus parentes. Mas poderiam fazê-lo de dois modos diferentes.

Os humanos, como as formigas, poderiam ter um fervor pelo superorganismo que os impelisse a fazer tudo pela colônia. A idéia de que as pessoas são instintivamente comunitárias é um preceito importante da doutrina romântica do bom selvagem. Ela apareceu na teoria de Engels e Marx de que o "comunismo primitivo" foi o primeiro sistema social; no anarquismo de Peter Kropotkin, que escreveu que "as formigas e cupins renunciaram à 'guerra hobbesiana' e se beneficiaram disso"; no utopismo da "família do homem" da década de 1960; e nos escritos de cientistas radicais contemporâneos como Lewontin e Chomsky.[41] Alguns cientistas radicais imaginam que a única alternativa é um individualismo no qual, como disse a filósofa Ayn Randian, todo homem é uma ilha. Steven Rose e a socióloga Hilary Rose, por exemplo, afirmam que a psicologia evolucionista é "um ataque libertário da direita à coletividade".[42] Mas essa acusação é factualmente incorreta — como veremos no capítulo sobre política, muitos psicólogos evolucionistas são de esquerda — e também conceitualmente incorreta. A verdadeira alternativa ao coletivismo romântico não é o "libertarismo de direita", mas o reconhecimento de que a generosidade social provém de um complexo conjunto de pensamentos e emoções cujas raízes estão na lógica da *reciprocidade*. Isso lhe atribui uma psicologia bem diferente da partilha comunitária praticada por insetos sociais, famílias humanas e cultos que tentam fingir que são famílias.[43]

Baseado em argumentos de Williams e Hamilton, Trivers chegou à conclusão de que o altruísmo puro, orientado para o público — um desejo de beneficiar o grupo ou a espécie às custas de si mesmo —, não tende a evoluir entre não-parentes, pois é vulnerável a invasões de trapaceiros que prosperam desfrutando as boas ações de outros sem dar sua própria contribuição. Mas, como mencionei, Trivers também mostrou que um altruísmo recíproco ponderado *pode* evoluir. Os retribuidores que ajudam quem os ajudou e que evitam ou punem quem deixou de ajudá-los usufruirão os benefícios de ganhos na troca e sairão vencedores na competição com individualistas, trapaceiros e altruístas puros.[44] Os humanos são bem equipados para as demandas do altruísmo recíproco. Lembram uns dos outros como indivíduos (talvez com a ajuda de regiões cerebrais específicas para essa tarefa) e têm olhos de lince e memória de elefante para detectar e recordar os trapaceiros.[45] Sentem emoções moralistas — afeição, solidariedade, gratidão, culpa, vergonha e raiva — que são impressionantes implementações das estratégias para o altruísmo recíproco em simulações de computador e modelos matemáticos. Experimentos confirmaram a predição de que as pessoas são mais inclinadas a ajudar um estranho quando podem fazê-lo a um custo baixo, quando o estranho está necessitado e quando o estranho tem condições de retribuir.[46] Gostam de pessoas que lhes fazem favores, fazem favores a pessoas de quem gostam, sentem-se culpadas quando deixam de prestar um favor possível e punem quem deixa de lhes prestar um favor.[47]

Um etos de reciprocidade pode pautar não só as trocas entre indivíduos mas as contribuições para o bem público, como em caçadas de animais que são grandes demais para o caçador comer sozinho, na construção de um farol que mantenha os navios de todos longe dos rochedos, no agrupamento em bando para invadir vizinhos ou repelir suas invasões. O problema inerente aos bens públicos é captado na fábula de Esopo "Quem porá o sino no gato?". Os camundongos de uma casa concordam que seria melhor para eles se o gato tivesse um sino no pescoço que os avisasse de sua aproximação, mas nenhum camundongo quer arriscar a vida para amarrar o sino. Ainda assim, a disposição para amarrar o sino no gato — ou seja, para contribuir para o bem público — pode evoluir, se for acompanhada pela disposição para recompensar os que aceitam o fardo ou para punir os trapaceiros que dele se esquivam.[48]

A tragédia do altruísmo recíproco é que os sacrifícios em benefício de não-parentes não podem sobreviver sem uma rede de emoções desagradáveis como ansiedade, desconfiança, culpa, vergonha e raiva. Como o jornalista Matt Ridley comentou em seu estudo sobre a evolução da cooperação:

A reciprocidade pende, como uma espada de Dâmocles, sobre a cabeça de cada ser humano. Ele só está me convidando para sua festa para que eu escreva uma resenha favorável sobre seu livro. Eles vieram jantar duas vezes e não nos convidaram nenhuma. Depois de tudo o que fiz por ele, como ele pôde fazer isso comigo? Se você fizer isso para mim, prometo que o recompensarei depois. O que eu fiz para merecer isso? Você me deve isso. Obrigação, dívida, favor, barganha, contrato, troca, acordo. [...] Nossa língua e nossa vida são permeadas por idéias de reciprocidade.[49]

Estudos sobre altruísmo realizados por economistas comportamentais puseram em foco essa espada de Dâmocles mostrando que as pessoas não são nem os egoístas amorais da teoria econômica clássica nem os coletivistas do "um por todos e todos por um" das fantasias utópicas. No jogo Ultimatum, por exemplo, um participante recebe uma vultosa quantia para dividir entre si e outro participante, e o segundo pode aceitar ou recusar. Se ele recusar, nenhum dos lados ganha nada. Um proponente egoísta ficaria com a parte do leão; um respondente egoísta aceitaria as migalhas remanescentes, por menores que fossem, já que parte do filão é melhor do que nada. Na realidade, o proponente tende a oferecer quase metade da quantia total, e o respondente não aceita muito menos que a metade, mesmo que recusar uma parte menor seja um ato de rancor que prive ambos os participantes. O respondente parece ser impelido por um sentimento de raiva moralmente justificada e pune o proponente egoísta por isso; o proponente prevê que isso acontecerá e faz uma oferta generosa apenas o bastante para ser aceita. Sabemos que a generosidade do proponente é movida pelo medo de uma resposta rancorosa devido ao resultado de duas variantes do experimento. No jogo Dictator, o proponente simplesmente divide a quantia entre os dois jogadores e não há nada que o respondente possa fazer a respeito. Sem medo de retaliação, o proponente faz uma oferta muito mais sovina. A oferta ainda assim tende a ser mais generosa do que precisaria ser, pois o proponente preocupa-se com a possibilidade de ganhar a reputação de avarento, que poderia voltar para prejudicá-lo no longo prazo. Sabemos *desse fato* devido ao resultado do jogo Double-Bind Dictator, no qual propostas de muitos jogadores são seladas e o respondente, o proponente e o experimentador não sabem quem ofereceu quanto. Nessa variante, a generosidade despenca; a maioria dos proponentes fica com tudo para si.[50]

E há o jogo Public Good, no qual cada um dá uma contribuição voluntária a um fundo comum de dinheiro, o experimentador a duplica e o fundo é dividido igualmente entre os participantes, independentemente de com quanto cada qual contribuiu. A estratégia ótima para cada jogador agindo individualmente é ser um *free rider*, um carona que não dá nenhuma contribuição, espera que os outros dêem alguma para que ele possa ganhar uma parte da contribuição alheia. Obviamente, se todos os jogadores pensarem desse modo, o fundo ficará vazio e ninguém ganhará um único centavo. O ótimo para o grupo é que todos os jogadores contribuam com tudo o que têm, para que possam todos duplicar seu dinheiro. Quando o jogo é repetido várias vezes, porém, todo mundo tenta ser um carona, e o fundo vai diminuindo até o autoderrotador zero. Por outro lado, se for permitido que as pessoas contribuam para o fundo *e* cobrem multas dos que não contribuem, a consciência transforma todos em covardes, e quase todo mundo contribui para o bem comum, o que dá lucro a todos.[51] O mesmo fenômeno foi documentado independentemente por psicólogos sociais, que o denominam *social loafing* [algo como "malandragem social"]. Quando as pessoas fazem parte de um grupo, puxam a corda com menos força no cabo-de-guerra, aplaudem com menos entusiasmo e apresentam menos idéias em uma sessão de *brainstorming* — a menos que pensem que suas contribuições ao esforço do grupo estão sendo monitoradas.[52]

Esses experimentos podem ser artificiais, mas os motivos que eles revelam fizeram-se presentes em experimentos da vida real conhecidos como comunidades utópicas. No século XIX e nas primeiras décadas do século XX, comunas autosuficientes baseadas em uma filosofia de partilha comunitária pipocaram pelos Estados Unidos. Todas soçobraram devido a tensões internas; as baseadas em ideologia socialista depois de dois anos em média, as orientadas por ideologia religiosa depois de vinte anos em média.[53] Os *kibutzim* israelenses, originalmente galvanizados pelo socialismo e pelo sionismo, foram demolindo sua filosofia coletivista gradualmente com o passar das décadas. Ela foi solapada pelo desejo dos participantes de viver com suas famílias, possuir suas próprias roupas e manter pequenos luxos ou quantias em dinheiro adquiridos fora do *kibutz*. E os *kibutzim* foram tolhidos pela ineficácia devido ao problema dos caronas — eram, nas palavras de um participante, "um paraíso para os parasitas".[54]

Também em outras culturas a generosidade se distribui segundo um complexo cálculo mental. Lembremos do estudo etnográfico de Fiske mostrando que a ética da partilha comunitária emerge com espontaneidade principalmente em famílias (e em ocasiões restritas, como festas). A equiparação — ou seja, o altruísmo recíproco — é o mais comum nas interações corriqueiras entre parentes mais distantes e não-parentes.[55] Uma possível exceção é a distribuição de carne por grupos caçadores, que repartem os riscos de caçar animais de grande porte (com suas recompensas grandes mas imprevisíveis) compartilhando o que conseguem apanhar.[56] Mesmo neste caso, a ética está longe da generosidade ilimitada, e a partilha é descrita como possuindo "uma ponta de hostilidade".[57] Os caçadores em geral não têm facilidade para manter sua presa longe dos demais, por isso não é que eles realmente *compartilhem* sua presa, e sim que não interferem enquanto os demais a confiscam. Seu esforço de caçador é tratado como um bem público, e o caçador é punido com mexericos e ostracismo se resistir ao confisco, e recompensado com prestígio (que lhes granjeia parceiras sexuais) se o tolerar, além de poder ganhar o direito de uma retribuição quando a sorte virar. Uma psicologia semelhante pode ser encontrada entre os últimos caçadores-coletores de nossa cultura, os pescadores comerciais. Em *The perfect storm* [*A tormenta,* na tradução em português], Sebastian Junger escreve:

> Os capitães de barcos de pesca do peixe-espada ajudam uns aos outros em alto-mar sempre que podem; emprestam peças de motor, dão conselhos técnicos, doam comida e combustível. A competição entre uma dúzia de barcos correndo para o mercado com uma mercadoria perecível felizmente não mata um sentimento inerente de preocupação uns pelos outros. Isso pode parecer esplendidamente nobre, mas não é — ou, ao menos, não inteiramente. Cada capitão sabe que ele pode ser o próximo com o injetor congelado ou vazamento na bomba.[58]

Começando por Ashley Montagu em 1952, pensadores com simpatias coletivistas tentaram arduamente arranjar um lugar para a generosidade desmedida invocando a seleção de grupo, uma competição darwiniana entre grupos de organismos em vez de entre organismos individuais.[59] A esperança é que grupos cujos membros sacrificam seus interesses pelo bem comum acabem por sair vencedores na competição com os grupos nos quais é cada um por si e, em conseqüência, impulsos generosos acabem por prevalecer na espécie. Williams lançou por terra esse sonho em 1966 quando mostrou que, a menos que um grupo seja geneticamente fixo e hermeticamente selado, mutantes ou imigrantes infiltram-se nele constantemente.[60] Um infiltrador egoísta logo predominará no grupo com seus descendentes, que são mais numerosos porque colheram as vantagens dos sacrifícios dos outros sem fazer sacrifícios eles próprios. Isso ocorreria muito antes que o grupo pudesse explorar com sucesso sua coesão interna em vitórias sobre grupos vizinhos e gerar novos grupos com sua prole para repetir o processo.

O termo "seleção de grupo" sobrevive na biologia evolucionista, mas em geral com acepções diferentes daquela que Montagu tinha em mente. Grupos certamente foram parte de nosso meio evolutivo, e em nossos ancestrais evoluíram características, como a preocupação com a própria reputação, que os levaram a prosperar em grupos. Às vezes os interesses de um indivíduo e os interesses de um grupo podem coincidir; por exemplo, ambos saem-se melhor quando o grupo não é exterminado por inimigos. Alguns teóricos invocam a seleção de grupo para explicar a disposição para punir os caronas que não contribuem para o bem público.[61] O biólogo David Sloan Wilson e o filósofo Elliot Sober recentemente redefiniram "grupo" como um conjunto de retribuidores mútuos, fornecendo uma linguagem alternativa para redefinir a teoria de Trivers, embora não uma alternativa à própria teoria.[62] Mas ninguém acredita na idéia original de que a seleção entre grupos levou à evolução do sacrifício pessoal ilimitado. Mesmo deixando de lado as dificuldades teóricas expostas por Williams, sabemos empiricamente que as pessoas em todas as culturas fazem coisas que as levam a prosperar *às custas* do grupo, como mentir, competir por parceiros sexuais, ter casos extraconjugais, ter ciúme e lutar pela dominância.

A seleção de grupo, em qualquer caso, não merece sua reputação de boazinha. Tenha ela ou não nos dotado de generosidade para com os membros de nosso grupo, sem dúvida nos dotou de ódio pelos membros de *outros* grupos, pois favorece quaisquer características que levem um grupo a prevalecer sobre seus rivais. (Lembremos que a seleção de grupo foi a versão do darwinismo que foi deturpada e gerou o nazismo.) Isso não significa que a seleção de grupo seja incorreta, mas apenas que acatar uma teoria científica por sua aparente palatabilidade política pode ter um efeito contrário ao desejado. Como salientou Williams:

> Afirmar que [a seleção natural no âmbito de grupos competidores] é moralmente superior à seleção natural no âmbito de indivíduos competidores implicaria, em sua aplicação humana, afirmar que o genocídio sistemático é moralmente superior ao assassinato aleatório.[63]

As pessoas fazem mais por seus semelhantes do que retribuir favores e punir trapaceiros. Freqüentemente têm atos de generosidade sem a menor esperança de retribuição, desde deixar uma gorjeta em um restaurante aonde nunca mais irão a atirar-se sobre uma granada para salvar seus irmãos de armas. Trivers, juntamente com os economistas Robert Frank e Jack Hirshleifer, mostrou que a magnanimidade pura pode evoluir em um meio de pessoas que buscam distinguir os amigos das horas boas dos aliados leais.[64] Sinais de lealdade e generosidade sinceras servem como garantia das promessas do indivíduo, reduzindo a preocupação do companheiro quanto à possibilidade de vir a ser logrado. O melhor modo de convencer um cético de que se é digno de confiança e generoso é *ser* digno de confiança e generoso.

Evidentemente, essa virtude não pode ser o modo dominante de interação humana; se fosse, poderíamos dispensar o monumental aparato destinado a manter a justiça nas transações — dinheiro, caixas registradoras, bancos, firmas de contabilidade, departamentos de cobrança, tribunais — e basear nossa economia no sistema da honra. No outro extremo, as pessoas também cometem atos de flagrante traição, incluindo roubo, fraude, extorsão, assassinato e outros modos de obter um benefício às custas de outra pessoa. Os psicopatas, que não possuem nenhum vestígio de consciência, são o exemplo mais extremo, mas os psicólogos sociais documentaram o que denominam características maquiavélicas em muitos indivíduos que não chegam a apresentar uma inequívoca psicopatia.[65] A maioria das pessoas, obviamente, encontra-se em uma faixa intermediária, apresentando misturas de reciprocidade, generosidade pura e ganância.

Por que as pessoas se distribuem por um espectro tão amplo? Talvez todos nós sejamos capazes de ser santos ou pecadores, dependendo das tentações e ameaças à mão. Talvez sejamos postos em um desses caminhos cedo na vida, por nossa criação ou pelos costumes do nosso grupo de iguais. Talvez *escolhamos* esses caminhos cedo na vida porque somos dotados de um pacote de estratégias condicionais de como desenvolver a personalidade: se você descobrir que é atraente e charmoso, tente ser manipulador; se for grandalhão e autoritário, tente ser intimidador; se estiver cercado de pessoas generosas, seja generoso no mesmo grau e assim por diante. Talvez sejamos predispostos por nossos genes a ser mais perversos ou mais bondosos. Talvez o desenvolvimento humano seja uma loteria, e o destino nos atribua uma personalidade ao acaso. Mais provavelmente, nossas diferenças provêm de várias dessas forças ou de híbridos delas. Por exemplo, podemos todos desenvolver o senso de generosidade se um número suficiente de nossos amigos e vizinhos forem generosos, mas o limiar ou o multiplicador dessa função pode diferir entre nós geneticamente ou aleatoriamente: algumas pessoas precisam de apenas alguns vizinhos bondosos para crescer bondosas, outras precisam de uma maioria.

Os genes certamente são um fator. Conscienciosidade, aquiescência, tendências neuróticas, psicopatia e comportamento criminoso são substancialmente (embora nunca totalmente) hereditários, e o altruísmo também pode ser.[66] Mas isso apenas substitui a questão original — por que as pessoas variam em egoísmo? — por outra questão. A seleção natural tende a tornar os membros de uma espécie parecidos em suas características adaptativas, pois qualquer versão de uma característica que seja melhor do que as demais será selecionada, e as versões alternativas desaparecerão gradualmente. É por isso que a maioria dos psicólogos evolucionistas atribui diferenças sistemáticas entre as pessoas a seus *ambientes* e atribuem apenas diferenças aleatórias aos genes. Esse ruído genético pode provir de pelo menos duas fontes. No genoma, a corrosão não dá sossego: mutações aleatórias constantemente se instalam, e só com muita lentidão e irregularidade elas são eliminadas pela seleção.[67] E a seleção pode favorecer a variabilidade molecular por si mesma a fim de nos manter um passo à frente dos parasitas que evoluem constantemente para se infiltrar em nossas células e tecidos. Diferenças no funcionamento de corpos e cérebros inteiros poderiam ser um subproduto desse revolvimento de seqüências de proteínas.[68]

Mas a teoria do altruísmo recíproco traz à cena mais uma possibilidade: a de que algumas das diferenças genéticas entre as pessoas em suas emoções sociais sejam sistemáticas. Uma exceção à regra de que a seleção reduz a variabilidade surge quando a melhor estratégia depende do que *outros* organismos estão fazendo. O jogo infantil da tesoura-papel-pedra ["janken-pô"] é uma analogia, e outra pode ser encontrada na decisão sobre que caminho seguir para chegar ao trabalho. Quando os motoristas começam a evitar uma via congestionada e optar por outra menos freqüentada, essa nova rota deixará de ser menos freqüentada, por isso muitos escolherão a primeira, até que o congestionamento aumente ali, induzindo outros motoristas a optar pela segunda rota e assim por diante. Os motoristas acabarão por distribuir-se em alguma proporção entre as duas vias. A mesma coisa pode acontecer na evolução, recebendo então o nome de seleção dependente de freqüência.

Um corolário do altruísmo recíproco, mostrado em várias simulações, é que a seleção dependente de freqüência pode produzir *misturas* temporárias ou permanentes de estratégias. Por exemplo, mesmo se retribuidores predominarem em uma população, uma minoria de trapaceiros às vezes pode sobreviver, aproveitando-se da generosidade dos retribuidores, contanto que não se tornem tão numerosos a ponto de encontrar outros trapaceiros com demasiada freqüência ou de ser reconhecidos e punidos pelos retribuidores. Se por fim a população vier a ser homogênea ou a conter uma mistura de estratégias, depende de que estratégias estão competindo, de qual começa mais numerosa, da facilidade com que entram e saem da população e das recompensas da cooperação e da deserção.[69]

Temos um paralelo intrigante. No mundo real, as pessoas diferem geneticamente em suas tendências egoístas. E em modelos da evolução do altruísmo podem evoluir diferenças nas tendências egoístas dos agentes. Isso poderia ser coincidência, mas provavelmente não é. Vários biólogos citaram indícios de que a psicopatia é uma estratégia de trapaça que evoluiu pela seleção dependente de freqüência.[70] Análises estatísticas mostram que um psicopata, em vez de meramente encontrar-se no extremo de um *continuum* para uma ou duas características, apresenta um agrupamento distinto de características (ele é exteriormente sedutor, impulsivo, irresponsável, insensível, embusteiro, explorador e não sente culpa) que o diferencia do resto da população.[71] E muitos psicopatas não apresentam nenhuma das sutis anormalidades físicas produzidas por perturbação biológica, o que indica que a psicopatia nem sempre é um erro biológico.[72] A psicóloga Linda Mealey afirmou que a seleção dependente de freqüência produziu pelo menos dois tipos de psicopata. Um deles consiste em pessoas que são geneticamente predispostas à psicopatia independentemente do modo como crescem. O outro tipo consiste em pessoas que são predispostas à psicopatia apenas em certas circunstâncias, ou seja, quando se julgam em desvantagem competitiva na sociedade e se encontram à vontade em um grupo de iguais anti-sociais.

A possibilidade de alguns indivíduos nascerem com uma consciência débil colide frontalmente com a doutrina do bom selvagem. Ela faz lembrar as idéias antiquadas sobre criminosos natos e más sementes, e foi desacreditada por intelectuais do século XX, sendo substituída pela crença de que todos os malfeitores são vítimas da pobreza e de uma criação ruim. Em fins da década de 1970, Norman Mailer recebeu uma carta de um preso chamado Jack Henry Abbott, que passara a maior parte da vida atrás das grades por crimes que iam de passar cheques sem fundos a matar outro detento. Mailer estava escrevendo um livro sobre o assassino Gary Gilmore, e Abbott ofereceu-se para ajudá-lo a penetrar na mentalidade de um assassino dando-lhe acesso a seus diários da prisão e à sua apreciação crítica radical do sistema de justiça criminal. Mailer deslumbrou-se com a prosa de Abbott e o saudou como um novo e brilhante autor e pensador — "um intelectual, um radical, um líder potencial, um homem obcecado com uma visão de relações humanas sublimes em um mundo melhor que a revolução poderia forjar". Providenciou para que as cartas de Abbott fossem publicadas na *New York Review of Books* e depois como livro, em 1980, intitulado *In the belly of the beast* ["Na barriga da fera", sem tradução em português]. Eis um trecho, no qual Abbott descreve como é matar alguém a facadas:

> Posso sentir sua vida estremecendo através da faca em minha mão. Quase me desmonta a suavidade da sensação no centro de um tosco ato de assassinato. [...] Vou ao chão com ele para liquidá-lo. É como cortar manteiga quente, nenhuma resistência. Sempre sussurram uma coisa no fim: "Por favor". Fico com a estranha impressão de que ele não está me implorando que não lhe faça mal, mas que faça direito.

Passando por cima das objeções dos psiquiatras da prisão, para quem estava na cara que Abbott era o mais rematado psicopata, Mailer e outros literatos nova-iorquinos ajudaram Abbott a obter mais cedo a liberdade condicional. Logo ele era festejado em jantares literários, comparado com Soljenitzyn e Jacobo Timerman e entrevistado no programa *Good Morning America* e na revista *People*. Duas semanas depois ele discutiu com um jovem aspirante a dramaturgo que trabalhava como garçom em um restaurante; ele pediu a Abbott para não usar o banheiro dos empregados. Abbott disse-lhe que fosse um instante lá para fora, esfaqueou-o no peito e o deixou sangrando até a morte na calçada.[73]

Os psicopatas podem ser espertos e sedutores, e Mailer foi apenas um dos mais recentes de uma série de intelectuais de todo o espectro político a se deixar lograr nos anos 60 e 70. Em 1973 William F. Buckley ajudou a conseguir a antecipação da soltura de Edgar Smith, que fora condenado por molestar uma *cheerleader* [animadora de torcida] de quinze anos e esmagar-lhe a cabeça com uma pedra. Smith ganhou a liberdade em troca da confissão do crime, e então, quando Bucley o entrevistava em seu programa nacional de televisão, ele retirou a confissão. Três anos depois, foi preso por bater em outra mulher com uma pedra, e atualmente cumpre sentença de prisão perpétua por tentativa de assassinato.[74]

Nem todos são logrados. O comediante Richard Pryor descreveu sua experiência na Penitenciária Estadual do Arizona durante a filmagem de *Stir crazy* [*Loucos de dar nó*, na tradução em português]:

Doía meu coração ver todos aqueles negros estupendos no xadrez. Caramba, aqueles guerreiros deveriam estar lá fora ajudando as *massas*. Eu me *sentia* assim, era ingênuo demais. Seis semanas fiquei lá, e *conversei* com os *brothers*. Conversei com eles, e... [olha em volta, temeroso] *...Graças a Deus temos penitenciárias!* Perguntei a um: "Por que você matou *todo mundo na casa?*". Ele respondeu: "Eles estavam em casa". [...] Conheci um cara, seqüestro e assassinato *quatro vezes*. E pensei, três vezes, essa foi a última, certo? Perguntei: "Que aconteceu?". [Responde em falsete] "Não consigo fazer essa merda direito! Mas daqui a dois anos saio em condicional."

Pryor obviamente não estava negando as iniqüidades que continuam a mandar um número desproporcional de afro-americanos para a prisão. Só estava contrastando o bom senso das pessoas comuns com o romantismo dos intelectuais — e talvez expondo a atitude condescendente desses intelectuais de que não se deve esperar que os pobres se abstenham de assassinatos e que os pobres não devem se alarmar com os assassinos em seu meio.

A idéia romântica de que todos os malfeitores são maus porque são carentes está desgastada entre especialistas e leigos. Muitos psicopatas tiveram vida difícil, é claro, mas isso não significa que ter uma vida difícil transforma alguém num psicopata. Uma velha piada fala de duas assistentes sociais conversando sobre uma criança problemática: "Joãozinho veio de um lar destroçado". "Pois é, Joãozinho destroça qualquer lar". Personalidades maquiavélicas podem ser encontradas em todas as classes sociais — existem cleptocratas, barões ladrões, ditadores militares e financistas patifes —, e alguns psicopatas, como o canibal Jeffrey Dahmer, vêm de famílias respeitáveis da classe média alta. E nada disso significa que todas as pessoas que recorrem à violência ou ao crime são psicopatas, apenas que algumas das piores o são.

Os psicopatas, pelo que sabemos, não podem ser "curados". De fato, a psicóloga Marnie Rice mostrou que certas idéias temerárias para terapia, como aumentar a auto-estima deles e ensinar-lhes habilidades sociais, podem torná-los ainda mais perigosos.[75] Mas isso não significa que não haja nada que possamos fazer com relação a eles. Por exemplo, Mealey demonstra que, dos dois tipos de psicopatas que ela distinguiu, os psicopatas inveterados não se comovem com programas que tentam levá-los a avaliar o mal que fizeram, mas podem ser responsivos a punições mais firmes que os induzam a comportar-se com mais responsabilidade por puro auto-interesse. Os psicopatas condicionais, por outro lado, podem responder melhor a mudanças sociais que os impeçam de escorregar pelas rachaduras da sociedade. Sejam ou não essas as melhores prescrições, são exemplos de como a ciência e as políticas podem lidar com um problema que muitos intelectuais tentaram fingir que não existia no século XX mas que há muito tempo é uma preocupação da religião, da filosofia e da ficção: a existência do mal.

Segundo Trivers, toda relação humana — nossos laços com nossos pais, irmãos, pessoa amada, amigos e vizinhos — tem uma psicologia distinta, forjada por um padrão de interesses convergentes e divergentes. E quanto à relação que é, como diz a canção, "o maior amor de todos" — a relação com o *self*? Em uma passagem lapidar e hoje célebre, Trivers escreveu:

> Se [...] o logro é fundamental na comunicação animal, deve haver uma forte seleção para detectar a fraude, e isso, por sua vez, deve levar à seleção de algum grau de auto-engano, tornando inconscientes alguns fatos e motivos para que não traiam — pelos sinais sutis do autoconhecimento — o logro que está sendo praticado. Assim, a noção convencional de que a seleção natural favorece sistemas nervosos que produzem imagens cada vez mais acuradas do mundo tem de ser uma visão ingênua da evolução mental.[76]

A noção convencional pode estar certa em grande medida quando se trata do mundo físico, que permite verificações da realidade por múltiplos observadores e no qual concepções incorretas tendem a prejudicar seu autor. Mas, como observou Trivers, essa noção pode não estar certa quando se trata do *self*, que um indivíduo pode acessar de um modo que os outros não podem, e no qual concepções equivocadas podem ser úteis. Às vezes os pais podem querer convencer uma criança de que o que estão fazendo é para o bem dela, as crianças podem querer convencer os pais de que estão com fome e que não são gulosas, amantes podem querer convencer um ao outro de que sempre serão fiéis, e pessoas não aparentadas podem querer convencer uma à outra de que são muito cooperativas. Essas opiniões com freqüência são exageros, quando não lorotas, e para passá-las incólumes pelo radar de um parceiro a pessoa precisa acreditar nelas a fim de não gaguejar, suar ou tropeçar em contradições. Mentirosos de sangue-frio podem, obviamente, conseguir impingir mentiras deslavadas a estranhos, mas também teriam dificuldade para manter amigos, os quais nunca levariam a sério suas promessas. O preço de parecer digno de crédito é ser incapaz de mentir com uma cara impassível, e isso significa que uma parte da mente tem de ser estruturada para acreditar em sua própria propaganda — enquanto outra parte registra apenas o suficiente da verdade para manter o autoconceito em contato com a realidade.

A teoria do auto-engano foi prenunciada pelo sociólogo Erving Goffman em seu livro *The presentation of self in everyday life* [*Representação do eu na vida cotidiana,* na tradução em português], de 1959, que contestava a idéia romântica de que por trás das máscaras que mostramos a outras pessoas está o nosso verdadeiro *self.* Não, disse Goffman; são máscaras sempre. Muitas descobertas nas décadas subseqüentes confirmaram sua afirmação.[77]

Embora psicólogos e psiquiatras modernos tendam a rejeitar a teoria freudiana ortodoxa, muitos reconhecem que Freud estava certo quanto aos mecanismos de defesa do ego. Qualquer terapeuta dirá que as pessoas protestam demais, negam ou reprimem fatos desagradáveis, projetam seus defeitos sobre outras pessoas, transformam seu desconforto em problemas intelectuais abstratos, distraem-se com atividades que tomam muito tempo e racionalizam seus motivos. Os psiquiatras Randolph Nesse e Alan Lloyd afirmaram que esses hábitos não defendem o *self* de desejos e medos sexuais bizarros (como o de fazer sexo com a própria mãe); eles são táticas de auto-engano: suprimem indícios de que não somos tão benfeitores ou competentes quanto gostaríamos de pensar.[78] Como disse Jeff Goldblum em *The big chill* [“O grande gelo”, sem tradução em português]: “Racionalizações são mais importantes do que sexo”. Quando seus amigos contestaram, ele perguntou: “Algum de vocês já passou uma semana sem racionalização?”.

Como vimos no capítulo 3, quando uma pessoa sofre uma lesão neurológica, as partes sadias do cérebro empenham-se em extraordinárias confabulações para explicar as esquisitices causadas pelas partes lesadas (que são invisíveis ao *self* porque são *parte* do *self*) e para apresentar toda a pessoa como um agente capaz e racional. Um paciente que não consegue sentir um estalo visceral de reconhecimento quando vê a esposa, mas admite que ela se parece e age exatamente como sua esposa, pode deduzir que uma impressionante impostora está vivendo em sua casa. Uma paciente que acredita estar em casa pode comentar sem piscar quando lhe mostram o elevador do hospital: "Você nem imagina quanto gastamos para instalar isso!".[79] Depois que o juiz da Suprema Corte William O. Douglas sofreu um derrame que o deixou paralítico de um lado e o confinou numa cadeira de rodas, ele convidou repórteres para uma caminhada e declarou que faria um teste para entrar para o time de futebol americano do Washington Redskins. Logo foi forçado a renunciar a seu cargo, quando se recusou a admitir que estava com problemas de discernimento.[80]

Em experimentos de psicologia social, as pessoas consistentemente superestimam sua própria habilidade, honestidade, generosidade e autonomia. Superestimam sua contribuição para um esforço conjunto, atribuem seus êxitos a perícia e seus fracassos a má sorte e sempre acham que o outro lado levou a melhor em um acordo.[81] As pessoas mantêm essas ilusões interesseiras mesmo quando são ligadas ao que pensam ser um detector de mentiras infalível. Isso mostra que não estão mentindo para o experimentador, mas para si mesmas. Por décadas todo estudante de psicologia aprendeu sobre "redução de dissonância cognitiva", na qual as pessoas mudam qualquer opinião a fim de manter uma auto-imagem positiva.[82] O cartunista Scott Adams ilustrou bem o fato:

Dilbert, reproduzido sob permissão de United Feature Syndicate, Inc.

Se os quadrinhos estivessem totalmente corretos, porém, a vida seria uma cacofonia de *spoinks*.

O auto-engano é uma das causas mais profundas de discórdia e tolice humanas. Ele implica que as faculdades que deveriam permitir-nos acertar nossas diferenças — buscar a verdade e discuti-la racionalmente — são mal calibradas, e por isso todas as partes avaliam-se como mais sábias, capazes e nobres do que realmente são. Cada parte em uma disputa pode acreditar *sinceramente* que a lógica e os fatos estão do seu lado e que seu oponente está iludido ou é desonesto, ou ambas as coisas.[83] O auto-engano é uma das razões por que o senso moral com freqüência pode, paradoxalmente, fazer mais mal do que bem, um infortúnio humano que examinaremos no próximo capítulo.

As muitas raízes do nosso sofrimento reveladas por Trivers não são uma causa de lamentação e choro. As coincidências genéticas que nos unem e dividem são trágicas não no sentido comum de catástrofe, mas no sentido dramático de um estímulo que nos incentiva a refletir sobre nossa condição. Segundo uma definição da *Cambridge Encyclopedia*:

> O propósito fundamental da tragédia [...], segundo Aristóteles, era despertar pena
> e medo, um sentimento de assombro e fascinação com o potencial humano, incluin-
> do o potencial para o sofrimento; a tragédia proclama o valor humano em face de
> um universo hostil.

Os relatos de Trivers sobre os conflitos inerentes em famílias, casais, sociedades e *self* podem reforçar esse propósito.

A natureza pode ter pregado uma peça cruel dessintonizando ligeiramente as emoções de pessoas do mesmo sangue, mas ao fazê-lo proporcionou trabalho constante para gerações de romancistas e dramaturgos. Infinitas são as possibilidades dramáticas inerentes ao fato de que duas pessoas podem ser ligadas pelos mais fortes laços emocionais no mundo vivo e ao mesmo tempo nem sempre desejam o melhor uma para a outra. Aristóteles talvez tenha sido o primeiro a notar que narrativas trágicas giram em torno de relações familiares. Uma história sobre dois estranhos que lutam até a morte, ele comentou, não é nem de longe tão interessante quanto uma história sobre dois *irmãos* que lutam até a morte. Caim e Abel, Esaú e Jacó, Édipo e Laio, Michael e Fredo, JR e Bobby, Frasier e Niles, José e seus irmãos, Lear e suas filhas, Hannah e suas irmãs... Como os catalogadores de enredos dramáticos observam há séculos, "inimizade de parentes" e "rivalidade entre parentes" são fórmulas duradouras.[84]

Em seu livro *Antigones* [*Antígonas: A persistência da lenda de Antígona na literatura*, na tradução em português], o crítico literário George Steiner mostrou que a lenda de Antígona tem um lugar singular na literatura ocidental. Antígona era filha de Édipo e Jocasta, mas o fato de que seu pai era seu irmão e de que sua avó era sua mãe foi apenas o começo de seus problemas familiares. Desafiando o rei Creonte, ela enterrou seu irmão Policine, que fora assassinado; quando o rei descobriu, ordenou que ela fosse enterrada viva. Ela o logrou matando-se primeiro, e com isso o filho do rei, que era perdidamente apaixonado por ela e não conseguira obter-lhe o perdão, suicidou-se sobre o túmulo da amada. Steiner observa que *Antígona* é amplamente considerada "não só a mais primorosa das tragédias gregas, mas uma obra de arte mais próxima da perfeição do que qualquer outra produzida pelo espírito humano".[85] Tem sido encenada há mais de dois milênios e inspirou incontáveis variações e seqüências. Steiner explica sua persistente repercussão:

> Coube, a meu ver, a um único texto literário expressar todas as principais constantes de conflito na condição humana. Cinco são essas constantes: o confronto entre homens e mulheres, entre velhos e moços, entre sociedade e indivíduo, entre vivos e mortos, entre os homens e deus (ou deuses). Os conflitos que surgem desses cinco tipos de confronto não são negociáveis. Homens e mulheres, velhos e moços, o indivíduo e a comunidade ou Estado, vivos e mortos, mortais e imortais definem a si mesmos no processo conflituoso de definir uns aos outros.[86] [...] Como os mitos gregos codificam certos confrontos e autopercepções biológicos e sociais primários na história do homem, perduram como um legado animado na memória e no reconhecimento coletivos.[87]

O processo agridoce de definirmos a nós mesmos por nossos conflitos com outros não é apenas assunto para a literatura; ele pode lançar luz sobre a natureza de nossas emoções e o conteúdo de nossa consciência. Se um gênio nos oferecesse a escolha entre pertencer a uma espécie capaz de atingir igualitarismo e solidariedade perfeitos e pertencer a uma espécie como a nossa, na qual as relações com os pais, os irmãos e os filhos são singularmente preciosas, não está tão claro que escolheríamos a primeira dessas alternativas. Nossos parentes próximos têm um lugar especial em nosso coração unicamente porque o lugar de cada um dos outros seres humanos, por definição, é menos especial, e vimos que muitas injustiças sociais decorrem desse ajuste. Do mesmo modo, o atrito social é um produto de nossa individualidade e da nossa busca da felicidade. Podemos invejar a harmonia de uma colônia de formigas, mas quando o *alter ego* de Woody Allen, a formiga Z, queixou-se a seu psiquiatra de que se sentia insignificante, o psiquiatra respondeu: "Você fez uma grande descoberta, Z. Você *é* insignificante".

Donald Symons afirmou que devemos agradecer ao conflito genético o fato de termos sentimentos em relação a outras pessoas.[88] A consciência é uma manifestação das computações neurais necessárias para descobrirmos como obter as coisas raras e imprevisíveis de que precisamos. Sentimos fome, saboreamos a comida e temos paladar para identificar incontáveis gostos fascinantes porque os alimentos foram difíceis de obter durante a maior parte de nossa história evolutiva. Normalmente não sentimos anseio, deleite ou fascínio com o oxigênio, muito embora ele seja crucial para a sobrevivência, pois nunca foi difícil obtê-lo. Simplesmente respiramos.

O mesmo pode ser verdade no que diz respeito a conflitos relacionados a parentes, parceiros sexuais e amigos. Mencionei que se com certeza um casal fosse fiel, cada cônjuge desse preferência ao parceiro em vez de a seus próprios parentes consangüíneos e morressem os dois ao mesmo tempo, seus interesses genéticos seriam idênticos, embalados em seus filhos comuns. Podemos até imaginar uma espécie na qual cada casal passasse a vida toda isolado em uma ilha e seus filhos se dispersassem ao atingir a maturidade, nunca mais retornando. Como os interesses genéticos dos dois parceiros são idênticos, nossa primeira idéia poderia ser que a evolução os dotaria de uma bem-aventurada perfeição de amor sexual, romântico e companheiro.

Mas, argumenta Symons, nada disso aconteceria. A relação entre os parceiros evoluiria no sentido de ser como a relação entre as células de um único corpo, cujos interesses genéticos também são idênticos. Células do coração e células do pulmão não têm de se apaixonar para conviver em perfeita harmonia. Analogamente, os casais dessa espécie fariam sexo apenas com a finalidade de procriação (para que desperdiçar energia?), e o sexo não traria mais prazer do que o resto da fisiologia reprodutiva, como a liberação de hormônios para a formação dos gametas:

> Apaixonar-se é algo que não existiria, pois não haveria parceiros alternativos entre os quais escolher, e apaixonar-se seria um tremendo desperdício. Cada um amaria

o parceiro exatamente como a si mesmo, mas essa é a questão: você *não* ama realmente a si mesmo, exceto metaforicamente; você *é* você. Os dois vocês seriam, no que diz respeito à evolução, uma só carne, e sua relação seria governada pela fisiologia bruta. [...] Você poderia sentir dor se visse seu parceiro cortar-se, mas todos os sentimentos que temos em relação a nossos parceiros que tornam uma relação tão maravilhosa quando ela está indo bem (e tão dolorosa quando não está) nunca evoluiriam. Mesmo se uma espécie os tivesse ao iniciar esse modo de vida, a seleção os eliminaria, exatamente do mesmo modo como os olhos de um peixe abissal são eliminados pela seleção porque seriam apenas custo e nenhum benefício.[89]

O mesmo se aplica às nossas emoções relacionadas à família e aos amigos: a riqueza e a intensidade dos sentimentos em nossa mente são prova da preciosidade e da fragilidade desses laços na vida. Em resumo, sem a possibilidade do sofrimento, o que teríamos não seria uma bem-aventurada harmonia, e sim nenhuma consciência.

15. O animal santarrão

Um dos maiores medos que as pessoas têm de uma compreensão biológica da mente é que ela conduza ao niilismo moral. Se não somos criados por Deus para um propósito superior, dizem os críticos de direita, ou se somos produto de genes egoístas, dizem os críticos de esquerda, o que nos impediria de nos tornar egoístas amorais que só pensam em si mesmos? Não teríamos de nos ver como mercenários de quem não se pode esperar nenhuma preocupação com os menos afortunados? Ambos os lados apontam o nazismo como o resultado de aceitar teorias biológicas da natureza humana.

O capítulo precedente mostrou que esse medo é equivocado. Nada impede que o processo sem deus e sem moral da seleção natural faça evoluir uma espécie social de cérebro grande equipada com um elaborado senso moral.[1] De fato, o problema do *Homo sapiens* talvez não seja termos pouca moralidade. O problema talvez seja termos moralidade demais.

O que leva as pessoas a considerar uma ação imoral ("matar é errado") em comparação com desagradável ("detesto brócolis"), deselegante ("não use listras com xadrez") ou imprudente ("evite vinho em vôos longos")? As pessoas sentem que as regras morais são universais. As injunções contra o assassinato e o estupro, por exemplo, não são uma questão de gosto ou moda; têm um fundamento transcendente e universal. As pessoas sentem que outras pessoas que cometem atos imorais devem ser punidas: não só é correto fazer mal a quem cometeu uma infração moral; é errado *não* fazê-lo, ou seja, "deixar que escape impunemente". É fácil dizer "não gosto de brócolis, mas não me importo se você comer", mas ninguém diria "não gosto de matar, mas não me importo se você assassinar alguém". É por isso que os defensores da escolha materna não estão usando o argumento certo quando dizem, como no adesivo de pára-choque: "Se você é contra o aborto, não o faça". Se alguém acredita que o aborto é imoral, permitir que outras pessoas o pratiquem não é uma opção, exatamente como permitir assassinatos ou estupros não é uma opção. Portanto, as pessoas sentem-se justificadas ao invocar a retaliação divina ou o poder coercivo do Estado para aplicar as punições. Bertrand Russell escreveu: "Infligir crueldade com a consciência em paz é um deleite para os moralistas — foi por isso que eles inventaram o inferno".

Nosso senso moral autoriza a agressão a outros como um modo de prevenir ou punir atos imorais. Não há problema nisso se o ato considerado imoral realmente *é* imoral por qualquer critério, como no caso de estupro e assassinato, e quando a agressão é aplicada com justiça e serve como dissuasão. O que este capítulo procurará mostrar é que nada garante que o senso moral humano escolhe esses atos como os alvos de sua justa indignação. O senso moral é um dispositivo, como a visão estereoscópica ou as intuições numéricas. É um conjunto de circuitos neurais formado de partes mais antigas do cérebro primata e moldado pela seleção natural para realizar uma tarefa. Isso não significa que a moralidade seja uma ficção criada por nossa imaginação, do mesmo modo que a evolução da percepção de profundidade não significa que o espaço tridimensional seja uma ficção criada por nossa imaginação. (Como vimos nos capítulos 9 e 11, a moralidade possui uma lógica interna, e possivelmente até mesmo uma realidade externa, que um grupo de pensadores reflexivos pode elucidar, assim como um grupo de matemáticos pode elucidar verdades sobre número e forma.) Mas significa que o senso moral é repleto de peculiaridades e propenso a erros sistemáticos — ilusões morais, digamos assim —, exatamente como nossas outras faculdades.

Ponderemos sobre a seguinte história:

Júlia e Marcos são irmãos. Estão viajando juntos pela França durante as férias de verão na universidade. Certa noite, a sós em uma barraca perto da praia, decidem que seria interessante e divertido se tentassem fazer amor. No mínimo, seria uma nova experiência para cada um deles. Júlia já estava tomando pílula anticoncepcional, mas Marcos ainda assim usa preservativo, só para garantir. Os dois sentem prazer naquele ato, mas decidem não repeti-lo. Mantêm aquela noite como um segredo especial, o que os faz sentir-se ainda mais próximos um do outro. Qual a sua opinião: foi *correto* eles fazerem amor?

O psicólogo Jonathan Haidt e seus colegas apresentaram essa história a muitas pessoas.[2] A maioria declara prontamente que o que Júlia e Marcos fizeram é errado, e depois fica procurando razões para justificar *por quê*. Mencionam os perigos da endogamia, mas são lembrados de que os irmãos usaram duas formas de contracepção. Aventam que Júlia e Marcos sairiam emocionalmente magoados, mas a história deixa claro que isso não acontece. Arriscam que aquele ato ofenderia a comunidade, mas depois se lembram que foi mantido em segredo. Argumentam que aquilo poderia interferir em futuros relacionamentos, mas reconhecem que Júlia e Marcos concordam em não repetir o ato. Por fim, muitos dos entrevistados admitem: "Não sei, não consigo explicar, só sei que é errado". Haidt designa essa situação como "perplexidade moral", e a evoca juntamente com outros cenários desagradáveis mas sem vítimas:

Uma mulher está limpando o armário e encontra sua velha bandeira americana. Ela não quer mais aquela bandeira, por isso a rasga em pedaços e usa os retalhos para limpar o banheiro.

O cachorro de uma família é morto por um carro na frente da casa. A família ouviu dizer que carne de cachorro é deliciosa, por isso cortam o corpo do cão em pedaços e o comem cozido no jantar.

Um homem vai ao supermercado uma vez por semana e compra uma galinha morta. Mas, antes de cozinhar a galinha, tem relação sexual com ela. Depois a cozinha e come.

Muitos filósofos morais diriam que não há nada errado nesses atos, pois atos privados entre adultos de comum acordo e que não prejudiquem outros seres sensíveis não são imorais. Alguns poderiam criticar os atos usando um argumento mais sutil relacionado ao comprometimento com políticas, mas ainda assim as infrações seriam consideradas sem importância quando comparadas aos atos verdadeiramente hediondos dos quais as pessoas são capazes. Mas, para todos os demais, essa argumentação não vem ao caso. As pessoas têm sentimentos viscerais que lhes dão convicções morais intensas, e se esforçam para racionalizar essas convicções em vista do fato.[3] Essas convicções podem ter pouca relação com julgamentos morais que o indivíduo poderia justificar para outras pessoas com base em seus efeitos sobre a felicidade ou o sofrimento. Em vez disso, surgem da organização neurobiológica e evolutiva dos órgãos que chamamos de emoções morais.

Haidt recentemente compilou uma história natural das emoções que compõem o senso moral.[4] As quatro principais famílias são exatamente as que esperaríamos da teoria do altruísmo recíproco de Trivers e dos modelos computadorizados da evolução da cooperação que surgiram depois. As emoções de condenação aos outros — desprezo, raiva e repulsa — impelem as pessoas a punir os trapaceiros. As emoções de louvor aos outros — gratidão e uma emoção que poderíamos chamar de exaltação, reverência moral ou sensibilização — impelem-nas a recompensar os altruístas. As emoções pelo sofrimento dos outros — solidariedade, compaixão e empatia — impelem-nas a ajudar um beneficiário necessitado. E as emoções de constrangimento — culpa, vergonha e embaraço — impelem-nas a evitar a trapaça ou reparar seus efeitos.

Em todos esses conjuntos de emoções encontramos uma distinção entre três esferas de moralidade, cada qual moldando os julgamentos morais de um modo diferente. A ética da *autonomia* diz respeito aos interesses e direitos de um indivíduo. Ressalta a justiça como a virtude principal, e é o cerne da moralidade como ela é compreendida nos círculos leigos instruídos nas culturas ocidentais. A ética da *comunidade* concerne aos costumes do grupo social; inclui valores como dever, respeito, observação de convenções e acatamento da hierarquia. A ética da *divindade* relaciona-se a um senso de pureza e santidade elevadas, que se opõe a um senso de contaminação e profanação.

A tricotomia autonomia-comunidade-divindade foi desenvolvida pela primeira vez pelo antropólogo Richard Shweder, que mostrou que tradições não ocidentais possuem complexos sistemas de crenças e valores com todas as características de moralização porém sem o conceito ocidental de direitos individuais.[5] As elaboradas crenças hindus em torno da purificação são um excelente exemplo. Haidt e o psicólogo Paul Rozin pautaram-se pelo trabalho de Shweder, mas interpretaram as esferas morais não como variantes culturais arbitrárias, e sim como faculdades mentais universais com diferentes origens e funções evolutivas.[6] Mostraram que as esferas morais diferem no conteúdo cognitivo, em seus homólogos em outros animais, em seus correlatos fisiológicos e em suas bases neurais.

A raiva, por exemplo, que é a emoção de condenação aos outros na esfera da autonomia, evoluiu de sistemas de agressão e foi recrutada para implementar a estratégia de punição dos trapaceiros exigida pelo altruísmo recíproco. A repulsa, a outra emoção de condenação aos outros na esfera da divindade, evoluiu de um sistema destinado a evitar contaminadores biológicos como doença e putrefação. Pode ter sido recrutada para demarcar o círculo moral que divide entidades com quem nos envolvemos moralmente (como os nossos iguais, por exemplo) daquelas que tratamos instrumentalmente (como os animais) e daquelas que evitamos ativamente (como pessoas com doenças contagiosas). O embaraço, a emoção de constrangimento na esfera da comunidade, é um sósia dos gestos de apaziguamento e submissão encontrados em outros primatas. A razão por que a dominância fundiu-se inicialmente à moralidade é que a reciprocidade depende não só da disposição de uma pessoa para fazer e retribuir favores mas da capacidade para tal, e as pessoas dominantes têm essa capacidade.

Os relativistas poderiam interpretar as três esferas de moralidade como um indicador de que os direitos individuais são um costume provinciano ocidental e de que devemos respeitar a ética de comunidade e divindade de outras culturas como alternativas igualmente válidas. Minha conclusão é que, em vez disso, o modo como está organizado o nosso senso moral deixa as pessoas de todas as culturas vulneráveis a confundir juízos morais defensáveis com paixões e preconceitos irrelevantes. A ética de autonomia ou justiça, na verdade, não é exclusivamente ocidental; Amartya Sen e a especialista em direito Mary Ann Glendon mostraram que ela também tem raízes profundas no pensamento asiático.[7] Inversamente, a ética de comunidade, que equipara moralidade a uma conformidade com as normas locais, fundamenta o relativismo cultural que se tornou corriqueiro nos meios universitários. Vários acadêmicos comentaram que seus alunos não se acham em condição de explicar por que o nazismo foi errado, pois os estudantes pensam que não é permissível criticar os valores de outra cultura.[8] (Posso confirmar que os estudantes de hoje cercam reflexivamente seus juízos morais, dizendo coisas como "nossa sociedade dá muito valor a ser bom para outras pessoas".) Donald Symons comenta sobre o modo como os julgamentos das pessoas podem virar de cabeça para baixo quando passam da moralidade baseada na autonomia para a moralidade baseada na comunidade:

> Se uma única pessoa no mundo segurasse uma menina aterrorizada, esperneando e gritando, cortasse-lhe os genitais com uma lâmina séptica e costurasse o corte deixando apenas um minúsculo orifício para a passagem de urina e fluxo menstrual, a única questão seria com que severidade essa pessoa teria de ser punida e se a pena de morte seria uma sanção suficientemente severa. Mas quando milhões de pessoas fazem isso, em vez de a atrocidade ser ampliada milhões de vezes ela subitamente se torna "cultura", e assim, por mágica, torna-se menos horrível, ao invés de mais, e chega até mesmo a ser defendida por alguns "pensadores morais" ocidentais, incluindo feministas.[9]

A ética de comunidade também inclui o acatamento de uma hierarquia estabelecida, e a mente (incluindo a mente ocidental) com grande facilidade combina prestígio com moralidade. Vemos isso em palavras que implicitamente equiparam status a virtude — *cavalheirismo, de classe, cortês, fidalguia, nobre* — e posição social inferior a pecado — *ralé, pé-de-chinelo, medíocre, plebeu, vilão* (originalmente significando "camponês"), *vulgar*. O mito do bom selvagem é óbvio no culto atual das celebridades. Membros da realeza como a princesa Diana e seu equivalente americano, John F. Kennedy Jr., ganham o manto da santidade muito embora sejam pessoas moralmente sem nada de excepcional (é bem verdade que Diana apoiava causas humanitárias, mas essa é justamente a descrição da tarefa de uma princesa de sua época e de sua idade). A boa aparência de ambos conferia ainda mais brilho a seus halos, pois as pessoas julgam que homens e mulheres atraentes são mais virtuosos.[10] O príncipe Charles, que também apóia causas humanitárias, nunca granjeará o manto da santidade, mesmo se vier a morrer de morte trágica.

As pessoas também confundem moralidade com pureza, mesmo no Ocidente secular. Lembremos, do capítulo 1, que muitas palavras designativas de limpeza e sujeira também são empregadas para designar virtude e pecado (*puro, imaculado, manchado* etc.). Os participantes dos experimentos de Haidt parecem ter combinado contaminação com pecado quando condenaram o ato de comer um cachorro, fazer sexo com uma galinha morta e praticar incesto consentido (o que reflete nossa repulsa instintiva pelo sexo entre irmãos, uma emoção que evoluiu para inibir a endogamia).

A combinação mental do bom e do limpo pode ter conseqüências perversas. Racismo e sexismo freqüentemente são expressos como um desejo de evitar poluentes, como no ostracismo da casta dos "intocáveis" na Índia, o isolamento de mulheres menstruadas no judaísmo ortodoxo, o medo de contrair AIDS em um contato casual com homens homossexuais, a segregação das instalações para comer, beber, tomar banho e dormir sob as políticas americana e sul-africana de discriminação racial e as leis de "higiene racial" na Alemanha nazista. Uma das persistentes questões na história do século XX é como tantas pessoas comuns cometeram atrocidades em tempo de guerra. O filósofo Jonathan Glover documentou que um denominador comum é a degradação: uma diminuição do status da vítima, de sua limpeza, ou de ambos. Quando alguém destitui uma pessoa de sua dignidade ridicularizando seu sofrimento, dando-lhe uma aparência humilhante (um chapéu de bobo, trajes de prisioneiro constrangedores, cabeça toscamente raspada) ou forçando-a a viver na imundície, a compaixão das pessoas comuns pode evaporar, e facilmente elas a tratam como um animal ou um objeto.[11]

A singular mistura de justiça, status e pureza que constitui o senso moral deveria tornar suspeitos os apelos ao sentimento puro e simples para a resolução de questões morais complicadas. Em influente ensaio intitulado "The wisdom of repugnance" ["A sabedoria da repugnância", sem tradução em português], Leon Kass (hoje presidente do Conselho de Bioética do governo George W. Bush) afirmou que devemos abandonar o raciocínio moral na questão da clonagem e agir conforme nossas intuições:

Sentimos repulsa pela perspectiva de clonar seres humanos não pela novidade ou estranheza do empreendimento, mas porque intuímos e sentimos, imediatamente e sem argumentação, a violação de coisas que justificadamente nos são caras. A repugnância, nesta e em outras coisas, revolta-se contra os excessos da voluntariedade humana, alertando-nos para que não violemos o que é indizivelmente profundo. De fato, nestes tempos em que tudo é considerado permissível desde que seja feito livremente, em que nossa natureza humana tal como ela é já não impõe respeito, em que nosso corpo é visto como mero instrumento de nossa vontade racional autônoma, a repugnância pode ser a única voz que nos resta para defender a essência de nossa humanidade. Frívolas são as almas que esqueceram como é estremecer.[12]

Pode haver bons argumentos contra a clonagem humana, mas o teste do estremecimento não se inclui entre eles. As pessoas têm estremecido diante de todo tipo de violações moralmente irrelevantes de padrões de pureza em sua cultura: tocar num pária, beber no mesmo bebedouro que uma pessoa de cor, permitir que sangue judeu misture-se com sangue ariano, tolerar sodomia consentida entre homens. Já em 1978 muita gente (incluindo Kass) estremeceu diante da nova tecnologia da fertilização *in vitro* ou, como então a chamavam, "bebês de proveta". Mas hoje ela é moralmente irrepreensível e, para centenas de milhares de pessoas, uma fonte imensurável de felicidade ou da própria vida.

A diferença entre uma posição moral defensável e uma intuição atávica é que, na primeira, podemos apresentar *razões* para a validade de nossa convicção. Podemos explicar por que tortura, assassinato e estupro são errados, ou por que devemos nos opor à discriminação e à injustiça. Por outro lado, nenhuma boa razão pode ser dada para mostrar por que a homossexualidade deveria ser suprimida ou por que as raças deveriam ser segregadas. E as boas razões para uma posição moral não são tiradas do nada: sempre têm relação com o que é melhor ou pior para as pessoas, e baseiam-se na lógica de que temos de tratar as outras pessoas como exigimos que elas nos tratem.

Outra característica estanha das emoções morais é que elas podem ser ligadas e desligadas como um comutador. Esses *spoinks* mentais são chamados moralização e amoralização, e recentemente Rozin os estudou em laboratório.[13] Eles consistem em alternar entre uma atitude mental que julga o comportamento com base em *preferência* e uma atitude mental que julga o comportamento com base em *valor*.

Há dois tipos de vegetarianos: os que evitam a carne por razões de saúde, ou seja, para reduzir gordura e toxinas na alimentação, e os que evitam a carne por razões morais, ou seja, respeitar os direitos dos animais. Rozin demonstrou que, em comparação com os vegetarianos preocupados com a saúde, os vegetarianos morais apresentam mais razões para evitar a carne, têm uma reação emocional mais intensa à carne e são mais propensos a tratá-la como contaminadora — recusam-se, por exemplo, a comer um prato de sopa no qual se deixou cair uma gota de caldo de carne. Os vegetarianos morais são mais inclinados a achar que outras pessoas deveriam ser vegetarianas, e a atribuir bizarras virtudes a seu hábito dietético, como acreditar que comer carne torna as pessoas mais agressivas e animalescas. Mas não são apenas os vegetarianos que associam hábitos alimentares a valor moral. Quando se fornecem descrições de pessoas a estudantes universitários e se pede que avaliem seu caráter, eles julgam que uma pessoa que come cheeseburgers e toma milk-shakes é menos gentil e atenciosa do que alguém que come frango e salada!

Rozin menciona que o hábito de fumar foi recentemente moralizado. Durante muitos anos, a decisão de fumar ou não foi tratada como uma questão de preferência ou prudência: algumas pessoas simplesmente não gostavam de fumar ou evitavam fazê-lo porque trazia riscos à saúde. Mas a descoberta dos efeitos danosos para os fumantes passivos fez com que fumar agora seja visto como um ato imoral. Os fumantes são banidos e demonizados, e a psicologia da repulsa e da contaminação entra em ação. Não-fumantes evitam não apenas fumar, mas qualquer coisa que tenha tido contato com fumo; em hotéis, exigem quartos ou até andares onde seja proibido fumar. Analogamente, foi despertado o desejo de compensação: júris impuseram multas financeiras vultosas, apropriadamente chamadas de "indenizações punitivas", a fabricantes de cigarros. Não se está afirmando aqui que essas decisões são injustificadas; apenas que devemos estar conscientes das emoções que talvez as estejam impelindo.

Ao mesmo tempo, muitos comportamentos foram amoralizados, passando (aos olhos de muita gente) de defeitos morais a opções de estilo de vida. Entre esses atos amoralizados incluem-se o divórcio, a ilegitimidade, ser mãe e trabalhar fora, uso de maconha, homossexualidade, masturbação, sodomia, sexo oral, ateísmo e qualquer prática de culturas não ocidentais. De modo semelhante, muitos sofrimentos deixaram de ser vistos como o preço do pecado e passaram a ser atribuídos aos caprichos da sorte, recebendo, assim, novos nomes. Os moradores de rua eram antes chamados vagabundos e mendigos; doenças sexualmente transmissíveis eram conhecidas como doenças venéreas. A maioria dos profissionais que lidam com toxicomania garante que não se trata de uma má escolha, mas de um tipo de doença.

Para a direita cultural, tudo isso mostra que a moralidade tem sido atacada pela elite cultural, como vemos na seita que se intitula Moral Majority [Maioria Moral]. Para a esquerda, tudo isso mostra que o desejo de estigmatizar o comportamento privado é arcaico e repressivo, como na definição de H. L. Mencken do puritanismo como "o obsedante medo de que alguém, em algum lugar, seja feliz". Ambos os lados estão errados. Como que para compensar por todos os comportamentos que foram amoralizados em décadas recentes, estamos em meio a uma campanha para moralizar outros. Os guardiães da moral e dos bons costumes foram substituídos pelos ativistas que reivindicam o *nanny state** e pelas cidades universitárias com uma política externa, mas a psicologia da moralização é a mesma. Eis alguns exemplos de coisas que só recentemente adquiriram coloração moral:

publicidade para o público infantil • segurança no automóvel • bonecas Barbie • redes de lojas de departamentos • fotos de beldades em trajes exíguos • roupas fabricadas no Terceiro Mundo • segurança de produtos de consumo • companhias agrícolas • pesquisas financiadas pelo setor de defesa nacional • fraldas descartáveis • embalagens descartáveis • piadas racistas • salários de executivos • *fast food* • flerte no local de trabalho • aditivos em alimentos • casacos de pele • represas hidrelétricas • testes de QI • exploração madeireira • mineração • energia nuclear • exploração petrolífera • posse de ações de certas empresas • granjas • feriados públicos (Dia de Colombo, Dia de Martin Luther King, nos EUA) • pesquisas sobre AIDS • pesquisas sobre câncer de mama • espancamento • crescimento horizontal de grandes cidades • açúcar • reduções de impostos • armas de brinquedo • violência na televisão • peso das modelos

Muitas dessas coisas podem ter conseqüências danosas, obviamente, e ninguém quer que sejam banalizadas. A questão é se o melhor é lidar com elas pela psicologia da moralização (com sua busca de vilões, exaltação dos acusadores e

---

* Literalmente, "Estado-babá": o Estado que procura regular aspectos pessoais da vida dos cidadãos, sob a suposição de que as pessoas são incapazes de saber o que é bom para elas; por exemplo: leis proibindo a venda de *junk food* em escolas, de carne com osso nos açougues etc. (N. T.)

mobilização da autoridade para infligir punições) ou com base em custos e benefícios, prudência e risco ou bom e mau gosto. A poluição, por exemplo, freqüentemente é tratada como um crime de profanação do sagrado, como na canção do conjunto de rock Traffic: "Why don't we [...] try to save this land, and make a promise not to hurt it again this holy ground" [Por que não [...] tentamos salvar esta terra, prometendo não mais danificar este solo sagrado]. Essa postura pode ser contrastada com a de economistas como Robert Frank, que (aludindo aos custos da limpeza) declarou: "Existe uma quantidade ótima de poluição no meio ambiente, assim como existe uma quantidade ótima de sujeira em nossa casa".

Além do mais, todas as atividades humanas têm conseqüências, freqüentemente com vários graus de benefício e malefício para diferentes partes, mas nem todas são concebidas como imorais. Não mostramos desprezo pelo homem que não troca as baterias em seus alarmes de incêndio, que leva a família de carro em uma viagem de férias (multiplicando o risco de morte acidental) ou que se muda para uma área rural (aumentando a poluição e o uso de combustível ao usar o carro para trabalhar e fazer compras). Dirigir um utilitário esportivo devorador de gasolina é visto como moralmente dúbio, mas dirigir um Volvo devorador de gasolina não; comer um Big Mac é suspeito, mas comer queijo importado ou tiramisu não. Aperceber-se da psicologia da moralização não precisa nos tornar moralmente embotados. Ao contrário, pode nos alertar para a possibilidade de que uma decisão de tratar um ato com base em virtude e pecado e não em custo e benefício tenha sido tomada com justificativas moralmente irrelevantes — em particular, se os santos e os pecadores estão em nossa própria coalizão ou na de outros. Boa parte do que hoje se denomina "crítica social" consiste em membros das classes altas criticarem os gostos das classes baixas (entretenimento obsceno, *fast food*, consumismo) enquanto se têm na conta de igualitários.

Há outro aspecto da psicologia moral comumente associado ao pensamento primitivo mas muito vivo em mentes modernas: conceitos sobre o sagrado e tabus. Alguns valores são considerados não só meritórios, mas sacrossantos. Possuem um mérito infinito ou transcendental, que sobrepuja todas as outras considerações. Não é permitido sequer *pensar* em procurar um *trade-off* entre esses e outros valores, pois a própria idéia é flagrantemente pecaminosa e só merece condenação e indignação.

O psicólogo Philip Tetlock fez aflorar a psicologia do sagrado e do tabu em estudantes de universidades americanas.[14] Perguntou-lhes se deveria ser permitido comprar e vender órgãos para transplante, leiloar licenças para adoção de órfãos, pagar pelo direito de adquirir a cidadania, vender o voto em eleições ou pagar a alguém para servir em seu lugar na prisão ou no serviço militar. Como seria de esperar, a maioria dos estudantes julgou que essas práticas eram contrárias à ética e deviam ser proibidas. Mas suas reações foram muito além da discordância: indignaram-se com o fato de alguém cogitar na legalização de tais práticas, sentiram-se ofendidos por terem vindo perguntar-lhes e quiseram punir qualquer um que as tolerasse. Quando lhes foi pedido que justificassem sua opinião, tudo o que conseguiram responder foi que as práticas eram "degradantes, desumanizadoras, inaceitáveis". Os estudantes até procuraram limpar-se oferecendo-se como voluntários para campanhas contra um movimento (fictício) para legalizar o leilão de direitos de adoção. Sua indignação foi ligeiramente reduzida, mas ainda continuou intensa, depois de ouvirem argumentos em favor de políticas consideradas tabu, como a de que um mercado de órfãos poria mais crianças em lares que as amavam e que as pessoas de baixa renda receberiam vales para participar.

Outro estudo perguntava sobre um administrador de hospital que precisava decidir entre gastar 1 milhão de dólares num transplante de fígado para uma criança ou em outras necessidades do hospital. (Os administradores implicitamente se defrontam com esse tipo de escolha todo o tempo, pois existem procedimentos salvadores de vidas que são astronomicamente caros e não podem ser feitos para todos que deles necessitam.) Não só os entrevistados quiseram punir um administrador que escolhesse gastar o dinheiro com o hospital mas também quiseram punir um administrador que escolhesse salvar a criança mas *pensasse muito* antes de tomar essa decisão (como o personagem pão-duro representado pelo comediante Jack Benny quando o assaltante disse "a bolsa ou a vida").

O tabu em torno de refletir sobre valores centrais não é totalmente irracional. Julgamos as pessoas não só pelo que elas *fazem,* mas pelo que *são* — não ponderamos apenas sobre se a pessoa recebeu mais do que deu, mas se é o tipo de sujeito que nos negaria ajuda ou nos esfaquearia pelas costas se isso viesse a ser do seu interesse. Para determinar se alguém é emocionalmente comprometido com um relacionamento, garantindo a veracidade de suas promessas, precisamos descobrir como essa pessoa pensa: se considera nossos interesses sagrados ou se constantemente os avalia em comparação com os lucros de nos trair. A noção de *caráter* acompanha o perfil moral, e com ela a noção de identidade moral: o conceito do nosso próprio caráter que é mantido internamente e projetado para outros.

Tetlock observa que é da própria natureza de nossos compromissos com outras pessoas negar que lhes atribuímos um preço: "Transgredir essas fronteiras normativas, atribuir um valor monetário a uma amizade, aos próprios filhos ou à lealdade ao país é desqualificar-se para certos papéis sociais, demonstrar que não 'entendeu o espírito da coisa' — não compreendeu o que significa ser um verdadeiro amigo, pai ou cidadão".[15] *Trade-offs* que são tabus, que comparam um valor sagrado com um mundano (como dinheiro), são "moralmente corrosivos: quanto mais tempo alguém delibera sobre propostas indecentes, mais irreparavelmente compromete sua identidade moral".[16]

Infelizmente, uma psicologia que trata certas aspirações como possuidoras de valor infinito conduz a absurdos. Tetlock menciona alguns exemplos. A cláusula Delaney da Food and Drug Act [Lei sobre Alimentos e Medicamentos] de 1958 procurava melhorar a saúde pública proibindo todos os aditivos alimentares que apresentassem qualquer risco de ser carcinogênicos. Parecia bom, mas não era. Essa política deixou as pessoas expostas a aditivos alimentares mais perigosos do que os que já estavam no mercado, criou um incentivo para que os fabricantes introduzissem novos aditivos perigosos contanto que não fossem carcinogênicos e tornou ilegais produtos que poderiam ter salvo mais vidas que as que punham em risco, como a sacarina usada pelos diabéticos. De modo semelhante, depois da descoberta de lixo tóxico no canal Love em 1978, o Congresso americano aprovou a Lei do Superfundo, que exigia a limpeza *completa* de todos os depósitos de lixo tóxico. Descobriu-se que custava milhões de dólares limpar os últimos 10% do lixo em dado local — dinheiro que poderia ter sido usado na limpeza de outros locais ou na redução de riscos à saúde. Assim, o generoso fundo faliu antes mesmo que uma fração dos locais pudesse ser descontaminada, e seu efeito sobre a saúde dos americanos foi discutível. Depois do derramamento de óleo do *Exxon Valdez*, quatro quintos dos entrevistados em uma pesquisa disseram que o país deveria implementar melhor proteção ambiental "independentemente dos custos". Se interpretado ao pé da letra, isso significa que deveríamos fechar todas as escolas, hospitais, delegacias e quartéis de bombeiros, parar de financiar programas sociais, pesquisas médicas, ajuda externa e defesa nacional, ou elevar o imposto de renda para 99%, se esse fosse o custo de proteger o meio ambiente.

Tetlock observa que esses fiascos aconteceram porque qualquer político que expusesse honestamente os *trade-offs* seria crucificado por violar um tabu. Seria acusado de "tolerar venenos em nossa comida e água", ou pior, de "atribuir um valor em dólar à vida humana". Analistas políticos salientam que estamos enredados em desperdiçadores e injustos programas governamentais de benefícios a membros de determinados grupos porque qualquer político que tentasse modificá-los estaria cometendo suicídio político. Oponentes sagazes formulariam a proposta de reforma na linguagem do tabu: "trair nosso compromisso com os idosos", "trair a sagrada confiança de veteranos que arriscaram a vida pelo país", "ser sovina com o tratamento e a educação dos jovens".

No prefácio designei a tábula rasa como uma doutrina sagrada e a natureza humana como um tabu moderno. Podemos agora afirmar isso como uma hipótese técnica. O principal objetivo do movimento da ciência radical era moralizar o estudo científico da mente e acionar a mentalidade do tabu. Lembremos, da Parte II, a indignação, a punição dos hereges, a recusa a considerar as afirmações como elas realmente haviam sido feitas, a purgação moral com demonstrações, manifestos e críticas públicas. Weizenbaum condenou idéias "cuja própria cogitação já deveria provocar sentimentos de nojo" e censurou os cientistas desumanos que podem "chegar a pensar em uma coisa dessas". Mas, evidentemente, é tarefa dos intelectuais pensar sobre as coisas, mesmo que seja apenas para esclarecer por que são erradas. Moralização e saber, portanto, freqüentemente se vêem em rota de colisão.

A dissecação impiedosa do senso moral humano não significa que a moralidade é farsa ou que todo moralista é um puritano hipócrita. A psicologia moral pode estar permeada pela emoção mas, por outro lado, muitos filósofos procuraram mostrar que, afinal de contas, a moralidade não pode fundamentar-se unicamente na razão. Como escreveu Hume: "Não é contrário à razão preferir a destruição do mundo inteiro a um arranhão em meu dedo".[17] As emoções de solidariedade, gratidão e culpa são a fonte de inúmeros atos de bondade, grandes e pequenos, e um módico grau de indignação dos justos e de convicção ética sem dúvida sustentou grandes líderes morais ao longo da história.

Glover observa que muitas atrocidades cometidas no século XX foram desencadeadas quando as emoções morais estavam anestesiadas. Pessoas decentes foram hipnotizadas para que cometessem atos medonhos por uma variedade de causas amoralizantes, como ideologias utópicas, decisões em etapas (nas quais os alvos de bombardeios podiam mudar de fábricas isoladas para fábricas próximas a bairros e então para os próprios bairros) e a difusão da responsabilidade pela burocracia. Freqüentemente foi o sentimento moral puro e simples — sentir empatia pelas vítimas ou fazer-se a pergunta de identidade moral: "Eu sou o tipo de pessoa capaz de fazer isso?" — que deteve pessoas em plena atrocidade. O senso moral, magnificado e estendido pelo raciocínio e por um conhecimento da história, é o que se interpõe entre nós e um pesadelo em estilo Mad Max povoado de implacáveis psicopatas.

Mas ainda há muito que desconfiar da moralização humana: a confusão de moralidade com status e pureza, a tentação de moralizar excessivamente questões de julgamento e, com isso, autorizar a agressão às pessoas de quem discordamos, os tabus relacionados a pensar em *trade-offs* inevitáveis e o ubíquo vício do auto-engano, que sempre dá um jeito de pôr o *self* do lado dos anjos. Hitler era moralista (de fato, um vegetariano moral) que, pela maioria dos relatos, estava convicto da retidão de sua causa. Como escreveu o historiador Ian Buruma: "Isso mostra, mais uma vez, que os verdadeiros crentes podem ser mais perigosos do que os operadores cínicos. Estes podem fazer um acordo; aqueles têm de ir até o fim — e arrastar o mundo junto com eles".[18]

PARTE V

Vespeiros

Alguns debates são tão entrelaçados à identidade moral das pessoas que até poderíamos perder a esperança de que venham algum dia a ser resolvidos pela razão e pelos fatos. Psicólogos sociais descobriram isso com questões morais polêmicas, especialmente aquelas nas quais liberais e conservadores discordam, em que todos os combatentes estão intuitivamente convencidos de que estão certos e de que seus oponentes têm motivos inconfessos perversos. Discutem por respeito à convenção social de que sempre devemos expor as razões de nossas opiniões, mas, quando um argumento é refutado, não mudam de idéia, e se empenham ainda mais para encontrar um argumento substituto. Debates morais, longe de resolver hostilidades, podem agravá-las, pois quando as pessoas do outro lado não capitulam imediatamente, isso só prova que são inacessíveis à razão.[1]

Em nenhum tema isso se evidencia mais do que naqueles que examinarei nesta parte do livro. As opiniões das pessoas sobre política, violência, gênero, filhos e arte ajudam a definir o tipo de pessoa que elas pensam ser e o tipo de pessoa que querem ser. Provam que a pessoa é contra opressão, violência, sexismo, filistinismo e abuso ou negligência de crianças. Infelizmente, embutidas nessas opiniões estão suposições sobre a constituição psicológica do *Homo sapiens*. Assim, pessoas conscienciosas podem inadvertidamente ver-se atreladas a posições sobre questões empíricas de biologia ou psicologia. Quando surgem fatos científicos, raramente eles se amoldam com exatidão às nossas expectativas; naturalmente, se isso acontecesse não seria necessário fazer ciência. Portanto, quando os fatos derrubam uma vaca sagrada, as pessoas são tentadas a suprimir os fatos e calar os debates porque os fatos ameaçam tudo o que elas consideram sagrado. E isso pode nos deixar despreparados para lidar exatamente com os problemas para os quais novos fatos e análises são mais necessários.

A paisagem das ciências da natureza humana é juncada desses trilhos condutores, *hot zones*,* buracos negros e Chernobyls. Escolhi cinco deles para examinar nos próximos capítulos, necessariamente deixando de lado muitos outros (por exemplo, raça, orientação sexual, educação, uso de drogas e doença mental). Os psicólogos sociais descobriram que, mesmo em batalhas ideológicas acirradas, pode-se às vezes encontrar um terreno comum.[2] Cada lado tem de reconhecer que o outro também está argumentando baseado em princípios, e que ambos têm em comum certos valores e discordam apenas quanto a quais deles enfatizar nos casos em que existe conflito. Encontrar esse terreno comum é meu objetivo nas considerações a seguir.

---

* Zonas de texto, em documento editado em processador de texto, na qual um hífen é inserido automaticamente quando a palavra não se ajusta completamente na linha. (N. T.)

16. Política

Muitas vezes acho engraçado
Que a natureza sempre dê um jeito
Para que todo menino ou menina
Nascido vivo neste mundo
Seja ou um pequeno liberal,
Ou um pequeno conservador![1]

Gilbert e Sullivan acertaram quase totalmente em 1882: atitudes políticas liberais e conservadoras são em grande medida hereditárias, embora estejam longe de o serem completamente. Quando gêmeos idênticos que foram separados ao nascer são testados na vida adulta, suas atitudes políticas revelam-se semelhantes, com um coeficiente de correlação de 0,62 (em uma escala de −1 a +1).[2] Atitudes liberais e conservadoras são hereditárias não porque as atitudes são sintetizadas diretamente do DNA, é claro, mas porque elas surgem naturalmente em pessoas com diferentes temperamentos. Os conservadores, por exemplo, tendem a ser mais autoritários, conscienciosos, tradicionais e respeitadores das regras. Mas, seja qual for sua origem imediata, a hereditariedade de atitudes políticas pode explicar algumas das fagulhas que voam quando liberais e conservadores se encontram. Quando se trata de atitudes hereditárias, as pessoas reagem de maneira mais rápida e emocional, são menos propensas a mudar de idéia e se sentem mais atraídas por pessoas que pensam do mesmo modo.[3]

Liberalismo e conservadorismo não têm raízes apenas genéticas, evidentemente, mas também históricas e intelectuais. As duas filosofias políticas articularam-se no século XVIII em bases que seriam familiares aos leitores de editorais do presente, e seus alicerces podem ser identificados nas controvérsias políticas de milênios atrás na Grécia antiga. Durante os três séculos passados, muitas revoluções e levantes giraram em torno dessas filosofias, o que também ocorre com as principais eleições em democracias modernas.

Este capítulo trata das conexões intelectuais entre as ciências da natureza humana e a brecha política entre as filosofias políticas de direita e de esquerda. A conexão não é segredo. Como filósofos há tempos já notaram, os dois lados não são sistemas de crenças unicamente políticas, mas também empíricas, fundamentadas em diferentes concepções de natureza humana. Não admira que as ciências da natureza humana sejam tão explosivas. Psicologia evolucionista, genética comportamental e algumas partes da neurociência cognitiva são amplamente vistas como inclinadas para a direita política, o que, em uma universidade moderna, é praticamente a pior reputação que se pode ter. Ninguém pode compreender as controvérsias em torno de mente, cérebro, genes e evolução sem entender seu alinhamento com divisões políticas de longa data. E. O. Wilson aprendeu isso tarde demais:

> Fui pego de surpresa pelo ataque [a *Sociobiology*]. Esperava algum fogo frontal de cientistas sociais devido principalmente a meus dados, mas em vez disso recebi uma saraivada política pelos flancos. Alguns observadores surpreenderam-se com minha surpresa. John Maynard Smith, veterano biólogo evolucionista britânico e ex-marxista, afirmou que ele próprio não gostou do último capítulo de *Sociobiology*; disse ainda: "Também estava absolutamente óbvio para mim — não consigo acreditar que Wilson não sabia — que isso haveria de provocar grande hostilidade dos marxistas americanos, e de marxistas de todas as partes". Mas era verdade. [...] Em 1975 eu era ingênuo em política: não sabia quase nada sobre o marxismo como uma crença política ou um modo de análise, prestara pouca atenção ao dinamismo da esquerda militante e nunca ouvira falar da ciência para o povo. Eu nem sequer era um intelectual no sentido que se atribui à palavra na Europa ou no eixo Nova-York—Cambridge.[4]

Como veremos, as novas ciências da natureza humana de fato sintonizam-se com suposições que historicamente são mais próximas da direita que da esquerda. Mas hoje em dia os alinhamentos não são tão previsíveis. As acusações de que essas ciências são irremediavelmente conservadoras vem do Pólo Esquerdo, o lugar mítico de onde todas as direções são direita. As associações políticas de uma crença na natureza humana agora cortam transversalmente a dimensão liberal-conservadora, e muitos teóricos políticos invocam a evolução e a genética para argumentar em favor de políticas de esquerda.

As ciências da natureza humana estão mexendo em dois vespeiros políticos, e não em um só. O primeiro é o modo como conceituamos a entidade conhecida como "sociedade". O filósofo político Roger Masters mostrou que a sociobiologia (e teorias afins que recorrem à evolução, à genética e às ciências do cérebro) inadvertidamente tomou partido em uma antiga disputa entre duas tradições de compreensão da ordem social.[5]

Na tradição *sociológica*, sociedade é uma entidade orgânica coesa, e seus cidadãos individuais são meras partes. As pessoas são consideradas sociais por sua própria natureza, funcionando como constituintes de um superorganismo maior. Essa é a tradição de Platão, Hegel, Marx, Durkheim, Weber, Kroeber, do sociólogo Talcott Parsons, do antropólogo Claude Lévi-Strauss e do pós-modernismo nas humanidades e ciências sociais.

Na tradição *econômica* ou do *contrato social*, sociedade é um arranjo negociado por indivíduos racionais movidos pelo auto-interesse. A sociedade emerge quando as pessoas concordam em sacrificar parte de sua autonomia em troca de proteção contra espoliações de outros exercendo *sua própria* autonomia. É a tradição de Trasímaco na *República* de Platão, e de Maquiavel, Hobbes, Locke, Rousseau, Smith e Bentham. No século XX essa tradição tornou-se a base para os modelos do agente racional ou "homem econômico" da economia e da ciência política, e para as análises de custo-benefício das escolhas públicas.

A moderna teoria da evolução encaixa-se perfeitamente na tradição do contrato social. Afirma que as adaptações complexas, incluindo estratégias comportamentais, evoluíram para beneficiar o indivíduo (na verdade, os genes para aquelas características em um indivíduo), e não a comunidade, a espécie ou o ecossistema.[6] A organização social evolui quando os benefícios de longo prazo para o indivíduo superam os custos imediatos. Darwin foi influenciado por Adam Smith, e muitos de seus sucessores analisam a evolução da sociabilidade usando ferramentas tiradas diretamente da economia, como a teoria dos jogos e outras técnicas de otimização.

O altruísmo recíproco, em particular, é apenas o tradicional conceito de contrato social reapresentado em bases biológicas. Obviamente, os humanos nunca foram solitários (como Rousseau e Hobbes incorretamente supuseram), e não inauguraram a vida em grupo discutindo sobre um contrato em uma época e lugar específicos. Bandos, clãs, tribos e outros grupos sociais são vitais para a existência humana, e têm sido desde que somos uma espécie. Mas a *lógica* dos contratos sociais pode ter impelido a evolução das faculdades mentais que nos mantêm nesses grupos. Arranjos sociais são contingências evolutivas, surgindo quando os benefícios da vida em grupo excedem os custos.[7] Com um ecossistema e uma história evolutiva ligeiramente diferentes, poderíamos ter acabado como nossos primos, os orangotangos, que são quase totalmente solitários. E, segundo a biologia evolucionista, todas as sociedades — animais e humanas — fervilham com conflitos de interesse, e o que as mantém coesas são misturas mutáveis de dominância e cooperação.

Ao longo de todo o livro temos visto como as ciências da natureza humana colidiram com a tradição sociológica. As ciências sociais foram dominadas pela doutrina de que os fatos sociais vivem em universo próprio, separado do universo das mentes individuais. No capítulo 4 vimos uma concepção alternativa na qual culturas e sociedades emergem de pessoas individuais que reúnem suas descobertas e negociam os acordos tácitos que fundamentam a realidade social. Vimos que o afastamento do paradigma sociológico foi uma grande heresia do livro *Sociobiology*, de Wilson, e que a primazia da sociedade foi um alicerce do marxismo e teve seu papel no desdém do pensamento marxista pelos interesses das pessoas individuais.

A divisão entre as tradições sociológica e econômica alinha-se com a divisão entre a esquerda e a direita na política, mas apenas aproximadamente. O marxismo obviamente se insere na tradição sociológica, e o conservadorismo de livre mercado obviamente se encaixa na tradição econômica. Na liberal década de 1960, Lyndon Johnson queria forjar uma Grande Sociedade; Pierre Trudeau, uma Sociedade Justa. Nos conservadores anos 80, Margaret Thatcher afirmou: "Sociedade é coisa que não existe. Existem homens e mulheres individuais, e existem famílias".

Como observa Masters, porém, Durkheim e Parsons eram da tradição sociológica, e no entanto eram conservadores. É fácil ver como crenças conservadoras podem dar preferência à preservação da sociedade como entidade e, com isso, dar menos importância aos desejos dos indivíduos. Inversamente, Locke era da tradição do contrato social, mas é um santo padroeiro do liberalismo, e Rousseau, que *cunhou* a expressão "contrato social", foi uma inspiração para pensadores liberais e revolucionários. Os contratos sociais, como qualquer contrato, podem tornar-se injustos para alguns dos signatários, e podem ter de ser renegociados progressivamente ou reescritos a partir do zero em uma revolução.

Portanto, o choque entre as tradições sociológica e econômica pode explicar parte do calor gerado pelas ciências da natureza humana, mas não é idêntico ao tiroteio entre a esquerda e a direita na política. O restante deste capítulo examinará o segundo e mais furioso vespeiro.

O eixo direita-esquerda contém uma assombrosa coleção de crenças que à primeira vista parecem nada ter em comum. Se você ficar sabendo que alguém é favorável a forças armadas poderosas, por exemplo, apostará que essa pessoa também é favorável a um judiciário moderado em vez de ativista. Se alguém acredita na importância da religião, a probabilidade é grande de que essa pessoa seja dura com o crime e favorável a impostos mais baixos. Os proponentes de uma política econômica de *laissez-faire* tendem a dar valor ao patriotismo e à família, e maior é a probabilidade de que sejam velhos e não jovens, pragmáticos e não idealistas, censuradores e não permissivos, meritocráticos e não igualitários, gradualistas e não revolucionários, e que trabalhem na área empresarial em vez de em uma universidade ou órgão do governo. Os agrupamentos de posições opostas são igualmente esperáveis: se alguém é favorável à reabilitação de transgressores, ou à ação afirmativa, ou a generosos programas de seguridade social, ou à tolerância da homossexualidade, há grandes chances de que seja também pacifista, ambientalista, ativista, igualitário, secularista e professor ou estudante.

Mas por que será que as crenças das pessoas a respeito de sexo predizem suas crenças sobre o tamanho das forças armadas? O que é que religião tem a ver com impostos? De onde vem a ligação entre a interpretação rigorosa da Constituição e o desdém pela arte escandalizante? Antes de podermos compreender por que crenças sobre uma natureza humana inata podem enturmar-se com crenças liberais ou com crenças conservadoras, temos de entender por que crenças liberais enturmam-se com outras crenças liberais e crenças conservadoras com outras crenças conservadoras.

Os significados das palavras não ajudam. Os marxistas da União Soviética e do que a sucedeu foram chamados de conservadores; Reagan e Thatcher foram chamados de revolucionários. Os liberais são liberais no que diz respeito ao comportamento sexual, mas não a práticas empresariais; os conservadores querem conservar comunidades e tradições, mas também favorecem a economia de livre mercado que as subverte. Pessoas que se intitulam "liberais clássicos" provavelmente são chamadas de "conservadores" por adeptos da versão de esquerdismo conhecida como correção política.

Tampouco a maioria dos liberais e conservadores contemporâneos é capaz de expor claramente o cerne de seus sistemas políticos. Os liberais pensam que os conservadores não passam de plutocratas amorais, e os conservadores pensam que se você não for liberal antes dos vinte anos não tem coração, mas se for liberal depois dessa idade não tem cérebro (idéia atribuída variadamente a Georges Clemenceau, Dean Inge, Benjamin Disraeli e Maurice Maeterlinck). Alianças estratégicas — como a dos fundamentalistas religiosos e dos tecnocratas do livre mercado à direita, ou a dos políticos da identidade e dos libertaristas civis à esquerda — podem frustrar a busca de algum denominador comum intelectual. Debates políticos corriqueiros, como o de se as alíquotas tributárias devem ser exatamente as que são ou se deveriam ser um pouco mais altas ou mais baixas, também não esclarecem grande coisa.

A mais abrangente tentativa de examinar a dimensão básica encontra-se em A conflict of visions ["Um conflito de visões", sem tradução em português], de Thomas Sowell.[8] Nem toda luta ideológica encaixa-se no esquema de Sowell, mas, como dizemos na ciência social, ele identificou um fator que pode explicar uma grande parcela da variância. Sowell expõe duas "visões" na natureza dos seres humanos, expressas em suas formas mais puras por Edmund Burke (1729-97), o patrono do conservadorismo secular, e William Godwin (1756-1836), o equivalente britânico de Rousseau. Em tempos passados elas poderiam ter sido relacionadas a diferentes visões da perfectibilidade do homem. Sowell as designa como a visão restrita e a visão irrestrita. Eu as chamarei de visão trágica (termo que ele usa em livro posterior) e visão utópica.[9]

Na visão trágica, os seres humanos são inerentemente limitados em conhecimento, sabedoria e virtude, e todos os arranjos sociais devem reconhecer esses limites. "Coisas mortais são as mais adequadas aos mortais", escreveu Píndaro; "da madeira torta da humanidade coisa nenhuma verdadeiramente reta pode ser feita", escreveu Kant. A visão trágica é associada a Hobbes, Burke, Smith, Alexander Hamilton, James Madison, ao jurista Oliver Wendell Holmes Jr., aos economistas Friedrich Hayek e Milton Friedman, aos filósofos Isaiah Berlin e Karl Popper e ao especialista em direito Richard Posner.

Na visão utópica, as limitações psicológicas são artefatos que *provêm* de nossos arranjos sociais, e não devemos permitir que nos restrinjam quando olhamos para o que é possível em um mundo melhor. Seu credo poderia ser: "Algumas pessoas vêem as coisas como elas são e perguntam: 'Por quê?'; eu sonho com coisas que nunca foram e pergunto: 'Por que não?'". Essa citação freqüentemente é atribuída ao ícone do liberalismo dos anos 60, Robert F. Kennedy, mas foi originalmente escrita pelo socialista fabiano George Bernard Shaw (que também escreveu: "Não há nada que possa ser mudado mais completamente do que a natureza humana quando a tarefa é começada suficientemente cedo").[10] A visão utópica também é associada a Rousseau, Godwin, Condorcet, Thomas Paine, ao jurista Earl Warren, ao economista John Kenneth Galbraith e em menor grau ao filósofo político Ronald Dworkin.

Na visão trágica, nossos sentimentos morais, por mais beneficentes que sejam, assentam-se sobre um alicerce mais profundo de egoísmo. Esse egoísmo não é a crueldade ou a agressão do psicopata, e sim uma preocupação com nosso bem-estar que está de tal modo entranhada em nossa constituição que raramente refletimos sobre ela, e seria uma perda de tempo lamentá-la ou tentar extingui-la. Em seu livro *The theory of moral sentiments* [*Teoria dos sentimentos morais,* na tradução em português], Adam Smith comentou:

Suponhamos que o grande império da China, com todas as suas miríades de habitantes, fosse subitamente engolido por um terremoto, e cogitemos como um homem compassivo na Europa, sem relações de espécie alguma com aquela parte do mundo, reagiria ao receber a notícia dessa pavorosa calamidade. Primeiro, imagino, ele expressaria com grande veemência seu pesar pela desgraça daquele desafortunado povo, faria muitas reflexões melancólicas sobre a precariedade da vida humana e a futilidade de toda a labuta dos homens, que podiam ser aniquilados em um instante daquela maneira. E também, talvez, se fosse dado a especulações, ele enveredaria por muitas reflexões concernentes aos efeitos que tal desastre poderia produzir sobre o comércio da Europa e sobre o comércio e os negócios do mundo em geral. E concluída toda essa elevada filosofia, assim que todos esses sentimentos humanitários houvessem sido claramente expressos uma vez, ele se ocuparia de seus afazeres ou de seu prazer, desfrutaria seu repouso ou sua diversão, com desenvoltura e tranqüilidade iguais às que mostraria se o acidente não houvesse acontecido. O mais frívolo desastre que pudesse ocorrer-lhe ocasionaria uma perturbação mais real. Se amanhã ele fosse perder o dedo mindinho, esta noite não dormiria; mas contanto que ele nunca os veja, roncaria com a mais profunda segurança apesar da ruína de 100 milhões de seus irmãos.[11]

Na visão trágica, além disso, a natureza humana não mudou. Tradições como religião, família, costumes sociais, costumes sexuais e instituições políticas são uma destilação de técnicas imemoriais de eficácia comprovada para nos permitir contornar as imperfeições da natureza humana. São tão aplicáveis aos humanos hoje quanto na época em que surgiram, mesmo que ninguém atualmente saiba explicar sua base racional. Por mais imperfeita que possa ser a sociedade, devemos compará-la com a crueldade e privação do passado real, e não com a harmonia e afluência de um futuro imaginado. Já somos afortunados por viver em uma sociedade que mais ou menos funciona, e nossa prioridade deveria ser não estragá-la, pois a natureza humana sempre nos deixa à beira do barbarismo. E como ninguém é esperto o bastante para predizer o comportamento de um único ser humano, quanto mais de milhões deles interagindo em uma sociedade, devemos desconfiar de qualquer fórmula para mudar a sociedade de cima para baixo, pois é provável que ela tenha conseqüências impremeditadas piores do que os problemas que se destinava a resolver. O melhor que podemos esperar são mudanças incrementais que se ajustam continuamente segundo o *feedback* dado pela soma de suas conseqüências boas e más. Decorre também que não devemos nos propor a *resolver* problemas sociais como crime e pobreza, pois em um mundo de indivíduos competidores o ganho de uma pessoa pode ser a perda de outra. O melhor que podemos fazer é um *trade-off* entre os custos de uma e outra. Nas célebres palavras de Burke, escritas na esteira da Revolução Francesa:

Deve-se tratar as falhas do Estado como as feridas de um pai, com piedosa reverência e trêmula solicitude. Por essa sábia parcialidade somos ensinados a ver com horror os filhos do país que impetuosamente são movidos a retalhar o pai idoso e pô-lo no caldeirão de mágicos, na esperança de que com suas ervas venenosas e insanos encantamentos eles venham a regenerar a constituição paterna e renovar a vida de seu pai.[12]

Na visão utópica, a natureza humana muda com as circunstâncias sociais, portanto as instituições tradicionais não têm um valor inerente. Fazia-se de um modo, agora se faz de outro. Tradições são um peso morto do passado, uma tentativa de governar do túmulo. Têm de ser explicitadas para que seu fundamento racional seja minuciosamente estudado e seu status moral seja avaliado. Nesse exame muitas tradições saem reprovadas: o confinamento das mulheres em casa, o estigma da homossexualidade e do sexo pré-matrimônio, as superstições da religião, a injustiça do *apartheid* e da segregação, os perigos do patriotismo exemplificados no lema "Minha pátria, certa ou errada". Práticas como a monarquia absolutista, a escravidão, a guerra e o patriarcado já pareceram inevitáveis, mas desapareceram ou se atenuaram em muitas partes do mundo graças a mudanças em instituições que outrora foram consideradas arraigadas na natureza humana. Ademais, a existência de sofrimento e injustiça nos põe diante de um inegável imperativo moral. Não sabemos o que somos capazes de conseguir antes de tentar, e a alternativa, resignar-nos a esses males porque é assim que o mundo é, agride a consciência. No funeral de Robert Kennedy, seu irmão Edward citou um de seus discursos recentes:

Todos nós um dia seremos julgados e, com o passar dos anos, decerto julgaremos a nós mesmos quanto ao esforço que fizemos para contribuir com a construção de uma nova sociedade mundial e quanto ao grau em que nossos ideais e objetivos moldaram esse esforço.

O futuro não pertence aos que se satisfazem com o presente, apáticos diante dos problemas comuns e de seus semelhantes, tímidos e receosos em face de novas idéias e projetos ousados. Pertencerá aos que são capazes de reunir visão, razão e coragem em um comprometimento pessoal com os ideais e os grandes empreendimentos da sociedade americana.

Nosso futuro pode estar além da nossa visão, mas não está completamente além de nosso controle. A América é moldada pelo ímpeto de que nem a sorte, nem a natureza e tampouco os irresistíveis cursos da história, mas o trabalho de nossas próprias mãos, aliado à razão e a princípios, determinarão nosso destino. Nisso há orgulho, até mesmo arrogância, mas também experiência e verdade. Seja como for, só desse modo podemos viver.[13]

Os adeptos da visão trágica não se comovem com declarações retumbantes atribuídas à primeira pessoa do plural, *nós, nosso* e *nos*. São mais propensos a empregar os pronomes como o gambá Pogo dos quadrinhos: encontramos o inimigo, e ele é nós. Somos todos membros da mesma espécie imperfeita. Pôr em prática nossa visão moral significa impor nossa vontade a outros. A ânsia humana por poder e apreço, combinada à sua vulnerabilidade ao auto-engano e à convicção de estar com a razão, é um convite à calamidade, agravado quando esse poder é direcionado para um objetivo tão quixotesco como a erradicação do auto-interesse humano. Como escreveu o filósofo conservador Michael Oakshott: "Tentar fazer algo que é inerentemente impossível é sempre um empreendimento corruptor".

Os dois tipos de visionário alinham-se em lados opostos de muitas questões que parecem ter pouco em comum. A visão utópica procura articular objetivos sociais e elaborar políticas que lidem diretamente com eles: a desigualdade econômica é combatida com uma guerra contra a pobreza, a poluição com leis ambientais, desequilíbrios raciais com tratamentos preferenciais, carcinógenos com proibições a aditivos alimentares. A visão trágica salienta os motivos auto-interessados das pessoas que implementariam tais políticas — ou seja, a expansão de seus feudos burocráticos — e sua incapacidade de antever as inúmeras conseqüências, especialmente quando os objetivos sociais são confrontados com milhões de pessoas que perseguem seus próprios interesses. Assim, dizem os visionários trágicos, os utópicos não prevêem que a política de bem-estar pode encorajar a dependência, ou que uma restrição sobre um poluente pode forçar as pessoas a usar outro.

A visão trágica recorre, então, a sistemas que produzem resultados desejáveis mesmo quando nenhum membro do sistema é particularmente sábio ou virtuoso. As economias de mercado, nessa visão, dão conta desse objetivo: lembremos o açougueiro, o cervejeiro e o padeiro de Smith, que nos forneciam o jantar por interesse próprio, e não por benevolência. Nenhum mentor precisa entender o intricado fluxo de bens e serviços que compõem uma economia para antever quem necessita do que, e quando e onde. Os direitos de propriedade dão às pessoas o incentivo para trabalhar e produzir; contratos permitem-lhes desfrutar os ganhos da troca. Os preços fornecem informação sobre escassez e demanda para os produtores e consumidores, a fim de que possam reagir seguindo algumas regras simples — produza mais do que for lucrativo, compre menos do que for caro —, e a "mão invisível" fará o resto. A inteligência do sistema distribui-se por milhões de produtores e consumidores não necessariamente inteligentes, e não pode ser articulada por nenhum indivíduo específico.

Os que têm a visão utópica enfatizam falhas de mercado que podem resultar de uma fé cega nos mercados livres. Também chamam a atenção para a injusta distribuição da riqueza que tende a decorrer dos mercados livres. Seus oponentes que têm a visão trágica argumentam que a noção de justiça só tem sentido quando aplicada a decisões humanas estruturadas por leis, e não quando aplicada a uma abstração chamada "sociedade". Friedrich Hayek escreveu que "o modo como os benefícios e ônus são repartidos pelo mecanismo de mercado teria, em muitos casos, de ser considerado muito injusto *se* resultasse de uma alocação deliberada para determinadas pessoas". Mas essa preocupação com a justiça social baseia-se em uma confusão, ele afirmou, porque "os casos individuais de [uma ordem espontânea] não podem ser justos ou injustos".[14]

Algumas das batalhas que direita e esquerda travam hoje decorrem diretamente dessas diferentes filosofias: governo muito interveniente *versus* governo pouco interveniente, impostos altos *versus* impostos baixos, protecionismo *versus* livre-comércio, medidas que almejam a redução de resultados indesejáveis (pobreza, desigualdade, desequilíbrio racial) *versus* medidas que meramente dão as mesmas condições a todos e impõem as regras. Outras batalhas originam-se, de modo menos óbvio, das visões opostas do potencial humano. A visão trágica enfatiza os deveres pautados na confiança, mesmo quando a pessoa que os executa não pode ver seu valor imediato, pois eles permitem que seres imperfeitos que não podem ter certeza de sua própria virtude ou antevisão participem de um sistema de eficácia comprovada. A visão utópica enfatiza a responsabilidade social, na qual as pessoas pautam suas ações por um padrão ético superior. Na célebre teoria do desenvolvimento moral de Lawrence Kohlberg, a disposição para desconsiderar regras em favor de princípios abstratos foi identificada como um "estágio superior" (o qual, talvez reveladoramente, a maioria das pessoas nunca alcança).

O exemplo mais óbvio é o debate sobre o construcionismo estrito e a restrição judicial, de um lado, e o ativismo judicial em busca da justiça social, de outro. Earl Warren, presidente da Suprema Corte dos Estados Unidos de 1954 a 1969, foi o típico ativista judicial, que levou o tribunal a implementar a dessegregação e expandir os direitos dos acusados. Ele era conhecido por interromper os advogados em plena argumentação, perguntando: "Isso é *certo?* Isso é *bom?*". A visão oposta foi expressa por Oliver Wendell Holmes, que afirmou que sua tarefa era "fazer com que o jogo seja jogado segundo as regras, quer eu goste ou não delas". Ele admitiu que "melhorar as condições de vida e as condições raciais é o principal", e acrescentou: "Mas como é que vou saber se não estou piorando as condições em algum outro lugar?".[15] Os que têm a visão trágica vêem o ativismo judicial como um convite ao egoísmo e ao capricho e como uma injustiça com os que jogaram segundo as regras como elas foram publicamente expressas. Os da visão utópica vêem a restrição judicial como a preservação irrefletida de injustiças arbitrárias — como disse o personagem dickensiano sr. Bumble: "A lei é burra".[16] Um exemplo infame é a decisão Dred Scott, de 1856, na qual a Suprema Corte decidiu em bases legalistas tacanhas que um escravo alforriado não podia requerer na justiça que sua liberdade fosse tornada oficial e que o Congresso não podia proibir a escravidão nos territórios federais.

A reforma política radical, como a reforma judicial radical, será mais ou menos atrativa dependendo da confiança que se tem na inteligência e na sabedoria humanas. Na visão utópica, soluções para problemas sociais estão prontamente disponíveis. Discursando em 1967 sobre as condições que geram violência, Lyndon Johnson afirmou: "Todos nós sabemos quais são essas condições: ignorância, discriminação, bairros miseráveis, pobreza, doença, insuficiência de empregos".[17] Se já conhecemos as soluções, tudo o que temos a fazer é escolher implementá-las, e isso requer apenas sinceridade e dedicação. Pela mesma lógica, qualquer um que se oponha às soluções só pode ser motivado por cegueira, desonestidade e insensibilidade. Os da visão trágica afirmam, por sua vez, que as soluções para problemas sociais são difíceis de alcançar. Os conflitos inerentes entre as pessoas nos deixam com poucas opções, todas elas imperfeitas. Os oponentes da reforma radical estão se mostrando sabiamente suspeitosos da grande autoconfiança humana.

A orientação política das universidades é outra manifestação de visões conflitantes sobre o potencial humano. Os adeptos da visão trágica desconfiam do conhecimento exposto em proposições explicitamente articuladas e verbalmen-

398

te justificadas, que são os instrumentos de trabalho de acadêmicos, especialistas e analistas de políticas. Confiam no conhecimento que se distribui difusamente por um sistema (como uma economia de mercado ou um conjunto de costumes sociais) e que é regulado por ajustes feitos por muitos agentes simples usando *feedback* do mundo. (Os cientistas cognitivos lembrarão aqui a distinção entre representações simbólicas e redes neurais distribuídas, e não por coincidência: Hayek, o mais destacado defensor da inteligência distribuída nas sociedades, foi um dos primeiros criadores de modelo de rede neural.)[18] Durante boa parte do século XX, o conservadorismo político apresentou uma veia antiintelectual, até que os conservadores decidiram que não queriam ficar para trás na batalha por corações e mentes e, para contrabalançar as universidades, financiaram pesquisas interdisciplinares sobre políticas.

Finalmente, as discordâncias sobre crime e guerra decorrem diretamente das teorias conflitantes da natureza humana. Dado o óbvio desperdício e crueldade da guerra, os de visão utópica vêem-na como uma espécie de patologia nascida de equívocos, miopia e paixões irracionais. A guerra tem de ser impedida por expressões públicas de sentimentos pacifistas, melhor comunicação entre potenciais inimigos, menos retórica ameaçadora, menos armas e alianças militares, menos ênfase no patriotismo e negociação para evitar a guerra a qualquer custo. Os adeptos da visão trágica, com sua noção cínica da natureza humana, vêem a guerra como uma estratégia racional e tentadora para pessoas que pensam poder ganhar alguma coisa para si ou para seu país. Os cálculos poderiam ser incorretos em qualquer caso, e podem ser moralmente deploráveis por não levar em conta o sofrimento dos perdedores, mas não são exatamente patológicos ou irracionais. Segundo essa visão, o único modo de garantir a paz é elevar o custo da guerra para os potenciais agressores desenvolvendo armamentos, despertando o patriotismo, recompensando a bravura, alardeando o próprio poderio e determinação e negociando em posição de força para impedir chantagem.

Os mesmos argumentos dividem as posições sobre o crime. Os de visão utópica vêem o crime como inerentemente irracional e procuram impedi-lo identificando as causas fundamentais. Os de visão trágica vêem o crime como inerentemente racional e acreditam que a causa fundamental é mais do que óbvia: pessoas roubam bancos porque é ali que está o dinheiro. Os programas mais eficazes de prevenção do crime, afirmam, lidam diretamente com os incentivos racionais. Uma probabilidade alta de punição desagradável aumenta o custo previsto do crime. A ênfase pública na responsabilidade pessoal ajuda a reforçar os incentivos fechando as brechas que a lei possa ter deixado abertas. E práticas rigorosas de criação dos filhos permitem que as crianças internalizem essas contingências no início da vida.[19]

E nesse campo de batalha adentrou inocente E. O. Wilson. As idéias da biologia evolucionista e da genética comportamental que vieram a público na década de 1970 não poderiam ter sido mais do que um insulto para os seguidores da visão utópica. Essa visão, afinal de contas, baseava-se na tábula rasa (não há natureza humana permanente), no bom selvagem (não existem instintos egoístas ou maus) e no fantasma na máquina (um "nós" sem amarras que pode escolher melhores arranjos sociais). E ali estavam cientistas falando em *genes egoístas*! E dizendo que as adaptações não são pelo bem da espécie, mas pelo bem de indivíduos e seus parentes (como que para justificar a afirmativa de Thatcher de que "sociedade é coisa que não existe"). Que as pessoas são parcimoniosas no altruísmo porque ele é vulnerável a trapaceiros. Que em sociedades pré-estatais os homens vão à guerra mesmo quando estão bem alimentados porque status e mulheres são incentivos darwinianos permanentes. Que o senso moral é eivado de parcialidades, incluindo uma tendência ao auto-engano. E que conflitos de interesse genético são inerentes aos animais sociais, o que nos deixa em estado permanente de tragédia. Parecia que os cientistas estavam dizendo aos proponentes da visão trágica: vocês estão certos, eles estão errados.

Os utópicos, particularmente os do movimento da ciência radical, replicaram que as descobertas correntes sobre inteligência humana e motivação são irrelevantes. Elas só podem nos falar sobre o que conseguimos na sociedade atual, e não sobre o que poderíamos conseguir no futuro. Como sabemos que os arranjos sociais podem mudar se decidirmos mudá-los, qualquer cientista que falar em restrições à natureza humana tem de estar *querendo* a continuidade da opressão e da injustiça.

A meu ver, as novas ciências da natureza humana realmente corroboram alguma versão da visão trágica e solapam a perspectiva utópica que até recentemente dominou vastos segmentos da vida intelectual. Obviamente as ciências nada dizem sobre diferenças de valores que são associadas a posições específicas de direita e de esquerda (como nos *trade-offs* entre desemprego e proteção ambiental, diversidade e eficiência econômica ou liberdade individual e coesão da comunidade). Também não se referem diretamente a políticas que se baseiam em complexa mistura de suposições sobre o mundo. Mas concernem diretamente às partes das visões que são afirmações gerais sobre como a mente funciona. Essas afirmações podem ser avaliadas em confronto com os fatos, exatamente como qualquer hipótese empírica. A visão utópica de que a natureza humana poderia mudar radicalmente em alguma sociedade imaginada no futuro remoto é, evidentemente, impossível de ser comprovada, mas penso que muitas das descobertas mencionadas nos capítulos precedentes a tornam improvável. Entre essas descobertas eu incluiria:

- A primazia de laços familiares em todas as sociedades humanas e a conseqüente atração do nepotismo e da herança.[20]
- O alcance limitado da partilha comunitária em grupos humanos, o etos mais comum da reciprocidade e os resultantes fenômenos de *social loafing* e o colapso das contribuições para bens públicos quando a reciprocidade não pode ser implementada.[21]
- A universalidade da dominância e da violência nas sociedades humanas (incluindo os supostamente pacíficos caçadores-coletores) e a existência de mecanismos genéticos e neurológicos que a fundamentam.[22]
- A universalidade do etnocentrismo e outras formas de hostilidade entre grupos em todas as sociedades, e a facilidade com que essa hostilidade pode ser despertada em pessoas de nossa própria sociedade.[23]
- A hereditariedade parcial da inteligência, conscienciosidade e tendências anti-sociais, implicando que algum grau de desigualdade há de surgir mesmo em sistemas econômicos perfeitamente justos e que, portanto, defrontamo-nos com um *trade-off* inerente entre igualdade e liberdade.[24]
- A prevalência de mecanismos de defesa, parcialidades em interesse próprio e redução de dissonância cognitiva, pela qual as pessoas iludem a si mesmas quanto à sua autonomia, sabedoria e integridade.[25]
- As parcialidades do senso moral humano, incluindo a preferência pelos parentes e amigos, a suscetibilidade a uma mentalidade pautada em tabus e a tendência a confundir moralidade com conformidade, hierarquia, limpeza e beleza.[26]

Não são apenas dados científicos convencionais que nos dizem que a mente não é infinitamente maleável. A meu ver, não é coincidência que crenças que foram comuns entre intelectuais na década de 1960 — que as democracias são obsoletas, a revolução é desejável, a polícia e as forças armadas são dispensáveis e a sociedade pode ser organizada de cima para baixo — hoje sejam mais raras. A visão trágica e a visão utópica inspiraram eventos históricos cujas interpretações são muito mais claras do que eram há algumas décadas. Esses eventos podem servir como dados adicionais para testar as suposições dessas visões acerca da psicologia humana.

As visões contrastam mais nitidamente nas revoluções políticas que geraram. A primeira revolução com uma visão utópica foi a Revolução Francesa — lembremos a descrição de Wordsworth da época, na qual a natureza humana "parecia renascida". A revolução derrubou o *ancien régime* e tentou começar do zero com os ideais de liberdade, igualdade e fraternidade e a crença de que a salvação viria da autoridade empossada, composta por uma estirpe de líderes moralmente superiores. A revolução, evidentemente, mandou um líder após outro para a guilhotina, conforme foram fracassando em estar à altura de usurpadores que se julgavam mais providos de sabedoria e virtude. Nenhuma estrutura política sobreviveu à rotatividade de pessoal, o que deixou um vácuo que seria preenchido por Napoleão. A Revolução Russa também foi animada pela visão utópica, e também liquidou uma série de líderes antes de fixar-se no culto à personalidade de Stalin. A Revolução Chinesa, igualmente, pôs fé na benevolência e sabedoria de um homem que mostrou, ao contrário, uma dose particularmente grande de fraquezas humanas como dominância, luxúria e autoengano. As perenes limitações da natureza humana provam a futilidade de revoluções políticas baseadas apenas nas aspirações morais dos revolucionários. Nas palavras da canção do conjunto The Who que fala sobre revolução: *"Meet the new boss; same as the old boss"* [Apresento-lhe o novo chefe; igual ao velho chefe].

Sowell salienta que o marxismo é um híbrido das duas visões.[27] Invoca a visão trágica para interpretar o passado, quando modos de produção anteriores não deixavam escolha além das formas de organização social conhecidas como feudalismo e capitalismo. Mas invoca a visão utópica para o futuro, na qual poderemos moldar nossa natureza em interação dialética com o meio material e social. Nesse novo mundo, as pessoas serão motivadas pela auto-realização em vez do auto-interesse, permitindo-nos concretizar o ideal que reza: "De cada um segundo suas capacidades, a cada um segundo suas necessidades". Marx escreveu que uma sociedade comunista seria

> a genuína resolução do antagonismo entre homem e natureza e entre homem e homem; é a verdadeira resolução do conflito entre existência e essência, objetificação e auto-afirmação, liberdade e necessidade, indivíduo e espécie. É o enigma da história resolvido.[28]

Não se torna menos trágica nem mais utópica do que isso. Marx descartou a preocupação de que o egoísmo e a dominância corromperiam aqueles que estivessem executando a vontade geral. Por exemplo, fez pouco do temor do anarquista Mikhail Bakunin de que os trabalhadores encarregados viessem a tornar-se despóticos: "Se o sr. Bakunin fosse conhecedor apenas da posição de um gerente em uma cooperativa de trabalhadores, poderia mandar para o diabo todos os seus pesadelos sobre a autoridade".[29]

Na época áurea da ciência radical, qualquer proposta sobre natureza humana que conflitasse com a visão marxista era descartada como evidentemente errada. Mas a história é um tipo de experimento, embora imperfeitamente controlado, e seus dados indicam que foi a avaliação radical que errou. O marxismo hoje é quase universalmente conhecido como um experimento fracassado, ao menos em suas implementações no mundo.[30] Os países que o adotaram entraram em colapso, desistiram ou vegetam em ditaduras retrógradas. Como vimos em capítulos anteriores, a ambição de refazer a natureza humana transformou seus líderes em déspotas totalitários e assassinos de massas. E a suposição de que os planejadores centrais eram moralmente desinteressados e de que tinham competência cognitiva suficiente para dirigir toda uma economia levou a cômicas ineficiências com sérias conseqüências. Até mesmo as formas mais humanas de socialismo europeu acabaram atenuadas a ponto de os chamados partidos comunistas terem plataformas que não muito tempo atrás teriam sido tachadas de reacionárias. Wilson, o especialista mundial em formigas, pode ter rido por último com seu veredicto sobre o marxismo: "Teoria maravilhosa. Espécie errada".[31]

"Dois vivas para a democracia!", proclamou E. M. Forster. "A democracia é a pior forma de governo com exceção de todas as outras formas já tentadas", declarou Winston Churchill. São encômios dignos da visão trágica. Apesar de todas as deficiências, as democracias liberais parecem ser a melhor forma de organização social em grande escala que nossa lamentável espécie descobriu até o presente. Elas proporcionam mais conforto e liberdade, mais vitalidade artística e científica, vida mais longa e mais segura e menos doença e poluição do que qualquer outra das alternativas. As democracias modernas nunca têm fomes coletivas, quase nunca fazem guerra entre si e são o destino escolhido pelas pessoas no mundo todo quando fogem de sua terra natal. O módico êxito das democracias, como os fracassos das revoluções radicais e dos governos marxistas, hoje é reconhecido com suficiente abrangência para poder servir como outro teste empírico para teorias rivais da natureza humana.

O conceito moderno de democracia emergiu na Inglaterra seiscentista e setecentista, e foi refinado no frenesi de teorização em torno do movimento de independência americano. Não por coincidência, os principais teóricos do contrato social, como Hobbes, Locke e Hume, também foram grandes psicólogos teóricos. Como escreveu Madison: "O que é o próprio governo senão a maior de todas as reflexões sobre a natureza humana?".[32]

Os cérebros por trás da Revolução Americana (que às vezes é designada pelo oximoro "revolução conservadora") herdaram a visão trágica de pensadores como Hobbes e Hume.[33] (Significativamente, os líderes da revolução não parecem absolutamente ter sido influenciados por Rousseau, e a idéia popular de que extraíram a idéia de democracia da Federação Iroquesa não passa de viés natureba dos anos 60.)[34] O especialista em direito John McGinnis afirmou que a teoria da natureza humana pela qual se pautaram os líderes da revolução poderia ter saído diretamente da moderna psicologia evolucionista.[35] Ela reconhece o direito dos indivíduos de promover seus interesses na forma de um direito inalienável à "vida, liberdade e busca da felicidade". O Estado emerge de um acordo instituído para proteger esses direitos, em vez de ser a encarnação de um superorganismo autônomo. Os direitos precisam ser protegidos porque quando pessoas vivem juntas seus diferentes talentos e circunstâncias levarão algumas delas a possuir coisas que outras desejam. ("Os homens têm faculdades desiguais para adquirir propriedade", salientou Madison.)[36] Há dois modos de obter o que queremos de outra pessoa: roubar ou trocar. O primeiro envolve a psicologia da dominância; o segundo, a psicologia do altruísmo recíproco. O objetivo de uma sociedade pacífica e próspera é minimizar o uso da dominância, que leva à violência e ao desperdício, e maximizar o uso da reciprocidade, que leva a ganhos na troca conducentes a uma situação melhor para cada um.

A Constituição, observa McGinnis, foi conscientemente elaborada para implementar esses objetivos. Ela incentivava trocas recíprocas por meio da Cláusula de Comércio, que autorizava o Congresso a remover barreiras ao comércio impostas pelos estados. Protegia-as do perigo dos trapaceiros com a Cláusula de Contratos, que impedia os estados de prejudicar o cumprimento de contratos. E impossibilitava os governantes de confiscar os frutos dos cidadãos mais produtivos por meio da Cláusula de Desapropriação, que proibia o governo de expropriar propriedade privada sem compensação.

A característica da natureza humana que mais impressionava os autores era o impulso pela dominância e apreço que, temiam eles, punha em perigo todas as formas de governo. Alguém deve ser investido do poder para tomar decisões e impor as leis, e esse alguém é inerentemente vulnerável à corrupção. Como prever e limitar essa corrupção tornou-se uma obsessão dos autores. John Adams escreveu: "O desejo do apreço dos outros é uma necessidade da *natureza* tão real quanto a fome. É objetivo principal do governo regular essa paixão".[37] Alexander Hamilton escreveu: "O amor à fama [é] a paixão que governa as mais nobres mentes".[38] James Madison escreveu: "Se os homens fossem anjos, nenhum governo seria necessário. Se anjos governassem homens, nenhum controle externo ou interno sobre o governo seria necessário".[39]

Portanto, haveria controles externos e internos. "Barreiras de papel" não bastavam, afirmou Madison; em vez disso, "cabe fazer com que ambição combata ambição".[40] Instituíram-se entraves e contrapesos para imobilizar qualquer facção que se tornasse demasiado poderosa. Entre esses expedientes incluíam-se a divisão da autoridade entre os governos federal e estaduais, a separação de poderes entre os ramos executivo, legislativo e judiciário e a divisão do legislativo em duas câmaras.

Madison fez questão absoluta de que a Constituição reinasse sobre a parte da natureza humana que encoraja a guerra, a qual não é uma ânsia primitiva por sangue, ele afirmou, mas uma ânsia avançada por apreço:

A guerra é de fato a verdadeira propulsora do engrandecimento do executivo. Em uma guerra uma força física é criada, e é o executivo quem há de dirigi-la. Na guerra os tesouros públicos são abertos, e é a mão do executivo que o distribuirá. Na guerra as honras e emolumentos do cargo multiplicam-se; e é sob o patrocínio do executivo que eles hão de ser usufruídos. É na guerra, por fim, que os louros hão de acumular-se, e é a fronte do executivo que há de recebê-los. As mais intensas paixões e a mais perigosa fraqueza do coração humano — ambição, avareza, vaidade, o louvável ou venial amor à fama —, todas conspiram contra o desejo e o dever da paz.[41]

Isso inspirou a Cláusula dos Poderes de Guerra, que conferia ao Congresso, e não ao presidente, o poder de declarar guerra. (Essa cláusula foi infamemente contornada nos anos do conflito do Vietnã, quando Johnson e Nixon nunca declararam formalmente um estado de guerra.)

McGinnis observa que mesmo as liberdades de expressão, reunião e imprensa foram motivadas por características da natureza humana. Os autores justificam-nas como meios de impedir a tirania: uma rede de cidadãos comunicando-se livremente pode combater o poder dos indivíduos no governo. Como se diz hoje, eles podem "dizer a verdade ao poder". A dinâmica da partilha do poder protegida por esses direitos poderia ter origem bem antiga na história evolutiva. Os primatologistas Frans de Waal, Robin Dunbar e Christopher Boehm mostraram como uma coalizão de primatas hierarquicamente inferiores pode depor um único macho dominante.[42] Como McGinnis, eles aventam que esse pode ser um tosco análogo da democracia política.

Obviamente, nada disso significa que a Constituição americana era uma garantia de uma sociedade feliz e virtuosa. Atuando dentro do gritantemente reduzido círculo moral da época, a Constituição não foi obstáculo para o genocídio de povos nativos, a escravização e segregação de afro-americanos e a privação do direito de participação política das mulheres. Pouco se manifestou sobre a conduta nos assuntos externos, a qual (exceto no que diz respeito a aliados estratégicos) tem sido de modo geral pautada por uma cínica *Realpolitik*. A primeira dessas deficiências foi combatida com medidas explícitas para expandir o círculo legal, como a Cláusula de Proteção Igual da 14ª Emenda; a segunda não foi solucionada e talvez seja insolúvel, pois os outros países estão necessariamente fora de qualquer círculo delineado por um documento nacional. A Constituição também não continha nenhuma compaixão baseada em princípios por

406

aqueles no mais baixo escalão da meritocracia, supondo que a igualdade de oportunidade era o único mecanismo de que se precisava para lidar com a distribuição da riqueza. E foi incapaz de estipular o conjunto de valores e costumes que parece ser necessário para uma democracia funcionar na prática.

Não é preciso ser um patriota extremado para reconhecer o relativo êxito da democracia constitucional. Mas ele indica que alguma coisa deve ter sido correta na teoria da natureza humana que norteou seus arquitetos.

A esquerda precisa de um novo paradigma.

Peter Singer, *A Darwinian left* (1999)[43]

Os conservadores precisam de Charles Darwin.

Larry Arnhart, "Conservatives, design, and Darwin" (2000)[44]

O que está acontecendo? O fato de vozes da esquerda e da direita contemporâneas estarem ambas aceitando a psicologia evolucionista depois de décadas de insultos indica duas coisas. Uma é que os fatos biológicos estão começando a encurralar filosofias políticas plausíveis. A crença da esquerda de que a natureza humana pode ser moldada à vontade e a crença da direita de que a moralidade depende de Deus nos ter dotado de uma alma imaterial estão se tornando lutas de retaguarda contra o tanque blindado da ciência. Um popular adesivo de pára-choque da década de 1990 exortava: QUESTIONE A AUTORIDADE. Outro adesivo replicava: QUESTIONE A GRAVIDADE. Todas as filosofias políticas têm de decidir quando seus argumentos estão falando de questionar a gravidade.

O segundo desdobramento é que o reconhecimento da natureza humana não pode mais ser associado à direita política. Assim que a visão utópica é posta de lado, o campo das posições políticas abre-se amplamente. A visão trágica, afinal de contas, não foi comprovada em nada parecido com sua forma mais lúgubre. Apesar de todo o seu egoísmo, a mente humana é equipada com um senso moral, cujo círculo de aplicação expandiu-se constantemente e pode continuar a expandir-se à medida que mais partes do mundo tornam-se interdependentes. E, apesar de todas as suas limitações, a cognição humana é um sistema combinatório aberto, o que em princípio pode aumentar seu domínio sobre os assuntos humanos, exatamente como aumentou seu domínio sobre o mundo físico e o mundo vivo.

As tradições, por sua vez, são adaptadas não à natureza humana isoladamente, mas à natureza humana no contexto de uma infra-estrutura de tecnologia e troca econômica (não é preciso ser marxista para aceitar essa percepção de Marx). Algumas instituições tradicionais, como as famílias e as normas jurídicas, podem ser adaptadas a características eternas da psicologia humana. Outras, como a primogenitura, foram obviamente adaptadas às demandas de um sistema feudal que requeria manter intactas as terras da família, e se tornaram obsoletas quando o sistema econômico mudou na esteira da industrialização. Mais recentemente, o feminismo foi em parte uma resposta a melhores tecnologias reprodutivas e à mudança para uma economia de serviços. Como as convenções sociais não são adaptadas à natureza humana individualmente, o respeito pela natureza humana não requer a preservação de todas elas.

Por essas razões acredito que crenças políticas cada vez mais transitarão pela secular fronteira entre as visões trágica e utópica. Divergirão invocando diferentes aspectos da natureza humana, dando pesos diferentes a objetivos conflitantes ou oferecendo diferentes avaliações dos resultados prováveis de determinadas linhas de ação.

Termino este capítulo com uma visita a alguns pensadores de esquerda que estão misturando o tradicional alinhamento entre natureza humana e política de direita. Como indica o título, *A Darwinian left* ["Uma esquerda darwiniana", sem tradução em português] é a mais sistemática tentativa de mapear o novo alinhamento.[45] Singer escreve: "É hora de a esquerda levar a sério o fato de que somos animais evoluídos e trazemos em nós o testemunho de nossa herança, não só em nossa anatomia e em nosso DNA, mas também no nosso comportamento".[46] Para Singer, isso significa reconhecer os limites da natureza humana, o que faz da perfectibilidade da humanidade um objetivo impossível. E significa reconhecer componentes específicos da natureza humana. Entre eles incluem-se o auto-interesse, que implica que sistemas econômicos competitivos funcionarão melhor do que monopólios de Estado, o impulso pela dominância, que torna governos poderosos vulneráveis a autocratas arrogantes, o etnocentrismo, que põe os movimentos nacionalistas em risco de cometer discriminação e genocídio, e as diferenças entre os sexos, que devem embasar medidas para uma rígida paridade entre os sexos em todas as posições sociais.

Mas então, poderia perguntar um observador, o que resta da esquerda? Singer responde: "Se dermos de ombros ante o inevitável sofrimento dos fracos e pobres, dos que estão sendo explorados e roubados ou que simplesmente não possuem o suficiente para sustentar a vida em um nível aceitável, não seremos de esquerda. Se dissermos que o mundo é assim mesmo e sempre será, e que nada podemos fazer a respeito, não seremos parte da esquerda. A esquerda quer fazer alguma coisa a respeito dessa situação".[47] O esquerdismo de Singer, o esquerdismo tradicional, define-se por um contraste com uma visão trágica derrotista. Mas seu objetivo — "fazer alguma coisa" foi consideravelmente reduzido do objetivo de Robert Kennedy, nos anos 60, de "construir uma nova sociedade mundial".

A esquerda darwiniana transitou de vagas expressões de valores a vacilantes iniciativas de implementar políticas. Já encontramos dois teóricos no extremo mais vago. Chomsky tem sido o mais altissonante defensor de uma dotação cognitiva inata desde que pregou sua tese sobre a faculdade inata da linguagem na porta dos behavioristas em fins da década de 1950. Também tem sido um feroz crítico de esquerda da sociedade americana, e recentemente inspirou toda uma nova geração de radicais universitários (como vimos em sua entrevista com o grupo de *rap metal* Rage Against the Machine). Chomsky garante que as conexões entre sua ciência e sua política são tênues, mas reais:

A visão de uma futura ordem social é [...] baseada em um conceito de natureza humana. Se, de fato, o homem é um ser infinitamente maleável, totalmente plástico, sem estruturas inatas da mente e sem necessidades intrínsecas de caráter cultural ou social, então ele é a massa perfeita para a "moldagem do comportamento" pela autoridade do Estado, pelo diretor da empresa, pelo tecnocrata ou pelo comitê central. Aqueles que têm alguma confiança na espécie humana hão de esperar que não seja assim, e tentarão determinar as características intrínsecas que fornecem a estrutura para o desenvolvimento intelectual, o crescimento da consciência moral, a aquisição de cultura e a participação em uma comunidade livre.[48]

Ele descreve sua visão política como "socialista libertária" e "anarco-sindicalista", o tipo de anarquismo que valoriza a cooperação espontânea (em contraste com o anarco-capitalismo, o tipo que valoriza o individualismo).[49] Essa visão, ele afirma, enquadra-se em uma tradição cartesiana que inclui

a oposição de Rousseau à tirania, opressão e autoridade estabelecida, [...] a defesa da liberdade por Kant, o liberalismo pré-capitalista de Humboldt, com sua ênfase

409

na necessidade humana básica de livre criação em condições de associação voluntária, e a crítica de Marx ao trabalho fragmentado alienado que transforma homens em máquinas, privando-os de seu "caráter de espécie", da "atividade consciente livre" e da "vida produtiva" em associação com seus companheiros.[50]

Assim, as crenças políticas de Chomsky harmonizam-se com sua crença científica de que os humanos são inatamente dotados de um desejo de comunidade e de um impulso de livre expressão criativa, sendo a linguagem o exemplo paradigmático. Isso traz a esperança de uma sociedade organizada pela cooperação e a produtividade natural em vez de pelo controle hierárquico e o motivo do lucro.

A teoria da natureza humana de Chomsky, embora acentuadamente inatista, não leva em conta a moderna biologia evolucionista, com sua demonstração dos ubíquos conflitos de interesse genético. Esses conflitos conduzem a uma visão mais sombria da natureza humana, visão essa que sempre foi uma dor de cabeça para quem acalenta sonhos anarquistas. Mas o pensador que primeiro elucidou esses conflitos, Robert Trivers, também era um radical de esquerda, e um dos raros brancos integrantes dos Panteras Negras. Como vimos no capítulo 6, Trivers via a sociobiologia como uma disciplina subversiva. Uma sensibilidade a conflitos de interesses pode lançar luz sobre os interesses dos agentes reprimidos, como as mulheres e as gerações mais novas, e pode expor o logro e o auto-engano que as elites usam para justificar sua dominância.[51] Dessa maneira, a sociobiologia segue a traição liberal de Locke, usando a ciência e a razão para desmascarar as racionalizações dos governantes. A razão foi usada na época de Locke para questionar o direito divino dos reis, e pode ser usada em nossa época para questionar a pretensão de que as disposições políticas do momento atendem aos interesses de todos.

Embora possa ser um choque para muita gente, o uso de testes de QI e o reconhecimento de diferenças inatas na inteligência podem favorecer — como de fato favoreceram no passado — objetivos políticos de esquerda. Em seu artigo "Bell Curve Liberals" ["Liberais da curva normal", sem tradução em português], o jornalista Adrian Wooldridge salienta que a aplicação de testes de QI foi bem acolhida pela esquerda britânica como a suprema subversão em uma sociedade de castas governada por parvos, rebentos de uma elite endogâmica.[52] Juntamente com outros liberais e socialistas, Sidney e Beatrice Webb esperavam transformar o sistema educacional em "uma máquina de captar aptidões" que pudesse "salvar a pobreza talentosa da fábrica ou do arado" e direcioná-la para a elite dirigente. Foram combatidos por conservadores como T. S. Eliot, que temia que um sistema que selecionasse as pessoas segundo a capacidade viesse a desorganizar a sociedade civil rompendo os laços de classe e tradição nos dois extremos da escala. Em um extremo, fragmentaria as comunidades da classe trabalhadora, dividindo-as com base no talento. Do outro, removeria a ética de *noblesse oblige* das classes superiores, que então teriam "merecido" seu êxito e não teriam responsabilidade para com ninguém, em vez de ter recebido herança e, portanto, ser obrigadas a ajudar os menos afortunados. Wooldridge argumenta que

> a esquerda não pode dar-se ao luxo de desconsiderar os testes de QI, os quais, apesar de todas as suas inadequações, ainda são o melhor meio até agora concebido para detectar o talento onde quer que ele apareça, nos bairros pobres das grandes cidades tanto quanto nos condomínios de luxo, e assegurar que os talentos sejam encaminhados para as linhas educacionais e oportunidades de trabalho apropriadas.

Por sua vez, Richard Herrnstein e Charles Murray (os autores de *The bell curve*) afirmaram que a hereditariedade da inteligência deveria galvanizar a esquerda em um comprometimento maior com a justiça social rawlsiana.[53] Se a inteligência fosse totalmente adquirida, as políticas em favor da igualdade de oportunidade bastariam para garantir uma distribuição eqüitativa de riqueza e poder. Mas se algumas almas têm a infelicidade de nascer em cérebros com menor habilidade, poderiam cair na pobreza sem ser culpadas por isso, mesmo em um sistema perfeitamente justo de competição econômica. Se a justiça social consiste em providenciar o bem-estar dos menos aquinhoados, reconhecer diferenças genéticas requer uma ativa redistribuição da riqueza. De fato, embora Herrnstein fosse conservador e Murray libertário e comunitário com inclinações à direita, eles não se opunham a medidas redistributivas simples como um imposto de renda negativo para os que recebessem as remunerações mais baixas, o que proporcionaria um alívio para os que jogam segundo as regras mas ainda assim não conseguem ganhar o suficiente para viver. O libertarismo de Murray leva-o a ser contrário a programas governamentais que sejam mais ativistas do que isso, mas ele e Herrnstein salientaram que uma esquerda hereditária é um nicho à espera de ser ocupado.

Um importante desafio à teoria política conservadora veio de economistas comportamentais como Richard Thaler e George Akerlof, influenciados pela psicologia cognitiva evolucionista de Herbert Simon, Amos Tversky, Daniel Kahneman, Gerd Gigerenzer e Paul Slovic.[54] Esses psicólogos afirmaram que o pensamento e a tomada de decisões nos humanos são adaptações biológicas, e não mecanismos de pura racionalidade. Esses sistemas mentais funcionam com quantidades limitadas de informação, têm de chegar às decisões em um período de tempo finito e, em última análise, servem a objetivos evolucionários como status e segurança. Os conservadores sempre invocaram limitações à razão humana para refrear a pretensão de que podemos compreender o comportamento social suficientemente bem para reestruturar a sociedade. Mas essas limitações também solapam a suposição do auto-interesse racional que fundamenta a economia clássica e o conservadorismo secular. Desde Adam Smith, os economistas clássicos têm afirmado que, na ausência de interferência externa, os indivíduos, ao tomarem decisões em seu próprio interesse, farão o que é melhor para si mesmos e para a sociedade. Mas se as pessoas nem sempre calculam o que é melhor para si, talvez fosse melhor para elas ter os impostos e regulamentações que os economistas clássicos julgam tão perversos.

Por exemplo, agentes racionais, informados pelas taxas de juros e por suas expectativas de vida, deveriam poupar uma parcela ótima de seus salários para o conforto na velhice. O seguro social e os planos de poupança obrigatória deveriam ser desnecessários — na verdade, deveriam ser prejudiciais — porque eliminam a escolha e, com isso, a oportunidade de encontrar o melhor equilíbrio entre consumir agora e poupar para o futuro. Mas os economistas repetidamente constatam que as pessoas gastam seu dinheiro como marinheiros bêbados. Agem como se pensassem que vão morrer daqui a poucos anos, ou como se o futuro fosse totalmente imprevisível, o que pode estar mais próximo da realidade de nossos ancestrais evolucionários do que da nossa vida atual.[55] Se assim for, permitir às pessoas administrar sua poupança (por exemplo, deixar que fiquem com todo o salário e invistam como bem entenderem) pode ser contrário a seu interesse. Como Ulisses ao aproximar-se da ilha das Sereias, as pessoas poderiam racionalmente concordar em deixar que seu empregador ou o governo as amarrasse ao mastro da poupança forçada.

O economista Robert Frank recorreu à psicologia evolucionista do status para apontar outras falhas na teoria do agente racional e, por extensão, na economia do *laissez-faire*.[56] Agentes racionais deveriam fugir não só da poupança compulsória para a aposentadoria mas também de outras políticas que ostensivamente os protegem, como benefícios obrigatórios na área de saúde, regulamentações sobre a segurança no trabalho, seguro-desemprego e taxas sindicais. Tudo isso custa dinheiro, que poderia ir para seu salário líquido no fim do mês, e os trabalhadores poderiam decidir por si entre aceitar uma redução de ganhos trabalhando para uma empresa com políticas mais paternalistas ou aceitar o salário mais alto e assumir maiores riscos no trabalho. As empresas, em sua competição pelos melhores empregados, deveriam encontrar o equilíbrio demandado pelos empregados que elas desejam ter.

O problema, salienta Frank, é que as pessoas são dotadas de ânsia por status. Seu primeiro impulso é gastar dinheiro em coisas que as deixem à frente do vizinho (casas, carros, roupas, educação de prestígio) e não em coisas de que só elas têm conhecimento (plano de saúde, segurança no trabalho, poupança para a aposentadoria). Infelizmente, o status é um jogo de soma zero; portanto, quando todo mundo tem mais dinheiro para gastar em carros e casas, as casas e carros ficam maiores mas as pessoas não ficam mais felizes do que já eram. Como jogadores de hóquei que concordam em usar capacete somente se a regra obrigar seus adversários a usar também, as pessoas poderiam concordar com regulamentações que forçassem todo mundo a pagar por benefícios ocultos, como plano de saúde, que as fizessem mais felizes no longo prazo, mesmo se as regulamentações prejudicassem a renda disponível. Pela mesma razão, argumenta Frank, seria melhor para nós se implementássemos um imposto sobre o consumo acentuadamente progressivo, em substituição ao atual imposto progressivo sobre a renda. Um imposto sobre o consumo enfraqueceria a fútil corrida por carros, casas e relógios cada vez mais luxuosos e compensaria as pessoas com recursos que comprovadamente aumentam a felicidade, como tempo de lazer, ruas mais seguras e condições de transporte e trabalho mais agradáveis.

Finalmente, os esquerdistas darwinianos vêm examinando a psicologia evolucionista da desigualdade econômica. Os economistas Samuel Bowles e Herbert Gintis, primeiramente marxistas e agora darwinistas, fizeram um levantamento da literatura de etnografia e economia comportamental que afirma que as pessoas não são altruístas como as formigas mas também não são mesquinhas e egoístas.[57] Como vimos no capítulo 14, as pessoas compartilham com quem elas acham que está disposto a partilhar também, e punem quem não partilha. (Gintis denomina essa característica "reciprocidade forte", que se assemelha ao altruísmo recíproco ou "reciprocidade fraca", mas é direcionada para a disposição das outras pessoas de contribuir para bens públicos em vez de ser direcionada para trocas pessoais equitativas.[58]) Essa psicologia faz com que as pessoas se oponham a programas indiscriminados de bem-estar social e programas sociais demasiado abrangentes não porque sejam insensíveis ou gananciosas, mas porque acham que esses programas recompensam os indolentes e punem os laboriosos. Bowles e Gintis observam que, mesmo no atual clima supostamente hostil às políticas de bem-estar social, pesquisas mostram que a maioria das pessoas dispõe-se a pagar impostos mais altos em troca de alguns tipos de seguro social universal. Dispõem-se a pagar para garantir necessidades básicas como alimento, habitação e assistência médica, para ajudar vítimas de infortúnios e para ajudar pessoas destituídas a se tornar auto-suficientes. Em outras palavras, as pessoas opõem-se a um estado de bem-estar social que englobe todo mundo não por *ganância*, mas por *justiça*. Um sistema de bem-estar social que não tentasse reformular a consciência pública e que distinguisse entre pobres merecedores e não merecedores, argumentam, seria perfeitamente condizente com a natureza humana.

A política da desigualdade econômica depende, em última análise, de um *trade-off* entre liberdade econômica e igualdade econômica. Embora os cientistas não possam ditar os pesos que devem ser dados a essas aspirações, podem ajudar a avaliar os custos moralmente relevantes e, com isso, permitir-nos tomar decisões com mais embasamento. Uma vez mais, a psicologia do status e da dominância tem um papel a desempenhar nessa avaliação. Em termos absolutos, os pobres de hoje vivem em melhores condições materiais do que a aristocracia de apenas um século atrás. Vivem mais tempo, são mais bem alimentados e desfrutam de luxos outrora inimagináveis como aquecimento central, refrigeradores, telefones e entretenimento 24 horas por dia na televisão e no rádio. Os conservadores dizem que isso dificulta afirmar que a condição das pessoas de baixa renda é um ultraje ético que tem de ser reparado a qualquer custo.

Mas se a sensação de bem-estar das pessoas provém de uma avaliação de seu status social, e se o status social é relativo, então a desigualdade extrema pode fazer com que as pessoas nas camadas mais baixas sintam-se derrotadas mesmo se suas condições forem melhores que as da maior parte da humanidade. Não é só uma questão de sentimentos feridos: as pessoas de status inferior são menos saudáveis e morrem mais cedo, e as comunidades com maior desigualdade têm piores condições de saúde e menores expectativas de vida.[59] O pesquisador médico Richard Wilkinson, que documentou esses padrões, afirma que o status inferior desencadeia uma imemorial reação de estresse que sacrifica a reparação de tecidos e a função imune para uma reação imediata de fuga ou luta. Wilkinson, juntamente com Martin Daly e Margo Wilson, indicou outro custo mensurável da desigualdade econômica. Os índices de criminalidade são muito mais altos em regiões com maior disparidade de riqueza (mesmo depois de levarmos em conta os níveis absolutos de riqueza), em parte porque o status inferior crônico leva os homens a tornar-se obcecados por hierarquia e a matar uns aos outros por causa de insultos banais.[60] Wilkinson argumenta que a redução da desigualdade econômica tornaria milhões de vidas mais felizes, mais seguras e mais longas.

Essa populosa galeria de inatistas de esquerda não nos deve surpreender, mesmo que durante séculos a natureza humana tenha sido apanágio da direita. Atentando para a ciência e para a história, a esquerda darwiniana abandonou a visão utópica que gerou tantos desastres impremeditados. Não me cabe discutir aqui se essa esquerda não utópica é de fato tão diferente da direita secular contemporânea e se suas políticas específicas valem seus custos. O importante é que os tradicionais alinhamentos políticos precisam mudar conforme vamos aprendendo mais sobre os seres humanos. As ideologias da esquerda e da direita ganharam suas formas antes de Darwin, antes de Mendel, antes que qualquer um soubesse o que era um gene, um neurônio ou um hormônio. Todo estudante de ciência política aprende que as ideologias políticas baseiam-se em teorias da natureza humana. Por que têm de basear-se em teorias que estão obsoletas há três séculos?

17. Violência

A história da raça humana é a guerra. Exceto por breves e precários intervalos, nunca houve paz no mundo; e muito antes de a história começar, o conflito assassino era universal e interminável.[1]

Esta síntese de nossa espécie feita por Winston Churchill poderia ser menosprezada como o pessimismo de um homem que combateu na mais pavorosa guerra da história e esteve presente no surgimento de uma guerra fria que poderia ter aniquilado a humanidade. A verdade, porém, é que lamentavelmente a síntese resistiu ao teste do tempo. Embora a Guerra Fria seja agora só uma lembrança e guerras deflagradas entre países influentes sejam raras, ainda não temos paz no mundo. Mesmo antes do infame ano de 2001, com seus pavorosos ataques terroristas aos Estados Unidos e a subseqüente guerra no Afeganistão, a Lista de Conflitos Mundiais catalogava 65 áreas de violência sistemática, de Albânia e Argélia a Zâmbia e Zimbábue.[2]

A suposição de Churchill sobre a pré-história também se confirmou. Pensava-se outrora que os povos caçadores-coletores modernos, que nos permitem vislumbrar a vida em sociedades pré-históricas, somente participavam de batalhas cerimoniais que cessavam assim que caía o primeiro homem. Hoje sabemos que matam uns aos outros em proporções que superam de longe as baixas

416

em nossas guerras mundiais.[3] O registro arqueológico não é menos sombrio. Enterradas no solo e ocultas em cavernas jazem testemunhas silenciosas de uma pré-história sangrenta que remonta a centenas de milhares de anos. Incluem esqueletos com marcas de escalpo, afundamentos em forma de machado e pontas de flecha incrustadas, armas como machadinhas e clavas, que são inúteis para caçar mas especiais para o homicídio, defesas fortificadas como paliçadas de varas afiadas, e pinturas, em vários continentes, mostrando homens atirando flechas, lanças ou bumerangues uns nos outros e sendo vitimados por essas armas.[4] Durante décadas, "antropólogos da paz" negaram que algum grupo humano já houvesse praticado o canibalismo, mas os indícios em contrário estão se acumulando, e agora incluem uma prova contundente. Em um sítio de 850 anos no Sudoeste dos Estados Unidos, arqueólogos encontraram ossos humanos cortados como se cortam ossos de animais usados como alimento. Também encontraram vestígios de mioglobina humana (uma proteína existente nos músculos) em cacos de panela e — condenação certa — em um pedaço de excremento humano fossilizado.[5] Membros do *Homo antecessor*, parentes do ancestral comum do Homem de Neanderthal e do humano moderno, também se trucidavam e se trinchavam, indicando que a violência e o canibalismo remontam a pelo menos 800 mil anos.[6]

A guerra é apenas um dos modos como pessoas matam outras pessoas. Em boa parte do mundo, a guerra diminui em escala e aparece na forma de conflitos étnicos, batalhas por território, rixas de família e homicídios individuais. Também nessa esfera, apesar de inegáveis progressos, estamos longe da paz. Embora nas sociedades ocidentais as taxas de assassinato tenham diminuído de dez a cem vezes no milênio passado, os Estados Unidos perderam 1 milhão de pessoas vitimadas por homicídio no século XX, e o homem americano tem aproximadamente 0,5% de probabilidade ao longo de toda a vida de ser assassinado.[7]

A história acusa nossa espécie não só com o número de assassinatos mas com o modo de matar. Centenas de milhões de cristãos decoram suas casas e adornam o corpo com o modelo de um instrumento que infligia morte inimaginavelmente dolorosa a pessoas que se fizessem incômodas para os políticos romanos. Esse é apenas um exemplo das infinitas variações da tortura que a mente humana concebeu no decorrer de milênios, muitas delas comuns o bastante para se terem tornado palavras de nosso léxico: *crucificar, matar e esquartejar, esfolar, esmagar, apedrejar, garrote, cavalete, fogueira, anjinhos* [para esmagar os polegares]. Ivan Karamazov, o personagem de Dostoievski, ao saber das atrocidades cometidas pelos turcos na Bulgária, comentou: "Nenhum animal jamais poderia ser tão cruel quanto um homem; tão engenhosamente, tão artisticamente cruel". Os relatórios anuais da Anistia Internacional mostram que a crueldade artística absolutamente não é coisa do passado.

A redução da violência em grande e pequena escala é uma de nossas maiores preocupações morais. Temos de usar todas as ferramentas intelectuais disponíveis para entender o que há na mente humana e nas disposições sociais humanas que leva as pessoas a ferir e matar em tais proporções. Mas, como acontece com as outras preocupações morais examinadas nesta parte do livro, o esforço para compreender o que ocorre foi seqüestrado pelo esforço de legislar a resposta correta. No caso da violência, a resposta correta é que ela não tem nenhuma relação com a natureza humana, sendo uma patologia infligida por elementos malignos externos a nós. A violência é um comportamento ensinado pela cultura, ou uma doença infecciosa endêmica em certos ambientes.

Essa hipótese tornou-se o dogma central de uma fé secular, repetidamente professada em proclamações públicas como uma prece diária ou uma promessa de aliança. Lembremos o manifesto de Ashley Montagu para a UNESCO afirmando que a biologia alicerça uma ética de "fraternidade universal", e os antropólogos que acreditavam que "a não-violência e a paz foram provavelmente a regra durante a maior parte da pré-história humana". Na década de 1980, muitas organizações de ciência social endossaram a Declaração de Sevilha, segundo a qual é "cientificamente incorreto" afirmar que os humanos possuem um "cérebro violento" ou que sua evolução selecionou a violência.[8] "A guerra não é um instinto, mas uma invenção", escreveu Ortega y Gasset, condizendo com sua afirmação de que o homem não tem natureza, apenas história.[9] Uma Declaração das Nações Unidas sobre a Eliminação da Violência Contra Mulheres anunciou recentemente que "a violência é parte de um processo histórico, e não é natural nem nascida de determinismo biológico". Um anúncio do National Funding Collaborative on Violence Prevention [Fundo Nacional de Colaboração para a Prevenção da Violência] declarou que "a violência é comportamento aprendido".[10]

Outro sinal dessa perspectiva sobre a violência baseada na fé é a apregoada *certeza* de que determinadas explicações fundamentadas no ambiente são corretas. *Conhecemos* as causas da violência, afirma-se repetidamente, portanto também sabemos como eliminá-la. Só uma ausência de comprometimento nos tem impedido de fazê-lo. Lembremos Lyndon Johnson dizendo que "todos nós sabemos" que as condições que geram violência são ignorância, discriminação, pobreza e doença. Um artigo de 1997 sobre violência em uma popular revista científica citou um geneticista clínico que falava como Lyndon Johnson: "Sabemos o que causa a violência em nossa sociedade: pobreza, discriminação, as deficiências de nosso sistema educacional. Não são os genes que causam violência em nossa sociedade. É nosso sistema social".[11] Os autores do artigo, os historiadores Betty e Daniel Kevles, concordaram:

> Precisamos de melhor educação, nutrição e intervenção em lares problemáticos e na vida de crianças maltratadas, talvez a ponto de tirá-las do controle de seus pais incompetentes. Mas tais medidas seriam dispendiosas e socialmente polêmicas.[12]

O credo de que a violência é um comportamento aprendido freqüentemente aponta como causa determinados elementos da cultura americana. Um membro do grupo de monitoração de brinquedos recentemente declarou a um repórter: "A violência é um comportamento aprendido. Todo brinquedo é educativo. A questão é: o que você quer que seus filhos aprendam?".[13] A violência na mídia é outro suspeito usual. Como recentemente escreveram dois especialistas em saúde pública:

> A realidade é que as crianças aprendem a valorizar e a usar a violência para resolver seus problemas e lidar com sentimentos intensos. Aprendem com seus modelos na família e na comunidade. Aprendem com os heróis que pomos diante delas na televisão, no cinema e nos videogames.[14]

Maus-tratos na infância, recentemente citados no livro *Why they kill* ["Por que eles matam", sem tradução em português], de Richard Rhodes, é uma terceira causa suposta. "A tragédia é que pessoas que foram vítimas freqüentemente se tornam algozes", afirmou o presidente da Fundação para a Política de Justiça Criminal. "É um ciclo que poderíamos romper, mas envolve despesas.

Como sociedade, não aplicamos nossos recursos nisso."[15] Notemos nesses pronunciamentos a profissão do credo ("A violência é um comportamento aprendido"), a certeza de que ele é verdadeiro ("A realidade é") e a acusação de que não mostramos comprometimento ("Não aplicamos nossos recursos nisso"), em vez da admissão de que se desconhece o modo de resolver o problema.

Muitas explicações culpam a "cultura", concebida como um superorganismo que ensina, emite comandos e distribui recompensas e punições. Um colunista do *Boston Globe* não deve ter percebido que seu raciocínio era circular quando escreveu:

> Então por que os Estados Unidos são mais violentos que outras democracias ocidentais industrializadas? Por causa de nossa predisposição cultural à violência. Socamos, espancamos, apunhalamos e fuzilamos uns aos outros porque é nosso imperativo cultural fazê-lo.[16]

Quando a cultura é vista como uma entidade com crenças e desejos, as crenças e desejos das pessoas reais não têm importância. Depois de Timothy McVeigh ter explodido o prédio de uma repartição federal em Oklahoma City, em 1995, matando 168 pessoas, o jornalista Alfie Kohn ridicularizou os americanos que "resmungam sobre responsabilidade individual" e atribuiu o bombardeio ao individualismo americano: "Temos o vício cultural da competição neste país. Aprendemos nas salas de aula e nos campos esportivos que as outras pessoas são obstáculos ao nosso sucesso".[17] Uma explicação afim para essa explosão põe a culpa em símbolos americanos, como a águia que segura uma flecha no selo nacional e os lemas dos estados, que incluem "Viver livre ou morrer" (New Hampshire) e "Com a espada buscamos a paz, mas em liberdade" (Massachusetts).[18]

Uma teoria recente muito divulgada atribui a violência nos Estados Unidos a uma nociva e singularmente americana concepção de machismo inculcada na infância. A psicóloga social Alice Eagly explicou o surto de tiroteios a esmo afirmando: "Esse tipo de comportamento tem sido parte do papel masculino como ele foi construído na cultura americana, a partir da tradição da fronteira".[19] Segundo essa teoria, popularizada em best-sellers como *Raising Cain* ["Criando Caim", sem tradução em português], de Dan Kindlon, e *Real boys* [*Meninos de verdade*, na tradução em português], de William Pollack, estamos atravessando "uma crise nacional dos meninos na América", causada pelo fato de os meninos

420

serem forçados a separar-se da mãe e reprimir suas emoções. "Que é que há com os homens?", indagava um artigo na *Boston Globe Magazine*. "Comportamento violento, distanciamento emocional e maiores taxas de toxicomania não podem ser explicadas por hormônios", foi a resposta. "O problema, dizem os especialistas, são as crenças culturais sobre masculinidade — tudo resumido na expressão 'um homem de verdade'."[20]

A afirmação de que "a violência é um comportamento aprendido" é um mantra repetido por pessoas bem-intencionadas para mostrar que acreditam que a violência deveria ser diminuída. Não se baseia em estudos sérios. O triste fato é que, apesar das repetidas garantias de que "conhecemos as condições que geram a violência", praticamente não temos nenhuma pista. Enormes oscilações em índices de criminalidade — aumentos na década de 1960 e fins dos anos 80, queda no final dos anos 90 — continuam a desafiar qualquer explicação simples. E os habituais suspeitos para a compreensão da violência não têm nenhuma comprovação e às vezes são patentemente falsos. Isso é mais gritante no caso de fatores como "nutrição" e "doença", que são impensadamente jogados na lista dos males sociais que supostamente levam à violência. Não há indícios, para dizer o mínimo, de que a violência seja causada por uma deficiência de vitamina ou uma infecção bacteriana. Mas as outras causas supostas também sofrem de falta de provas.

Pais agressivos com freqüência têm filhos agressivos, mas quem conclui que a agressão é aprendida dos pais em um "ciclo de violência" nunca leva em conta a possibilidade de que as tendências violentas poderiam ser herdadas além de aprendidas. A menos que sejam estudados filhos *adotivos* e que se mostre que eles agem mais como seus pais adotivos do que como seus pais biológicos, os ciclos de violência não provam coisa alguma. Analogamente, os psicólogos que ressaltam que os homens cometem mais atos de violência do que as mulheres e então atribuem o fato a uma cultura da masculinidade estão usando antolhos intelectuais que os impedem de notar que homens e mulheres diferem em sua biologia além de em seus papéis sociais. As crianças americanas são expostas a modelos violentos, obviamente, mas também são expostas a palhaços, pregadores, cantores de música *folk* e *drag queens*; a questão é por que as crianças acham algumas pessoas mais dignas de imitação do que outras.

Para mostrar que a violência é causada por determinados temas da cultura americana, um indicador mínimo seria uma correlação na qual as culturas que apresentam esses temas também tendessem a ser mais violentas. Mesmo essa correlação, se existisse, não provaria que os temas culturais causam a violência em vez de vice-versa. Mas, para começo de conversa, essa correlação pode nem ao menos existir.

Para começar, a cultura americana não é singularmente violenta. Todas as sociedades têm violência, e a americana não é a mais violenta da história, e nem mesmo da atualidade. A maioria dos países do Terceiro Mundo e muitas das ex-repúblicas da União Soviética são consideravelmente mais violentas, e não têm nada parecido com a tradição americana de individualismo.[21] Quanto às normas culturais de masculinidade e sexismo, a Espanha tem o seu machismo, a Itália o seu *braggadocio* [fanfarronada], e o Japão seus rígidos papéis de gênero, e no entanto suas taxas de homicídio são uma fração da registrada nos Estados Unidos, um país que é mais influenciado pelas feministas. O arquétipo do herói másculo pronto para recorrer à violência por uma causa justa é um dos motivos mais comuns na mitologia, e pode ser encontrado em muitas culturas com índices relativamente baixos de crimes violentos. James Bond, por exemplo — que realmente tem *licença para matar* —, é britânico, e os filmes de artes marciais são populares em muitos países asiáticos industrializados. De qualquer modo, só um rato de biblioteca que nunca viu um filme ou programa de televisão americano poderia acreditar que neles se glorificam fanáticos assassinos como Timothy McVeigh ou adolescentes que fuzilam a esmo seus colegas no refeitório do colégio. Os heróis masculinos nos meios de comunicação de massa são altamente moralistas: eles lutam contra os maus.

Tanto entre políticos conservadores como entre profissionais de saúde liberais existe o artigo de fé de que a violência na mídia é uma causa fundamental do crime violento nos Estados Unidos. A American Medical Association, a American Psychological Association e a American Academy of Pediatrics testemunharam no Congresso que mais de 3500 estudos investigaram essa relação e só dezoito não a encontraram. Qualquer cientista social pode detectar aqui números suspeitos, e o psicólogo Jonathan Freedman decidiu verificar isso por conta própria. Na verdade, apenas *duzentos* estudos procuraram uma relação entre violência na mídia e comportamento violento, e *mais da metade* não encontrou relação nenhuma.[22] Os outros encontraram correlações que eram pequenas e facilmente explicáveis de outros modos — por exemplo, que crianças violentas buscam entretenimento violento, e que as crianças ficam temporariamente excitadas (mas não são temporariamente afetadas) com um filme de ação. Freedman e vários outros psicólogos que examinaram a literatura concluíram que a exposição à violência na mídia tem pouco ou nenhum efeito sobre o comportamento violento no mundo.[23] Fatos da história recente indicam a mesma coisa. As pessoas eram mais violentas nos séculos *anteriores* à invenção do cinema e da televisão. Os canadenses assistem aos mesmos programas de televisão que os americanos mas têm um quarto da taxa de homicídios dos Estados Unidos. Quando foi instalada a televisão na colônia britânica de Santa Helena, em 1995, o povo da região não se tornou mais violento.[24] Os jogos de computador violentos ganharam popularidade nos anos 90, época em que os índices de criminalidade despencaram.

E quanto aos outros suspeitos usuais? Armas, discriminação e pobreza têm seu papel na violência, mas em nenhum caso ele é simples ou decisivo. As armas de fogo certamente facilitam matar e dificultam abrandar uma luta antes que uma morte aconteça; assim, multiplicam a letalidade de grandes e pequenos conflitos. Apesar disso, muitas sociedades apresentaram índices medonhos de violência antes de serem inventadas as armas de fogo, e as pessoas não matam automaticamente umas às outras só porque têm acesso a uma arma de fogo. Israelenses e suíços andam armados até os dentes mas têm baixas taxas de crime pessoal violento, e, entre os estados americanos, Maine e Dakota do Norte têm os mais baixos índices de homicídio, apesar de quase toda casa possuir uma arma de fogo.[25] A idéia de que as armas de fogo aumentam o crime letal, embora certamente seja plausível, tem sido tão difícil de ser comprovada que em 1998 o especialista em direito John Lott publicou um livro de análises estatísticas com um título que alardeia a conclusão oposta: *More guns, less crime* [*Mais armas, menos crimes*, na tradução em português]. Mesmo que ele esteja errado — e desconfio que ele está —, não é tão fácil mostrar que mais armas significam *mais* crimes.

Quanto à discriminação e à pobreza, novamente é difícil mostrar uma relação direta de causa e efeito. Os imigrantes chineses na Califórnia no século XIX e os nipo-americanos na Segunda Guerra Mundial enfrentaram forte discriminação, porém não reagiram com altos índices de violência. As mulheres são mais pobres que os homens e têm maior probabilidade de precisar de dinheiro para alimentar os filhos, mas têm menor probabilidade de roubar fazendo uso da força. Subculturas diferentes que são igualmente destituídas podem variar radicalmente em seus índices de violência e, como veremos, em muitas culturas homens relativamente afluentes podem recorrer com freqüência ao uso de força letal.[26] Embora ninguém possa objetar a um programa bem elaborado que comprovadamente reduza o crime, não se pode simplesmente atribuir as taxas de criminalidade à falta de comprometimento com programas sociais. Na década de 1960, quando esses programas foram abundantes, as taxas de crimes violentos aumentaram espetacularmente.

Os pesquisadores da violência que seguem linhas científicas entoam um mantra diferente: "A violência é um problema de saúde pública". Segundo o National Institute of Mental Health, "o comportamento violento pode ser mais bem compreendido — e prevenido — se for abordado como uma doença contagiosa que se propaga em indivíduos vulneráveis e em regiões carentes de recursos". A teoria da saúde pública foi reiterada por muitas organizações profissionais, como a American Psychological Society e os Centers for Disease Control, e também pelas mais diversas figuras políticas, como o diretor nacional de saúde no governo Clinton e o senador republicano Arlen Specter.[27] A abordagem da saúde pública tenta identificar "fatores de risco" que são mais comuns nas áreas pobres do que nas ricas. Entre esses fatores incluem-se negligência e maus-tratos na infância, disciplina severa e inconsistente, divórcio, subnutrição, envenenamento por chumbo, lesões na cabeça, distúrbio de déficit de atenção e hiperatividade não tratado e uso de álcool e crack durante a gravidez.

Os pesquisadores dessa tradição orgulham-se de sua abordagem ser tanto "biológica" — medem líquidos corporais e tiram fotos do cérebro — como "cultural" — procuram causas ambientais para os problemas cerebrais que poderiam ser melhoradas pelo equivalente de medidas de saúde pública. Infelizmente, toda essa analogia encerra uma falha muito óbvia. Uma boa definição de uma doença ou distúrbio é que ela consiste em sofrimento sentido por um indivíduo devido a um mau funcionamento de um mecanismo no corpo dessa pessoa.[28] Mas, como recentemente salientou um autor na revista *Science*: "Diferentemente da maioria das doenças, em geral não é o perpetrador que define a agressão como um problema; é o ambiente. Pessoas violentas podem sentir que estão funcionando normalmente, e algumas podem até apreciar suas explosões ocasionais e resistir ao tratamento".[29] Além do truísmo de que a violência é mais comum em alguns indivíduos e lugares do que em outros, a teoria da saúde pública pouco tem que a recomende. Como veremos, a violência não tem nada que, no sentido médico, a classifique como uma doença.

As teorias ambientais puras da violência continuam sendo um artigo de fé porque incluem a tábula rasa e o bom selvagem. A violência, segundo essas teorias, não é uma estratégia natural no repertório humano; é um comportamento aprendido, um envenenamento por uma substância tóxica ou o sintoma de uma doença infecciosa. Em capítulos anteriores vimos o atrativo moral de doutrinas assim: diferenciar os adeptos da doutrina dos jingoístas de períodos anteriores e de facínoras de diferentes classes, assegurar o público de que eles não acham que a violência é "natural" no sentido de "boa", expressar o otimismo de que a violência pode ser eliminada, particularmente por programas sociais benignos em vez de detenção punitiva, postar-se a quilômetros de distância da posição radioativa de que alguns indivíduos, classes ou raças são inatamente mais violentos do que outros.

Acima de tudo, as teorias do comportamento aprendido e da saúde pública são declarações morais, depoimentos públicos de que o declarante se opõe à violência. Condenar a violência é uma coisa excelente, sem dúvida alguma, mas não se for disfarçada em afirmação empírica sobre nossa constituição psicológica. Talvez o mais puro exemplo dessa confusão anelante seja o de Ramsey Clark, procurador-geral no governo Johnson e autor do best-seller de 1970 *Crime in America* ["Crime nos Estados Unidos", sem tradução em português]. Argumentando que o sistema de justiça criminal deveria substituir a punição pela reabilitação, Clark explicou:

A teoria da reabilitação baseia-se na crença de que pessoas sadias e racionais não ferirão outras, compreenderão que o indivíduo e sua sociedade têm mais vantagem com uma conduta que não agrida e que uma sociedade justa tem condições de proporcionar saúde, propósito e oportunidade para todos os seus cidadãos. Reabilitado, um indivíduo não terá a capacidade, isto é, não conseguirá resolver-se a ferir outro ou a apoderar-se de propriedade alheia ou destruí-la.[30]

Que bom se fosse mesmo assim! Essa teoria é um ótimo exemplo da falácia moralista: seria tão bom se a idéia *fosse* verdadeira que todos devemos acreditar que ela *é* verdadeira. O problema é que ela não é. A história mostrou que muita gente sadia e racional pode resolver-se a ferir outros e a destruir propriedade porque, tragicamente, os interesses de um indivíduo às vezes são beneficiados ferindo outros (especialmente se as penas criminais por ferir forem eliminadas, uma ironia que Clark parece ter deixado passar). Conflitos de interesse são inerentes à condição humana, e, como salientaram Martin Daly e Margo Wilson: "Matar o adversário é a técnica suprema de resolução de conflito".[31]

Reconhecidamente, é fácil identificar saúde e racionalidade com moralidade. Metáforas nessa linha permeiam nossa língua, como quando chamamos um malfeitor de *degenerado, depravado, desvairado, louco, maligno, psicopata, doente* ou *pervertido.* Mas essas metáforas seguramente nos desnorteiam quando refletimos sobre as causas da violência e os modos de reduzi-la. Os cupins não têm problemas quando comem as vigas de madeira de uma casa, nem os mosquitos quando picam uma vítima e propagam a malária. Estão fazendo exatamente o que a evolução os estruturou para fazer, mesmo que o resultado cause sofrimento às pessoas. Se os cientistas fizessem uma avaliação moral do comportamento dessas criaturas ou o chamassem de patológico, mandariam todos nós para becos sem saída como a procura das influências "tóxicas" sobre essas criaturas ou de uma "cura" que lhes restaurasse a saúde. Pela mesma razão, a violência humana não tem de ser uma doença para que valha a pena combatê-la. Na verdade, é a crença de que a violência é uma aberração que é perigosa, pois nos induz a esquecer como a violência pode irromper facilmente em lugares assintomáticos.

A tábula rasa e o bom selvagem devem sua acolhida não só ao apelo moral que têm, mas à imposição da polícia ideológica. Napoleon Chagnon ter sido falsamente acusado de promover carnificina por haver documentado a guerra entre os ianomâmis é o mais sinistro exemplo de punição dos hereges, mas não o único. Em 1992, a Iniciativa Contra a Violência, estudo organizado pela Alcohol, Drug Abuse and Mental Health Administration, foi cancelada devido a falsas acusações de que a pesquisa destinava-se a sedar os jovens das *inner cities* e estigmatizá-los como geneticamente inclinados à violência. (De fato, o estudo defendia a abordagem da saúde pública.) Uma conferência e um livro sobre as questões legais e morais relativas à biologia da violência, que incluiriam defensores de todos os pontos de vista, foram cancelados por Bernardine Healey, diretor do National Institutes of Health, que indeferiu uma decisão unânime reexa-

426

minada por seus colegas devido a receios "associados à sensibilidade e validade da conferência proposta".[32] A universidade que patrocinaria a conferência entrou com recurso e ganhou, mas quando a conferência foi realizada, três anos depois, manifestantes invadiram a sala e, como que para fornecer material para comediantes, começaram uma batalha de empurrões com os participantes.[33]

Por que tanto melindre? O receio declarado foi de que o governo definisse a agitação política em resposta à desigualdade de condições sociais como uma doença psiquiátrica e silenciasse os manifestantes com drogas ou coisa pior. O psiquiatra radical Peter Breggin apontou a Iniciativa contra a Violência como "a coisa mais aterradora, mais racista, mais hedionda imaginável" e "o tipo de plano que associaríamos à Alemanha nazista".[34] Entre as razões incluíam-se "a medicalização de questões sociais, a declaração de que a vítima de opressão, neste caso o judeu, é na verdade uma pessoa genética e biologicamente deficiente, a mobilização do Estado para finalidades eugênicas e para fins biológicos, o uso acentuado da psiquiatria na implementação de programas de controle social".[35] Essa é uma interpretação fantasiosa, e de fato paranóica, mas Breggin a repetiu incansavelmente, em especial para políticos afro-americanos e representantes da mídia. Qualquer um que use as palavras "violência" e "biologia" no mesmo parágrafo pode ser posto sob uma nuvem de suspeita de racismo, e isso afetou o clima intelectual em torno da violência. Ninguém jamais teve problemas por afirmar que a violência é totalmente aprendida.

Há muitas razões para crer que a violência nos humanos não é exatamente uma doença ou um envenenamento, e sim parte da nossa constituição. Antes de apresentar essas razões, acalmarei dois medos.

O primeiro medo é o de que examinar as raízes da violência na natureza humana consista em reduzir a violência aos genes ruins de indivíduos violentos, com a desagradável implicação de que grupos étnicos com índices mais altos de violência devem ter mais desses genes.

Não pode haver dúvida de que alguns indivíduos são constitucionalmente mais propensos à violência do que outros. Os homens, para começar: em todas as culturas, homens matam homens de vinte a quarenta vezes mais do que mulheres matam mulheres.[36] E o grosso dos matadores são homens *jovens*, entre quinze e trinta anos de idade.[37] Além disso, alguns homens jovens são mais violentos do que outros. Segundo uma estimativa, 7% dos homens jovens cometem 79% de delitos violentos repetidos.[38] Os psicólogos constatam que os indivíduos propensos à violência têm um perfil de personalidade distinto. Tendem a ser impulsivos, ter baixo nível de inteligência, ser hiperativos e ter déficit de atenção. São descritos como possuidores de um "temperamento opositor": são vingativos, encolerizam-se com facilidade, resistem a controle, são deliberadamente importunos e tendem a pôr a culpa de tudo em outras pessoas.[39] Os mais insensíveis entre eles são psicopatas, pessoas desprovidas de consciência que compõem uma porcentagem substancial dos assassinos.[40] Essas características emergem no início da infância, persistem ao longo de toda a vida e são em grande medida hereditárias, embora de modo algum o sejam completamente.

Sádicos, coléricos e outros assassinos natos são parte do problema da violência, não só devido ao mal que infligem mas também em razão da postura agressiva que forçam *outros* a assumir com o objetivo de intimidar ou defender-se. Mas o que quero mostrar aqui é que eles não são a parte principal do problema. Guerras começam e terminam, índices de criminalidade sobem e descem, sociedades passam de belicosas a pacifistas ou vice-versa em uma geração, tudo isso sem nenhuma mudança nas freqüências dos genes no local. Embora os grupos étnicos difiram hoje em suas taxas médias de violência, as diferenças não requerem uma explicação genética, pois a taxa para um grupo em um período histórico pode equiparar-se à de qualquer outro grupo em outro período. Os dóceis escandinavos de hoje descendem dos sanguinários vikings, e a África, destroçada pela guerra depois da queda do colonialismo, lembra muito a Europa depois da queda do Império Romano. Qualquer grupo étnico que tenha sobrevivido até o presente provavelmente teve ancestrais briguentos no passado não muito distante.

O segundo medo é o de que se as pessoas forem dotadas de motivos violentos, não podem evitar ser violentas, ou têm de ser violentas todo o tempo, como o Diabo da Tasmânia em *Looney Tunes*, que por onde passa deixa um rastro de destruição. Esse medo é uma reação a idéias arcaicas sobre macacos assassinos, sede de sangue, desejo de matar, imperativo territorial e cérebro violento. De fato, o cérebro é equipado com estratégias para a violência, que são estratégias *contingentes*, ligadas a um complexo conjunto de circuitos que computa quando e onde elas devem ser empregadas. Animais empregam a agressão de maneiras muito seletivas, e os humanos, cujos sistemas límbicos estão enredados com lobos frontais de tamanho extragrande, são, obviamente, ainda mais calculistas. A maioria das pessoas hoje em dia passa toda a vida adulta sem jamais apertar seus botões de violência.

Então, que indícios há de que em nossa espécie possam ter evoluído mecanismos para a violência ao sabor da nossa vontade? A primeira coisa a ter em mente é que a agressão é uma atividade organizada voltada para um objetivo, e não o tipo de evento que poderia provir de uma disfunção aleatória. Se o cortador de grama continuasse a funcionar depois de você ter acabado de desengatar o guidom e machucasse seu pé, você poderia suspeitar de um comutador emperrado ou alguma outra falha. Mas se o cortador de grama ficasse esperando até que você saísse da garagem e então o perseguisse pelo quintal, você teria de concluir que alguém instalou um chip programando o cortador para fazer aquilo.

Entre nossos primos chimpanzés há os que matam deliberadamente outros chimpanzés, sugerindo a possibilidade de que as forças da evolução, e não apenas as idiossincrasias de uma cultura humana específica, prepararam-nos para a violência. E a ubiqüidade da violência em sociedades humanas ao longo de toda a história e pré-história é um indício ainda mais eloqüente desse preparo.

Quando examinamos o corpo e o cérebro dos humanos, encontramos mais sinais diretos de um esquema para a agressão. O tamanho maior, a maior força e a massa da parte superior do corpo dos homens é um flagrante zoológico de uma história evolutiva de violenta competição entre machos.[41] Outros sinais incluem os efeitos da testosterona sobre a dominância e a violência (de que trataremos no capítulo sobre gênero), a emoção da raiva (acompanhada do reflexo de mostrar os dentes caninos e cerrar os punhos), a reação de luta ou fuga do sistema nervoso autônomo, cujo nome já diz tudo, e o fato de que perturbações do sistema inibitório do cérebro (por álcool, lesão no lobo frontal ou na amígdala, ou por genes defectivos participantes do metabolismo da serotonina) podem levar a ataques agressivos, iniciados por circuitos no sistema límbico.[42]

Em todas as culturas, os meninos espontaneamente participam de brincadeiras brutas, o que obviamente constitui uma prática para a luta. Também se dividem em coalizões que competem agressivamente (o que faz lembrar o comentário atribuído ao duque de Wellington de que "a Batalha de Waterloo foi vencida nos pátios de recreio de Eton").[43]* E as crianças são violentas muito

---

* Eton é um internato para os filhos da elite inglesa. (N. T.)

antes de ser infectadas por brinquedos de guerra ou estereótipos culturais. A idade mais violenta não é a da adolescência, mas a das crianças que acabaram de aprender a andar: em um extenso estudo recente, quase metade dos meninos com pouco mais de dois anos, e uma porcentagem ligeiramente menor das meninas, batia, mordia e chutava. Como salientou o autor: "Os bebês não matam uns aos outros porque não lhes damos acesso a facas e revólveres. A pergunta [...] que vimos tentando responder nos últimos trinta anos é como as crianças aprendem a agredir. [Mas] essa é a pergunta errada. A certa é como elas aprendem a não agredir".[44]

A violência continua a absorver a mente por toda a vida. Segundo estudos independentes em vários países, empreendidos pelos psicólogos Douglas Kendrick e David Buss, mais de 80% das mulheres e 90% dos homens têm fantasias sobre matar pessoas de quem não gostam, especialmente rivais no amor, parentes por afinidade e pessoas que os humilharam em público.[45] Em todas as culturas, pessoas comprazem-se em pensar em homicídio, a julgar pela popularidade dos mistérios de assassinatos, dramas com crimes, aventuras de espionagem, tragédias shakespearianas, histórias bíblicas, mitos de heróis e poemas épicos. (Um personagem de Tom Stoppard na peça *Rosencrantz and Guildenstern are dead* pergunta: "Você conhece as grandes tragédias da Antigüidade? Os grandes clássicos de homicídio?".) As pessoas também gostam de assistir aos combates estilizados que chamamos de "esportes", os quais são competições de pontaria, caça ou luta resultando em vencedores e vencidos. Se a linguagem for um guia, muitos outros esforços são conceituados como formas de agressão: a discussão intelectual (*derrubar, derrotar* ou *destruir* uma idéia e seu proponente), a reforma social (*combater o crime, lutar contra o preconceito, a guerra contra a pobreza, a guerra contra as drogas*) e tratamento médico (*combater o câncer, vencer a AIDS, a guerra contra o câncer*).

Na verdade, toda a questão em torno do que saiu errado (socialmente ou biologicamente) quando uma pessoa pratica a violência é mal formulada. Quase todos reconhecem a necessidade da violência em defesa própria, da família ou de vítimas inocentes. Os filósofos morais argumentam que existem até circunstâncias nas quais a tortura se justifica — digamos, quando um terrorista capturado escondeu uma bomba em um lugar cheio de gente e se recusa a revelar onde ela está. De modo mais geral, uma postura violenta ser chamada de heróica ou patológica freqüentemente depende de quem é o dono do boi que foi abatido. Combatente da liberdade ou terrorista, Robin Hood ou ladrão, Anjo da

Guarda* ou membro de um grupo de linchamento, nobre ou déspota, mártir ou camicase, general ou chefe de gangue — esses são juízos de valor, não classificações científicas. Duvido que o cérebro ou os genes da maioria dos protagonistas louvados difiram dos de seus correspondentes vilipendiados.

Desse modo, vejo-me de acordo com os cientistas radicais que asseguram que jamais compreenderemos a violência examinando apenas os genes ou o cérebro das pessoas violentas. A violência é um problema social e político, e não biológico e psicológico. Não obstante, os fenômenos que denominamos "sociais" e "políticos" não são acontecimentos externos que, como as manchas solares, misteriosamente afetam os assuntos humanos; são noções compartilhadas pelos indivíduos em determinada época e lugar. Portanto, não se pode entender a violência sem uma compreensão plena da mente humana.

No restante deste capítulo discorrerei sobre a lógica da violência e sobre as possíveis razões de terem evoluído as emoções e pensamentos a ela relacionados. Isso é necessário para desfazer o nó das causas biológicas e culturais que tornam a violência tão desnorteante. Pode ajudar a explicar por que as pessoas são preparadas para a violência mas somente agem com base nessas inclinações em determinadas circunstâncias; quando a violência é, ao menos em certo sentido, racional, e quando é flagrantemente autoderrotadora; quando a violência é mais prevalecente em algumas épocas e lugares do que em outros, apesar de não haver diferença genética entre os agentes; e, em última análise, como poderíamos reduzir e prevenir a violência.

O primeiro passo para compreender a violência é deixar de lado nossa ojeriza por ela durante tempo suficiente para nos permitir examinar por que ela, às vezes, pode compensar do ponto de vista pessoal ou evolutivo. Isso requer inverter a formulação do problema: não por que a violência ocorre, mas por que ela é evitada. Afinal, a moralidade não entrou no universo com o Big Bang e então o permeou como a radiação de fundo. Ela foi descoberta por nossos ancestrais depois de bilhões de anos do processo indiferente à moralidade denominado seleção natural.

---

* Guardian Angels: pessoas que voluntariamente andam pelos metrôs de Londres e Nova York protegendo os outros passageiros contra criminosos. (N. T.)

A meu ver, as conseqüências dessa amoralidade ancestral estão mais bem explicadas no *Leviatã* de Hobbes. Infelizmente, a lapidar frase "grosseira, animalesca e breve" de Hobbes e sua imagem de um todo-poderoso leviatã impedindo que pulemos na garganta uns dos outros levaram as pessoas a compreender mal seu argumento. Comumente se interpreta que para Hobbes o homem em estado de natureza era dominado por um impulso irracional de ódio e destruição. Na verdade, essa análise é mais sutil, e talvez mais trágica, pois ele mostrou como a dinâmica da violência decorre de interações entre agentes racionais e auto-interessados. A análise de Hobbes foi redescoberta pela biologia evolucionista, pela teoria dos jogos e pela psicologia social, e eu a usarei para organizar minha discussão sobre a lógica da violência antes de tratar dos modos como os humanos empregam instintos pacíficos para contrabalançar seus instintos violentos.

Eis a análise que precedeu a célebre passagem sobre a "vida do homem":

De modo que na natureza do homem encontramos três causas principais de contenda. Primeira, competição; segunda, difidência; terceira, glória. A primeira leva os homens a invadir pelo ganho; a segunda, pela segurança; a terceira, pela reputação. Os primeiros usam da violência para assenhorear-se da pessoa, da esposa, dos filhos e do gado de outros homens; os segundos, para defendê-los; os terceiros, por bagatelas, como uma palavra, um sorriso, uma opinião diferente e qualquer outro sinal de menosprezo, seja direto em suas pessoas ou, por reflexo, em seus parentes, amigos, nação, profissão ou nome.[46]

Primeiro, a competição. A seleção natural é movida pela competição, o que significa que os produtos da seleção natural — máquinas de sobreviver, na metáfora de Richard Dawkins — deveriam, por *default*, fazer o que quer que os ajudasse a sobreviver e se reproduzir. Dawkins explica:

Para uma máquina de sobreviver, outra máquina de sobreviver (que não seja seu filho ou outro parente próximo) é parte de seu ambiente, como uma pedra, um rio ou um bocado de alimento. É algo que barra o caminho ou algo que pode ser explorado. Difere de uma pedra ou de um rio em um aspecto importante: tende a revidar. Isso porque também é uma máquina que possui genes imortais ali depositados para o futuro, e que também não se deterá diante de nada para preservá-los. A seleção natural favorece genes que controlam suas máquinas de sobrevivência de modo que elas façam o melhor uso de seu ambiente. Isso inclui fazer o melhor uso de outras máquinas de sobrevivência, da mesma espécie e de espécies diferentes.[47]

Se um obstáculo barrar o caminho para algo de que um organismo necessita, o organismo deve neutralizar o obstáculo incapacitando-o ou eliminando-o. Isso inclui obstáculos que por acaso são outros seres humanos — digamos, que estejam monopolizando terras ou fontes de alimento desejáveis. Mesmo entre nações-Estados modernas, o puro auto-interesse é um dos principais motivos de guerra. O cientista político Bruce Bueno de Mesquita analisou os instigadores de 251 conflitos no mundo real dos dois séculos passados e concluiu que, na maioria dos casos, o agressor calculou corretamente que uma invasão bem-sucedida seria de seu interesse nacional.[48]

Outro obstáculo humano consiste em homens monopolizando mulheres que, não fosse por eles, poderiam ser tomadas por esposas. Hobbes chamou a atenção para esse fenômeno sem saber a razão evolucionária, que foi exposta séculos depois por Robert Trivers: a diferença entre os investimentos mínimos de homens e mulheres na prole faz da capacidade reprodutiva das fêmeas um bem escasso pelo qual os machos competem.[49] Isso explica por que os homens compõem o sexo violento e também por que sempre têm alguma coisa pela qual lutam, mesmo quando suas necessidades de sobrevivência foram atendidas. Estudos sobre a guerra em sociedades pré-estatais confirmaram que os homens não têm de sofrer falta de alimento ou de terras para guerrear.[50] Freqüentemente atacam outras aldeias para raptar mulheres, para retaliar por raptos passados ou para defender seus interesses em disputas relacionadas a trocas de mulheres para casamento. Em sociedades onde as mulheres têm mais poder de opinar no assunto, os homens ainda competem por mulheres, competindo pelo status e riqueza que tendem a atraí-las. A competição pode ser violenta porque, como salientam Wilson e Daly: "Qualquer criatura que esteja reconhecivelmente em via de um total fracasso reprodutivo deve, de algum modo, esforçar-se, com freqüência sob risco de morte, para tentar melhorar sua presente trajetória de vida".[51] Os homens jovens e pobres nessas condições, portanto, têm probabilidade de arriscar a vida ou a integridade física para melhorar suas chances na corrida por status, riqueza e parceiras.[52] Em todas as sociedades eles compõem o setor demográfico no qual se concentram os agitadores, os delin-qüentes e a bucha de canhão. Uma das razões do extraordinário aumento dos índices de criminalidade na década de 1960 é os meninos do *baby boom* terem começado a entrar na faixa etária em que há maior propensão ao crime.[53] Em-bora existam muitas razões para que os países difiram em sua disposição para guerrear, um fator é simplesmente a proporção da população composta de ho-mens entre 15 e 29 anos de idade.[54]

Toda essa análise cínica talvez não pareça verdadeira aos leitores moder-nos, pois não conseguimos pensar nas outras pessoas como meras partes de nosso ambiente que podem ter de ser neutralizadas como ervas daninhas num jardim. A menos que sejamos psicopatas, *solidarizamo-nos* com outras pessoas e não conseguimos tratá-las como obstáculos ou como presa. Essa solidariedade, porém, não impediu que pessoas cometessem todo tipo de atrocidade ao longo de toda a história e da pré-história. Essa contradição pode ser resolvida se lem-brarmos que as pessoas discernem um círculo moral que pode não abranger todos os seres humanos, mas apenas os membros de seu clã, aldeia ou tribo.[55] Dentro do círculo, os semelhantes humanos são alvo de solidariedade; fora, são tratados como uma rocha, um rio ou um bocado de alimento. Em livro ante-rior, mencionei que a língua do povo wari, da Amazônia, possui um conjunto de classificadores de substantivos que distinguem objetos comestíveis de não co-mestíveis, e que a classe dos comestíveis inclui qualquer um que não seja mem-bro da tribo. Isso inspirou a psicóloga Judith Harris a observar:

> *No dicionário wari*
> *Comida é definida como "não-wari".*
> *Seus jantares são muito concorridos*
> *Mas os não-waris detestam ser incluídos.**

O canibalismo é tão repugnante para nós que por muitos anos até mesmo os antropólogos não admitiram que essa foi uma prática comum na pré-histó-ria. É fácil pensar: outros seres humanos poderiam realmente ser capazes de um ato tão depravado? Mas, evidentemente, os ativistas dos direitos dos animais

---

* *In the Wari dictionary/ Food's defined as "Not a Wari"./ Their dinners are a lot of fun/ For all but the un-Wari one.*

têm uma opinião igualmente péssima sobre os comedores de carne, que não só causam milhões de mortes que poderiam ser evitadas mas ainda por cima o fazem com total insensibilidade: castrando e marcando a ferro quente o gado sem anestesia, empalando peixes pela boca e deixando-os sufocar no porão de um navio, cozinhando lagostas vivas. Não estou querendo defender o vegetarianismo; apenas tento lançar uma luz sobre a mentalidade que fundamenta a violência e a crueldade humanas. A história e a etnografia levam a crer que as pessoas podem tratar os estranhos do mesmo modo como hoje tratamos as lagostas, e nossa incompreensão de tais atos pode ser comparada à incompreensão dos nossos atos por parte dos defensores dos animais. Não é coincidência que Peter Singer, autor de *The expanding circle,* também seja autor de *Animal liberation* ["Libertação dos animais", sem tradução em português].

A observação de que pessoas podem ser moralmente indiferentes a outras pessoas que estão fora de um círculo mental sugere imediatamente uma providência para o esforço de reduzir a violência: entender a psicologia do círculo suficientemente bem para incentivar as pessoas a colocar dentro dele toda a humanidade. Em capítulos anteriores, vimos como o círculo moral vem crescendo há milênios, expandido pelas crescentes redes de reciprocidade que tornam outros seres humanos mais valiosos vivos do que mortos.[56] Como comentou Robert Wright: "Entre as muitas razões por que, na minha opinião, não devemos bombardear os japoneses está a de que eles criaram a minivan". Outras tecnologias contribuíram para uma visão cosmopolita que facilita imaginarmos uma troca de lugar com outras pessoas. Entre essas tecnologias incluem-se alfabetização, viagens, conhecimento da história e a arte realista que ajuda as pessoas a projetar-se na vida cotidiana de pessoas que em outras épocas poderiam ter sido seus inimigos mortais.

Também vimos como o círculo pode encolher. Lembremos como Jonathan Glover mostrou que as atrocidades freqüentemente são acompanhadas por táticas de desumanização como o uso de nomes pejorativos, condições degradantes, trajes humilhantes e piadas insensíveis ridicularizando o sofrimento.[57] Essas táticas podem acionar um comutador mental e reclassificar um indivíduo de "pessoa" em "não-pessoa", fazendo com que seja tão fácil alguém torturá-lo quanto é para nós cozinhar uma lagosta viva. (Aqueles que zombam dos nomes politicamente corretos para minorias étnicas, eu incluído, deveriam lembrar que eles originalmente tiveram uma base racional humanitária.) O psicólogo social Philip Zimbardo mostrou que, mesmo entre os alunos de uma universidade de elite, táticas de desumanização podem facilmente empurrar uma pessoa para fora do círculo moral de outra. Zimbardo criou uma prisão simulada no porão do departamento de psicologia da Universidade Stanford e atribuiu aleatoriamente papéis de prisioneiro ou guarda a estudantes. Os "prisioneiros" tinham de usar batas, bolas de ferro nos pés e gorros de meia, e eram chamados por números de série. Não demorou para que os "guardas" começassem a brutalizá-los — subindo nas suas costas enquanto eles faziam flexões de braço, borrifando-os com extintores de incêndio, obrigando-os a limpar vasos sanitários com as mãos nuas — e Zimbardo, preocupado com a segurança dos participantes, cancelou o experimento.[58]

Na outra direção, sinais da humanidade de uma vítima ocasionalmente podem transparecer e acionar o comutador novamente para o modo da solidariedade. Quando George Orwell lutou na Guerra Civil Espanhola, viu certa vez um homem fugindo desesperadamente, seminu, segurando as calças com uma mão. "Abstive-me de atirar nele", escreveu Orwell. "Não atirei em parte devido àquele detalhe das calças. Eu tinha ido lá para atirar em 'fascistas'; mas um homem segurando as calças não é um 'fascista', ele é visivelmente um semelhante, uma criatura igual a mim."[59] Glover relata outro exemplo, noticiado por um jornalista sul-africano:

Em 1985, na velha África do Sul do *apartheid,* houve uma manifestação em Durban. A polícia atacou os manifestantes com a costumeira violência. Um policial perseguiu uma mulher negra, obviamente com a intenção de espancá-la com o cassetete. Quando ela correu, seu sapato escapou-lhe do pé. O brutal policial era também um jovem *afrikaner* bem-educado, que sabia que quando uma mulher perde o sapato deve-se pegá-lo para ela. Os olhos de ambos se encontraram quando ele lhe entregou o sapato. Ele então a deixou, pois espancá-la não era mais uma opção.[60]

Mas não devemos nos iludir e pensar que a reação de Orwell (uma das maiores vozes morais do século XX) e a do *afrikaner* "bem-educado" são típicas. Muitos intelectuais acreditam que a maioria dos soldados não consegue resolver-se a disparar suas armas em combate. Essa afirmação é incrível, considerando que dezenas de milhões de soldados morreram fuzilados nas guerras do século passado. (Isso me faz lembrar o professor na peça *Jumpers,* de Stoppard, comentando que o paradoxo de Zenon impede que uma flecha atinja seu alvo, portanto são Sebastião deve ter morrido é de medo.) Descobriu-se que essa crença foi gerada por um único e dúbio estudo sobre soldados de infantaria na Segunda Guerra Mundial. Em entrevistas posteriores, os homens negaram que alguma vez lhes tivesse sido *perguntado* se eles haviam disparado sua arma, e muito menos que houvessem dito que não tinham atirado.[61] Estudos recentes sobre soldados em combate e revoltosos em massacres étnicos constatam que eles freqüentemente matam com prazer, às vezes em um estado que descrevem como "satisfação" ou "êxtase".[62]

As histórias contadas por Glover reforçam a esperança de que as pessoas sejam capazes de inserir estranhos em um círculo moral à prova de violência. Mas também nos alertam que o usual pode ser mantê-las fora do círculo.

Segundo, a difidência, em sua acepção original: desconfiança. Hobbes traduzira a *História da Guerra do Peloponeso*, de Tucídides, e se espantara com a observação de que "o que tornou a guerra inevitável foi o crescimento do poder ateniense e o temor que isso provocou em Esparta". Se você tem vizinhos, eles podem cobiçar o que você possui, e nesse caso você se torna um obstáculo aos desejos deles. Portanto, você tem de estar preparado para defender-se. A defesa é uma coisa problemática mesmo com tecnologias como muralhas de castelos, Linha Maginot ou defesas de mísseis antibalísticos, e ainda mais problemática sem elas. A única opção para a autoproteção pode ser eliminar os vizinhos potencialmente hostis primeiro, em um ataque preventivo. Como aconselhou Yogi Berra: "A melhor defesa é uma boa ofensiva, e vice-versa".

Tragicamente, uma pessoa poderia chegar a essa conclusão mesmo se não possuísse um único osso agressivo no corpo. Bastaria apenas a percepção de que outros poderiam cobiçar o que ela tem, aliada a um forte desejo de não ser massacrada. Mais tragicamente ainda, os vizinhos têm todas as razões para deduzir a mesma coisa e, se o fizerem, isso torna os temores da pessoa ainda mais imperiosos, o que torna um ataque preventivo ainda mais tentador, o que torna um ataque preventivo por parte *deles* ainda mais tentador e assim por diante.

Essa "armadilha hobbesiana", como hoje a chamamos, é uma causa ubíqua de conflito violento.[63] O cientista político Thomas Schelling apresentou a analogia do dono de uma casa que, estando armado, surpreende um ladrão também armado. Cada um pode ser tentado a atirar primeiro para evitar ser baleado, mesmo se nenhum dos dois desejar matar o outro. Uma armadilha hobbesiana jogando um homem contra o outro é um tema recorrente na ficção, como os bandidos do faroeste hollywoodiano, as tramas de espionagem nos filmes sobre a Guerra Fria e a letra da canção "I shot the sheriff" [Atirei no xerife], de Bob Marley.

Mas, como somos uma espécie social, as armadilhas hobbesianas mais comumente jogam grupos contra grupos. A união faz a força, e assim os humanos, ligados por genes que têm em comum ou por promessas recíprocas, formam coalizões para proteger-se. Infelizmente, a lógica da armadilha hobbesiana implica que a união também faz o *perigo,* pois os vizinhos podem ter receio de ser superados numericamente e formar alianças, por sua vez, para refrear a ameaça crescente. Como o que refreia para um faz aumentar o círculo do outro, a espiral do perigo pode expandir-se. A sociabilidade humana é a "aliança enredadora" original na qual duas partes sem animosidade prévia vêem-se em guerra quando o aliado de uma ataca o aliado da outra. Essa é a razão por que discorro sobre homicídio e guerra no mesmo capítulo. Em uma espécie cujos membros formam laços de lealdade, o primeiro pode facilmente levar à segunda.

O perigo é particularmente grande para os humanos porque, diferentemente da maioria dos mamíferos, tendemos a ser patrilocais: os homens aparentados vivem juntos em vez de dispersar-se do grupo ao atingir a maturidade sexual.[64] (Entre chimpanzés e golfinhos, os machos aparentados também vivem juntos, e também formam coalizões agressivas.) O que chamamos de "grupos étnicos" são famílias extensas muitíssimo numerosas e, embora em um grupo étnico moderno os laços de família sejam demasiado distantes para que o altruísmo baseado no parentesco seja significativo, isso não vale para as coalizões menores nas quais evoluímos. Mesmo hoje, grupos étnicos freqüentemente se *vêem* como grandes famílias, e o papel das lealdades étnicas na violência entre grupos é mais do que óbvio.[65]

A outra característica distintiva do *Homo sapiens* como espécie é, evidentemente, a fabricação de utensílios. A competitividade pode canalizar a produção de utensílios para a feitura de armas, e a difidência pode canalizar o armamento para uma corrida armamentista. Uma corrida armamentista, como uma aliança, pode aumentar a probabilidade da guerra, acelerando a espiral de medo e desconfiança. A alardeada habilidade de nossa espécie para fabricar utensílios é uma das razões de sermos tão bons em matar uns aos outros.

438

O círculo vicioso de uma armadilha hobbesiana pode nos ajudar a entender por que a progressão do atrito para a guerra (e, ocasionalmente, a desaceleração até a *détente*) pode ocorrer de modo muito súbito. Matemáticos e criadores de simulações por computador elaboraram modelos nos quais vários jogadores adquirem armas ou formam alianças em resposta ao que os outros jogadores estão fazendo. Os modelos com freqüência exibem um comportamento caótico, no qual pequenas diferenças nos valores dos parâmetros podem ter conseqüências vultosas e imprevisíveis.[66]

Como podemos inferir da alusão de Hobbes à Guerra do Peloponeso, as armadilhas hobbesianas entre grupos estão longe de ser hipotéticas. Chagnon relata que as aldeias ianomâmis são obcecadas pelo perigo de ser massacradas por outras aldeias (e com toda razão) e ocasionalmente desferem ataques preventivos, o que dá às outras aldeias boas razões para empreenderem seus próprios ataques preventivos e impele grupos de aldeias a formar alianças que deixam seus vizinhos ainda mais nervosos.[67] Gangues de rua e famílias mafiosas dedicam-se a maquinações semelhantes. No século passado, a Primeira Guerra Mundial, a Guerra dos Seis Dias, entre árabes e israelenses, e as guerras iugoslavas nos anos 90 emergiram, em parte, de armadilhas hobbesianas.[68]

O cientista político John Vasquez defendeu esse argumento em bases quantitativas. Usando um banco de dados de centenas de conflitos ocorridos nos dois séculos passados, ele conclui que os ingredientes de uma armadilha hobbesiana — preocupação com a segurança, alianças enredadoras e corridas armamentistas — podem predizer estatisticamente a escalada do atrito até a guerra.[69] A mais consciente manifestação da lógica das armadilhas hobbesianas ocorreu entre estrategistas nucleares durante a Guerra Fria, quando o destino do mundo efetivamente dependeu dela. Essa lógica produziu alguns dos enlouquecedores paradoxos da estratégia nuclear: por que é extraordinariamente perigoso possuir mísseis suficientes para destruir um inimigo mas não o suficiente para destruí-lo depois de ele ter atacado esses mísseis (porque o inimigo teria um forte incentivo para atacar preventivamente), e por que erigir uma defesa inexpugnável contra mísseis inimigos poderia tornar o mundo um lugar *mais* perigoso (porque o inimigo tem um incentivo para desferir um ataque preventivo antes que a conclusão das defesas o transforme em um alvo fácil).

Quando um grupo mais forte subjuga um mais fraco em um ataque de surpresa, isso não deveria surpreender um cínico hobbesiano. Mas quando um lado derrota outro em uma batalha a que ambos se lançaram, a lógica não fica tão clara. Uma vez que tanto o vitorioso como o vencido têm muito a perder numa batalha, esperaríamos que cada lado avaliasse a força do outro e que o mais fraco cedesse o recurso em disputa sem um derramamento de sangue inútil que só faria conduzir ao mesmo resultado. A maioria dos ecologistas comportamentais acredita que os rituais de apaziguamento e rendição entre animais evoluíram por essa razão (e não pelo bem da espécie, como supôs Lorenz). Às vezes há tamanho equilíbrio de forças entre os dois lados, e o que está em jogo na batalha é tão importante, que eles se lançam ao combate porque esse é o único modo de descobrir quem é mais forte.[70]

Mas em outras ocasiões um líder marcha — ou faz seus homens marcharem — para o vale da morte sem nenhuma esperança razoável de prevalecer. A incompetência militar há tempos intriga os historiadores, e o primatologista Richard Wrangham aventa que ela pode originar-se da lógica do blefe e do auto-engano.[71] Convencer um adversário a evitar uma batalha não depende de *ser* mais forte, mas de *parecer* mais forte, e isso cria um incentivo para blefar e para ser bom em detectar blefes. Como o blefador mais eficaz é aquele que acredita no próprio blefe, pode evoluir um grau limitado de auto-engano em escaladas de hostilidade. É preciso que seja limitado, pois é melhor passar na primeira rodada do que o inimigo pagar para ver, mas quando os limites são mal calibrados e os dois lados se engalfinham para valer, o resultado pode ser um desastre humano. A historiadora Barbara Tuchman ressaltou o papel do auto-engano em guerras calamitosas ao longo de toda a história em seus livros *The guns of august* [*Canhões de agosto*, na tradução em português], sobre a Primeira Guerra Mundial, e *The march of folly: From Troy to Vietnam* [*A Marcha da insensatez*, na tradução para o português].

A presteza para desferir um ataque preventivo é uma faca de dois gumes, pois transforma quem a possui em um alvo *convidativo* para um ataque preventivo do outro lado. Por isso, as pessoas inventaram, e talvez tenha evoluído, uma defesa alternativa: a política de intimidação anunciada conhecida como *lex talionis* [lei de talião], a lei da retaliação, muito conhecida na forma da injunção bíblica "Olho por olho, dente por dente".[72] Se pudermos dizer com credibilidade a potenciais adversários "Não atacaremos primeiro, mas se formos atacados sobreviveremos e revidaremos", removeremos os dois primeiros incentivos hobbesianos para a briga, o ganho e a desconfiança. A política de que havemos de infligir tanto dano a outros quanto eles nos infligirem cancela o incentivo que eles teriam para atacar em busca de ganho, e a política de não atacar primeiro cancela o incentivo de um ataque movido pela desconfiança. Isso é reforçado pela política de retaliar *sem causar um grau maior de dano* do que aquele que nos foi infligido, pois isso acalma o temor de que venhamos a usar um ínfimo pretexto para justificar um ataque oportunista de grande porte.

A estratégia nuclear da "destruição mutuamente assegurada" é o mais óbvio exemplo contemporâneo da lei da retaliação. Mas é uma versão explícita de um antigo impulso, a emoção da vingança, que pode ter sido instalado em nosso cérebro pela seleção natural. Daly e Wilson observam: "Em sociedades de todas as partes do mundo podemos ler sobre juramentos de vingança por um pai ou irmão assassinado, e sobre rituais que santificam esses juramentos — de uma mãe criando o filho para vingar o pai que morreu quando ele era bebê, de promessas feitas à beira do túmulo, de beber o sangue do parente morto como um pacto ou de guardar sua roupa ensanguentada como relíquia".[73] Estados modernos com freqüência têm problemas com a ânsia de vingança de seus cidadãos. Processam os linchadores — pessoas que "fazem a lei com as próprias mãos" — e, com algumas exceções recentes, não dão atenção aos clamores de vítimas de crimes e seus parentes na hora de tomar decisões quanto a processar, fazer acordo entre promotoria e réu ou punir.

Como vimos no capítulo 10, para que a vingança funcione como uma intimidação, ela tem de ser implacável. Executar uma vingança é arriscado, pois se um adversário foi perigoso o bastante para nos ter prejudicado em primeiro lugar, não é provável que ele receba a punição deitado. Como o dano já está feito, uma vítima friamente racional pode julgar que não é do seu interesse retaliar. E como o agressor pode prever isso, ele pode pagar para ver e fazer mal à vítima com impunidade. Se, por outro lado, potenciais vítimas e seus parentes forem tão consumidos pela ânsia de retribuição a ponto de criar um filho para vingar o pai morto, beber o sangue do parente como pacto etc., um agressor poderá pensar duas vezes antes de agredir.[74]

A lei da retaliação requer que a vingança tenha um pretexto moralista para distingui-la de um ataque puro e simples. O vingador tem de ter sido provocado previamente por um ato de agressão ou outra injustiça. Estudos sobre rixas, guerras e violência étnica mostram que os perpetradores quase sempre estão consumidos por algum rancor contra seus alvos.[75] O perigo inerente a essa psicologia é óbvio: dois lados podem discordar sobre se determinado ato inicial de violência foi justificado (talvez como um ato de autodefesa, a recuperação de ganhos obtidos por meios escusos ou retribuição por uma ofensa anterior) ou se foi um ato de agressão não provocado. Um lado pode contar um número par de retaliações e julgar que a balança da justiça foi equilibrada enquanto o outro lado conta um número ímpar e julga que ainda tem contas a acertar.[76] O autoengano pode estimular a crença de cada lado na retidão de sua causa e tornar a reconciliação quase impossível.

Também é necessário, para que a vingança funcione como intimidação, que a disposição para executá-la seja divulgada, pois a finalidade da intimidação é fazer com que os possíveis atacantes reflitam *antes*. E isso nos conduz à última razão de Hobbes para a briga.

Terceiro, a glória — embora um termo mais preciso fosse "honra". A observação de Hobbes de que os homens brigam por causa de "uma palavra, um sorriso, uma opinião diferente e qualquer outro sinal de menosprezo" é tão verdadeira hoje quanto era no século XVII. Desde que começaram a ser registradas estatísticas sobre criminalidade urbana, a causa mais freqüente de homicídio tem sido "discussão" — o que os boletins policiais classificam como "altercação de origem relativamente trivial; insulto, praga, empurrão etc.".[77] Um detetive de homicídios em Dallas comenta: "O assassinato resulta de bate-boca sobre coisas bobas. Os ânimos esquentam. Começa uma briga, e alguém acaba esfaqueado ou baleado. Trabalhei em casos onde os autores do crime estavam discutindo sobre um disco de dez centavos em uma *jukebox* ou sobre uma dívida de um dólar de um jogo de dados".[78]

Guerras entre nações-Estados freqüentemente são travadas por motivo de honra nacional, mesmo quando o prêmio material é pequeno. Em fins da década de 1960 e início dos anos 70, a maioria dos americanos estava desiludida com o envolvimento de seu país na Guerra do Vietnã, julgando-a imoral ou impossível de ser vencida, ou ambas as coisas. Mas em vez de concordar com a retirada incondicional das forças americanas, como propunha o movimento pacifista, a maioria apoiou Richard Nixon e seu slogan "paz com honra". Na prática isso se transformou em uma retirada morosa dos soldados americanos, que prolongou a presença militar até 1973 ao custo de 20 mil vidas de americanos e de muito mais vidas de vietnamitas — e com o mesmo resultado, a derrota do governo sul-vietnamita. A defesa da honra nacional esteve por trás de outras guerras recentes, como a retomada das ilhas Falkland ou Malvinas, pelos britânicos, em 1982, e a invasão americana de Granada, em 1983. A ruinosa guerra entre El Salvador e Honduras, em 1969, começou com uma disputada partida entre suas seleções nacionais de futebol.

Devido à lógica da intimidação, as lutas em torno da honra pessoal ou nacional não são tão idiotas quanto parecem. Em um meio hostil, pessoas e países têm de apregoar sua disposição para retaliar contra qualquer um que se beneficie às suas custas, e isso significa manter a reputação de vingar qualquer ligeiro deslize, por menor que seja. Têm de fazer com que se saiba que, nas palavras da canção de Jim Croce: "Não se puxa a capa do Super-Homem; não se cospe contra o vento; não se arranca a máscara do Lone Ranger; e não se mexe com o Jim".*

Essa mentalidade é estranha para aqueles dentre nós que podem fazer o Leviatã aparecer discando para a polícia, mas essa opção nem sempre está disponível. Não estava disponível para as pessoas nas sociedades pré-estatais, ou na fronteira dos Apalaches, no Velho Oeste, nas remotas *highlands* da Escócia, nos Bálcãs, na Indochina. Não está disponível para as pessoas que não desejam a polícia por perto devido à natureza de seu trabalho, como os negociantes de rum no tempo da Lei Seca, os traficantes de drogas das *inner cities* e os mafiosos. E não está disponível para as nações-Estados quando lidam umas com as outras. Daly e Wilson comentam sobre a mentalidade que se aplica em todas essas arenas:

> Em sociedades cronicamente empenhadas em rixas e guerras, uma virtude masculina essencial é a capacidade para a violência; caçar cabeças e dar golpes pode então conferir prestígio, e cometer um homicídio pode até ser um rito de passagem obrigatório. Oferecer a outra face não é santidade, e sim estupidez. Ou fraqueza desprezível.[79]

* *You don't tug on Superman's cape; you don't spit into the wind; you don't pull the mask off the old Lone Ranger; and you don't mess around with Jim.*

Portanto, os construcionistas sociais que mencionei anteriormente não estão errados ao indicar uma cultura de masculinidade combativa como uma causa essencial da violência. Mas estão errados ao pensar que ela é exclusivamente americana, que é causada pela separação da mãe ou pela relutância em expressar as emoções, e que é uma construção social arbitrária que pode ser "descontruída" por comentário verbal. E os fãs da abordagem da saúde pública estão certos ao pensar que as taxas de violência variam segundo as condições sociais, mas estão errados em achar que a violência é uma patologia em algum sentido médico. Culturas da honra surgem no mundo todo porque amplificam emoções humanas universais como orgulho, raiva, vingança e amor pelos amigos e parentes, e porque parecem ser respostas sensatas às condições da época e do lugar.[80] De fato, as próprias emoções são totalmente conhecidas mesmo quando não irrompem em violência, como a exibição de agressividade de certos motoristas, as intrigas no local de trabalho, as trocas de acusações de políticos, as traições acadêmicas e as *flame wars* [guerras de insultos por e-mail].

Em *Culture of honor* ["Cultura da honra", sem tradução em português], os psicólogos sociais Richard Nisbett e Dov Cohen mostram que culturas violentas emergem em sociedades que estão fora do alcance da lei e nas quais há facilidade para roubar recursos preciosos.[81] As sociedades que vivem do pastoreio preenchem essas duas condições. Os pastores tendem a viver em territórios que são impróprios para o cultivo e, portanto, distantes dos centros de governo. E seu principal recurso, o gado, é mais fácil de roubar do que o principal recurso dos agricultores, a terra. Em sociedades pastoris um homem pode ser destituído de sua riqueza (e de sua capacidade para adquirir riqueza) num piscar de olhos. Nesse meio, os homens cultivam a prontidão para a retaliação violenta, não só contra ladrões de gado mas contra qualquer um que queira testar sua determinação com sinais de desrespeito que poderiam mostrá-los como alvos fáceis para os ladrões de gado. *Highlanders* escoceses, montanheses dos Apalaches, caubóis do Oeste americano, guerreiros masai, índios sioux, tribos de druzos e beduínos, clãs dos Bálcãs e montanheses da Indochina são exemplos bem conhecidos.

A honra de um homem é uma espécie de "realidade social", no sentido proposto por John Searle: ela existe porque todos concordam que existe, mas nem por isso é menos real, pois reside em uma admissão de poder consensual. Quando o estilo de vida de um povo muda, sua cultura da honra pode permanecer por muito tempo, pois é difícil para qualquer um ser o primeiro a renunciar à cultura. O próprio ato de renunciar a ela pode ser uma admissão de fraqueza e status inferior mesmo quando as ovelhas e as montanhas são apenas uma lembrança remota.

O Sul dos Estados Unidos há muito tempo apresenta taxas de violência mais elevadas que o Norte, incluindo a tradição de duelo entre "homens de honra" como Andrew Jackson. Nisbett e Cohen observam que boa parte do Sul foi originalmente colonizada por pastores escoceses e irlandeses, enquanto o Norte foi colonizado por agricultores ingleses. Além disso, durante grande parte de sua história a fronteira montanhosa do Sul esteve fora do alcance da lei. A resultante cultura sulista da honra está, notavelmente, viva na virada do século XXI em leis e atitudes sociais. Estados sulistas impõem menos restrições à posse de arma, permitem que pessoas atirem em um assaltante ou atacante sem ter de fugir primeiro, são tolerantes com pais que espancam os filhos e escolas que aplicam castigos corporais, são mais belicosos em questões de defesa nacional e executam mais criminosos.[82]

Essas atitudes não flutuam em uma nuvem chamada "cultura"; são visíveis na psicologia dos sulistas individuais. Nisbett e Cohen anunciaram um falso experimento de psicologia na liberal Universidade de Michigan. Para chegar ao laboratório, os participantes tinham de espremer-se para passar por um ajudante-ator que estava preenchendo papéis no corredor. Quando um participante roçava nele, o ajudante fechava a gaveta com estrondo e resmungava "babaca". Os estudantes de estados nortistas achavam graça, mas os de estados sulistas ficavam visivelmente aborrecidos. Os sulistas tinham níveis elevados de testosterona e cortisol (um hormônio do estresse) e níveis de auto-estima relatados mais baixos. Compensavam isso dando um aperto de mão mais firme e agindo de modo mais dominante com o experimentador, e ao sair do laboratório recusavam-se a recuar para dar passagem quando outro ajudante-ator aproximava-se pelo estreito corredor e um dos dois precisava sair do caminho. Isso não quer dizer que os sulistas andam por aí cronicamente furiosos: um grupo de controle que não havia sido insultado mostrou-se tão calmo e contido quanto os nortistas. E os sulistas não aprovam a violência no abstrato, somente a violência provocada por um insulto ou uma violação.

As *inner cities* de população afro-americana estão entre os ambientes mais flagrantemente violentos nas democracias ocidentais, e também elas têm uma arraigada cultura da honra. Em seu perspicaz ensaio "The code of the streets", o sociólogo Elijah Anderson descreve a obsessão dos homens jovens por respeito, seu cultivo da reputação de intrepidez, sua prontidão para retaliar com violência por qualquer deslize e seu reconhecimento universal das regras desse código.[83] Não fosse pelo dialeto tão característico, como se observa na regra "If someone disses you, you got to straighten them out" [Se alguém o insultar, você tem de dar o troco], a descrição do código apresentada por Anderson seria indistinguível dos relatos sobre a cultura da honra entre os sulistas brancos.

Se os afro-americanos das *inner cities* nunca foram pastores de cabras, como é que desenvolveram uma cultura da honra? Uma possibilidade é que a tenham trazido com eles do Sul quando migraram para grandes cidades depois das duas guerras mundiais — uma bela ironia para os sulistas racistas dados a atribuir a violência nas *inner cities* a algo caracteristicamente afro-americano. Outro fator é que a riqueza dos homens jovens é fácil de ser roubada, pois com freqüência está na forma de dinheiro vivo ou de drogas. Um terceiro fator é que os guetos constituem uma espécie de fronteira onde não se pode confiar na proteção da polícia. O grupo de *gangsta rap* Public Enemy gravou um disco intitulado "911 is a joke" [911 — o telefone da polícia — é uma piada]. Um quarto fator é que os pobres, especialmente os homens jovens, não podem orgulhar-se de um trabalho prestigioso, de uma bela casa ou de realizações profissionais, e isso pode valer duas vezes mais para os afro-americanos depois de séculos de escravidão e discriminação. Sua reputação nas ruas é seu único modo de adquirir status. Finalmente, Anderson salienta que o código das ruas é autoperpetuador. A maioria das famílias afro-americanas nas *inner cities* acata valores pacíficos da classe média que eles chamam de "decentes".[84] Mas isso não basta para pôr fim à cultura da honra:

> Todo mundo sabe que se as regras forem violadas haverá penalidades. O conhecimento do código, portanto, é em grande medida defensivo; ele é absolutamente necessário para operar em público. Assim, embora em geral as famílias que procuram a decência se oponham aos valores do código, com freqüência encorajam relutantemente que seus filhos se familiarizem com ele a fim de que possam conviver no ambiente das *inner cities*.[85]

Estudos sobre a dinâmica da violência nos guetos corroboram a análise de Anderson. O salto nas taxas de criminalidade urbana nos Estados Unidos entre

1985 e 1993 pode estar relacionado, em parte, ao surgimento do crack e à economia subterrânea que ele gerou. Como ressaltou o economista Jeff Grogger: "A violência é um modo de fazer valer os direitos de propriedade na ausência do recurso à lei".[86] A emergência da violência na economia dessa nova droga armou a esperada armadilha hobbesiana. Como observou o criminologista Jeffrey Fagan, o uso de arma de fogo alastrou-se contagiosamente quando "jovens que de outro modo não portariam armas sentiram que precisavam fazê-lo a fim de evitar ser vitimados por seus iguais armados".[87] E como vimos no capítulo sobre política, a desigualdade econômica patente é um bom indicador para prognosticar a violência (melhor até que a pobreza em si), presumivelmente porque homens privados de meios legítimos de adquirir status acabam competindo pelo status nas ruas.[88] Assim, não surpreende que, quando adolescentes afro-americanos são retirados de bairros carentes, não se mostram mais violentos ou delinqüentes do que adolescentes brancos.[89]

A análise de Hobbes sobre as causas da violência, corroborada por dados atuais sobre crime e guerra, mostra que a violência não é um impulso primitivo e irracional, tampouco uma "patologia", exceto no sentido metafórico de um mal que todos gostariam de eliminar. Em vez disso, ela é o resultado quase inevitável da dinâmica dos organismos sociais racionais movidos pelo auto-interesse.

Mas Hobbes celebrizou-se por apresentar não apenas as causas da violência mas um modo de preveni-la: "um poder comum que se faça respeitar por todos". Sua *commonwealth* [comunidade política] era um meio de implementar o princípio de que "um homem se disponha, quando os outros assim o fizerem [...] a renunciar a esse direito a todas as coisas, e a contentar-se com ter tanta liberdade com os outros homens quanto a que ele permitiria aos outros ter consigo".[90] As pessoas investem de autoridade uma pessoa ou assembléia soberana que pode usar da força coletiva dos contratantes para fazer com que cada um respeite o acordo, pois "pactos, sem a espada, não passam de palavras, e nenhuma força têm para dar segurança a um homem".[91]

Um corpo governante a quem foi concedido o monopólio do uso legítimo da violência pode neutralizar cada uma das razões hobbesianas para a contenda. Infligindo penalidades aos agressores, o corpo governante elimina a lucrati-

447

vidade da invasão por lucro. Isso, por sua vez, desarma a armadilha hobbesiana na qual pessoas mutuamente desconfiadas são tentadas a desferir um ataque preventivo para evitar ser invadidas por motivo de ganho. E um sistema de leis que defina as infrações e penalidades e as faça cumprir desinteressadamente pode tornar desnecessária a prontidão para a retaliação e a conseqüente cultura da honra. As pessoas podem ter certeza de que *alguém* imporá desincentivos a seus inimigos, eliminando a necessidade de manter uma postura beligerante para provar que não são sacos de pancada. E contar com uma terceira parte para medir as infrações e as punições evita o risco do auto-engano, que normalmente convence os membros de cada lado de que sofreram o maior número de ofensas. Essas vantagens da mediação de uma terceira parte também pode valer para métodos não governamentais de resolução de conflitos, nos quais os mediadores tentam ajudar as partes hostis a negociar um acordo, ou nos quais os árbitros emitem um veredicto mas não têm capacidade para impô-lo.[92] O problema dessas medidas sem poder coercivo é que as partes sempre podem dar-lhes as costas se o resultado não for o que desejam.

A decisão por uma autoridade armada parece ser a mais eficaz técnica geral de redução da violência já inventada. Embora haja debates sobre se ajustes na política criminal, como a decisão entre executar os assassinos ou trancafiá-los pelo resto da vida, podem reduzir a violência em alguns pontos percentuais, ninguém pode contestar os efeitos substanciais de possuir um sistema de justiça criminal em comparação com viver na anarquia. As taxas de homicídio assombrosamente elevadas das sociedades pré-estatais, com 10% a 60% dos homens morrendo pelas mãos de outros homens, fornecem um tipo de indicador.[93] Outro é a emergência de uma cultura da honra violenta em praticamente qualquer canto do mundo que esteja fora do alcance da lei.[94] Muitos historiadores afirmam que as pessoas acataram autoridades centralizadas na Idade Média e em outros períodos para livrar-se do fardo de ter de retaliar contra os que queriam prejudicá-las e a seus parentes.[95] E o crescimento dessas autoridades pode explicar o declínio em *cem vezes* das taxas de homicídio nas sociedades européias desde a Idade Média.[96] Os Estados Unidos apresentaram uma redução notável nas taxas de crimes urbanos desde a primeira metade do século XIX até a segunda, período que coincidiu com a formação de forças policiais profissionais nas cidades.[97] As causas do declínio do crime nos Estados Unidos na década de 1990 são polêmicas e provavelmente diversas, mas muitos criminologistas atribuem esse declínio em parte ao policiamento comunitário mais intenso e a maiores taxas de detenção de criminosos violentos.[98]

O inverso também é verdadeiro. Quando a imposição da lei desaparece, irrompe todo tipo de violência: saques, acerto de velhas contas, faxina étnica e guerrinhas entre gangues, déspotas e máfias. Isso esteve óbvio nos remanescentes da Iugoslávia, União Soviética e partes da África na década de 1990, mas também pode ocorrer em países com longa tradição de civilidade. Quando eu era adolescente no orgulhosamente pacífico Canadá, durante os românticos anos 60, acreditava piamente no anarquismo de Bakunin. Ridicularizava o argumento de meus pais de que se o governo alguma vez abrisse mão das armas seria o caos. Nossas predições concorrentes foram postas em xeque às oito da manhã de 17 de outubro de 1969, quando a polícia de Montreal entrou em greve. Às 11h20 o primeiro banco foi roubado. Ao meio-dia a maioria das lojas do centro da cidade havia fechado devido a saques. Em algumas horas mais, motoristas de táxi incendiaram a garagem de uma locadora de limusines que competia com eles por passageiros do aeroporto, um atirador de tocaia no telhado matou um policial provincial, desordeiros invadiram vários hotéis e restaurantes, e um médico matou um assaltante em sua casa num bairro elegante. No fim do dia seis bancos haviam sido roubados, cem lojas haviam sido saqueadas, doze incêndios haviam sido provocados e 3 milhões de dólares em prejuízos materiais haviam sido infligidos, antes que as autoridades municipais tivessem de convocar o Exército e, obviamente, a polícia montada, para restaurar a ordem.[99] Esse teste empírico decisivo deitou por terra a minha política (e me ofereceu uma amostra da vida de cientista).

A generalização de que a anarquia no sentido de ausência de governo conduz à anarquia no sentido de caos violento pode parecer banal, mas com freqüência é desconsiderada no clima ainda romântico do presente. Governo em geral é anátema para muitos conservadores, e polícia e sistema penitenciário são anátemas para muitos liberais. Muita gente de esquerda, mencionando a incerteza quanto ao valor intimidativo da pena de morte em comparação com a prisão perpétua, assevera que a intimidação não tem eficácia de um modo geral. E muitas pessoas opõem-se a um policiamento mais eficaz das *inner cities*, embora esse possa ser o modo mais eficaz de fazer habitantes decentes abjurarem o código das ruas. Decerto temos de combater as iniqüidades raciais que põem demasiados homens afro-americanos na prisão, mas, como argumentou o especialista em direito Randall Kennedy, também temos de combater as iniquidades raciais que deixam tantos afro-americanos expostos a criminosos.[100] Muitos da direita opõem-se à descriminalização das drogas, da prostituição e do jogo, sem levar em conta os custos das zonas de anarquia que, por sua própria lógica de livre mercado, inevitavelmente proliferam graças às políticas de proibição. Quando a demanda por um produto é alta, fornecedores se materializarão, e se não conseguirem proteger seus direitos de propriedade chamando a polícia, apelarão para a violenta cultura da honra. (Essa afirmação é distinta do argumento moral de que nossas atuais políticas antidrogas encarceram multidões de pessoas não violentas.) As crianças de hoje recebem na escola a informação errada de que os nativos americanos e outros povos em sociedades pré-estatais eram inerentemente pacíficos, o que as leva a não compreender, e de fato a desprezar, uma das melhores invenções de nossa espécie, o governo democrático e a norma jurídica.

Hobbes ficou em falta ao lidar com o problema de policiar a polícia. Em sua opinião, a guerra civil era tamanha calamidade que qualquer governo — monarquia, aristocracia ou democracia — era preferível. Hobbes aparentemente não se deu conta de que, na prática, um leviatã não seria um monstro marinho sobrenatural, mas um ser humano ou um grupo deles, acompanhado dos pecados mortais da ganância, desconfiança e honra. (Como vimos no capítulo anterior, essa se tornou a obsessão dos herdeiros de Hobbes que elaboraram a Constituição dos Estados Unidos.) Homens armados são sempre uma ameaça, portanto a polícia que não está sob rigoroso controle democrático pode ser uma calamidade muito pior do que o crime e as rixas que grassam sem ela. No século xx, segundo o cientista político R. J. Rummel, em *Death by government* ["Morte pelo governo", sem tradução em português], 170 milhões de pessoas foram mortas por seu próprio governo. E o assassinato pelo governo não é uma relíquia das tiranias de meados do século. A Lista de Conflitos Mundiais do ano 2000 registrou:

> *O mais estúpido conflito na contagem deste ano é o de Camarões.* No início do ano, Camarões sofria problemas generalizados com crimes violentos. O governo respondeu a essa crise criando e armando milícias e grupos paramilitares para erradicar o crime extrajudicialmente. Agora, embora o crime violento tenha diminuído, as milícias e os paramilitares criaram muito mais caos e mortes do que o crime

jamais teria gerado. De fato, no decorrer do ano foram descobertas sepulturas coletivas que foram relacionadas a grupos paramilitares.[101]

Esse padrão lembra o de outras regiões do mundo (incluindo a nossa) e mostra que a preocupação dos defensores das liberdades civis com as práticas policiais abusivas é um contrapeso indispensável ao monopólio da violência que outorgamos ao Estado.

Leviatãs democráticos mostraram ser uma medida antiviolência eficaz, mas deixam muito a desejar. Como combatem a violência com violência ou ameaça de violência, eles próprios podem ser perigosos. E, para começar, seria muito melhor se pudéssemos descobrir um modo de fazer com que as pessoas renunciassem à violência em vez de puni-las após o fato. O pior é que até agora ninguém imaginou como instituir um leviatã democrático mundial que puna a competição agressiva, desarme as armadilhas hobbesianas e elimine as culturas da honra que vigoram entre os mais perigosos perpetradores de violência, as nações-Estados. Como observou Kant: "A depravação da natureza humana revela-se sem disfarce nas relações irrefreadas que vigoram entre as várias nações".[102] A grande questão é como fazer com que as pessoas e as nações repudiem a violência logo de saída, prevenindo as escaladas de hostilidade antes que elas comecem.

Na década de 1960 tudo parecia muito simples. A guerra é prejudicial às crianças e outros seres vivos. E se fosse declarada uma guerra e ninguém aparecesse? Guerra: para que serve? Para absolutamente nada! O problema desses sentimentos é que o outro lado tem de sentir a mesma coisa ao mesmo tempo. Em 1939 Neville Chamberlain propôs seu próprio slogan antiguerra: "Paz em nossa época". Seguiu-se uma guerra mundial e um holocausto, pois seu adversário não concordava que a guerra não servia para absolutamente nada. O sucessor de Chamberlain, Churchill, explicou por que a paz não é uma simples questão de pacifismo unilateral: "Nada é pior do que a guerra? Desonra é pior do que a guerra. Escravidão é pior do que a guerra". Um conhecido adesivo de pára-choque exprime um sentimento afim: SE VOCÊ QUER A PAZ, TRABALHE PELA JUSTIÇA. O problema é que aquilo que um lado vê como honra e justiça o outro pode ver como desonra e injustiça. Além disso, "honra" pode ser uma louvável disposição para defender a vida e a liberdade, mas também pode ser uma imprudente recusa a recuar das hostilidades.

Às vezes todos os lados realmente percebem que teriam vantagem se transformassem suas espadas em arados. Estudiosos como John Keegan e Donald Horowitz observaram o declínio geral no gosto pela violência como meio de decidir disputas na maioria das democracias ocidentais no último meio século.[103] Guerras civis, castigos corporais e pena de morte, tumultos étnicos letais e guerras entre países requerendo matança face a face declinaram ou desapareceram. E, como mencionei, embora algumas décadas de séculos recentes tenham sido mais violentas do que outras, a tendência geral do crime foi descendente.

Uma possível razão são as forças cosmopolitas que levam à expansão do círculo moral das pessoas. Outra podem ser os efeitos de longo prazo de viver com um leviatã. A atual civilidade na Europa, afinal de contas, seguiu-se a séculos de decapitações, enforcamentos públicos e exílios em colônias penais. E o Canadá pode ser mais pacífico que seus vizinhos em parte porque seu governo chegou primeiro que o povo na ocupação da terra. Ao contrário dos Estados Unidos, onde os colonizadores se espalharam por uma vasta paisagem bidimensional com inúmeros nichos, a porção habitável do Canadá é uma faixa unidimensional ao longo da divisa com os Estados Unidos, sem fronteiras remotas e enclaves nos quais a cultura da honra poderia inflamar-se. Segundo o especialista em estudos canadenses Desmond Morton: "Nosso Oeste expandiu-se de um modo organizado e pacífico, com a polícia chegando antes dos colonos".[104]

Mas as pessoas podem tornar-se menos truculentas sem os incentivos externos de dólares e centavos ou da força bruta do governo. Pessoas do mundo todo têm refletido sobre a futilidade da violência (ao menos quando estão suficientemente equilibradas com seus adversários para que nenhum prevaleça). Um nativo da Nova Guiné lamenta: "A guerra é ruim e ninguém gosta dela. As batatas-doces desaparecem, os porcos desaparecem, os campos se deterioram e muitos parentes e amigos são mortos. Mas ninguém pode evitá-la".[105] Chagnon relata que alguns homens ianomâmis refletem sobre a futilidade de suas rixas e alguns tornam público que não querem participar de ataques a outras aldeias.[106] Nesses casos pode tornar-se claro que ambos os lados seriam beneficiados se fizessem um acordo em vez de continuar a lutar por causa de suas diferenças. Durante a guerra de trincheiras na Primeira Guerra Mundial, soldados britânicos e alemães extenuados sondavam as intenções hostis do adversário com suspensões momentâneas dos tiroteios. Se o outro lado respondesse com uma suspensão equivalente, instalavam-se longos períodos de paz extra-oficial ignorada por seus belicosos comandantes.[107] Como disse um soldado britânico: "Não queremos matar vocês, e vocês não querem nos matar, então por que atirar?".[108]

O episódio mais importante no qual partes beligerantes procuraram um modo de afrouxar seu abraço mortal foi a crise dos mísseis cubanos, em 1962, quando os Estados Unidos descobriram mísseis nucleares soviéticos em Cuba e exigiram que fossem removidos. Kruchov e Kennedy foram ambos alertados sobre os custos humanos do limiar nuclear do qual se aproximavam, Kruchov por lembranças das duas guerras mundiais combatidas em sua terra, Kennedy por uma vívida descrição do que ocorre depois de uma explosão atômica. E cada um deles compreendeu que estava em uma armadilha hobbesiana. Kennedy acabara de ler *Canhões de agosto*, e vira como os líderes de grandes nações podiam cometer erros até se enredar em uma guerra sem sentido. Kruchov escreveu a Kennedy:

> Você e eu não devemos agora puxar as pontas da corda na qual você deu um nó de guerra, pois quanto mais forte você e eu puxarmos, mais apertado se tornará esse nó. E pode chegar uma hora em que esse nó estará tão apertado que a pessoa que o fez não será mais capaz de desfazê-lo, e então o nó terá de ser cortado.[109]

Identificando a armadilha, eles puderam formular um objetivo comum de escapar dela. Contrariando muitos de seus conselheiros e grandes setores de seu público, ambos fizeram concessões que evitaram uma catástrofe.

O problema da violência, portanto, é que as vantagens de empregá-la ou renunciar a ela dependem do que o outro lado faz. Cenários assim são da esfera da teoria dos jogos, e os teóricos dessa área mostraram que a melhor decisão para cada jogador individualmente às vezes é a pior decisão para ambos coletivamente. O mais célebre exemplo disso é o dilema do prisioneiro, no qual parceiros em um crime são detidos em celas separadas. A cada um deles é prometida a liberdade se ele for o primeiro a delatar o parceiro (que nesse caso receberá uma sentença severa), uma sentença leve se nenhum dos dois delatar o outro, e uma sentença moderada se cada um delatar o outro. A estratégia ótima para cada prisioneiro é deixar que o parceiro sofra sozinho, mas quando ambos fazem isso acabam com um resultado pior do que se ambos se mantivessem leais. Mas nenhum deles pode permanecer leal devido ao medo de que o parceiro venha a delatá-lo e deixá-lo com o pior de todos os resultados. O dilema do prisioneiro é semelhante ao dilema do pacifista: o que é bom para um (beligerância) é ruim para ambos, mas o que é bom para ambos (pacifismo) é inatingível quando nenhum dos dois pode ter certeza de que o outro está optando por isso.

O único modo de vencer um dilema do prisioneiro é mudar as regras ou encontrar um jeito de sair do jogo. Os soldados da Primeira Guerra Mundial mudaram as regras de um modo que foi muito discutido pela psicologia evolucionista: jogar repetidamente e aplicar uma estratégia de reciprocidade, lembrando a última ação do outro jogador e retribuindo à altura.[110] Mas em muitos encontros antagônicos essa não é uma opção, pois quando o outro jogador trai ele pode destruir o oponente — ou, no caso da crise dos mísseis cubanos, pode destruir o mundo. Neste caso, os jogadores tiveram de reconhecer que estavam em um jogo infrutífero e mutuamente decidiram sair dele.

Glover extrai importante conclusão sobre como o componente cognitivo da natureza humana poderia permitir que reduzíssemos a violência mesmo que no momento ela pareça ser uma estratégia racional:

Às vezes estratégias auto-interessadas aparentemente racionais revelam-se (como no dilema do prisioneiro [...]) autoderrotadoras. Isso pode parecer uma derrota da racionalidade, mas não é. A racionalidade é salva por sua própria flexibilidade. Se uma estratégia de cumprir regras aceitas de racionalidade se mostra às vezes autoderrotadora, isso não é o fim. Revemos as regras para levar em conta esse fato, produzindo assim uma estratégia racional de ordem superior. Esta pode falhar, por sua vez, mas novamente subimos um nível. Em qualquer nível que falhemos, existe sempre o processo de parar, refletir e subir mais um nível.[111]

O processo de "parar e subir mais um nível" pode ser necessário para superar os impedimentos emocionais e intelectuais para a paz. Mediadores diplomáticos tentam agilizar as epifanias que encorajam adversários a desvencilhar-se de um jogo mortal. Procuram enfraquecer a competição elaborando cuidadosamente acordos sobre os recursos disputados. Esforçam-se para desarmar as armadilhas hobbesianas empregando "medidas geradoras de confiança", como tornar transparentes as atividades militares e introduzir uma terceira parte como fiadora. E tentam trazer cada lado para o círculo moral do outro facilitando o comércio, intercâmbios culturais e atividades interpessoais.

Tudo isso parece excelente, mas os diplomatas às vezes se frustram quando no fim do dia os dois lados parecem odiar-se tanto quanto no início. Continuam a demonizar seus oponentes, a deturpar os fatos e a considerar traidores os conciliadores de seu próprio lado. Milton J. Wilkinson, um diplomata que não conseguiu levar gregos e turcos a resolver suas diferenças em torno de Chipre, afirma que os mediadores precisam compreender as faculdades emocionais dos adversários e não apenas neutralizar os incentivos racionais do momento. Os mais bem concebidos planos de mediadores freqüentemente são desencaminhados pelo etnocentrismo, senso de honra, moralização e auto-engano das partes oponentes.[112] Essas mentalidades evoluíram para lidar com hostilidades no passado ancestral, e precisamos trazê-las à tona se quisermos contorná-las no presente.

A ênfase na flexibilidade da racionalidade humana condiz com a descoberta da ciência cognitiva de que a mente é um sistema combinatório e recursivo.[113] Não só temos pensamentos, mas também temos pensamentos sobre nossos pensamentos, e pensamentos sobre nossos pensamentos sobre nossos pensamentos. Os avanços na resolução de conflitos humanos de que tratamos neste capítulo — submeter-se à norma jurídica, descobrir um modo de ambos os lados recuarem sem se rebaixar, reconhecer a possibilidade do auto-engano, aceitar a equivalência entre nossos próprios interesses e os de outras pessoas — dependem dessa habilidade.

Muitos intelectuais desviaram o olhar da lógica evolucionista da violência, temendo que reconhecê-la equivaleria a aceitá-la ou até a aprová-la. Em vez disso, acalentaram a confortadora ilusão do bom selvagem, na qual a violência é um produto arbitrário do aprendizado ou um agente patogênico que vem de fora e penetra em nós. Mas negar a lógica da violência facilita esquecer a prontidão com que a violência pode eclodir, e desconsiderar as partes da mente que desencadeiam a violência facilita desconsiderar as partes que podem extingui-la. Em se tratando da violência, assim como ocorre com tantos outros assuntos humanos, a natureza humana é um problema, mas também é a solução.

18. Gênero

Agora que seu homônimo chegou e passou, o filme *2001: A space odyssey* [*2001: Uma odisséia no espaço*] nos dá a oportunidade de comparar imaginação e realidade. O clássico de ficção científica de Arthur C. Clarke, lançado em 1968, descreveu o destino de nossa espécie desde os homens-macacos da savana até uma transcendência de tempo, espaço e corpos que só vagamente podemos compreender. Clarke e o diretor, Stanley Kubrick, arquitetaram uma visão radical da vida no terceiro milênio, e em alguns aspectos ela se concretizou. Uma estação espacial permanente está sendo construída, e o correio de voz e a internet são rotina em nossa vida. Em outros aspectos, Clarke e Kubrick foram excessivamente otimistas quanto à marcha do progresso. Ainda não temos animação suspensa, missões a Júpiter ou computadores que fazem leitura labial e tramam motins. E em ainda outros aspectos eles se enganaram redondamente. Em sua visão do ano 2001, as pessoas registravam suas palavras em máquinas de escrever: Clarke e Kubrick não previram os processadores de texto nem os laptops. E em sua concepção do novo milênio as mulheres americanas eram "assistentes": secretárias, recepcionistas e comissárias de bordo.

O fato de esses visionários não preverem a revolução no status feminino da década de 1970 é um oportuno lembrete de como as disposições sociais podem mudar depressa. Não faz muito tempo, as mulheres eram vistas como aptas apenas para ser donas de casa, mães e parceiras sexuais; eram desincentivadas a seguir carreiras profissionais qualificadas porque estariam tirando o trabalho de um homem, rotineiramente sujeitas a discriminação, olhadas como inferiores e incapazes e vítimas de extorsão sexual. A libertação feminina ainda em processo depois de milênios de opressão é uma das grandes conquistas morais de nossa espécie, e me considero afortunado por haver testemunhado algumas de suas principais vitórias.

A mudança no status das mulheres tem várias causas. Uma é a lógica inexorável da expansão do círculo moral, que também levou à abolição do despotismo, escravidão, feudalismo e segregação racial.[1] Em pleno Iluminismo, a pioneira feminista Mary Astell (1688-1731) escreveu:

Se a soberania absoluta não é necessária em um Estado, por que o seria em uma família? Ou, se o é em uma família, por que não em um Estado? Pois nenhuma razão pode ser apresentada para um sem que valha também, ainda mais acentuadamente, para a outra.

Se *todos os homens nascem livres,* por que todas as mulheres nascem escravas? Como sem dúvida o são, já que estarem sujeitas à *inconstante, incerta, desconhecida, arbitrária vontade* dos homens é a perfeita condição de escravidão.[2]

Outra causa é o progresso tecnológico e econômico que possibilitou aos casais ter relações sexuais e criar filhos sem a impiedosa divisão do trabalho na qual a mãe precisava dedicar todas as horas do seu dia a manter vivos os filhos. Água limpa, saneamento e a medicina moderna reduziram a mortalidade infantil e o desejo de uma prole numerosa. Mamadeiras e leite de vaca pasteurizado, depois bombas de leite e freezers, permitiram alimentar os bebês sem que as mães ficassem acorrentadas a eles 24 horas por dia. A produção em massa tornou mais barato comprar produtos fabricados do que fazê-los em casa, e encanamentos, eletricidade e eletrodomésticos reduziram ainda mais a carga de trabalho doméstico. O crescente valor do cérebro em relação aos músculos na economia, o aumento da expectativa de vida humana (com a perspectiva de décadas de vida depois de criados os filhos) e a possibilidade de estudar por mais anos mudaram os valores das opções de vida femininas. Contracepção, amniocentese, ultra-som e tecnologias reprodutivas permitiram às mulheres postergar a gravidez até o momento ótimo em suas vidas.

E, evidentemente, a outra grande causa do progresso das mulheres é o feminismo: os movimentos políticos, literários e acadêmicos que canalizaram esses avanços para mudanças tangíveis em políticas e atitudes. A primeira onda feminista, cujos marcos nos Estados Unidos foram a convenção de Seneca Falls, em 1848, e a ratificação da 19ª Emenda à Constituição, em 1920, deu às mulheres o direito de votar, atuar como juradas, possuir bens no casamento, divorciar-se e receber educação. A segunda onda, florescente na década de 1970, trouxe as mulheres para as profissões qualificadas, mudou a divisão do trabalho no lar, expôs parcialidades sexistas nas empresas, governo e outras instituições e pôs em evidência os interesses das mulheres em todas as esferas da vida. O recente progresso nos direitos das mulheres não eliminou a razão de ser do feminismo. Em boa parte do Terceiro Mundo, a posição das mulheres não melhorou desde a Idade Média, e em nossa sociedade ainda há mulheres sujeitas a discriminação, assédio e violência.

O feminismo é visto por muitos como sendo oposto às ciências da natureza humana. Boa parte desses cientistas acredita que as mentes dos dois sexos diferem ao nascer, e as feministas ressaltaram que essas crenças há muito tempo têm sido usadas para justificar o tratamento desigual das mulheres. Julgava-se que elas possuíam uma constituição feita para criar filhos e para a vida doméstica, além de ser incapazes do raciocínio necessário à política e às profissões qualificadas. Acreditava-se que os homens fossem presas de impulsos irresistíveis que os faziam assediar e estuprar mulheres, e essa crença servia para desculpá-los e para autorizar pais e maridos a controlar as mulheres sob o pretexto de protegê-las. Sendo assim, poderia parecer que as teorias mais convenientes às mulheres seriam a da tábula rasa — se nada é inato, as diferenças entre os sexos não podem ser inatas — e a do bom selvagem — se não somos dominados por impulsos ignóbeis, a exploração sexual pode ser eliminada mudando nossas instituições.

A crença de que o feminismo requer uma tábula rasa e um bom selvagem tornou-se um poderoso motor da desinformação disseminada. Em 1994 um cabeçalho na seção de ciência do *New York Times*, por exemplo, proclamava: "Sexos iguais em ilha dos mares do Sul".[3] Baseava-se no trabalho da antropóloga Maria Leptowsky, que (talvez canalizando o fantasma de Margaret Mead) afirmou que as relações entre os sexos na ilha de Vanatinai provam que "a sujeição das mulheres pelos homens não é um universal humano e não é inevitável".

458

Só mais adiante na matéria ficamos sabendo em que consiste a suposta igualdade: os homens tinham de trabalhar para o pai da noiva para pagar pela esposa, só os homens combatiam na guerra (atacando aldeias vizinhas em busca de esposas), as mulheres passavam mais tempo cuidando dos filhos e varrendo excremento de porco, e os homens passavam mais tempo aprimorando sua reputação e caçando javalis (ao que ambos os sexos atribuem mais prestígio). Desvinculação semelhante entre manchete e fato apareceu em uma matéria de 1998 do *Boston Globe* sob o título "Moças parecem diminuir a diferença de agressividade em relação aos rapazes". Em quanto elas diminuíram essa "diferença de agressividade"? Segundo a reportagem, elas agora cometem assassinato a uma taxa de *um décimo* da dos rapazes.[4] E em 1998 um artigo da co-produtora da revista feminista *Ms.*, "Take our daughters to work day" ["Levemos nossas filhas para um dia de trabalho", sem tradução em português], explicou fuzilamentos recentes em escolas de ensino médio com a notável afirmação de que os meninos nos Estados Unidos "estão sendo treinados por seus pais, outros adultos e nossa cultura e mídia para assediar, atacar, estuprar e assassinar meninas".[5]

Do outro lado, alguns conservadores estão confirmando os maiores temores das feministas invocando dúbias diferenças sexuais para condenar as escolhas das mulheres. Em artigo no *Wall Street Journal*, o cientista político Harvey Mansfiel escreveu que "o elemento protetor da masculinidade é posto em perigo pelo fato de as mulheres terem acesso igual a empregos fora de casa".[6] Um livro de F. Carolyn Graglia intitulado *Domestic tranqüility: A brief against feminism* ["Tranqüilidade no lar: Argumento contra o feminismo", sem tradução em português] teorizou que os instintos maternais e sexuais das mulheres estão sendo distorcidos pela assertividade e mente analítica exigidas por uma carreira. As jornalistas Wendy Shalit e Danielle Crittenden recentemente aconselharam as mulheres a casar jovens, adiar as carreiras e cuidar dos filhos em casamentos tradicionais, muito embora elas próprias não pudessem ter escrito seus livros se houvessem seguido o conselho que deram.[7] Leon Kass incumbiu-se de informar às moças o que elas desejam: "Pela primeira vez na história humana, mulheres maduras às dezenas de milhares vivem toda a década dos vinte aos trinta anos — seus anos mais férteis — em uma casa que não é a de seu pai nem a de seu marido; desprotegidas, solitárias e dessintonizadas com sua natureza inata. Algumas mulheres positivamente apreciam esse estado de coisas, mas a maioria não".[8]

Na verdade, não existe incompatibilidade entre os princípios do feminismo e a possibilidade de que homens e mulheres não sejam psicologicamente idênticos. Repetindo: igualdade não é a afirmação empírica de que todos os grupos de humanos são intercambiáveis; é o princípio moral de que os indivíduos não devem ser julgados nem refreados com base nos atributos médios de seu grupo. No caso do gênero, a quase derrotada Emenda da Igualdade de Direitos expôs sucintamente: "A igualdade de direitos perante a lei não será negada nem reduzida pelos Estados Unidos ou por qualquer Estado em razão do sexo". Se reconhecemos esse princípio, ninguém precisa inventar mitos sobre a indistinguibilidade dos sexos para justificar a igualdade. Tampouco alguém deve invocar diferenças entre os sexos para justificar políticas discriminatórias ou para fazer sermão às mulheres sobre o que elas não querem fazer.

De qualquer modo, o que sabemos sobre os sexos não requer nenhuma ação que penalize ou reprima um sexo ou o outro. Muitos traços psicológicos relevantes para a esfera pública, como a inteligência geral, são iguais em média para homens e mulheres, e praticamente todos os traços psicológicos podem ser encontradas em vários graus entre os membros de cada sexo. Nenhuma diferença entre os sexos descoberta até agora aplica-se a todos os homens em comparação com todas as mulheres, portanto as generalizações sobre um sexo sempre serão falsas para muitos indivíduos. E idéias como "papel adequado" e "lugar natural" são cientificamente sem sentido e não justificam a restrição da liberdade.

Apesar desses princípios, muitas feministas criticam veementemente as pesquisas sobre sexualidade e diferenças entre os sexos. A política de gênero é a principal razão da feroz resistência à aplicação da evolução, genética e neurociência à mente humana na vida intelectual moderna. Mas, diferentemente de outras divisões humanas como raça e etnia, em que quaisquer diferenças biológicas são desprezíveis na melhor das hipóteses e cientificamente destituídas de interesse, o gênero não pode ser desconsiderado na ciência dos seres humanos. Os sexos são tão antigos quanto a vida complexa e constituem um tema fundamental da biologia evolucionista, da genética e da ecologia comportamental. Desconsiderá-lo no caso de nossa espécie seria destroçar nossa compreensão do lugar que ocupamos no cosmo. E, obviamente, diferenças entre homens e mulheres afetam todos os aspectos de nossa vida. Todos temos mãe e pai, somos atraídos por membros do sexo oposto (ou notamos nosso contraste com as pessoas que o são) e nunca deixamos de perceber o sexo de nossos irmãos, filhos e amigos. Desconsiderar o gênero seria desconsiderar uma parte fundamental da condição humana.

O objetivo deste capítulo é esclarecer a relação entre a biologia da natureza humana e as atuais controvérsias sobre gênero, incluindo as duas mais incendiárias, as diferenças entre os sexos e a agressão sexual. Com esses dois vespeiros, argumentarei contra a sabedoria convencional associada a certas pessoas que se arrogam falar em nome do feminismo. Elas podem criar a ilusão de que os argumentos são contrários ao feminismo em geral, ou mesmo aos interesses das mulheres. Não são, de modo algum, e devo começar mostrando por quê.

O feminismo com freqüência é ridicularizado devido aos argumentos de suas extremistas fanáticas — por exemplo, toda relação sexual é um estupro, todas as mulheres deveriam ser lésbicas ou só se deveria permitir que 10% da população fosse do sexo masculino.[9] As feministas replicam que as proponentes dos direitos das mulheres não têm todas a mesma idéia e que o pensamento feminista inclui muitas posições, as quais devem ser avaliadas independentemente.[10] Isso é totalmente legítimo, mas tem de valer nos dois sentidos. Criticar uma proposta feminista *específica* não é criticar o feminismo em geral.

Quem tem familiaridade com a vida acadêmica sabe que ela gera cultos ideológicos propensos ao dogma e resistentes à crítica. Muitas mulheres acreditam que isso está acontecendo agora com o feminismo. Em seu livro *Who stole feminism?* ["Quem roubou o feminismo?", sem tradução em português], a filósofa Christina Hoff Sommers faz uma distinção útil entre duas escolas de pensamento.[11] O *feminismo de eqüidade* opõe-se à discriminação sexual e outras formas de injustiça para com as mulheres. Pertence à tradição liberal e humanista clássica nascida do Iluminismo, pautou a primeira onda do feminismo e lançou a segunda. O *feminismo de gênero* afirma que as mulheres continuam a ser escravizadas por um difuso sistema de dominância masculina, o sistema de gênero, no qual "bebês bissexuais são transformados em personalidades do sexo masculino e do sexo feminino, uns destinados a comandar, os outros a obedecer".[12] Opõe-se à tradição liberal clássica e vincula-se ao marxismo, pós-modernismo, construcionismo social e ciência radical. Tornou-se o credo dos programas de estudos de algumas mulheres, organizações feministas e porta-vozes do movimento feminista.

O feminismo de eqüidade é uma doutrina moral sobre igualdade de tratamento que não se compromete com questões empíricas em aberto da psicologia ou da biologia. O feminismo de gênero é uma doutrina empírica comprometida com três afirmações sobre a natureza humana. A primeira é que as diferenças entre homens e mulheres não têm nenhuma relação com a biologia, sendo 100% construídas socialmente. A segunda é que os humanos possuem um único motivo social — o poder — e que a vida social somente pode ser compreendida com base em como ele é exercido. A terceira é que as interações humanas emergem não dos motivos das pessoas ao lidar umas com as outras como indivíduos, mas dos motivos de *grupos* ao lidar com outros grupos — neste caso, o sexo masculino dominando o feminino.

Acalentando essas doutrinas, as defensoras do feminismo de gênero estão algemando o feminismo a trilhos de um trem que se aproxima velozmente. Como veremos, neurociência, genética, psicologia e etnografia estão documentando diferenças entre os sexos que quase certamente se originam da biologia humana. E a psicologia evolucionista está documentando uma rede de motivos além da dominância de grupo sobre grupo (como amor, sexo, família e beleza) que nos enredam em muitos conflitos e confluências de interesses com membros do mesmo sexo e do sexo oposto. As feministas de gênero querem descarrilhar o trem ou fazer com que outras mulheres se juntem a elas em seu martírio, mas as outras mulheres não estão cooperando. Apesar de sua visibilidade, as feministas de gênero não falam em nome de todas as feministas, e muito menos de todas as mulheres.

Para começar, pesquisas sobre a base biológica das diferenças entre os sexos vêm sendo chefiadas por mulheres. Como é muito comum afirmar que essas pesquisas são um plano para manter as mulheres em posição inferior, terei de fornecer os nomes. Entre as pesquisadoras da biologia das diferenças entre os sexos incluem-se as neurocientistas Raquel Gur, Melissa Hines, Doreen Kimura, Jerre Levy, Martha McClintock, Sally Shaywitz e Sandra Witelson e as psicólogas Camille Benbow, Linda Gottfredson, Diane Halpern, Judith Kleinfeld e Diane McGuinnes. A sociobiologia e a psicologia evolucionista, às vezes estereotipadas como "disciplinas sexistas", talvez sejam as áreas acadêmicas que conheço em que a participação dos dois sexos é mais equilibrada. Suas principais figuras incluem Laura Betzig, Elizabeth Cashdan, Leda Cosmides, Helena Cronin, Mildred Dickeman, Helen Fisher, Patricia Gowaty, Kristen Hawkes,

Sarah Blaffer Hrdy, Magdalena Hurtado, Bobbie Low, Linda Mealey, Felicia Pratto, Marnie Rice, Catherine Salmon, Joan Silk, Meredith Small, Barbara Smuts, Nancy Wilmsen Thornhill e Margo Wilson.

Não é só a colisão do feminismo de gênero com a ciência que repele muitas feministas. Como outras ideologias endógamas, esta produziu estranhas excrescências, como por exemplo o ramo conhecido como feminismo de diferença. Carol Gilligan tornou-se um ícone do feminismo de gênero graças à sua afirmação de que homens e mulheres pautam seu raciocínio moral por diferentes princípios: os homens pensam em direitos e justiça; as mulheres têm sentimentos de compaixão, amparo e harmonização pacífica.[13] Se isso fosse verdade, desqualificaria as mulheres para as carreiras de direito constitucional, juízas da Suprema Corte e filósofas morais, nas quais se ganha a vida raciocinando sobre direitos e justiça. Mas não é verdade. Muitos estudos testaram a hipótese de Gilligan e constataram que homens e mulheres diferem pouco ou nada em seu raciocínio moral.[14] Portanto, o feminismo de diferença oferece às mulheres o pior de ambos os mundos: afirmações injustas sem base científica. Na mesma linha, o clássico do feminismo de gênero intitulado *Women's way of knowing* ["O modo de conhecer das mulheres", sem tradução em português] afirma que os sexos diferem no estilo de raciocínio. Os homens valorizam a excelência e o domínio de assuntos intelectuais e avaliam ceticamente os argumentos com base na lógica e nos fatos; as mulheres são espirituais, valorizam o relacionamento, são inclusivas e crédulas.[15] Com irmãs como essas, quem precisa de machos chauvinistas?

O desdém do feminismo de gênero pelo rigor analítico e pelos princípios liberais clássicos recentemente levou uma descompostura das feministas de eqüidade, entre elas Jean Bethke Elshtain, Elizabeth Fox-Genovese, Wendy Kaminer, Noretta Koertge, Donna Laframboise, Mary Lefkowitz, Wendy McElroy, Camille Paglia, Daphne Patai, Virginia Postrel, Alice Rossi, Sally Satel, Christina Hoff Sommers, Nadine Strossen, Joan Kennedy Taylor e Cathy Young.[16] Muito antes delas, eminentes escritoras fizeram ressalvas à ideologia do feminismo de gênero, entre elas Joan Didion, Doris Lessing, Iris Murdoch, Cynthia Ozick e Susan Sontag.[17] E, ominosamente para o movimento, uma geração mais nova rejeitou as afirmações do feminismo de gênero de que amor, beleza, flerte, erotismo, arte e heterossexualidade são constructos sociais perniciosos. O título do livro *The new Victorians: A young woman's challenge to the old feminist order* ["As novas vitorianas: Desafio de uma jovem à velha ordem feminista", sem tradução em português] exprime a revolta de escritoras como Rene Denfeld, Karen Lehrman, Katie Roiphe e Rebecca Walker, e dos movimentos denominados Terceira Onda, Riot Grrrl Movement ["Movimento da Garota Amotinada"], Feminismo Pró-Sexo, Lipstick Lesbian ["Lésbicas de Batom"], Girl Power e Feministas pela Expresão Livre.[18]

A diferença entre feminismo de gênero e feminismo de eqüidade explica o tão citado paradoxo de que muitas mulheres não se consideram feministas (cerca de 70% em 1997, um aumento em relação aos aproximadamente 60% da década anterior) apesar de concordar com todas as principais proposições feministas.[19] A explicação é simples: a palavra "feminista" freqüentemente é associada ao feminismo de gênero, mas as posições nas pesquisas são as do feminismo de eqüidade. Diante desses sinais de perda de apoio, as feministas de gênero tentaram estipular que apenas elas podem ser consideradas as verdadeiras defensoras dos direitos das mulheres. Por exemplo, em 1992 Gloria Steinem afirmou sobre Camille Paglia: "Que ela se intitule feminista equivale a um nazista dizer que não é anti-semita".[20] E inventaram um léxico de epítetos para o que, em qualquer outra área, se chamaria discordância: "recuar", "não entender", "silenciar as mulheres", "assédio intelectual".[21]

Tudo isso é uma introdução essencial para as discussões que virão a seguir. Dizer que mulheres e homens não têm mentes intercambiáveis, que as pessoas têm outros desejos além do poder e que os motivos pertencem a pessoas individuais e não apenas a todo um sexo não equivale a criticar o feminismo nem a comprometer os interesses das mulheres, apesar da idéia equivocada de que o feminismo de gênero fala em nome delas. Todos os argumentos no restante deste capítulo foram defendidos com toda a veemência por mulheres.

Por que as pessoas têm tanto medo da idéia de que as mentes de homens e mulheres não são idênticas em todos os aspectos? Seria realmente melhor se todo mundo fosse como Pat, o *nerd* andrógino de *Saturday night live*? O medo, evidentemente, é que diferença implique desigualdade — de que se os sexos diferem em qualquer aspecto, os homens teriam de ser melhores, ou mais dominantes, ou ficar com toda a diversão.

Nada poderia estar mais longe do pensamento biológico. Trivers aludiu a uma "simetria nas relações humanas" que abrangia uma "igualdade genética dos sexos".[22] Do ponto de vista de um gene, estar no corpo de um macho e estar no corpo de uma fêmea são estratégias igualmente boas, ao menos em média (as circunstâncias podem conferir alguma vantagem em qualquer uma dessas direções).[23] Assim, a seleção natural tende a um investimento igual nos dois sexos: números iguais, igual complexidade de corpos e cérebros, organizações igualmente eficientes para a sobrevivência. É melhor ser do tamanho de um babuíno macho e ter dentes caninos de quinze centímetros ou ser do tamanho de uma fêmea de babuíno e não os ter? A mera formulação da pergunta revela sua inutilidade. Um biólogo diria que é melhor ter as adaptações dos machos para lidar com problemas dos machos e ter as adaptações das fêmeas para lidar com problemas das fêmeas.

Portanto, os homens não são de Marte, e as mulheres não são de Vênus. Homens e mulheres são da África, o berço da nossa evolução, onde eles evoluíram juntos como uma única espécie. Homens e mulheres possuem todos os mesmos genes, com exceção de um punhado no cromossomo Y, e seus cérebros são tão semelhantes que é preciso um neuroanatomista com olho de águia para encontrar as pequenas diferenças entre eles. Seus níveis médios de inteligência são iguais, segundo as melhores estimativas psicométricas,[24] e eles usam a linguagem e pensam sobre o mundo físico e vivo da mesma maneira geral. Sentem as mesmas emoções básicas e ambos gostam de sexo, buscam parceiros conjugais inteligentes e gentis, sentem ciúme, fazem sacrifícios pelos filhos, competem por status e parceiros sexuais e às vezes cometem agressão ao se empenhar por seus interesses.

Mas é claro que as mentes de homens e mulheres não são idênticas, e estudos recentes sobre as diferenças entre os sexos convergiram para algumas diferenças dignas de crédito.[25] Às vezes as diferenças são grandes, com apenas uma ligeira sobreposição nas curvas normais. Os homens têm preferência muito mais acentuada pelo sexo sem compromisso com várias parceiras ou parceiros anônimas, como vemos na prostituição e na pornografia visual, feitas quase exclusivamente para o consumidor masculino.[26] Os homens têm muito maior probabilidade de competir uns com os outros violentamente, às vezes letalmente, por causas grandes e pequenas (como no caso recente de um cirurgião e um anestesiologista que se engalfinharam na sala de cirurgia enquanto o paciente jazia na mesa à espera da remoção de sua vesícula biliar).[27] Entre as crianças, os meninos passam muito mais tempo praticando para o conflito violento na forma do que os psicólogos delicadamente denominam "brincadeiras turbulentas".[28] A habilidade de manipular mentalmente objetos tridimensionais e o espaço também é bem maior nos homens.[29]

No caso de algumas outras características as diferenças são pequenas em média, mas podem ser grandes nos extremos. Isso acontece por duas razões. Quando duas curvas normais se sobrepõem parcialmente, quanto mais se vai na direção da extremidade delas, maiores são as discrepâncias entre os grupos. Por exemplo, os homens são em média mais altos que as mulheres, e a discrepância é maior para os valores mais extremos. Na altura de 1,77 metro, os homens superam numericamente as mulheres à razão de 3 para 1; na altura de 1,83 metro, os homens superam as mulheres à razão de 2 mil para 1. Além disso, confirmando uma expectativa da psicologia evolucionista, em muitas características a curva normal para os homens é mais achatada e larga do que para as mulheres. Ou seja, há proporcionalmente mais homens nos extremos. Ao longo da extremidade esquerda da curva, vemos que os meninos têm muito maior probabilidade de ter dislexia, deficiência de aprendizado, déficit de atenção, distúrbio emocional e retardo mental (ao menos certos tipos de retardo).[30] Na extremidade direita, vemos que, em uma amostra de estudantes talentosos que obtiveram acima de setecentos pontos (em oitocentos) na seção de matemática do Scholastic Assessment Test,* os rapazes superam as moças em 13 para 1, muito embora as pontuações de meninos e meninas sejam semelhantes na maior parte da curva.[31]

Para outras características, os valores médios para os dois sexos diferem em quantidades menores e em diferentes direções para diferentes características.[32] Embora os homens sejam, em média, melhores em fazer a rotação mental de objetos e mapas, as mulheres são melhores para lembrar pontos de referência e as posições dos objetos. Os homens têm melhor pontaria; as mulheres são mais jeitosas. Os homens são melhores na resolução de problemas matemáticos expressos em palavras, as mulheres são melhores para fazer cálculos. As mulheres são mais sensíveis a sons e odores, têm melhor percepção de profundidade, fazem a correspondência das formas mais depressa e são muito melhores na leitura de expressões faciais e da linguagem corporal. As mulheres são

---

* Teste de Avaliação Escolar: um exame para avaliar as aptidões matemáticas e verbais dos interessados em entrar na universidade nos Estados Unidos. (N. T.)

melhores para soletrar, recuperam palavras com mais fluência e têm melhor memória para material verbal.

As mulheres vivenciam emoções básicas com mais intensidade, excetuando-se, talvez, a raiva.[33] As mulheres têm relacionamentos sociais mais íntimos, são mais preocupadas com eles e sentem mais empatia por seus amigos, embora não por estranhos. (A idéia comum de que as mulheres sentem mais empatia por todos é improvável e falsa nas linhas evolucionistas.) Elas fazem mais contato visual, sorriem e riem com mais freqüência.[34] Os homens têm maior probabilidade de competir uns com os outros usando violência ou realização ocupacional, as mulheres têm maior probabilidade de usar a depreciação e outras formas de agressão verbal.

Os homens têm maior tolerância à dor e maior disposição para arriscar a vida e a integridade física por status, atenção e outras recompensas dúbias. O prêmio Darwin, concedido anualmente aos "indivíduos que asseguram a sobrevivência de longo prazo de nossa espécie retirando-se do fundo geral genético de um modo sublimemente idiota", quase sempre é entregue a homens. Laureados recentes incluem o homem que se esmagou sob uma máquina de Coca-Cola depois de incliná-la para a frente para conseguir uma lata de graça, três homens que competiram para ver quem conseguia sapatear com mais força sobre uma mina antitanque e o aspirante a piloto que amarrou balões atmosféricos em sua cadeira de jardim, subiu três quilômetros e foi levado à deriva para o alto-mar (ganhando apenas uma menção honrosa porque foi salvo por um helicóptero).

As mulheres são mais atentas ao choro corriqueiro de seus bebês (embora ambos os sexos respondam igualmente ao choro de extrema aflição) e mais solícitas com os filhos em geral.[35] As meninas brincam mais de cuidar de filhos e experimentar papéis sociais; os meninos brincam mais de lutar, caçar e manipular objetos. E os homens e mulheres diferem em seus padrões de ciúme sexual, em suas preferências por parceiros sexuais e em seus incentivos para a infidelidade.

Muitas diferenças entre os sexos, evidentemente, não têm nenhuma relação com a biologia. Estilos de penteados e roupas variam caprichosamente através dos séculos e das culturas, e em décadas recentes a participação em universidades, profissões qualificadas e esportes mudou de predominantemente masculina para meio a meio ou predominantemente feminina. Pelo que sabemos, algumas das atuais diferenças entre os sexos podem ser igualmente efêmeras. Mas as feministas de gênero afirmam que *todas* as diferenças entre os sexos, com exceção das anatômicas, provêm das expectativas de pais, colegas de brincadeiras e sociedade. A cientista radical Anne Fausto-Sterling escreveu:

> O fato biológico fundamental é que meninos e meninas têm genitália diferente, e é essa diferença biológica que leva os adultos a interagir diferentemente com diferentes bebês a quem, convenientemente, codificamos com as cores rosa ou azul para não ter de espiar dentro das fraldas em busca de informação sobre o sexo da criança.[36]

Mas a teoria do rosa e azul conta com cada vez menos credibilidade. Eis doze tipos de indícios de que homens e mulheres diferem mais do que apenas na genitália:

- As diferenças entre os sexos não são uma característica arbitrária da cultura ocidental, como a decisão de dirigir pela direita ou pela esquerda. Em todas as culturas humanas, homens e mulheres são vistos como possuidores de naturezas diferentes. Todas as culturas dividem o trabalho por sexo, com mais responsabilidade pela criação dos filhos para as mulheres e mais controle das esferas pública e política para os homens. (Essa divisão do trabalho emergiu mesmo em uma cultura em que todos se haviam comprometido a erradicá-la, os *kibutzim* israelenses.) Em todas as culturas os homens são mais agressivos, mais propensos a roubar, a cometer violência letal (incluindo guerra) e têm maior probabilidade de cortejar, seduzir e trocar favores por sexo. E em todas as culturas existe o estupro, bem como proibições contra ele.[37]
- Muitas das diferenças psicológicas entre os sexos são exatamente as que um biólogo evolucionista que conhecesse apenas suas diferenças físicas prediria.[38] Por todo o reino animal, quando a fêmea tem de investir mais calorias e risco em cada filho (no caso dos mamíferos, ao longo da gestação e da amamentação), ela também investe mais nos cuidados com a prole depois do nascimento, pois é mais custoso para a fêmea substituir um filho do que para um macho. A diferença em investimento é acompanhada por maior competição entre os machos por oportunidades para acasalar-se, pois acasalar-se com muitos parceiros aumenta mais para o macho do que para a fêmea a probabilidade de multiplicar o número de filhos. Quando o

macho médio é maior do que a fêmea média (o que ocorre no caso de homem e mulher), isso é indicador de uma história evolutiva de maior competição violenta entre os machos por oportunidades de acasalamento. Outras características físicas dos homens, como puberdade em idade mais avançada, maior força quando adulto e vida mais curta, também indicam uma história de seleção por competição arriscada.

• Muitas das diferenças entre os sexos são amplamente encontradas em outros primatas e, de fato, em toda a classe dos mamíferos.[39] Os machos tendem a competir mais agressivamente e a ser mais polígamos; as fêmeas tendem a investir mais na criação dos filhos. Para muitos mamíferos, uma extensão territorial maior é acompanhada por maior habilidade para orientar-se usando a geometria espacial (em contraste com lembrar-se de pontos de referência individual). Mais freqüentemente é o macho quem tem a maior extensão territorial, e isso ocorre com os caçadores-coletores humanos. A vantagem masculina no uso de mapas mentais e na rotação tridimensional de objetos pode não ser uma coincidência.[40]

• Geneticistas descobriram que a diversidade do DNA nas mitocôndrias de diferentes pessoas (que homens e mulheres herdam da mãe) é muito maior que a diversidade do DNA nos cromossomos Y (que os homens herdam do pai). Isso indica que por dezenas de milênios os homens tiveram maior variação que as mulheres no êxito reprodutivo. Alguns homens tiveram muitos descendentes e outros não tiveram nenhum (o que nos deixou com um pequeno número de cromossomos Y distintos), enquanto um maior número de mulheres tiveram um número de descendentes mais igualmente distribuído (deixando-nos com um maior número de genomas mitocondriais distintos). Essas são precisamente as condições que causam a seleção sexual, na qual os machos competem por oportunidades para acasalar-se e as fêmeas escolhem os machos de melhor qualidade.[41]

• O corpo humano contém um mecanismo que faz com que o cérebro dos meninos e o das meninas difiram durante o desenvolvimento.[42] O cromossomo Y desencadeia o crescimento de testículos em um feto masculino, que secretam androgênios, os hormônios caracteristicamente masculinos (incluindo a testosterona). Os androgênios têm efeitos duradouros sobre o cérebro durante o desenvolvimento fetal, nos meses seguintes ao nascimento e durante a puberdade, e têm efeitos transitórios em outros períodos. Os estrogênios, hormônios sexuais caracteristicamente femininos, também afetam o cérebro por toda a vida. Receptores de hormônios sexuais são encontrados no hipotálamo, no hipocampo e na amígdala no sistema límbico do cérebro, bem como no córtex cerebral.

• Os cérebros dos homens diferem visivelmente dos das mulheres de vários modos.[43] Os homens têm cérebros maiores com mais neurônios (mesmo descontando o tamanho do corpo), embora as mulheres possuam uma porcentagem maior de matéria cinzenta (como homens e mulheres são igualmente inteligentes no geral, não sabemos a importância dessas diferenças). Os núcleos intersticiais no hipotálamo anterior e um núcleo da *stria terminalis*, também no hipotálamo, são maiores nos homens; foram relacionados ao comportamento sexual e à agressão. Porções das comissuras cerebrais, que ligam os hemisférios esquerdo e direito, parecem ser maiores nas mulheres, e seus cérebros podem funcionar de modo menos assimétrico que os dos homens. O aprendizado e a socialização podem afetar a microestrutura e o funcionamento do cérebro humano, obviamente, mas provavelmente não o tamanho de suas estruturas anatômicas visíveis.

• A variação no nível de testosterona entre diferentes homens, e no mesmo homem em diferentes períodos ou em diferentes momentos do dia, correlaciona-se com a libido, a autoconfiança e o impulso por dominância.[44] Criminosos violentos têm níveis mais altos que criminosos não violentos; advogados que atuam em julgamentos têm níveis mais elevados que os que tratam da burocracia. As relações são complexas por várias razões. Ao longo de uma vasta faixa de valores, a concentração de testosterona na corrente sangüínea não tem importância. Algumas características, como a habilidade espacial, têm seu pico em níveis moderados, e não elevados. Os efeitos da testosterona dependem do número e distribuição de receptores para a molécula, e não apenas de sua concentração. E o estado psicológico do indivíduo pode afetar os níveis de testosterona e vice-versa. Mas existe uma relação causal, embora complicada. Quando mulheres em preparo para uma cirurgia de mudança de sexo recebem androgênios, melhoram nos testes de rotação mental e pioram nos de fluência verbal. O jornalista Andrew Sullivan, que por problemas de saúde sofreu uma redução em seus níveis de testosterona, descreve os efeitos da injeção dessa substância: "A sensação intensa e súbita de uma injeção de testosterona lembra a que se tem em um primeiro encontro com uma garota ou quando falamos para uma platéia. Eu me sinto revigorado. Depois de uma injeção, quase entrei numa briga pela primeira vez na vida. Sempre acontece um pico de desejo sexual — e toda vez me pega desprevenido".[45] Embora os níveis de testosterona em homens e mulheres não coincidam, as variações de nível têm os mesmos tipos de efeito nos dois sexos. Mulheres com níveis elevados de testosterona sorriem com menos freqüência e têm mais casos extraconjugais, uma presença social mais marcante e até um aperto de mão mais forte.

• As forças e fraquezas cognitivas das mulheres variam conforme a fase de seu ciclo menstrual.[46] Quando os níveis de estrogênio estão altos, as mulheres tornam-se ainda melhores nas tarefas que tipicamente executam melhor que os homens, como a fluência verbal. Quando os níveis estão baixos, elas ficam melhores em tarefas que os homens tipicamente fazem melhor, como a rotação mental. Uma variedade de motivos sexuais, incluindo suas preferências por homens, também varia com o ciclo menstrual.[47]

• Os androgênios têm efeitos permanentes sobre o cérebro em desenvolvimento, e não apenas efeitos transitórios sobre o cérebro adulto.[48] Meninas com hiperplasia supra-renal congênita têm produção excessiva de androstenodiona, o hormônio androgênio que ganhou fama graças ao batedor de beisebol Mark McGwire. Embora seus níveis de hormônio caminhem para o normal logo depois do nascimento, essas meninas crescem com jeito de moleque, brincam mais de lutar, demonstram mais interesse em caminhões do que em bonecas, têm maiores habilidades espaciais e, quando mais velhas, têm mais fantasias sexuais e atração por outras garotas. As que são tratadas com hormônios somente em fase mais avançada da infância apresentam padrões de sexualidade masculina quando se tornam jovens adultas, incluindo excitação rápida por imagens pornográficas e impulso sexual autônomo centrado em estimulação genital, além do equivalente à poluição noturna.[49]

• O supremo experimento imaginário para separar a biologia da socialização seria pegar um bebê do sexo masculino, mudar-lhe o sexo com uma cirurgia e fazer com que seus pais o criem como uma menina e que as outras pessoas o tratem como tal. Se o gênero for socialmente construído, essa criança deverá ter a mente de uma menina normal; se depender de hormônios pré-natais, deverá sentir-se como um menino preso em corpo de menina. Notavelmente, esse experimento foi feito na vida real — não por curiosidade científica, é claro, mas como resultado de doença e acidentes. Um estudo examinou 25 meninos que nasceram sem pênis (um defeito congênito conhecido como extrofia cloacal), foram castrados e criados como meninas. *Todos* eles apresentaram padrões masculinos de brincadeiras turbulentas e atitudes e interesses tipicamente masculinos. Mais da metade declarou espontaneamente ser menino, um deles quando tinha apenas cinco anos.[50]

Em célebre estudo de caso, um menino de oito meses perdeu o pênis em uma circuncisão malfeita (não por um *mohel*, para meu alívio, mas por um médico inepto). Seus pais consultaram o famoso sexólogo John Money, que dissera que "a natureza é uma estratégia política dos que se empenham em manter o *status quo* das diferenças entre os sexos". Ele aconselhou aos pais que deixassem os médicos castrarem o bebê e implantar-lhe uma vagina artificial, e os pais então criaram a criança como uma menina sem lhe contar o que acontecera.[51] Fiquei sabendo desse caso quando cursava a faculdade, nos anos 70; apresentaram-no como prova de que os bebês nascem sexualmente neutros e adquirem o sexo com base no modo como são criados. Um artigo do *New York Times* daquela época informou que Brenda (que nascera Bruce) "tem atravessado a infância satisfeita em sua condição de menina".[52] Os fatos foram suprimidos até 1997, quando veio à tona que desde bem pequena Brenda sentia-se um menino preso em corpo de menina e a um papel sexual.[53] Ela rasgava vestidos enfeitados, rejeitava bonecas em favor de armas, preferia brincar com meninos e até insistia em urinar em pé. Aos catorze anos estava tão infeliz que decidiu que viveria a vida como um rapaz ou acabaria com ela; então seu pai finalmente contou-lhe a verdade. Brenda se submeteu a uma nova série de operações, assumiu a identidade masculina e hoje está feliz casado com uma mulher.

• As crianças com síndrome de Turner são geneticamente neutras. Possuem um único cromossomo X, herdado da mãe ou do pai, em vez dos dois cromossomos X normais nas meninas (um da mãe, o outro do pai) ou o X e o Y dos meninos (o X da mãe, o Y do pai). Como o plano corporal da fêmea é o *default* nos mamíferos, essas crianças têm aparência de meninas e agem como meninas. Os geneticistas descobriram que o corpo dos pais pode imprimir molecularmente genes no cromossomo X para que se tornem mais ou menos ativos nos corpos e cérebros em desenvolvimento de seus filhos. Uma menina com síndrome de Turner que recebe o cromossomo X de seu pai pode ter genes que são evolutivamente otimizados para meninas (pois um X paterno sempre resulta em uma filha). Uma menina com síndrome de Turner que recebe o X da mãe pode ter genes que são evolutivamente otimizados para meninos (pois um X materno, embora possa resultar em qualquer um dos sexos, atuará sem oposição somente em um filho, que não tem uma contrapartida aos genes X em seu insignificante cromossomo Y). E, de fato, as meninas com síndrome de Turner diferem psicologicamente dependendo de qual de seus pais lhe deu o X. As que receberam o X do pai (que é destinado a uma menina) eram melhores na interpretação da linguagem corporal e de emoções, no reconhecimento de rostos, no manejo das palavras e no relacionamento com as pessoas em comparação com as que receberam o X da mãe (que só é totalmente ativo em um menino).[54]

• Ao contrário do que popularmente se acredita, os pais nos Estados Unidos atualmente não tratam filhos e filhas de modos muito diferentes.[55] Recente avaliação de 172 estudos abrangendo 28 mil crianças constatou que meninos e meninas recebem graus semelhantes de incentivo, carinho, cuidados, restrições, disciplina e clareza de comunicação. A única diferença substancial foi que aproximadamente dois terços dos meninos eram desincentivados a brincar com bonecas, especialmente por seus pais, por medo de que se tornassem homossexuais. (Meninos que preferem brinquedos de meninas freqüentemente vêm a ser homossexuais, mas proibir-lhes os brinquedos não altera o resultado.) Tampouco as diferenças entre meninos e meninas dependem de observarem comportamento masculino em seus pais e feminino em suas mães. Quando Joãozinho tem duas mães, age como um menino tanto quanto se tivesse mãe e pai.

As coisas não vão bem para a teoria de que meninos e meninas nascem idênticos a não ser pela genitália, com todas as outras diferenças resultando do modo como a sociedade os trata. Se isso fosse verdade, seria uma coincidência espantosa que em toda sociedade, no cara-ou-coroa que atribui a cada sexo uma série de papéis, a moeda caia sempre do mesmo lado (ou que o resultado de uma jogada decisiva da moeda no alvorecer da espécie houvesse sido mantido sem interrupção ao longo de todas as revoluções das últimas centenas de milhares de anos). Seria igualmente espantoso que, invariavelmente, as atribuições de papéis arbitrárias da sociedade correspondessem às predições que um biólogo marciano faria para nossa espécie baseado em nossa anatomia e na distribuição de nossos genes. Pareceria estranho que os hormônios que nos fazem começar a vida como machos ou fêmeas também modulassem as características mentais tipicamente masculinas e femininas, tanto decisivamente no desenvolvimento inicial do cérebro, como em menores graus ao longo de toda a nossa vida. Seria ainda mais esquisito que um segundo mecanismo genético diferenciando os sexos (o *imprinting* genômico) também instalasse talentos tipicamente masculinos e femininos. Finalmente, duas predições fundamentais da teoria da construção social — que meninos tratados como meninas crescem com mentes de meninas e que as diferenças entre meninos e meninas podem ser atribuídas a diferenças no modo como os pais os tratam — caíram por terra.

Obviamente, só porque muitas diferenças entre os sexos têm suas raízes na biologia isso não significa que um sexo é superior, que as diferenças emergirão para todas as pessoas em todas as circunstâncias, que a discriminação contra uma pessoa baseada em seu sexo é justificada ou que as pessoas devem ser coagidas a fazer coisas típicas de seu sexo. Mas tampouco as diferenças deixam de ter conseqüências.

Atualmente muita gente se compraz em dizer o que poucos anos atrás não se dizia em companhia de gente bem-educada: que homens e mulheres não têm mentes intercambiáveis. Até em histórias em quadrinhos comentou-se sobre a mudança no debate, como vemos no diálogo entre Zippy, um fã de *junk food* e da livre associação de idéias, e Griffy, o *alter ego* do cartunista.

Mas entre muitas mulheres que exercem profissões qualificadas a existência de diferenças entre os sexos continua a ser uma fonte de incômodos. Como uma colega comentou comigo: "Escute, eu sei que homens e mulheres não são idênticos. Vejo isso em meus filhos, vejo em mim mesma, estou a par das pesquisas. Não consigo explicar, mas quando leio afirmações sobre diferenças entre os sexos, *meu sangue ferve*". A causa mais provável de sua perturbação foi capta-

© Bill Grifith. Reproduzido sob permissão especial de King Features Syndicate.

da em artigo recente de Betty Friedan, co-fundadora da National Organization for Women e autora de *The feminine mystique* ["A mística feminina", sem tradução em português], livro de 1963:

> Embora o movimento das mulheres tenha começado a obter a igualdade para as mulheres em muitas medidas econômicas e políticas, a vitória continua incompleta. Para citar dois dos indicadores mais óbvios e simples: as mulheres ainda não ganham mais do que 72 centavos para cada dólar ganho pelos homens, e estamos muito longe da igualdade em números no mais alto escalão das tomadas de decisão nas empresas, governos e profissões qualificadas.[56]

Como Friedan, muita gente acredita que a disparidade salarial entre os sexos e o "teto invisível" que impede as mulheres de ascender aos níveis mais altos do poder são as duas principais injustiças sofridas atualmente pelas mulheres no Ocidente. Em seu discurso "State of the Union" de 1999, Bill Clinton afirmou: "Podemos nos orgulhar desse progresso, mas 75 centavos de dólar é apenas três quartos do caminho, e os americanos não podem se dar por satisfeitos antes de termos percorrido o caminho todo". A disparidade entre os sexos e o teto invisível inspiraram processos judiciais contra empresas que têm poucas mulheres nas posições de comando, pressão sobre o governo para que regule todos os salários de modo que homens e mulheres sejam pagos segundo o "valor comparável" de seus trabalhos, e medidas incisivas para mudar as atitudes das meninas em relação às profissões, como o movimento Take Our Daughters to Work Day [Levemos nossas filhas para um dia de trabalho].

Cientistas e engenheiros enfrentam esse problema na forma do "vazamento no cano". Embora as mulheres constituam quase 60% dos estudantes universitários e cerca de metade dos estudantes de graduação em muitos cursos das áreas de ciência, a proporção das alunas que avançam para a próxima etapa da carreira diminui conforme se passa da graduação para a pós-graduação, depois para bolsistas de pós-doutorado, professores contratados e finalmente professores efetivos. As mulheres compõem menos de 20% da força de trabalho em ciência, engenharia e desenvolvimento de tecnologia, e apenas 9% em engenharia.[57] Os leitores das influentes revistas Science e Nature viram duas décadas de manchetes como "Diversidade: Falar é fácil" e "Esforços para incentivar a diversidade enfrentam problemas persistentes".[58] Uma matéria típica, comentando sobre as muitas comissões nacionais criadas para investigar o problema, afirmou: "O objetivo dessas atividades é continuar atacando pouco a pouco um problema que, segundo os especialistas, começa com mensagens negativas no ensino elementar, prossegue ao longo dos programas de graduação e pós-graduação que impõem barreiras — financeiras, acadêmicas e culturais — a todos os candidatos com exceção dos melhores, e persiste no local de trabalho".[59] Um encontro dos presidentes de nove universidades americanas de elite em 2001 clamou por "mudanças significativas" como conceder subvenções e bolsas de estudo para mulheres docentes, dar-lhes os melhores lugares no estacionamento do campus e assegurar que a porcentagem de mulheres docentes iguale a de mulheres estudantes.[60]

Mas há algo esquisito nessas histórias sobre mensagens negativas, barreiras ocultas e preconceitos de sexo. O critério da ciência é apresentar todas as hipóteses que possam explicar um fenômeno e eliminar todas com exceção da correta. Os cientistas valorizam a habilidade de pensar em explicações alternativas, e espera-se que os proponentes de uma hipótese refutem também as improváveis. Apesar disso, as discussões sobre o vazamento de cano na ciência raramente chegam a *mencionar* uma alternativa à teoria das barreiras e parcialidades. Uma das raras exceções foi um texto complementar em uma matéria da *Science* no ano 2000, que citava palavras de uma apresentação da cientista social Patti Hausman para a National Academy of Engineering:

A pergunta "por que mais mulheres não escolhem carreiras em engenharia" tem uma resposta óbvia: porque elas não querem. Por onde quer que andemos, vere-

476

mos que as mulheres têm muito menor probabilidade do que os homens de fascinar-se com ohms, carburadores ou quarks. Reinventar o currículo não me deixará mais interessada em aprender como minha lavadora de louça funciona.[61]

Uma eminente engenheira na platéia imediatamente tachou sua análise de "pseudociência". Mas Linda Gottfredson, especialista na literatura sobre preferências vocacionais, observou que os dados estavam do lado de Hausman: "Em média, as mulheres interessam-se mais por lidar com pessoas, e os homens, com coisas". Testes vocacionais indicam também que os meninos interessam-se mais por atividades "realistas", "teóricas" e "investigativas", enquanto as meninas interessam-se mais por atividades "artísticas" e "sociais".

Hausman e Gottfredson são vozes solitárias, pois a disparidade entre os sexos é quase sempre analisada do seguinte modo: qualquer desequilíbrio entre homens e mulheres em suas ocupações ou remunerações é prova direta de parcialidade por um sexo — quando não na forma de discriminação patente, então na forma de mensagens desencorajadoras e barreiras ocultas. A possibilidade de que homens e mulheres difiram em aspectos que afetem as profissões que eles exercem ou quanto recebem em pagamento pode nunca ser mencionada em público, pois prejudicaria a causa da eqüidade no trabalho e os interesses das mulheres. Foi essa convicção que levou Friedan e Clinton, por exemplo, a dizer que não teremos atingido a igualdade entre os sexos antes que as remunerações e as representações nas profissões sejam idênticas para homens e mulheres. Em entrevista na televisão em 1998, Gloria Steinem e a congressista Bella Abzug chamaram a própria idéia das diferenças entre os sexos de "papo furado" e "pensamento antiamericano maluco", e quando se perguntou a Abzug se a igualdade entre os sexos significava números iguais em todos os campos, ela respondeu "Meio a meio — inquestionavelmente".[62] Essa análise da disparidade entre os sexos também se tornou a posição oficial nas universidades. O fato de os reitores das universidades de elite do país comprazerem-se em acusar seus colegas de preconceito vergonhoso sem ao menos considerar explicações alternativas (quer venham ou não a aceitá-las) mostra como o tabu está fortemente arraigado.

O problema dessa análise é que a desigualdade de *resultado* não pode ser usada como prova de desigualdade de *oportunidade*, a menos que os grupos comparados sejam idênticos em todas as suas características psicológicas, o que só será provavelmente verdade se formos tábulas rasas. Mas a hipótese de que a disparidade entre os sexos pode surgir, mesmo em parte, de diferenças entre os sexos pode ser uma provocação. Quem quer que a avente certamente será acusado de "querer manter as mulheres em seu devido lugar" ou de "justificar o *status quo*". Isso tem tanto sentido quanto dizer que um cientista que estuda por que as mulheres têm vida mais longa que os homens "quer que os homens velhos morram". E, longe de ser uma maquinação masculina em interesse próprio, grande parte das análises que expõem as falhas da teoria do teto invisível é obra de mulheres, entre elas Hausman, Gottfredson, Judith Kleinfeld, Karen Lehrman, Cathy Young e Camille Benbow, as economistas Jennifer Roback, Felice Schwartz, Diana Furchgott-Roth e Christine Stolba, a especialista em direito Jennifer Braceras e, mais cautelosamente, a economista Claudia Godin e a especialista em direito Susan Estrich.[63]

A meu ver, essas autoras deram-nos uma compreensão melhor que a tradicional sobre as disparidades entre os sexos, por várias razões. Sua análise não teme a possibilidade de que os sexos venham a diferir e, portanto, não nos força a escolher entre descobertas científicas sobre a natureza humana e um tratamento justo para as mulheres. Oferece uma compreensão mais refinada das causas das disparidades entre os sexos, condizente com nossa melhor ciência social. Demonstra uma visão mais respeitosa das mulheres e suas escolhas. E, em última análise, promete remédios mais humanos e eficazes para as desigualdades entre os sexos no trabalho.

Antes de apresentar a nova análise das feministas de eqüidade sobre a disparidade entre os sexos, devo reiterar três aspectos que não estão em disputa. Primeiro, desencorajar as mulheres de empenhar-se por suas ambições e discriminá-las com base em seu sexo são injustiças que devem ser impedidas sempre que forem descobertas.

Segundo, não há dúvida de que as mulheres sofreram discriminação generalizada no passado e continuam a enfrentá-la em alguns setores atualmente. Isso não pode ser provado mostrando que os homens ganham mais que as mulheres ou que a razão entre os sexos afasta-se do meio a meio, mas pode ser provado de outros modos. Pesquisadores podem enviar falsos currículos ou projetos magníficos que sejam idênticos em tudo, com exceção do sexo do proponente, e ver se são tratados diferentemente. Economistas podem fazer uma análise de regressão que meça as qualificações e interesses das pessoas e determine se os homens e as mulheres recebem remunerações diferentes ou são promovidos a taxas diferentes *quando suas qualificações e interesses são estatisticamente mantidos constantes.* O fato de que as diferenças de resultado não denotam discriminação a menos que seja feita a igualação para outras características relevantes é base da ciência social elementar (sem falar do bom senso) e é aceito por todos os economistas quando analisam conjuntos de dados em busca de sinais de discriminação salarial.[64]

Terceiro, não se questiona se as mulheres são ou não "qualificadas" para ser cientistas, diretoras de empresas, líderes de nações ou profissionais de elite de qualquer outro tipo. Isso foi respondido decisivamente anos atrás: algumas são e algumas não são, exatamente como alguns homens são e outros não. A única questão é se a proporção de homens e de mulheres qualificados tem de ser idêntica.

Como em muitos outros temas relacionados à natureza humana, a relutância das pessoas em raciocinar em termos estatísticos levou a falsas dicotomias sem sentido. Vejamos agora como pensar sobre as distribuições dos sexos nas profissões sem ter de escolher entre os extremos de "mulheres não são qualificadas" e "meio a meio, inquestionavelmente", ou entre "não existe discriminação" e "só existe discriminação".

Em um mercado de trabalho livre e isento de preconceitos, as pessoas serão contratadas e remuneradas conforme a correspondência entre suas características e as exigências do trabalho. Determinado trabalho requer certa combinação de talentos cognitivos (como habilidade matemática ou lingüística), características de personalidade (como assumir risco ou cooperar) e tolerância às exigências do estilo de vida (horários rígidos, transferências, reciclagem profissional). E oferece determinada combinação de recompensas pessoais: pessoas, aparelhagem, idéias, localização, orgulho da habilidade. O salário é influenciado, entre outras coisas, pela oferta e demanda: quantas pessoas querem o trabalho, quantas são capazes de executá-lo e quanto o empregador pode pagar por ele. Cargos facilmente preenchíveis podem ter menor remuneração, e vice-versa.

As pessoas variam nas características relevantes para o trabalho. A maioria das pessoas é capaz de pensar logicamente, trabalhar com pessoas, tolerar conflito ou ambientes hostis etc., mas não em grau idêntico; cada um possui um perfil único de pontos fortes e preferências. Considerando todos os indícios de diferenças entre os sexos (algumas biológicas, algumas culturais, outras de ambos os tipos), as distribuições estatísticas para homens e mulheres nesses pontos fortes e preferências provavelmente não são idênticas. Se agora fizermos a correspondência entre a distribuição de características para homens e mulheres com a distribuição das exigências dos empregos na economia, a probabilidade de que a proporção de homens e de mulheres em cada profissão seja idêntica, ou de que o salário médio de homens e mulheres seja idêntico, é bem próxima de zero — mesmo se não houver barreiras nem discriminação.

Nada disso implica que as mulheres acabarão tendo de ficar com a parte pior do bolo. Tudo depende do leque de oportunidades que determinada sociedade disponibiliza. Se existem mais empregos bem remunerados que requerem pontos fortes tipicamente masculinos (digamos, disposição para correr risco físico ou interesse por máquinas), os homens podem ganhar mais em média; se a demanda for por pontos fortes tipicamente femininos (digamos, proficiência em línguas ou interesse por pessoas), as mulheres poderão ganhar mais em média. Em ambos os casos, membros de ambos os sexos serão encontrados nos dois tipos de trabalho, só que em proporções diferentes. É por isso que algumas profissões relativamente prestigiosas são dominadas por mulheres. Um exemplo é minha própria área, o estudo do desenvolvimento da linguagem em crianças, na qual as mulheres superam numericamente os homens por uma grande margem.[65] Em seu livro *The first sex: The natural talents of women and how they are changing the world* ["O primeiro sexo: Os talentos naturais das mulheres e como elas estão mudando o mundo", sem tradução em português], a antropóloga Helen Fisher aventa que a cultura dos negócios em nossa economia globalizada movida pelo conhecimento em breve favorecerá as mulheres. As mulheres têm mais facilidade para expressar-se e são mais cooperativas, não são tão obcecadas pela hierarquia e têm mais habilidade para negociar resultados vantajosos para ambas as partes. Os trabalhos do novo século, prediz a autora, demandarão cada vez mais esses talentos, e as mulheres poderão ultrapassar os homens em status e remunerações.

No mundo de hoje, evidentemente, as disparidades estão a favor dos homens. Partes dessas disparidades são causadas pela discriminação. Empregadores podem subestimar as habilidades das mulheres, ou supor que um local de trabalho exclusivamente masculino seja mais eficiente, ou recear que seus empregados homens ressintam-se de ser supervisionados por uma mulher, ou ainda temer a resistência de clientes preconceituosos. Mas os dados indicam que nem *todas* as diferenças entre os sexos nas profissões são causadas por essas barreiras.[66] Não é provável, por exemplo, que na vida acadêmica haja um viés incomum contra as mulheres no campo da matemática, um viés incomum contra os homens na área de psicolingüística do desenvolvimento e nenhum viés incomum no campo da psicologia evolucionista.

Em algumas profissões, as diferenças de habilidade podem ter algum papel. O fato de que mais homens do que mulheres têm habilidades excepcionais de raciocínio matemático e manipulação mental de objetos tridimensionais é suficiente para explicar por que não é meio a meio a razão entre os sexos para os engenheiros, físicos, químicos orgânicos e professores de algumas áreas da matemática (embora, obviamente, não signifique que a proporção de mulheres deva ser próxima de zero).

Na maioria das profissões as diferenças médias de habilidade são irrelevantes, mas as diferenças médias de *preferências* podem direcionar os sexos para caminhos diferentes. O exemplo mais notável provém de uma análise feita por David Lubinski e Camille Benbow de uma amostra de alunos do sétimo ano* precoces em matemática, selecionada em uma busca nacional de talentos.[67] Esses adolescentes nasceram durante a segunda onda do feminismo, foram incentivados pelos pais a desenvolver seus talentos (todos foram encaminhados para cursos de verão de matemática e ciência) e tinham plena noção de sua capacidade de realização. Mas as meninas talentosas disseram aos pesquisadores que se interessavam mais por pessoas, "valores sociais" e objetivos humanitários e altruísticos, enquanto os meninos talentosos afirmaram interessar-se mais por coisas, "valores teóricos" e investigação intelectual abstrata. Na universidade, as moças escolheram uma vasta gama de cursos em humanidades, artes e ciências, enquanto os rapazes aferraram-se obstinadamente à matemática e à ciência. E, previsivelmente, menos de 1% das moças fizeram doutorado em matemática, ciências físicas ou engenharia, em contraste com 8% dos rapazes. As mulheres escolheram medicina, direito, humanidades e biologia.

Essa assimetria salienta-se em extensos levantamentos de valores relacionados a trabalho e escolhas de carreira, outro tipo de estudo em que homens e mulheres realmente dizem o que querem em vez de deixar que ativistas falem por eles.[68] Em média, a auto-estima dos homens está mais ligada a seu status,

---

* Crianças na faixa de doze anos. (N. T.)

salário e riqueza, e o mesmo vale para sua atratividade como parceiros sexuais e cônjuges, conforme revelado em estudos sobre o que as pessoas procuram no sexo oposto.[69] Como seria de esperar, os homens se dizem mais dispostos a trabalhar mais horas e a sacrificar outros aspectos de sua vida — morar em uma cidade menos aprazível ou deixar família e amigos ao ser transferido — para ascender na carreira ou alcançar notoriedade em suas áreas. Os homens, em média, também mostram maior disposição para enfrentar desconforto físico e perigo e, portanto, têm maior probabilidade de ser encontrados em empregos desagradáveis mas lucrativos como manutenção de equipamento industrial, trabalho em plataformas petrolíferas e limpeza da borra do interior de tanques de óleo com perfuradoras pneumáticas. As mulheres, em média, têm maior probabilidade de escolher empregos de apoio administrativo que oferecem remuneração menor em escritórios com ar condicionado. Os homens aceitam correr mais risco, e isso se reflete em suas trajetórias profissionais mesmo quando as qualificações se mantêm constantes. Os homens preferem trabalhar em empresas privadas, as mulheres em repartições públicas e organizações sem fins lucrativos. Os médicos homens tendem mais a especializar-se e abrir consultórios particulares; as médicas, a ser clínicas gerais assalariadas de hospitais e clínicas. Os homens têm maior probabilidade de ser gerentes de fábricas, as mulheres a ser gerentes de recursos humanos ou de comunicações empresariais.

As mães são mais apegadas aos filhos, em média, do que os pais. Isso ocorre em todas as sociedades do mundo, e provavelmente ocorreu em nossa linhagem desde que os primeiros mamíferos evoluíram, há cerca de 200 milhões de anos. Como disse Susan Estrich: "Esperar que a conexão entre gênero e criação de filhos seja rompida é esperar Godot". Isso não significa que as mulheres em alguma sociedade tenham demonstrado desinteresse em trabalhar; entre os caçadores-coletores, as mulheres realizam a maior parte do trabalho de coleta e uma parte do de caça, especialmente quando esta é feita com redes em vez de pedras e lanças.[70] E também não significa que os homens em qualquer sociedade sejam indiferentes a seus filhos; o investimento paterno é uma característica notável e zoologicamente incomum do *Homo sapiens*. Mas significa que o biologicamente ubíquo *trade-off* entre investir em um filho e trabalhar para manter-se sadio (em última análise, para conceber ou investir em outros filhos) pode equilibrar-se em pontos diferentes para homens e mulheres. Não só as mulheres são o sexo que amamenta mas também elas são mais atentas ao bem-estar de seus bebês e, nas pesquisas, demonstram dar mais valor a passar seu tempo com os filhos.[71]

Assim, mesmo que ambos os sexos valorizem o trabalho e ambos os sexos valorizem os filhos, os pesos diferentes podem levar mulheres, mais freqüentemente que homens, a fazer escolhas de carreiras que lhes permitam passar mais tempo com os filhos — horários de trabalho mais flexíveis ou mais curtos, menos transferências, habilidades que não se tornem obsoletas tão depressa — em troca de salário e prestígio menores. Como ressaltou a economista Jennifer Roback: "Uma vez observado que as pessoas sacrificam a renda monetária por outras coisas que lhes dão prazer, não podemos inferir quase nada comparando a renda de uma pessoa com a de outra".[72] O economista Gary Becker mostrou que o casamento pode realçar os efeitos das diferenças entre os sexos, mesmo se elas forem pequenas no início, devido ao que os economistas denominam lei das vantagens comparativas. Em casais nos quais o marido pode ganhar um pouco mais do que a mulher, mas esta é um pouco melhor que o marido na criação dos filhos, os dois podem racionalmente decidir que ambos sairão ganhando se ela trabalhar fora menos do que ele.[73]

Repetindo: nada disso significa que a discriminação sexual desapareceu ou que é justificada quando ocorre. Significa apenas que as disparidades entre os sexos *em si* nada dizem sobre a discriminação a menos que homens e mulheres sejam tábulas rasas — o que não são. O único modo de estabelecer a discriminação é comparar seus empregos ou salários quando as escolhas e qualificações foram igualadas. E, de fato, um estudo recente de dados do National Longitudinal Survey of Youth [Estudo Longitudinal Nacional dos Jovens] constatou que mulheres sem filhos na faixa de 27 a 33 anos recebem 98 centavos para cada dólar recebido pelos homens.[74] Mesmo para quem vê com ceticismo as motivações dos empregadores americanos, isso não deveria ser um choque. Em um mercado ferozmente competitivo, qualquer empresa bastante estúpida para desconsiderar as mulheres qualificadas ou para pagar mais a homens sem qualificação seria expulsa do ramo por um competidor mais meritocrático.

Ora, não há nada na ciência ou na ciência social que queira excluir políticas para implementar a distribuição meio a meio de salários e empregos entre os sexos se uma democracia decidir que esse é um objetivo inerentemente valioso. O que as descobertas dizem é que tais políticas teriam seus custos além de benefícios. O benefício óbvio das políticas de igualdade de resultado é que elas poderiam neutralizar a discriminação remanescente contra as mulheres. Mas se homens e mulheres não são intercambiáveis, os custos também têm de ser levados em consideração.

Alguns custos recairiam sobre os homens ou sobre ambos os sexos. Os dois mais óbvios são a possibilidade de discriminação inversa contra os homens e de uma falsa suposição de sexismo entre os homens e mulheres que atualmente tomam as decisões sobre contratações e salários. Outro custo a recair sobre ambos os sexos é a ineficiência que poderia resultar se as decisões de empregar fossem baseadas em fatores outros que não a melhor correspondência entre os requisitos de um trabalho e as características da pessoa.

Mas muitos dos custos das políticas de igualdade de resultados recairiam sobre as *mulheres*. Muitas cientistas opõem-se a rígidas preferências de gênero na ciência, como a designação de cargos docentes para mulheres ou a política (defendida por uma ativista) de conceder verbas federais para pesquisas na proporção exata do número de homens e mulheres que as solicitarem. O problema dessas políticas bem-intencionadas é que elas podem semear dúvida na mente das pessoas acerca da excelência dos beneficiários. Como disse a astrônoma Lynne Hillenbrand: "Se lhe dão uma oportunidade pelo fato de ser mulher, você é prejudicada, pois isso leva as pessoas a questionar por que você está ali".[75]

Certamente *existem* barreiras institucionais ao avanço das mulheres. Pessoas são mamíferos, e devemos refletir sobre as implicações éticas do fato de serem as mulheres que geram, amamentam e cuidam dos filhos na maior parte do tempo. Não se pode supor que o ser humano típico é homem e que filhos são um prazer que bem poderia ser dispensado ou um acidente que acontece a um subconjunto desviante. Portanto, as diferenças entre os sexos podem ser usadas para justificar, em vez de para pôr em risco, políticas benéficas às mulheres como licença-maternidade, subsídio para pagamento da creche, flexibilidade de horário e suspensão dos prazos para efetivação ou mesmo a eliminação geral das efetivações (possibilidade recentemente aventada pela bióloga e reitora da Universidade Princeton Shirley Tilghman).

Evidentemente tudo na vida tem seu custo, e essas políticas são também decisões — talvez justificáveis — de penalizar homens e mulheres que não têm filhos, que têm os filhos já criados ou que escolhem ficar em casa cuidando das crianças. Mas mesmo quando ponderamos esses *trade-offs*, pensar sobre a natureza humana pode suscitar novas e profundas questões que poderiam, em última análise, melhorar a sorte das mulheres que trabalham fora. Quais das onerosas demandas de trabalho que tolhem as mulheres realmente contribuem para a eficiência econômica e quais são percursos de obstáculos nos quais os homens competem pelo status dominante? Refletindo sobre a justiça no trabalho, devemos considerar as pessoas como indivíduos isolados, ou como membros de famílias que provavelmente terão filhos em algum momento da vida e que provavelmente cuidarão de pais idosos em algum momento da vida? Se trocarmos alguma eficiência econômica por condições de trabalho mais agradáveis em todos os empregos, poderia haver um aumento líquido de felicidade? Não sei as respostas, mas são perguntas que vale a pena fazer.

Há mais uma razão por que reconhecer as diferenças entre os sexos pode ser mais humano do que negá-las. São homens e mulheres, não o sexo masculino e o sexo feminino como um todo, que prosperam ou sofrem, e esses homens e mulheres são dotados de cérebros — talvez não idênticos — que lhes dão valores e capacidade de fazer escolhas. Essas escolhas devem ser respeitadas. Um assunto típico das reportagens sobre estilo de vida são as histórias de mulheres malvistas por ficar em casa cuidando dos filhos. Como elas sempre dizem: "Eu pensei que o feminismo defendesse a escolha". O mesmo deveria aplicar-se às mulheres que escolhem trabalhar fora mas também trocam parte da renda por "ter vida fora do trabalho" (e, naturalmente, aos homens que fazem essa escolha). Não é obviamente progressista insistir que números iguais de homens e mulheres trabalhem oitenta horas por semana em um grande escritório de advocacia ou que deixem suas famílias por meses a fio para se esgueirar por tubulações de aço em uma gélida plataforma petrolífera. E é grotesco exigir (como as defensoras da paridade entre os sexos fizeram nas páginas de *Science*) que mais garotas sejam "condicionadas a escolher engenharia", como se elas fossem ratos em uma caixa de Skinner.[76]

Gottfredson ressalta: "Se você insistir em usar a paridade entre os sexos como sua medida de justiça social, isso significa que você terá de manter muitos homens e mulheres fora do trabalho que eles preferem e empurrá-los para trabalhos de que eles não gostam".[77] Sua opinião é endossada por Kleinfield referindo-se ao vazamento de cano na ciência: "Não deveríamos estar mandando mensagens às mulheres [talentosas] de que elas são seres humanos de menos mérito, menos valiosas para nossa civilização, preguiçosas ou inferiores em status caso elas escolham ser professoras em vez de matemáticas, jornalistas em vez de físicas, advogadas em vez de engenheiras".[78] Essas não são preocupações hipotéticas: um levantamento recente feito pela National Science Foundation constatou que um número muito maior de mulheres que de homens afirmou ter dado preferência às disciplinas de ciência, matemática ou engenharia na universidade cedendo à pressão de professores ou parentes, e não em obediência às suas próprias aspirações — e que muitas acabaram por trocar de carreira por essa razão.[79] Darei a palavra final a Margaret Mead, que, apesar de ter se equivocado no início da carreira a respeito da maleabilidade dos sexos, certamente estava certa quando disse: "Para que alcancemos uma cultura mais rica, rica em valores contrastantes, devemos reconhecer toda a gama de potencialidades humanas, e assim tecer uma estrutura social menos arbitrária, na qual cada um dos diversos talentos humanos encontrará um lugar apropriado".

Além das disparidades entre os sexos, a questão recente mais polêmica em torno dos sexos tem sido a natureza e as causas do estupro. Quando o biólogo Randy Thornhill e o antropólogo Craig Palmer publicaram *A natural history of rape*, em 2000, ameaçaram um consenso que se mantivera firme na vida intelectual por um quarto de século e trouxeram mais condenação à psicologia evolucionista do que qualquer outra questão em muitos anos.[80] O estupro é um assunto doloroso de abordar, mas também inevitável. Em nenhum outro aspecto da vida intelectual moderna a negação da natureza humana é mais exaltadamente defendida, e em nenhum outro aspecto a alternativa é mais profundamente mal compreendida. Esclarecer essas questões, a meu ver, contribuiria muito para reconciliar três ideais que foram desnecessariamente postos em conflito: os direitos das mulheres, uma compreensão biologicamente fundamentada da natureza humana e o bom senso.

O horror do estupro confere uma gravidade especial à nossa compreensão da psicologia de homens e mulheres. Existe um imperativo moral supremo no estudo do estupro: reduzir sua ocorrência. Qualquer cientista que lance luz sobre as causas do estupro merece nossa admiração, tanto quanto o pesquisador da área médica que lança luz sobre a causa de uma doença, pois entender um mal é o primeiro passo para eliminá-lo. E como ninguém chega à verdade por revelação divina, também temos de respeitar aqueles que estudam teorias que podem revelar-se incorretas. A crítica moral parece válida apenas contra os que querem impor dogmas, desconsiderar os fatos ou impedir pesquisas, pois estarão protegendo sua reputação às custas de vítimas de estupros que poderiam não ter ocorrido se compreendêssemos melhor o fenômeno.

Infelizmente, as sensibilidades hoje em dia são muito diferentes. Na vida intelectual moderna, o imperativo moral supremo na análise do estupro é proclamar que ele não tem nenhuma relação com sexo. O mantra tem de ser repetido sempre que o assunto venha à baila. "O estupro é um abuso de poder e controle no qual o estuprador tenciona humilhar, envergonhar, embaraçar, degradar e aterrorizar a vítima", declararam as Nações Unidas em 1993. "O objetivo principal é exercer poder e controle sobre outra pessoa."[81] Essa idéia se repetiu em uma coluna do *Boston Globe* em 2001, na qual se afirmou: "O estupro não tem relação com sexo; tem relação com violência e uso do sexo para exercer poder e controle. [...] A violência doméstica e a agressão sexual são manifestações das mesmas forças sociais poderosas: o sexismo e a glorificação da violência".[82] Quando uma colunista iconoclasta escreveu um artigo discordante sobre estupro e espancamento, um leitor respondeu:

> Como um homem que se empenha ativamente há mais de uma década na condição de educador e conselheiro a ajudar homens a cessar sua violência contra mulheres, considero a coluna de Cathy Young de 15 de outubro perturbadora e desalentadora. Ela confunde questões deixando de reconhecer que os homens são socializados em uma cultura patriarcal que ainda apóia sua violência contra as mulheres se eles a escolherem.[83]

Esse conselheiro estava tão imerso na ideologia prevalecente que não notou que Cathy Young estava *argumentando contra* o dogma que ele considerava uma verdade evidente e não "deixando de reconhecer" a verdade que ele considerava evidente. E suas palavras — "os homens são socializados em uma cultura patriarcal" — reproduzem uma divisa entorpecedoramente batida.

A teoria oficial do estupro originou-se em importante livro lançado em 1975, *Against our will* ["Contra nossa vontade", sem tradução em português], da feminista de gênero Susan Brownmiller. O livro tornou-se emblema de uma revolução, que é uma das maiores realizações da segunda onda do feminismo, no modo como lidamos com o estupro. Até a década de 1970, o sistema legal e a cultura popular tratavam o estupro muitas vezes com pouca atenção para os interesses das mulheres. As vítimas tinham de provar que haviam resistido aos agressores até quase perder a vida, caso contrário se consideraria que tinham consentido no ato. Seu estilo de vestir-se era visto como atenuante, como se os homens não fossem capazes de se controlar quando uma mulher atraente passasse por eles. Outro atenuante era a história sexual da mulher em questão, como se escolher fazer sexo com um homem em uma ocasião fosse o mesmo que concordar em fazer sexo com qualquer homem em qualquer ocasião. Critérios de prova que não eram exigidos para outros crimes violentos, como confirmação de testemunhas oculares, eram impostos nos casos de acusação de estupro. O consentimento da mulher freqüentemente era tratado com pouco-caso na mídia popular. Não era incomum filmes mostrarem uma mulher relutante sendo tratada com violência por um homem e logo se derretendo nos braços dele. O sofrimento das vítimas de estupro também era tratado com descaso; lembro-me de ouvir garotas adolescentes, na esteira da revolução sexual do começo dos anos 70, gracejando umas com as outras: "Se o estupro for inevitável, relaxe e aproveite". O estupro pelo marido não era crime, o estupro por um namorado não era um conceito, e o estupro em tempo de guerra era deixado para os livros de história. Essas afrontas à humanidade estão diminuindo gradualmente nas democracias ocidentais, e as feministas merecem o crédito por esse avanço moral.

Mas a teoria de Brownmiller foi muito além do princípio moral de que as mulheres têm o direito de não ser agredidas sexualmente. Afirmou que o estupro não tinha nenhuma relação com o desejo de sexo de um homem individual, pois era uma tática pela qual todo o sexo masculino oprimia todo o sexo feminino. Nas célebres palavras da autora:

> A descoberta do homem de que sua genitália poderia servir de arma para gerar medo deve constar como uma das mais importantes descobertas dos tempos pré-históricos, junto com o uso do fogo e o primeiro machado de pedra bruta. Da era pré-histórica até o presente, acredito, o estupro tem desempenhado uma função crítica [...] não é nada mais, nada menos que um processo consciente de intimidação pelo qual *todos* os homens mantêm *todas* as mulheres em um estado de medo.[84]

Essa idéia transformou-se no catecismo moderno: o estupro não tem relação com sexo, nossa cultura socializa os homens para que estuprem, glorifica a violência contra as mulheres. Essa análise provém diretamente da teoria da natureza humana das feministas de gênero: as pessoas são tábulas rasas (que têm de ser treinadas ou socializadas para querer as coisas); o único motivo humano significativo é o poder (portanto, o desejo sexual é irrelevante); e todos os motivos e interesses devem ser localizados em grupos (como o sexo masculino e o sexo feminino), e não em pessoas individuais.

A teoria de Brownmiller é atrativa mesmo para pessoas que não são feministas de gênero, devido à doutrina do bom selvagem. Desde a década de 1960, a maioria das pessoas instruídas passou a acreditar que o sexo deve ser considerado natural, e não vergonhoso ou sujo. Sexo é bom porque é natural, e as coisas naturais são boas. Mas o estupro é ruim; portanto, o estupro não tem nada a ver com sexo. O motivo do estupro tem de provir de instituições sociais, e não de algo existente na natureza humana.

O lema "violência desvinculada de sexo" está certo em dois aspectos. Ambas as partes são absolutamente verdadeiras para a vítima: uma mulher que é estuprada vivencia o ocorrido como uma agressão violenta, e não como um ato sexual. E a parte referente à violência é verdadeira para o perpetrador, por definição: se não houver violência ou coerção, não consideramos estupro. Mas o fato de o estupro ter relação com a violência não significa que não tenha relação com sexo, assim como o roubo armado estar relacionado à violência não significa que não tem relação com a cobiça. Homens perversos podem usar de violência para conseguir sexo, como a usam para obter outras coisas que desejam.

A meu ver, a doutrina do "estupro desvinculado de sexo" entrará para a história como um exemplo de extraordinárias ilusões populares e da loucura da multidão. Ela é patentemente absurda, não merece sua santidade, é refutada por uma montanha de dados e está barrando o caminho do único objetivo moralmente relevante em se tratando de estupro, que é o esforço de erradicá-lo.

Pensemos no caso. Primeiro fato óbvio: os homens com freqüência querem fazer sexo com mulheres que não querem fazer sexo com eles. Eles usam todas as táticas que um ser humano emprega para influenciar o comportamento de outro: cortejam, seduzem, lisonjeiam, iludem, emburram e pagam. Segundo fato óbvio: alguns homens usam de violência para conseguir o que desejam, indiferentes ao sofrimento que causam. Sabe-se que homens raptaram crianças e pediram resgate (às vezes remetendo aos pais uma orelha ou um dedo para provar que não estavam brincando), cegaram a vítima de um assalto para que ela não pudesse identificá-los em um julgamento, deram tiros nos joelhos de comparsas como punição por entregá-los à polícia ou por ter invadido seu território, mataram um estranho para ficar com seus tênis de marca. Seria um fato extraordinário, contrariando tudo o mais que sabemos sobre as pessoas, se alguns homens *não* usassem de violência para conseguir sexo.

Apliquemos também o bom senso à doutrina de que os homens estupram para promover os interesses do sexo masculino. Um estuprador sempre se arrisca a ser ferido pela mulher que está se defendendo. Em uma sociedade tradicional, ele se arrisca a tortura, mutilação e morte nas mãos dos parentes da mulher agredida. Em uma sociedade moderna, arrisca-se a uma longa temporada na prisão. Será que os estupradores realmente estão correndo esses riscos como um sacrifício altruísta para beneficiar os bilhões de estranhos que compõem o sexo masculino? Essa idéia torna-se ainda menos digna de crédito quando lembramos que os estupradores tendem a ser homens malsucedidos e de status inferior, enquanto presumivelmente os principais beneficiários do patriarcado são os ricos e poderosos. Os homens realmente sacrificam-se pelo bem geral em tempo de guerra, é verdade, mas ou são recrutados contra a vontade ou lhes é prometida a adulação pública quando seus feitos forem divulgados. Mas os estupradores geralmente cometem seus atos em particular e tentam mantê-los em segredo. E na maioria das vezes, e em quase todos os lugares, um homem que estupra uma mulher em sua comunidade é tratado com imenso desprezo. A idéia de que todos os homens estão empenhados em uma guerra brutal contra todas as mulheres choca-se contra o fato elementar de que os homens têm mães, filhas, irmãs e esposas, de quem eles gostam mais do que gostam da maioria dos outros homens. Defendendo o mesmo argumento em bases biológicas, os genes de cada pessoa são encontrados nos corpos de outras pessoas, metade delas do sexo oposto.

Sim, devemos deplorar o tratamento às vezes negligente da autonomia feminina na cultura popular. Mas alguém pode acreditar de verdade que nossa cultura efetivamente "ensina os homens a estuprar" ou "glorifica o estuprador"? Mesmo o tratamento insensível reservado às vítimas de estupro no sistema judiciário do passado recente tem uma explicação mais simples que a de que todos os homens se beneficiam com o estupro. Até recentemente os jurados em casos de estupro ouviam o conselho proferido por um jurista do século XVII, lorde Matthew Hele: deveriam avaliar o testemunho da mulher com todo o cuidado, pois uma acusação de estupro é "fácil de ser feita e é difícil defender-se contra ela, mesmo se o acusado for inocente".[85] Esse princípio condiz com a suposição de inocência inerente ao sistema judiciário americano e com sua preferência por deixar que dez culpados andem soltos a encarcerar um inocente. Mesmo assim, suponhamos que os homens que aplicassem essa política ao estupro realmente a usassem com parcialidade em favor de seus interesses coletivos. Suponhamos que fizessem pender a balança da justiça para minimizar suas próprias chances de algum dia vir a ser falsamente acusados de estupro (ou acusados em circunstâncias ambíguas) e que dessem insuficiente valor à injustiça sofrida pelas mulheres que não vissem seus atacantes serem postos atrás das grades. Isso realmente seria injusto, mas ainda assim não é o mesmo que *encorajar* o estupro como uma tática consciente para manter o jugo sobre as mulheres. Antes de tudo, se essa fosse a tática dos homens eles teriam feito com que o estupro fosse considerado crime?

Quanto à moralidade de acreditar na teoria da desvinculação entre estupro e sexo, ela não existe. Se tivermos de reconhecer que a sexualidade pode ser uma fonte de conflito e não apenas de um sadio prazer mútuo, teremos redescoberto uma verdade que os observadores da condição humana vêm constatando ao longo de toda a história. Se um homem estupra por sexo, isso não significa que ele "não consegue evitar" ou que temos de desculpá-lo, tanto quanto não temos de desculpar o homem que mata a tiros o dono de uma loja de bebidas para roubar a caixa registradora ou que liquida a pauladas um motorista para roubar-lhe o BMW. A grande contribuição do feminismo para a moralidade do estupro é pôr em foco as questões do *consentimento* e da *coerção*. Os motivos essenciais do estuprador não vêm ao caso.

Finalmente, pensamos na humanidade do quadro pintado pela teoria das feministas de gênero. Como salienta a feminista de eqüidade Wendy McElroy, a teoria diz que "mesmo o mais amoroso e bondoso marido, pai e filho beneficia-se do estupro das mulheres que ele ama. Nenhuma ideologia que faz acusações tão ferozes contra os homens como uma classe pode curar quaisquer feridas. Só pode provocar hostilidade em retribuição".[86]

Brownmiller fez uma reveladora pergunta retórica:

Precisamos de uma metodologia científica para concluir que a propaganda antife-
minina que permeia a produção cultural em nosso país promove um clima no qual
atos de hostilidade sexual dirigidos contra mulheres são não apenas tolerados mas
ideologicamente encorajados?

McElroy respondeu: "A resposta é um claro e simples 'sim'. Precisamos de metodologia científica para pôr à prova qualquer afirmação empírica". E chamou
a atenção para as conseqüências da atitude de Brownmiller: "Uma das vítimas
do novo dogma sobre o estupro foi a pesquisa. Não é mais 'sexualmente correto'
conduzir estudos sobre as causas do estupro porque — como sabe qualquer pessoa que pense corretamente — só existe uma causa: o patriarcado. Décadas
atrás, no auge do feminismo liberal e da curiosidade sexual, a atitude em relação às pesquisas era mais refinada".[87] As suspeitas de McElroy são corroboradas
por um levantamento de "estudos" publicados sobre o estupro no qual se constatou que menos de um em cada dez testaram suas hipóteses ou usaram métodos científicos.[88]

O estudo científico do estupro e suas ligações com a natureza humana
ganhou relevo no ano 2000 com a publicação de *A natural history of rape*. Thornhill e Palmer começaram com uma observação básica: um estupro pode resultar em concepção, a qual poderia propagar os genes do estuprador, incluindo
qualquer gene que o houvesse tornado propenso a cometer estupro. Portanto,
uma psicologia masculina que incluísse a capacidade de estuprar não teria sido
excluída no processo de seleção natural, e poderia ter sido selecionada. Thornhill
e Palmer argumentaram que o estupro provavelmente não é uma estratégia de
acasalamento *típica*, devido ao risco de o homem ser ferido pela vítima e seus
parentes e ao risco do ostracismo na comunidade. Mas poderia ser uma tática
oportunista, tornando-se mais provável quando o homem fosse incapaz de obter
o consentimento de mulheres, fosse alienado da comunidade (portanto não se
intimidasse com o ostracismo) e estivesse a salvo de detenção ou punição (como
em época de guerra ou *pogrom*). Thornhill e Palmer esboçaram, então, duas
teorias. O estupro oportunista poderia ser uma adaptação darwiniana que foi
especificamente selecionada, como no caso de certos insetos que possuem um
apêndice sem outra função além de restringir uma fêmea durante uma cópula

forçada. Ou o estupro poderia ser subproduto de duas outras características da mente masculina: o desejo por sexo e a capacidade de praticar violência oportunista para atingir um objetivo. Os dois autores discordaram sobre qual hipótese seria mais bem corroborada pelos dados, e deixaram a questão sem resposta.

Nenhum leitor honesto poderia concluir que os autores pensam que o estupro é "natural" no sentido vernacular de ser bem-vindo ou inevitável. As primeiras palavras do livro são: "Como cientistas, gostaríamos de ver o estupro erradicado da vida humana [...]"; certamente não são palavras de quem julga o estupro inevitável. Thornhill e Palmer examinam as circunstâncias ambientais que afetam a probabilidade do estupro e oferecem sugestões para reduzi-lo. A idéia de que a maioria dos homens possui a capacidade para o estupro funciona, na verdade, no interesse das mulheres, pois demanda vigilância contra estupro por conhecidos, estupro pelo marido e estupro durante convulsões sociais. De fato, a análise concorda com os dados de Brownmiller indicando que homens comuns, incluindo os "bons rapazes" americanos no Vietnã, podem estuprar em tempo de guerra. Nesse sentido, a hipótese de Thornhill e Palmer de que o estupro situa-se em um *continuum* junto com o resto da sexualidade masculina faz desses autores estranhos aliados das mais radicais feministas de gênero, como Catharine MacKinnon e Andrea Dworkin, que afirmaram que "a sedução com freqüência é difícil de ser distinguida do estupro. Na sedução, o estuprador muitas vezes se dá ao trabalho de comprar uma garrafa de vinho".[89]

Mais importante é que o estudo enfoca no mesmo grau o sofrimento das vítimas. (Seu título provisório fora *Why men rape, why women suffer* ["Por que homens estupram, por que mulheres sofrem"].) Thornhilll e Palmer explicam em bases darwinianas por que as fêmeas em todo o reino animal resistem ao sexo forçado, e afirmam que a agonia sentida pelas vítimas está profundamente arraigada na natureza das mulheres. O estupro subverte a escolha feminina, o cerne do ubíquo mecanismo da seleção sexual. Escolhendo o macho e as circunstâncias para o sexo, uma fêmea pode maximizar as chances de que sua prole tenha como pai um macho com bons genes, disposição e capacidade para partilhar a responsabilidade de criar os filhos, ou ambas as coisas. Como John Tooby e Leda Cosmides indicaram, esse cálculo (evolucionista) essencial explica por que as mulheres evoluíram no sentido de "exercer controle sobre sua sexualidade, sobre as condições de seus relacionamentos e sobre a escolha dos homens que serão pais de seus filhos". Elas resistem a ser estupradas, e sofrem quando a resistência fracassa, porque "o controle sobre suas escolhas e relações sexuais lhes foi arrancado".[90]

A teoria de Thornhill e Palmer reforça muitos aspectos de uma análise do feminismo de eqüidade. Prognostica que, do ponto de vista de uma mulher, o estupro e o sexo consensual são totalmente diferentes. Afirma que a repugnância das mulheres pelo estupro não é um sintoma de repressão neurótica, nem um constructo social que poderia facilmente ser o inverso em uma cultura diferente. Prognostica que o sofrimento causado pelo estupro é mais intenso que o sofrimento causado por outros traumas físicos ou violações corporais. Isso justifica que nos empenhemos mais arduamente em prevenir o estupro e que castiguemos os perpetradores com mais severidade do que fazemos em outros tipos de agressão. Comparemos essa análise com a dúbia afirmação de duas feministas de gênero de que a aversão ao estupro tem de ser incutida forçosamente nas mulheres por todas as influências sociais que elas conseguiram imaginar:

O medo feminino [...] [resulta] não só da experiência pessoal de uma mulher, mas do que as mulheres como um grupo absorveram da história, religião, cultura, instituições sociais e interações sociais cotidianas. Aprendido cedo na vida, o medo feminino é continuamente reforçado por instituições sociais como a escola, a Igreja, a lei e a imprensa. Muito também é aprendido com os pais, os irmãos, os professores e os amigos.[91]

Mas apesar da compatibilidade de sua análise com os interesses femininos, Thornhill e Palmer haviam desrespeitado um tabu, e a reação foi bem conhecida: manifestações, interrupção de conferências e invectivas de arrepiar. "A mais recente teoria científica nauseante" foi uma reação típica, e cientistas radicais aplicaram seus costumeiros padrões de exatidão para criticá-la. Hilary Rose, discorrendo sobre uma apresentação da teoria por outro biólogo, escreveu: "O apelo do sociobiólogo David Barash em defesa de suas proposições misóginas de que os homens são naturalmente predispostos ao estupro — 'Se a natureza é sexista, não culpe seus filhos' — não pode mais apoiar-se no velho respeito pela ciência como a visão de lugar nenhum".[92] Barash obviamente não havia afirmado tal coisa; referira-se aos estupradores como criminosos que deviam ser punidos. Margaret Wertheim, que escreve sobre ciência, começou sua resenha do livro de Thornhill e Palmer chamando a atenção para uma recente epidemia

494

de estupro na África do Sul.[93] Contrapondo a teoria de que o estupro é "um sub-produto do condicionamento social e do caos" à teoria de que o estupro tem raízes evolutivas e genéticas, ela sarcasticamente escreveu que, se esta última fosse verdadeira, "a África do Sul devia ser um viveiro desses genes". Duas críticas pelo preço de uma: a afirmação pôs Thornhill e Palmer do lado simplista de uma falsa dicotomia (de fato, eles dedicam muitas páginas às condições sociais que favorecem o estupro) e lança a insinuação de que a teoria desses autores é racista, ainda por cima. O psicólogo Geoffrey Miller, em sua resenha confusa do livro, diagnosticou a reação popular:

> The natural history of rape já sofreu o pior destino para um livro de ciência popular. Como The descent of man e The bell curve, tornou-se uma pedra de toque ideológica. As pessoas que desejam demonstrar sua solidariedade com as vítimas de estupro e as mulheres em geral já aprenderam que devem rejeitar esse livro como pseudociência sexista e reacionária. As críticas que tratam o livro como um sintoma de decadência cultural chauvinista superam numericamente por ampla margem as resenhas que o avaliam como ciência. Do ponto de vista sociológico, transformar livros em pedras de toque ideológicas pode ser útil. As pessoas podem separar-se eficientemente em panelinhas de mentalidade idêntica sem se dar o trabalho de ler ou pensar. Todavia, pode haver mais no discurso humano do que a autopromoção ideológica.[94]

É uma infelicidade que Thornhill e Palmer tenham eles próprios estabelecido uma dicotomia entre a teoria de que o estupro é uma adaptação (uma estratégia sexual especificamente selecionada) e a teoria de que ele é um sub-produto (uma conseqüência do uso da violência em geral), pois isso desviou a atenção da afirmação mais básica de que o estupro tem alguma relação com sexo. A meu ver, a dicotomia que eles aventam foi expressa de modo muito drástico. A sexualidade masculina pode ter evoluído em um mundo no qual as mulheres eram mais discriminadoras do que os homens quanto aos parceiros e ocasiões para o sexo. Isso teria levado os homens a tratar a relutância feminina como um obstáculo a ser vencido. (Outro modo de explicar isso seria imaginar uma espécie na qual o macho só pudesse tornar-se sexualmente interessado se detectasse sinais recíprocos de interesse na fêmea, mas os humanos não parecem compor uma espécie desse tipo.) Como a relutância da mulher é vencida depende do resto da psicologia do homem e de sua avaliação das circunstâncias. Suas táticas usuais podem incluir ser gentil, persuadir a mulher de suas boas intenções e oferecer a proverbial garrafa de vinho, mas podem tornar-se cada vez mais coercitivas à medida que certos fatores de risco forem se multiplicando: o homem é um psicopata (portanto, insensível ao sofrimento dos outros), um pária (portanto, imune ao ostracismo), um perdedor (sem nenhum outro meio de obter sexo) ou um soldado ou participante de um tumulto étnico que considera os inimigos subumanos e acha que pode escapar sem punição. Certamente a maioria dos homens em circunstâncias normais *não* acalenta o desejo de estuprar. Segundo pesquisas, o estupro violento é incomum na pornografia e em fantasias sexuais, e segundo estudos em laboratório sobre a excitação sexual masculina, descrições de violência real contra uma mulher ou sinais de sua dor e humilhação são antiafrodisíacos.[95]

E quanto à questão mais básica de se os motivos dos estupradores incluem ou não o sexo? As feministas de gênero argumentam que não se está levando em conta os estupradores que atacam mulheres mais velhas e inférteis, os que sofrem disfunção sexual durante o estupro, os que coagem atos sexuais não reprodutivos e os que usam preservativo. Esse argumento não é convincente, por suas razões. Primeiro, esses casos constituem uma minoria dos estupros, portanto o argumento poderia ser invertido para demonstrar que a maioria dos estupros tem motivo sexual. E todos esses fenômenos ocorrem também com o sexo consensual, portanto o argumento leva à idéia absurda de que o próprio sexo não tem relação nenhuma com sexo. E o estupro de namoradas é um caso particularmente problemático para a teoria da desvinculação entre estupro e sexo. A maioria das pessoas concorda que as mulheres têm o direito de dizer não em qualquer momento durante a atividade sexual, e que se o homem persistir ele é um estuprador — mas devemos também acreditar que o motivo desse homem mudou instantaneamente de desejar sexo para oprimir as mulheres?

Do outro lado existe uma substancial massa de dados (examinada mais detalhadamente pelo especialista em direito Owen Jones do que por Thornhill e Palmer) indicando que os motivos de estupro coincidem com os motivos de sexo:[96]

- A cópula coagida é muito comum entre as espécies do reino animal, indicando que não é eliminada pela seleção e pode às vezes ser selecionada. É encontrada em muitas espécies de insetos, aves e mamíferos, incluindo nossos parentes, os orangotangos, gorilas e chimpanzés.

• O estupro é encontrado em todas as sociedades humanas.

• Os estupradores em geral usam tanta força quanto necessário para coagir a vítima ao ato sexual. Raramente infligem um ferimento grave ou fatal, o que impediria a concepção e o nascimento. Apenas 4% das vítimas de estupro sofrem lesões graves, e menos de uma em quinhentas é assassinada.

• As vítimas de estupro encontram-se, em sua maioria, no auge da idade reprodutiva feminina, entre treze e 35 anos, com uma média de 24 anos na maioria dos conjuntos de dados. Embora muitas vítimas de estupro sejam classificadas como crianças (menores de dezesseis anos), a maioria delas é adolescente, com média de catorze anos de idade. A distribuição etária é muito diferente da encontrada para as vítimas de outros crimes violentos, e é o oposto do que aconteceria se as vítimas de estupro fossem escolhidas por sua vulnerabilidade física ou por sua probabilidade de ocupar posições de poder.

• As vítimas de estupro ficam mais traumatizadas quando o estupro pode resultar em concepção. O ato é mais doloroso psicologicamente para as mulheres em seus anos férteis e para as vítimas de cópula forçada em comparação com outras formas de estupro.

• Os estupradores não são demograficamente representativos do sexo masculino. A grande maioria deles é jovem, na idade em que a competição sexual é mais intensa. Os homens jovens que alegam ter sido "socializados" para estuprar misteriosamente perdem essa socialização quando ficam mais velhos.

• Embora a maioria dos estupros não resulte em concepção, alguns resultam. Cerca de 5% das vítimas de estupro em idade reprodutiva engravidam, resultando anualmente em mais de 32 mil gestações causadas por estupro nos Estados Unidos. (Por isso é que o aborto em caso de estupro é uma questão importante.) Essa proporção deve ter sido maior na pré-história, quando as mulheres não usavam métodos anticoncepcionais de longo prazo.[97] Brownmiller afirma que as teorias biológicas do estupro são "fantasiosas" porque "em termos de estratégia reprodutiva as ejaculações de resultado incerto de um estuprador em um ataque isolado são uma forma de roleta-russa comparadas ao acasalamento consensual contínuo".[98] Mas o acasalamento consensual contínuo não é uma opção para todos os machos, e disposições que resultassem em sexo de resultado incerto poderiam ser evolutivamente mais bem-sucedidas do que disposições que não resultassem em sexo algum. A seleção natural pode operar eficazmente com pequenas vantagens reprodutivas — até de 1%.

A recompensa de uma compreensão do estupro baseada na realidade é a esperança de reduzi-lo ou eliminá-lo. Considerando as teorias em pauta, os possíveis pontos de aplicação para as alavancas de influência incluem violência, atitudes sexistas e desejo sexual.

Todos concordam que o estupro é um crime de violência. Provavelmente o maior amplificador do estupro é a ausência da lei. Estupro e rapto de mulheres com freqüência são objetivos dos ataques a outros grupos em sociedades sem Estado, e o estupro é comum em guerras entre Estados e em tumultos entre grupos étnicos. Em tempos de paz, as taxas de estupro tendem a acompanhar as de outros crimes violentos. Nos Estados Unidos, por exemplo, a taxa de estupros aumentou na década de 1960 e diminuiu nos anos 90, junto com as taxas de outros crimes violentos.[99] As feministas de gênero atribuem a violência contra as mulheres à civilização e às instituições sociais, mas é exatamente o contrário que ocorre. A violência contra mulheres floresce em sociedades que estão fora do alcance da civilização, e irrompe sempre que a civilização entra em colapso.

Embora eu desconheça a existência de estudos quantitativos, denunciar as atitudes sexistas não parece ser um caminho particularmente promissor para reduzir o estupro, ainda que obviamente seja desejável por outras razões. Países com papéis de gênero muito mais rígidos que os vigentes nos Estados Unidos, como o Japão, têm taxas de estupro muito menores, e nos Estados Unidos a sexista década de 1950 foi muito mais segura para as mulheres do que os mais liberados anos 70 e 80. Na verdade, a correlação pode dar-se na direção oposta. À medida que as mulheres adquirem mais liberdade de movimento por ser independentes dos homens, com mais freqüência se vêem em situações perigosas.

E quanto às medidas que se concentram nos componentes sexuais do estupro? Thornhill e Palmer sugeriram que os rapazes adolescentes fossem forçados a fazer um curso de prevenção do estupro como condição para obter a licença de motorista e que as mulheres fossem advertidas de que vestir-se de modo sexualmente atraente pode aumentar o risco de ser estupradas. Essas prescrições de eficácia não testada são uma excelente ilustração da razão por que os cientistas deveriam ficar fora da elaboração de políticas, mas não merecem a indignação que provocaram. Mary Koss, descrita como autoridade em estupro, declarou: "Um pensamento como esse é absolutamente inaceitável em uma sociedade democrática". (Atentemos para a psicologia do tabu: não só a sugestão dos autores é errada, mas meramente *pensar* nela é "absolutamente incaceitável".) Koss prossegue: "Como o estupro é um crime de gênero, recomendações desse tipo prejudicam a igualdade. Violam mais as liberdades das mulheres que as dos homens".[100]

É compreensível a repugnância por qualquer sugestão de que uma mulher vestida de modo atraente excita um impulso irresistível de estuprar, ou de que a culpabilidade em qualquer crime deve ser transferida do autor para a vítima. Mas Thornhill e Palmer não fizeram nenhuma dessas afirmações. Estavam oferecendo uma recomendação baseada na prudência, e não uma atribuição de culpa baseada na justiça. Obviamente as mulheres têm o direito de vestir-se como bem entenderem, mas a questão não é o que as mulheres têm o direito de fazer em um mundo perfeito, mas como elas podem maximizar sua segurança neste mundo. A sugestão de que mulheres em situações perigosas tenham cuidado com reações que podem provocar ou com sinais que podem inadvertidamente emitir é apenas bom senso, e é difícil acreditar que qualquer adulto pensasse de modo diferente — a menos que essa pessoa tenha sido doutrinada pelos clássicos programas de prevenção do estupro que ensinam às mulheres que "a agressão sexual não é um ato de gratificação sexual" e que "a aparência e a atratividade não são relevantes".[101] As feministas de eqüidade chamaram a atenção para a irresponsabilidade desse conselho, em termos muito mais incisivos que qualquer coisa dita por Thornhill e Palmer. Paglia, por exemplo, escreveu:

> Durante uma década as feministas treinaram suas discípulas para dizer: "O estupro é um crime de violência, mas não de sexo". Essa bobagem açucarada e fictícia expôs mulheres jovens ao desastre. Mal orientadas pelo feminismo, elas não esperam estupro de rapazes gentis de boa família que se sentam ao lado delas na classe. [...]

Essas garotas dizem: "Ora, é meu direito me embebedar numa festa da turma da faculdade e subir para o quarto com um cara sem que nada aconteça". E eu retruco: "É mesmo? E quando você sai de seu carro em Nova York, deixa a chave no capô?". Com isso estou querendo dizer que, se o carro dela for roubado depois de ela ter feito uma coisa dessa, sim, a polícia deve perseguir o ladrão e ele deve ser punido. Mas, ao mesmo tempo, a polícia — e eu — temos o direito de dizer a essa moça: "Sua tonta, você queria o quê?".[102]

Nessa mesma linha, McElroy salienta a falta de lógica em argumentos, como o de Koss, de que as mulheres não deveriam ouvir conselhos práticos que "violam mais as liberdades das mulheres que as dos homens":

O fato de as mulheres serem vulneráveis a ataques significa que não podemos ter tudo. Não podemos andar à noite por um campus escuro nem por uma rua deserta sem incorrer em perigo real. São coisas que toda mulher *deveria* poder fazer, mas os "deveria" pertencem a um mundo utópico. Pertencem a um mundo onde perdemos a carteira no meio da multidão e a devolvem para nós inteirinha, com o dinheiro e os cartões de crédito. Um mundo em que Porsches destrancados ficam estacionados na região barra-pesada da cidade. Em que qualquer criança pode brincar num parque sem ninguém tomando conta dela. Essa não é a realidade que nos confronta e nos confina.[103]

A fuga da realidade na doutrina que desvincula o estupro do sexo deturpa não só os conselhos dados às mulheres mas as políticas para intimidar os estupradores. Alguns sistemas penitenciários põem delinqüentes sexuais em sessões de terapia de grupo e psicodrama destinadas a trazer à tona experiências de maus-tratos na infância. O objetivo é convencer os infratores de que a agressão contra mulheres é um modo de agir motivado por raiva de suas mães, pais e sociedade. (Uma matéria aprovadora no *Boston Globe* admite que "não há como saber qual o índice de êxito dessa terapia".)[104] Outro programa reeduca espancadores e estupradores com "terapia pró-feminista", que consiste em palestras sobre patriarcado, heterossexismo e conexões entre violência doméstica e opressão racial. Em artigo intitulado "The patriarchy made me do it" ["O patriarcado me fez fazer isso"], a psiquiatra Sally Satel comenta:

Embora seja tentador concluir que talvez a "terapia" pró-feminista seja exatamente o que um homem violento merece, o fato trágico é que as mulheres verdadeiramente vitimadas são postas em perigo ainda maior quando seus maridos recebem um tratamento ineficaz.[105]

Transgressores espertos que aprendem a falar a psicobaboseira certa ou a proferir slogans feministas podem ser considerados tratados com êxito, o que pode granjear-lhes a soltura mais cedo e a oportunidade de voltar a fazer vítimas.

Em sua ponderada resenha, Jones examina como as questões legais relacionadas ao estupro podem ser esclarecidas por uma compreensão mais refinada que não exclua os componentes sexuais da esfera de possibilidades. Um exemplo é a "castração química", injeções voluntárias da droga Depo-Provera, que inibe a liberação de andrógenos e reduz o impulso sexual do transgressor. É ministrada às vezes a transgressores que têm obsessão mórbida por sexo e compulsivamente cometem crimes como estupro, exibição indecente e abuso de crianças. A castração química pode reduzir notavelmente os índices de reincidência — segundo um estudo, de 46% para 3%. O uso da droga certamente suscita sérias questões constitucionais sobre privacidade e punição, questões essas que a biologia sozinha não tem competência para decidir. Mas as questões tornam-se mais nebulosas, e não mais claras, quando analistas declaram *a priori* que "a castração não funcionará porque o estupro não é um crime relacionado a sexo, mas um crime relacionado a poder e violência".

Jones não está propondo a castração química (eu tampouco). Está pedindo às pessoas que examinem todas as opções para reduzir o estupro e as avaliem com cuidado e com a mente aberta. Quem se inflama com a própria idéia de mencionar estupro e sexo na mesma frase deveria analisar os números de novo. Se uma política que pode reduzir a 1/15 a taxa de estupros for rejeitada de antemão, muitas mulheres serão estupradas quando de outro modo poderiam não ser. As pessoas podem ter de decidir sobre o que valorizam mais: uma ideologia que afirma defender os interesses do sexo feminino ou aquilo que de fato acontece no mundo a mulheres reais.

Apesar de tanta gente ficar com o sangue fervendo no debate atual sobre os sexos, existem vários trechos de território comum. Ninguém quer aceitar a discriminação sexual ou o estupro. Ninguém quer fazer voltar o tempo e esvaziar de mulheres as universidades e as profissões qualificadas, mesmo se isso fosse possível. Nenhuma pessoa razoável pode negar que os avanços na liberdade das mulheres durante o século passado enriqueceram incalculavelmente a condição humana.

Mais razão ainda para não nos deixarmos desviar por pistas falsas repletas de carga emocional mas sem relevância moral. As ciências da natureza humana podem fortalecer os interesses das mulheres separando essas pistas falsas dos objetivos verdadeiramente importantes. O feminismo como movimento de eqüidade política e social é importante, mas o feminismo como panelinha acadêmica comprometida com doutrinas excêntricas sobre a natureza humana não é. Eliminar a discriminação contra mulheres é importante, mas acreditar que mulheres e homens nascem com mentes indistinguíveis não é. A liberdade de escolha é importante, mas garantir que as mulheres componham exatamente 50% de todas as profissões não é. E eliminar os ataques sexuais é importante, mas defender a teoria de que os estupradores estão fazendo sua parte em uma gigantesca conspiração masculina não é.

19. Crianças

"O debate natureza *versus* criação está encerrado". Assim começa um artigo recente intitulado "Three laws of behavior genetics and what they mean" ["Três leis da genética comportamental e o que elas significam"] — um artigo tão audacioso quanto sua sentença introdutória.[1] O debate natureza *versus* criação obviamente está longe de terminado quando se trata de identificar as capacidades naturais comuns a todos os seres humanos e de compreender como elas nos permitem aprender, o que constitui o tema principal dos capítulos precedentes. Mas quando a questão é o que faz as pessoas pertencentes à corrente predominante de uma sociedade diferirem umas das outras — se elas são mais ou menos inteligentes, mais bondosas ou mais perversas, mais ousadas ou mais tímidas —, o debate natureza *versus* criação, como foi travado por milênios, realmente está encerrado, ou deveria estar.

Quando anunciou que o debate natureza *versus* criação estava encerrado, o psicólogo Eric Turkheimer não estava apenas usando a tradicional técnica do treinador de mulas para obter a atenção de seu público — a técnica da paulada na cabeça. Ele estava resumindo um conjunto de resultados empíricos incomumente alentado pelos padrões da psicologia. Esses resultados repetiram-se em muitos estudos, em vários países e ao longo de quatro décadas. As amostras foram crescendo (com freqüência para muitos milhares), os instrumentos foram sendo aperfeiçoados e as objeções foram sendo refutadas, e os resultados continuaram valendo.

As três leis da genética comportamental podem ser as descobertas mais importantes na história da psicologia. Mas muitos psicólogos não se dedicaram seriamente a elas, e a maioria dos intelectuais não as compreende, apesar de terem sido explicadas em matérias de capa de revistas informativas. Isso não acontece porque as leis são confusas; cada uma pode ser expressa em uma frase, e sem parafernália matemática. Acontece porque as leis aniquilam a tábula rasa, e a tábula rasa está tão arraigada que muitos intelectuais não conseguem *entender* uma alternativa, muito menos argumentar sobre ela ser certa ou errada.

Eis as três leis:

- Primeira lei: Todas as características de comportamento humano são hereditárias.
- Segunda lei: O efeito de ser criado na mesma família é menor que o efeito dos genes.
- Terceira lei: Uma porção substancial da variação em características complexas do comportamento humano não é explicada por efeitos de genes ou famílias.

Essas leis tratam do que nos faz ser o que somos (em comparação com nossos semelhantes) e, portanto, das forças que nos influenciam na infância, supostamente a fase da vida na qual se formam nosso intelecto e personalidade. "Na direção em que curvamos o broto inclina-se a árvore", escreveu Alexander Pope. "A criança é o pai do homem", escreveu Wordsworth, ecoando a idéia de Milton: "A infância mostra o homem como a manhã mostra o dia". Os jesuítas diziam: "Dêem-me a criança nos primeiros sete anos e lhes darei o homem", e esse lema foi usado como bordão do documentário em série dirigido por Michael Apted, que acompanha um grupo de crianças britânicas a cada sete anos (*Seven up, Fourteen up*, etc.). Neste capítulo examinarei essas leis e analisarei o que elas significam para a natureza, a criação e nenhuma das anteriores.

A primeira lei: *Todas as características de comportamento humano são hereditárias*. Comecemos pelo começo. O que é uma "característica de comportamento"? Em muitos estudos, é uma propriedade estável de uma pessoa que pode ser medida por testes psicológicos padronizados. Testes de inteligência pedem às pessoas para dizer uma série de números de trás para a frente, definir palavras como *relutante* e *remorso*, identificar o que um ovo e uma semente têm em comum, montar um quadrado com quatro triângulos e fazer a extrapolação de seqüências de padrões geométricos. Testes de personalidade pedem às pessoas para concordar ou discordar de afirmações como: "Freqüentemente atravesso a rua para não encontrar alguém que conheço", "Não culpo uma pessoa por aproveitar-se de alguém que dá margem a isso", "Antes de fazer algo, tento pensar em como meus amigos reagirão a isso" e "As pessoas dizem coisas insultantes e vulgares a meu respeito". Não parece muito confiável, mas o fato é que esses testes foram amplamente validados: fornecem resultados parecidíssimos toda vez que uma pessoa é submetida ao teste, e predizem estatisticamente o que teriam de predizer razoavelmente bem. Os testes de QI prognosticam o desempenho na escola e no trabalho, e os perfis de personalidade correlacionam-se com as avaliações dos outros sobre a pessoa e com os resultados em sua vida, como diagnósticos psiquiátricos, estabilidade no casamento e atritos com a lei.[2]

Em outros estudos o comportamento é registrado mais diretamente. Estudantes de pós-graduação instalam-se no pátio de uma escola com um cronômetro e uma prancheta, observando o que as crianças fazem. Os alunos são classificados conforme a agressividade por vários professores, calculando-se então as médias dessas graduações. As pessoas informam quanto tempo vêem televisão ou quantos cigarros fumam. Pesquisadores computam resultados rotineiros como taxas de conclusão de cursos, de condenações criminais ou de divórcio.

Assim que as medições são feitas, a *variância* da amostra pode ser calculada: o quadrado do desvio padrão da pontuação de cada pessoa em relação à média do grupo. A variância é um número que reflete o grau em que os membros de um grupo diferem entre si. Por exemplo, a variância de peso em uma amostra de cães da raça labrador retriever será menor do que a variância de peso em uma amostra composta de cães de várias raças. A variância pode ser fragmentada. Matematicamente tem sentido dizer que determinada porcentagem da variância em um grupo sobrepõe-se a um fator (talvez, embora não necessariamente, sua causa), outra porcentagem sobrepõe-se a um segundo fator e assim por diante, com a soma das porcentagens totalizando cem. O grau de sobreposição pode ser medido como um coeficiente de correlação, um número entre –1 e +1 que reflete o grau em que as pessoas com resultados elevados em uma mensuração também apresentam resultados elevados em outra mensuração. Ele é usado em estudos de genética comportamental como estimativa da proporção da variância explicada por determinado fator.[3]

A hereditariedade é a proporção da variância em uma característica que se correlaciona a diferenças genéticas. Pode ser medida de vários modos.[4] O mais simples consiste em calcular a correlação entre gêmeos idênticos separados ao nascer e criados separadamente. Eles compartilham todos os genes e nada do ambiente (em relação à variação entre os ambientes na amostra), portanto qualquer correlação entre os dois tem de ser efeito de seus genes. Alternativamente, podemos comparar gêmeos idênticos criados juntos, que compartilham todos os seus genes e a maior parte do ambiente, com gêmeos fraternos criados juntos, que compartilham metade de seus genes e a maior parte do ambiente (para ser exato, eles compartilham metade dos genes que variam entre as pessoas componentes da amostra — obviamente eles têm em comum *todos* os genes que são universais na espécie humana). Se a correlação for maior para os pares de gêmeos idênticos, ela presumivelmente reflete um efeito dos genes adicionais que eles têm em comum. Quanto maior a diferença entre as duas correlações, mais elevada a estimativa de hereditariedade. Uma outra técnica consiste em comparar irmãos biológicos, que compartilham metade de seus genes e a maior parte do ambiente, com irmãos adotivos, que não compartilham genes (entre os genes que variam) mas compartilham a maior parte do ambiente.

Os resultados são aproximadamente os mesmos, independentemente do que é medido ou de como é medido. Gêmeos idênticos criados separadamente são muito parecidos; gêmeos idênticos criados juntos são mais parecidos do que gêmeos fraternos criados juntos; irmãos biológicos são muito mais parecidos que irmãos adotivos.[5] Tudo isso se traduz em valores de hereditariedade substanciais, geralmente entre 0,25 e 0,75. Um resumo convencional enuncia que aproximadamente metade da variação em inteligência, personalidade e resultados na vida é hereditária — um correlato ou um produto indireto dos genes. É difícil ser mais preciso do que isso, pois os valores da hereditariedade variam nessa faixa por várias razões.[6] Uma delas se relaciona ao procedimento de incluir o erro de mensuração (ruído aleatório) na variância total a ser explicada, ou estimá-lo e excluí-lo da equação. Outra, ao de estimar *todos* os efeitos dos genes ou somente os efeitos *aditivos*: aqueles que exercem a mesma influência independentemente dos outros genes da pessoa (em outras palavras, os genes para características que não variam em tipo). Uma terceira razão consiste no grau de variação que existia em uma amostra inicialmente: amostras com ambientes homogêneos apresentam estimativas de hereditariedade substanciais, amostras com ambientes variados, estimativas menores. Uma quarta razão é o período da vida de uma pessoa no qual uma característica é medida. A hereditariedade da inteligência, por exemplo, *aumenta* ao longo da vida e pode chegar a 0,8 em uma idade avançada.[7] Esqueça o "na direção em que curvamos o broto", e pense: "Caramba, estou ficando igualzinho aos meus pais!".

"Todas as características são hereditárias" é um exagero, mas não grande.[8] Características de comportamento concretas que manifestamente dependem do conteúdo fornecido pelo lar ou pela cultura obviamente não são hereditárias: a língua que falamos, a religião que professamos, o partido político a que pertencemos. Mas as características de comportamento que refletem os talentos e temperamentos básicos *são* hereditárias: nossa facilidade com o idioma, nosso nível de religiosidade, o grau de nossas convicções liberais ou conservadoras. A inteligência geral é hereditária, e o mesmo vale para os cinco modos principais de variação da personalidade: receptividade à experiência, conscienciosidade, extroversão-introversão, antagonismo-aquiescência, tendências neuróticas. E características que são surpreendentemente específicas revelam-se também hereditárias, como por exemplo a dependência de nicotina ou álcool, o número de horas diante da televisão e a probabilidade de divorciar-se. Finalmente há os irmãos Mallifert no departamento de registro de patentes da charge de Chas Addams e seus correspondentes na vida real: gêmeos idênticos separados ao nascer que na vida adulta se tornaram, ambos, capitães de brigada de incêndio voluntária, que enrolavam no dedo a corrente do pescoço quando respondiam a perguntas ou que disseram ao pesquisador que foi buscá-los no aeroporto (separadamente) que um mancal da roda de seu carro precisava ser trocado.

Certa vez, assisti a uma entrevista na qual se perguntou a Marlon Brando sobre as influências na infância que fizeram dele um ator. Ele retrucou que gêmeos idênticos separados ao nascer podem usar o mesmo tônico capilar, fumar a mesma marca de cigarros, passar férias na mesma praia etc. A entrevistadora, Connie Chung, fingiu que roncava como se estivesse assistindo a uma palestra maçante, sem perceber que ele estava respondendo à sua pergunta — ou, mais precisamente, explicando por que não podia respondê-la. Não sendo zero a hereditariedade dos talentos e gostos, nenhum de nós tem como saber se uma característica foi influenciada por nossos genes, por nossas experiências na infância, por ambas as coisas ou por nenhuma delas. Chung não é a única a não entender isso. A primeira lei implica que qualquer estudo que meça algo nos pais e algo em seus filhos biológicos, e então tire conclusões sobre os efeitos da criação dada aos filhos, não tem nenhuma validade, pois as correlações podem simplesmente refletir os genes que pais e filhos têm em comum (pais agressivos podem gerar filhos agressivos, pais tagarelas podem gerar filhos tagarelas). Mas esses dispendiosos estudos continuam a ser feitos e continuam a ser traduzidos em conselhos sobre a criação de filhos, como se a hereditariedade de todas as características fosse zero. Brando deveria ser convidado a ser parecerista nos processos de concessão de financiamento a pesquisas.

A genética comportamental tem seus críticos, que tentaram encontrar interpretações alternativas para a primeira lei. Talvez as crianças separadas ao nascer sejam deliberadamente levadas para famílias adotivas semelhantes. Talvez tenham contato entre si durante a separação. Talvez os pais esperem que os gêmeos idênticos sejam mais parecidos e por isso os tratem de modo mais parecido. Os gêmeos compartilham um útero, e não só seus genes, e os gêmeos idênticos às vezes compartilham o córion (a membrana que envolve o feto) e a placenta. Talvez seja sua experiência pré-natal comum, e não seus genes comuns, que os torne mais parecidos.

Essas possibilidades foram submetidas a testes e, embora em alguns casos possam reduzir em alguns pontos uma estimativa de hereditariedade, não podem reduzi-la substancialmente.[9] As propriedades de pais e lares adotivos foram medidas (sua educação, status econômico, personalidades etc.) e não se mostraram homogêneas o bastante para forçar gêmeos idênticos a ter as mesmas personalidades e temperamentos.[10] Gêmeos idênticos não são direcionados para lares que os incentivem a torcer a correntinha do pescoço ou para espirrar em elevadores. Mais importante: os lares de gêmeos idênticos que foram separados ao nascer não são mais parecidos que os lares de gêmeos fraternos que foram separados ao nascer, e apesar disso os gêmeos idênticos são muito mais semelhantes.[11] E o mais importante de tudo é o fato de que as diferenças no ambiente do lar não produzem diferenças na inteligência e na personalidade dessas crianças quando se tornam adultas (como veremos ao examinar a segunda lei), portanto o argumento é discutível.

Quanto ao contato entre gêmeos separados, é improvável que um encontro fortuito entre duas pessoas possa remodelar sua personalidade e inteligência, mas, de qualquer modo, a quantidade de contato não mostra ter correlação com o grau de semelhança dos gêmeos.[12] E quanto às expectativas dos pais, amigos e colegas? Um teste claro é proporcionado por gêmeos idênticos que foram erroneamente considerados fraternos até que um teste genético revelou o correto. Se forem as expectativas que tornam semelhantes os gêmeos idênticos, esses gêmeos específicos não devem ser semelhantes; se forem os genes, eles devem ser. De fato, os gêmeos são tão parecidos quanto nos casos em que os pais sabiam que seus gêmeos eram idênticos.[13] E mensurações diretas do grau de semelhança no tratamento dos gêmeos pelos pais não se correlacionam com mensurações do grau de semelhança entre os gêmeos nos quesitos inteligência ou personalidade.[14] Finalmente, compartilhar uma placenta pode fazer com que gêmeos idênticos sejam mais *diferentes*, e não apenas mais semelhantes (pois um dos gêmeos pode apoderar-se do espaço do outro), sendo essa a razão por que os estudos mostraram pouco ou nenhum efeito do compartilhamento de placenta.[15] Mas mesmo que os tornasse mais semelhantes, o aumento de hereditariedade seria pequeno. Como observou o geneticista comportamental Matt McGue sobre um modelo matemático recente que tentou usar efeitos pré-natais para reduzir o mais possível as estimativas de hereditariedade: "O fato de o debate sobre o QI agora se concentrar em determinar se o QI é 50% ou 70% hereditário é uma notável indicação de como mudou nas duas últimas décadas o debate natureza *versus* criação".[16] De qualquer modo, estudos comparando irmãos adotivos com irmãos biológicos não examinam gêmeos, mas chegam às mesmas conclusões que os estudos de gêmeos, portanto provavelmente nenhuma singularidade da condição de gêmeos derrubará a primeira lei.

Os métodos da genética comportamental encerram três limitações. Primeira, os estudos de gêmeos, irmãos biológicos e adotivos podem ajudar a explicar o que torna as pessoas diferentes, mas não podem explicar aquilo que as pessoas têm em comum, ou seja, a natureza humana universal. Dizer que a hereditariedade da inteligência é 0,5, por exemplo, não implica que metade da inteligência de uma pessoa é herdada (seja lá o que isso significar); implica apenas que metade da *variação* entre as pessoas é herdada. Os estudos de genética comportamental sobre condições patológicas, como as mencionadas nos capítulos 3 e 4, *podem* lançar uma luz sobre a natureza humana universal, mas não são relevantes para os temas deste capítulo.

A segunda limitação está no fato de que os métodos da genética comportamental tratam da variação no grupo das pessoas em exame, e não da variação *entre* grupos de pessoas. Se os gêmeos ou irmãos adotivos em uma amostra forem todos brancos americanos de classe média, uma estimativa de hereditariedade pode nos dar indicações das razões por que brancos americanos de classe média diferem de outros brancos americanos de classe média, mas não por que a classe média difere da classe baixa ou da classe alta, por que americanos diferem de não-americanos ou por que brancos diferem de asiáticos ou de negros.

A terceira limitação está no fato de que os métodos da genética comportamental só podem mostrar que características *correlacionam-se* com genes, e não que são diretamente causadas por eles. Os métodos não podem distinguir características que são produtos relativamente diretos dos genes — o resultado de genes que afetam as conexões ou o metabolismo do cérebro — de características que são produtos muito indiretos, digamos, o resultado de ter genes para determinada aparência física. Sabemos que os homens altos em média são promovidos em seus empregos mais rapidamente do que os baixos, e que pessoas atraentes em média são mais autoconfiantes que as não atraentes.[17] (Em um experimento, sujeitos submetidos a uma falsa entrevista tiveram de ficar esperando durante uma interrupção encenada quando o entrevistador foi chamado fora da sala. Os sujeitos sem atrativos físicos aguardaram nove minutos antes de reclamar; os atraentes, três minutos e vinte segundos.)[18] Presumivelmente, as pessoas tratam com respeito as pessoas altas e bem-apessoadas, e isso as torna mais bem-sucedidas e zelosas de seus direitos. Altura e aparência são obviamente hereditárias; portanto, se não soubéssemos sobre os efeitos da aparência, poderíamos pensar que o sucesso dessas pessoas provém diretamente dos genes para ambição e autoconfiança, em vez de provir indiretamente de genes para pernas longas ou nariz bonito. A conclusão é que a hereditariedade sempre tem de ser interpretada à luz de todos os fatos; ela não traz seu significado escrito na testa. Isso posto, sabemos que a hereditariedade da personalidade não pode, de fato, ser reduzida aos genes para a aparência. Os efeitos da aparência sobre a personalidade são pequenos e limitados; apesar das piadas sobre loiras, nem todas as mulheres atraentes são vaidosas e autoconfiantes. A hereditariedade de características de personalidade, em contraste, é grande e disseminada, grande demais para ser explicada como um subproduto da aparência.[19] Como vimos no capítulo 3, características de personalidade podem, em alguns casos, estar ligadas a genes reais com produtos no sistema nervoso. Com a conclusão do Projeto Genoma Humano, é provável que os geneticistas logo venham a descobrir mais dessas ligações.

A primeira lei é um tremendo estorvo para os cientistas radicais, que tentaram em vão desacreditá-la. Em 1974, Leon Kamin escreveu que "não existem dados que levem um homem prudente a aceitar a hipótese de que os resultados de testes de QI são hereditários em qualquer grau", uma conclusão que ele reiterou com Lewontin e Rose uma década depois.[20] Mesmo nos anos 70 esse argumento era tortuoso, mas nos anos 80 ele era desesperado e hoje é uma curiosidade histórica.[21] Como de costume, os ataques nem sempre vieram na forma de análises acadêmicas imparciais. Thomas Bouchard, que dirigiu o primeiro estudo em grande escala de gêmeos criados separadamente, é um dos pioneiros do estudo da genética da personalidade. Ativistas da Universidade de Minnesota distribuíram folhetos chamando-o de racista e associando-o ao "fascismo alemão", picharam slogans que o chamavam de nazista e exigiram que ele fosse demitido. O psicólogo Barry Mehler acusou-o de "reabilitar" o trabalho de Josef Mengele, o médico que torturava gêmeos nos campos de morte nazistas com o pretexto de fazer pesquisa. Como de costume, as acusações eram injustas não só intelectualmente mas pessoalmente: longe de ser fascista, Bouchard participou do Movimento pela Liberdade de Expressão em Berkeley nos anos 70, foi preso por um breve período devido à sua militância e afirma que faria tudo de novo hoje em dia.[22]

Esses ataques são flagrantemente políticos e facilmente descartáveis. Mais pernicioso é o modo como a primeira lei é comumente interpretada: "Então você está dizendo que está tudo nos genes", ou, com mais raiva: "Determinismo genético!". Já comentei sobre esse curioso reflexo na vida intelectual moderna: quando o assunto são os genes, as pessoas de repente perdem a capacidade de distinguir 50% de 100%, "alguns" de "todos", "afeta" de "determina". O diagnóstico para essa deficiência intelectual é claro: se os efeitos dos genes têm de ser zero por razões teológicas, então todos os valores diferentes de zero são equivalentemente heréticos.

Mas a pior conseqüência da tábula rasa não é as pessoas entenderem errado os efeitos dos genes. É entenderem errado os efeitos do ambiente.

* * *

A segunda lei: *O efeito de ser criado na mesma família é menor que o efeito dos genes.* A esta altura o leitor compreende que nossos genes têm um papel em nos diferenciar de nossos vizinhos e que nosso ambiente tem papel igualmente importante. A esta altura todos chegam à mesma conclusão. Somos moldados tanto por nossos genes como pela criação que nossa família nos deu: o modo como nossos pais nos trataram e o tipo de lar em que crescemos.

Mais devagar! A genética comportamental permite-nos distinguir dois modos muito diferentes como nossos ambientes poderiam nos afetar.[23] O ambiente *compartilhado* é aquele que exerce influência sobre nós e nossos irmãos igualmente: nossos pais, nossa vida doméstica e nossa vizinhança (em comparação com outros pais e outras vizinhanças na amostra). O ambiente *não compartilhado* ou *único* é todo o resto: qualquer coisa que influencie um irmão mas não o outro, incluindo o favoritismo dos pais (a mamãe sempre gostou mais de você), a presença de outros irmãos, experiências únicas como cair de uma bicicleta ou ser infectado por um vírus, e, na verdade, qualquer coisa que nos aconteça no decorrer da vida que não necessariamente aconteça aos nossos irmãos.

Os efeitos do ambiente compartilhado podem ser medidos em estudos de gêmeos subtraindo-se o valor da hereditariedade da correlação entre os gêmeos idênticos. O fundamento lógico é que gêmeos idênticos são parecidos (medindo-se pela correlação) porque têm genes em comum (medindo-se pela hereditariedade) e ambiente em comum, portanto os efeitos do ambiente comum podem ser estimados subtraindo-se a hereditariedade da correlação. Alternativamente, os efeitos podem ser estimados em estudos de adoção simplesmente examinando a correlação entre dois irmãos adotivos: eles não têm genes em comum; portanto quaisquer semelhanças (relativamente à amostra) têm de provir das experiências que compartilharam crescendo na mesma casa. Uma terceira técnica consiste em comparar a correlação entre irmãos criados juntos (que compartilham genes e o ambiente do lar) com a correlação entre irmãos criados separadamente (que compartilham apenas genes).

Os efeitos do ambiente *único* podem ser medidos subtraindo-se a correlação entre gêmeos idênticos (que compartilham genes e ambiente) de um (que é a soma dos efeitos dos genes, do ambiente compartilhado e do ambiente único). Pelo mesmo raciocínio, podem-se medir esses efeitos em estudos de adoção subtraindo-se a estimativa de hereditariedade e o ambiente compartilhado de um. Na prática todos esses cálculos são mais complexos, pois podem tentar levar em conta efeitos não aditivos, casos em que o todo não é a soma das partes, e o ruído nas mensurações. Mas o leitor agora conhece a lógica básica por trás deles.

Então o que descobrimos? Os efeitos do ambiente compartilhado são pequenos (menos de 10% de variância), com freqüência não são estatisticamente significantes, com freqüência não se replicam em outros estudos e com freqüência são zero.[24] Turkheimer afirmou prudentemente que esses efeitos são menores que os dos genes. Muitos geneticistas comportamentais vão além e afirmam que são negligíveis, particularmente na vida adulta. (O QI é afetado pelo ambiente compartilhado na infância, mas com o passar dos anos esse efeito vai enfraquecendo até desaparecer.)

De onde vêm essas conclusões? As descobertas reais são fáceis de entender. Primeiro, irmãos adultos são igualmente semelhantes quer tenham sido criados juntos ou separados. Segundo, irmãos adotivos não são mais semelhantes do que duas pessoas escolhidas ao acaso na rua. E terceiro, gêmeos idênticos não são mais parecidos que o que esperaríamos dos efeitos de seus genes em comum. Como no caso da primeira lei, a simples consistência de resultados encontrada em três métodos completamente diferentes (comparações de gêmeos idênticos com fraternos, de irmãos criados juntos com irmãos criados separadamente, de irmãos adotivos com irmãos biológicos) encoraja-nos a concluir que o padrão é real. Sejam quais forem as experiências que irmãos compartilham por crescer na mesma casa, elas não fazem diferença para o tipo de pessoas que eles se tornam.

Uma ressalva importante: diferenças entre lares não têm importância *no âmbito* das amostras de lares cobertas por esses estudos, as quais tendem a ser mais representativas da classe média do que da população como um todo. Mas diferenças entre essas amostras e outros tipos de lares *poderiam* ser importantes. Esses estudos excluem casos de negligência criminosa, abuso físico e sexual e abandono em um orfanato desolador; portanto não demonstram que casos extremos não deixam cicatrizes. Tampouco podem dizer alguma coisa sobre as diferenças entre *culturas* — sobre o que torna uma criança um americano de classe média em contraste com um guerreiro ianomâmi, um monge tibetano ou mesmo um membro de uma gangue de rua urbana. Em geral, se a amostra provém de um conjunto restrito de lares, ela pode subestimar efeitos dos lares em um conjunto mais abrangente.[25]

Apesar dessas ressalvas, a segunda lei de modo nenhum é trivial. A "classe média" (que inclui a maioria dos pais adotivos) pode incluir uma vasta série de estilos de vida, de cristãos fundamentalistas do Meio-Oeste rural americano a médicos judeus de Manhattan, com ambientes domésticos e filosofias de criação de filhos muito diferentes. Os geneticistas comportamentais constataram que suas amostras de pais, na verdade, compreendem toda uma gama de tipos de personalidade. E mesmo se pais adotivos não forem representativos em algum outro aspecto, a segunda lei sobreviveria porque também emerge de extensos estudos sobre gêmeos.[26] Embora as amostras de pais adotivos englobem um leque mais estreito (e mais alto) de QIs do que a população como um todo, elas não podem explicar por que os QIs de seus filhos adultos não são correlacionados, pois *eram* correlacionados quando esses filhos eram crianças.[27] Antes de explorar as implicações revolucionárias dessas descobertas, passemos à terceira lei.

A terceira lei: *Uma porção substancial da variação em características complexas do comportamento humano não é explicada por efeitos de genes ou famílias.* Isso decorre diretamente da primeira lei, supondo que as hereditariedades sejam menores do que um, e da segunda lei. Se destrincharmos a variação entre pessoas segundo os efeitos dos genes, do ambiente compartilhado e do ambiente único, e se os efeitos dos genes forem maiores do que zero e menores do que um, e ainda se os efeitos do ambiente compartilhado ficarem próximos de zero, os efeitos do ambiente único terão de ser maiores do que zero. De fato, eles se aproximam de 50%, dependendo, como sempre, do que está sendo medido e de como exatamente isso é estimado. Concretamente, isso significa que gêmeos idênticos criados juntos (compartilhando tanto seus genes como o ambiente familiar) estão longe de ser idênticos em seus intelectos e personalidades. Deve haver causas que não são genéticas *nem* comuns à família que tornam os gêmeos idênticos diferentes e, de modo mais geral, que fazem as pessoas serem o que são.[28] Como ocorre com o Mister Jones da canção de Bob Dylan, alguma coisa está acontecendo aqui, mas não sabemos o que é.

Um resumo prático das três leis seria: genes 50%, ambiente compartilhado 0%, ambiente único 50% (ou, se quisermos ser tolerantes, genes 40%-50%, ambiente compartilhado 0%-10%, ambiente único 50%). Um modo simples de lembrar o que estamos tentando explicar é: gêmeos idênticos são 50% semelhantes independentemente de terem sido criados juntos ou separados. Tendo isso em mente, observe o que acontece com suas idéias favoritas sobre os efeitos da criação na infância.

Embora durante décadas os geneticistas comportamentais soubessem sobre a hereditariedade de características mentais (primeira lei), eles demoraram um pouco a se dar conta da ausência de efeitos do ambiente compartilhado (segunda lei) e da magnitude dos efeitos do ambiente único (terceira lei). Robert Plomin e Denise Daniels soaram o primeiro alarme em 1987, num artigo intitulado "Why are children in the same family so different from one another?" ["Por que crianças de uma mesma família são tão diferentes umas das outras?"]. Esse enigma foi percebido por outros geneticistas comportamentais, como Thomas Bouchard, Sandra Scarr e David Lykken, e novamente trazido à luz por David Rowe em seu livro de 1994, *The limits of family influence*. Também foi o trampolim para o muito debatido livro *Born to rebel* [*Vocação: Rebelde*, na tradução em português], que Frank Sulloway publicou em 1996, versando sobre a ordem de nascimento e o temperamento revolucionário. Apesar disso, poucas pessoas fora da área de genética comportamental realmente tinham noção da importância da segunda e da terceira lei.

Foi um deus-nos-acuda em 1998 quando Judith Rich Harris, estudiosa desvinculada de instituições acadêmicas (que a imprensa prontamente apelidou de "uma vovó de Nova Jersey"), publicou *The nurture assumption* [*Diga-me com quem andas,* na tradução em português]. Uma matéria de capa da *Newsweek* resumiu o tema: "Do parents matter? A heated debate about how kids develop" ["Os pais são importantes? Um acalorado debate sobre como as crianças se desenvolvem"]. Harris tirou as três leis das revistas especializadas e tentou fazer que as pessoas reconhecessem suas implicações: a sabedoria convencional sobre a criação de filhos acalentada por especialistas e leigos está errada.

Foi Rousseau quem fez de pais e filhos os principais atores no drama humano.[29] As crianças são bons selvagens, e sua criação e instrução podem permitir que sua natureza essencial floresça ou podem pôr-lhes nas costas a corrompida bagagem da nossa civilização. As versões do bom selvagem e da tábula rasa no século XX mantiveram pais e filhos no centro do palco. Os behavioristas afirmaram que as crianças são moldadas pelas contingências de reforço, e aconselharam os pais a não dar atenção à aflição dos filhos pois isso só faria recompensá-los por chorar, aumentando a freqüência do comportamento chorão. Os freudianos teorizaram que somos moldados pelo nosso grau de êxito no desmame, aprendizado do uso do vaso sanitário e identificação com o genitor do mesmo sexo, e aconselharam os pais a não levar os bebês para a cama do casal, pois isso despertaria desejos sexuais prejudiciais. Todos teorizaram que distúrbios psicológicos poderiam ser culpa das mães: o autismo poderia ser atribuído à frieza materna, a esquizofrenia a seus "dilemas", a anorexia à pressão que elas fazem para que as meninas sejam perfeitas. A baixa auto-estima foi atribuída a "pais tóxicos", e todos os demais problemas a "famílias disfuncionais". Em muitos tipos de psicoterapia, os pacientes distraem-se em seus cinqüenta minutos de sessão revivendo conflitos da infância, e a maioria das biografias escava a infância do biografado em busca das raízes das tragédias e triunfos do adulto.

A esta altura, a maioria dos pais instruídos acredita que tem nas mãos o destino de seus filhos. Querem que seus rebentos sejam populares e autoconfiantes, que tirem boas notas e permaneçam na escola, que evitem drogas, álcool e cigarro, que evitem ter filhos na adolescência, que se mantenham do lado certo da lei e que tenham um casamento feliz e sucesso na profissão. Uma multidão de especialistas em criação de filhos fornece-lhes conselhos, sempre mutáveis no contexto, sempre imutáveis na certeza, sobre como obter esses resultados. A receita atual é mais ou menos a seguinte: os pais devem estimular seus bebês com brinquedos coloridos e experiências variadas. ("Leve-os para o ar livre. Deixem que sintam a casca de uma árvore", aconselhou um pediatra que se sentou comigo no mesmo sofá em um programa matinal de televisão.) Devem ler para seus bebês e conversar com eles tanto quanto possível para promover o desenvolvimento da linguagem. Devem interagir e comunicar-se com os filhos em todas as idades, e nenhum tempo gasto nisso será demais. (A "qualidade do tempo", a idéia de que os pais que trabalham fora poderiam passar um intervalo concentrado de tempo com os filhos entre o jantar e a hora de dormir para compensar a ausência durante o dia rapidamente se tornou piada nacional; foi vista como uma racionalização das mães que não queriam admitir que suas carreiras estavam comprometendo o bem-estar de seus filhos.) Os pais devem estabelecer limites firmes mas razoáveis, sem autoritarismo mas sem desregramento. O castigo físico de qualquer tipo está fora de questão, pois perpetua um ciclo de violência. Os pais também não devem depreciar os filhos nem dizer que eles são ruins, pois isso prejudica sua auto-estima. Ao contrário, devem cobri-los de abraços e afirmações de amor e aprovação incondicionais. E os pais devem comunicar-se intensivamente com os filhos adolescentes e interessar-se por todos os aspectos de suas vidas.

Alguns pais começaram a questionar o imperativo de tornar-se máquinas de criar filhos em tempo integral. Uma matéria de capa recente na *Newsweek*, intitulada "The parent trap" ["A armadilha dos pais"] discorreu sobre as mães e pais extenuados que dedicam todos os minutos de seu tempo fora do trabalho a entreter os filhos e servir-lhes de motorista por medo de que se não o fizerem eles se tornarão uns fracassados ou sairão por aí metralhando colegas de escola. Uma reportagem semelhante na *Boston Globe Magazine* com o irônico título "How to raise a perfect child..." ["Como criar um filho perfeito..."] elabora:

> "Estou sufocada pelos conselhos sobre criação de filhos", declara Alice Kelly, de Newton. "Leio tudo a respeito de minha obrigação de proporcionar a meus filhos brincadeiras que sejam experiências enriquecedoras. Devo fazer muitas atividades físicas com eles para incutir-lhes o hábito da boa forma física e assim eles possam se tornar adultos sadios e aptos. Devo fazer todo tipo de brincadeiras intelectuais para que cresçam inteligentes. E não posso esquecer que existem brincadeiras variadas, e devo fazer todas elas — argila para a destreza manual, jogos de palavras para o êxito na leitura, coordenação motora fina, coordenação motora grossa. Tenho a impressão de que poderia devotar minha vida a descobrir do que devo brincar com meus filhos." [...]
>
> Elizabeth Ward, nutricionista de Stoneham, não entende por que os pais mostram tanta boa vontade para "ser cozinheiros de lanchonete, preparando dois ou três tipos de refeição de uma vez" para agradar às crianças. [...] [Uma razão] é a crença em que forçar uma criança a escolher entre comer o que está na mesa ou pular uma refeição acarretará distúrbios alimentares — uma idéia que provavelmente nunca ocorreu aos pais em décadas passadas.[30]

O humorista Dave Barry comenta sobre os conselhos de especialistas a pais de adolescentes:

Além de atentar para sinais de alerta, você precisa "manter abertas as linhas de comunicação" com seu filho. Faça questão de interessar-se pelas coisas que interessam ao seu filho para que vocês estejam em harmonia, como vemos neste diálogo:

PAI: Que música é essa que está ouvindo, filho?
FILHO: É uma banda chamada "Biscoito Manco", pai.
PAI: Que podre!

[...] Você deve esforçar-se para obter esse tipo de proximidade no relacionamento com seu filho. E lembre-se: se o pior acontecer, não existe ferramenta paterna mais poderosa que um bom abraço. Se sentir que seu filho está se metendo em encrenca, deve dar-lhe um abraço daqueles de tirar o fôlego em um lugar bem cheio de gente, com outros jovens por perto, berrando com voz esganiçada: "Você é MEU NENENZINHO, e eu te amo DE QUALQUER JEITO!". Isso deixará seu filho tão constrangido que na mesma hora ele sairá correndo e entrará para uma ordem religiosa rigorosa cuja dieta consiste exclusivamente em cascalho. Se um abraço não funcionar, ameace-o com outro.[31]

Reações à parte, é possível que os conselhos dos especialistas sejam sensatos? Talvez a armadilha para os pais esteja no fato, ao mesmo tempo bom e mau, de os cientistas saberem cada vez mais sobre os efeitos da criação de filhos. Os pais podem ser perdoados por destinar algum tempo para si mesmos, mas, se os especialistas estiverem certos, os pais têm de perceber que cada uma das decisões nessa esfera é uma conciliação de interesses.

Então o que realmente sabemos sobre os efeitos da criação de filhos no longo prazo? A variação natural entre pais, matéria-prima da genética comportamental, proporciona um meio de descobrir. Em qualquer amostra grande de famílias, os pais variam no grau em que acatam os ideais da criação de filhos (se ninguém se desviasse do ideal não haveria necessidade de dar conselhos). Algumas mães não trabalham fora, outras são *workaholics*. Alguns pais perdem as estribeiras, outros são infinitamente pacientes. Alguns são loquazes, outros, taciturnos; alguns dão afeto sem reservas, outros são mais comedidos. (Como uma intelectual comentou comigo depois de mostrar uma fotografia de sua garotinha: "Nós praticamente a adoramos".) Alguns lares são abarrotados de livros; outros, de televisores ligados o dia inteiro. Alguns casais são pombinhos amorosos, outros brigam como cão e gato. Algumas mães são supermães, outras são deprimidas, ou histriônicas, ou desorganizadas. Segundo a sabedoria convencional, essas diferenças deveriam fazer diferença. No mínimo, duas crianças crescendo em um desses lares — com a mesma mãe, o mesmo pai, os mesmos livros, televisores e tudo o mais — deveriam tornar-se mais semelhantes, em média, do que duas crianças crescendo em lares distintos. Verificar se isso ocorre é um teste notavelmente direto e muito revelador. Não depende de nenhuma hipótese sobre o que os pais têm de fazer para mudar os filhos ou como os filhos reagirão. Não depende de medirmos bem ou mal os ambientes domésticos. Se *qualquer coisa* que os pais fazem afeta seus filhos de *qualquer* modo sistemático, então as crianças que crescem com os mesmos pais se tornarão mais parecidas do que crianças crescendo com pais diferentes.

Mas isso não acontece. Lembremos as descobertas que fundamentam a segunda lei. Irmãos criados juntos não se tornam mais semelhantes do que irmãos separados ao nascer. Irmãos adotivos não são mais parecidos que estranhos. E as semelhanças entre irmãos podem ser totalmente explicadas por seus genes em comum. Todas essas diferenças entre pais e lares não têm efeitos de longo prazo previsíveis sobre as personalidades dos filhos. Falando sem rodeios: boa parte dos conselhos de especialistas sobre criação de filhos é bobagem.

Mas decerto os conselhos são fundamentados em pesquisas sobre desenvolvimento infantil, não são? Sim, nos muitos estudos inúteis que mostram uma correlação entre o comportamento dos pais e o comportamento de seus filhos biológicos e concluem que a criação moldou a criança, como se não existisse a hereditariedade. E, de fato, os estudos são ainda piores do que isso. Mesmo se *não* existisse a hereditariedade, uma correlação entre pais e filhos não implicaria que as práticas de criação moldam as crianças. Implicaria que as crianças moldam as práticas de criação.[32] Como qualquer pai que tem mais de um filho sabe muito bem, as crianças não são porções indistinguíveis de matéria-prima prontas para ser moldadas. São pessoas pequeninas, nascidas com personalidades. E as pessoas reagem às personalidades das outras pessoas, mesmo se uma delas for um pai e a outra for um filho. Os pais de uma criança afetuosa podem retribuir esse afeto e, com isso, agir diferente dos pais de um filho que se debate e limpa os beijos que lhe dão. Os pais de uma criança quieta e avoada podem ter a impressão de que estão falando com a parede e conversar menos com ela. Os pais de uma criança dócil podem conseguir impor limites firmes mas razoáveis; os pais de um endiabrado podem se desesperar e relaxar as regras ou desistir de vez. Em outras palavras, correlação não implica causação. Uma correlação entre pais e filhos não significa que os pais afetam os filhos; poderia significar que os filhos afetam os pais, que os genes afetam tanto pais como filhos, ou ambas as coisas.

Pior ainda. Em muitos estudos, as mesmas partes (em alguns estudos, os pais; em outros, os filhos) fornecem os dados sobre o comportamento dos pais e o dos filhos. Os pais dizem ao pesquisador como tratam os filhos *e* como os filhos são, ou os adolescentes dizem ao pesquisador como eles são *e* como seus pais os tratam. Esses estudos — por que será? — apresentam correlações bem maiores do que aqueles nos quais uma terceira parte avalia os pais e os filhos.[33] O problema não é só que as pessoas tendem a ver a si mesmas e à sua família através das mesmas lentes cor-de-rosa ou pretas, mas também que o relacionamento entre pais e adolescentes é uma via de mão dupla. Harris resume os problemas ao comentar sobre um estudo de 1997 amplamente divulgado. Os autores afirmavam, unicamente com base em respostas de adolescentes a um questionário sobre si mesmos e suas famílias, que "os laços com os pais e a família" — ligações fortes, expectativas elevadas, afeto abundante — "protegem" contra males da adolescência como drogas, cigarros e sexo sem proteção. Harris observa:

> Uma pessoa feliz tende a marcar alternativas otimistas em todas as questões: sim, meus pais são bons para mim; sim, eu estou indo bem. Uma pessoa preocupada em exibir uma faceta socialmente aceitável ao mundo marca respostas socialmente aceitáveis: sim, meus pais são bons para mim; não, não participei de brigas, não fumei nada ilegal. Uma pessoa revoltada ou deprimida marca respostas revoltadas ou deprimidas: meus pais são bestas, rodei na prova de álgebra e dane-se este questionário. [...]
>
> [...] Talvez o que levou aquelas dezoito agências federais a pensar, equivocadamente, que estavam empregando muito bem seus 25 milhões de dólares tenha sido o modo positivo como os pesquisadores relataram suas descobertas: *boas* relações com os pais exercem um efeito *protetor*. Expressos de modo diferente (mas igualmente exato), os resultados soam menos interessantes: adolescentes que não se dão bem com os pais têm maior probabilidade de usar drogas ou praticar sexo

de risco. Os resultados soam ainda menos interessantes se expressos assim: os adolescentes que usam drogas ou praticam sexo de risco não se dão bem com os pais.[34]

Ainda outro problema vem à tona quando os pesquisadores direcionam todas as suas questões aos pais, e não aos filhos. As pessoas comportam-se de modo diferente conforme os cenários. Isso inclui os filhos, que tendem a comportar-se de modo diferente dentro e fora de casa. Portanto, mesmo se o comportamento dos pais afetar o modo como seus filhos se comportam com *eles*, pode não afetar o modo como esses filhos se comportam com outras pessoas. Quando pais descrevem o comportamento dos filhos, descrevem o que vêem em casa. Assim, para mostrar que os pais moldam os filhos, um estudo teria de fazer o controle levando em conta os genes (testando gêmeos ou adotados), distinguindo entre pais afetando os filhos e filhos afetando os pais, medindo os pais e os filhos independentemente, observando como os filhos se comportam fora, e não dentro, de casa, e testando filhos mais velhos e jovens adultos para verificar se os efeitos são transitórios ou permanentes. Nenhum estudo que afirmou haver demonstrado efeitos da criação de filhos obedeceu a esses critérios.[35]

Se os estudos de genética comportamental não indicam efeitos duradouros do lar e os estudos das práticas de criação de filhos não são informativos, que dizer dos estudos que comparam ambientes radicalmente distintos na infância? Os resultados, mais uma vez, são alentadores. Décadas de estudo demonstraram que, sendo tudo o mais igual, os filhos crescem de modo muito semelhante independentemente de a mãe ficar em casa ou trabalhar fora, de serem postos em creches ou não, de terem irmãos ou serem filhos únicos, de os pais terem um casamento convencional ou aberto, de crescerem em um lar tradicional ou em uma comunidade hippie, de suas concepções terem sido planejadas, acidentais ou em um tubo de ensaio, e de terem dois pais do mesmo sexo ou um de cada sexo.[36]

Mesmo crescer sem um pai em casa, situação que realmente se correlaciona com problemas como abandono dos estudos, ociosidade e gravidez na adolescência, pode não *causar* diretamente esses problemas.[37] Crianças com experiências que deveriam compensar a ausência do pai, como ter um padrasto, uma avó que mora na mesma casa ou o contato freqüente com o pai biológico, não apresentam resultados melhores. O número de anos que o pai permaneceu em casa antes de ir embora não faz diferença. E as crianças cujo pai morreu não têm os resultados ruins daquelas cujo pai foi embora ou nunca esteve presente. A ausência de um pai pode não ser uma causa de problemas de adolescentes, e sim um correlato das verdadeiras causas, que podem incluir pobreza, vizinhança com muitos homens sem esposa ou companheira fixa (que vivem em poliginia *de facto* e, portanto, competem violentamente por status), mudanças freqüentes de casa (que forçam as crianças a começar de baixo na hierarquia dos novos grupos de iguais) e genes que fazem tanto pais como filhos serem mais impulsivos e briguentos.

A década de 1990 foi a Década do Cérebro, e a década na qual os pais foram informados de que estavam encarregados do cérebro de seus bebês. Os três primeiros anos de vida foram descritos como uma crucial janela da oportunidade na qual o cérebro da criança tinha de ser constantemente estimulado para manter crescimento adequado. Os pais de crianças que falavam tarde eram culpados por não as cobrirem de suficiente verbosidade; os males da *inner city* eram atribuídos ao fato de as crianças terem de fitar paredes nuas. Bill e Hillary Clinton organizaram uma conferência na Casa Branca para se inteirar das pesquisas, depois do que a sra. Clinton afirmou que as experiências dos três primeiros anos "podem determinar se as crianças virão a ser cidadãos pacíficos ou violentos, trabalhadores diligentes ou indisciplinados, e elas próprias pais atenciosos ou distantes".[38] Os governadores da Geórgia e do Missouri solicitaram a seus legisladores milhões de dólares para fornecer a cada mãe de recém-nascido um CD de Mozart. (Haviam confundido experimentos sobre o desenvolvimento cerebral dos recém-nascidos com experimentos — depois desacreditados — indicando que os *adultos* beneficiam-se por ouvir alguns minutos de Mozart.)[39] O pediatra e guru da criação de filhos T. Berry Brazelton fez a mais esperançosa de todas as sugestões: os cuidados prodigalizados durante os três primeiros anos protegeriam as crianças da atração do tabaco quando se tornassem adolescentes.[40]

Em seu livro *The myth of the first three years* ["O mito dos três primeiros anos", sem tradução em português], o especialista em neurociência cognitiva Jon Bruer mostrou que não havia ciência por trás dessas afirmações espantosas.[41] Nenhum psicólogo jamais documentou um período crítico para o desenvolvimento da cognição ou da linguagem que se encerrasse aos três anos de idade. E embora *privar* um animal de estimulação (costurando-lhe as pálpebras de um olho para mantê-lo fechado ou mantendo-o em uma gaiola vazia) possa prejudicar o crescimento de seu cérebro, não há indícios de que fornecer estimulação *adicional* (além daquela que o organismo encontraria em seu hábitat normal) *intensifique* o crescimento de seu cérebro.

Portanto, nada nos estudos sobre ambiente familiar contradiz a segunda lei dos geneticistas comportamentais, segundo a qual crescer em determinada família exerce pouco ou nenhum efeito sistemático sobre o intelecto e a personalidade. E isso nos deixa com um enigma enlouquecedor. Não, não está tudo nos genes; cerca de metade da variação de personalidade, inteligência e comportamento provém de algo no ambiente. Mas seja lá o que for esse algo, não pode ser compartilhado por duas crianças crescendo no mesmo lar com os mesmos pais. E isso exclui todos os algos óbvios. Qual será esse misterioso fator, Mister Jones?

Recusando-se a desistir dos pais, alguns psicólogos do desenvolvimento afiaram suas ferramentas para examinar a única possibilidade restante que atribui aos pais um papel principal. A impotência do ambiente compartilhado indica apenas que o que os pais fazem para *todos* os seus filhos não tem o poder de moldá-los. Mas obviamente os pais não tratam igualmente os filhos. Talvez a criação individualizada que mães e pais adaptam para cada filho tenha o poder de moldá-los. É a *interação* entre pais e filhos que afeta as crianças, e não a filosofia de criar todos do mesmo jeito.[42]

À primeira vista, essa idéia parece razoável. Mas quando refletimos bem, ela não devolve aos pais, ou aos conselhos sobre criação de filhos, o papel de moldar as crianças.[43]

Como seria a criação individualizada? Presumivelmente, os pais adaptariam a criação às necessidades e talentos de cada filho. Uma criança voluntariosa evocaria uma disciplina mais rígida que uma criança dócil; uma criança medrosa evocaria mais proteção que uma arrojada. O problema, como vimos em seção anterior, é que as diferenças no modo como os pais criam os filhos não podem ser separadas das diferenças preexistentes nas crianças. Se a criança medrosa se transforma num adulto medroso, não sabemos se isso foi efeito de um pai superprotetor ou a continuação da personalidade medrosa com que a criança já nasceu.

E, surpreendentemente, se as crianças realmente evocassem diferenças sistemáticas no modo de criá-las, isso mostraria ser efeito dos *genes*: seria explicado pela hereditariedade, e não pelo ambiente único. Isso porque a hereditariedade é uma medida de correlação e não pode distinguir efeitos diretos dos genes (proteínas que ajudam no estabelecimento das conexões do cérebro ou na ativação de hormônios) de efeitos indiretos que operam muitos elos adiante. Já mencionei que as pessoas atraentes são mais autoconfiantes, presumivelmente porque se acostumam a ser tratadas com deferência por outras pessoas. Esse é um efeito acentuadamente indireto dos genes, e faria a autoconfiança ser considerada hereditária mesmo se não existissem genes para cérebros autoconfiantes, mas apenas genes para apaixonantes olhos cor de violeta. De modo semelhante, se crianças com certas características inatas fazem seus pais serem mais pacientes, incentivadores ou rigorosos, então a paciência, o incentivo e o rigor paternos também seriam considerados "hereditários". Ora, se esse tipo de criação individualizada realmente afeta o modo como as crianças se desenvolvem, um crítico poderia dizer com toda a razão que os efeitos diretos dos genes foram superestimados, pois alguns deles seriam, na realidade, efeitos indiretos dos genes da criança sobre características da criança que afetam o comportamento de seus pais, o que por sua vez afeta a criança. (Essa hipótese é extravagante, e logo mostrarei por que não é provável que ela seja correta, mas suponhamos que seja para continuar nossa discussão.) Mas, na melhor das hipóteses, os efeitos da criação estariam lutando com outros efeitos genéticos (diretos e indiretos) por alguma porção dos 40% a 50% da variação atribuída aos genes. Os 50% atribuíveis ao ambiente único ainda estariam à espera de uma definição.

Eis o que teria de acontecer se os efeitos do ambiente único fossem explicados por uma interação entre pais e filhos (usando o sentido técnico dos estatísticos para a palavra "interação", que é o relevante para nosso enigma). Determinada prática teria de afetar algumas crianças de um modo e outras de outro, e os dois efeitos teriam de anular um ao outro. Por exemplo, não aplicar castigo físico teria de ser prejudicial para a educação de algumas crianças (tornando-as mais violentas) e ensinar outras que a violência não é uma solução (tornando-as menos violentas). Mostras de afeição teriam de tornar algumas crianças mais afetuosas (por identificar-se com os pais) e outras menos afetuosas (por reagir contra os pais). A razão por que os efeitos têm de seguir direções opostas é que se uma prática de criação de filhos tivesse efeito consistente, em média, sobre todas as crianças, essa prática mostraria ser um efeito do ambiente compartilhado. Irmãos adotivos seriam semelhantes, irmãos crescendo juntos seriam mais parecidos que irmãos crescendo separadamente — e nada disso acontece. E se fosse aplicada com êxito a certos tipos de criança e fosse evitada, ou fosse ineficaz, com outros tipos, ela se revelaria um efeito dos genes.

Os problemas da idéia da interação entre pais e filhos agora se tornam óbvios. É implausível que qualquer processo de criação de filhos produzisse efeitos tão radicalmente diferentes sobre diferentes crianças que a soma dos efeitos (o ambiente compartilhado) fosse zero. Se abraçar meramente torna algumas crianças mais confiantes e não produz efeitos sobre outras, então quem abraça ainda assim teria filhos mais confiantes *em média* (alguns tornando-se mais confiantes, outros não apresentando mudança) do que os pais mais reservados. Mas, mantendo os genes constantes, isso não ocorre. (Falando em termos técnicos familiares aos psicólogos: é raro encontrar uma interação com *crossover* [cruzamento] perfeito, isto é, uma interação sem efeitos principais.) A propósito, essa também é uma das razões por que a própria hereditariedade quase certamente não pode ser reduzida à criação específica para cada filho. A menos que o comportamento dos pais seja *completamente* determinado pelas características inatas de seu filho, no geral alguns pais se comportarão de modo um tanto diferente de outros, e isso mostraria ser efeito do ambiente compartilhado — e esse efeito, na verdade, é ínfimo.

Mas suponhamos que essas interações entre pais e filhos (no sentido técnico) realmente existam e realmente moldem a criança. A moral da história seria que o aconselhamento generalizado sobre criação de filhos seria inútil. Qualquer coisa que os pais fizessem para tornar os filhos melhores tornaria um número igual de crianças piores.

De qualquer modo, a teoria da interação entre pais e filhos pode ser testada diretamente. Psicólogos podem medir como os pais tratam os diferentes filhos em uma família e verificar se os tratamentos correlacionam-se com o modo como as crianças se desenvolvem, mantendo os genes constantes. A resposta é que em quase todos os casos não há correlação. Praticamente todas as diferenças na criação de filhos em uma família podem ser explicadas como reações a diferenças genéticas com as quais as crianças nasceram. E o comportamento dos pais que realmente difere para os diversos filhos por motivos não genéticos, como por exemplo conflito conjugal desencadeado por alguns dos irmãos mas não por outros, ou mais esforço dos pais direcionado para um irmão mas não para outro, não tem efeito.[44] O líder de um heróico estudo recente, que tinha a esperança de provar que diferenças na maneira de criar os filhos realmente afetam o modo como as crianças se desenvolvem, confessou ter ficado "chocado" com os resultados a que ele próprio chegou.[45]

Há outro ponto em que um ambiente familiar poderia diferir entre crianças da mesma família por razões que não têm nenhuma relação com seus genes: a ordem de nascimento. O primogênito em geral desfruta vários anos de atenção dos pais só para si, sem irmãos por perto. Os que nascem depois têm de competir com os irmãos pela atenção dos pais e outros recursos da família, e precisam descobrir como se defender contra competidores mais fortes e mais solidamente arraigados.

Em *Born to rebel*, Sulloway prognosticou que os primogênitos explorariam suas vantagens desenvolvendo uma personalidade mais autoconfiante.[46] E porque se identificam com os pais, e por extensão com o *status quo*, cresceriam mais conservadores e conscienciosos. Os caçulas, em contraste, seriam mais conciliadores e receptivos a novas idéias e experiências. Embora terapeutas familiares e leigos já de longa data tivessem essas mesmas impressões, Sulloway tentou explicá-las com base na teoria de Trivers sobre o conflito entre pais e filhos e seu corolário, a rivalidade entre os irmãos. Sulloway encontrou algum apoio para essas idéias em uma metanálise (um exame da literatura quantitativa) de estudos sobre ordem de nascimento e personalidade.[47]

Mas a teoria de Sulloway também requer que as crianças usem *fora* de casa — com seus iguais e colegas — estratégias iguais às que lhes serviram *dentro* de casa. Isso não decorre da teoria de Trivers; de fato, contradiz a teoria mais ampla da psicologia evolucionista de que as relações com parentes consangüíneos devem ser muito diferentes das relações com não-parentes. Táticas que funcionam com um irmão ou pai podem não funcionar tão bem com um colega ou um estranho. E, de fato, análises subseqüentes mostraram que quaisquer efeitos da ordem de nascimento sobre a personalidade emergem nos estudos que pedem a irmãos ou pais que classifiquem uns aos outros, ou que se classifiquem com relação a um irmão — procedimento esse que, obviamente, só pode avaliar suas relações familiares. Quando a personalidade é medida por partes neutras fora da família, os efeitos da ordem de nascimento diminuem ou desaparecem.[48] Quaisquer diferenças na criação de primogênitos e não-primogênitos — pais novatos ou experientes, atenção dividida ou não dividida, pressão para continuar o legado da família ou mimos excessivos — parecem exercer pouco ou nenhum efeito sobre a personalidade fora de casa.

526

Semelhanças dentro do lar não moldam as crianças; diferenças dentro do lar não moldam as crianças. Talvez, sugere Harris, devêssemos procurar fora do lar.

Se você cresceu em uma parte do mundo diferente daquela onde cresceram seus pais, reflita sobre esta questão: seu modo de falar é parecido com o de seus pais ou com o das pessoas com quem você cresceu? E quanto ao modo como você se veste, ou a música que ouve, ou o modo como passa seu tempo livre? Reflita sobre essa mesma questão em relação a seus filhos, caso eles tenham crescido em uma parte do mundo diferente daquela onde você cresceu — ou, na verdade, mesmo se vocês e eles tiverem crescido no mesmo lugar. Quase invariavelmente, as pessoas moldam-se conforme seus iguais, e não conforme seus pais.

Essa é a explicação de Harris para o misterioso moldador ambiental da personalidade, uma teoria que ela denomina socialização do grupo. Não está tudo nos genes, mas o que não está nos genes também não está nos pais. A socialização — adquirir as normas e habilidades necessárias para operar em sociedade — acontece no grupo de iguais. As crianças também têm culturas, que absorvem partes da cultura dos adultos e adicionalmente desenvolvem normas e valores próprios. As crianças não passam suas horas tentando tornar-se aproximações cada vez mais perfeitas de adultos. Empenham-se por tornar-se crianças cada vez melhores, que funcionem bem em sua *própria* sociedade. É nesse cadinho que nossas personalidades são formadas.

A criação obcecada dos filhos ao longo de décadas, Harris ressalta, é uma prática recente na evolução. Em sociedades coletoras, as mães carregam os filhos nos quadris ou nas costas e os amamentam quando eles pedem até que chegue o próximo filho, dali a dois ou quatro anos.[49] Essa criança então é largada em um grupo de brincadeiras com seus irmãos e primos mais velhos, passando de beneficiária de quase toda a atenção materna a beneficiária de quase nada dessa atenção. No meio das outras crianças, os pequenos ou nadam, ou se afogam.

As crianças não são apenas atraídas pelas normas de seus iguais; em certo grau, são imunes às expectativas de seus pais. A teoria do conflito entre pais e filhos prediz que os pais nem sempre socializam um filho segundo os interesses da criança. Assim, mesmo se os filhos concordarem com as recompensas, punições, exemplos e broncas dos pais provisoriamente — porque são menores e não têm escolha —, não deveriam, segundo a teoria, permitir que sua personalidade fosse moldada por essas táticas. As crianças têm de aprender o que é preciso para conquistar status entre seus iguais, pois o status em determinada idade dá-lhes uma vantagem na luta por status na idade seguinte, incluindo as fases da juventude em que começam a competir pela atenção do sexo oposto.[50]

O que primeiro me atraiu na teoria de Harris foi sua capacidade de explicar meia dúzia de fatos intrigantes na área da psicologia em que me concentro principalmente, a linguagem.[51] Os psicolingüistas discutem um bocado sobre hereditariedade e ambiente, mas todos igualam "o ambiente" a "pais". Mas muitos fenômenos do desenvolvimento da linguagem nas crianças não se encaixam de jeito nenhum nessa equação. Em culturas tradicionais, as mães não falam muito com os filhos até que eles sejam capazes de participar à altura da conversa; as crianças aprendem a língua com outras crianças. Os sotaques das pessoas quase sempre se assemelham aos de seus iguais na infância, e não ao sotaque dos pais. Filhos de imigrantes aprendem a língua de sua terra adotiva com perfeição, sem sotaque estrangeiro, desde que tenham acesso a um grupo de iguais composto de falantes nativos. Eles então tentam forçar os pais a mudar para a nova língua e, se conseguirem, podem esquecer completamente sua língua nativa. O mesmo ocorre com crianças ouvintes filhas de pais surdos; elas aprendem a língua falada de sua comunidade sem problemas. Crianças deixadas juntas sem uma língua comum aprendida dos adultos logo inventam uma; foi assim que surgiram as línguas crioulas e as línguas de sinais dos surdos. Ora, uma língua específica como o inglês ou o japonês (em contraste com o instinto da linguagem em geral) é um exemplo por excelência de comportamento social aprendido. Se as crianças cultivam uma percepção aguçada das nuances da fala de seu grupo de iguais, e se adotam como sua a língua adquirida de seus iguais e não a de seus pais, isso indica que suas antenas sociais estão direcionadas para o grupo de iguais.

Filhos de imigrantes absorvem não só a língua da terra adotiva mas também a cultura. Por toda a sua vida meus avós, nascidos em um *shtetl* [pequena povoação judaica da Europa Oriental], foram estranhos em uma terra estranha. Carros, bancos, médicos, escolas e o conceito urbano de tempo os desorientavam, e se o termo "família disfuncional" estivesse em uso nas décadas de 1930 e 1940, certamente seria aplicado a eles. Apesar disso, meus pais, crescendo em uma comunidade de imigrantes que haviam chegado em décadas diferentes, gravitaram na direção de outras crianças e famílias que entendiam do riscado, e acabaram sendo felizes e bem-sucedidos. Histórias assim são comuns em crônicas sobre a experiência de imigrantes.[52] Então por que insistimos em que os pais das crianças são cruciais para o modo como elas se desenvolvem?

Estudos confirmam também o que todo mundo que tem filhos sabe mas ninguém se dá o trabalho de conciliar com as teorias sobre o desenvolvimento infantil: se adolescentes fumam, arrumam encrenca com a lei ou cometem crimes graves, ou não fazem nada disso, depende muito mais de seu grupo de iguais do que daquilo que seus pais fazem.[53] Harris comenta sobre uma teoria popular de que as crianças tornam-se delinqüentes para adquirir "status maduro", ou seja, poder e privilégio de adultos:

> Se os adolescentes quisessem ser como adultos, não ficariam roubando esmalte de unha nas drogarias nem se pendurando em pontes para pichar EU TE AMO LIZA. Se realmente aspirassem ao "status maduro" estariam fazendo coisas maçantes de adulto como separar a roupa para lavar e calcular o imposto de renda.[54]

Mesmo a rara descoberta de um efeito do ambiente compartilhado e a igualmente esquiva descoberta de uma interação entre genes e ambiente só emergem quando substituímos "pais" por "iguais" na parte da equação correspondente ao "ambiente". Crianças que crescem no mesmo lar tendem a assemelhar-se umas às outras em sua vulnerabilidade à delinqüência, independentemente de serem ou não parentes próximas. Mas essa semelhança só ocorre se elas forem de idades próximas e passarem tempo juntas fora de casa — o que leva a crer que pertencem ao mesmo grupo de iguais.[55] E em um amplo estudo dinamarquês sobre adoção, os filhos biológicos de criminosos condenados tinham probabilidade um tanto maior de meter-se em encrencas do que os filhos biológicos de cidadãos respeitadores da lei, o que indica um pequeno efeito global dos genes. Mas a suscetibilidade ao crime era multiplicada se as crianças fossem adotadas por pais que eram criminosos *e* que viviam em uma cidade grande, indicando assim que as crianças geneticamente em risco cresceram em área de alta criminalidade.[56]

Não que os pais "não tenham importância". Em muitos aspectos, os pais são importantíssimos. Durante a maior parte da existência humana, a coisa mais importante que os pais fizeram por seus filhos foi mantê-los vivos. Os pais certamente podem prejudicar os filhos maltratando-os ou negligenciando-os. As crianças aparentemente necessitam de algum tipo de pessoa que represente carinho e amparo para elas nos primeiros anos de vida, embora não precise ser um pai ou mãe, e possivelmente nem mesmo um adulto: pequenos órfãos e refugiados com freqüência desenvolvem-se relativamente bem quando podem contar com o amparo de outras crianças, mesmo não tendo os pais ou outros adultos por perto.[57] (Isso não significa que as crianças sejam *felizes*, mas, contrariando a crença popular, crianças infelizes não necessariamente se transformam em adultos disfuncionais.) Os pais selecionam um ambiente para seus filhos, selecionando assim um grupo de iguais. Fornecem aos filhos habilidades e conhecimentos, como ler e tocar um instrumento musical. E decerto podem afetar o comportamento dos filhos em casa, exatamente como os poderosos podem afetar o comportamento em seus feudos. Mas o comportamento dos pais não parece moldar a inteligência ou personalidade de seus filhos no longo prazo. Ouvindo isso, muita gente pergunta: "Então você está dizendo que não importa o jeito como trato meus filhos?". É uma pergunta reveladora, e tratarei dela no final do capítulo. Mas, primeiro, a reação pública à teoria de Harris, e minha própria avaliação.

O livro *The nurturing assumption*, por qualquer critério, foi uma contribuição fundamental à vida intelectual moderna. Embora a idéia principal seja contra-intuitiva à primeira vista, o livro tem o sabor da verdade, com crianças reais correndo dentro dele, e não pequenos constructos teóricos moldáveis que ninguém encontra jamais na vida real. Harris corroborou sua hipótese com grande volume de dados de muitas áreas, interpretados com grande perspicácia analítica, e com uma raridade nas ciências sociais: propostas de novos testes empíricos que poderiam refutá-la. O livro contém ainda originais sugestões de políticas para problemas difíceis que estão pedindo desesperadamente novas idéias, como o fracasso das escolas, o tabagismo na adolescência e a delinqüência juvenil. Mesmo se partes importantes do livro vierem a revelar-se equivocadas, ele nos força a pensar sobre a infância e, portanto, sobre o que nos faz ser o que somos, de um modo novo e esclarecedor.

Qual foi, então, a reação pública? A primeira apresentação da teoria aos leigos foi em algumas páginas de meu livro *How the mind works* [*Como a mente fun-*

ciona, na tradução em português]; apresentei ali as pesquisas que baseavam as três leis da genética comportamental e o artigo de Harris que as explicava, publicado em 1995. Muitas resenhas destacaram essas páginas para discussão, como a seguinte análise de Margaret Wertheim:

> Nunca, nos quinze anos em que escrevo sobre ciência, vi o tema que tanto amo ser tão maltratado. [...] O que é tão consternador aqui — deixando de lado a ridícula compreensão da dinâmica familiar — é a representação errônea da ciência. A ciência nunca poderá provar qual porcentagem da personalidade é causada pela criação. [...] Supondo que pode e que o faz, ele nos convida a ver os cientistas, na melhor das hipóteses, como ingênuos e, na pior, como fascistas. É precisamente esse tipo de afirmação que, a meu ver, está trazendo má reputação à ciência e ajudando a fomentar uma significativa reação contra ela.[58]

Wertheim, obviamente, confundiu "a porcentagem da personalidade que é causada pela criação", coisa que realmente não tem sentido, com a porcentagem da *variância* da personalidade que é causada pela variação na criação, coisa que os geneticistas comportamentais estudam o tempo todo. E cientistas podem mostrar, como de fato mostraram, que irmãos são tão parecidos quando criados separadamente quanto quando são criados juntos e que irmãos adotivos não são nada parecidos, o que significa que a sabedoria convencional sobre "dinâmica familiar" é totalmente errada.

Wertheim simpatiza com a ciência radical e com o construcionismo social. Sua reação é um sinal de como a genética comportamental — e a teoria de Harris, que almeja explicar as descobertas desse campo — toca em um ponto sensível da esquerda política, com sua tradicional ênfase na maleabilidade das crianças. O psicólogo Oliver James escreveu: "O livro de Harris pode ser tranquilamente desconsiderado como mais uma aplicação da economia de Friedman à esfera social" (uma alusão ao economista que, segundo James, defende a ideia de que os indivíduos devem assumir a responsabilidade por suas vidas). James afirmou que Harris estava menosprezando as pesquisas sobre a criação de filhos porque "isso indiretamente representaria uma ameaça real às teorias do capitalismo de consumo avançado: se o que os pais fazem é crucial, isso põe em dúvida a baixa prioridade que se dá à atuação dos pais em comparação com a busca do lucro".[59] Na realidade, esse diagnóstico fantástico interpreta tudo ao contrário. Os mais veementes propagandistas da importância dos pais são as indústrias de cerveja e fumo, que patrocinam campanhas publicitárias intituladas "A família conversa sobre a bebida" e "Os pais devem conversar com os filhos sobre não fumar". (Exemplo de um anúncio: "A filha fala para a câmera, como se estivesse falando para a mãe, assegurando-a de que suas palavras sobre o tabagismo andam consigo mesmo quando a mãe não está por perto".)[60] Jogando para os pais o ônus de manter os adolescentes sóbrios e não fumantes, esses capitalistas de consumo avançado podem desviar a atenção de sua própria influência avassaladora sobre a cultura dos grupos de iguais adolescentes.

De qualquer modo, Harris atraiu ainda mais veneno da direita política. O colunista John Leo chamou sua teoria de "estúpida", ridicularizou Harris por não ter um Ph.D. e não ser filiada a alguma universidade e comparou-a aos que negam o Holocausto. Concluiu sua coluna dizendo: "Não é o momento de celebrar um livro tolo que justifica o ocupar-se apenas de si mesmo e torna o não cuidar dos filhos uma atividade respeitável e generalizada".[61]

Por que também os conservadores odiaram a teoria? Um axioma da direita americana contemporânea diz que a família tradicional está sob o ataque das feministas, da cultura popular licenciosa e dos analistas sociais de esquerda. A raiz dos males sociais, acreditam os conservadores, é o fracasso dos pais em ensinar disciplina e valores aos filhos, um fracasso que pode ser atribuído às mães que trabalham fora, aos pais ausentes, ao divórcio fácil e a um sistema de bem-estar social que recompensa as mulheres jovens por ter filhos fora do casamento. Quando Murphy Brown, personagem solteira de uma *sitcom*, teve um filho, o vice-presidente Dan Quayle censurou-a por dar mau exemplo às mulheres americanas (manchete da época: "Murphy tem um bebê; Quayle tem um chilique"). A resenha de Harris mostrando que os receios de Murphy não tinham fundamento não foi bem recebida. (Para ser justo, as preocupações com a ausência do pai podem não ser infundadas, mas o problema talvez seja a ausência de pais em todas as famílias de uma região, e não a ausência de um pai em uma família específica. Essas crianças sem pai não têm acesso a *outras* famílias nas quais um homem adulto está presente, e, pior, têm acesso a bandos de homens solteiros, cujos valores resumem-se aos de seus grupos de iguais.) Além disso, a Grande Satã, Hillary Clinton, escrevera um livro sobre a infância intitulado *It takes a village* [*É tarefa de uma aldeia*, na tradução em português], baseado no ditado africano: "É preciso uma aldeia para criar uma criança". Os conservadores desprezaram a obra porque julgaram que toda a idéia era um pretexto para que os engenheiros sociais tirassem a criação dos filhos das mãos dos pais e a entregassem ao governo. Mas Harris também citou o ditado, e sua teoria faz pensar que ele contém alguma verdade.

E houve ainda os especialistas. Brazelton tachou a tese de "absurda".[62] Jerome Kagan, um dos decanos das pesquisas acadêmicas sobre crianças, declarou: "Estou envergonhado pela psicologia".[63] Outro psicólogo do desenvolvimento, Frank Farley, disse à *Newsweek*:

> Ela está completamente errada. Está assumindo uma posição extrema baseada em um conjunto de dados limitado. Sua tese é patentemente absurda, mas pense no que poderia acontecer se os pais acreditassem nessa coisa! Isso liberaria alguns para maltratar suas crianças, já que "não tem importância"? Diria aos pais cansados de um longo dia que não precisam sequer se incomodar com dar atenção aos filhos porque "não tem importância"?[64]

Kagan e outros desenvolvimentistas falaram aos repórteres sobre os "muitos, muitos bons estudos que mostram como os pais podem afetar o modo como os filhos se desenvolvem".

Quais eram esses "muitos, muitos bons estudos"? No *Boston Globe*, Kagan enumerou o que chamou de "vastas provas".[65] Mencionou os usuais estudos que descartam o papel da genética e mostram que pais inteligentes têm filhos inteligentes, pais com habilidade verbal têm filhos com habilidade verbal etc. Observou que "uma criança de seis anos criada na Nova Inglaterra será muito diferente de uma criança de seis anos criada na Malásia, em Uganda ou no extremo sul da Argentina. A razão é que vivenciam diferentes práticas de criação de filhos aplicadas pelos pais". Mas, evidentemente, uma criança que cresce na Malásia tem pais malaios *e* um grupo de iguais malaios. Se Kagan refletisse sobre o que aconteceria a uma criança de seis anos filha de malaios que crescesse em uma cidade da Nova Inglaterra, poderia pensar duas vezes antes de usar esse exemplo para ilustrar o poder da ação dos pais. A outra "prova" consistia em que, quando autores escrevem suas memórias, agradecem aos pais, e nunca aos amigos de infância, por ter feito deles o que são. Uma ironia nesses argumentos débeis é que o próprio Kagan, no decorrer de uma destacada carreira, freqüentemente censurou seus colegas psicólogos por desconsiderar a genética e aceitar as teorias populares sobre a infância vigentes em sua cultura em vez de submetê-las a um exame científico. Só posso imaginar que nessa ocasião ele se sentiu compelido a defender sua área contra um flagrante vindo de uma vovó de Nova Jersey. Seja como for, os outros "bons estudos" produzidos por psicólogos defensores não eram mais informativos.[66]

Então Harris resolveu o mistério da terceira lei, o ambiente único que não provém dos genes nem da família? Não exatamente. Estou convencido de que as crianças são socializadas — de que adquirem os valores e habilidades da cultura — no grupo de iguais, e não na família. Mas não estou convencido, ao menos não ainda, de que os grupos de iguais explicam como as crianças desenvolvem suas *personalidades* — por que se tornam tímidas ou ousadas, ansiosas ou confiantes, receptivas ou conservadoras. Socialização e desenvolvimento da personalidade não são a mesma coisa, e o grupo de iguais pode explicar a primeira sem necessariamente explicar o segundo.

Um modo como os grupos de iguais poderiam explicar a personalidade seria que crianças da mesma família podem juntar-se a grupos de iguais distintos — os atléticos, os inteligentes, os mauricinhos e patricinhas, os punks, os góticos — e assimilar os valores de seu grupo. Mas então como é que as crianças se distribuem pelos grupos de iguais? Se fosse por suas características inatas — crianças espertas entram para o grupo dos inteligentes, crianças agressivas, para o dos punks e assim por diante —, os efeitos do grupo de iguais apareceriam como efeitos indiretos dos genes, e não como efeitos do ambiente único. Se fosse a escolha da vizinhança pelos pais, isso apareceria como efeito do ambiente compartilhado, pois irmãos que crescem juntos compartilham não só os pais mas a vizinhança. Em alguns casos, como delinqüência ou tabagismo, a variância faltante poderia ser explicada como uma interação entre genes e grupo de iguais: adolescentes propensos à violência só se tornam violentos em bairros perigosos, crianças propensas ao vício só se tornam fumantes em companhia de iguais que pensam que fumar é o máximo. Mas não é provável que essas interações expliquem a maioria das diferenças entre as crianças. Voltemos à nossa pedra de toque: gêmeos idênticos crescendo juntos. Eles compartilham os genes, compartilham o ambiente familiar e *compartilham o grupo de iguais*, ao menos em média. Mas as correlações entre eles são apenas de cerca de 50%.

534

Portanto, nem genes, nem famílias nem grupos de iguais podem explicar o que os faz diferentes.

Harris admite francamente essa limitação, e aventa que as crianças diferenciam-se *no âmbito* de um grupo de iguais, e não por sua *escolha* do grupo de iguais. Em cada grupo, algumas se tornam líderes, outras soldados rasos, ou bobos da corte, cabeças-quentes, sacos de pancadas ou mediadoras, dependendo do nicho que estiver disponível, do quanto a criança está apta para ocupá-lo, e do acaso. Quando uma criança adquire um papel, é difícil livrar-se dele, porque as demais a forçam a permanecer no nicho e porque a criança se especializa nas habilidades necessárias para prosperar nele. Esta parte da teoria não foi testada, ressalta Harris, e é difícil testar, pois o crucial primeiro passo — que criança ocupa que nicho em que grupo — é muito imprevisível.

O preenchimento dos nichos nos grupos de iguais, portanto, é em boa medida decorrente do acaso. Mas assim que admitimos Dona Sorte no quadro, ela pode atuar em outras fases da vida. Quando refletimos sobre como chegamos aonde estamos, todos nós podemos lembrar de encruzilhadas no caminho nas quais poderíamos ter seguido direções bem diferentes. Se eu não tivesse ido àquela festa, não teria conhecido minha esposa. Se não tivesse pegado aquele livro, não teria tomado conhecimento da área que se tornaria a de minha vocação. Se eu não tivesse atendido o telefone, se não tivesse perdido aquele avião, se eu tivesse apanhado aquela bola! A vida é um jogo de pinball no qual ricocheteamos por um campo de calhas e batentes. Talvez nossa história de colisões e raspões explique o que nos fez ser como somos. Um gêmeo certa vez foi espancado por um valentão, o outro estava doente em casa naquele dia. Um inalou um vírus, o outro não. Um gêmeo ficou com a cama de cima no beliche, o outro com a cama de baixo.

Ainda não sabemos se essas experiências únicas deixam suas marcas em nosso intelecto e personalidade. Mas um jogo de pinball ainda mais cedo na vida certamente poderia deixar: aquele que faz as nossas conexões cerebrais no útero e no começo da infância. Como mencionei, o genoma humano não pode especificar cada uma das conexões entre neurônios. Mas o "ambiente", no sentido das informações codificadas pelos órgãos dos sentidos, não é a única outra opção. O acaso é mais uma. Um gêmeo jaz de certa maneira no útero e demarca sua parte da placenta, e o outro tem de espremer-se em volta do irmão. Um raio cósmico causa mutação em um trecho de DNA, um neurotransmissor faz zigue em vez de zague, o cone de crescimento de um axônio vai para a esquerda em vez de ir para a direita, e o cérebro de um gêmeo idêntico pode moldar-se em uma configuração ligeiramente diferente da do cérebro do outro gêmeo.[67]

Sabemos que isso acontece no desenvolvimento de outros organismos. Mesmo linhagens geneticamente homogêneas de moscas, camundongos e vermes, criadas em laboratórios monotonamente controlados, podem diferir umas das outras. Uma mosca-das-frutas pode ter mais ou menos cerdas sob as asas que suas colegas de frasco. Uma fêmea de camundongo pode ter três vezes mais oócitos (células destinadas a tornar-se óvulos) do que sua irmã geneticamente idêntica criada no mesmo laboratório. Um nematelminto pode viver três vezes mais tempo que um outro que é praticamente seu clone na lâmina ao lado. O biólogo Steven Austad comentou sobre o tempo de vida dos nematelmintos:

> Espantosamente, o grau de variabilidade na longevidade que eles apresentam não é muito menor que o de uma população de humanos geneticamente mista, que tem dietas diversas, cuida ou abusa da saúde e está sujeita a todos os caprichos das circunstâncias — acidentes de trânsito, carne contaminada, maníacos com metralhadoras — encontradas na vida industrializada moderna.[68]

E um nematelminto é composto de apenas 959 células! Um cérebro humano, com seus 100 bilhões de neurônios, tem ainda mais oportunidades de ser fustigado pelos resultados dos cara-ou-coroa moleculares.

Se o acaso no desenvolvimento explicar a semelhança menos que perfeita de gêmeos idênticos, isso revela algo interessante sobre o desenvolvimento em geral. Podemos imaginar um processo de desenvolvimento no qual milhões de pequenos eventos fortuitos anulam-se uns aos outros, não deixando nenhuma diferença no produto final. Podemos imaginar um processo diferente no qual um evento fortuito poderia tirar totalmente o desenvolvimento dos trilhos, ou impeli-lo a um caminho caótico que resultasse em uma aberração ou em um monstro. Nada disso acontece a gêmeos idênticos. Eles são distintos o suficiente para que nossos toscos instrumentos consigam captar as diferenças, mas ambos são exemplos sadios desse sistema espantosamente improvável e primorosamente estruturado que chamamos de ser humano. O desenvolvimento dos organismos decerto usa *feedback loops* complexos em vez de plantas pré-especificadas. Eventos aleatórios podem desviar a trajetória de crescimento, mas as trajetórias estão confinadas num invólucro de estruturas que funcionam para a espécie. Os biólogos referem-se a essa dinâmica de desenvolvimento como robustez, tamponamento ou canalização.[69]

Se o componente não genético da personalidade for resultado de uma roleta de neurodesenvolvimento, teremos duas surpresas. Uma é que, assim como o termo "genético" da equação do geneticista comportamental não é necessariamente genético, o termo "ambiental" não é necessariamente ambiental. Se a variância inexplicada for um produto de eventos fortuitos na montagem do cérebro, mais uma parte da nossa personalidade seria "biologicamente determinada" (embora não genética) e estaria fora do alcance dos mais bem concebidos planos de pais e sociedade.

A outra surpresa é que podemos ter de abrir espaço para um conceito explicativo pré-científico em nossa visão da natureza humana — não o livre-arbítrio, como muitos me sugeriram, mas o destino. Não é o livre-arbítrio porque entre as características que podem diferir entre gêmeos idênticos criados juntos estão aquelas que são teimosamente involuntárias. Ninguém escolhe tornar-se esquizofrênico, homossexual, musicalmente talentoso ou mesmo ansioso, autoconfiante ou receptivo a experiências. Mas a velha idéia do destino — no sentido de uma sorte incontrolável, e não de rigorosa predestinação — pode ser conciliada com biologia moderna se nos lembrarmos das muitas oportunidades para o acaso operar no desenvolvimento. Harris, observando como é recente e provinciana a crença de que somos capazes de moldar nossos filhos, cita uma mulher que vivia em remota aldeia da Índia na década de 1950. Quando lhe perguntaram que tipo de homem ela esperava que seu filho se tornasse, ela respondeu: "Isso está no destino dele, não importa o que eu deseje".[70]

Nem todo mundo aceita tão bem o destino, ou as outras forças fora do controle dos pais, como genes e grupo de iguais. "Peço a Deus que isso não seja verdade", declarou uma mãe ao *Chicago Tribune*. "A idéia de que todo este amor que lhe dedico apaixonadamente não serve para nada é terrível demais."[71] Como acontece com outras descobertas sobre a natureza humana, as pessoas pedem a Deus que não sejam verdadeiras. Mas a verdade não se importa com nossas esperanças, e às vezes pode nos forçar a rever essas esperanças de uma perspectiva libertadora.

Sim, é decepcionante que não exista um algoritmo para criar uma criança feliz e bem-sucedida. Mas será que realmente gostaríamos de especificar de antemão as características de nossos filhos e nunca nos maravilhar com os imprevisíveis dons e peculiaridades que cada criança traz ao mundo? As pessoas ficam consternadas com a clonagem humana e sua dúbia promessa de que os pais poderão projetar seus filhos usando a engenharia genética. Mas que diferença há entre isso e a fantasia de que os pais podem projetar seus filhos segundo o modo como os criam? Pais realistas seriam pais menos ansiosos. Poderiam desfrutar seu tempo com os filhos em vez de constantemente tentar estimulá-los, socializá-los e melhorar seu caráter. Poderiam ler histórias para os filhos por prazer, e não porque é bom para seus neurônios.

Muitos críticos acusam Harris de tentar eximir os pais da responsabilidade pela vida dos filhos: se estes não crescerem de um jeito satisfatório, os pais podem dizer que não têm culpa nenhuma. Mas, pelo mesmo raciocínio, Harris está atribuindo aos adultos a responsabilidade por suas *próprias* vidas: se sua vida não vai bem, pare de reclamar que é tudo culpa de seus pais. Ela está salvando as mães das ilusórias teorias que as culpam por todos os infortúnios que se abatem sobre seus filhos, e dos críticos sabichões que as fazem sentir-se uns monstros se saírem furtivamente de casa para trabalhar ou deixarem por uma noite de ler *Chapeuzinho Vermelho*. E a teoria nos atribui uma responsabilidade coletiva pela saúde das regiões e culturas nas quais os grupos de iguais estão arraigados.

Finalmente: "Então você está dizendo que não importa como trato meus filhos?". Que pergunta! Sim, é claro que importa. Harris lembra seus leitores das razões.

Primeiro, os pais têm um poder imenso sobre os filhos, e suas ações podem fazer enorme diferença para a felicidade deles. Criar filhos é acima de tudo uma responsabilidade ética. Não está certo os pais espancarem, humilharem, permitirem que os filhos sofram privações ou tratarem-nos com negligência, pois é horrível uma pessoa grande e forte fazer coisas assim com uma pessoa pequena e indefesa. Como escreve Harris: "Podemos não ter o amanhã deles em nossas mãos, mas certamente temos o hoje, e temos o poder de fazer esse hoje extremamente infeliz".[72]

538

Segundo, pais e filhos têm um relacionamento humano. Ninguém pergunta: "Então você está dizendo que não importa como trato meu marido ou minha esposa?", muito embora ninguém além dos recém-casados acredite que pode mudar a personalidade do cônjuge. Maridos e esposas são bons uns com os outros (ou deveriam ser) não para moldar a personalidade do companheiro em uma forma desejável, mas para construir um relacionamento profundo e satisfatório. Imagine ouvir que não se pode remodelar a personalidade de um marido ou esposa e replicar: "A idéia de que todo este amor que lhe dedico apaixonadamente não serve para nada é terrível demais". Assim ocorre com pais e filhos: o comportamento de uma pessoa para com outra tem conseqüências para a qualidade do relacionamento entre elas. No decorrer de uma vida o equilíbrio de poder muda, e os filhos, munidos das lembranças do modo como foram tratados, vão adquirindo cada vez mais poder nas interações com os pais. Como argumentou Harris: "Se você não acha que o imperativo moral é uma razão suficientemente boa para ser bom para seu filho, tente isto: seja bom para seu filho quando ele é jovem para que ele seja bom para você quando você for velho".[73] Existem adultos equilibrados e sensatos que ainda tremem de raiva quando lembram as crueldades que seus pais lhes infligiram na infância. Outros ficam de olhos marejados de enternecimento em momentos íntimos quando recordam a bondade ou sacrifício feitos em nome de sua felicidade, talvez coisas de que a mãe ou o pai já tenham se esquecido há muito tempo. Se não for por outra razão, os pais devem tratar bem os filhos para permitir-lhes crescer com essas boas lembranças.

Descobri que, quando as pessoas ouvem essas explicações, baixam a cabeça e dizem, um pouco embaraçadas: "Sim, eu sabia disso". O fato de que as pessoas podem esquecer essas verdades simples quando intelectualizam sobre o tema "crianças" mostra como as doutrinas modernas nos levaram longe. São doutrinas que facilitam pensar nas crianças como massinhas a ser moldadas em vez de parceiras em um relacionamento humano. Mesmo a teoria de que as crianças adaptam-se a seu grupo de iguais torna-se menos surpreendente quando pensamos nelas como seres humanos iguais a nós. "Grupo de iguais" é um termo empregado com uma atitude de superioridade e condescendência quando nos referimos às crianças para designar o que chamamos de "amigos, colegas e associados" quando falamos sobre nós mesmos. Rosnamos quando as crianças obstinadamente fazem questão de usar o tipo certo de calça jeans, mas ficaríamos tão mortificados quanto elas se uma pessoa muito grande nos obrigasse a usar um macacão cor-de-rosa em uma reunião de diretoria ou um agasalho esportivo berrante em uma conferência acadêmica. "Ser socializado por um grupo de iguais" é outro modo de dizer "viver com êxito em uma sociedade", o que para um organismo social significa "viver". A suposição de que as pessoas são tábulas rasas é aplicada principalmente às crianças, e isso pode nos fazer esquecer que elas são pessoas.

20. As artes

As artes estão em dificuldades. Não fui eu quem disse isso; foram eles: os críticos, os intelectuais e (como se diz hoje em dia) os provedores de conteúdo que ganham a vida com as artes e humanidades. Segundo o diretor e crítico de teatro Robert Brustein:

> A possibilidade de sustentar a alta cultura em nossa época está se tornando cada vez mais problemática. Livrarias sérias estão perdendo suas concessões, pequenas editoras estão fechando, revistas de circulação reduzida estão saindo do ramo, teatros sem fins lucrativos estão sobrevivendo principalmente com a comercialização de seu repertório, orquestras sinfônicas estão diluindo seus programas, a televisão pública está aumentando sua dependência de reprises de *sitcoms* britânicas, estações de rádio clássicas estão minguando, museus estão apelando para shows de massa, a dança está morrendo.[1]

Em anos recentes, as revistas e jornais de pretensões intelectuais têm andado repletas de lamentos semelhantes. Eis uma amostra de títulos:

A morte da literatura[2] • Declínio e queda da literatura[3] • O declínio da alta cultura[4] • As disciplinas de humanidades morreram?[5] • As humanidades — Crepúsculo?[6] • As humanidades na era do dinheiro[7] • As vicissitudes das humanidades[8] • Literatura: Uma profissão sitiada[9] • Literatura perdida[10] • A agonia final da música[11] • Ascensão e queda da língua inglesa[12] • O que aconteceu com as humanidades?[13] • Quem matou a cultura?[14]

Se formos acreditar nos pessimistas, esse declínio vem acontecendo há um bom tempo. Em 1948 T. S. Eliot escreveu: "Podemos afirmar com alguma confiança que a nossa é uma época de declínio, que os padrões da cultura são inferiores aos de cinqüenta anos atrás e que os testemunhos desse declínio são visíveis em todas as esferas da atividade humana".[15]

Alguns dos sinais vitais das artes e humanidades realmente estão fracos. Em 1997 a Câmara dos Deputados dos Estados Unidos votou a favor da extinção do Subsídio Nacional às Artes, e o Senado só conseguiu salvá-lo cortando seu orçamento quase pela metade. As universidades desinvestiram nas humanidades: desde 1960 a proporção de docentes na área de ciências humanas reduziu-se à metade, os salários e as condições de trabalho estagnaram e cada vez mais o ensino tem ficado a cargo de estudantes de pós-graduação e professores de meio período.[16] Os doutorandos recentes freqüentemente se vêem desempregados ou resignam-se a uma vida de contratações anuais. Em muitas faculdades de ciências humanas, os departamentos de humanidades sofreram enxugamentos, fusões ou eliminação total.

Uma causa do declínio das humanidades no mundo acadêmico é a concorrência das ciências e da engenharia, áreas em pleno florescimento. Outra pode ser um excedente de Ph.D.s produzidos em série por programas de pós-graduação que não praticaram o controle de natalidade acadêmico. Mas o problema reside na redução da demanda por parte dos estudantes tanto quanto no aumento da oferta de professores. Enquanto o número total de bacharéis recém-formados aumentou quase 40% entre 1970 e 1994, o número de formandos em inglês *diminuiu* 40%. Pode piorar: apenas 9% dos estudantes do ensino médio atualmente declaram ter interesse em fazer cursos voltados para as áreas de humanidades.[17] Uma universidade, desesperada para recuperar os níveis de matrículas em sua Faculdade de Artes e Ciências, contratou uma agência de publicidade para bolar uma campanha com o tema "Ganhe a vida pensando". Eis alguns dos slogans criados:

Faça aquilo que quer quando se formar ou espere vinte anos até sua crise da meia-idade.

Seguro para quando os robôs assumirem todos os trabalhos maçantes.

Tudo bem. Dedique-se aos seus sonhos na próxima encarnação.

É, aposto que seus pais estão adorando.

As ambições de carreira podem explicar o desencanto de alguns estudantes com as humanidades, mas não totalmente. A economia está hoje em melhores condições do que em períodos nos quais as humanidades foram mais populares, e muitos jovens ainda não mergulham de cabeça na carreira, usando os anos de universidade para enriquecer-se em várias esferas. Não há uma boa razão para que as artes e humanidades não possam competir pela atenção dos estudantes durante esse interlúdio. O conhecimento da cultura, da história e das idéias ainda é uma vantagem em muitas profissões qualificadas, assim como na vida diária. Mesmo assim, os estudantes mantêm distância das humanidades.

Neste capítulo diagnosticarei o mal-estar das artes e humanidades e apresentarei algumas sugestões para revitalizá-las. Elas não me pediram isso, mas por sua própria avaliação necessitam de toda a ajuda que puderem conseguir, e acredito que parte da resposta encontra-se no tema deste livro. Começarei por delimitar o problema.

Na verdade, as artes e humanidades *não* estão em dificuldades. Segundo avaliações recentes baseadas em dados do National Endowment for the Arts [Dotação Nacional para as Artes] e do Statistical Abstract of the United States [Resumo Estatístico dos Estados Unidos], elas nunca estiveram em melhor forma.[18] Nas duas décadas passadas, aumentou o número de orquestras sinfônicas, livrarias, bibliotecas e novos filmes independentes. O público está crescendo, em alguns casos atingindo níveis sem precedentes, em concertos de música clássica, peças de teatro, apresentações de óperas e museus de arte, como vemos em exposições de massa com filas imensas e escassez de ingressos. O número de livros publicados (incluindo os de arte, poesia e drama) foi para a estratosfera, e o mesmo ocorreu com as vendas de livros. E as pessoas não se tornaram consumidoras passivas de arte. O ano de 1997 bateu recordes na proporção de adultos que se dedicaram a desenho, fotografia de arte, aquisição de objetos de arte e redação criativa.

Os avanços tecnológicos tornaram a arte mais acessível do que nunca. Duas horas da renda de salário mínimo de um americano podem comprar qualquer um das dezenas de milhares de discos com gravações musicais de qualidade aprovada por audiófilos, incluindo muitas versões de qualquer obra clássica executadas pelas grandes orquestras do mundo. Locadoras de vídeo permitem organizar uma exibição particular de grandes clássicos de cinema num lugarejo remoto. Em vez das três redes de televisão com suas *sitcoms*, shows de variedades e novelas, a maioria dos americanos hoje pode escolher programas em um menu de cinqüenta a cem canais, incluindo os especializados em história, ciência, política e artes. Equipamentos de vídeo baratos e a leitura de sinais de vídeo em fluxo contínuo na *web* estão permitindo o avanço dos cineastas independentes. Praticamente qualquer livro publicado está disponível a alguém com um cartão de crédito e um modem. Na *web* podemos encontrar o texto de todos os principais romances, poemas, peças e obras de filosofia e erudição que são de domínio público, além de fazer excursões virtuais pelos grandes museus de arte do mundo. Novas revistas on-line e sites intelectuais proliferaram, e edições anteriores são disponibilizadas de imediato. Estamos nadando em cultura, afogando-nos nela. Então por que tanta lamúria sobre suas dificuldades, declínio, queda, colapso, crepúsculo e morte?

Uma resposta dos profetas da derrocada é que o atual frenesi de consumo abrange os clássicos do passado e as mediocridades do presente, e poucas novas obras de arte de qualidade estão vindo ao mundo. Isso é duvidoso.[19] Como repetidamente nos dizem os historiadores da arte, todos os supostos pecados da cultura contemporânea — apelo às massas, motivo do lucro, temas de sexo e violência e adaptações para formatos populares (como serialização em jornais) — podem ser encontrados nos grandes artistas de séculos passados. Mesmo em décadas recentes, muitos artistas foram vistos em seu tempo como mercenários comerciais e só mais tarde granjearam a respeitabilidade artística. Entre os exemplos temos os Irmãos Marx, Alfred Hitchcock, os Beatles e, a julgar por recentes exposições de museus e avaliações da crítica, até mesmo Norman Rockwell. Há dezenas de excelentes romancistas de países do mundo todo, e embora a maior parte do que se vê na televisão e no cinema seja um horror, o que há de melhor pode ser realmente muito bom: Carla em *Cheers* era mais espiri-

544

tuosa que Dorothy Parker, e o enredo de *Tootsie* é mais brilhante que os enredos de qualquer comédia de personagens travestidos de Shakespeare.

Quanto à música, embora talvez seja difícil para qualquer um competir com os melhores compositores dos séculos XVIII e XIX, o século passado nada teve de improdutivo. Jazz, Broadway, country, blues, folk, rock, soul, samba, reggae, world music e composição contemporânea floresceram. Cada um desses gêneros produziu artistas talentosos e introduziu novas complexidades de ritmo, instrumentação, estilo vocal e produção em estúdio em nossa experiência musical total. E existem gêneros que hoje florescem mais do que nunca, como animação e desenho industrial, e outros ainda que só recentemente surgiram mas já alcançaram momentos de extraordinária realização, como computação gráfica e vídeos de rock (por exemplo, *Sledgehammer,* de Peter Gabriel).

Em todas as eras há milhares de anos os críticos vêm lastimando o declínio da cultura, e o economista Tyler Cowen aventa que eles são vítimas de ilusão cognitiva. As melhores obras de arte têm maior probabilidade de aparecer em uma década passada que na presente pela mesma razão por que a fila do caixa ao lado no supermercado sempre anda mais depressa que a nossa: há mais delas. Apreciamos os maiores sucessos peneirados de todas essas décadas, ouvindo os Mozarts e esquecendo os Salieris. Além disso, os gêneros de arte (ópera, pintura impressionista, musicais da Broadway, *film noir*) geralmente florescem e declinam em um período finito de tempo. É difícil reconhecer formas de arte nascentes quando elas estão em ascensão, e quando passam a ser amplamente apreciadas seu melhor tempo já passou. Cowen também observa, citando Hobbes, que rebaixar o presente é um modo indireto de rebaixar os rivais: "A competição de elogios tende à reverência da antiguidade. Pois os homens competem com os vivos, e não com os mortos".[20]

Mas em três áreas circunscritas das artes realmente há razão para o desalento. Uma são as tradições da arte de elite que descende de prestigiosos gêneros europeus, como a música executada por orquestras sinfônicas, a arte exposta em grandes galerias e museus e o balé apresentado pelas principais companhias. Nestas pode, efetivamente, haver escassez de novo material de grande impacto. Por exemplo, 90% da "música clássica" foi composta antes de 1900, e os mais influentes compositores do século XX estavam na ativa antes de 1940.[21]

A segunda dessas áreas é a corporação de críticos e guardiães da cultura, que tem visto sua influência minguar. A comédia *The man who came to dinner* [*Satã janta conosco*, na tradução em português], de 1939, retrata um crítico literário e conferencista tão famoso que podemos acreditar que os habitantes de uma cidadezinha de Ohio são capazes de babar por ele e bajulá-lo. É difícil acreditar que atualmente um crítico pudesse inspirar com plausibilidade um personagem assim.

E a terceira, obviamente, é o mundo acadêmico, no qual as fraquezas dos departamentos de humanidades têm sido matéria-prima para romances satíricos e tema de intermináveis preocupações e análises.

Depois de dezenove capítulos, o leitor provavelmente conseguirá adivinhar onde procurarei um diagnóstico para essas três áreas doentes. A dica pode ser encontrada em uma célebre afirmação de Virginia Woolf: "Em dezembro de 1910, ou por volta dessa data, a natureza humana mudou". Ela se referia à nova filosofia do modernismo, que dominaria as artes de elite e a crítica durante boa parte do século XX, e cuja negação da natureza humana transmitiu-se ainda mais intensa ao pós-modernismo, que nas últimas décadas do século assumiria o controle. Este capítulo procura mostrar que as artes, a crítica e a intelectualidade de elite estão em dificuldades porque Woolf enganou-se. A natureza humana não mudou em 1910, nem em nenhum ano posterior.

A arte está na nossa natureza — no sangue e nos ossos, como antigamente se dizia, no cérebro e nos genes, como poderíamos dizer hoje. Em todas as sociedades as pessoas dançam, cantam, ornamentam superfícies, contam e representam histórias.[22] As crianças começam a tomar parte nessas atividades aos dois ou três anos de idade, e as artes podem até mesmo refletir-se na organização do cérebro adulto: uma lesão neurológica pode fazer com que a pessoa seja capaz de ouvir e ver mas incapaz de apreciar a música ou a beleza visual.[23] Pintura, joalheria, escultura e instrumentos musicais originaram-se há pelo menos 35 mil anos na Europa, e provavelmente muito antes em outras partes do mundo para as quais o registro arqueológico é insuficiente. Os aborígines australianos pintam em rochas há 50 mil anos, e ocre vermelho foi usado para maquiagem do corpo há pelo menos o dobro desse período.[24]

Embora as formas exatas de arte variem muito entre as culturas, as atividades de criar e apreciar arte são reconhecíveis em toda parte. O filósofo Denis Dutton identificou sete assinaturas universais:[25]

- Perícia ou virtuosismo. Habilidades artísticas técnicas são cultivadas, reconhecidas e admiradas.
- Prazer não utilitário. As pessoas apreciam a arte pela arte, e não requerem que ela as mantenha aquecidas ou que lhes ponha comida na mesa.
- Estilo. Objetos e representações artísticas satisfazem regras de composição que as situam em um estilo reconhecível.
- Crítica. As pessoas fazem questão de julgar, avaliar e interpretar obras de arte.
- Imitação. Com algumas importantes exceções como música e pintura abstrata, as obras de arte simulam experiências do mundo.
- Enfoque especial. A arte é distinguida da vida comum e dá um enfoque dramático à experiência.
- Imaginação. Artistas e seus públicos imaginam mundos hipotéticos no teatro da imaginação.

As raízes psicológicas dessas atividades recentemente tornaram-se tema de pesquisas e debates. Alguns pesquisadores, como a acadêmica Ellen Dissanayake, acreditam que a arte é uma adaptação evolutiva, como a emoção do medo e a capacidade de ver em profundidade.[26] Outros, como eu, acreditam que a arte (exceto a narrativa) é um subproduto de outras três adaptações: a ânsia por status, o prazer estético de vivenciar objetos e ambientes adaptativos e a habilidade de elaborar artefatos para atingir os fins desejados.[27] Desta perspectiva, a arte é uma tecnologia de prazer, como as drogas, o erotismo e a culinária refinada — um modo de purificar e concentrar estímulos prazerosos e enviá-los aos nossos sentidos. Para a discussão deste capítulo não importa qual opinião é correta. Seja a arte uma adaptação ou um subproduto, seja uma mistura das duas coisas, ela está profundamente arraigada em nossas faculdades mentais. Eis algumas dessas raízes.

Os organismos sentem prazer com coisas que favoreceram a aptidão de seus ancestrais, como o gosto por alimentos, a experiência do sexo, a presença de filhos e a aquisição de know-how. Algumas formas de prazer visual em ambientes naturais também podem favorecer a aptidão. Quando as pessoas exploram um ambiente, procuram padrões que as ajudem a deslocar-se por ele e a aproveitar seu conteúdo. Entre esses padrões incluem-se regiões bem delineadas, características improváveis mas informativas como linhas paralelas e perpendiculares e eixos de simetria e alongamento. Todos são usados pelo cérebro para esculpir o campo visual em superfícies, agrupar as superfícies em objetos e organizar os objetos de modo que as pessoas possam reconhecê-los na próxima vez que os virem. Pesquisadores da visão como David Marr, Roger Shepard e V. S. Ramachandran aventaram que os motivos visuais agradáveis usados em arte e decoração exageram esses padrões, o que diz ao cérebro que o sistema visual está funcionando corretamente e analisando o mundo com precisão.[28] Pela mesma lógica, padrões tonais e rítmicos na música podem atrair a atenção de mecanismos usados pelo sistema auditivo para organizar o mundo dos sons.[29]

Conforme o sistema visual converte cores e formas brutas em objetos e cenas interpretáveis, a coloração estética de seus produtos torna-se ainda mais rica. Estudos de padrões de obras de arte, fotografias e paisagens, junto com experimentos sobre as preferências visuais das pessoas, encontraram motivos recorrentes nas visões que dão prazer às pessoas.[30] Alguns desses motivos talvez pertençam a uma imagem de busca do hábitat humano ótimo, a savana: uma pradaria aberta pontilhada de árvores e cursos d'água, habitada por animais e plantas floríferas e frutíferas. E. O. Wilson chamou de *biofilia* o prazer com as formas de seres vivos, e esse prazer parece ser um universal humano.[31] Outros padrões em uma paisagem podem ser agradáveis porque são sinais de segurança, como as visões protegidas porém panorâmicas. Ainda outros podem ser atraentes porque são características geográficas que facilitam explorar e recordar um terreno, como pontos de referência, fronteiras e caminhos. O estudo da estética evolucionária também está documentando as características que tornam belo um rosto ou um corpo.[32] Os traços valorizados são os que indicam saúde, vigor e fertilidade.

As pessoas são animais imaginativos que constantemente recombinam eventos no olho da mente. Essa habilidade é um dos motores da inteligência humana, permitindo-nos conceber novas tecnologias (como apanhar um animal em armadilha ou purificar o extrato de uma planta) e novas habilidades sociais (como trocar promessas ou encontrar inimigos comuns).[33] A ficção narrativa emprega essa habilidade para explorar mundos hipotéticos, seja para edificação — expandir o número de cenários cujos resultados podem ser preditos —, seja por prazer — vivenciar na pele de outro o amor, adulação, exploração ou vitória.[34] Daí vem a definição de Horácio do propósito da literatura: instruir e deleitar.

Em boas obras de arte, esses elementos estéticos são dispostos de modo que o todo seja maior do que a soma das partes.[35] Uma boa pintura ou fotografia de paisagem simultaneamente evocará um ambiente convidativo e será composta de formas geométricas com equilíbrio e contraste agradáveis. Uma história absorvente pode simular indiscrições maliciosas sobre pessoas desejáveis ou poderosas, colocar-nos em uma época ou lugar emocionantes, despertar nossos instintos da linguagem com palavras bem escolhidas e nos ensinar algo novo sobre as complicações das famílias, da política ou do amor. Muitos tipos de arte são elaborados para induzir acúmulo e liberação de tensão psicológica, imitando outras formas de prazer. E uma obra de arte freqüentemente é embutida em um acontecimento social no qual as emoções são evocadas em muitos membros da comunidade ao mesmo tempo, o que pode multiplicar o prazer e proporcionar a sensação de solidariedade. Dissanayake enfatiza essa parte espiritual da experiência da arte, que ela designa como "tornar especial".[36]

Um último aspecto de psicologia empregado pelas artes é a ânsia por status. Um dos itens da lista de Dutton das assinaturas universais da arte é seu caráter não prático. Mas coisas inúteis, paradoxalmente, podem ser muito úteis para certo propósito: avaliação dos bens do possuidor. Thorstein Veblen foi quem primeiro defendeu esse argumento em sua teoria do status social.[37] Como não podemos facilmente espiar nos extratos bancários ou Palm Pilots de nossos vizinhos, um bom modo de avaliar seus recursos é ver se podem dar-se ao luxo de desperdiçá-los em artigos de luxo e lazer. Veblen escreveu que a psicologia do gosto é movida por três "princípios pecuniários": consumo conspícuo, lazer conspícuo e desperdício conspícuo. Esses princípios explicam por que os símbolos de status tipicamente são objetos feitos por trabalho árduo e especializado com materiais raros, ou então sinais de que a pessoa não está atrelada a uma vida de trabalho braçal, como roupas delicadas e restritivas ou hobbies caros que demandam muito tempo. Em uma bela convergência, o biólogo Amotz Zahavi usou o mesmo princípio para explicar a evolução da ornamentação extravagante em animais, como a cauda do pavão.[38] Só os pavões mais sadios podem dar-se ao luxo de desviar nutrientes para uma plumagem dispendiosa e desajeitada. A pavoa avalia os parceiros pelo esplendor de suas caudas, e a evolução seleciona os machos que ostentam as melhores.

Embora a maioria dos aficionados horrorize-se com a hipótese, a arte — especialmente a arte de elite — é um exemplo típico de consumo conspícuo.

Quase por definição, a arte não tem função prática, e, como Dutton ressaltou em sua lista, universalmente envolve virtuosismo (sinal de qualidade genética, de tempo livre para aperfeiçoar habilidades ou ambas as coisas) e crítica (que aquilata o valor da arte e do artista). Durante a maior parte da história européia, a arte refinada e a suntuosidade andaram de mãos dadas, como nas aparatosas decorações de teatros líricos e salas de espetáculos, nas molduras ornamentadas de pinturas, nos trajes formais dos músicos e nas capas e encadernações de livros antigos. A arte e os artistas foram patrocinados por aristocratas ou por novos-ricos em busca de respeitabilidade. Hoje em dia, pinturas, esculturas e manuscritos originais continuam sendo vendidos por preços exorbitantes e muito discutidos (como os 82,5 milhões de dólares pagos em 1990 pelo *Retrato do Dr. Gachet*, de Van Gogh).

Em *The mating mind* [*A mente seletiva,* na tradução em português], o psicólogo Geoffrey Miller argumenta que o impulso de criar arte é uma tática de acasalamento: um modo de impressionar com a qualidade do cérebro, portanto indiretamente com os genes, os parceiros sexuais e conjugais em perspectiva. O virtuosismo artístico, ele observa, é distribuído desigualmente, exige muito dos neurônios, é difícil de falsificar e altamente valorizado. Em outras palavras, os artistas são sexy. A natureza até nos deu um precedente, o pássaro-caramancheiro, encontrado na Austrália e na Nova Guiné. O macho dessa espécie constrói um ninho elaborado e o ornamenta meticulosamente com objetos coloridos como orquídeas, cascas de caramujo, frutinhas silvestres e cortiça. Alguns chegam a pintar seus caramanchões com resíduos de frutas regurgitados usando folhas ou casca de árvore como pincel. As fêmeas avaliam os caramanchões e se acasalam com quem criou os mais simétricos e bem ornamentados. Miller argumenta que a analogia é exata:

Se pudéssemos entrevistar um pássaro-caramancheiro para uma prestigiosa revista de arte, ele talvez declarasse algo assim: "Sinto um impulso irresistível de autoexpressão, de simplesmente jogar com cores e formas, é uma coisa inexplicável. Não lembro quando surgiu em mim essa sede devoradora de apresentar campos de cores vivamente saturadas em um cenário monumental porém minimalista, mas me sinto ligado a algo exterior a mim mesmo quando me entrego a essas paixões. Quando vejo uma bela orquídea no alto de uma árvore, não sossego enquanto não a possuo. Quando vejo uma só concha fora de lugar em minha criação, tenho de acertá-la. [...] É uma feliz coincidência as fêmeas às vezes virem às inaugurações de minha galeria e apreciarem meu trabalho, mas seria um insulto supor que eu crio com o objetivo de procriar". Felizmente os pássaros-caramancheiros não falam, e assim podemos usar a seleção natural para explicar o trabalho deles sem que implorem para ser diferentes.[39]

Inclino-me para uma versão menos incisiva dessa teoria, na qual uma das funções (e não a única função) de criar e possuir arte é impressionar outras pessoas (não apenas potenciais parceiros sexuais) com o status social (e não só com a qualidade genética). Essa idéia remonta a Veblen e foi ampliada pelo historiador da arte Quentin Bell e por Tom Wolfe em suas obras de ficção e não-ficção.[40] Talvez seu maior defensor na atualidade seja o sociólogo Pierre Bourdieu, cuja opinião é que ser entendido em obras culturais difíceis e inacessíveis é um distintivo de filiação a um estrato superior da sociedade.[41] Lembremos que em todas essas teorias as causas próximas e últimas podem ser diferentes. Como acontece com os pássaros-da-pérgula de Miller, status e aptidão não precisam entrar na mente das pessoas que criam ou apreciam arte; talvez simplesmente expliquem como o impulso de auto-expressão e a percepção da beleza e habilidade evoluíram.

Independentemente do que esteja por trás dos nossos instintos para a arte, esses instintos dão à arte transcendência no tempo, espaço e cultura. Hume observou que "os princípios gerais do gosto são uniformes na natureza humana. [...] O mesmo Homero que agradava em Atenas e Roma 2 mil anos atrás ainda é admirado em Paris e Londres".[42] Embora as pessoas possam discutir sobre se a garrafa está meio cheia ou meio vazia, uma estética humana universal realmente pode ser discernida sob a variação entre as culturas. Dutton comenta:

É importante notar como as artes viajam notavelmente bem fora de suas culturas nativas: Beethoven e Shakespeare são amados no Japão, as gravuras japonesas são adoradas pelos brasileiros, a tragédia grega é representada no mundo todo, enquanto, para grande desgosto de muitas indústrias cinematográficas regionais, os filmes de Hollywood têm um amplo atrativo transcultural. [...] Mesmo a música indiana [...], embora a princípio soe estranha ao ouvido ocidental, pode revelar-se dotada de pulso e aceleração rítmicos, repetição, variação e surpresa, além de

modulação e de melodia divinamente doce; de fato, todos os recursos encontrados na música ocidental.[43]

Podemos ampliar ainda mais o alcance da estética humana. As pinturas nas
cavernas de Lascaux, feitas em fins da Idade da Pedra Lascada, continuam a des-
lumbrar o público na era da internet. Os rostos de Nefertiti e da Vênus de Botticelli poderiam estar na capa de uma revista de moda do século XXI. O enredo
do mito do herói encontrado em incontáveis culturas tradicionais foi transplan-
tado eficazmente para a saga de *Guerra nas estrelas*. Colecionadores de museus
ocidentais pilharam os tesouros pré-históricos da África, da Ásia e das Américas
não para suplementar o registro etnográfico, mas porque seus patrocinadores
achavam belas aquelas obras.

Uma singular demonstração da universalidade dos gostos visuais básicos
veio de uma proeza de marketing realizada em 1993 por dois artistas, Vitaly
Romar e Alexander Melamid, que fizeram uma pesquisa de mercado para avaliar o gosto dos americanos pela arte.[44] Perguntaram aos entrevistados sobre
suas preferências de cor, tema, composição e estilo, e descobriram considerável
uniformidade. As pessoas declararam gostar de paisagens pintadas com realismo e suavidade em tons verdes e azuis, contendo animais, mulheres, crianças e
figuras heróicas. Para satisfazer essa demanda dos consumidores, Komar e
Melamid pintaram uma composição dessas respostas: uma paisagem mostrando a margem de um lago no estilo do realismo oitocentista, com crianças, vea-
dos e George Washington. Teve sua graça, mas ninguém estava preparado para
o que veio depois. Quando os pintores repetiram a pesquisa em outros nove países, incluindo Ucrânia, Turquia, China e Quênia, constataram preferências muito
semelhantes: uma paisagem idealizada, como as dos calendários, e somente
substituições secundárias dos padrões americanos (hipopótamos em vez de vea-
dos, por exemplo). Mais interessante ainda é que essas McPinturas exemplifi-
cam o tipo de paisagem que fora caracterizada como ótima para nossa espécie
pelos pesquisadores de estética evolutiva.[45]

O crítico de arte Arthur Danto tinha uma explicação diferente: os calendários ocidentais são vendidos no mundo todo, como os demais produtos da
cultura e arte ocidentais.[46] Para muitos intelectuais, a globalização dos estilos
ocidentais é prova de que as preferências na arte são arbitrárias. As pessoas
demonstram preferências estéticas semelhantes, afirmam eles, só porque os

ideais ocidentais foram exportados para o mundo pelo imperialismo, pelas empresas globais e pela mídia eletrônica. Pode haver nisso alguma verdade, e para muita gente essa é a visão moralmente correta, pois implica que não existe nada de superior na cultura ocidental ou de inferior nas culturas nativas que ela está substituindo.

Mas há outro lado nessa história. As sociedades ocidentais mostram-se eficientes em fornecer às pessoas coisas que elas desejam: água limpa, medicina eficaz, alimentos variados e abundantes, rapidez nos transportes e comunicações. Aperfeiçoam esses bens e serviços não por benevolência, mas por interesse próprio, isto é, pelos lucros obtidos ao vendê-los. Talvez a indústria da estética também tenha aperfeiçoado modos de dar às pessoas o que elas desejam — neste caso, formas de arte que apelam para os gostos humanos básicos, como paisagens de calendário, canções populares, romances e aventuras hollywoodianos. Portanto, mesmo que uma forma de arte tenha amadurecido no Ocidente, ela pode não ser uma prática arbitrária disseminada por uma marinha poderosa, mas um produto bem-sucedido que se baseia em uma estética humana universal. Tudo isso soa muito provinciano e eurocêntrico, e eu não levaria o argumento longe demais, porém deve haver aqui um elemento de verdade: se é possível obter algum lucro apelando para gostos humanos universais, seria muito estranho que empreendedores deixassem de tirar vantagem disso. E não é tão eurocêntrico quanto se poderia pensar. A cultura ocidental, como a tecnologia e a culinária ocidentais, é vorazmente eclética, apropriando-se de qualquer truque que agrade às pessoas de qualquer cultura que encontrar. Exemplo disso é uma das mais importantes exportações culturais americanas, a música popular. Ragtime, jazz, rock, blues, soul e rap originaram-se de formas musicais afro-americanas, que por sua vez originalmente incorporaram ritmos e estilos vocais africanos.

Então o que aconteceu em 1910 que supostamente mudou a natureza humana? O evento que se destacou na lembrança de Virginia Woolf foi uma exposição, em Londres, das pinturas dos pós-impressionistas, incluindo Cézanne, Gauguin, Picasso e Van Gogh. Foi uma revelação do movimento designado como modernismo, e quando Woolf escreveu sua declaração, na década de 1920, o movimento estava dominando as artes.

O modernismo certamente agia *como se* a natureza humana houvesse mudado. Todos os truques que os artistas haviam usado por milhares de anos para agradar ao gosto humano foram postos de lado. Na pintura, a representação realista deu lugar a distorções grotescas de forma e cor, e depois a reticulados, formas, pingos e manchas abstratas — e a uma tela em branco, na pintura de 200 mil dólares mostrada em *Art*, uma comédia teatral recente. Na literatura, a narração onisciente, as tramas estruturadas, a introdução ordenada de personagens e a compreensão geral da leitura foram substituídas por um fluxo de consciência, eventos apresentados fora da ordem, personagens e seqüências causais desconcertantes, narração subjetiva e desarticulada e prosa difícil. Na poesia, o emprego de rima, métrica, estrutura de versos e clareza freqüentemente foi abandonado. Na música, ritmo e melodia convencionais foram menosprezados em favor de composições atonais, seriais, dissonantes e dodecafônicas. Na arquitetura, a ornamentação, a escala humana, o espaço do jardim e a habilidade artesanal foram jogados pela janela (ou teriam sido, se as janelas pudessem ser abertas), e os prédios tornaram-se "máquinas de viver", feitas de materiais industriais em forma de caixas. A arquitetura modernista culminou nas torres de aço e vidro das multinacionais e nos áridos projetos habitacionais de arranha-céus americanos, prédios populares na Grã-Bretanha do pós-guerra e blocos de apartamentos na União Soviética.

Por que a elite artística encabeçou um movimento que requeria tanto masoquismo? Em parte, ele foi alardeado como reação à presunção e fatuidade da era vitoriana e à ingênua crença burguesa na certeza do conhecimento, da inevitabilidade do progresso e da justiça da ordem social. A arte estranha e perturbadora destinava-se a lembrar às pessoas que o mundo era um lugar estranho e perturbador. E a ciência, supostamente, estava enviando a mesma mensagem. Segundo a versão que vazou para as humanidades, Freud mostrou que o comportamento nasce de impulsos inconscientes e irracionais, Einstein mostrou que tempo e espaço só podem ser definidos em relação a um observador, e Heisenberg mostrou que a posição e o momento de um objeto eram inerentemente incertos porque eram afetados pelo ato da observação. Muito mais tarde, essa filigrana da física inspirou o físico Alan Sokal a pregar com êxito uma célebre peça: publicou um artigo repleto de palavreado incoerente na revista especializada *Social Text*.[47]

Mas o modernismo queria fazer mais do que meramente afligir os acomodados. Sua glorificação da forma pura e seu desdém pela beleza fácil e pelo prazer burguês tinham fundamento lógico explícito e um plano político e espiritual. Na resenha de um livro que defendia a missão do modernismo, o crítico Frederick Turner explicou-os:

> O grande projeto da arte moderna era diagnosticar e curar a doença mortal da humanidade moderna. [...] [Sua missão artística] é identificar e pôr a nu o falso senso de experiência e enquadramento interpretativo rotineiros proporcionado pela conformista sociedade comercial de massa, e nos fazer vivenciar, sem proteção e pela primeira vez, o caráter imediato da realidade por meio de nossos sentidos desnudados e rejuvenescidos. Esse trabalho terapêutico é também uma missão espiritual, pois uma comunidade de seres humanos assim transformados seria, teoricamente, capaz de construir um tipo melhor de sociedade. Os inimigos do processo são a cooptação, a exploração e reprodução comerciais e o *kitsch*. [...] A experiência inédita, bruta — à qual os artistas têm acesso imediato e análogo ao das crianças — é rotinizada, compartimentalizada e embotada até a insensibilidade pela sociedade.[48]

A partir da década de 1970, a missão do modernismo foi ampliada pelo conjunto de estilos e filosofias denominado pós-modernismo. O pós-modernismo foi ainda mais agressivamente relativista, afirmando que existem muitas perspectivas do mundo, nenhuma delas privilegiada. Negou ainda com mais veemência a possibilidade do sentido, do conhecimento, do progresso e dos valores culturais compartilhados. Foi mais marxista e muito mais paranóide, sustentando que as pretensões à verdade e ao progresso eram táticas de dominação política que privilegiavam os interesses de homens brancos heterossexuais. Segundo essa doutrina, mercadorias produzidas em massa e imagens e histórias disseminadas pela mídia destinavam-se a impossibilitar a experiência autêntica.

O objetivo da arte pós-modernista é nos ajudar a escapar dessa prisão. Os artistas tentam apoderar-se de temas culturais e técnicas de representação usando ícones capitalistas (como anúncios publicitários, desenhos de embalagens e fotos de garotas-propaganda), desfigurando-os, exagerando-os ou apresentando-os em contextos inusitados. Os exemplos mais antigos são as pinturas de Andy Warhol dos rótulos de lata de sopa e suas imagens repetitivas e coloridas de Marilyn Monroe. Os mais recentes incluem a exposição do "Homem Negro" no Whitney Museum mencionada no capítulo 12 e as fotografias de Cindy Sherman mostrando manequins bissexuais grotescamente montados. (Eu os vi em uma exposição do MIT que explorava "o corpo feminino como local de desejos conflitantes e a feminilidade como uma tensa rede de expectativas sociais, suposições históricas e construções ideológicas".) Na literatura pós-modernista, os autores comentam o que estão escrevendo enquanto escrevem. Na arquitetura pós-modernista, os materiais e detalhes de diferentes tipos de construções e períodos históricos são misturados de modo incongruente, como um toldo feito de grades de proteção em um shopping center elegante ou colunas coríntias que não sustentam coisa alguma no topo de um cintilante arranha-céu. Os filmes pós-modernistas contêm referências matreiras ao processo de filmagem ou a filmes anteriores. Em todas essas formas, a ironia, as alusões auto-referentes e o fingimento de não levar a obra a sério destinam-se a chamar a atenção para as próprias representações, que (segundo a doutrina) corremos o risco de confundir com a realidade.

Quando reconhecemos o que o modernismo e o pós-modernismo fizeram com as artes de elite e as humanidades, as razões de seu declínio e queda tornam-se muito óbvias. Esses movimentos baseiam-se em uma falsa teoria da psicologia humana, a tábula rasa. Deixam de aplicar sua mais alardeada habilidade — desnudar o fingimento — a si próprios. E tiram toda a graça da arte!

Modernismo e pós-modernismo aferram-se a uma teoria da percepção que foi rejeitada há muito tempo: a de que os órgãos dos sentidos apresentam ao cérebro um quadro de cores e sons brutos e que tudo o mais na experiência perceptiva é uma construção social aprendida. Como vimos em capítulos precedentes, o sistema visual do cérebro abrange cerca de cinqüenta regiões que recebem os pixels brutos e, sem esforço, organizam-nos em superfícies, cores, movimentos e objetos tridimensionais. Não somos mais capazes de desligar esse sistema, e conseguir acesso imediato à experiência sensitiva pura, do que somos capazes de mandar em nosso estômago e determinar quando ele deve liberar enzimas digestivas. Além disso, o sistema visual não nos droga para termos uma fantasia alucinatória desvinculada do mundo real. Ele evoluiu para nos fornecer informações sobre as coisas conseqüentes que existem fora de nós, como pedras, penhascos, animais e outras pessoas e suas intenções.

Tampouco a organização inata limita-se a apreender a estrutura física do mundo. Ela também colore nossa experiência visual com emoções e prazeres estéticos universais. Crianças pequenas preferem paisagens de calendário a imagens de desertos e florestas, e bebês de três meses de idade fitam por mais tempo um rosto bonito do que um feio.[49] Os bebês preferem os intervalos musicais consonantes aos dissonantes, e as crianças de dois anos começam a compor e apreciar ficção narrativa, coisas que farão por toda a vida, quando brincam de faz-de-conta.[50]

Quando percebemos os produtos do comportamento de outras pessoas, nós os avaliamos com nossa psicologia intuitiva, nossa teoria da mente. Não interpretamos ao pé da letra um trecho de linguagem ou um objeto como um produto ou obra de arte; tentamos adivinhar por que as pessoas os produziram e que efeito esperam ter sobre nós (como vimos no capítulo 12). Obviamente as pessoas podem ser logradas por um mentiroso esperto, mas não estão presas em um falso mundo de palavras e imagens, precisando ser salvas pelos artistas pós-modernistas.

Os artistas e críticos modernistas e pós-modernistas não reconhecem outra característica da natureza humana que impulsiona as artes: a ânsia por status, especialmente *a deles próprios*. Como vimos, a psicologia da arte está enredada na psicologia do apreço, com seu gosto pelo raro, o suntuoso, o virtuosístico e o deslumbrante. O problema é que toda vez que as pessoas procuram coisas raras, os empreendedores as tornam menos raras, e sempre que uma performance deslumbrante é imitada, pode tornar-se corriqueira. O resultado é a eterna rotatividade de estilos nas artes. O psicólogo Colin Martindale documentou que toda forma de arte aumenta em complexidade, ornamentação e carga emocional até que o potencial evocativo do estilo seja completamente explorado.[51] A atenção volta-se, então, para o próprio estilo, momento em que ele dá lugar a outro. Martindale atribui esse ciclo ao fato de o público acostumar-se, mas ele também se deve ao desejo de atenção por parte dos artistas. Na arte do século XX, a procura do novo tornou-se desesperada devido às economias da produção em massa e à afluência da classe média. À medida que câmeras, reproduções de obras de arte, rádios, discos, revistas, filmes e livros foram ganhando preços acessíveis, pessoas comuns puderam adquirir arte aos montes. É difícil distinguir-se como bom artista ou conhecedor perspicaz se as pessoas estão até o pescoço mergulhadas nas obras, boa parte delas de razoável mérito artístico. O problema dos artistas não é a cultura popular ser muito ruim; é ser muito boa, ao menos parte do tempo. A arte não pôde mais conferir prestígio pela raridade ou excelência das obras em si; portanto, teve de fazê-lo por meio da raridade dos poderes de apreciação. Como salientou Bourdieu, somente uma elite especial de iniciados poderia entender as novas obras de arte. E com tanta coisa bonita jorrando das gráficas e gravadoras, obras destacadas não precisavam ser belas. De fato, melhor se não fossem, pois agora qualquer parvo poderia possuir coisas bonitas.

Um resultado foi a arte modernista ter parado de tentar apelar aos sentidos. Ao contrário, *desdenhava* da beleza considerando-a uma coisa piegas e superficial.[52] Em seu livro *Art*, de 1913, o crítico Clive Bell (cunhado de Virgina Woolf e pai de Quentin) afirmou que a beleza não tinha lugar na boa arte porque tinha raízes em experiências grosseiras.[53] As pessoas usam *beautiful* [belo] em frases como *beautiful huntin' and shootin'* ["uma bela caçada"], ele escreveu, ou coisas piores ainda ao se referir a mulheres bonitas. Bell assimilou a psicologia behaviorista de sua época e afirmou que as pessoas comuns passam a apreciar a arte por um processo de condicionamento pavloviano. Só gostam de uma pintura se ela representar uma bela mulher, de música apenas se evocar "emoções semelhantes às provocadas por mocinhas em farsas musicais" e de poesia só se despertar sentimentos como os que outrora se tinha pela filha do vigário. Trinta e cinco anos depois, o pintor abstrato Barnett Newmann declarou aprovadoramente que o impulso da arte moderna foi "o desejo de destruir a beleza".[54] Mais rejeição ainda mostraram os pós-modernistas. A beleza, disseram, consiste em padrões arbitrários ditados por uma elite. Escraviza as mulheres forçando-as a amoldar-se a ideais irrealistas e se empenha em agradar aos colecionadores de arte que têm um olho no mercado.[55]

Para ser justo, é preciso dizer que o modernismo abrange muitos estilos e artistas, e nem todos eles rejeitaram a beleza e outras sensibilidades humanas. Em suas melhores facetas, o design modernista aperfeiçoou a elegância visual e a estética da forma direcionada para a função, que foram alternativas bem-vindas ao bricabraque e às exibições aparatosas de riqueza da era vitoriana. Os movimentos artísticos abriram novas possibilidades estilísticas, incluindo motivos da África e da Oceania. A ficção e a poesia trouxeram revigorantes exercícios intelectuais e contrabalançaram o romantismo sentimental que via a arte como transbordamento espontâneo da personalidade e emoção do artista. O problema do modernismo foi sua filosofia não ter reconhecido os modos como estava falando ao prazer humano. Quando sua negação da beleza tornou-se uma ortodoxia e seus sucessos estéticos foram apropriados pela cultura comercial (como o minimalismo no design gráfico), o modernismo deixou os artistas sem nenhum caminho a seguir.

Quentin Bell afirmou que quando se esgotam as variações em um gênero, as pessoas recorrem a um padrão de status diferente, padrão esse que Bell acrescentou à lista de Veblen. No "insulto conspícuo", meninos (e meninas) malcriados gabam-se de sua capacidade para chocar a burguesia impunemente.[56] A interminável campanha dos artistas pós-modernistas para atrair a atenção de um público cansado progrediu do estágio de intrigar a platéia para o de fazer todo o possível para ofendê-la. Todos já ouviram falar de casos famosos: as fotos de sadomasoquismo de Robert Mapplethorpe, o *Piss Christ* ["Mijo no Cristo", um crucifixo em um jarro com urina do artista], a pintura da Virgem Maria besuntada com esterco de elefante, obra de Chris Ofili, e a performance de nove horas de duração intitulada "Flag Fuck (w/beef) #17B", na qual Ivan Hubiak dançava no palco usando uma bandeira americana como fralda enquanto se enrolava em carne crua. Na verdade, esta última nunca aconteceu: foi inventada por colunistas do jornal satírico *The Onion* em artigo intitulado "Performance artist shock U.S. out of apathetic slumber" ["Artista arranca os Estados Unidos da modorra apática com performance chocante"].[57] Mas aposto que enganei o leitor.

Outro resultado foi que a arte de elite não pôde mais ser apreciada sem uma equipe de apoio formada por críticos e teóricos. Eles não meramente avaliavam e interpretavam a arte, como críticos de cinema e literatura, mas forneciam à arte sua base racional. Tom Wolfe escreveu *The painted world* depois de ler uma crítica de arte no *New York Times* censurando a pintura realista por não possuir "algo crucial": uma "teoria persuasiva". Wolfe explica:

Instantaneamente tive um clique conhecido como o fenômeno do *Ahá!*, e a vida subterrânea da arte contemporânea me foi revelada pela primeira vez. [...] Todos aqueles anos, eu, como tantos outros, postado diante de mil, dois mil, sei lá quantos mil Pollocks, de Koonings, Newmans, Nolands, Rothkos, Rauschenbergs, Judds, Johnses, Olitskis, Louises, Stills, Franz Klines, Frankenthalers, Kellys e Frank Stellas, ora semicerrando, ora arregalando os olhos até quase estourá-los,

ora recuando, ora me aproximando — esperando, esperando eternamente que...
aquilo... *aquilo* entrasse em foco, isto é, a recompensa visual (por tanto esforço)
que tinha de estar ali, que todo mundo (*tout le monde*) sabia estar ali — esperando que algo irradiasse diretamente das pinturas naquelas paredes invariavelmente
brancas e puras, naquela sala, naquele momento, em meu quiasma óptico. Todos
aqueles anos, em suma, eu supusera que na arte, mesmo se em nada mais, ver era
crer. Ora — que grandessíssimo míope! Então, finalmente, em 28 de abril de 1974,
eu consegui ver. Eu tinha entendido tudo ao contrário. Não "ver é crer", pateta,
mas "crer é ver", pois *a Arte Moderna tornou-se completamente literária: as pinturas e
outras obras existem tão-somente para ilustrar o texto.*[58]

Mais uma vez, o pós-modernismo levou esse extremo a um extremo ainda
maior, no qual a teoria preponderava sobre o tema e tornava-se ela própria um
gênero de arte performática. Eruditos pós-modernistas, partindo de teóricos críticos como Theodor Adorno e Michel Foucault, não confiavam na demanda por
"transparência lingüística" porque ela estorva a capacidade de "pensar o mundo
mais radicalmente" e põe o texto em perigo de ser transformado em mercado-
ria para o mercado de massa.[59] Essa atitude fez deles ganhadores constantes do
anual Concurso Texto Ruim, que "celebra as passagens mais estilisticamente
deploráveis encontradas em livros e artigos intelectuais".[60] Em 1998 o primeiro
prêmio foi para a enaltecida professora de retórica de Berkeley Judith Butler,
pela seguinte sentença:

A passagem de uma interpretação estruturalista na qual o capital é visto como
estruturador das relações sociais de modos relativamente homólogos para uma
visão da hegemonia na qual as relações de poder estão sujeitas a repetição, convergência e rearticulação, suscitou a questão da temporalidade para o pensamento da
estrutura e marcou uma mudança de uma forma de teoria althusseriana que considera as totalidades estruturais como objetos teóricos para outra na qual os
insights sobre a possibilidade contingente de estrutura inauguram uma concepção
renovada de hegemonia, vinculada aos locais e estratégias contingentes da rearticulação de poder.

Dutton, cujo periódico *Philosophy and Literature* patrocina o concurso, garante
que isso não é uma sátira. As regras do concurso proíbem que o seja: "A paró-

dia deliberada não pode ser permitida em um campo no qual a autoparódia impremeditada é tão disseminada".

Um último ponto cego para a natureza humana é o fracasso dos artistas e teóricos contemporâneos em desconstruir suas pretensões morais. Artistas e críticos por muito tempo acreditaram que a apreciação da arte de elite é enobrecedora, e falaram sobre os filisteus culturais em tons geralmente reservados aos molestadores de crianças (como vemos nos dois significados da palavra *bárbaro*). A afetação de reforma social que cerca o modernismo e o pós-modernismo faz parte dessa tradição.

Embora a sofisticação moral requeira compreensão da história e da diversidade cultural, não há razão para pensar que as artes de elite sejam um modo particularmente bom de incuti-la em comparação com a ficção realista medianamente culta ou a educação tradicional. O fato evidente é que não existem conseqüências morais óbvias do modo como as pessoas se entretêm em suas horas de lazer. A convicção de que artistas e *connaisseurs* são moralmente evoluídos é uma ilusão cognitiva, e tem origem no fato de que nossos circuitos para a moralidade entrecruzam-se com nossos circuitos para o status (ver capítulo 15). Como salientou o crítico George Steiner: "Sabemos que um homem pode ler Goethe ou Rilke à noite, tocar Bach e Schubert, e sair de manhã para um dia de trabalho em Auschwitz".[61] Inversamente, deve haver inúmeras pessoas analfabetas que doam sangue, arriscam a vida como bombeiros voluntários ou adotam crianças deficientes, mas cuja opinião sobre arte moderna é: "Minha filha de quatro anos poderia ter feito isso".

O histórico moral e político dos artistas modernistas não é de se orgulhar. Alguns tiveram conduta deplorável na vida pessoal, e muitos aderiram ao fascismo ou ao stalinismo. O compositor modernista Karlheinz Stockhausen qualificou os ataques terroristas de 11 de setembro de 2001 como "a maior obra de arte imaginável em todo o cosmo" e acrescentou, com inveja, que "também os artistas às vezes ultrapassam os limites do que é viável e concebível, para nos despertar, para nos abrir para outro mundo".[62] Tampouco a teoria do pós-modernismo é especialmente progressista. A negação da realidade objetiva não é amiga do progresso moral, pois impede que se afirme, por exemplo, que a escravidão ou o Holocausto realmente aconteceram. Como salientou Adam Gopnik, as mensagens políticas de obras pós-modernistas são absolutamente banais, como "racismo é ruim". Mas são enunciadas de modo tão oblíquo que faz com que seus apreciadores se sintam moralmente superiores só por conseguir descobri-las.

Quanto a escarnecer da burguesia, é uma tentativa imatura de adquirir status sem nenhuma virtude moral ou política. O fato é que os valores da classe média — responsabilidade pessoal, devoção à família e à comunidade, aversão à violência machista, respeito pela democracia liberal — são coisas boas, e não ruins. A maior parte do mundo quer ingressar na burguesia, e os artistas, em sua maioria, são membros dela, em boa situação, que adotaram algumas afetações boêmias. Considerando a história do século xx, a relutância da burguesia em aderir aos levantes de massa utópicos não pode ser censurada. E se alguém quiser pendurar um quadro de um celeiro vermelho ou de um palhaço chorando na parede da sala, ninguém tem nada com isso.

As teorias dominantes da arte e da crítica de elite no século xx brotaram da negação militante da natureza humana. Um legado é uma arte feia, frustrante, insultante. O outro é a erudição pretensiosa e ininteligível. E ainda se surpreendem que multidões não se interessem?

Uma revolta começou. Freqüentadores de museus entediaram-se de ver a enésima exposição do corpo feminino mostrando torsos desmembrados ou centenas de quilos de gordura mastigados e cuspidos pelo artista.[63] Alunos de pósgraduação em humanidades reclamam em e-mails ou em salas de conferência que estão sendo alijados do mercado de trabalho por não escrever com palavreado pernóstico enquanto citam aleatoriamente nomes de autoridades como Foucault e Butler. Acadêmicos independentes estão tirando os antolhos que os impediam de ver avanços empolgantes das ciências da natureza humana. E artistas mais jovens se perguntam como o mundo da arte se meteu nesse lugar bizarro em que beleza é palavrão.

Essas correntes de insatisfação estão se juntando em uma nova filosofia das artes concordante com as ciências e os sentidos dos seres humanos. Ela está tomando forma na comunidade dos artistas e na comunidade dos críticos e intelectuais.

No ano 2000 a compositora Stefania de Kenessey anunciou maliciosamente um novo "movimento" nas artes, a *derrière garde*, que celebra a beleza, a técnica e a narrativa.[64] Se parece demasiado inócuo para ser considerado um movimento, consideremos a reação do diretor do Whitney Museum, o santuário do *establishment* dos torsos desmembrados, chamando os seus integrantes de "um bando de embromadores criptonazistas conservadores".[65] Idéias semelhantes à da *derrière garde* emergiram em movimentos denominados centro radical, classicismo natural, novo formalismo, novo narrativismo, recalcitrantismo [*Stuckism*], retorno da beleza e No Mo Po Mo [*No more Post-Modernism*, "Chega de pós-modernismo"].[66] Os movimentos combinam alta e baixa cultura, e se opõem igualmente à esquerda pós-modernista, com seu desdém pela beleza e pelo talento artístico, e à direita cultural, com seus padrões limitados de "grandes obras" e sermões de condenação eterna pelo declínio da civilização. Incluem músicos de formação clássica que misturam composições clássicas e populares, pintores e escultores realistas, poetas versejadores, autores de romances jornalísticos e diretores de dança e artistas performáticos que usam ritmo e melodia em seus trabalhos.

No mundo acadêmico, um número crescente de intelectuais independentes está recorrendo à psicologia evolucionista e à ciência cognitiva no esforço de restabelecer a natureza humana como centro de qualquer compreensão das artes. Entre eles incluem-se Brian Boyd, Joseph Carroll, Denis Dutton, Nancy Easterlin, David Evans, Jonathan Gottschall, Paul Hernadi, Patrick Hogan, Elaine Scarry, Wendy Steiner, Robert Storey, Frederick Turner e Mark Turner.[67] A compreensão satisfatória de como a mente funciona é indispensável às artes e humanidades por no mínimo duas razões.

Uma é que o verdadeiro meio de comunicação dos artistas, independentemente de seu gênero, são as representações mentais humanas. Pintura a óleo, membros que se movem e palavras impressas não podem penetrar diretamente no cérebro. Desencadeiam uma cascata de eventos neurais que começa com os órgãos dos sentidos e culmina em pensamentos, emoções e lembranças. A ciência cognitiva e a neurociência cognitiva, que mapeiam essa cascata, oferecem uma profusão de informações a quem quiser entender como os artistas conseguem seus efeitos. O estudo da visão pode lançar luz sobre a pintura e a escultura.[68] A psicoacústica e a lingüística podem enriquecer o estudo da música.[69] A lingüística ajuda a elucidar a poesia, a metáfora e o estilo literário.[70] Os estudos sobre imagens mentais ajudam a explicar as técnicas da prosa narrativa.[71] A teoria da mente (psicologia intuitiva) pode esclarecer nossa capacidade de conceber mundos fictícios.[72] O estudo da atenção visual e da memória de curto prazo pode explicar a experiência do cinema.[73] E a estética evolucionista pode ajudar a explicar os sentimentos de beleza e prazer que podem acompanhar todos esses atos de percepção.[74]

Ironicamente, os primeiros pintores modernistas foram ávidos consumidores de estudos sobre a percepção. Talvez tenha sido Gertrude Stein quem os introduziu no assunto; ela estudou psicologia em Harvard com William James, e orientada por ele fez pesquisas sobre a atenção visual.[75] Os designers e artistas da Bauhaus também foram apreciadores da psicologia perceptiva, particularmente da escola contemporânea da Gestalt.[76] Mas essa consiliência perdeu-se com o afastamento gradual das duas culturas, e só recentemente elas recomeçaram a juntar-se. Prognostico que a aplicação da ciência cognitiva e da psicologia evolucionista às artes ganhará importância crescente na crítica e na vida acadêmica.

O outro ponto de contato pode ser ainda mais importante. Em última análise, o que nos atrai para uma obra de arte não é apenas a experiência sensitiva do meio de comunicação, mas seu conteúdo emocional e seu vislumbre da condição humana. E estes recorrem às imemoriais tragédias de nosso calvário biológico: nossa mortalidade, nosso conhecimento e sabedoria finitos, as diferenças entre nós e nossos conflitos de interesse com amigos, vizinhos, parentes e pessoa amada. Todas são temas das ciências da natureza humana.

A idéia de que a arte deve refletir as qualidades perenes e universais da espécie humana não é nova. Samuel Johnson, no prefácio de sua edição das peças de Shakespeare, comenta o duradouro fascínio por esse grande psicólogo intuitivo:

> Nada pode agradar a muitos, e agradar por longo tempo, senão representações fiéis da natureza geral. Modos particulares podem ser conhecidos por poucos, portanto apenas poucos podem julgar com que exatidão foram copiados. As combinações irregulares de invenção fantasiosa podem encantar durante algum tempo, por aquela novidade que a saturação comum da vida nos leva a buscar; mas os prazeres da súbita admiração logo se esgotam, e a mente só consegue deter-se na estabilidade da verdade.

Hoje podemos estar vendo uma nova convergência de explorações da condição humana por artistas e cientistas — não porque os cientistas estejam tentando apoderar-se das humanidades, mas porque artistas e humanistas estão começando a voltar-se para as ciências, ou ao menos para a mentalidade científica que nos vê como uma espécie com dotação psicológica complexa. Na explicação dessa conexão não posso ter a pretensão de competir com as palavras dos próprios artistas, e concluirei com propostas de três grandes romancistas.

Iris Murdoch, obcecada pelas origens do senso moral, comenta sua permanência na ficção:

> Em muitos aspectos, ainda que não em todos, fazemos os mesmos tipos de juízo moral que os gregos faziam, e reconhecemos pessoas boas ou decentes em épocas e literaturas muito distantes das nossas. Pátroclo, Antígona, Cordélia, sr. Knightley, Alyosha. A invariável bondade de Pátroclo. A fidelidade de Cordélia. Alyosha dizendo ao pai que não temesse o inferno. É tão importante que Pátroclo fosse bondoso com as mulheres cativas quanto que Emma fosse bondosa com a srta. Bates, e sentimos essa importância de modo imediato e natural em ambos os casos apesar do fato de que quase 3 mil anos separam os autores. E isso, quando refletimos, é um notável testemunho da existência de uma natureza humana única e durável.[77]

A. S. Byatt, quando os editores da *New York Times Magazine* lhe pediram para apontar a melhor narrativa do milênio, escolheu a história de Xerazade:

> As histórias das *Mil e uma noites* [...] são histórias sobre contar histórias sem nunca deixar de ser histórias sobre amor, vida, morte, dinheiro, alimento e outras necessidades humanas. A narração é parte da natureza humana tanto quanto a respiração e a circulação do sangue. A literatura modernista tentou acabar com a prática de contar histórias, que julgou vulgar, substituindo-a por *flashbacks*, epifanias, fluxos de consciência. Mas contar histórias é intrínseco ao tempo biológico, do qual não podemos escapar. A vida, disse Pascal, é como viver numa prisão de onde todos os dias companheiros de reclusão são levados e executados. Estamos todos, como Xerazade, sentenciados à morte, e todos vemos nossas vidas como narrativas, com começos, meios e fins.[78]

John Updike, também solicitado a apresentar reflexões na virada do milênio, comentou o futuro de sua profissão. "Um escritor de ficção, um mentiroso profissional, paradoxalmente é obcecado pelo que é verdade", escreveu, e a "unidade da verdade, ao menos para um escritor de ficção, é o animal humano, pertencente à espécie *Homo sapiens*, inalterado por no mínimo 100 mil anos".

A evolução caminha mais devagar que a história, e muito mais devagar que a tecnologia de séculos recentes; sem dúvida a sociobiologia, surpreendentemente difamada em alguns meios científicos, realiza um serviço útil investigando quais características são inatas e quais são adquiridas. Que tipo de software cultural nossos mecanismos mentais evoluídos podem suportar? A ficção, à sua maneira tateante, é atraída para aqueles momentos de aflição nos quais a sociedade pede mais do que seus membros individuais podem, ou desejam, dar. Pessoas comuns vivenciando ficção na página é o que aquece nossas mãos e coração quando escrevemos. [...]

Ser humano é estar na tensa condição de um animal conscientemente libidinoso que prevê a morte. Nenhuma outra criatura do planeta sofre de tamanha capacidade de pensar, tamanha complexidade de possibilidades imaginadas mas frustradas, tamanha capacidade perturbadora para questionar os imperativos tribais e biológicos.

Essa criatura conflituosa e engenhosa proporciona um enfoque infinitamente interessante para as meditações da ficção. Parece-me verdade que o *Homo sapiens* nunca há de acomodar-se em uma utopia tão satisfeito que relaxe seus conflitos e apague toda a sua carência geradora de perversidades.[79]

A literatura tem três vozes, escreveu o estudioso Robert Storey: a do autor, a dos leitores e a da espécie.[80] Esses escritores estão nos lembrando da voz da espécie, um componente essencial das artes e um tema apropriado para concluir minha história.

PARTE VI

A voz da espécie

A tábula rasa era uma visão atrativa. Prometia tornar o racismo, o sexismo e o preconceito de classe indefensáveis com base em fatos. Parecia ser um baluarte contra o tipo de pensamento conducente ao genocídio étnico. Almejava impedir que as pessoas resvalassem para um fatalismo prematuro causado por males sociais evitáveis. Enfocava o tratamento dispensado às crianças, aos povos nativos e aos desfavorecidos. Por isso, a tábula rasa tornou-se parte de uma fé secular e pareceu constituir a decência comum de nossa época.

Mas a tábula rasa tinha, e tem, seu lado sombrio. O vácuo que pressupunha na natureza humana foi avidamente preenchido por regimes totalitários, e ela nada fez para impedir seus genocídios. Ela perverte a educação, a criação de filhos e as artes, transformando-as em formas de engenharia social. Atormenta as mães que trabalham fora e os pais cujos filhos não se tornam aquilo que foi desejado para eles. Ameaça tornar ilegais as pesquisas biomédicas que poderiam aliviar o sofrimento humano. Seu corolário, o bom selvagem, suscita desprezo pelos princípios da democracia e por "um governo de leis, e não de homens". Cega-nos para nossas deficiências cognitivas e morais. E nas questões de elaboração de políticas elevou dogmas tolos acima da busca de soluções viáveis.

A tábula rasa não é um ideal que todos devemos desejar e rezar para que seja verdade. Não — ela é uma abstração teórica antivida e anti-humana que

569

nega nossa humanidade comum, nossos interesses inerentes e nossas preferências individuais. Embora tenha pretensões de celebrar nosso potencial, faz o contrário, pois nosso potencial provém da interação combinatória de faculdades maravilhosamente complexas, e não da brancura passiva de uma tábua raspada.

Independentemente de seus efeitos bons e maus, a tábula rasa é uma hipótese empírica sobre o funcionamento do cérebro, e tem de ser avaliada com base na verdade ou falsidade dessa hipótese. As modernas ciências da mente, cérebro, genes e evolução cada vez mais estão demonstrando que ela não é verdadeira. O resultado é um esforço de retaguarda para salvar a tábula rasa, desfigurando a ciência e a vida intelectual: negando a possibilidade de objetividade e verdade, reduzindo questões a tolas dicotomias, substituindo fatos e lógica por posturas políticas.

A tábula rasa arraigou-se a tal ponto na vida intelectual que a perspectiva de passar sem ela pode ser tremendamente perturbadora. Em questões que vão da criação de filhos à sexualidade, dos alimentos naturais à violência, idéias que parecia ser imoral até mesmo pôr em questão revelam-se não só questionáveis mas provavelmente erradas. Mesmo quem não tem interesse pessoal em defender determinada posição ideológica pode sentir vertigem ao saber que esses tabus estão sendo violados. "Ó admirável mundo novo que contém pessoas assim!" Estará a ciência rumando para um lugar onde o preconceito não é malvisto, onde as crianças podem ser negligenciadas, onde o maquiavelismo é aceito, onde desigualdade e violência são toleradas com resignação, onde as pessoas são tratadas como máquinas?

De modo nenhum! Desatrelando valores amplamente compartilhados de dogmas factuais moribundos, a base racional desses valores só pode tornar-se mais clara. Compreendemos *por que* condenamos o preconceito, a crueldade contra crianças e a violência contra mulheres, e podemos concentrar nossos esforços no modo de atingir os objetivos que mais valorizamos. Desse modo, protegemos esses objetivos das reviravoltas que a ciência está eternamente provocando no entendimento dos fatos.

Abandonar a tábula rasa, de qualquer modo, não é tão radical quanto poderia parecer à primeira vista. É verdade que traz uma revolução em muitos setores da vida intelectual moderna. Mas, com exceção de um punhado de intelectuais que se deixaram dominar pelas próprias teorias, esse abandono não implica uma revolução na visão de mundo da maioria das pessoas. Desconfio que, bem no fundo, pouca gente acredita de verdade que meninos e meninas são intercambiáveis, que todas as diferenças na inteligência provêm do ambiente, que os pais podem microadministrar as personalidades de seus filhos, que os humanos nascem livres de tendências egoístas ou que histórias, melodias e rostos atraentes são construções sociais arbitrárias. Margaret Mead, um ícone do igualitarismo no século xx, disse à filha que atribuía seu talento intelectual a seus genes, e posso confirmar que esses casos de personalidade dividida são comuns entre os acadêmicos.[1] Intelectuais que negam publicamente que a inteligência é um conceito significativo tratam-na como extremamente significativa em sua vida profissional. Quem argumenta que as diferenças de gênero são uma construção social reversível não pensa dessa maneira quando dá conselhos às próprias filhas, lida com o sexo oposto ou faz fofocas, piadas e reflexões sobre a vida em momentos de descontração.

Reconhecer a natureza humana não significa subverter nossa visão pessoal de mundo, e eu não teria nada para sugerir em substituição se assim fosse. Significa apenas tirar a vida intelectual de seu universo paralelo e reuni-la à ciência e, quando ela for corroborada pela ciência, reuni-la ao bom senso. A alternativa é tornar a vida intelectual cada vez mais irrelevante para os assuntos humanos, transformar os intelectuais em hipócritas e todas as outras pessoas em antiintelectuais.

Os cientistas e os intelectuais públicos não são as únicas pessoas que têm pensado sobre como a mente funciona. Somos todos psicólogos, e algumas pessoas, sem os benefícios de credenciais, são grandes psicólogas. Entre elas estão os poetas e os romancistas, que se ocupam, como vimos no capítulo precedente, de criar "representações fiéis da natureza geral". Paradoxalmente, no clima intelectual de hoje os romancistas talvez tenham mais autoridade que os cientistas para dizer a verdade sobre a natureza humana. As pessoas mais refinadas escarnecem das comédias de final feliz e dos romances açucarados nos quais tudo se resolve a contento e todo mundo vive feliz para sempre. A vida não é nada disso, como podemos notar, e esperamos que as artes nos esclareçam sobre os dolorosos dilemas da condição humana.

Mas quando se trata da *ciência* dos seres humanos, esse mesmo público clama: queremos sentimentalismo! A crítica legítima nascida de observações da natureza humana é considerada "pessimismo", e as pessoas esperam que as teorias sejam uma fonte de alento sentimental. "Shakespeare não tinha consciência, e eu também não tenho", disse George Bernard Shaw. Não foi uma confissão de psicopatia, mas uma afirmação da obrigação de todo bom dramaturgo de levar a sério o ponto de vista de cada um de seus personagens. Os cientistas do comportamento humano têm essa mesma obrigação, e isso não requer que eles desativem sua consciência nas esferas em que ela tem de ser usada.

Poetas e romancistas defenderam muitos dos argumentos deste livro com mais sagacidade e eloqüência do que qualquer escrevinhador acadêmico poderia ter esperança de fazer. Eles me permitem concluir o livro relembrando alguns de seus principais temas sem meramente repeti-los. Veremos a seguir cinco trechos extraídos da literatura que, a meu ver, captam parte das lições das ciências da natureza humana. Eles salientam que as descobertas dessas ciências devem ser encaradas não com medo e aversão, mas com o equilíbrio e o discernimento que usamos ao refletir sobre a natureza humana em todas as outras esferas de nossa vida.

O cérebro é mais vasto que o céu
Ponha-os lado a lado,
E um conterá o outro,
Fácil — e você junto

O cérebro é mais profundo que o oceano
Encoste-os, azul com azul,
E um absorverá o outro
Como sorvem as esponjas no balde

O cérebro tem o mesmo peso de Deus
Pondere-os, libra por libra,
E diferirão, se tanto,
Como a sílaba do som*

---

* *The Brain — is wider than the Sky —/ For — put them side by side —/ The one the other will contain/ With ease — and you — beside// The Brain is deeper than the sea —/ For — hold them — Blue to Blue —/ The one the other will absorb —/ As Sponges — Buckets — do —// The Brain is just the weight of God —/ For — Heft them — Pound for Pound —/ And they will differ — if they do —/ As Syllable from Sound —*

As duas primeiras estrofes de "The brain is wider than the sky", de Emily Dickinson, expressam a grandiosidade existente na visão de que a mente é a atividade do cérebro.[2] Nesse seu poema, e em outros, Dickinson refere-se ao "cérebro", e não à "alma" ou mesmo à "mente", como se lembrasse aos leitores que a sede de nosso pensamento e experiência é uma porção de matéria. Sim, a ciência, em certo sentido, está nos "reduzindo" aos processos psicológicos de um órgão nada atraente de menos de um quilo e meio. Mas que órgão! Em sua estarrecedora complexidade, explosiva computação combinatória e capacidade ilimitada de imaginar mundos reais e hipotéticos, o cérebro é, verdadeiramente, mais vasto que o céu. O próprio poema é prova disso. Simplesmente para compreender a comparação em cada estrofe o cérebro do leitor precisa conter o céu e absorver o mar e visualizar cada um na mesma escala que o próprio cérebro.

A enigmática estrofe final, com sua espantosa imagem de Deus e do cérebro sendo pesados como couves, tem intrigado os leitores desde a publicação do poema. Alguns a entendem como criacionismo (Deus fez o cérebro), outros como ateísmo (o cérebro inventou Deus). A analogia com a fonologia — o som é um *continuum* sem emendas, uma sílaba é uma unidade demarcada de som — sugere uma espécie de panteísmo: Deus está em toda parte e em parte nenhuma, e todo cérebro encarna uma medida finita de divindade. A brecha "se tanto" sugere misticismo — o cérebro e Deus podem, de algum modo, ser a mesma coisa — e, obviamente, agnosticismo. Essa ambigüidade seguramente é intencional, e duvido que alguém consiga defender uma única interpretação como sendo a correta.

Gosto de interpretar a estrofe como uma sugestão de que a mente, ao contemplar seu lugar no cosmo, a certa altura atinge suas limitações e depara com enigmas que parecem pertencer a uma esfera separada, divina. O livre-arbítrio e a experiência subjetiva, por exemplo, são estranhos ao nosso conceito de causação e dão a impressão de ser uma centelha divina dentro de nós. Moralidade e sentido parecem inerentes a uma realidade que existe independentemente de nossos juízos. Mas essa separação pode ser a ilusão de um cérebro que nos impossibilita *não* achar que são separados de nós. Em última análise, não temos como saber, pois nós *somos* nossos cérebros e não temos como sair dele para verificar. Mas se estamos assim presos, essa é uma prisão de que não nos podemos queixar, pois é mais vasta que o céu, mais profunda que o oceano e talvez tenha o mesmo peso que Deus.

★ ★ ★

O conto "Harrison Bergeron", de Kurt Vonnegut, é tão transparente quanto o poema de Dickinson é enigmático. Começa assim:

Era o ano de 2081, e todos eram finalmente iguais. Não eram iguais apenas perante Deus e a lei. Eram iguais em tudo. Ninguém era mais inteligente que ninguém. Ninguém era mais bonito que ninguém. Ninguém era mais forte nem mais veloz que ninguém. Toda essa igualdade provinha das 211ª, 212ª e 213ª Emendas Constitucionais e da incessante vigilância dos agentes do Nivelador Geral dos Estados Unidos.[3]

O Nivelador Geral impõe a igualdade neutralizando qualquer vantagem herdada (e portanto imerecida). Pessoas inteligentes têm de usar rádios nos ouvidos sintonizados com um transmissor governamental que emite um ruído forte a cada vinte segundos (como o som de uma garrafa de leite golpeada por um martelo), para impedi-las de conseguir uma vantagem injusta com seus cérebros. Bailarinas têm de usar pesos feitos com chumbo de caça e cobrir o rosto com máscara para que ninguém se sinta mal por ver outra pessoa mais bonita e graciosa. Locutores de noticiário são escolhidos por ser portadores de defeito na fala. O herói da história é um adolescente com múltiplos talentos obrigado a usar fones de ouvido, óculos de grossas lentes onduladas, cem quilos de sucata de ferro e coroas pretas em metade dos dentes. A história fala de sua malsinada rebelião.

Sutil ou não, "Harrison Bergeron" é uma redução espirituosa de uma falácia muitíssimo comum. O ideal da igualdade política não é uma garantia de que as pessoas são inatamente indistinguíveis. É uma política de tratar as pessoas em certas esferas (justiça, educação, política) com base em seus méritos individuais, e não nas estatísticas de qualquer grupo a que elas pertençam. E é uma política de reconhecer direitos inalienáveis em todas as pessoas pelo fato de que elas são seres humanos dotados de sensibilidade. Políticas que insistem em que as pessoas sejam idênticas em seus resultados têm de impor custos a humanos que, como todos os seres vivos, variam em sua dotação biológica. Como os talentos, por definição, são raros e só em raras circunstâncias podem realizar-se plenamente, é mais fácil atingir a igualdade forçada nivelando por baixo (e assim pri-

574

vando toda a coletividade dos frutos dos talentos individuais). Nos Estados Unidos de 2081 descrito por Vonnegut, o desejo de igualdade de resultados é representado como uma farsa, mas no século XX esse mesmo desejo levou a crimes reais contra a humanidade, e em nossa sociedade toda essa questão freqüentemente é tabu.

Vonnegut é um autor adorado que nunca foi chamado de racista, sexista, elitista ou darwinista social. Imagine a reação se ele houvesse exposto sua mensagem em sentenças declarativas em vez de num conto satírico. Toda geração tem seus piadistas designados, dos bobos de Shakespeare a Lenny Bruce, que dão voz às verdades que são impronunciáveis em círculos educados. Atualmente, diletantes como Vonnegut e profissionais como Richard Pryor, Dave Barry e os autores de *The Onion,* dão continuidade a essa tradição.

A fantasia antiutópica de Vonnegut foi contada em uma farsa do tamanho de um conto, mas a mais famosa das fantasias desse tipo foi narrada em um pesadelo do tamanho de um romance. O livro *1984,* de George Orwell, é uma vívida descrição de como seria a vida se as facetas repressivas da sociedade e do governo fossem extrapoladas para o futuro. No meio século decorrido desde a publicação do romance, muitas novidades foram criticadas por suas associações com o mundo de Orwell: o eufemismo nos pronunciamentos das autoridades, carteiras de identidade nacionais, câmeras de vigilância, dados pessoais na internet e até mesmo, no primeiro comercial de televisão para o computador Macintosh, o IBM PC. Nenhuma outra obra de ficção produziu tanto impacto na opinião das pessoas sobre questões do mundo real.

Temos em *1984* uma obra literária inesquecível, e não uma mera arenga política, devido ao modo como Orwell arquitetou os detalhes do funcionamento de sua sociedade. Cada componente do pesadelo encaixava-se nos outros formando um todo rico e verossímil: o governo onipresente, a eterna guerra contra inimigos que mudavam constantemente, o controle totalitário dos meios de comunicação e da vida privada, a Novilíngua, a incessante ameaça de traição pessoal.

Menos conhecido do povo é o fato de o regime possuir uma filosofia muito bem articulada. Ela é explicada a Winston Smith na angustiante seqüência em que ele é amarrado a uma mesa e alternadamente torturado e doutrinado pelo agente do governo, O'Brien. A filosofia do regime é inteiramente pós-modernista, explica O'Brien (sem usar esse termo, obviamente). Quando Winston objeta que o Partido não é capaz de concretizar seu lema — "Quem controla o passado controla o futuro; quem controla o presente controla o passado" —, O'Brien replica:

> Você acredita que a realidade é algo objetivo, externo, que existe por si. Também acredita que a natureza da realidade é manifesta. Quando você se ilude pensando ver algo, supõe que todos os demais vêem o mesmo que você. Mas eu lhe afirmo, Winston, que a realidade não é externa. A realidade existe na mente humana, e em nenhum outro lugar. Não na mente humana individual, que pode cometer erros, e de qualquer modo logo perece; apenas na mente do Partido, que é coletivo e imortal.[4]

O'Brien admite que para certos propósitos, como orientar-se no oceano, é útil supor que a Terra gira em torno do Sol e que existem estrelas em galáxias distantes. Mas, ele prossegue, o Partido também poderia usar astronomias alternativas nas quais o Sol gira em torno da Terra e as estrelas são porções de fogo a alguns quilômetros de distância. E embora O'Brien não explique isso nessa cena, a Novilíngua é a suprema "prisão da linguagem", "uma linguagem que pensa o homem e seu 'mundo'".

A lição de O'Brien deveria refrear os defensores do pós-modernismo. É irônico que uma filosofia que se orgulha de desconstruir o instrumental do poder adote um relativismo que impossibilita contestar o poder, pois nega que existam referenciais objetivos em relação aos quais os logros dos poderosos possam ser avaliados. Pela mesma razão, o texto deveria refrear os cientistas radicais que asseveram que as aspirações de outros cientistas a teorias com realidade objetiva (incluindo teorias sobre a natureza humana) são, na realidade, armas para preservar os interesses da classe, sexo e raça dominantes.[5] Sem uma noção da verdade objetiva, a vida intelectual degenera em uma luta para saber quem melhor consegue exercer a força bruta para "controlar o passado".

Um segundo preceito da filosofia do Partido é a doutrina do superorganismo: "Você não entende, Winston, que o indivíduo é apenas uma célula? O esgotamento da célula é o vigor do organismo. Você morre quando corta as unhas?".[6] A doutrina de que uma coletividade (uma cultura, uma sociedade, uma classe, um sexo) é um ser vivo com seus próprios interesses e sistema de crenças está por trás das filosofias políticas marxistas e da tradição da ciência social iniciada por Durkheim. Orwell está mostrando o lado sombrio dessa doutrina: o descarte do indivíduo — a única entidade que efetivamente sente prazer e dor — como um mero componente que existe para promover os interesses do todo. A sedição de Winston e sua amante, Julia, começou na busca de prazeres humanos simples — açúcar e café, papel branco de escrever, conversa particular, sexo afetuoso. O'Brien deixa claro que esse individualismo não pode ser tolerado: "Não haverá lealdade exceto a lealdade ao Partido. Não haverá amor, exceto o amor pelo Grande Irmão".[7]

O Partido também acredita que laços emocionais com parentes e amigos são "hábitos" que estorvam o funcionamento regular de uma sociedade:

Já estamos extirpando os hábitos de pensamento que sobreviveram depois da Revolução. Cortamos os laços entre filhos e pais, entre homem e homem, e entre homem e mulher. Ninguém mais ousa confiar numa esposa, num filho ou num amigo. Mas no futuro não haverá esposas nem amigos. As crianças serão tiradas das mães ao nascer, como se tira um ovo da galinha. O instinto do sexo será erradicado. [...] Não haverá distinção entre beleza e feiúra.[8]

É difícil ler essa passagem sem pensar no atual entusiasmo por propostas nas quais mandarins esclarecidos fariam a reengenharia da criação de filhos, das artes e do relacionamento entre os sexos no esforço de construir uma sociedade melhor.

As novelas antiutópicas, obviamente, recorrem ao exagero grotesco. Pode-se fazer qualquer idéia parecer aterradora com uma caricatura, mesmo se essa idéia for razoável quando moderada. Não estou querendo insinuar que a preocupação com os interesses da sociedade ou com a melhora das relações humanas seja um passo em direção ao totalitarismo. Mas a sátira pode mostrar como ideologias populares podem ter esquecido os aspectos negativos — neste caso, como a noção de que linguagem, pensamento e emoções são convenções sociais dá margem a que os engenheiros sociais tentem reformá-los. Assim que ficamos cientes dos aspectos negativos, não precisamos mais tratar as ideologias como vacas sagradas às quais as descobertas factuais têm de ser subordinadas.

E finalmente chegamos ao núcleo da filosofia do Partido. O'Brien refutou todos os argumentos de Winston, extinguiu todas as suas esperanças. Informou-lhe: "Se quiser uma imagem do futuro, imagine uma bota pisoteando um rosto humano — para sempre". Próximo ao fim desse diálogo, O'Brien revela a proposição que torna possível todo esse pesadelo (e que, podemos deduzir, se fosse falsa o impossibilitaria):

> Como de costume, a voz arrasara Winston e o deixara sem saída. Além do mais, ele temia que, se persistisse em discordar, O'Brien tornasse a girar o mostrador. Mas ainda assim não conseguiu ficar calado. Debilmente, sem argumentos, sem nada para sustentá-lo além do horror sem palavras ao que O'Brien dissera, ele voltou ao ataque.
>
> "Não sei — não me importo. De algum modo vocês fracassarão. Alguma coisa os derrotará. A vida os derrotará."
>
> "Nós controlamos a vida, Winston, em todos os níveis. Você está imaginando que existe algo chamado natureza humana que se revoltará com o que fazemos e se voltará contra nós. Mas nós criamos a natureza humana. Os homens são infinitamente maleáveis."[9]

As três obras que citei são didáticas e desvinculadas de qualquer época e lugar existentes. As duas restantes são diferentes. Ambas têm raízes em uma cultura, um lugar e uma época. Ambas evidenciam a língua, o ambiente e as filosofias de vida de seus personagens. E ambos os autores alertam os leitores para que não generalizem a partir de suas histórias. No entanto, ambos os autores são célebres por seu discernimento da natureza humana, e acredito não lhes fazer nenhuma injustiça apresentando episódios de suas obras sob esse enfoque.

As aventuras de Huckleberry Finn, de Mark Twain, é uma fonte especialmente perigosa de lições, pois inicia com o seguinte decreto do autor: "Todo aquele que tentar encontrar um motivo nesta narrativa será processado; todo aquele que tentar encontrar uma moral será banido; todo aquele que tentar encontrar uma trama será fuzilado". Isso não impediu que por um século os críticos notassem o poder dual do livro. *Huckleberry Finn* mostra-nos tanto as fraquezas do Sul dos Estados Unidos antes da Guerra de Secessão como as fraquezas da natureza humana, vistas pelos olhos de dois bons selvagens que as vão encontrando em sua jornada pelo rio Mississippi.

Huckleberry Finn faz a festa com muitas imperfeições humanas, mas talvez a mais tragicômica seja a origem da violência em uma cultura da honra. A cultura da honra é, na realidade, uma psicologia da honra: um conjunto de emoções que inclui a lealdade à família, a sede de vingança e o impulso de manter uma reputação de valentia e valor. Quando desencadeadas por outros pecados humanos — inveja, luxúria, auto-engano — essas emoções podem alimentar um círculo vicioso de violência, pois cada lado se vê incapaz de renunciar à vingança contra o outro. O ciclo pode ampliar-se em certos lugares, como o Sul dos Estados Unidos.

Huck deparou com a cultura da honra em duas ocasiões, em rápida sucessão. A primeira foi quando entrou como clandestino em uma barcaça tripulada por "uma turma mal-encarada" de beberrões. Quando um deles estava prestes a esgoelar-se na décima quinta estrofe de uma canção obscena, irrompeu uma altercação de origem relativamente banal, e dois homens prepararam-se para lutar.

[Bob, o grandalhão do barco] pulou alto, bateu os calcanhares e berrou: "Ooopa! Sou o mais forçudo, atrevido e traiçoeiro fazedor de cadáveres do Arkansas sem lei! Olhem só para mim! Sou o homem que chamam de Morte Súbita e Devastação Geral! Filho de pai furação e mãe terremoto, meio-irmão do cólera, parente chegado da varíola pelo lado materno! Olhem só para mim! Dezoito crocodilos e um barril de uísque são meu café da manhã quando estou em boa saúde, um balde de cascavéis e um cadáver quando passo mal. Racho com um olhar as rochas eternas, abafo o trovão quando falo! Ooopa! Para trás, me dêem o espaço que minha força exige! Sangue é o que eu bebo para matar a sede, e os gemidos dos moribundos são música para meus ouvidos. Ponham os olhos em mim, cavalheiros! E se prostrem e percam o fôlego, pois estou prestes a me soltar!". [...]

Então o homem que havia começado o bate-boca [...] pulou e bateu os tornozelos três vezes antes de aterrissar [...], e começou a gritar assim: "Ooopa! Baixem a cabeça e se espalhem, pois o reino da tristeza está para chegar! Me segurem na terra, pois sinto meus poderes acordando! [...] Boto a mão na cara do sol e faço ser noite na terra; mordo um pedaço da lua e apresso as estações; me sacudo e faço ruir as montanhas! Me contemplem através do couro — *não* a olho nu! Sou o homem de coração petrificado e entranhas de ferro derretido! Massacrar comunidades isoladas é meu passatempo nos momentos de ócio, destruir nacionalidades é o que faço para ganhar a vida! A infinita vastidão do grande deserto americano é minha propriedade sem cercas, e enterro os mortos nas minhas terras! [...] Ooopa! Baixem a cabeça e se espalhem, pois o Filho Favorito da Calamidade está chegando!".[10]

Os dois andaram à roda agitando os braços e derrubaram os chapéus um do outro, até que Bob disse, nas palavras de Huck:

deixa pra lá, não ia ser o fim do mundo, pois ele era um homem que nunca esquecia e nunca perdoava, por isso era melhor a Criança tomar cuidado pois estava chegando a hora, tão certo como ele era um homem vivente, que teria de responder a ele com o melhor sangue de seu corpo. A Criança disse que nenhum homem esperava mais que ele por aquela hora, e faria o justo aviso ao Bob, *agora*, de que nunca tornasse a cruzar seu caminho, pois nunca descansaria até chafurdar em seu sangue, pois essa era sua natureza, embora o estivesse poupando agora em atenção à sua família, se é que ele tinha uma.[11]

E então um "sujeitinho de costeletas pretas" estatelou os dois no chão. De olhos roxos e narizes vermelhos, apertaram-se as mãos, disseram que sempre haviam respeitado um ao outro, e concordaram em esquecer o passado.

Mais adiante no mesmo capítulo, Huck nada até a margem e depara com a casa de uma família chamada Grangerford. Huck é paralisado no caminho por cães ameaçadores até que uma voz, da janela, diz a ele que entre bem devagar na casa. Ele abre a porta e dá de cara com três canos de espingarda. Quando os Grangerford vêem que Huck não é um Shepherdson, a família com quem têm uma rixa, acolhem-no, e Huck fica morando com eles. Huck deixa-se cativar por sua vida refinada: a mobília bonita, as roupas elegantes e os modos requintados, especialmente do patriarca, o coronel Grangerford. "Ele era um perfeito cavalheiro, e toda a família também. Era bem-nascido, como se diz, e isso vale tanto num homem como num cavalo."

Três dos seis filhos de Grangerford haviam sido mortos na rixa, e o sobrevivente mais novo, Buck, torna-se amigo e protetor de Huck. Quando os dois meninos saem para passear e Buck atira em um garoto Shepherdson, Huck pergunta por que ele quer matar alguém que não lhe fizera mal. Buck explica o conceito de rixa:

580

"Bom", diz Buck, "uma rixa é assim: um homem briga com outro e mata ele; então vem o irmão do que morreu e mata o que tinha matado primeiro; depois os outros irmãos dos dois lados tratam de matar uns aos outros; aí vêm os *primos* e entram na coisa — e passa o tempo e todo mundo é morto e acaba a rixa. Mas o negócio é demorado, leva um tempão."

"E este já tem muito tempo, Buck?"

"Olha, eu *acho* que sim! Começou faz trinta anos, por aí. Houve confusão por causa de alguma coisa, e uma ação na justiça para resolver, e a sentença foi contra um dos homens, então ele pegou e matou o homem que ganhou a ação — o que naturalmente era esperado que ele fizesse. Qualquer um faria."

"E o que causou a confusão, Buck? — terra?"

"Pode ser — sei lá."

"Mas quem foi que atirou? Foi um Grangerford ou um Shepherdson?"

"Ora bolas, como é que *eu* vou saber? Faz muito tempo."

"Ninguém sabe?"

"Ah, sim, meu pai sabe, acho, e alguns dos mais velhos; mas agora não sabem por que começou a briga."[12]

Buck acrescenta que a rixa é mantida pelo senso de honra das duas famílias: "Não há nenhum covarde entre os Shepherdson — nenhum. E não há nenhum covarde entre os Grangerford também".[13] O leitor antevê confusão, e ela não demora a vir. Uma moça Grangerford foge com um rapaz Shepherdson, os Grangerford saem furiosos no encalço dos dois, e todos os homens da família Grangerford são mortos em uma emboscada. "Não vou contar *tudo* o que aconteceu", diz Huck. "Ficaria engulhado de novo se tivesse de contar. Queria nunca ter ido para a margem naquela noite para acabar vendo uma coisa dessa."[14]

No decorrer do capítulo, portanto, Huck encontrou dois exemplos da cultura sulista da honra. Entre a ralé, consistia em fanfarronada cínica, e era encenada por pura diversão; entre os aristocratas, levava à devastação de duas famílias e era encenada como tragédia. Creio que Twain estava comentando a lógica distorcida da violência e como ela é encontrada em nossos estereótipos das classes refinadas e das vulgares. De fato, a avaliação moral não apenas existe nas duas classes: inverte-as; a ralé resolve sua disputa sem sentido com verborragia, para salvar as aparências; os cavalheiros empenham-se em sua disputa igualmente sem sentido até uma conclusão medonha.

Embora seja inteiramente sulista, a perversa psicologia da rixa entre os Grangerford e os Shepherdson é bem conhecida na história e na etnografia de praticamente todas as regiões do mundo. (Em particular a apresentação de Huck aos Grangerford foi comicamente reprisada no célebre relato de Napoleon Chagnon sobre seu batismo no trabalho de campo antropológico, quando ele deparou com uma aldeia ianomâmi em rixa com outra e se viu acuado por cães e cercado por flechas envenenadas.) E é bem conhecida nos ciclos de violência que continuam a ser encenados por gangues, milícias, grupos étnicos e respeitáveis nações-Estados. A descrição que Twain faz das origens da violência endêmica em uma enredadora psicologia da honra possui uma intemporalidade que, prevejo, a fará durar mais do que teorias da moda sobre as causas e curas da violência.

O derradeiro tema que desejo retomar é o de que a tragédia humana reside nos conflitos parciais de interesse inerentes a todos os relacionamentos humanos. Acho que eu poderia ilustrar esse argumento com praticamente qualquer grande obra de ficção. Um texto literário imortal expressa "todas as principais constantes de conflito na condição do homem", escreveu George Steiner sobre *Antígona*. "Pessoas comuns vivenciando desavenças na página é o que nos aquece as mãos e o coração quando escrevemos", observou John Updike. Mas um romance chamou-me a atenção por alardear essa idéia no título: *Enemies, a love story* [*Inimigos, uma história de amor*, na tradução em português], de Isaac Bashevis Singer.[15]

Como Twain, Singer protesta em demasia contra a possibilidade de seus leitores extraírem lições do fragmento de vida que ele apresenta: "Embora eu não tenha tido o privilégio de vivenciar o Holocausto de Hitler, convivi durante anos em Nova York com refugiados desse calvário. Portanto, apresso-me a dizer que este romance não é absolutamente a história de um típico refugiado, de sua vida, de sua luta. [...] Os personagens não são apenas vítimas dos nazistas, mas vítimas de suas próprias personalidades e destinos". Na literatura, a exceção é a regra, escreve Singer, mas só depois de observar que a exceção está alicerçada na regra. Singer foi louvado como perspicaz observador da natureza humana, sobretudo porque ele imagina o que acontece quando o destino coloca personagens comuns em dilemas extraordinários. Essa é a idéia por trás de seu livro e da esplêndida adaptação de 1989 para o cinema, dirigida por Paul Mazursky e estrelada por Anjelica Huston e Ron Silver.

Herman Broder mora no Brooklyn, em 1949, com sua segunda mulher, Yadwiga, uma camponesa que trabalhou para seus pais como criada quando viviam na Polônia. Uma década antes, sua primeira esposa, Tamara, levara os dois filhos do casal para visitar seus pais, e enquanto eles estavam separados os nazistas invadiram a Polônia. Tamara e as crianças foram baleadas; Herman sobreviveu porque Yadwiga o escondeu no celeiro de sua família. No fim da guerra ele fica sabendo o que aconteceu com sua família, casa-se com Yadwiga, e os dois partem para Nova York.

Quando estava nos campos de refugiados, Herman apaixonara-se por Masha; torna a encontrá-la em Nova York e tem com ela um tórrido caso de amor (no livro, mais tarde ele também se casa com ela). Yadwiga e Masha são, em parte, fantasias masculinas; a primeira, pura mas simplória; a segunda, arrebatadora mas histriônica. A consciência de Herman impede-o de abandonar Yadwiga; sua paixão impede-o de deixar Masha. Isso acarreta tremendo sofrimento a todas as partes, mas Singer não deixa que odiemos Herman em demasia, pois vemos como o caprichoso horror do Holocausto fez dele um fatalista sem confiança em que suas decisões podem afetar o curso de sua vida. Além disso, Herman é sobejamente punido por sua duplicidade com uma vida de imensa ansiedade, que Singer retrata com deleite cômico, por vezes sádico.

A piada cruel continua quando Herman fica sabendo que ele tem ainda mais de algo bom demais. Acontece que sua primeira esposa sobreviveu à bala nazista e fugiu para a Rússia; ela se mudou para Nova York e está morando com seu tio e tia, dois velhinhos devotos. Todo judeu do período pós-guerra presenciou reuniões intensamente emotivas de sobreviventes de famílias devastadas pelo Holocausto, mas a reunião de um marido e uma mulher que ele julgava morta é uma cena de uma comoção quase inimaginável. Herman entra no apartamento de Reb Abraham:

ABRAHAM: Um milagre do céu, Broder, um milagre [...] Sua *esposa voltou*.
[Abraham sai. Tamara entra.]
TAMARA: Olá, Herman.
HERMAN: Eu não sabia que você estava viva.
TAMARA: Isso é uma coisa que você nunca soube.

HERMAN: É como se você tivesse levantado dos mortos.

TAMARA: Fomos jogados numa vala aberta. Pensaram que estávamos todos mortos. Mas rastejei por cima de alguns corpos e escapei durante a noite. Por que meu tio não sabia onde você estava — tivemos de pôr um anúncio no jornal?

HERMAN: Não tenho um apartamento próprio. Moro com outra pessoa.

TAMARA: O que você faz? Como vive?

HERMAN: Eu não sabia que você estava viva e —

TAMARA [sorri]: Quem é a felizarda que tomou meu lugar?

HERMAN [espanta-se; depois responde]: É nossa criada. Você a conhecia... Yadwiga.

TAMARA [prestes a rir]: Você casou com *ela?* Me desculpe, mas ela não era simplória? Nem sabia como calçar um par de sapatos. Eu me lembro de sua mãe ter me contado que ela tentava calçar o sapato esquerdo no pé direito. Quando lhe davam dinheiro para comprar alguma coisa, ela o perdia.

HERMAN: Ela salvou minha vida.

TAMARA: Não havia outro jeito de retribuir? Bom, é melhor eu não perguntar. Você tem filhos com ela?

HERMAN: Não.

TAMARA: Eu não me espantaria se tivesse. Suponho que você se esgueirava para a cama dela mesmo quando estava comigo.

HERMAN: Isso é bobagem. Nunca me esgueirei para a cama dela —

TAMARA: É mesmo? Bom, nunca tivemos um casamento de verdade. Tudo o que fazíamos era discutir. Você nunca teve respeito por mim, por minhas idéias —

HERMAN: Não é verdade. Você sabe disso —

ABRAHAM [entra na sala, fala com Herman]: Você pode ficar conosco até encontrar um apartamento. A hospitalidade é um ato de caridade, e, além disso, somos parentes. Como diz o Santo Livro: "Não te esconderás da tua própria carne".

TAMARA [interrompendo]: Tio, ele tem outra esposa.[16]

Sim, decorridos segundos da miraculosa reunião eles estão discutindo, retomando de onde haviam parado quando foram separados, uma década antes. Que riqueza de psicologia encerra-se nessa cena! A inclinação masculina para a poligamia e as frustrações que ela inevitavelmente acarreta. A inteligência social mais apurada das mulheres e sua preferência pela agressão verbal à agressão física contra as rivais no amor. A estabilidade da personalidade ao longo da vida. O modo como o comportamento social é evocado pelas especificidades de uma situação, em especial as especificidades de outras pessoas, de modo que duas pessoas desenvolvem a mesma dinâmica sempre que estão juntas.

Embora essa seja uma cena de tremenda tristeza, ela contém um traço de humor irônico quando vemos essas almas patéticas deixarem passar sua chance de gozar um momento de rara boa sorte e resvalarem para uma discussão fútil. E a maior piada de Singer é conosco. As convenções dramáticas, e uma crença na justiça cósmica, levam-nos a esperar que o sofrimento tenha enobrecido esses personagens e que estejamos prestes a testemunhar uma cena imensamente dramática e comovente. Em vez disso, nos é mostrado o que deveríamos ter esperado o tempo todo: seres humanos reais com todas as suas tolices. O episódio tampouco é uma exibição de cinismo ou misantropia: não nos surpreendemos quando, mais adiante na história, Herman e Tamara compartilham momentos de carinho, ou quando Tamara sabiamente oferece a Herman sua única chance de redenção. É uma cena que contém a voz da espécie: a coisa exasperante, cativante, misteriosa, previsível e eternamente fascinante que chamamos de natureza humana.

Apêndice

Lista de universais humanos, por Donald E. Brown

Esta lista, compilada em 1989 e publicada em 1991, consiste essencialmente em universais "exteriores" de comportamento e linguagem manifesta observados por etnógrafos. Não relaciona universais mais profundos de estrutura mental que são revelados por teoria e experimentos. Também omite quase-universais (características mostradas pela maioria das culturas, mas não por todas) e universais condicionais ("se uma cultura tem a característica A, sempre tem a característica B"). Uma lista de itens adicionados a partir de 1989 encontra-se no final. Para discussão e referências, ver *Human universals* (1991), de Brown, e seu verbete "Human universals" na *MIT Encyclopedia of the cognitive sciences* (Wilson & Keil, 1999).

abrigo
abstração na fala e no pensamento
ações sob autocontrole distintas das não sujeitas a controle
adorno corporal
afeição expressa e sentida
alavanca
ambiente, ajustes ao

ambivalência
antônimos
antropomorfização
armas
arte decorativa não corporal
assassinato proscrito
assistência às crianças
atração sexual
bom e mau, distinção entre
branco (termo para cor)

brincadeira
brincadeira para aperfeiçoar habilidades
casamento
categoria semântica de coisas e pessoas que afetam
categoria semântica de dimensão
categoria semântica de doação

categoria semântica de localização

categoria semântica de movimento

categoria semântica de outras propriedades físicas

categoria semântica de velocidade

choro

ciúme sexual

classificação

classificação da fauna

classificação da flora

classificação de condições climáticas

classificação de cores

classificação de espaço

classificação de estados interiores

classificação de idades

classificação de inclinações comportamentais

classificação de parentela

classificação de partes do corpo

classificação de sexos

classificação de utensílios

coalizões

cobras, precaução contra

comércio

compartilhamento de alimentos

complexo de Édipo

componentes semânticos

componentes semânticos, geração

componentes semânticos, sexo

comunicação facial

conflito

conflito, consulta para lidar com

conflito, mediação de

conflito, meios para lidar com

continua (ordenação como padrão cognitivo)

contrastes de vogais

contrastes vocálicos/não vocálicos em fonemas

controle armamentista (tentativas de)

cooperação

cópula normalmente praticada na privacidade

costumes relativos ao parto

crença no sobrenatural/religião

crenças falsas

crenças sobre a morte

crenças sobre boa e má sorte

crenças sobre doença

cultura

cultura/natureza, distinção

cura de doentes (ou tentativa de curar)

dança

dar presentes

dependência de utensílios

desigualdades de prestígio

desigualdades econômicas

desigualdades econômicas, consciência das

desmame

destrimanismo como padrão na população

discrepâncias entre fala, pensamento e ação

discurso especial para ocasiões especiais

discurso simbólico

distinção entre certo e errado

distinções cognitivas binárias

diuturnidade

divisão do trabalho

divisão do trabalho por idade

divisão do trabalho por sexo

doces, preferência por

doença e morte vistas como relacionadas

dois (numeral)

dor

emoções

empatia

entificação (tratar padrões e relações como coisas)

entrelaçamento (por exemplo, tecelagem)

escolha (entre alternativas)

estados normais distintos de anormais

estética

estilos de penteado

estrutura social

estupro

estupro proscrito

etiqueta

etnocentrismo

exibição de recato

explicação

expressão facial de alegria

expressão facial de desprezo

expressão facial de medo

expressão facial de nojo

expressão facial de raiva

expressão facial de surpresa

expressão facial de tristeza

expressões faciais, disfarce/modificações de

fala figurativa

fala infantilizada

família (ou grupo social morando na mesma unidade habitacional)

feitura de utensílios

festejo

fogo

folclore

fonemas

fonemas definidos por conjuntos de características minimamente contrastantes
fonemas, fusão de
fonemas, série de 10 a 70 em números
futuro, tentativas de predizer
generosidade admirada
gestos
governo
graduações por idade
gramática
grupo, distinção entre pertencentes e não pertencentes ao
grupo, parcialidade pelos pertencentes ao
grupos dispersos
grupos familiares
grupos não baseados na família
higiene, cuidados de
homens dominam esfera pública/política
horas para refeições
hospitalidade
humor — ou consciência — técnicas e/ou substâncias para alteração de
identidade coletiva
identidades coletivas
incesto entre mãe e filho impensável ou tabu
incesto, prevenção ou abstenção de
insulto
intenção
interesse por bioformas (seres vivos ou não vivos que as lembrem)
interpretação de comportamento
interpretação de sonhos

inveja
inveja, meios simbólicos de lidar com a
lança
lei (direitos e obrigações)
lei (regras de participação)
líderes
língua é traduzível
língua não é simples reflexo da realidade
língua, prestígio com o uso proficiente da
linguagem
linguagem empregada para enganar ou desencaminhar
linguagem empregada para manipular pessoas
luto
macho e fêmea, adulto e criança vistos como possuidores de naturezas diferentes
machos mais agressivos
machos mais propensos a roubar
machos mais propensos a violência letal
mãe biológica e mãe social normalmente a mesma pessoa
mãe normalmente tem consorte durante os anos de criação de filhos
mágica
mágica para aumentar a vida
mágica para obter amor
mágica para sustentar a vida
manipulação de relações sociais
mão (termo designativo de)
marcação em níveis fonêmicos, sintáticos e léxicos
material para amarrar (isto é,

algo semelhante a um cordão)
materialismo
mecanismos de defesa psicológica
medicina
medo de estranhos na infância
medo de ruídos altos na infância
medos
medos na infância
medos, capacidade de dominar alguns
melodia
memória
mensuração
metáfora
metonímia
mexericos
mitos
morfemas
mudança fonêmica, inevitabilidade de
mudança fonêmica, regras de
mulheres cuidam mais diretamente dos filhos
música
música de crianças
música relacionada em parte com a dança
música relacionada em parte com atividade religiosa
música vista como arte (uma criação)
música vocal
música vocal inclui formas de fala
musical, redundância
musical, repetição
musical, variação
narrativa
noção lógica de "e"
noção lógica de "equivalente"

noção lógica de "geral/específico"

noção lógica de "igual"

noção lógica de "não"

noção lógica de "oposto"

noção lógica de "parte/todo"

noções lógicas

nomenclatura (talvez o mesmo que classificação)

nomes pessoais

nomes próprios

numerais (contagem)

oligarquia (de fato)

onomatopéia

orientação para encontrar caminho

pai e mãe, termos de parentesco distintos para

papel e personalidade vistos em inter-relacionamento dinâmico (isto é, afastamentos do papel podem ser explicados com base na personalidade individual)

parada/sem parada, contrastes (em sons da fala)

parentes próximos e distantes, distinção entre

passado/presente/futuro

percepção triangular (avaliação de relacionamentos entre o *self* e duas outras pessoas)

pessoa, conceito de

piadas

planejamento

planejamento para o futuro

poesia/retórica

polissemia (uma palavra tem vários significados relacionados)

possessivo, indeterminado

possessivo, pessoal

predição

preferência pelos próprios filhos e parentes próximos (nepotismo)

preferências alimentares

preparo de alimentos

preto (termo para cor)

promessa

pronomes

pronomes, mínimo dois números

pronomes, mínimo três pessoas

propriedade

raciocínio conjectural

recato sexual

recipientes

reciprocidade negativa (vingança, retaliação)

reciprocidade positiva

reconhecimento de indivíduos pelo rosto

redundância lingüística

regras de herança

regulação sexual

regulação sexual inclui prevenção de incesto

reparação de ofensas

revezamento

ritmo

ritos de passagem

rituais

rituais fúnebres

rosto (termo designativo)

rotinas diárias

sanções

sanções incluem remoção da unidade social

sanções por crimes contra a coletividade

saudações costumeiras

self como nem inteiramente

passivo nem inteiramente autônomo

self como sujeito e objeto

self distinto do outro

self é responsável

semântica

sememas (elementos de significado na linguagem) acentuados e não acentuados contrastantes

sememas, os comumente usados são breves, os infreqüentemente usados são mais longos

sentidos unificados

sexo (gênero), terminologia é fundamentalmente binária

sexualidade como foco de interesse

simbolismo

sinônimos

sistema fonêmico

socialização

socialização esperada dos parentes mais velhos

socialização inclui aprendizado de hábitos de excreção

sonhos

status atribuídos e alcançados

status corporais (perpétuos)

status de parentesco

status distintos de indivíduos

status dos sexos

status e papéis

status em bases dissociadas de sexo, idade ou parentesco

status por idade

substantivos

sucessão

superestimação da objetividade do pensamento

tabus
tabus alimentares
tabus na fala
taxonomia
tempo
tempo, caráter cíclico do
termos de parentesco tradu-
zíveis por relações básicas
de procriação
termos relativos a idades
territorialidade
tomada de decisão
tomada de decisão coletiva
trabalho cooperativo
treino para aperfeiçoar habilidades

trocas recíprocas (de trabalho, bens ou serviços)
um (numeral)
unidades de significado, a
maioria são não-univer-
sais
unidades de tempo
utensílios
utensílios culturalmente
padronizados
utensílios para cortar
utensílios para fabricar utensílios
utensílios para triturar
utensílios permanentes
variabilidade cultural

verbos
verdadeiro e falso distintos
verso poético, variação de
comprimento uniforme
versos poéticos caracteriza-
dos por repetição e
variação
versos poéticos demarcados
por pausas
vida em grupo
vida íntima privada
violência, algumas formas
proscritas
visão de mundo
visitação

ADIÇÕES A PARTIR DE 1989

antevisão
apego
autocontrole
auto-imagem, desejo de que
seja positiva
auto-imagem, manipulação
da
auto-imagem, percepção da
(preocupação com o que
os outros pensam)
brincar de fingir
brinquedos, objetos lúdicos
cócegas
correr riscos
diferenças entre os sexos em
cognição espacial e com-
portamento
dominância/submissão
esperança
fazer comparações

gostos e aversões
habituação
imagens mentais
instituições (co-atividades
organizadas)
intenção
interpolação
julgar outros
justiça (eqüidade), conceito de
machos participam mais de
violência em coalizão
machos viajam por maiores
distâncias em média no
decorrer da vida
mapas mentais
marido mais velho que a
esposa, em média
medo da morte
mentalês
metáforas sinestésicas

orgulho
períodos críticos de aprendizado
precedência, conceito de (foi
assim que o leopardo
ganhou as manchas)
provérbios, ditados
provérbios, ditados, em formas mutuamente contra-
ditórias
resistência a abuso de poder,
a dominância
sentimentos morais
sentimentos morais, alcance
efetivo limitado
sovinice, desaprovação da
sugar feridas
sugar o polegar
valorizações diferenciais
vergonha

Notas

PREFÁCIO [PP. 9–16]

1. Herrnstein & Murray, 1994, p. 311.
2. Harris, 1998a, p. 2.
3. Thornhill & Palmer, 2000, p. 176.
4. Hunt, 1999; Jensen, 1972; Kors & Silverglade, 1998; J. P. Rushton, "The New Enemies of Evolutionary Science", *Liberty*, Março 1998, pp. 31-5; "Psychologist Hans Eysenck, Freudian critic, died at 81", Associated Press, 8 de setembro de 1997.

PARTE I — A TÁBULA RASA, O BOM SELVAGEM E O FANTASMA NA MÁQUINA

1. Macnamara, 1999; Passmore, 1970; Stevenson & Haberman, 1998; Ward, 1998.
2. Gênesis, 1:26.
3. Gênesis, 3:16.
4. Isto está de acordo com interpretações posteriores à Bíblia, a qual não distingue com clareza a mente do corpo.
5. Criação: Opinion Dynamics, 30 de agosto de 1999; milagres: Princeton Survey Research Associates, 15 de abril de 2000; anjos: Opinion Dynamics, 5 de dezembro de 1997; diabo: Princeton Survey Research Associates, 20 de abril de 2000; vida após a morte: Gallup Organization, 1º de abril de 1998; evolução: Opinion Dynamics, 30 de agosto de 1999. Disponibilizado por Roper Center, University of Connecticut Public Opinion Online: www.ropercenter.uconn.edu.

I. A TEORIA OFICIAL [PP. 23–33]

1. Locke, 1690/1947, livro II, cap. 1, p. 26.
2. Hacking, 1999.
3. Rousseau, 1755/1994, pp. 61-2.
4. Hobbes, 1651/1957, pp. 185-6.
5. Descartes, 1641/1967, Meditation VI, p. 177.
6. Ryle, 1949, pp. 13-7.
7. Descartes, 1637/2001, parte V, p. 10.
8. Ryle, 1949, p. 20.
9. Cohen, 1997.
10. Rousseau, 1755/1986, p. 208.
11. Rousseau, 1762/1979, p. 92.
12. Citado em Sowell, 1987, p. 63.
13. Originalmente em *Red Flag* (Pequim), 1º de junho de 1958; citado em Courtois *et al.*, 1999.
14. J. Kalb, "The downtown Gospel according to Reverend Billy", *New York Times*, 27 de fevereiro de 2000.
15. D. R. Vickery, "And who speaks for our earth?", *Boston Globe*, 1º de dezembro de 1997.
16. Green, 2001; R. Mishra, "What can stem cells really do?", *Boston Globe*, 21 de agosto de 2001.

2. SILLY PUTTY [PP. 34–52]

1. Jespersen, 1938/1982, pp. 2-3.
2. Degler, 1991; Fox, 1989; Gould, 1981; Richards, 1987.
3. Degler, 1991; Fox, 1989; Gould, 1981; Rachels, 1990; Richards, 1987; Ridley, 2000.
4. Degler, 1991; Gould, 1991; Kevles, 1985; Richards, 1987; Ridley, 2000.
5. O termo "modelo padrão da ciência social" foi introduzido por John Tooby e Leda Cosmides (1992). Os filósofos Ron Mallon e Stephen Stich (2000) usam "construcionismo social" por ter um significado aproximado porém mais breve. "Construção social" foi um termo cunhado por um dos fundadores da sociologia, Emile Durkheim, e é analisado por Hacking, 1999.
6. Ver Curti, 1980; Degler, 1991; Fox, 1989; Freeman, 1999; Richards, 1987; Shipman, 1994; Tooby & Cosmides, 1992.
7. Degler, 1991, p. VIII.
8. White, 1996.
9. Citado em Fox, 1989, p. 68.
10. Watson, 1924/1998.
11. Citado em Degler, 1991, p. 139.
12. Citado em Degler, 1991, pp. 158-9.
13. Breland & Breland, 1961.
14. Skinner, 1974.
15. Skinner, 1971.
16. Fodor & Pylyshyn, 1988; Gallistel, 1990; Pinker & Mehler, 1988.
17. Gallistel, 2000.

18. Preuss, 1995; Preuss, 2001.

19. Hirschfeld & Gelman, 1994.

20. Ekman & Davidson, 1994; Haidt, no prelo.

21. Daly, Salmon & Wilson, 1997.

22. McClelland, Rumelhart & PDP Research Group, 1986; Rumelhart, McClelland & PDP Research Group, 1986.

23. Rumelhart & McClelland, 1986, p. 143.

24. Citado em Degler, 1991, p. 148.

25. Boas, 1991. Agradeço a David Kemmerer pelos exemplos.

26. Degler, 1991; Fox, 1989; Freeman, 1989.

27. Citado em Degler, 1991, p. 84.

28. Citado em Degler, 1991, p. 95.

29. Citado em Degler, 1991, p. 96.

30. Durkheim, 1895/1962, pp. 103-6.

31. Durkheim, 1895/1962, p. 110.

32. Citado em Degler, 1991, p. 161.

33. Citado em Tooby & Cosmides, 1992, p. 26.

34. Ortega y Gasset, 1935/2001.

35. Montagu, 1973a, p. 9. A porção antes da elipse é de uma edição anterior, citado em Degler, 1991, p. 209.

36. Benedict, 1934/1959, p. 278.

37. Mead, 1935/1963, p. 280.

38. Citado em Degler, 1991, p. 209.

39. Mead, 1928.

40. Geertz, 1973, p. 50.

41. Geertz, 1973, p. 44.

42. Shweder, 1990.

43. Citado em Tooby & Cosmides, 1992, p. 22.

44. Citado em Degler, 1991, p. 208.

45. Citado em Degler, 1991, p. 204.

46. Degler, 1991; Shipman, 1994.

47. Citado em Degler, 1991, p. 188.

48. Citado em Degler, 1991, pp. 103-4.

49. Citado em Degler, 1991, p. 210.

50. Cowie, 1999; Elman *et al.*, 1996, pp. 390-1.

51. Citado em Degler, 1991, p. 330.

52. Citado em Degler, 1991, p. 95.

53. Citado em Degler, 1991, p. 100.

54. Charles Singer, *A short history of biology*; citado em Dawkins, 1989, p. 90.

3. A ÚLTIMA MURALHA A CAIR [PP. 53–90]

1. Wilson, 1998. A idéia foi desenvolvida pela primeira vez por John Tooby e Leda Cosmides, 1992.

2. Anderson, 1995; Crevier, 1993; Gardner, 1985; Pinker, 1997.

3. Fodor, 1994; Haugeland, 1981; Newell, 1980; Pinker, 1997, cap. 2.

4. Brutus. 1, por Selmer Bringsjord. S. Bringsjord, "Chess is too easy", *Technology Review*, Março/Abril 1998, pp. 23-8.

5. EMI (Experiments in Musical Intelligence), por David Cope. G. Johnson, "The artist's angst is all in your head", *New York Times*, 16 de novembro de 1997, p. 16.

6. Aaron, por Harold Cohen. G. Johnson, "'The artist's angst is all in your head", *New York Times*, 16 de novembro de 1997, p. 16.

7. Goldenberg, Mazursky & Solomon, 1999.

8. Leibniz, 1768/1996, livro II, cap. I, p. 111.

9. Leibniz, 1768/1996, prefácio, p. 68.

10. Chomsky, 1975; Chomsky, 1988b; Fodor, 1981.

11. Elman *et al.*, 1996; Rumelhart & McClelland, 1986.

12. Dennett, 1986.

13. Elman *et al.*, 1996, p. 82.

14. Elman *et al.*, 1996, pp. 99-100.

15. Chomsky, 1975; Chomsky, 1993; Chomsky, 2000; Pinker, 1994.

16. Ver também Miller, Galanter & Pribram, 1960; Pinker, 1997, cap. 2; Pinker, 1999, caps. 1, 10.

17. Baker, 2001.

18. Baker, 2001.

19. Shweder, 1994; ver Ekman & Davidson, 1994, e Lazarus, 1991, para discussão.

20. Ver Lazarus, 1991, para análise de teorias da emoção.

21. Mallon & Stich, 2000.

22. Ekman & Davidson, 1994; Lazarus, 1991.

23. Ekman & Davidson, 1994.

24. Fodor, 1983; Gardner, 1983; Hirschfeld & Gelman, 1994; Pinker, 1994; Pinker, 1997.

25. Elman *et al.*, 1996; Karmiloff-Smith, 1992.

26. Anderson, 1995; Gazzaniga, Ivry & Mangun, 1998.

27. Calvin, 1996a; Calvin, 1996b; Calvin & Ojemann, 2001; Crick, 1994; Damasio, 1994; Gazzaniga, 2000a; Gazzaniga, 2000b; Gazzaniga, Ivry & Mangun, 1998; Kandel, Schwartz & Jessell, 2000.

28. Crick, 1994.

29. 1948, traduzido por C. B. Garnett. Macmillan, Nova York, p. 664.

30. Damasio, 1994.

31. Damasio, 1994; Dennett, 1991; Gazzaniga, 1998.

32. Gazzaniga, 1992; Gazzaniga, 1998.

33. Anderson *et al.*, 1999; Blair & Cipolotti, 2000; Lykken, 1995.

34. Monaghan & Glickman, 1992.

35. Bourgeois, Goldman-Rakic & Rakic, 2000; Chalupa, 2000; Geary & Huffman, 2002; Katz, Weliky & Crowley, 2000; Rakic, 2000; Rakic, 2001. Ver também capítulo 5.

36. Thompson *et al.*, 2001.

37. Thompson *et al.*, 2001.

38. Witelson, Kigar & Harvey, 1999.

39. Le Vay, 1993.

40. Davidson, Putnam & Larson, 2000; Raine *et al.*, 2000.

41. Bouchard, 1994; Hamer & Copeland, 1998; Lykken, 1995; Plomin, 1994; Plomin *et al.*, 2001; Ridley, 2000.

42. Hyman, 1999; Plomin, 1994.

43. Bouchard, 1994; Bouchard, 1998; Damasio, 2000; Lykken *et al.*, 1992; Plomin, 1994; Thompson *et al.*, 2001; Tramo *et al.*, 1995; Wright, 1995.

44. Segal, 2000.

45. Lai *et al.*, 2001; Pinker, 2001b.

46. Frangiskakis *et al.*, 1996.

47. Chorney *et al.*, 1998.

48. Benjamin *et al.*, 1996.

49. Lesch *et al.*, 1996.

50. Lai *et al.*, 2001; Pinker, 2001b.

51. Charlesworth, 1987; Miller, 2000b; Mousseau & Roff, 1987; Tooby & Cosmides, 1990.

52. Bock & Goode, 1996; Lykken, 1995; Mealey, 1995.

53. Blair & Cipolotti, 2000; Hare, 1993; Kirwin, 1997; Lykken, 1995; Mealey, 1995.

54. Anderson *et al.*, 1999; Blair & Cipolotti, 2000; Lalumière, Harris & Rice, 2001; Lykken, 2000; Mealey, 1995; Rice, 1997.

55. Barkow, Cosmides & Tooby, 1992; Betzig, 1997; Buss, 1999; Cartwright, 2000; Crawford & Krebs, 1998; Evans & Zarate, 1999; Gaulin & McBurney, 2000; Pinker, 1997; Pope, 2000; Wright, 1994.

56. Dawkins, 1983; Dawkins, 1986; Gould, 1980; Maynard Smith, 1975/1993; Ridley, 1986; Williams, 1966.

57. Dawkins, 1983; Dawkins, 1986; Maynard Smith, 1975/1993; Ridley, 1986; Williams, 1966.

58. A metáfora melhorada do "gene megalomaníaco" foi sugerida pelo filósofo Colin McGinn.

59. Etcoff, 1999.

60. Frank, 1988; Haidt, no prelo; Trivers, 1971.

61. Daly & Wilson, 1988; Frank, 1988.

62. McGuiness, 1997; Pinker, 1994.

63. Brown, 1991; Brown, 2000.

64. Baron-Cohen, 1995; Hirschfeld & Gelman, 1994; Spelke, 1995.

65. Boyd & Silk, 1996; Calvin & Bikerton, 2000; Kigdon, 1993; Klein, 1989; Mithen, 1996.

66. Gallistel, 1992; Hauser, 1996; Hauser, 2000; Trivers, 1985.

67. James, 1890/1950, vol. 2, cap. 24.

68. Freeman, 1983; Freeman, 1999.

69. Wrangham & Peterson, 1996.

70. Wrangham & Peterson, 1996.

71. Keeley, 1996, gráfico adaptado por Ed Hagen da fig. 6.2 da p. 90.

72. Ghiglieri, 1999; Keeley, 1996; Wrangham & Peterson, 1996.

73. Ember, 1978. Ver também Ghiglieri, 1999; Keeley, 1996; Knauft, 1987; Wrangham & Peterson, 1996.

74. Divale, 1972; ver Eibl-Eibesfeldt, 1989, p. 323, para discussão.

75. Bamforth, 1994; Chagnon, 1996; Daly & Wilson, 1988; Divale, 1972; Edgerton, 1992; Ember, 1978; Ghiglieri, 1999; Gibbons, 1997; Keeley, 1996; Kingdon, 1993; Knauft, 1987; Krech, 1994; Krech, 1999; Wrangham & Peterson, 1996.

76. Axelrod, 1984; Brown, 1991; Ridley, 1997; Wright, 2000.

77. Brown, 1991.

4. ABUTRES DA CULTURA [PP. 91–109]

1. Borges, 1964, p. 30.

2. Pinker, 1984a.

3. Boyer, 1994; Hirschfeld & Gelman, 1994; Norenzayan & Atran, no prelo; Schaller & Crandall, no prelo; Sperber, 1994; Talmy, 2000; Tooby & Cosmides, 1992.

4. Adams *et al.*, 2000.

5. Tomasello, 1999.

6. Baron-Cohen, 1995; Karmiloff-Smith *et al.*, 1995.

7. Rapin, 2000.

8. Baldwin, 1991.

9. Carpenter, Akhtar & Tomasello, 1998.

10. Meltzoff, 1995.

11. Pinker, 1994; Pinker, 1996; Pinker, 1999.

12. Campbell & Fairey, 1989; Frank, 1985; Kelman, 1958; Latané & Nida, 1981.

13. Deutsch & Gerard, 1955.

14. Harris, 1985.

15. Cronk, 1999; Cronk, Chagnon & Irons, 2000.

16. Pinker, 1999, cap. 10.

17. Searle, 1995.

18. Sperber, 1985; Sperber, 1994.

19. Boyd & Richerson, 1985; Cavalli-Sforza & Feldman, 1981; Durham, 1982; Lumsden & Wilson, 1981.

20. Cavalli-Sforza, 1991; Cavalli-Sforza & Feldman, 1981.

21. Toussaint-Samat, 1992.

22. Degler, 1991.

23. Sowell, 1996, p. 378. Ver também Sowell, 1994, e Sowell, 1998.

24. Diamond, 1992; Diamond, 1998.

25. Diamond, 1997.

26. Putnam, 1973.

27. Chomsky, 1980, p. 227; Marr, 1982; Tinbergen, 1952.

28. Pinker, 1999.

5. A ÚLTIMA TRINCHEIRA DA TÁBULA RASA [PP. 110–48]

1. Venter *et al.*, 2001.

2. Ver, por ex., as contribuições para Rose & Rose, 2000.

3. R. McKie, em *The Guardian*, 11 de fevereiro de 2001. Ver também S. J. Gould, "Humbled by the genome's mysteries", *New York Times*, 19 de fevereiro de 2001.

4. *The Observer*, 11 de fevereiro de 2001.

5. E. Pennisi, "The human genome", *Science*, 291, 2001, pp. 1177-80; ver pp. 1178-9.

6. "Gene count", *Science*, 295, 2002, p. 29; R. Mishar, "Biotech CEO says map missed much of genome", *Boston Globe*, 9 de abril de 2001; Wright *et al.*, 2001.

7. Claverie, 2001; Szathmáry, Jordán & Pál, 2001; Venter *et al.*, 2001.

8. Szathmáry, Jordán & Pál, 2001.

9. Claverie, 2001.

10. Venter *et al.*, 2001.

11. Evan Eichler, citado por G. Vogel, "Objection #2: Why sequence the junk?", *Science*, 291, 2001, p. 1184.

12. Elman *et al.*, 1996; McClelland, Rumelhart & PDP Research Group, 1986; McLeod, Plunkett & Rolls, 1998; Pinker, 1997, pp. 98-111; Rumelhart, McClelland & PDP Research Group, 1986.

13. Anderson, 1993; Fodor & Pylyshyn, 1988; Hadley, 1994a; Hadley, 1994b; Hummel & Holyoak, 1997; Lachter & Bever, 1988; Marcus, 1998; Marcus, 2001a; McCloskey & Cohen, 1989; Minsky & Papert, 1988; Shastri & Ajjanagadde, 1993; Smolensky, 1995; Sougné, 1998.

14. Berent, Pinker & Shimron, 1999; Marcus *et al.*, 1995; Pinker, 1997; Pinker, 1999; Pinker, 2001a; Pinker & Prince, 1988.

15. Pinker, 1997, pp. 112-31.

16. Pinker, 1999. Ver também Clahsen, 1999; Marcus, 2001a; Marslen-Wilson & Tyler, 1998; Pinker, 1991.

17. Ver Marcus *et al.*, 1995, e Marcus, 2001a, para exemplos.

18. Hinton & Nowlan, 1987; Nolfi, Elman & Parisi, 1994.

19. Para exemplos, ver Hummel & Biederman, 1992; Marcus, 2001a; Shastri, 1999; Smolensky, 1990.

20. Deacon, 1997; Elman *et al.*, 1996; Hardcastle & Buller, 2000; Panksepp & Panksepp, 2000; Quartz & Sejnowski, 1997.

21. Elman *et al.*, 1996, p. 108.

22. Quartz & Sejnowski, 1997, pp. 552, 555.

23. Maguire *et al.*, 2000.

24. E. K. Miller, 2000.

25. Sadato *et al.*, 1996.

26. Neville & Bavelier, 2000; Petitto *et al.*, 2000.

27. Pons *et al.*, 1991; Ramachandran & Blakeslee, 1998.

28. Curtiss, de Bode & Shields, 2000; Stromswold, 2000.

29. Catalano & Shatz, 1998; Crair, Gillespie & Stryker, 1998; Katz & Shatz, 1996; Miller, Keller & Stryker, 1989.

30. Sharma, Angelucci & Sur, 2000; Sur, 1988; Sur, Angelucci & Sharma, 1999.

31. Para argumentos afins, ver Geary & Huffman, 2002; Katz & Crowley, 2002; Katz & Shatz, 1996; Katz, Weliky & Crowley, 2000; Marcus, 2001b.

32. R. Restak, "Rewiring" (Resenha de S. C. Vaughan, *The talking cure*), *New York Times Book Review*, 22 de junho de 1997, pp. 14-5.

33. D. Milmore, "Wiring the brain for life", *Boston Globe*, 2 de novembro de 1997, pp. N5-N8.

34. William Jenkins, citado em A. Ellin, "Can 'neurobics' do for the brain what aerobics do for the lungs?", *New York Times*, 3 de outubro de 1999.

35. Citações de A. Ellin, "Can 'neurobics' do for the brain what aerobics do for the lungs?", *New York Times*, 3 de outubro de 1999.

36. G. Kolata, "Muddling fact and fiction in policy", *New York Times*, 8 de agosto de 1999.

37. Bruer, 1997; Bruer, 1999.

38. R. Salthus, "Study shows brain adaptable", *Boston Globe*, 20 de abril de 2000.

39. Van Essen & Deyoe, 1995, p. 388.

40. Crick & Koch, 1995.

41. Bishop, Coudreau & O'Leary, 2000; Bourgeois, Goldman-Rakic & Rakic, 2000; Chalupa, 2000; Katz, Weliky & Crowley, 2000; Levitt, 2000; Miyashita-Lin *et al.*, 1999; Rakic, 2000; Rakic, 2001; Verhage *et al.*, 2000; Zhou & Black, 2000.

42. Ver as referências citadas na nota anterior, e também Geary & Huffman, 2002; Krubitzer & Huffman, 2000; Preuss, 2000; Preuss, 2001; Tessier-Lavigne & Goodman, 1996.

43. Geary & Huffman, 2002; Krubitzer & Huffman, 2000; Preuss, 2000; Preuss, 2001.

44. D. Normile, "Gene expression differs in human and chimp brains", *Science*, 292, 2001, pp. 44-5.

45. Kaas, 2000, p. 224.

46. Hardcastle & Buller, 2000; Panksepp & Panksepp, 2000.

47. Gu & Spitzer, 1995.

48. Catalano & Shatz, 1998; Crair, Gillespie & Stryker, 1998; Katz & Shatz, 1996.

49. Catalano & Shatz, 1998; Crair, Gillespie, & Stryker, 1998; Katz & Shatz, 1996; Stryker, 1994.

50. Catalano & Shatz, 1998; Stryker, 1994.

51. Wang *et al.*, 1998.

52. Brown, 1985; Hamer & Copeland, 1994.

53. J. R. Skoyles, 7 de junho de 1999, em debate pela internet sobre psicologia evolucionista.

54. Recanzone, 2000, p. 245.

55. Van Essen & Deyoe, 1995.

56. Kosslyn, 1994.

57. Kennedy, 1993; Kosslyn, 1994, pp. 334-5; Zimler & Keenan, 1983; mas ver também Arditi, Holtzman & Kosslyn, 1988.

58. Petitto *et al.*, 2000.

59. Klima & Bellugi, 1979; Padden & Perlmutter, 1987; Siple & Fisher, 1990.

60. Cramer & Sur, 1995; Sharma, Angelucci & Sur, 2000; Sur, 1988; Sur, Angelucci & Sharma, 1999.

61. Sur, 1988, pp. 44-5.

62. Bregnan, 1990; Bregman & Pinker, 1978; Kubovy, 1981.

63. Hubel, 1988.

64. Bishop, Coudreau & O'Leary, 2000; Bourgeois, Goldman-Rakic & Rakic, 2000; Chalupa, 2000; Geary & Huffman, 2002; Katz, Weliky & Crowley, 2000; Krubitzer & Huffman, 2000; Levitt, 2000; Miyashita-Lin *et al.*, 1999; Preuss, 2000; Preuss, 2001; Rakic, 2000; Rakic, 2001; Tessier-Lavigne & Goodman, 1996; Verhage *et al.*, 2000; Zhou & Black, 2000.

65. Katz, Weliky & Crowley, 2000, p. 209.

66. Crowley & Katz, 2000.

67. Verhage *et al.*, 2000.

68. Miyashita-Lin *et al.*, 1999.

69. Bishop, Coudreau & O'Leary, 2000. Ver também Rakic, 2001.

70. Thompson *et al.*, 2001.

71. Brugger *et al.*, 2000; Melzack, 1990; Melzack *et al.*, 1997; Ramachandran, 1993.

72. Curtis, de Bode & Shields, 2000; Stromswold, 2000.

73. Descrito em Stromswold, 2000.

74. Farah *et al.*, 2000.

75. Anderson *et al.*, 1999.

76. Anderson, 1976; Pinker, 1979; Pinker, 1984a; Quine, 1969.

77. Adams *et al.*, 2000.

78. Tooby & Cosmides, 1992; Williams, 1966.

79. Gallistel, 2000; Hauser, 2000.

80. Barkow, Cosmides & Tooby, 1992; Burnham & Phelan, 2000; Wright, 1994.

81. Brown, 1991.

82. Hirschfeld & Gelman, 1994; Pinker, 1997, cap. 5.

83. Baron-Cohen, 1995; Gopnik, Meltzoff & Kuhl, 1999; Hirschfeld & Gelman, 1994; Leslie, 1994; Spelke, 1995; Spelke *et al.*, 1992.

84. Baron-Cohen, 1995; Fisher *et al.*, 1998; Frangiskakis *et al.*, 1996; Hamer & Copeland, 1998; Lai *et al.*, 2001; Rossen *et al.*, 1996.

85. Bouchard, 1994; Plomin *et al.*, 2001.

86. Caspi, 2000; McCrae *et al.*, 2000.

87. Bouchard, 1994; Harris, 1998a; Plomin *et al.*, 2001; Turkheimer, 2000.

88. Ver as referências citadas anteriormente neste capítulo.

PARTE II — MEDO E AVERSÃO

6. CIENTISTAS POLÍTICOS [PP. 153–72]

1. Weinzenbaum, 1976.

2. Lewontin, Rose & Kamin, 1984, p. x.

3. Herrnstein, 1971.

4. Jensen, 1969; Jensen, 1972.

5. Herrnstein, 1973.

6. Darwin, 1872/1998; Pinker, 1998.

7. Ekman, 1987; Ekman, 1998.

8. Wilson, 1975/2000.

9. Sahlins, 1976, p. 3.

10. Sahlins, 1976, p. x.

11. Allen *et al.*, 1975, p. 43.

12. Chorover, 1979, pp. 108-9.

13. Wilson, 1975/2000, p. 548.

14. Wilson, 1975/2000, p. 555.

15. Wilson, 1975/2000, p. 550.

16. Wilson, 1975/2000, p. 554.

17. Wilson, 1975/2000, p. 569.

18. Segerstråle, 2000; Wilson, 1994.

19. Wright, 1994.

20. Trivers & Newton, 1982.

21. Trivers, 1981.

22. Trivers, 1981, p. 37.

23. Gould, 1976a; Gould, 1981; Gould, 1998a; Lewontin, 1992; Lewontin, Rose & Kamin, 1984; Rose & Rose, 2000; Rose, 1997.

24. Só em títulos encontramos "determinismo" em Gould, 1976a; Rose, 1997; Rose & The Dialectics of Biology Group, 1982; e em quatro dos nove capítulos de Lewontin, Rose & Kamin, 1984.

25. Lewontin, Rose & Kamin, 1984, p. 236.

26. Lewontin, Rose & Kamin, 1984, p. 5.

27. Dawkins, 1976/1989, p. 164.

28. Lewontin, Rose & Kamin, 1984, p. 11.

29. Dawkins, 1985.

30. Lewontin, Rose & Kamin, 1984, p. 287.

31. Dawkins, 1976/1989, p. 20, grifo meu.

32. Levins & Lewontin, 1985, pp. 88, 128; Lewontin, 1983, p. 68; Lewontin, Rose & Kamin, 1984, p. 287. Em Lewontin, 1982, p. 18, a citação é parafraseada como "governado por nossos genes".

33. Lewontin, Rose & Kamin, 1984, p. 149.

34. Lewontin, Rose & Kamin, 1984, p. 260.

35. Rose, 1997, p. 211.

36. Freeman, 1999.

37. A carta de Turner e Sponsel pode ser encontrada em chief.anth.uconn.edu/gradstudents/dhume/darkness_in_el_dorado.

38. Chagnon, 1988; Chagnon, 1992.

39. Tierney, 2000.

40. University of Michigan report on the ongoing investigation of the Neel-Chagnon allegations (www.umich.edu/~urel/darkness.html); John J. Miller, "The fierce people: The wages of anthropological incorrectness", National Review, 20 de novembro de 2000.

41. John Tooby, "Jungle fever: Did two U.S. scientists start a genocidal epidemic in the Amazon, or was The New Yorker duped?" Slate, 24 de outubro de 2000; University of Michigan report on the ongoin investigation of the Neel-Chagnon allegations (www.umich.edu/~urel/darkness.html); John J. Miller, "The fierce people: The wages of anthropological incorrectness", National Review, 20 de novembro de 2000; "A statement from Bruce Alberts", National Academy of Sciences, 9 de novembro de 2000, www.nas.org; John Tooby, "Preliminary report", Department of Anthropology, University of California, Santa Barbara, 10 de dezembro de 2000 (www.anth.ucsb.edu/ucsbpreliminaryreport.pdf; ver também www.anth.ucsb.edu/chagnon.html); Lou Marano, "Darkness in anthropology", UPI, 20 de outubro de 2000; Michael Shermer, "Spin-doctoring the Yanomamö", Sceptic, 2001; Virgilio Bosh & oito outros signatários, "Venezuelan response to Yanomamö book", Science, 291, 2001, pp. 985-6; "The Yanomamö and the 1960s measles epidemic": cartas de J. V. Neel, Jr., K. Hill e S. L. Katz, Science, 292, 8 de junho de 2001, pp. 1836-7; "Yanomamö wars continue", Science, 295, 4 de janeiro de 2002, p. 41; yahoo.com/group/evolutionary-psychology/files/aaa.html. Novembro 2001. Uma vasta coleção de documentos relacionados ao caso Tierney pode ser encontrada no site www.anth.uconn.edu/gradstudents/dhume/index4.htm.

42. Edward Hagen, "Chagnon and Neel saved hundreds of lives", The Fray, Slate, 8 de dezembro de 2000 (www.anth.uconn.edu/gradstudents/dhume/dark/darkness.0250.html); S. L. Katz, "The Yanomamö and the 1960s measles epidemic" (carta), Science, 292, 8 de junho de 2001, p. 1837.

43. Em Pittsburg Post-Gazette, citado em John J. Miller, "The fierce people: The wages of anthropological incorrectness", National Review, 20 de novembro de 2000.

44. Chagnon, 1992, caps. 5, 6.

45. Valero & Biocca, 1965/1996.

46. Ember, 1978; Keeley, 1996; Knauft, 1987.

47. Tierney, 2000, p. 178.

48. Redmond, 1994, p. 125; citado em John Tooby, Slate, 24 de outubro de 2000.

49. Sponsel, 1996, p. 115.

50. Sponsel, 1996, pp. 99, 103.

51. Sponsel, 1998, p. 114.

52. Tierney, 2000, p. 38.

53. Neel, 1994.

54. John J. Miller, "The fierce people: The wages of anthropological incorrectness", National Review, 20 de novembro de 2000.

55. Tierney, 2000, p. XXIV.

7. A SANTÍSSIMA TRINDADE [PP. 173-91]

1. Hunt, 1999.
2. Halpern, Gilbert & Coren, 1996.
3. Allen *et al.*, 1975.
4. Gould, 1976a.
5. Lewontin, Rose & Kamin, 1984, p. 267.
6. Lewontin, Rose & Kamin, 1984, p. 267.
7. Lewontin, Rose & Kamin, 1984, p. 14.
8. Lewontin, 1992, p. 123.
9. Sumário de Lewontin, 1982, na capa do livro.
10. Lewontin, 1992, p. 123.
11. Montagu, 1973a.
12. S. Gould, "A time of gifts", *New York Times*, 26 de setembro de 2001.
13. Gould, 1998b.
14. Mealey, 1995.
15. Gould, 1998a, p. 262.
16. Bamforth, 1994; Chagnon, 1996; Daly & Wilson, 1988; Divale, 1972; Edgerton, 1992; Ember, 1978; Ghiglieri, 1999; Gibbons, 1997; Keeley, 1996; Kingdon, 1993; Knauft, 1987; Krech, 1994; Krech, 1999; Wrangham & Peterson, 1996.
17. Gould, 1998a, p. 262.
18. Gould, 1998a, p. 265.
19. Levins & Lewontin, 1985, p. 165.
20. Lewontin, Rose & Kamin, 1984, p. ix.
21. Lewontin, Rose & Kamin, 1984, p. 76.
22. Lewontin, Rose & Kamin, 1984, p. 270.
23. Rose, 1997, pp. 7, 309.
24. Gould, 1992.
25. Hunt, 1999.
26. Citado em J. Salamon, "A stark explanation for mankind from an unlikely rebel" (Resenha de "Evolution", série da PBS), *New York Times*, 24 de setembro de 2001.
27. D. Wald, "Intelligent design meets congressional designers", *Sceptic* 8, 2000, p. 13. Letra de "Bad Touch", de The Bloodhound Gang.
28. Citado em D. Falk, "Design or chance?" *Boston Globe Magazine*, 21 de outubro de 2001, pp. 14-23, citação da p. 21.
29. National Center for Science Education, www.ncseweb.org/pressroom.asp?branch=statement. Ver também Berra, 1990; Kitcher, 1982; Miller, 1999; Pennock, 2000; Pennock, 2001.
30. Citado em L. Arnhart, M. J. Behe & W. A. Dembski, "Conservatives, Darwin, and design: An exchange", *First Things*, 107, Novembro 2000, pp. 23-31.
31. Behe, 1996.
32. Behe, 1996; Crews, 2001; Dorit, 1997; Miller, 1999; Pennock, 2000; Pennock, 2001; Ruse, 1998.
33. R. Bailey, "Origin of the specious", *Reason*, Julho 1997.
34. D. Berlinski, "The deniable Darwin", *Commentary*, Junho 1996. Ver R. Bailey, "Origin of the specious", *Reason*, Julho 1997. As idéias do papa sobre a evolução são discutidas no capítulo 11.
35. Um ensaio de 1991, citado em R. Bailey, "Origin of the specious", *Reason*, Julho 1997.
36. Citado em R. Bailey, "Origin of the specious", *Reason*, Julho 1997.
37. R. Bailey, "Origin of the specious", *Reason*, Julho 1997.

38. J. Kass, "The end of courtship", *Public Interest*, 126, Inverno 1997.

39. A. Ferguson, "The end of nature and the next man" (Resenha de F. Fukuyama, *The great disruption*), *Weekly Standard*, 28 de junho de 1999.

40. A. Ferguson, "How Steven Pinker's mind works" (Resenha de Pinker, *How the mind works*), *Weekly Standard*, 12 de janeiro de 1998.

41. T. Wolfe, "Sorry, but your soul just died", *Forbes ASAP*, 2 de dezembro de 1996; reproduzido de forma ligeiramente diferente em Wolfe, 2000. Reticências no original.

42. T. Wolfe, "Sorry, but your soul just died", *Forbes ASAP*, 2 de dezembro de 1996; reproduzido de forma ligeiramente diferente em Wolfe, 2000.

43. C. Holden, "Darwin's brush with racism", *Science*, 292, 2001, p. 1295. Resolução HLS 01-2652, Regular Session, 2001, House Concurrent Resolution Nº 74 by Representative Broome.

44. R. Wright, "The accidental creationist", *New Yorker*, 13 de dezembro de 1999. De modo semelhante, o Discovery Institute, criacionista, usou as censuras de Lewontin à psicologia evolucionista para ajudar a criticar a série-documentário "Evolution", da televisão PBS, em 2001, www.reviewevolution.com.

45. Rose, 1978.

46. T. Wolfe, "Sorry, but your soul just died", *Forbes ASAP*, December 2, 1996; reproduzido de forma ligeiramente diferente em Wolfe, 2000.

47. Gould, 1976b.

48. A. Ferguson, "The end of nature and the next man" (Resenha de F. Fukuyama, *The great disruption*), *Weekly Standard*, 1999.

49. Ver Dennett, 1995, p. 263, para um relato semelhante.

50. F. Smith, "Look who's talking", *New York*, 14 de fevereiro de 2000.

51. Alcock, 1998.

52. Por exemplo, os artigos intitulados "Eugenics revisited" (Horgan, 1993), "The new social Darwinists" (Horgan, 1995) e "Is a new eugenics afoot?" (Allen, 2001).

53. *New Republic*, 27 de abril de 1998, p. 33.

54. *New York Times*, 18 de fevereiro de 2001, "Week in Review", p. 3.

55. Tooby & Cosmides, 1992, p. 49.

56. Chimpanzés: Montagu 1973b, p. 4. Hereditariedade do QI: Kamin, 1974; Lewontin, Rose & Kamin, 1984, p. 116. QI como reificação: Gould, 1981. Personalidade e comportamento social: Lewontin, Rose & Kamin, 1984, cap. 9. Diferenças entre os sexos: Lewontin, Rose & Kamin, 1984, p. 156. Clãs pacíficos: Gould, 1998a, p. 262.

57. Daly, 1991.

58. Alcock, 2001.

59. Buss, 1995; Daly & Wilson, 1988; Daly & Wilson, 1999; Etcoff, 1999; Harris, 1998a; Hrdy, 1999; Ridley, 1993; Ridley, 1997; Symons, 1979; Wright, 1994.

60. Plomin *et al.*, 2001.

PARTE III — NATUREZA HUMANA COM ROSTO HUMANO

1. Drake, 1970; Koestler, 1959.

2. Galileu, 1632/1967, pp. 58-9.

8. O MEDO DA DESIGUALDADE [PP. 199–222]

1. De *The Rambler,* nº 60.

2. De *Analects.*

3. Charlesworth, 1987; Lewontin, 1982; Miller, 2000b; Mousseau & Roff, 1987; Tooby & Cosmides, 1990.

4. Tooby & Cosmides, 1990.

5. Lander *et al.,* 2001.

6. Bodmer & Cavalli-Sforza, 1970.

7. Tooby & Cosmides, 1990.

8. Patai & Patai, 1989.

9. Sowell, 1994; Sowell, 1995a.

10. Patterson, 1995; Patterson, 2000.

11. Cappon, 1959, pp. 387-92.

12. Sétimo debate Lincoln-Douglas, 15 de outubro de 1858.

13. Mayr, 1963, p. 649. Para uma exposição mais recente desse argumento por um geneticista evolucionista, ver Crow, 2002.

14. Chomsky, 1973, pp. 362-3. Ver também Segerstråle, 2000.

15. Para discussão adicional, ver Tribe, 1971.

16. Pesquisa do *Los Angeles Times,* 21 de dezembro de 2001.

17. Nozick, 1974.

18. Gould, 1981, pp. 24-5. Para resenhas, ver Blinkhorn, 1982; Davis, 1983; Jensen, 1982; Rushton, 1996; Samelson, 1982.

19. Putnam, 1973, p. 142.

20. Ver as declarações de consenso por Neisser *et al.,* 1996; Snyderman & Rothman, 1988; e Gottfredson, 1997; e também Andersen *et al.,* 1993; Caryl, 1994; Deary, 2000; Haier *et al.,* 1992; Redd & Jensen, 1992; Thompson *et al.,* 2001; Van Valen, 1974; Willerman *et al.,* 1991.

21. Moore & Baldwin, 1903/1996; Rachels, 1990.

22. Rawls, 1976.

23. Hayek, 1960/1978.

24. Chirot, 1994; Courtois *et al.,* 1999; Glover, 1999.

25. Horowitz, 2001; Sowell, 1994; Sowell, 1996.

26. Lykken *et al.,* 1992.

27. Entrevista em *Boston Phoenix* em fins da década de 1970, citação reproduzida de memória. Ironicamente, o filho de Wald, Elijah, tornou-se um escritor da ciência radical, como seu pai e sua mãe, a bióloga Ruth Hubbard.

28. Degler, 1991; Kevles, 1985; Ridley, 2000.

29. Bullock, 1991; Chirot, 1994; Glover, 1999; Gould, 1981.

30. Richards, 1987, p. 533.

31. Glover, 1999; Murphy, 1999.

32. Proctor, 1999.

33. Laubichler, 1999.

34. Para discussões sobre os genocídios marxistas do século xx e comparações com o Holocausto nazista, ver Besançon, 1998; Bullock, 1991; Chandler, 1999; Chirot, 1994; Conquest, 2000; Courtois *et al.,* 1999; Getty, 2000; Minogue, 1999; Shatz, 1999; Short, 1999.

35. Para discussões sobre as raízes intelectuais do marxismo e comparações com as raízes intelectuais do nazismo, ver Berlin, 1996; Besançon, 1981; Besançon, 1998; Bullock, 1991; Chirot,

1994; Glover, 1999; Minogue, 1985; Minogue, 1999; Scott, 1998; Sowell, 1985. Para discussões sobre a teoria marxista da natureza humana, ver Archibald, 1989; Bauer, 1952; Plamenatz, 1963; Plamenatz, 1975; Singer, 1999; Stevenson & Haberman, 1998; Venable, 1945.

36. Ver, p. ex., Venable, 1945, p. 3.

37. Marx, 1847/1995, cap. 2.

38. Marx & Engels, 1846/1963, parte I.

39. Marx, 1859/1979, prefácio.

40. Marx, 1845/1989; Marx & Engels, 1846/1963.

41. Marx, 1867/1993, vol. 1, p. 10.

42. Marx & Engels, 1844/1998.

43. Glover, 1999, p. 254.

44. Minogue, 1999.

45. Glover, 1999, p. 275.

46. Glover, 1999, pp. 297-8.

47. Courtois et al., 1999, p. 620.

48. Ver as referências citadas nas notas 34 e 35.

49. Citação de Marx, extraída de Stevenson & Haberman, 1998, p. 146; citação de Hitler extraída de Glover, 1999, p. 315.

50. Besançon, 1998.

51. Watson, 1985.

52. Tajfel, 1981.

53. Originalmente em Red Flag (Pequim), June 1, 1958; citado em Courtois et al., 1999.

9. O MEDO DA IMPERFECTIBILIDADE [PP. 223–41]

1. The Prelude, Book Sixth, "Cambridge and the Alps", I. Publicado em 1799-1805.

2. Passmore, 1970, epígrafe.

3. Por exemplo, a Declaração de Sevilha sobre Violência, 1990.

4. "Study says rape has not roots in evolution", Boston Herald, 11 de janeiro de 2000, p. 3.

5. Thornhill & Palmer, 2001.

6. Brownmiller & Merhoff, 1992.

7. Gould, 1995, p. 433.

8. Bem, quase. O cartunista, Jim Johnson, disse-me que talvez tenha difamado as morsas, pois posteriormente ficou sabendo que são as focas-leopardos que matam pingüins por pura diversão.

9. Williams, 1988.

10. Jones, 1999; Williams, 1988.

11. Williams, 1966, p. 255.

12. Sobre a relevância da natureza humana para a moralidade, ver McGinn, 1997; Petrinovich, 1995; Rachels, 1990; Richards, 1987; Singer, 1981; Wilson, 1993.

13. Masters, 1989, p. 240.

14. Daly & Wilson, 1988; Daly & Wilson, 1999.

15. Jones, 1997.

16. Daly & Wilson, 1999, pp. 58-66.

17. Science Friday, National Public Radio, 7 de maio de 1999.

18. Singer, 1981.

19. Maynard Smith & Szathmáry, 1997; Wright, 2000.

20. De Waal, 1998; Fry, 2000.

21. Axelrod, 1984; Brown, 1991; Fry, 2000; Ridley, 1997; Wright, 2000.

22. Singer, 1981.

23. Skinner, 1948/1976; Skinner, 1971; Skinner, 1974.

24. Chomsky, 1973.

25. Berlin, 1996; Chirot, 1994; Conquest, 2000; Glover, 1999; Minogue, 1985; Minogue, 1999; Scott, 1998.

26. Scott, 1998.

27. Citado em Scott, 1998, pp. 114-5.

28. Perry, 1997.

29. Harris, 1998a.

30. De um diálogo com Betty Friedan em *Saturday Review*, 14 de junho de 1975, p. 18, citado em Sommers, 1994, p. 18.

31. Citado por Elizabeth Powers, *Commentary*, 1º de janeiro de 1997.

32. De uma palestra no Cornell University Institute on Women and Work, citado por C. Young, "The mommy wars", *Reason*, Julho 2000.

33. Liza Mundi, "The New Critics", *Lingua Franca, 3*, Setembro/Outubro 1993, p. 27.

34. "From Carol Gilligan's chair", entrevista por Michael Norman, *New York Times Magazine*, 7 de novembro de 1997.

35. Carta de Bruce Bodner, *New York Times Magazine*, 30 de novembro de 1997.

36. C. Young, "Where the boys are", *Reason*, 2 de fevereiro de 2001.

37. Sommers, 2000.

10. O MEDO DO DETERMINISMO [PP. 242–58]

1. Kaplan, 1973, p. 10.

2. E. Felsenthal, "Man's genes made him kill, his lawyers claim", *Wall Street Journal*, 15 de novembro de 1994. A defesa fracassou: ver "Mobley vs. The State", Supreme Court of Georgia, 17 de março de 1995, 265 Ga. 292, 455 S. E. 2d 61.

3. "Lawyers may use genetics study in rape defense", *National Post* (Canadá), 22 de janeiro de 2000, p. A8.

4. Jones, 2000; Jones, 1999.

5. Dennett, 1984. Ver também Kane, 1998; Nozick, 1981, pp. 317-62; Ridley, 2000; Staddon, 1999.

6. Dershowitz, 1994; J. Ellement, "Alleged con man's defense: 'Different' mores", *Boston Globe*, 25 de fevereiro de 1999; N. Hall, "Metis woman avoids jail term for killing her husband", *National Post* (Canadá), 20 de janeiro de 1999.

7. B. English, "David Lisak seeks out a dialogue with murderers", *Boston Globe*, 27 de julho de 2000.

8. M. Williams, "Social work in the city: Rewards and riskes", *New York Times*, 30 de julho de 2000.

9. S. Morse, Resenha de C. Sanford, "Springsteen point blank", *Boston Globe*, 19 de novembro de 1999.

10. M. Udovich, Resenha de M. Meade, "The unruly life of Woody Allen", *New York Times*, 5 de março de 2000.

11. L. Franks, entrevista com Hillary Clinton, *Talk*, Agosto 1999.

12. K. Q. Seelye, "Clintons try to quell debate over inteview", *New York Times*, 5 de agosto de 1999.

13. Dennett, 1984; Kane, 1998; Nozick, 1981, pp. 317-62; Ridley, 2000; Staddon, 1999.

14. Citado em Kaplan, 1973, p. 16.
15. Daly & Wilson, 1988; Frank, 1988; Pinker, 1997; Schelling, 1960.
16. Citado em Kaplan, 1973, p. 29.
17. Daly & Wilson, 1988, p. 256.
18. Dershowitz, 1994; Faigman, 1999; Kaplan, 1973; Kirwin, 1997.
19. Rice, 1997.

II. O MEDO DO NIILISMO [PP. 259–68]

1. 22 de outubro de 1996; reproduzido na edição inglesa de *L'Osservatore Romano*, 30 de outubro de 1996.
2. Macnamara, 1999; Miller, 1999; Newsome, 2001; Ruse, 2000.
3. Ver Nagel, 1970; Singer, 1981.
4. Cummins, 1996; Trivers, 1971; Wright, 1994.
5. Zahn-Wexler *et al.*, 1992.
6. Brown, 1991.
7. Hare, 1993; Lykken, 1995; Mealey, 1995; Rice, 1997.
8. Rachels, 1990.
9. Murphy, 1999.
10. Damewood, 2001.
11. Ron Rosenbaum, "Staring into the heart of darkness", *New York Times Magazine*, 4 de junho de 1995; Daly & Wilson, 1988, p. 79.
12. Antonaccio & Schweiker, 1996; Brink, 1989; Murdoch, 1993; Nozick, 1981; Sayre-McCord, 1988.
13. Singer, 1981.

PARTE IV — CONHECE A TI MESMO

1. Alexander, 1987, p. 40.

12. EM CONTATO COM A REALIDADE [PP. 273–301]

1. Citação de Cartmill, 1998.
2. Shepard, 1990.
3. www-bcs.mit.edu/persci/high/gallery/checkershadow illusion.html.
4. www-bcs.mit.edu/persci/high/gallery/checkershadow illusion.html.
5. Do cientista da computação Oliver Selfridge; reproduzido em Neisser, 1967.
6. Brown, 1991.
7. Brown, 1985; Lee, Jussim & McCauley, 1995.
8. "Phony science wars" (Resenha de Ian Hackings, *The social construction of what?*), *Atlantic Monthly*, Novembro 1999.
9. Hacking, 1999.
10. Searle, 1995.
11. Anderson, 1990; Pinker, 1997, caps. 2, 5; Pinker, 1999, cap. 10; Pinker & Prince, 1996.

12. Armstrong, Gleitman & Gleitman, 1983; Erikson & Kruschke, 1998; Marcus, 2001a; Pinker, 1997, caps. 2, 5; Pinker, 1999, cap. 10; Sloman, 1996.

13. Ahn *et al.*, 2001.

14. Lee, Jussim & McCauley, 1995.

15. McCauley, 1995; Swim, 1994.

16. Jussim, McCauley & Lee, 1995; McCauley, 1995.

17. Jussim & Eccles, 1995.

18. Brown, 1985; Jussim, McCauley & Lee, 1995; McCauley, 1995.

19. Gilbert & Hixon, 1991; Pratto & Bargh, 1991.

20. Brown, 1985, p. 595.

21. Jussim & Eccles., 1995; Smith, Jussim & Eccles, 1999.

22. Flynn, 1999; Loury, 2002; Valian, 1998.

23. Galileo, 1632/1967, p. 105.

24. Whorf, 1956.

25. Geertz, 1973, p. 45.

26. Citações de Lehman, 1992.

27. Barthes, 1972, p. 135.

28. Pinker, 1994, cap. 3.

29. Pinker, 1984a.

30. Lakoff & Johnson, 1980.

31. Jackendoff, 1996.

32. Baddeley, 1986.

33. Dehaene *et al.*, 1999.

34. Pinker, 1994, cap. 3; Siegal, Varley & Want, 2001; Weiskrantz, 1988.

35. Gallistel, 1992; Gopnik, Meltzoff & Kuhl, 1999; Hauser, 2000.

36. Anderson, 1983.

37. Pinker, 1994.

38. "'Minority' a bad word in San Diego", *Boston Globe*, 4 de abril de 2001; S. Schweitzer, "Council mulls another word for 'minority'", *Boston Globe*, 9 de agosto de 2001.

39. Brooker, 1999, pp. 115-6.

40. Leslie, 1995.

41. Abbott, 2001; Leslie, 1995.

42. Frith, 1992.

43. Kosslyn, 1980; Kosslyn, 1994; Pinker, 1984b; Pinker, 1997, cap. 4.

44. Kosslyn, 1980; Pinker, 1997, cap. 5.

45. Chase & Simon, 1973.

46. Dennett, 1991, pp. 56-7.

47. A. Gopnkik, "Black studies", *New Yorker*, 5 de dezembro de 1994, pp. 138-9.

13. NÃO ESTÁ EM NÓS [PP. 302–30]

1. Caramazza & Shelton, 1998; Gallistel, 2000; Gardner, 1983; Hirschfeld & Gelman, 1994; Keil, 1989; Pinker, 1997, cap. 5; Tooby & Cosmides, 1992.

2. Spelke, 1995.

3. Atran, 1995; Atran, 1998; Gelman, Coley & Gottfried, 1994; Keil, 1995.

4. Bloom, 1996; Keil, 1989.

5. Gallistel, 1990; Kosslyn, 1994.

6. Butterworth, 1999; Dehaene, 1997; Devlin, 2000; Geary, 1994; Lakoff & Nunez, 2000.

7. Cosmides & Tooby, 1996; Gigerenzer, 1997; Kahneman & Tversky, 1982.

8. Braine, 1994; Jackendoff, 1990; Macnamara & Reyes, 1994; Pinker, 1989.

9. Pinker, 1994; Pinker, 1999.

10. Citado em Ravitch, 2000, p. 388.

11. McGuiness, 1997.

12. Geary, 1994; Geary, 1995.

13. Carey, 1986; Carey & Spelke, 1994; Gardner, 1983; Gardner, 1999; Geary, 1994; Geary, 1995; Geary, no prelo.

14. Carey, 1986; McCloskey, 1983.

15. Gardner, 1999.

16. McGuinness, 1997.

17. Dehaene *et al.*, 1999.

18. Bloom, 1994.

19. Pinker, 1990.

20. Carey & Spelke, 1994.

21. Geary, 1995; Geary, no prelo; Harris, 1998a.

22. Green, 2001, cap. 2.

23. S. G. Stolberg, "Reconsidering embryo research", *New York Times*, 1º de julho de 2001.

24. Brock, 1993, p. 372, n. 14, p. 385; Glover, 1977; Tooley, 1972; Warren, 1984.

25. Green, 2001.

26. R. Bailey, "Dr. Strangelunch, or: Why we should learn to stop worrying and love genetically modified food", *Reason*, Janeiro 2001.

27. "EC-sponsored research on safety of genetically modified organisms — A review of results". Report EUR 19884, Outubro 2001, European Union Office for Publications.

28. Ames, Profet & Gold, 1990.

29. Ames, Profet & Gold, 1990.

30. E. Schlosser, "Why McDonald's fries taste so good", *Atlantic Monthly*, Janeiro 2001.

31. Ahn *et al.*, 2001; Frazer, 1890/1996; Rozin, 1996; Rozin, Markwith & Stoess, 1997; P. Stevens, 2001 (mas ver também M. Stevens, 2001).

32. Rozin & Fallon, 1987.

33. Ahn *et al.*, 2001.

34. Rozin, 1996; Rozin & Fallon, 1987; Rozin, Markwith & Stoess, 1997.

35. Rozin, 1996.

36. Mayr, 1982.

37. Ames, Profet & Gold, 1990; Lewis, 1990; G. Gray & D. Ropeik, "What, me worry?", *Boston Globe*, 11 de novembro de 2001, p. E8.

38. Marks & Nesse, 1994; Seligman, 1971.

39. Slovic, Fishoff & Lichtenstein, 1982.

40. Sharpe, 1994.

41. Cosmides & Tooby, 1996; Gigerenzer, 1991; Gigerenzer, 1997; Pinker, 1997, cap. 5.

42. Hoffrage *et al.*, 2000; Tversky & Kahneman, 1973.

43. Slovic, Fischoff & Lichtenstein, 1982.

44. Tooby & DeVore, 1987.

45. Fiske, 1992.

46. Cosmides & Tooby, 1992.

47. Sowell, 1980.

48. Sowell, 1980; Sowell, 1986.

49. Sowell, 1984; Sowell, 1996.

50. R. Radford (escrevendo em 1945), citado em Sowell, 1994, p. 57.

51. De "The figure of the youth as virile poet"; Stevens, 1985.

52. Jackendoff, 1987; Pinker, 1997; Pinker, 1999.

53. Bailey, 2000.

54. Sen, 1984.

55. Simon, 1996.

56. Bailey, 2000; Romer, 1991; Romer & Nelson, 1996; P. Romer, "Ideas and things", *Economist*, 11 de setembro de 1993.

57. Romer & Nelson, 1996.

58. Citado em M. Kumar, "Quantum reality", *Prometheus*, 2, pp. 20-1, 1999.

59. Citado em M. Kumar, "Quantum reality", *Prometheus*, 2, pp. 20-1, 1999.

60. Citado em Dawkins, 1998, p. 50.

61. McGinn, 1993; McGinn, 1999; Pinker, 1997, cap. 8.

14. AS MUITAS RAÍZES DO NOSSO SOFRIMENTO [PP. 331–66]

1. Trivers, 1976.

2. Trivers, 1971; Trivers, 1972; Trivers, 1974; Trivers, 1976; Trivers, 1985.

3. Alexander, 1987; Cronin, 1992; Dawkins, 1976/1989; Ridley, 1997; Wright, 1994.

4. Hamilton, 1964; Trivers, 1971; Trivers, 1972; Trivers, 1974; Williams, 1966.

5. "Renewing American Civilization", palestra proferida no Reinhardt College, 7 de janeiro de 1995.

6. Chagnon, 1988; Daly, Salmon & Wilson, 1997; Fox, 1984; Mount, 1992; Shoumatoff, 1985.

7. Chagnon, 1992; Daly, Salmon & Wilson, 1997; Daly & Wilson, 1988; Gaulin & McBurney, 2001, pp. 321-9.

8. Burnstein, Crandall & Kitayama, 1994; Petrinovich, O'Neill & Jorgensen, 1993.

9. Petrinovich, O'Neill & Jorgensen, 1993; Singer, 1981.

10. Masters, 1989, pp. 207-8.

11. Citado em J. Muravchick, "Socialism's last stand", *Commentary*, Março 2002, pp. 47-53, citação da p. 51.

12. Transmissão da Rádio Free LA, janeiro de 1997, www.radiofreela.com. Transcrição disponível em www.zmag.org/chomsky/rage ou como página cache em www.google.com.

13. Daly, Salmon & Wilson, 1997; Mount, 1992.

14. Johnson, Ratwick & Sawyer, 1987; Salmon, 1998.

15. Fiske, 1992.

16. Fiske, 1992, p. 698.

17. Trivers, 1974; Trivers, 1985.

18. Agrawal, Brodie & Brown, 2001; Godfray, 1995; Trivers, 1985.

19. Haig, 1993.

20. Daly & Wilson, 1988; Hrdy, 1999.

21. Hrdy, 1999.

22. Trivers, 1976; Trivers, 1981.

23. Trivers, 1985.

24. Harris, 1998a; Plomin & Daniels, 1987; Rowe, 1994; Sulloway, 1996; Turkheimer, 2000.

25. Trivers, 1985, p. 159.

26. Usado como epígrafe em Judith Harris, *The nurture assumption*.

27. Dunn & Plomin, 1990.

28. Hrdy, 1999.

29. Daly & Wilson, 1998; Wilson, 1993.

30. Wilson, 1993.

31. Trivers, 1972; Trivers, 1985.

32. Blum, 1997; Buss, 1994; Geary, 1998; Ridley, 1993; Symons, 1979.

33. Buss, 1994; Kenrick *et al.*, 1993; Salmon & Symons, 2001; Symons, 1979.

34. Buss, 2000.

35. Alexander, 1987.

36. Brown, 1991; Symons, 1979.

37. K. Kelleher, "When students 'hook up', someone inevitably gets let down", *Los Angeles Times*, 13 de agosto de 2001.

38. Symons, 1979.

39. Daly, Salmon & Wilson, 1997.

40. Wilson & Daly, 1992.

41. Ridley, 1997. Ver também Lewontin, 1990.

42. Rose & Rose, 2000.

43. Fiske, 1992.

44. Axelrod, 1984; Dawkins, 1976/1989; Ridley, 1997; Trivers, 1971.

45. Cosmides & Tooby, 1992; Frank, Gilovich & Regan, 1993; Gigerenzer & Hug, 1992; Kanwisher & Moskovitch, 2000; Mealey, Daood & Krage, 1996.

46. Yinon & Dovrat, 1987.

47. Gaulin & McBurney, 2001, pp. 329-38; Haidt, no prelo; Trivers, 1971, pp. 49-54.

48. Fehr & Gächter, 2000; Gintis, 2000; Price, Cosmides & Tooby, 2002.

49. Ridley, 1997, p. 84.

50. Fehr & Gachter, 2000; Gaulin & McBurney, 2001, pp. 333-5.

51. Fehr & Gächter, 2000; Ridley, 1997.

52. Williams, Harkins & Latané, 1981.

53. Klaw, 1993; McCord, 1989; Muravchik, 2002; Spann, 1989.

54. J. Muravchik, "Socialism's last stand", *Commentary*, Março 2002, pp. 47-53, citação da p. 53.

55. Fiske, 1992.

56. Cashdan, 1989; Cosmides & Tooby, 1992; Eibl-Eibesfeldt, 1989; Fiske, 1992; Hawkes, O'Connell & Rogers, 1997; Kaplan, Hill & Hurtado, 1990; Ridley, 1997.

57. Ridley, 1997, p. 111.

58. Junger, 1997, p. 76.

59. Citado em Williams, 1966, p. 116.

60. Williams, 1966.

61. Fehr, Fischbacher & Gächter, no prelo; Gintis, 2000.

62. Nunney, 1998; Reeve, 2000; Trivers, 1998; Wilson & Sober, 1994.

63. Williams, 1988, pp. 391-2.

64. Frank, 1988; Hirshleifer, 1987; Trivers, 1971.

65. Hare, 1993; Lykken, 1995; Mealey, 1995.

66. Sobre a hereditariedade de características anti-sociais, ver Bock & Goode, 1996; Deater-Deckard & Plomin, 1999; Krueger, Hicks & McGue, 2001; Lykken, 1995; Mealey, 1995; Rushton *et al.*, 1986. Quanto ao altruísmo, um estudo não constatou que é hereditário (Krueger, Hiks &

McGue, 2001; outro estudo, com o dobro de sujeitos, constatou que é substancialmente heredi-tário (Rushton *et al.*, 1986).

67. Miller, 2000b.

68. Tooby & Cosmides, 1990.

69. Axelrod, 1984; Dawkins, 1976/1989; Nowak, May & Sigmund, 1995; Ridley, 1997.

70. Dugatkin, 1992; Harpending & Sobus, 1987; Mealey, 1995; Rice, 1997.

71. Rice, 1997.

72. Lalumière, Harris & Rice, 2001.

73. M. Kakutani, "The strange case of the writer and the criminal", *New York Times Book Review*, 20 de setembro de 1981.

74. S. McGraw, "Some used their second chance at life; others squandered it", *The Record* (Bergen County, N.J.), 12 de outubro de 1998.

75. Rice, 1997.

76. Trivers, 1976.

77. Goleman, 1985; Greenwald, 1988; Krebs & Denton, 1997; Lockard & Paulhaus, 1988; Rue, 1994; Taylor, 1989; Trivers, 1985; Wright, 1994.

78. Nesse & Lloyd, 1992.

79. Gazzaniga, 1998.

80. Damasio, 1994, p. 68.

81. Babcock & Loewenstein, 1997; Rue, 1994; Taylor, 1989.

82. Aronson, 1980; Festinger, 1957; Greenwald, 1988.

83. Haidt, 2001.

84. Dutton, 2001, p. 209; Fox, 1989; Hogan, 1997; Polti, 1921/1977; Storey, 1996, pp. 110, 142.

85. Steiner, 1984, p. 1.

86. Steiner, 1984, p. 231.

87. Steiner, 1984, pp. 300-1.

88. Symons, 1979, p. 271.

89. D. Symons, comunicação pessoal, 30 de julho de 2001.

15. O ANIMAL SANTARRÃO [PP. 367-81]

1. Alexander, 1987; Haidt, no prelo; Krebs, 1998; Trivers, 1971; Wilson, 1993; Wright, 1994.

2. Haidt, Koller & Dias, 1993.

3. Haidt, 2001.

4. Haidt, no prelo.

5. Shweder *et al.*, 1997.

6. Haidt, no prelo; Rozin, 1997; Rozin, Markwith & Stoess, 1997.

7. Glendon, 2001; Sen, 2000.

8. Cronk, 1999; Sommers, 1998; Wilson, 1993; C. Sommers, 1998, "Why Johnny can't tell right from wrong", *American Outlook*, Verão 1998, pp. 45-7.

9. D. Symons, comunicação pessoal, 26 de julho de 2001.

10. Etcoff, 1999.

11. Glover, 1999.

12. L. Kass, "The wisdom of repugnance", *New Republic*, 2 de junho de 1997.

13. Rozin, 1997; Rozin, Markwith & Stoess, 1997.

14. Tetlock, 1999; Tetlock *et al.*, 2000.

15. Tetlock, 1999.

16. Tetlock *et al.*, 2000.

17. Hume, 1739/2000.

18. I. Buruna, resenha de *Hitler, 1936-45: Nemesis*, de Ian Kershaw, *New York Times Book Review*, 10 de dezembro de 2000, p. 13.

PARTE V — VESPEIROS

1. Haidt & Hersh, 2001; Tetlock, 1999; Tetlock *et al.*, 2000.

2. Haidt & Hersh, 2001; Tetlock, 1999; Tetlock *et al.*, 2000.

16. POLÍTICA [PP. 387–415]

1. De *Iolanthe*.

2. D. Lykken, comunicação pessoal, 11 de abril de 2001. Outras estimativas da hereditariedade de atitudes conservadoras situam-se tipicamente na faixa de 0,4 a 0,5: Bouchard *et al.*, 1990; Eaves, Eysenck & Martin, 1989; Holden, 1987; Martin *et al.*, 1986; Plomin *et al.*, 1997, p. 206; Scarr & Weinberg, 1981.

3. Tesser, 1993.

4. Wilson, 1994, pp. 338-9.

5. Masters, 1982; Masters, 1989.

6. Dawkins, 1976/1989; Williams, 1966.

7. Boyd & Silk, 1996; Ridley, 1997; Trivers, 1985.

8. Sowell, 1987.

9. Sowell, 1995b.

10. Do prefácio de *On the rocks: a political fantasy in two acts*.

11. Smith, 1759/1976, pp. 233-4.

12. Burke, 1790/1967, p. 93.

13. Citado em E. M. Kennedy, "Tribute to Senator Robert F. Kennedy", 8 de junho de 1968, www.jfklibrary.org/e060868.htm.

14. Hayek, 1976, pp. 33, 64.

15. Citado em Sowell, 1995, pp. 112, 227.

16. "Se a lei faz essa suposição [...] a lei é burra — uma idiota" (de *Oliver Twist*).

17. Citado em Sowell, 1995, p. 11.

18. Hayek, 1976.

19. Esse é um ponto de contato com uma teoria alternativa dos alicerces psicológicos da divisão entre esquerda e direita proposta pelo lingüista George Lakoff: a esquerda acredita que o governo deveria agir como um pai carinhoso, enquanto a direita acredita que ele deveria agir como um pai severo; ver Lakoff, 1996.

20. Ver capítulo 14, e também Burnstein, Crandall & Kitayama, 1994; Chagnon, 1992; Daly, Salmon & Wilson, 1997; Daly & Wilson, 1988; Fox, 1984; Gaulin & McBurney, 2001, pp. 321-9; Mount, 1992; Petrinovich, O'Neill & Jorgensen, 1993; Shoumatoff, 1985.

21. Ver capítulo 14, e também Bowles & Gintis, 1999; Cosmides & Tooby, 1992; Fehr, Fischbacher & Gächter, no prelo; Fehr & Gächter, 2000; Fiske, 1992; Gaulin & McBurney, 2001, pp. 333-5;

Gintis, 2000; Klaw, 1993; McCord, 1989; Muravchik, 2002; Price, Cosmides & Tooby, 2002; Ridley, 1997; Spann, 1989; Williams, Harkins & Latané, 1981.

22. Ver capítulos 3 e 17, especialmente as referências nas notas 39, 52, 53, 72, 73 e 74 no capítulo 3 e notas 42, 43 e 45 no capítulo 17.

23. Brown, 1991; Brown, 1985; Sherif, 1966; Tajfel, 1981.

24. Ver capítulos 3 e 19, e também Bouchard, 1994; Neisser *et al.*, 1996; Plomin *et al.*, 2001.

25. Ver capítulo 14, e também Aronson, 1980; Festinger, 1957; Gazzaniga, 1998; Greenwald, 1988; Nesse & Lloyd, 1992; Wright, 1994.

26. Ver capítulo 15, e também Haidt, no prelo; Haidt, Koller & Dias, 1993; Petrinovich, O'Neill & Jorgensen, 1993; Rozin, Markwith & Stoess, 1997; Shweder *et al.*, 1997; Singer, 1981; Tetlock, 1999; Tetlock *et al.*, 2000.

27. Sowell, 1987.

28. Marx & Engels, 1844/1988.

29. Citado em Singer, 1999, p. 4.

30. Bullock, 1991; Chirot, 1994; Conquest, 2000; Courtois *et al.*, 1999; Glover, 1999.

31. Citado em J. Getlin, "Natural wonder: At heart, Edward Wilson's an ant man", *Los Angeles Times*, 21 de outubro de 1994, p. E1.

32. Federalist Papers Nº 51, Rossiter, 1961, p. 322.

33. Bailyn, 1967/1992; Maier, 1997.

34. Lutz, 1984.

35. McGinnis, 1996; McGinnis, 1997.

36. Federalist Papers Nº 10, Rossiter, 1961, p. 78.

37. Citado em McGinnis, 1997, p. 236.

38. Federalist Papers Nº 72, Rossiter, 1961, p. 437.

39. Federalist Papers Nº 51, Rossiter, 1961, p. 322.

40. Federalist Papers Nº 51, Rossiter, 1961, pp. 331-2.

41. De *Helvedius* Nº 4, citado em McGinnis, 1997, p. 130.

42. Boehm, 1999; de Waal, 1998; Dunbar, 1998.

43. Singer, 1999, p. 5.

44. L. Arnhart, M. J. Bethe & W. A. Dembski, "Conservatives, Darwin & design: An exchange", *First Things*, 107, Novembro 2000, pp. 23-31.

45. Para um argumento semelhante ao de Singer, ver Brociner, 2001.

46. Singer, 1999, p. 6.

47. Singer, 1999, pp. 8-9.

48. Chomsky, 1970, p. 22.

49. Ver Barsky, 1997; Chomsky, 1998a.

50. Chomsky, 1975, p. 131.

51. Trivers, 1981.

52. A. Wooldridge, "Bell curve liberals", *New Republic*, 27 de fevereiro de 1995.

53. Heernstein & Murray, 1994, cap. 22. Ver também o posfácio de Murray na edição de 1996 em brochura.

54. Gigerenzer & Selten, 2001; Jones, 2001; Kahneman & Tversky, 1984; Thaler, 1994; Tversky & Kahneman, 1974.

55. Akerlof, 1984; Daly & Wilson, 1994; Jones, 2001; Rogers, 1994.

56. Frank, 1999; Frank, 1985.

57. Bowles & Gintis, 1998; Bowles & Gintis, 1999.

58. Gintis, 2000.

59. Wilkinson, 2000.

60. Daly & Wilson, 1988; Daly, Wilson & Vasdev, 2001; Wilson & Daly, 1997.

17. VIOLÊNCIA [PP. 416-55]

1. Citado por R. Cooper em "The long peace", *Prospect*, Abril 1999.

2. National Defense Council Foundation, Alexandria, Va., www.ndcf.org/index.htm.

3. Bamforth, 1994; Chagnon, 1996; Daly & Wilson, 1988; Ember, 1978; Ghiglieri, 1999; Gibbons, 1997; Keeley, 1996; Kingdon, 1993; Knauft, 1987; Krech, 1994; Krech, 1999; Wrangham & Peterson, 1996.

4. Keeley, 1996; Walker, 2001.

5. Gibbons, 1997; Holden, 2000.

6. Fernández-Jalvo *et al.*, 1996.

7. *FBI Uniform Crime Reports 1999*: www.fbi.gov/ucr/99cius.htm.

8. Seville, 1990.

9. Ortega y Gasset, 1932/1985, epílogo.

10. *New York Times*, 13 de junho de 1999.

11. Paul Billings, citado em B. H. Kevles & D. J. Kevles, "Scapegoat biology", *Discover*, Outubro 1997, pp. 59-62, citação da p. 62.

12. B. H. Kevles & D. J. Kevles, "Scapegoat biology", *Discover*, Outubro 1997, pp. 59-62, citação da p. 62.

13. Daphne White, citado em M. Wilkinson, "Parent group lists 'dirty dozen' toys", *Boston Globe*, 5 de dezembro de 2000, p. A5.

14. H. Spivak & D. Prothow-Stith, "The next tragedy of Jonesboro", *Boston Globe*, 5 de abril de 1998.

15. C. Burrell, "Study of inmates cites abuse factor", Associated Press, 27 de abril de 1998.

16. G. Kane, "Violence as a cultural imperative", *Boston Sunday Globe*, 16 de outubro de 1996.

17. Citado em A. Flint, "Some see bombing's roots in a US culture of conflict", *Boston Globe*, 1 de junho de 1995.

18. A. Flint, "Some see bombing's roots in a US culture of conflict", *Boston Globe*, 1 de junho de 1995.

19. M. Zuckoff, "More murders, more debate", *Boston Globe*, 31 de julho de 1999.

20. A. Diamant, "What's the matter with men?", *Boston Globe Magazine*, 14 de março de 1993.

21. Mesquida & Wiener, 1996.

22. Freedman, 2002.

23. Fishoff, 1999; Freedman, 1984; Freedman, 1996; Freedman, 2002; Renfrew, 1997.

24. Charlton, 1997.

25. J. Q. Wilson, "Hostility in America", *New Republic*, 25 de agosto de 1997, pp. 38-41.

26. Nisbett & Cohen, 1996.

27. E. Marshal, "The shots heard 'round the world", *Science*, 289, 2000, pp. 570-4.

28. Wakefield, 1992.

29. M. Enserink, "Searching for the mark of Cain", *Science*, 289, 2000, pp. 575-9; citação da p. 579.

30. Clark, 1970, p. 220.

31. Daly & Wilson, 1988, p. ix.

32. Shipman, 1994, p. 252.

33. E. Marshal, "A sinister plot or victim of politics?" *Science*, 289, 2000, p. 571.

34. Shipman, 1994, p. 243.

35. Citado em R. Wright, "The biology of violence", *New Yorker*, 13 de março de 1995, pp. 68-77; citação da p. 69.

36. Daly & Wilson, 1988.

37. Daly & Wilson, 1988; Rogers, 1994; Wilson & Herrnstein, 1985.

38. Citado por Frederick Goodwin em R. Wright, "The biology of violence", *New Yorker*, 13 de março de 1995, p. 70.

39. C. Holden, "The violence of the lambs", *Science*, 289, 2000, pp. 580-1.

40. Hare, 1993; Lykken, 1995; Rice, 1997.

41. Ghiglieri, 1999; Wrangham & Peterson, 1996.

42. Davidson, Putnam & Larson, 2000; Renfrew, 1997.

43. Geary, 1998, pp. 226-7; Sherif, 1966.

44. R. Tremblay, citado em C. Holden, "The violence of the lambs", *Science*, 289, 2000, pp. 580-1.

45. Buss & Duntley, no prelo; Kenrick & Sheets, 1994.

46. Hobbes, 1651/1957, p. 185.

47. Dawkins, 1976/1989, p. 66.

48. Bueno de Mesquita, 1981.

49. Trivers, 1972.

50. Chagnon, 1992; Daly & Wilson, 1988; Keeley, 1996.

51. Daly & Wilson, 1988, p. 163.

52. Rogers, 1994; Wilson & Daly, 1997.

53. Wilson & Herrnstein, 1985.

54. Mesquida & Wiener, 1996.

55. Singer, 1981.

56. Wright, 2000.

57. Glover, 1999.

58. Zimbardo, Maslach & Haney, 2000.

59. Citado em Glover, 1999, p. 53.

60. Citado em Glover, 1999, pp. 37-8.

61. Bourke, 1999, pp. 63-4; Graves, 1992; Spiller, 1988.

62. Bourke, 1999; Glover, 1999; Horowitz, 2001.

63. Daly & Wilson, 1988; Glover, 1999; Schelling, 1960.

64. Chagnon, 1992; Daly & Wilson, 1988; Wrangham & Peterson, 1996.

65. Van den Berghe, 1981.

66. Epstein, 1994; Epstein & Axtell, 1996; Richardson, 1960; Saperstein, 1995.

67. Chagnon, 1988; Chagnon, 1992.

68. Glover, 1999.

69. Vasquez, 1992.

70. Rosen, 1992.

71. Wrangham, 1999.

72. Daly & Wilson, 1988.

73. Daly & Wilson, 1988, pp. 225-6.

74. Daly & Wilson, 1988; Frank, 1988; Schelling, 1960.

75. Brown, 1985; Horowitz, 2001.

76. Daly & Wilson, 1988.

77. Daly & Wilson, 1988; Fox & Zawitz, 2000; Nisbett & Cohen, 1996.

78. Daly & Wilson, 1988, p. 127.

79. Daly & Wilson, 1988, p. 229.

80. Chagnon, 1992; Daly & Wilson, 1988; Frank, 1988.

81. Nisbett & Cohen, 1996.

82. Nisbett & Cohen, 1996.

83. E. Anderson, "The code of the streets", *Atlantic Monthly*, Maio 1994, pp. 81-94.

84. Ver também Patterson, 1997.

85. E. Anderson, "The code of the streets", *Atlantic Monthly*, Maio 1994, pp. 81-94, citação da p. 82.

86. Citado em L. Helmuth, "Has America's tide of violence receded for good?", *Science*, 289, 2000, pp. 582-5, citação da p. 582.

87. L. Helmuth, "Has America's tide of violence receded for good?", *Science*, 289, 2000, pp. 582-5, citação da p. 583.

88. Wilkinson, 2000; Wilson & Daly, 1997.

89. Harris, 1998a, pp. 212-3.

90. Hobbes, 1651/1957, p. 190.

91. Hobbes, 1651/1957, p. 223.

92. Fry, 2000.

93. Daly & Wilson, 1988; Keeley, 1996.

94. Daly & Wilson, 1988; Nisbett & Cohen, 1996.

95. Daly & Wilson, 1988.

96. Daly & Wilson, 1988.

97. Wilson & Herrnstein, 1985.

98. L. Helmuth, "Has America's tide of violence receded for good?", *Science*, 289, 2000; Kelling & Sousa, 2001.

99. *Time*, 17 de outubro de 1969, p. 47.

100. Kennedy, 1997.

101. National Defense Council Foundation, Alexandria, Va., www.ndcf.org/index.htm.

102. Citado por Glover, 1999, p. 227.

103. Horowitz, 2001; Keegan, 1976.

104. C. Nickerson, "Canadians remain gunshy of Americans", *Boston Globe*, 11 de fevereiro de 2001.

105. Citado em Wright, 2000, p. 61.

106. Chagnon, 1988; Chagnon, 1992.

107. Axelrod, 1984.

108. Glover, 1999, p. 159.

109. Glover, 1999, p. 202.

110. Axelrod, 1984; Ridley, 1997.

111. Glover, 1999, pp. 231-2.

112. M. J. Wilkinson, comunicação pessoal, 29 de outubro de 2001; Wilkinson, no prelo.

113. Ver capítulos 3 e 13, e também Fodor & Pylyshyn, 1988; Miller, Galanter & Pribram, 1960; Pinker, 1997, cap. 2; Pinker, 1999, cap. 1.

18. GÊNERO [PP. 456–502]

1. Jaggar, 1983.

2. Citado em Jaggar, 1983, p. 27.

3. J. N. Wilford, "Sexes equal on South Sea isle", *New York Times*, 29 de março de 1994.

4. L. Tye, "Girls appear to be closing aggression gap with boys", *Boston Globe*, 26 de março de 1998.

5. M. Zoll, "What about the boys?", *Boston Globe*, 23 de abril de 1998.

6. Citado em Young, 1999, p. 247.

7. Crittenden, 1999; Shalit, 1999.

8. L. Kass, "The end of courtship", *Public Interest*, 126, Inverno 1997.

9. Patai, 1998.

10. Grant, 1993; Jaggar, 1983; Tong, 1998.

11. Sommers, 1994. Ver também Jaggar, 1983.

12. Citado em Sommers, 1994, p. 22.

13. Gilligan, 1982.

14. Jaffe & Hyde, 2000; Sommers, 1994, cap. 7; Walker, 1984.

15. Belenky *et al.*, 1986.

16. Denfeld, 1995; Kaminer, 1990; Lehrman, 1997; McElroy, 1996; Paglia, 1992; Patai, 1998; Patai & Koertge, 1994; Sommers, 1994; Taylor, 1992; Young, 1999.

17. Sommers, 1994.

18. Denfeld, 1995; Lehrman, 1997; Roiphe, 1993; Walker, 1995.

19. S. Boxer, "One casualty of the women's movement: Feminism", *New York Times*, 14 de dezembro de 1997.

20. C. Paglia, "Crying wolf", *Salon*, 7 de fevereiro de 2001.

21. Patai, 1998; Sommers, 1994.

22. Trivers, 1976; Trivers, 1981; Trivers, 1985.

23. Trivers & Willard, 1973.

24. Jensen, 1998, cap. 13.

25. Blum, 1997; Eagly, 1995; Geary, 1998; Halpern, 2000; Kimura, 1999.

26. Salmon & Symons, 2001; Symons, 1979.

27. Daly & Wilson, 1988. Menção da cirurgia em Barry, 1995.

28. Geary, 1998; Maccoby & Jacklin, 1987.

29. Geary, 1998; Halpern, 2000; Kimura, 1999.

30. Blum, 1997; Geary, 1998; Halpern, 2000; Hedges & Nowell, 1995; Lubinski & Benbow, 1992.

31. Hedges & Nowell, 1995; Lubinski & Benbow, 1992.

32. Blum, 1997; Geary, 1998; Halpern, 2000; Kimura, 1999.

33. Blum, 1997; Geary, 1998; Halpern, 2000; Kimura, 1999.

34. Provine, 1993.

35. Hrdy, 1999.

36. Fausto-Sterling, 1985, pp. 152-3.

37. Brown, 1991.

38. Buss, 1999; Geary, 1998; Ridley, 1993; Symons, 1979; Trivers, 1972.

39. Daly & Wilson, 1983; Geary, 1998; Hauser, 2000.

40. Geary, 1998; Silverman & Eals, 1992.

41. Gibbons, 2000.

42. Blum, 1997; Geary, 1998; Halpern, 2000; Kimura, 1999.

43. Blum, 1997; Geary, 1998; Gur & Gur, no prelo; Gur *et al.*, 1999; Halpern, 2000; Jensen, 1998; Kimura, 1999; Neisser *et al.*, 1996.

44. Dabbs & Dabbs, 2000; Geary, 1998; Halpern, 2000; Kimura, 1999; Sapolsky, 1997.

45. A. Sullivan, "Testosterone power", *Womens's Quarterly*, Verão 2000.

46. Kimura, 1999.

47. Blum, 1997; Gangestad & Thornhill, 1998.

48. Blum, 1997; Geary, 1998; Halpern, 2000; Kimura, 1999.

49. Symons, 1979, cap. 9.

50. Reiner, 2000.

51. Citado em Halpern, 2000, p. 9.

52. Citado em Colapinto, 2000.

53. Colapinto, 2000; Diamond & Sigmundson, 1997.

54. Skuse *et al.*, 1997.

55. Barkley *et al.*, 1977; Harris, 1998a; Lytton & Romney, 1991; Maccoby & Jacklyn, 1987.

56. B. Friedan, "The future of feminism", *Free Inquiry*, Verão 1999.

57. "Land of plenty: Diversity as America's competitive edge in science, engineering and technology", Report of the Congressional Commission on the Advancement of Women and Minorities in Science, Engineering, and Technology Development, Setembro 2000.

58. J. Alper, "The pipeline is leaking women all the way long", *Science*, 260, 16 de abril de 1993; J. Mervis, "Efforts to boost diversity face persistent problems", *Science*, 284, 11 de junho de 1999; J. Mervis, "Diversity: Easier said than done", *Science*, 289, 16 de março de 2000; J. Mervis, "NSF searches for right way to help women", *Science*, 289, 21 de julho de 2000; J. Mervis, "Gender equity: NSG program targets institutional change", *Science*, 291, 21 de julho 2001.

59. J. Mervis, "Efforts to boost diversity face persistent problems", *Science*, 284, 11 de junho de 1999, p. 1757.

60. P. Healy, "Faculty shortage: Women in sciences", *Boston Globe*, 31 de janeiro de 2001.

61. C. Holden, "Parity as a goal sparks bitter battle", *Science*, 289, 21 de julho de 2000, p. 380.

62. Citado em Young, 1999, pp. 22, 34-5.

63. Estrich, 2000; Furchtgott-Roth & Stolba, 1999; Goldin, 1990; Gottfredson, 1988; Hausman, 1999; Kleinfeld, 1999; Lehrman, 1997; Lubinski & Benbow, 1992; Roback, 1993; Schwartz, 1992; Young, 1999.

64. Browne, 1998; Furchtgott-Roth & Stolba, 1999; Goldin, 1990.

65. Em amostra aleatória de cem membros da International Association for the Study of Child Language, contei 75 mulheres e 25 homens. O Stanford Child Language Research Forum relaciona dezoito oradores de discursos de abertura passados em seu site (csli.stanford.edu/~clrf/history.html): quinze mulheres e três homens.

66. Browne, 1998; Furchtgott-Roth & Stolba, 1999; Goldin, 1990; Gottfredson, 1988; Kleinfeld, 1999; Roback, 1993; Young, 1999.

67. Lubinski & Benbow, 1992.

68. Ver Browne, 1998, e as referências na nota 63.

69. Buss, 1992; Ellis, 1992.

70. Hrdy, 1999.

71. Browne, 1998; Hrdy, 1999.

72. Robak, 1993.

73. Becker, 1991.

74. Furchtgott-Roth & Stolba, 1999.

75. Citado em C. Young, "Sex and science", *Salon*, 12 de abril de 2001.

76. Citado em C. Holden, "Parity as a goal sparks bitter battle", *Science*, 289, 21 de julho de 2000.

77. Citado em C. Holden, "Parity as a goal sparks bitter battle", *Science*, 289, 21 de julho de 2000.

78. Kleinfeld, 1999.

79. National Science Foundation, *Women, minorities, and persons with disabilities in science and engineering*: 1998, www.nsf.gov/sbe/srs/nsf99338.

80. Thornhill & Palmer, 2000.

81. "Report on the situation of human rights in the territory of the former Yugoslavia", 1993, United Nations document E/CN.4/1993/50.

82. J. E. Beals, "Ending the silence on sexual violence", *Boston Globe*, 10 de abril de 2000.

83. R. Haynor, "Violence against women", *Boston Globe*, 22 de outubro de 2000.

84. Brownmiller, 1975, p. 14.

85. Young, 1999, p. 139.

86. McElroy, 1996.

87. McElroy, 1996.

88. Thiessen & Young, 1994.

89. Dworkin, 1993.

90. J. Tooby & L. Cosmides, "Reply to Jerry Coyne", www. psych.ucsb.edu/research/cep/tnr.html.

91. Gordon & Riger, 1991, p. 47.

92. Rose & Rose, 2000, p. 139.

93. W. Wertheim, "Born to rape?", *Salon*, 29 de fevereiro de 2000.

94. G. Miller, "Why men rape", *Evening Standard*, 6 de março de 2000, p. 53.

95. Symons, 1979; Thornhill & Palmer, 2000.

96. Jones, 1999. Ver também Check & Malamuth, 1985; Ellis & Beattie, 1983; Symons, 1979; Thornhill & Palmer, 2000.

97. Gottschall & Gottschall, 2001.

98. Jones, 1999, p. 890.

99. Bureau of Justice Statistics, www.ojp.usdoj.gov/bjs.

100. Citado em A. Humphreys, "Lawyers may use genetics study in rape defense", *National Post* (Canadá), 22 de janeiro de 2000, p. A8.

101. Citado em Jones, 1999.

102. Paglia, 1990, pp. 51, 57.

103. McElroy, 1996.

104. J. Phillips, "Exploring inside to live on the outside", *Boston Globe*, 21 de março de 1999.

105. S. Satel, "The patriarchy made me do it", *Women's Freedom Newsletter*, 5 Setembro/Outubro 1998.

19. CRIANÇAS [PP. 503-40]

1. Turkheimer, 2000.

2. Goldberg, 1968; Janda, 1998; Neisser *et al.*, 1996.

3. Jensen, 1971.

4. Plomin *et al.*, 2001.

5. Bouchard, 1994; Bouchard *et al.*, 1990; Bouchard, 1998; Loehlin, 1992; Plomin, 1994; Plomin *et al.*, 2001.

6. Plomin *et al.*, 2001.

7. McLearn *et al.*, 1997; Plomin, Owen & McGuffin, 1994.

8. Bouchard, 1994; Bouchard *et al.*, 1990; Bouchard, 1998; Loehlin, 1992; Lykken *et al.*, 1992; Plomin, 1990; Plomin, 1994; Stromswold, 1998.

9. Plomin *et al.*, 2001.

10. Bouchard *et al.*, 1990; Plomin, 1991; Plomin, 1994; Plomin & Daniels, 1987.

11. Bouchard *et al.*, 1990; Pedersen *et al.*, 1992.

12. Bouchard *et al.*, 1990; Bouchard, 1998.

13. Scarr & Carter-Saltzman, 1979.

14. Loehlin & Nichols, 1976.

15. Bouchard, 1998; Gutknecht, Spitz & Carlier, 1999.

16. McGue, 1997.

17. Etcoff, 1999; Persico, Postlewaite & Silverman, 2001.

18. Jackson & Huston, 1975.

19. Bouchard, 1994; Bouchard *et al.*, 1990.

20. Kamin, 1974; Lewontin, Rose & Kamin, 1984, p. 116.

21. Neisser *et al.*, 1996; Snyderman & Rothman, 1988.

22. Hunt, 1999, pp. 50-1.

23. Plomin & Daniels, 1987; Plomin *et al.*, 2001.

24. Bouchard, 1994; Harris, 1998a; Plomin & Daniels, 1987; Rowe, 1994; Turkheimer & Waldron, 2000. Exemplo de uma descoberta não replicada é a recente afirmação de Krueger, Hicks & McGue, 2001, de que o altruísmo é afetado pelo ambiente compartilhado; essa afirmação é contradita por um estudo de Rushton *et al.*, 1986, que usou métodos semelhantes e uma amostra maior.

25. Stollmiller, 2000.

26. Bouchard *et al.*, 1990; Plomin & Daniels, 1987; Reiss *et al.*, 2000; Rowe, 1994.

27. Plomin, 1991; Plomin & Daniels, 1987, p. 6; Plomin *et al.*, 2001.

28. Bouchard, 1994; Plomin & Daniels, 1987; Rowe, 1994; Turkheimer, 2000; Turkheimer & Waldron, 2000.

29. Schütze, 1987.

30. B. Singer, "How to raise a perfect child ...", *Boston Globe Magazine*, 26 de março de 2000, pp. 12-36.

31. D. Barry, "Is your kid's new best friend named 'Bessie'? Be very afraid", *Miami Herald*, 31 de outubro de 1999.

32. Harris, 1998a, cap. 2; Lytton, 1990.

33. Harris, 1998a, cap. 4; Harris, 2000b.

34. Harris, 1998a, pp. 319-20, 323.

35. Harris, 1998a; Harris, 1998b; Harris, 2000a; Harris, 2000b.

36. Harris, 1998a, caps. 2, 3; Maccoby & Martin, 1983.

37. Harris, 1998a, pp. 300-11.

38. Bruer, 1999, p. 5.

39. Chabris, 1999.

40. T. B. Brazelton, "To curb teenage smoking, nurture children in their earliest years", *Boston Globe*, 21 de maio de 1998.

41. Bruer, 1999.

42. Collins *et al.*, 2000; Vandell, 2000.

43. Harris, 1995; Harris, 1998b; Harris, 2000b; Loehlin, 2001; Rowe, 2001.

44. Plomin, DeFries & Fulker, 1988; Reiss *et al.*, 2000; Turkheimer & Waldron, 2000.

45. D. Reiss, citado em A. M. Paul, "Kid stuff: Do parents really matter?", *Psychology Today*, Janeiro/Fevereiro 1998, pp. 46-9, 78.

46. Sulloway, 1996.

47. Sulloway, 1995.

48. Harris, 1998a, apêndice 1; Harris, no prelo.

49. Hrdy, 1999.

50. Dunphy, 1963.

51. Pinker, 1994, caps. 2, 9.

52. Kosof, 1996.

53. Harris, 1998a, caps. 9, 12, 13.

54. Harris, 1998a, p. 264.

55. Harris, 1998a, cap. 13; Rowe, 1994; Rutter, 1997.

56. Gottfredson & Hirschi, 1990; Harris, 1998a, cap. 13.

57. Harris, 1998a, cap. 8.

58. M. Wertheim, "Mindfield" (Resenha de *How the mind works*, de S. Pinker), *The Australian's Review of Books*, 1998.

59. O. James, "It's a free market on the nature of nurture", *The Independent*, 20 de outubro de 1998.

60. www.philipmorrisusa.com/DisplayPageWithTopics.asp?ID=189. Ver também Anheuser-Bush, www.beresponsible.com/ftad/review.html.

61. J. Leo, "Parenting without a care", *US News and World Report*, 21 de setembro de 1998.

62. Citado em J. Leo, "Parenting without a care", *US News and World Report*, 21 de setembro de 1998.

63. S. Begley, "The parent trap", *Newsweek*, 7 de setembro de 1998, p. 54.

64. S. Begley, "The parent trap", *Newsweek*, 7 de setembro de 1998, p. 54.

65. J. Kagan, "A parent's influence is peerless", *Boston Globe*, 13 de setembro de 1998, p. E3.

66. Harris, 1998b; Harris, 2000a; Harris, 2000b; Loehlin, 2001; Rowe, 2001.

67. Ver também Miller, 1997.

68. Austad, 2000; Finch & Kirkwood, 2000.

69. Hartman, Garvik & Hartwell, 2001; Waddington, 1957.

70. Harris, 1998a, pp. 78-9.

71. Citado em B. M. Rubin, "Raising a ruckus being a parent is difficult, but is it necessary?", *Chicago Tribune*, 31 de agosto de 1998.

72. Harris, 1998a, p. 291.

73. Harris, 1998a, p. 342.

20. AS ARTES [PP. 541–66]

1. R. Brustein, "The decline of high culture", *New Republic*, 3 de novembro de 1997.

2. A. Kernan, Yale Univeristy Press, 1992.

3. A. Delbanco, *New York Review of Books*, 4 de novembro de 1999.

4. R. Brustein, *New Republic*, 3 de novembro de 1997.

5. Conferência no Stanford University Humanities Center, 23 de abril de 1999.

6. G. Steiner, *PN Review*, 25, Março-Abril 1999.

7. J. Engell & A. Dangerfield, *Harvard Magazine*, Maio-Junho 1998, pp. 48-55, 111.

8. A. Louch, *Philosophy and literature*, 22 de abril de 1998, pp. 231-41.

9. C. Woodring, Columbia University Press, 1999.

10. J. M. Ellis, Yale University Press, 1997.

11. G. Wheatcroft, *Prospect*, Agosto-Setembro 1998.

12. R. E. Scholes, Yale University Press, 1998.

13. A. Kernan (ed.), Princeton University Press, 1997.

14. C. P. Freund, *Reason*, Março 1998, pp. 33-8.

15. Citado em Cowen, 1998, pp. 9-10.

16. J. Engell & A. Dangerfield, "Humanities in the age of money", *Harvard Magazine*, Maio-Junho 1998, pp. 48-55, 111.

17. J. Engell & A. Dangerfield, "Humanities in the age of money", *Harvard Magazine*, Maio-Junho 1998, pp. 48-55, 111.

18. Cowen, 1998; N. Gillespie, "All culture, all the time", *Reason*, Abril 1999, pp. 24-35.

19. Cowen, 1998.

20. Citado em Cowen, 1998, p. 188.

21. Cowen, 1998.

22. Brown, 1991; Dissanayake, 1992; Dissanayake, 2000.

23. Crick, 1994; Gardner, 1983; Peretz, Gagnon & Bouchard, 1998.

24. Miller, 2000a.

25. Dutton, 2001.

26. Dissanayake, 1992; Dissanayake, 2000.

27. Pinker, 1997, cap. 8.

28. Marr, 1982; Pinker, 1997, cap. 8; Ramachandran & Hirstein, 1999; Shepard, 1990. Ver também Gombrich, 1982/1995; Miller, 2001.

29. Pinker, 1997, cap. 8.

30. Kaplan, 1992; Orians, 1998; Orians & Heerwgen, 1992; Wilson, 1984.

31. Wilson, 1984.

32. Etcoff, 1999; Symons, 1995; Thornhill, 1998.

33. Tooby & DeVore, 1987.

34. Abbott, 2001; Pinker, 1997.

35. Dissanayake, 1998.

36. Dissanayake, 1992.

37. Frank, 1999; Veblen, 1899/1994.

38. Zahavi & Zahavi, 1997.

39. Miller, 2000a, p. 270.

40. Bell, 1992; Wolfe, 1975; Wolfe, 1981.

41. Bourdieu, 1984.

42. De seu ensaio de 1757 "Of the standard of taste", citado em Dutton, 2001, p. 206.

43. Dutton, 2001, p. 213.

44. Dutton, 1998; Komar, Melamid & Wypijewsky, 1997.

45. Dissanayake, 1998.

46. Dutton, 1998.

47. *Lingua Franca*, 2000.

48. Turner, 1997, pp. 170, 174-5.

49. Etcoff, 1999; Kaplan, 1992; Orians & Heerwgen, 1992.

50. Leslie, 1994; Schellenberg & Trehub, 1996; Storey, 1996; Zentner & Kagan, 1996.

51. Martindale, 1990.

52. Steiner, 2001.

53. Citado em Dutton, 2000.

54. C. Darwent, "Art of staying pretty", *New Statesman*, 13 de fevereiro de 2000.

55. Steiner, 2001.

56. Bell, 1992.

57. *The Onion*, 36, 21-27 de setembro de 2000, p. 1.

58. Wolfe, 1975, pp. 2-4.

59. J. Miller, "Is bad writing necessary? George Orwell, Theodor Adorno, and the politics of language", *Lingua Franca*, Dezembro/Janeiro 2000.

60. www.cybereditions.com/aldaily/bwc.htm.

61. Steiner, 1967, prefácio.

62. *New York Times*, 19 de setembro de 2001.

63. Pela escultora Janine Antoni; G. Beauchamp, "Dissing the middle class: The view from Burns Park", *American Scholar*, Verão 1995, pp. 335-49.

64. K. Limaye, "Adieu to the avant-garde", *Reason*, Julho 1997.

65. K. Limaye, "Adieu to the avant-garde", *Reason*, Julho 1997.

66. C. Darwent, "Art of staying pretty", *New Statesman*, 13 de fevereiro de 2000; C. Lambert, "The stirring of sleeping beauty", *Harvard Magazine*, Setembro-Outubro 1999, pp. 46-53; K. Limaye, "Adieu to the avant-garde", *Reason*, Julho 1997; A. Delbanco, "The decline and fall of literature", *New York Review of Books*, 4 de novembro de 1999; Perloff, 1999; Turner, 1985; Turner, 1995.

67. Abbott, 2001; Boyd, 1998; Carroll, 1995; Dutton, 2001; Easterling, Riebling & Crews, 1993; Evans, 1998; Gottschall & Jobling, em preparação; Hernadi, 2001; Hogan, 1997; Steiner, 2001; Turner, 1985; Turner, 1996.

68. Goguen, 1999; Gombrich, 1982/1995; Kubovy, 1986.

69. Aiello & Sloboda, 1994; Lerdahl & Jackendoff, 1983.

70. Keyser, 1999; Keyser & Halle, 1998; Turner, 1991; Turner, 1996; Williams, 1990.

71. Scarry, 1999.

72. Abbott, 2001.

73. A. Quart, "David Bordwell blows the whistle on film studies", *Lingua Franca*, Março 2000, pp. 35-43.

74. Abbott, 2001; Aiken, 1998; Cooke & Turner, 1999; Dissanayake, 1992; Etcoff, 1999; Kaplan, 1992; Orians & Heerwgen, 1992; Thornhill, 1998.

75. Teuber, 1997.

76. Behrens, 1998.

77. Citado em Storey, 1996, p. 182.

78. A. S. Byatt, "Narrate or die", *New York Times Magazine*, 18 de abril de 1999, pp. 105-7.

79. John Updike, "The tried and the treowe", *Forbes ASAP*, 2 de outubro de 2000, pp. 201, 215.

80. Storey, 1996, p. 114.

PARTE VI — A VOZ DA ESPÉCIE

1. Degler, 1991, p. 135.

2. Dickinson, 1976.

3. Vonnegut, 1968/1998.

4. Orwell, 1949/1983, p. 205.

5. Por exemplo, Gould, 1981; Lewontin, Rose & Kamin, 1984, pp. ix-x.

6. Orwell, 1949/1983, p. 217.

7. Orwell, 1949/1983, p. 220.

8. Orwell, 1949/1983, p. 220.

9. Orwell, 1949/1983, p. 222.

10. Twain, 1884/1983, pp. 293-5.

11. Twain, 1884/1983, p. 295.

12. Twain, 1884/1983, pp. 330-1.

13. Twain, 1884/1983, p. 332.

14. Twain, 1884/1983, p. 339.

15. Singer, 1972.

16. O diálogo é condensado de Singer, 1972, pp. 68-78, e da adaptação para o cinema.

Referências bibliográficas

Abbott, H. P. E., "Imagination and the adapted mind: a special double issue", *SubStance*, nº 30, 2001.

Adams, B., Breazeal, C., Brooks, R. A. & Scassellatti, B., "Humanoid robots: a new kind of tool", *IEEE Intelligent Systems*, pp. 25-31, 2000.

Agrawal, A. F., Brodie, E. D. I. & Brown, J., "Parent-offspring coadaptation and the dual genetic control of maternal care", *Science*, nº 292, pp. 1710-2, 2001.

Ahn, W.-K, Kalish, C., Gelman, S. A., Medin, D. L., Luhman, C., Atran, S., Coley, J. D. & Shafto, P., "Why essences are essential in the psychology of concepts", *Cognition*, nº 82, pp. 59-69, 2001.

Aiello, R. & Sloboda, J. A. (eds.), *Musical perceptions*, Nova York, Oxford University Press, 1994.

Aiken, N. E., *The biological origins of art*, Westport, Conn., Praeger, 1998.

Akerloff, G. A., *An economic theorist's book of tales: essays that entertain the consequences of new assumptions in economic theory*, Nova York, Cambridge University Press, 1984.

Alcock, J., "Unpunctuated equilibrium in the *Natural History* essays of Stephen Jay Gould", *Evolution and Human Behavior*, nº 19, pp. 321-36, 1998.

Alcock, J., *The triumph of sociobiology*, Nova York, Oxford University Press, 2001.

Alexander, R. D., *The biology of moral systems*, Hawthorne, N.Y., Aldine de Gruyter, 1987.

Allen, E., Beckwith, B., Beckwith, J., Chorover, S. Culver, D., Duncan, M., Gould, S. J., Hubbard, R., Inouye, H., Leeds, A., Lewontin, R., Madansly, C., Miller, L., Pyeritz, R., Rosenthal, M. & Schreier, H., "Against 'Sociobiology'", *New York Review of Books*, nº 22, pp. 43-4, 1975.

Allen, G. E., "Is a new eugenics afoot?", *Science*, nº 294, pp. 59-61, 2001.

Ames, B., Profet, M., Gold, L. S., "Dietary pesticides (99,9% all natural)", *Proceedings of the National Academy of Sciences*, nº 87, pp. 7777-81, 1990.

Anderson, J, R., *Language, memory, and thought*, Mahwah, N. J., Erlbaum, 1976.

Anderson, J. R., *The architecture of cognition*, Cambridge, Mass., Harvard University Press, 1983.

Anderson, J. R., *The adaptive character of thought*, Mahwah, N. J., Erlsbaum, 1990.

Anderson, J. R., *Rules of the mind*, Mahwah, N.J., Erlbaum, 1993.

Anderson, J. R., *Cognitive psychology and its implications*, 4ª ed., Nova York, W. H. Freeman, 1995.

Anderson, S. W., Bechara, A., Damasio, H., Tranel, D. & Damasio, A. R., "Impairment of social and moral behavior related to early damage in human prefrontal cortex", *Nature Neuroscience*, nº 2, pp. 1032-7, 1999.

Andreasen, N. C., Flaum, M., Swayze, V., O'Leary, D. S., Alliger, R., Cohen, G., Ehrhardt, J. & Yuh, W. T. C., "Intelligence and brain structure in normal individuals", *American Journal of Psychiatry*, nº 150, pp. 130-4, 1993.

Antonaccio, M. & Schweiker, W. (eds.), *Iris Murdoch and the search for human goodness*, Chicago, University of Chicago Press, 1996.

Archibald, W. P., *Marx and the missing links: human nature*, Atlantic Highlands, N. J., Humanities Press International, 1989.

Arditi, A., Holtzman, J. D. & Kosslyn, S. M., "Mental imagery and sensory experience in congenital blindness", *Neuropsychologia*, nº 26, pp. 1-12, 1988.

Armstrong, S. L., Gleitman, L. R., Gleitman, H., "What some concepts might not be", *Cognition*, n° 13, pp. 263-308, 1983.

Aronson, E., *The social animal*, San Francisco, W. H. Freeman, 1980.

Atran, S., "Causal constraints on categories and categorical constraints on biological reasoning across cultures", em D. Sperber, D. Premack & A. J. Premack (eds.), *Causal cognition*, Nova York, Oxford University Press, 1995.

Atran, S., "Folk biology and the anthropology of science: Cognitive universals and cultural particulars", *Behavior and Brain Sciences*, nº 21, pp. 547-609, 1998.

Austad, S., "Varied fates from similar states", *Science*, nº 290, p. 944, 2000.

Axelrod, R., *The evolution of cooperation*, Nova York, Basic Books, 1984.

Babcock, L. & Loewenstein, G., "Explaining bargain impasse: the role of self-serving biases", *Journal of Economic Perspectives*, nº 11, pp. 109-26, 1997.

Baddeley, A. D., *Working memory*, Nova York, Oxford University Press, 1986.

Bailey, R., "The law of increasing returns", *Public Interest*, nº 59, pp. 113-21, 2000.

Bailyn, B., *The ideological origins of the American revolution*, Cambridge, Mass., Harvard University Press, 1967/1992.

Baker, M., *The atoms of language*, Nova York, Basic Books, 2001.

Baldwin, D. A., "Infants's contribution to the achievement of joint reference", *Child Development*, nº 62, pp. 875-90, 1991.

Bamforth, D. B., "Indigenous people, indigenous violence: Precontact warfare on the North American Great Plains", *Man*, nº 29, pp. 95-115, 1994.

Barkley, R. A., Ullman, d. G., Otto, L. & Brecht, J. M., "The effects of sex typing and sex appropriateness of modeled behavior on children's imitation", *Child Development*, nº 48, pp. 721-5, 1977.

Barkow, J. H., Cosmides, L. & Tooby, J., *The adapted mind: Evolutionary psychology and the generation of culture*, Nova York, Oxford University Press, 1992.

Baron-Cohen, S., *Mindblindness: an essay on autism and theory of mind*, Cambridge, Mass., MIT Press, 1995.

Barry, D., *Dave Barry's complete guide to guys*, Nova York, Ballantine, 1995.

Barsky, R. F., *Noam Chomsky: A life of dissent*, Cambridge, Mass., MIT Press, 1997.

Barthes, R., "To write: An intransitive verb?", em R. Macksey & E. Donato (eds.), *The languages of criticism and the science of man: The structuralist controversy*, Baltimore, Johns Hopkins University Press, 1972.

Bauer, R. A., *The new man in Soviet psychology*, Cambridge, Mass., Harvard University Press, 1952.

Becker, G. S., *A treatise on the family*, Cambridge, Mass., Harvard University Press, 1991 (ed. ampliada).

Behe, M. J., *Darwin's black box: The biochemical challenge to evolution*, Nova York, Free Press, 1996.

Behrens, R. R., "Art, design and gestalt theory", *Leonardo*, nº 31, pp. 299-304, 1998.

Belenky, M. F., Clinchy, B. M., Goldberger, N. R. & Tarule, J. M., *Women's way of knowing*, Nova York, Basic Books, 1986.

Bell, Q., *On human finery*, Londres, Allison & Busby, 1992.

Benedict, R., "Anthropology and the abnormal", em M. Mead (ed.), *An anthropologist at work: Writings of Ruth Benedict*, Boston, Houghton Mifflin, 1934/1959.

Benjamin, J., Li, L., Patterson, C., Greenberg, B. D., Murphy, D. L. & Hamer, D. H., "Population and familial association between the D4 dopamine receptor gene and measures of novelty seeking", *Nature Genetics*, nº 12, pp. 81-4, 1996.

Berent, I., Pinker, S. & Shimron, J., "Default nominal inflection in Hebrew: evidence for mental variables", *Cognition*, nº 72, pp. 1-44, 1999.

Berlin, I., *The sense of reality: Studies in ideas and their history*, Nova York, Farrar, Straus & Giroux, 1996.

Berra, T. M., *Evolution and the myth of creationism*, Stanford, Calif., Stanford University Press, 1990.

Besançon, A., *The intellectual origins of Leninism*, Oxford, Basil Blackwell, 1981.

Besançon, A., "Forgotten Communism", *Commentary*, pp. 24-7, 1998.

Betzig, L. L., *Human nature: A critical reader*, New York, Oxford University Press, 1997.

Bishop, K. M., Coudreau, G. & O'Leary, D. D. M., "Regulation of area identity in the mammalian neocortex by *Emx2 e Pax6*", *Science*, nº 288, pp. 344-9, 2000.

Blair, J. & Cipolotti, L., "Impaired social response reversal: A case of 'acquired sociopathy'", *Brain*, nº 123, pp. 1122-41, 2000.

Blinkhorn, S., resenha de "The mismeasure of man", de S. J. Gould, *Nature*, nº 296, p. 506, 1982.

Bloom, P., "Generativity within language and other cognitive domains", *Cognition*, nº 51, pp. 177-89, 1994.

Bloom, P., "Intention, history, and artifact concepts", *Cognition*, nº 60, pp. 1-29, 1996.

Blum, D., *Sex on the brain: The biological differences between men and women*, Nova York, Viking, 1997.

Boas, F., "Language and thought", em *Handbook of American Indian languages*, Lincoln, Nebr., Bison Books, 1911.

Bock, G. R. & Goode, J. A. (eds.), *The genetics of criminal and antisocial behavior*, Nova York, Wiley, 1996.

Bodmer, W. F. & Cavalli-Sforza, L. L., "Intelligence and race", *Scientific American*, 1970.

Boehm, C., *Hierarchy in The forest: the evolution of egalitarian behavior*, Cambridge, Mass., Harvard University Press, 1999.

Borges, J. L., "The lottery in Babylon", em *Labyrinths: Selected stories and other writings*, Nova York, New Directions, 1964.

Bouchard, T. J., Jr., "Genes, environment, and personality", *Science*, nº 264, pp. 1700-1, 1994.

Bouchard, T. J., Jr., "Genetic and environmental influences on intelligence and special mental abilities", *Human Biology*, nº 70, pp. 257-9, 1998.

Bouchard, T. J., Jr, Lykken, D. T., McGue, M., Segal, N. L. & Tellegen, A., "Sources of human psychological differences: The Minnesota Study of Twins Reared Apart", *Science*, nº 250, pp. 223-8, 1990.

Bourdieu, P., *Distinction: A social critique of the judgement of taste*, Cambridge, Mass., Harvard University Press, 1984.

Bourgeois, J.-P., Goldman-Rakic, P. S. & Rakic, P., "Formation, elimination, and stabilization of synapses in the primate cerebral cortex", em M. S. Gazzaniga (ed.), *The new cognitive neurosciences*, Cambridge, Mass., MIT Press, 2000.

Bourke, J., *An intimate history of killing: Face-to-face killing in 20th-century warfare,* Nova York, Basic Books, 1999.

Bowles, S. & Gintis, H., "Is equality passé? Homo reciprocans and the future of egalitarian politics", *Boston Review*, 1998.

Bowles, S. & Gintis, H., *Recasting egalitarianism: New rules for communities, states, and markets*, Nova York, Verso, 1999.

Boyd, B., "Jane, meet Charles: Literature, evolution, and human nature", *Philosophy and literature*, nº 22, pp. 1-30, 1998.

Boyd, R. & Richerson, P., *Culture and the evolutionary process*, Chicago, University of Chicago Press, 1985.

Boyd, R. & Silk, J. R., *How humans evolved*, Nova York, Norton, 1996.

Boyer, P., "Cognitive constraints on cultural representations: Natural ontologies and religious ideas", em L. A. Hirschfeld & S. A. Gelman (eds.), *Mapping the mind: Domain specificity in cognition and culture*, Nova York, Cambridge University Press, 1994.

Braine, M. D. S., "Mental logic and how to discover it", em J. Macnamara & G. Reyes (eds.), *The logical foundations of cognition*, Nova York, Oxford University Press, 1994.

Bregman, A. S., *Auditory scene analysis: The perceptual organization of sound*, Cambridge, Mass., MIT Press, 1990.

Bregman, A. S. & Pinker, S., "Auditory streaming and the building of timbre", *Canadian Journal of Psychology*, nº 32, pp. 19-31, 1978.

Breland, K. & Breland, M., "The misbehavior of organisms", *American Psychologist*, nº 16, pp. 681-4, 1961.

Brink, D. O., *Moral realism and the foundations of ethics,* Nova York, Cambridge University Press, 1989.

Brociner, K., "Utopianism, human nature, and the left", *Dissent*, pp. 89-92, 2001.

Brock, D. W., *Life and death: Philosophical essays in biomedical ethics*, Nova York, Cambridge University Press, 1993.

Brooker, P., *A concise glossary of cultural theory*, Nova York, Oxford University Press, 1999.

Brown, D. E., *Human universals*, Nova York, McGraw-Hill, 1991.

Brown, D. E., "Human universals and their implications", em N. Roghey (ed.) *Being humans: Anthropological universality and particularity in transdisciplinary perspectives,* Nova York, Walter de Gruyter, 2000.

Brown, R., *Social psychology: The second edition*, Nova York, Free Press, 1985.

Browne, K., *Divided labors: An evolutionary view of women at work*, Londres, Weidenfeld and Nicholson, 1998.

Brownmiller, S., *Against our will: Men, women, and rape,* Nova York, Fawcett Columbine, 1975.

Brownmiller, S. & Merhof, B., "A feminine response to rape as an adaptation in men", *Behavioral and Brain Sciences*, nº 15, pp. 381-2, 1992.

Bruer, J., "Education and the brain: A bridge too far", *Educational Researcher*, nº 26, pp. 4-16, 1997.

Bruer, J., *The myth of the first three years: A new understanding of brain development and lifelong learning*, Nova York, Free Press, 1999.

Brugger, P., Kollias, S. S., Müri, R. M., Crelier, G., Hepp-Reymond, M.-C & Regard, M., "Beyond re-membering: Phantom sensations of congenitally absent limbs", *Proceedings of the National Academy of Science*, nº 97, pp. 6167-72, 2000.

Bueno de Mesquita, B., *The war trap*, New Haven, Conn., Yale University Press, 1981.

Bullock, A., *Hitler and Stalin: Parallel lives*, Londres, HarperCollins, 1991.

Burke, E., *Reflections on the revolution in France*, Londres, J. M. Dent & Sons, 1790/1967.

Burnham, R. & Phelan, J., *Mean genes: From sex to money to food: Taming our primal instincts*, Cambridge, Mass., Perseus, 2000.

Burnstein, E., Crandall, C. & Kitayama, S., "Some neo-Darwinian decision rules for altruism: weighing cues for inclusive fitness as a function of the biological importance of the decision", *Journal of Personality and Social Psychology*, n⁰ 67, pp. 773-89, 1994.

Buss, D. & Duntley, J. D., "Why the mind is designed for murder: The coevolution of killing and death prevention strategies", *Behavioral and brain sciences*, no prelo.

Buss, D. M., "Mate preference mechanisms: consequences for partner choice and intrasexual competition", em J. Barkow, L. Cosmides & J. Tooby (eds.), *The adapted mind: Evolutionary psychology and the generation of culture*, Nova York, Oxford University Press, 1992.

Buss, D. M., *The evolution of desire*, Nova York, Basic Books, 1994.

Buss, D. M., "Evolutionary psychology: a new paradigm for psychological science", *Psychological Inquiry*, n⁰ 6, pp. 1-30, 1995.

Buss, D. M., *Evolutionary psychology: The new science of the mind*, Boston, Allyn and Bacon, 1999.

Buss, D. M., *The dangerous passion: Why jealousy is as necessary as love and sex*, Nova York, Free Press, 2000.

Butterworth, B., *The matematical brain*, Londres, Macmillan, 1999.

Calvin, W. H., *The cerebral code*, Cambridge, Mass., MIT Press, 1996 (a).

Calvin, W. H., *How brains think*, Nova York, Basic Books, 1996 (b).

Calvin, W. H. & Bickerton, D., *Lingua ex machina: Reconciling Darwin and Chomsky with the human brain*, Cambridge, Mass., MIT Press, 2000.

Calvin, W. H. & Ojemann, G. A., *Inside the brain: Mapping the cortex, exploring the neuron*, www.iuniverse.com, 2001.

Campbell, J. D. & Fairey, P. J., "Informational and normative routes to conformity: The effect of faction size as a function of norm extremity and attention to the stimulus", *Journal of Personality and Social Psychology*, n⁰ 51, pp. 315-24, 1989.

Cappon, L. J. (ed.), *The Adams-Jefferson letters*, Nova York, Simon & Schuster, 1959.

Caramazza, A. & Shelton, J. A., "Domain-specific knowledge systems in the brain: The animate-inanimate distinction", *Journal of Cognitive Neuroscience*, n⁰ 10, pp. 1-34, 1998.

Carey, S., "Cognitive science and science education", *American Psychologist*, n⁰ 41, pp. 1123-30, 1986.

Carey, S. & Spelke, E., "Domain-specific knowledge and conceptual change", em L. A. Hirschfeld & S. A. Gelamn (eds.), *Mapping the mind: Domain specificity in cognition and culture*, Nova York, Cambridge University Press, 1994.

Carpenter, M., Akhtar, N. & Tomasello, M., "Fourteen-through eighteen-month-old infants differentially imitate intentional and accidental actions", *Infant Behavior and Development*, n⁰ 21, pp. 315-30, 1998.

Carroll, J., *Evolution and literary theory*, Columbia, University of Missouri Press, 1995.

Cartmill, M., "Oppressed by evolution", *Discover*, n⁰ 19, pp. 78-83, 1998.

Cartwright, J., *Evolution and human behavior*, Cambridge, Mass., MIT Press, 2000.

Caryl, P. G., "Early event-related potentials correlate with inspection time and intelligence", *Intelligence*, n⁰ 18, pp. 15-46, 1994.

Cashdan, E., "Hunters and gatherers: Economic behavior in bands", em S. Plattner (ed.), *Economic anthropology*, Stanford, Califórnia, Stanford University Press, 1989.

Caspi, A., "The child is father of the man: Personality continuities from childhood to adulthood", *Journal of Personality and Social Psychology*, nº 78, pp. 158-72, 2000.

Catalano, S. M. & Shatz, C. J., "Activity-dependent cortical target selection by thalamic axons", *Science*, nº 24, pp. 559-62, 1998.

Cavalli-Sforza, L. L., "Genes, people, and languages", *Scientific American*, nº 224, pp. 104-10, 1991.

Cavalli-Sforza, L. L. & Feldman, M. W., *Cultural transmission and evolution: A quantitative approach*, Princeton, N. J., Princeton University Press, 1981.

Chabris, C. F., "Prelude or requiem for the 'Mozart effect'?", *Nature*, nº 400, pp. 826-8, 1999.

Chagnon, N. A., "Life histories, blood revenge, and warfare in a tribal population", *Science*, nº 239, pp. 985-92, 1988.

Chagnon, N. A., *Yanomamö: The last days of Eden*, Nova York, Harcourt Brace, 1992.

Chagnon, N. A., "Chronic problems in understanding tribal violence and warfare", em G. Bock & G. Goode (eds.), *The genetic of criminal and antisocial behavior*, Nova York, Wiley, 1996.

Chalupa, L. M., "A comparative perspective on the formation of retinal connections in the mammalian brain", em M. S. Gazzaniga (ed.), *The new cognitive neurosciences*, Cambridge, Mass., MIT Press, 2000.

Chandler, D. P., *Brother number one: A political biography of Pol Pot*, Boulder, Colo., Westview Press, 1999.

Charlesworth, B., "The heritability of fitness", em J. W. Bradbury & M. B. Anderson (eds.), *Sexual selection: Testing the hypotheses*, Nova York, Wiley, 1987.

Charlton, T., "The inception of broadcast television: A naturalistic study of television's effects in St. Helena, South Atlantic", em T. Charlton & K. Davis (eds.), *Elusive links: Television, video games, and children's behavior*, Cheltenham, U. K., Park Published Papers, 1997.

Chase, W. G. & Simon, H. A., "Perception in chess", *Cognitive Psychology*, nº 4, pp. 55-81, 1973.

Check, J. V. P. & Malamuth, N., "An empirical assessment of some feminist hypotheses about rape", *International Journal of Women's Studies*, nº 8, pp. 414-23, 1985.

Chirot, D., *Modern tyrants*, Princeton, N. J., Princeton University Press, 1994.

Chomsky, N., "Language and freedom", *Abraxas*, nº 1, pp. 9-24, 1970.

Chomsky, N., "Psychology and ideology", em N. Chomsky (ed.), *For reasons of state*, Nova York, Vintage, 1973.

Chomsky, N., *Reflections on language*, Nova York, Pantheon, 1975.

Chomsky, N., *Rules and representation*, Nova York, Columbia University Press, 1980.

Chomsky, N., *Language and politics*, Montreal, Black Rose Books, 1988 (a).

Chomsky, N., *Language and problems of knowledge: The Managua lectures*, Cambridge, Mass., MIT Press, 1988 (b).

Chomsky, N., *Language and thought*, Wakefield, R. I., Moyer Bell, 1993.

Chomsky, N., *New horizons in the study of language and mind*, Nova York, Cambridge University Press, 2000.

Chorney, M. J., Chorney, K., Seege, N., Owen, M. J., McGuffin, P., Daniels, J., Thompson, L. A., Detterman, D. K., Benbow, C. P., Lubinski, D., Eley, T. C. & Plomin, R., "A quantitative trait locus (QTL) associated with cognitive ability in children", *Psychological Science*, nº 9, pp. 159-66, 1998.

Chorover, S. L., *From genesis to genocide: The meaning of human nature and the power of behavior control*, Cambridge, Mass., MIT Press, 1979.

Clahsen, H., "Lexical entries and rules of language: A multidisciplinary study of German inflection", *Behavioral and Brain Sciences*, nº 22, pp. 991-1013, 1999.

Clark, R., *Crime in America: Observations on its nature, causes, prevention, and control*, Nova York, Simon & Schuster, 1970.

Claverie, J.-M., "What if there are only 30.000 human genes?", *Science*, nº 291, pp. 1255-7, 2001.

Cohen, J., "The natural goodness of humanity", em A. Reath, B. Herman & C. Korsgaard (eds.), *Reclaiming the history of ethics: Essays for John Rawls*, Nova York, Cambridge University Press, 1997.

Colapinto, J., *As nature made him: The boy who was raised as a girl*, Nova York, HarperCollins, 2000.

Collins, W. A., Maccoby, E. E., Steinberg, L., Hetherington, E. M. & Bornstein, M. H., "Contemporary research on parenting: The case for nature *and* nurture", *American Psychologist*, nº 55, pp. 218-32, 2000.

Conquest, R., *Reflections on a ravaged century*, Nova York, Norton, 2000.

Cooke, B. & Turner, F. (eds.), *Biopoetics: Evolutionary explorations in the arts*, St. Paul, Minn. Paragon House, 1999.

Cosmides, L. & Tooby, J., "Cognitive adaptations for social exchange", em J. H. Barkow, L. Cosmides & J. Tooby (eds.), *The adapted mind: Evolutionary psychology and the generation of culture*, Nova York, Oxford University Press, 1992.

Cosmides, L. & Tooby, J., "Are humans good intuitive statisticians after all? Rethinking some conclusions from the literature on judgement under uncertainty", *Cognition*, nº 58, pp. 1-73, 1996.

Courtois, S., Werth, N., Panné, J.-L., Paczkowski, A., Barto?ek, K. & Margolin, J.-L., *The black book of communism: Crime, terror, repression*, Cambridge, Mass., Harvard University Press, 1999.

Cowen, T., *In praise of commercial culture*, Cambridge, Mass., Harvard University Press, 1998.

Cowie, F., *What's within? Nativism reconsidered*, Nova York, Oxford University Press, 1999.

Crair, M. C., Gillespie, D. C. & Stryker, M. P., "The role of visual experience in the development of columns in cat visual cortex", *Science*, nº 279, pp. 566-70.

Cramer, K. S. & Sur, M., "Activity-dependent remodeling of connections in the mammalian visual system", *Current Opinion in Neurobiology*, nº 5, pp. 106-11, 1995.

Crowford, C. & Krebs, D. L. (eds.), *Handbook of evolutionary psychology: Ideas, issues, and applications*, Mahwah, N.J., Erlbaum, 1998.

Crevier, D., *AI: The tumultuous history of the search for artificial intelligence*, Nova York, Basic Books, 1993.

Crews, F., "Saving us from Darwin", *New York Review of Books*, 4 de outubro e 18 de outubro de 2001.

Crick, F., *The astonishing hypothesis: The scientific search for the soul*, Nova York, Simon & Schuster, 1994.

Crick, F. & Koch, C., "Are we aware of neural activity in primary visual cortex?", *Nature*, nº 375, pp. 121-3, 1995.

Crittenden, D., *What our mothers didn't tell us: Why happiness eludes the modern woman*, Nova York, Simon & Schuster, 1999.

Cronin, H., *The ant and the peacock*, Nova York, Cambridge University Press, 1992.

Cronk, L., *That complex whole: Culture and the evolution of human behavior*, Boulder, Colo., Westview Press, 1999.

Cronk, L., Chagnon, N. & Irons, W. (eds.), *Adaptation and human behavior*, Hawthorne, N. Y., Aldine de Gruyter, 2000.

Crow, J. F., "Unequal by nature: A geneticist's perspective on human differences", *Daedalus*, Winter 2002, pp. 82-8.

Crowley, J. C. & Katz, L. C., "Early development of ocular dominance columns", *Science*, nº 290, pp. 1321-4, 2000.

Cummins, D. D., "Evidence for the innateness of deontic reasoning", *Mind and language*, nº 11, pp. 160-90, 1996.

Curti, M., *Human nature in American thought: A history*, Madison, University of Wisconsin Press, 1980.

Curtiss, S., de Bode, S. & Shields, S., "Language after hemispherectomy", em J. Gilkerson, M. Becker & N. Hyams (eds.), *UCLA Working Papers in Linguistics* (vol. 5, pp. 91-112), Los Angeles, UCLA Department of Linguistics, 2000.

Dabbs, J. M. & Dabbs, M. G., *Heroes, rogues and lovers: Testosterone and behavior*, Nova York, McGraw-Hill, 2000.

Daly, M., "Natural selection doesn't have goals, but it's the reason organisms do" (Comentário sobre "The quest for optimality: A positive heuristic of science?", de P. J. H. Shoemaker,), *Behavioral and Brain Sciences*, nº 14, pp. 219-20, 1991.

Daly, M., Salmon, C. & Wilson, M., "Kinship: The conceptual hole in psychological studies of social cognition and close relationships", em J. Simpson & D. Kendrick (eds.), *Evolutionary social psychology*, Mahwah, J. J., Erlbaum, 1997.

Daly, M. & Wilson, M., *Sex, evolution and behavior* (2ª ed.), Belmont, Calif., Wadsworth, 1983.

Daly, M. & Wilson, M., *Homicide*, Hawthorne, N. Y., Aldine de Gruyter, 1988.

Daly, M. & Wilson, M., "Evolutionary psychology of male violence", em J. Archer (ed.), *Male violence*, Londres, Routledge, 1994.

Daly, M. & Wilson, M., *The truth about Cinderella: A Darwinian view of parental love*, New Haven, Conn., Yale University Press, 1999.

Daly, M., Wilson, M. & Vasdev, S., "Income inequality and homicide rates in Canada and the United States", *Canadian Journal of Criminology*, nº 43, pp. 219-36, 2001.

Damasio, A. R., *Descartes' error: Emotion, reason, and the human brain*, Nova York, Putnam, 1994.

Damasio, H., "The lesion method in cognitive neuroscience", em F. Boller & J. Grafman (eds.), *Handbook of neuropsychology* (2ª ed.), vol. 1, Nova York, Elsevier, 2000.

Damewood, M. D., "Ethical implications of a new application of preimplantation diagnosis", *Journal of the American Medical Association*, nº 285, pp. 3143-4, 2001.

Darwin, C., *The expression of the emotions in man and animals: Definitive edition*, Nova York, Oxford University Press, 1872/1998.

Davidson, R. J., Putnam, K. M. & Larson, C. L., "Disfunction in the neural circuitry of emotion regulation: A possibile prelude to violence", *Science*, nº 289, pp. 591-4, 2000.

Davis, B. D., "Neo-Lysenkoism, IQ and the press", *Public Interest*, nº 73, pp. 41-59, 1983.

Dawkins, R., *The selfish gene* (nova ed.), Nova York, Oxford University Press, 1976/1989.

Dawkins, R., "Universal Darwinism", em D. S. Bendall (ed.), *Evolution from molecules to man*, Nova York, Cambridge University Press, 1983.

Dawkins, R., "Sociobiology: The debate continues" (Resenha de "Not in our genes", de Lewontin, Rose & Kamin), *New Scientist*, nº 24, pp. 59-60, 1985.

Dawkins, R., *The blind watchmaker: Why the evidence of evolution reveals a universe without design*, Nova York, Norton, 1986.

Dawkins, R., *Unweaving the rainbow: Science, delusion and the appetite for wonder*, Boston, Houghton Mifflin, 1998.

De Waal, F., *Chimpanzee politics: Power and sex among the apes*, Baltimore, Johns Hopkins University Press, 1998.

Deacon, T., *The symbolic species: The coevolution of language and the brain*, Nova York, Norton, 1997.

Deary, J. J., *Looking down on human intelligence: From psychometrics to the brain*, Nova York, Oxford University Press, 2000.

Deater-Deckard, K. & Plomin, R., "An adoption study of the etiology of teacher and parent reports of externalising behavior problems in middle childhood", *Child Development*, nº 70, pp. 144-54, 1999.

Degler, C. N., *In search of human nature: The decline and revival of Darwinism in American social thought*, Nova York, Oxford University Press, 1991.

Dehaene, S., *The number sense: How the mind creates mathematics*, Nova York, Oxford University Press, 1997.

Dehaene, S., Spelke, L., Pinel, P., Stanescu, R. & Tsivkin, S., "Sources of mathematical thinking: Behavioral and brain-imaging evidence", *Science*, nº 284, pp. 970-4, 1999.

Delfeld, R., *The new Victorians: A Young woman's challenge to the old feminist order*, Nova York, Warner Books, 1995.

Dennett, D. C., *Elbow room: The varieties of free will worth wanting*, Cambridge, Mass., MIT Press, 1984.

Dennett, D. C., "The logical geography of computational approaches: A view from the East Pole", em M. Harnish & M. Brand (eds.), *The representation of knowledge and belief*, Tucson, University of Arizona Press, 1986.

Dennett, D. C., *Consciousness explained*, Boston, Little, Brown, 1991.

Dennett, D. C., *Darwin's dangerous idea: Evolution and the meaning of life*, Nova York, Simon & Schuster, 1995.

Dershowitz, A. M., *The abuse excuse*, Boston, Little, Brown, 1994.

Descartes, R., *Discourse on method*, Nova York, Bartleby.com, 1673/2001.

Descartes, R., "Meditations on first philosophy", em R. Popkin (ed.), *The philosophy of the 16th and 17th centuries*, Nova York, Free Press, 1641/1967.

Deutsch, M. & Gerard, G. B., "A study of normative and informational social influence upon individual judgement", *Journal of Abnormal and Social Psychology*, nº 51, pp. 629-36, 1955.

Devlin, K., *The math gene: How mathematical thinking evolved and why numbers are like gossip*, Nova York, Basic Books, 2000.

Diamond, J., *The third chimpanzee: The evolution and future of the human animal*, Nova York, HarperCollins, 1992.

Diamond, J., *Guns, germs, and steel: The fates of human societies*, Nova York, Norton, 1997.

Diamond, J., *Why is sex fun? The evolution of human sexuality*, Nova York, Basic Books, 1998.

Diamond, M. & Sigmundson, K., "Sex reassignment at birth: Long-term review and clinical implications", *Archives of Pediatric and Adolescent Medicine*, nº 151, pp. 298-304, 1997.

Dickinson, E., *The complete poems of Emily Dickinson*, Nova York, Little, Brown, 1976.

Dissanayake, E., *Homo aestheticus: Where art comes from and why*, Nova York, Free Press, 1992.

Dissanayake, E., "Komar and Melamid discover Pleistocene taste", *Philosophy and Literature*, nº 22, pp. 486-96, 1998.

Dissanayake, E., *Art and intimacy: How the arts began*, Seattle, University of Washington Press, 2000.

Divale, W. T., "System population control in the middle and upper Paleolithic: Inferences based on contemporary hunter-gatherers", *World Archaeology*, nº 4, pp. 222-43, 1972.

Dorit, R., Resenha de "Darwin's black box", de Michael Behe, *American Scientist*, nº 85, pp. 474-5, 1997.

Drake, S., *Galileo studies: Personality, tradition, and revolution*, Ann Harbor, University of Michigan Press, 1970.

Dugatkin, L., "The evolution of the con artist", *Ethiology and sociobiology*, nº 13, pp. 3-18, 1992.

Dunbar, R., *Grooming, gossip, and the evolution of language*, Cambridge, Mass., Harvard University Press, 1998.

Dunn, J. & Plomin, R., *Separate lives: Why siblings are so different*, Nova York, Basic Books, 1990.

Dunphy, D., "The social structure of early adolescent peer groups", *Sociometry*, nº 26, pp. 230-46, 1963.

Durham, W. H., "Interactions of genetic and cultural evolution: Models and examples", *Human Ecology*, nº 10, pp. 299-334, 1982.

Durkheim, E., *The rules of the sociological method*, Glencoe, Ill., Free Press, 1895/1962.

Dutton, D., "America's most wanted, and why no one wants it", *Philosophy and Literature*, nº 22, pp. 530-43, 1998.

Dutton, D., "Mad about flowers", *Philosophy and Literature*, nº 24, pp. 249-60, 2000.

Dutton, D., "Aesthetic universals", em B. Gaut & D. M. Lopes (eds.), *The Routledge companion to aesthetics*, Nova York, Routledge, 2001.

Dworkin, A., "Sexual economics: The terrible truth", em *Letters from a war-zone*, Nova York, Lawrence Hill, 1993.

Eagly, A. H., "The science and politics of comparing women and men", *American Psychologist*, nº 50, pp. 145-58, 1995.

Easterling, N., Riebling, B. & Crews, F., *After poststructuralism: Interdisciplinary and literary theory (rethinking theory)*, Evanston, Ill., Northwstern University Press, 1993.

Eaves, L. J., Eysenck, H. J. & Martin, N. G., *Genes, culture, and personality: An empirical approach*, San Diego, Academic Press, 1989.

Edgerton, R. B., *Sick societies: Challenging the myth of primitive harmony*, Nova York, Free Press, 1992.

Eibl-Eibesfeldt, I., *Human ethology*, Hawthorne, N. Y., Aldine de Gruyter, 1989.

Ekman, P., "A life's pursuit", em T. A. Sebeok & J. Umiker-Sebeok (eds.), *The semiotic web 86: An International Yearbook*, Berlim, Mouton de Gruyter, 1987.

Ekman, P., "Afterword: universality of emotional expression? A personal history of the dispute", em C. Darwin, *The expression of emotions in man and animals: Definitive edition*, Nova York, Oxford University Press, 1998.

Ekman, P. & Davidson, R. J., *The nature of emotion*, Nova York, Oxford University Press, 1994.

Ellis, B. J., "The evolution of sexual attraction: Evaluative mechanisms in women", em J. H. Barkow, L. Cosmides & J. Tooby (eds.), *The adapted mind: Evolutionary psychology and the generation of culture*, Nova York, Oxford University Press, 1992.

Ellis, L. & Beattie, C., "The feminist explanation for rape: An empirical test", *Journal of Sex Research*, nº 19, pp. 74-91, 1983.

Elman, J. L., Bates, E. A., Johnson, M. H., Karmiloff-Smith, A., Parisi, D. & Plunkett, K., *Rethinking innateness: A connectionist perspective on development*, Cambridge, Mass., MIT Press, 1996.

Ember, C., "Myths about hunter-gatherers", *Ethnology*, nº 27, pp. 239-48, 1978.

Epstein, J., "On the mathematical biology of arms races, wars, and revolutions", em L. Nadel & D. Stein (eds.), *1992 Lectures in complex systems*, vol. 5, Reading, Mass., Addison Wesley, 1994.

Epstein, J. & Axtell, R. L., *Growing artificial societies: Social science from the bottom up*, Cambridge, Mass., MIT Press, 1996.

Erikson, M. A. & Kruschke, J. K., "Rules and exemplars in category learning", *Journal of Experimental Psychology: General*, nº 127, pp. 107-40, 1998.

Estrich, S., *Sex and power*, Nova York, Riverhead Press, 2000.

Etcoff, N. L., *Survival of the prettiest: The science of beauty*, Nova York, Doubleday, 1999.

Evans, D. & Zarate, O., *Introducing evolutionary psychology*, Nova York, Totem Books, 1999.

Evans, D. A., "Evolution and literature", *South Dakota Review*, nº 36, pp. 33-46, 1998.

Faigman, D. L., *Legal alchemy: The use and misuse of science in the law*, Nova York, W. H. Freeman, 1999.

Farah, M. J., Rabinowitz, C., Quinn, G. E. & Liu, G. T., "Early commitment of neural substrates for face recognition", *Cognitive Neuropsychology*, nº 17, pp. 117-23, 2000.

Fausto-Sterling, A., *Myths of gender: Biological theories about women and men*, Nova York, Basic Books, 1985.

Fehr, E. Fischbacher, U. & Gächter, S., "Strong reciprocity, human cooperation and the enforcement of social norms", *Human Nature*, no prelo.

Fehr, E. & Gächter, S., "Fairness and retaliation: The economics of reciprocity", *Journal of Economic Perspectives*, nº 14, pp. 159-81, 2000.

Fernández-Jalvo, Y., Diez, J. C., Bermúdez de Castro, J. M., Carbonell, E. & Arsuaga, J. L., "Evidence of early cannibalism", *Science*, nº 271, pp. 277-8, 1996.

Festinger, L., *A theory of cognitive dissonance*, Stanford, Calif., Stanford University Press, 1957.

Finch, C. E. & Kirkwood, T. B. L., *Chance, development and aging*, Nova York, Oxford University Press, 2000.

Fischoff, S., "Psychology's quixotic quest for the media-violence connection", *Journal of Media Psychology*, nº 4, 1999.

Fisher, S. E., Vargha-Khadem, F., Watkins, K. E., Monaco, A. P. & Pembrey, M. E., "Localization of a gene implicated in a severe speech and language disorder", *Nature Genetics*, nº 18, pp. 168-70, 1998.

Fiske, A. P., "The four elementary forms of sociality: Framework for a unified theory of social relations", *Psychological Review*, nº 99, pp. 689-723, 1992.

Flynn, R. J., "Searching for justice: The discovery of IQ gains over time", *American Psychologist*, nº 54, pp. 5-20, 1999.

Fodor, J. A., "The present status of the innateness controversy", em J. A. Fodor (ed.), *RePresentations*, Cambridge, Mass., MIT Press, 1981.

Fodor, J. A., *The modularity of mind*, Cambridge, Mass., MIT Press, 1983.

Fodor, J. A., *The elm and the expert: Mentalese and its semantics*, Cambridge, Mass., MIT Press, 1994.

Fodor, J. A. & Pylyshyn, Z., "Connectionism and cognitive architecture: A critical analysis", *Cognition*, nº 28, pp. 3-71, 1988.

Fox, J. A. & Zawitz, M. W., *Homicide trends in the United States*, Washington, D. C., U. S. Department of Justice. Disponível em: www.ojp.usdoj-gov/bjs/homicide/homtrnd.htm, 2000.

Fox, R., *Kinship and marriage: An anthropological perspective*, Nova York, Cambridge University Press, 1984.

Fox, R., *The search for society: Quest for a biosocial science and morality*, Nova Brunswick, N.J., Rutgers University Press, 1989.

Frangiskakis, J.M., Ewart, A. K., Morris, A. C., Mervis, C. B., Bertrand, J., Robinson, B. F., Klein, B. P., Ensing, G. J., Everett, L. A., Green, E. D., Proschel, C., Gutowski, N. J., Noble, M. Atkinson, D. L., Odelberg, S. J. & Keating, M. T., "LIM-Kinase 1 hemizygosity implicated in impaired visuospatial constructive cognition", *Cell*, nº 86, pp. 59-69, 1996.

Frank, R., *Luxury fever: When money fails to satisfy an era of excess*, Nova York, Free Press, 1999.

Frank, R. H., *Choosing the right pond: Human behavior and the quest for status*, Nova York, Oxford University Press, 1985.

Frank, R. H., *Passions within reason: The strategic role of emotions*, Nova York, Norton, 1988.

Frank, R. H., Gilovich, T. & Regan, D., "The evolution of one-shot cooperation: An experiment", *Ethology and Sociobiology*, nº 14, pp. 247-56, 1993.

Frazer, J. L., *The golden bough*, Nova York, Simon & Schuster, 1890/1996.

Freedman, J. L., "Effect of television violence on aggressiveness", *Psychological Bulletin*, nº 96, pp. 227-46, 1984.

Freedman, J. L., "Violence in the mass media and violence in society: The link is unproven", *Harvard Mental Health Letter*, nº 12, pp. 4-6, 1996.

Freedman, J. L., *Media violence and aggression: No evidence for a connection*, Toronto, University of Toronto Press, 2002.

Freeman, D., *Margaret Mead and Samoa: The making and unmaking of an anthropological myth*, Cambridge, Mass., Harvard University Press, 1983.

Freeman, D., *The fateful hoaxing of Margaret Mead: A historical analysis of her Samoan research*, Boulder, Colo., Westview Press, 1999.

Frith, C., *The cognitive neuropsychology of schizophrenia*, Nova York, Psychology Press, 1992.

Fry, D., "Conflict management in cross-cultural perspective", em Aureli & F. B. M. de Waal (eds.), *Natural conflict resolution*, Berkeley, University of California Press, 2000.

Furchgott-Roth, D. & Stolba, C., *Women's figures: An illustrated guide to the economic progress of women in America*, Washington, D.C., American Enterprise Institute Press, 1999.

Galileo, G., *Dialogue concerning the two chief world systems*, Berkeley, University of California Press, 1632/1967.

Gallistel, C. R., *The organization of learning*, Cambridge, Mass., MIT Press, 1990.

Gallistel, C. R. (ed.), *Animal cognition*, Cambridge, Mass., MIT Press, 1992.

Gallistel, C. R., "The replacement of general-purpose theories with adaptive specializations", em M. S. Gazzaniga (ed.), *The new cognitive neurosciences*, Cambridge, Mass., MIT Press, 2000.

Gangestad, S. & Thornhill, R., "Menstrual cycle variation in women's preferences for the scent of symmetrical men", *Proceedings of the Royal Society of London*, B, n⁰ 265, pp. 927-33, 1998.

Gardner, H., *Frames of mind: The theory of multiple intelligences*, Nova York, Basic Books, 1983.

Gardner, H., *The mind's new science: A history of the cognitive revolution*, Nova York, Basic Books, 1985.

Gardner, H., *Intelligence reframed: Multiple intelligences for the 21ˢᵗ. century*, Nova York, Basic Books, 1999.

Gaulin, S. & McBurney, D., *Evolutionary psychology*, Englewood Cliffs, N. J., Prentice Hall, 2000.

Gaulin, S. J. C. & McBurney, D. H., *Psychology: An evolutionary approach*, Upper Saddle River, N. J., Prentice Hall, 2001.

Gazzaniga, M. S., *Nature's Mind: The biological roots of thinking, emotion, sexuality, language, and intelligence*, Nova York, Basic Books, 1992.

Gazzaniga, M. S., *The mind's past*, Berkeley, University of California Press, 1998.

Gazzaniga, M. S., *Cognitive neuroscience: A reader*, Malden, Mass., Blackwell, 2000 (a).

Gazzaniga, M. S. (ed.), *The new cognitive neurosciences*, Cambridge, Mass., MIT Press, 2000 (b).

Gazzaniga, M.S., Ivry, R. B. & Mangun, G. R., *Cognitive neuroscience: The biology of the mind*, Nova York, Norton, 1998.

Geary, D. C., *Children's mathematical development*, Washington, D.C., American Psychological Association, 1994.

Geary, D. C., "Reflections on evolution and culture in children's cognition", *American Psychologist*, n⁰ 50, pp. 24-37, 1995.

Geary, D. C., *Male, female: The evolution of human sex differences*, Washington, D.C., American Psychological Association, 1998.

Geary, D. C., "Principles of evolutionary educational psychology", *Learning and individual differences*, no prelo.

Geary, D. C. & Huffman, K. J., "Brain and cognitive evolution: Forms of modularity and functions of mind", *Psychological Bulletin,* 2002.

Geertz, C., *The interpretation of cultures: Selected essays*, Nova York, Basic Books, 1973.

Gelman, S. A., Coley, J. D. & Gottfried, G. M., "Essentialist beliefs in children: The acquisition of concepts and theories", em L. A. Hirschfeld & S. A. Gelman (eds.), *Mapping the mind: Domain specificity in cognition and culture*, Nova York, Cambridge University Press, 1994.

Getty, J. A., "The future did not work "(Resenha de *"The passing of an illusion"*, de Furet, e de *"The black book of communism"*, de Courtois *et al.,*), *Atlantic Monthly*, n⁰ 285, pp. 113-6, 2000.

Ghiglieri, M. P., *The dark side of man: Tracing the origins of male violence*, Reading, Mass., Perseus Books, 1999.

Gibbons, A., "Archaeologists rediscover cannibals", *Science*, n⁰ 277, pp. 635-7, 1997.

Gibbons, A., "Europeans trace ancestry to Paleolithic people", *Science*, n⁰ 290, pp. 1080-1, 2000.

Gigerenzer, G., "How to make cognitive illusions disappear: Beyond heuristics and biases", *European Review of Social Psychology*, n⁰ 2, pp. 83-115, 1991.

Gigerenzer, G., "Ecological intelligence: An adaptation for frequencies", em D. Cummins & C. Allen (eds.), *The evolution of mind*, Nova York, Oxford University Press, 1997.

Gigerenzer, G. & Hug, K., "Domain specific reasoning: Social contracts, cheating and perspective change", *Cognition*, n⁰ 43, pp. 127-71, 1992.

Gigerenzer, G. & Selten, R. (eds.), *Bounded rationality: The adaptive toolbox*, Cambridge, Mass., MIT Press, 2001.

Gilbert, D. T. & Hixon, J. G., "The trouble of thinking: Activation and application of stereotypic beliefs", *Journal of Personality and Social Psychology*, n⁰ 60, pp. 509-17, 1991.

Gilligan, C., *In a different voice: Psychological theory and women's developmen*, Cambridge, Mass., Harvard University Press, 1982.

Gintis, H., "Strong reciprocity and human sociality", *Journal of Theoretical Biology*, n⁰ 206, pp. 169-79, 2000.

Glendon, M. A., *A world made new: Eleanor Roosevelt and the Universal Declaration of Human Rights*, Nova York, Random House, 2001.

Glover, J., *Causing Death and saving lives*, Londres, Penguin, 1977.

Glover, J., *Humanity: A moral history of the twentieth century*, Londres, Jonathan Cape, 1999.

Godfray, H. C., "Evolutionary theory of parent-offspring conflict", *Nature*, n⁰ 376, pp. 133-8, 1995.

Goguen, J. A. E., "Special issue on art and the brain", *Journal of Consciousness Studies*, n⁰ 6, 1999.

Goldberg, L. R., "Simple models or simple processes? Some research on clinical judgements", *American Psychologist*, n⁰ 23, pp. 483-96, 1968.

Goldenberg, J., Mazursky, D. & Solomon, S., "Creative sparks", *Science*, n⁰ 285, pp. 1495-6, 1999.

Golding, C., *Understanding the gender gap: An economic history of American workers*, Nova York, Oxford University Press, 1990.

Goleman, D., *Vital lies, simple truths: The psychology of self-deception*, Nova York, Simon & Schuster, 1985.

Gombrich, E., *A sense of order: A study in the psychology of decorative art* (2ª ed.), Londres, Phaidon Press, 1982/1995.

Gombrich, E., Meltzoff, A. N. & Kuhl, P. K., *The scientist in the crib: Minds, brains, and how children learns*, Nova York, William Morrow, 1999.

Gordon, M. T. & Riger, S., *The female fear: The social cost of rape*, Urbana, University of Illinois Press, 1991.

Gottfredson, L. S., "Reconsidering fairness: A matter of social and ethical priorities", *Journal of Vocational Behavior*, n⁰ 29, pp. 379-410, 1988.

Gottfredson, L. S., "Mainstream science on intelligence: An editorial with 52 signatories, history, and bibliography", *Intelligence*, n⁰ 24, pp. 13-23, 1997.

Gottfredson, M. H. & Hirschi, T., *A general theory of crime*, Stanford, Calif., Stanford University Press, 1990.

Gottschall, J. & Gotschall, R., "The reproductive success of rapists: An exploration of the per-incident rape-pregnancy rate", trabalho apresentado no Encontro Anual da Human Behavior and Evolution Society, Londres, 2001.

Gottschall, J. & Jobling, I (eds.), *Evolutionary psychology and literary studies: Toward integration*, em preparação.

Gould, S. J., "Biological potential *vs.* biological determinism", em S. J. Gould (ed.), *Ever since Darwin: Reflections on natural history*, Nova York, Norton, 1976 (a).

Gould, S. J., "Criminal man reviewed", *Natural History*, nº 85, pp. 16-8, 1976 (b).

Gould, S. J. *The panda's thumb*, Nova York, Norton, 1980.

Gould, S. J., *The mismeasure of man*, Nova York, Norton, 1981.

Gould, S. J., "Life in a punctuation", *Natural History*, nº 101, pp. 10-21, 1992.

Gould, S. J., "Ordering nature by budding and full-breasted sexuality", em *Dinosaur in a haystack*, Nova York, Harmony Books, 1995.

Gould, S. J., "The Diet of Worms and the defenestration of Prague", em *Leonardo's mountain of clams and the Diet of Worms: Essays in natural history*, Nova York, Harmony Books, 1998 (a).

Gould, S. J., "The great symmetry", *Science*, nº 279, pp. 812-3, 1998 (b).

Grant, J., *Fundamental feminism: Contesting the core concepts of feminist theory*, Nova York, Routledge, 1993.

Graves, D. E., "'Naked truths for the asking': Twentieth-century military historians and the battlefield narrative", em D. A. Chartes, M. Milner & J. B. Wilson (eds.), *Military history and the military professions*, Westport, Conn., Greenwood Publishing Group, 1992.

Green, R. M., *The human embryo research debates: Bioethics in the vortex of controversy*, Nova York, Oxford University Press, 2001.

Greenwald, A., "Self-knowledge and self-deception", em S. J. Lockard & D. L. Paulhaus (eds.), *Self-deception: An adaptive mechanism*, Englewood Cliffs, N.J., Prentice-Hall, 1988.

Gu, X. & Spitzer, N. C., "Distinct aspects of neuronal differentiation encoded by frequency of spontaneous Ca^{2+} transients", *Nature*, nº 375, pp. 784-7, 1995.

Gur, R. C. & Gur, R. E., "Gender differences in neurpsychological functions", em L. J. Dickstein & B. L. Kennedy (eds.), *Gender differences in the brain: Linking biology to psychiatry*, Nova York, Guilford Publications, no prelo.

Gur, R. C., Turestky, B. I., Matsui, M., Yan, M., Bilker, W., Hughett, P. & Gur, R. E., "Sex differences in brain gray and white matter in healthy young adults: Correlations with cognitive performance", *Journal of Neuroscience*, nº 19, pp. 4065-72, 1999.

Gutknecht, L., Spitz, E. & Carlier, M., "Long-term effect of placental type on anthropometrical and psychological traits among monozygotic twins: A follow-up study", *Twin Research*, nº 2, pp. 212-7, 1999.

Hacking, I., *The social construciton of what?* Cambridge, Mass., Harvard University Press, 1999.

Hadley, R. F., "Systematicity in connectionist language learning", *Mind & Language*, nº 9, pp. 247-72, 1994 (a).

Hadley, R. F., "Systematicity revisited: Reply to Christiansen and Chater and Niklasson and Van Gelder", *Mind and Language*, nº 9, pp. 431-44, 1994 (b).

Haidt, J., "The emotional dog and its rational tail: A social intuitionist approach to moral judgement", *Psychological Review*, nº 108, pp. 813-34, 2001.

Haidt, J., "The moral emotions", em R. J. Davidson (ed.), *Handbook of affective sciences*, Nova York, Oxford University Press, no prelo.

Haidt, J. & Hersh, M. A., "Sexual morality: The cultures and emotions of conservatives and liberals", *Journal of Applied Social Psychology*, nº 31, pp. 191-221, 2001.

Haidt, J., Koller, H. & Dias, M. G., "Affect, culture, and morality, or Is it wrong to eat your dog?", *Journal of Personality and Social Psychology*, nº 65, pp. 613-28, 1993.

Haier, R. J., Siegel, B., Tang, C. & Buchsbaum, M. S., "Intelligence and changes in regional cerebral glucose metabolic rate following learning", *Intelligence*, nº 16, pp. 415-26, 1992.

Haig, D., "Genetic conflicts in human pregnancy", *Quarterly Review of Biology*, nº 68, pp. 495-532, 1993.

Halpern, N., *Sex differences in cognitive abilities* (3ª ed.), Mahwah, N. J., Erlbaum, 2000.

Halperns, D. F., Gilbert, R. & Coren, S., "PC or not PC? Contemporary challenges to unpopular research findings", *Journal of Social Distress and the Homeless*, nº 5, pp. 251-71, 1996.

Hamer, D. & Copeland, P., *The science of desire: The search for the gay gene and the biology of behavior*, Nova York, Simon & Schuster, 1994.

Hamer, D. & Copeland, P., *Living with our genes: Why they matter more than you think*, Nova York, Doubleday, 1998.

Hamilton, W. D., "The genetical evolution of social behavior (i and ii)", *Journal of Theoretical Biology*, nº 7, pp. 1-16, 17-52, 1964.

Hardcastle, V. G. & Buller, D. J., "Evolutionary psychology, meet developmental neurobiology: Against promiscuous modularity", *Brain and Mind*, nº 1, pp. 307-25, 2000.

Hare, R. D., *Without conscience: The disturbing world of the psychopats around us*, Nova York, Guilford Press, 1993.

Harpending, H. & Sobus, J., "Sociopathy as an adaptation", *Ethology and Sociobiology*, nº 8, pp. 63-72, 1987.

Harris, J. R., "Where is the child's environment? A group socialization theory of development", *Psychological Review*, nº 102, pp. 458-9, 1995.

Harris, J. R., *The nurture assumption: Why children turn out the way they do*, Nova York, Free Press, 1998 (a).

Harris, J. R., "The trouble with assumptions" (comentário sobre *Parental socialization of emotion*, de Einsenberg, Cumberland, e Spinrad), *Psychological Inquiry*, nº 9, pp. 294-7, 1998 (b).

Harris, J. R., "Research on child development: What we can learn from medical research", trabalho apresentado em Children's Roundtable, Brookings Institution, Washington, D.C., 28 de setembro, 2000 (a).

Harris, J. B., "Socialization, personality development, and the child's environments: Comment on Vandell (2000)", *Developmental Psychology*, nº 36, pp. 711-23, 2000 (b).

Harris, J. R., "Personality and birth order: Explaining the differences between siblings", *Politics and the Life Sciences,* no prelo.

Harris, M., *Good to eat: Riddles of food and culture*, New York, Simon & Schuster, 1985.

Hartman, J. L., Garvik, B. & Hartwell, L., "Principles for the buffering of genetic variation", *Science*, nº 291, pp. 1001-4, 2001.

Haugeland, J., "Semantic engines: An introduction to mind design", em J. Haugeland (ed.), *Mind design: Philosophy, psychology, artificial intelligence*, Cambridge, Mass., MIT Press, 1981.

Hauser, M. D., *The evolution of communication*, Cambridge, Mass., MIT Press, 1996.

Hauser, M. D., *Wild minds: What animals really think*, Nova York, Henry Holt, 2000.

Hausman, P., *On the rarity of mathematically and mechanically gifted females*, The Fielding Institute, Santa Barbara, Calif., 1999.

Hawkes, K., O'Connell, J. & Rogers, L., "The behavioral ecology of modern hunter-gatherers, and human evolution", *Trends in Evolution and Ecology*, nº 12, pp. 29-32, 1997.

Hayek, F. A., *The constitution of liberty*, Chicago, University of Chicago Press, 1960/1978.

Hayek, F. A., *Law, legislation, and liberty* (vol. 2: *The mirage of social justice*), Chicago, University of Chicago Press, 1976.

Hedges, L. V., & Nowell, A., "Sex differences in mental test scores, variability, and numbers of high-scoring individuals", *Science*, nº 269, pp. 41-5, 1995.

Hernadi, P., "Literature and evolution", *SubStance*, nº 30, pp. 55-71, 2001.

Herrnstein, R., "I.Q.", *Atlantic Monthly*, pp. 43-64, 1971.

Herrnstein, R. J., "On challenging an orthodoxy", *Commentary*, pp. 52-62, 1973.

Herrnstein, R. J. & Murray, C., *The bell curve: Intelligence and class structure in American life*, Nova York, Free Press, 1994.

Hinton, G. E. & Nowlan, S. J., "How learning can guide evolution", *Complex System*, nº 1, pp. 495-502, 1987.

Hirschfeld, L. A. & Gelman, S. A., *Mapping the mind: Domain specificity in cognition and culture*, Nova York, Cambridge University Press, 1994.

Hirshleifer, J., "On the emotions and guarantors of threats and promises", em J. Dupré (ed.), *The latest on the best: Essays on evolution and optimality*, Cambridge, Mass., MIT Press, 1987.

Hobbes, T., *Leviathan*, Nova York, Oxford University Press, 1651/1957.

Hoffrage, U., Lindsey, S., Hertwig, R. & Gigerenzer, G., "Communicating statistical information", *Science*, nº 290, pp. 2261-2, 2000.

Hogan, P. C., "Literary universals", *Poetics Today*, nº 18, pp. 224-49, 1997.

Holden, C., "The genetics of personality", *Science*, nº 237, pp. 598-601, 1987.

Holden, C., "Molecule shows Anasazi ate their enemies", *Science*, nº 289, p. 1663, 2000.

Horgan, J., "Eugenics revisited: Trends in behavioral genetics", *Scientific American*, nº 268, pp. 122-31, 1993.

Horgan, J., "The new Social Darwinists", *Scientific American*, nº 268, pp. 122-31, 1995.

Horowitz, D. L., *The deadly ethnic riot*, Berkeley, University of California Press, 2001.

Hrdy, S. B., *Mother nature: A history of mothers, infants, and natural selection*, Nova York, Pantheon Books, 1999.

Hubel, D. H., *Eye, brain, and vision*, Nova York, Scientific American, 1988.

Hume, D., *A treatise of human nature*, Nova York, Oxford University Press, 1739/2000.

Hummel, J. E. & Biederman, I., "Dynamic binding in a neural network for shape recognition", *Psychological Review*, nº 99, pp. 480-517, 1992.

Hummel, J. E. & Holyoak, K. J., "Distributed representations of structure: A theory of analogical access and mapping", *Psychological Review*, nº 104, pp. 427-66, 1997.

Hunt, M., *The new know-nothings: The political foes of the scientific study of human nature*, New Brunswick, N. J., Transaciton Publishers, 1999.

Hyman, S. E., "Introduction to the complex genetics of mental disorders", *Biological Psychiatry*, nº 45, pp. 518-21, 1999.

Jackendoff, R., *Semantic structures*, Cambridge, Mass., MIT Press, 1990.

Jackendoff, R., "How language helps us think", *Pragmatics and Cognition*, nº 4, pp. 1-34, 1996.

Jackendoff, R. S., *Consciousness and the computational mind*, Cambridge, Mass., MIT Press, 1987.

Jackson, D. J. & Huston, T. L., "Physical attractiveness and assertiveness", *Journal of Social Psychology*, nº 96, pp. 79-84, 1975.

Jaffe, S. & Hyde, J. S., "Gender differences in moral orientation", *Psychological Bulletin*, nº 126, pp. 703-26, 2000.

Jaggar, A. M., *Feminist politics and human nature*, Lanham, Md., Rowman & Littlefield, 1983.

James, W., *The principles of psychology*, Nova York, Dover, 1890/1950.

Janda, L. H., *Psychological testing: Theory and applications*, Boston. Allyn & Bacon, 1998.

Jensen, A., "How much can we boost IQ and scholastic achievement? ", *Harvard Educational Review*, nº 39, pp. 1-123, 1969.

Jensen, A., "A note on why genetic correlations are not squared", *Psychological Bulletin*, nº 75, pp. 223-4, 1971.

Jensen, A. R., *Genetics and education*, Nova York, Harper & Row, 1972.

Jensen, A. R., "The debunking of scientific fossils and straw persons: Review of 'The mismeasure of man'", *Contemporary Educational Review*, nº 1, pp. 121-35, 1982.

Jensen, A. R., *The g factor: The science of mental ability*, Westport, Conn., Praeger, 1998.

Jespersen, O., *Growth and structure of the English language*, Chicago, University of Chicago Press, 1938/1982.

Johnson, G. R., Ratwick, S. H. & Sawyer, T. J., "The evocative significance of kin terms in patriotic speech", em V. Reynolds, V. Falger & I. Vine (eds.), *The sociobiology of ethnocentrism*, Londres, Croon Helm, 1987.

Jones, O., "Reconsidering rape", *National Law Jornal*, February 21, 2000, A21.

Jones, O., "Time-shifted rationality and the Law of Law's Leverage: Behavioral economics meets behavioral biology", *Northwestern University Law Review*, nº 95, pp. 1141-205, 2001.

Jones, O. D., "Evolutionary analysis in law: An introduction and application to child abuse", *North Carolin Law Review*, nº 75, pp. 1117-242, 1997.

Jones, O. D., "Sex, culture, and the biology of rape: Toward explanation and prevention", *California Law Review*, nº 87, pp. 827-942, 1999.

Junger, S., *The perfect storm: A true story of men against the sea*, Nova York, Norton, 1997.

Jussim, L. J. & Eccles, J., "Are teachers expectations biased by students' gender, social class, or ethnicity?", em Y.-T. Lee, L. J. Jussim & C. R. McCauley (eds.), *Stereotype accuracy: Toward appreciating group differences*, Washington, D.C., American Psychological Association, 1995.

Jussim, L.J., McCauley, C. R. & Lee, Y.-T., "Why study stereotype accuracy and inaccuracy?", em Y.-T. Lee, L. J. Jussin & C. R. McCauley (eds.), *Stereotype accuracy: Toward appreciating group differences*, Washington, D.C., American Psychological Association, 1995.

Kaas, J. H., "The reorganization of sensory and motor maps after injury in adult mammals", em M. S. Gazzaniga (ed.), *The new cognitive neurosciences*, Cambridge, Mass., MIT Press, 2000.

Kahneman, D. & Tversky, A., "On the study of statistical intuitions ", *Cognition*, nº 11, pp. 123-41, 1982.

Kahneman, D. & Tversky, A., "Choices, values and frames ", *American Psychologist*, nº 39, pp. 341-50, 1984.

Kamin, L., *The science and politics of IQ*, Mahwah, N. J., Erlbaum, 1974.

Kaminer, W., *A fearful freedom: Women's flight from equality*, Reading, Mass., Addison Wesley, 1990.

Kandel, E. R., Schwartz, J. H. & Jessell, T. M., *Principles of neural science* (4ª ed.), Nova York, McGraw-Hill, 2000.

Kane, R., *The significance of free will*, Nova York, Oxford University Press, 1998.

Kanwisher, N. & Moscovitch, M., "The cognitive neuroscience of face processing: An introduction", *Cognitive Neuropsychology*, nº 17, pp. 1-13, 2000.

Kaplan, H., Hill, K. & Hurtado, A. M., "Risk, foraging, and food sharing among the Ache", em E. Cashdan (ed.), *Risk and uncertainty in tribal and peasant economies*, Boulder, Colo., Westview Press, 1990.

Kaplan, J., *Criminal justice: Introductory cases and material*, Mineola, N. Y., The Foundation Press, 1973.

Kaplan, S., "Environmental preference in a knowledge-seeking, knowledge-using organism", em

J. H. Barkow, L. Cosmides & J. Tooby (eds.), *The adapted mind: Evolutionary psychology and the generation of culture*, Nova York, Oxford University Press, 1992.

Karmiloff-Smith, A., *Beyond modularity: A developmental perspective on cognitive science*, Cambridge, Mass., MIT Press, 1992.

Karmiloff-Smit, A., Klima, E. S., Bellugi, U., Grant, J. & Baron-Cohen, S., "Is there a social module? Language, face processing, and theory of mind in individuals with Williams syndrome", *Journal of Cognitive Neuroscience*, nº 7, pp. 196-208, 1995.

Katz, L. C. & Crowley, J. C., "Development of cortical circuits: Lessons from ocular dominance columns", *Nature Neuroscience Reviews*, nº 3, pp. 34-42, 2002.

Katz, L. C. & Shatz, C. J., "Synaptic activity and the construction of cortical circuits", *Science*, nº 274, pp. 1133-7, 1996.

Katz, L. C., Weliky, M. & Crowley, J. C., "Activity and the development of the visual cortex: New Perspectives", em M. S. Gazzaniga (eds.), *The new cognitive neurosciences*, Cambridge, Mass., MIT Press, 2000.

Keegan, J., *The face of battle*, Nova York, Penguin, 1976.

Keeley, L. H., *War before civilization: The myth of the peaceful savage*, Nova York, Oxford University Press, 1996.

Keil, F. C., *Concepts, kinds, and cognitive development*, Cambridge, Mass., MIT Press, 1989.

Keil, F. C., "The growth of casual understandings of natural kinds", em D. Sperber, D. Premack & A. J. Premack (eds.), *Casual cognition*, Nova York, Oxford University Press, 1995.

Kelling, G. L. & Sousa, W. H., *Do police matter? An analysis of the impact of New York City's police reforms* (Civic Report 22), Nova York, Manhattan Institute for Policy Research, 2001.

Kelman, H., "Compliance, identification, and internalization: Three processes of attitude change", *Journal of Conflict Resolution*, nº 2, pp. 51-60, 1958.

Kennedy, J., *Drawings in the blind*, New Haven, Conn., Yale University Press, 1993.

Kennedy, R., *Race, crime, and the law*, Nova York, Vintage, 1997.

Kenrick, D., Groth, G., Trost, M. & Sadalla, E., "Integrating evolutionary and social exchange perspectives on relationships: Effects on gender, self-appraisal, and involvement level on mate selection criteria", *Journal of Personality and Social Psychology*, nº 64, pp. 951-69, 1993.

Kenrick, D. & Sheets, V., "Homicide fantasies", *Ethology and Sociobiology*, nº 14, pp. 231-46, 1994.

Kevles, D. J., *In the name of eugenics: Genetics and the uses of human heredity*, Cambridge, Mass., Harvard University Press, 1985.

Keyser, S. J., "Meter and poetry", em R. A. Wilson & F. C. Keil (eds.), *The MIT Press Encyclopedia of the Cognitive Sciences*, Cambridge, Mass., MIT Press, 1999.

Keyser, S. J. & Halle, M., "On meter in general and on Robert Frost's loose iambics in particular", em E. Iwamoto (ed.), *Festschrift for Professor K. Inoue*, Tóquio, Kanda University of International Studies, 1998.

Kimura, D., *Sex and cognition*, Cambridge, Mass., MIT Press, 1999.

Kingdon, J., *Self-made man: Human evolution from Eden to extinction?*, Nova York, Wiley, 1993.

Kirwin, B. R., *The mad, the bad, and the innocent: The criminal mind on trial*, Boston, Little, Brown, 1997.

Kitcher, P., *Abusing science: The case against creationism*, Cambridge, Mass., MIT Press, 1982.

Klaw, S. *Without sin: The life and death of the Oneida community*, Nova York, Penguin, 1993.

Klein, R. G., *The human career: Human biological and cultural origins*, Chicago, University of Chicago Press, 1989.

Kleinfeld, J., MIT *tarnishes its reputation with gender junk science*, Special report, www.uaf.edu/northern/mitstudy, Arlington, Va., Independent Women's Forum, 1999.

Klima, E. & Bellugi, U., *The signs of language*, Cambridge, Mass., Harvard University Press, 1979.

Knauft, B., "Reconsidering violence in simple human societies", *Current Anthropology*, nº 28, pp. 457-500, 1987.

Koestler, A., *The sleepwalkers: A history of man's changing vision of the universe*, Londres, Penguin, 1959.

Komar, B., Melamid, A. & Wypijewski, J., *Painting by numbers: Komar and Melamid's scientific guide to art*, Nova York, Farrar, Straus & Giroux, 1997.

Kors, A. C. & Silverglate, H. A., *The shadow university: The betrayal of liberty on America's campuses*, Nova York, Free Press, 1998.

Kosof, A., *Living in two worlds: The immigrant children's experience*, Nova York, Twenty-First Century Books, 1996.

Kosslyn, S. M., *Image and mind*, Cambridge, Mass., Harvard University Press, 1980.

Kosslyn, S. M., *Image and brain: The resolution of the imagery debate*, Cambridge, Mass., MIT Press, 1994.

Krebs, D. & Denton, K., "Social illusions and self-deception: The evolution of biases in person perception", em J. A. Simpson & D. T. Kernrick (eds.), *Evolutionary social psychology*, Mahwah, N. J., Erlbaum, 1997.

Krebs, D. L., "The evolution of moral behaviors", em C. Crawford & D. L. Krebs (eds.), *Handbook of evolutionary psychology: Ideas, issues, and applications*, Mahwah, N. J., Erlbaum, 1998.

Krech, S., "Genocide in tribal society", *Nature*, nº 371, pp. 14-5, 1994.

Krech, S., *The ecological Indian: Myth and history*, Nova York, Norton, 1999.

Krubitzer, L. & Huffman, K. J., "A realization of the neocortex in mammals: Genetic and epigenetic contributions to the phenotype", *Brain, Behavior, and Evolution*, nº 55, pp. 322-35, 2000.

Krueger, R. F., Hicks, B. M. & McGue, M., "Altruism and antisocial behavior: Independent tendencies, unique personality correlates, distinct etiologies", *Psychological Science*, nº 12, pp. 397-402, 2001.

Kubovy, M., "Concurrent pitch segregation and the theory of indispensable attributes", em M. Kubovy & J. Pomerantz (eds.), *Perceptual organization*, Mahwah, N. J., Erlbaum, 1981.

Kubovy, M., *The psychology of perspective and Renaissance art*, Nova York, Cambridge University Press, 1986.

Lachter, J. & Bever, T. G., "The relation between linguistic structure and associative theories of language learning — A constructive critique of some connectionist learning models", *Cognition*, nº 28, pp. 195-247, 1988.

Lai, C. S. L., Fisher, S. E., Hurst, J. A., Vargha-Khadem, F. & Monaco, A. P., "A novel forkhead-domain gene is mutated in a severe speech and language disorder", *Nature*, nº 413, pp. 519-23, 2001.

Lakoff, G., *Moral politics: What conservatives know that liberals don't*, Chicago, University of Chicago Press, 1996.

Lakoff, G. & Johnson, M., *Metaphors we live by*, Chicago, University of Chicago Press, 1980.

Lakoff, G. & Nunez, R. E., *Where mathematics comes from: How the embodied mind brings mathematics into being*, Nova York, Basic Books, 2000.

Lalumière, M. L., Harris, G. T. & Rice, M. E., "Psycopathy and developmental instability", *Evolution and Human Behavior*, nº 22, pp. 75-92, 2001.

Lander, E. S., Patrinos, A., Morgan, J. J & International Human Genome Sequencing Consortium., "Initial sequencing and analysis of the human genome", *Nature*, nº 498, pp. 813-958, 2001.

Latané, B. & Nida, S., "Ten years of research on group size and helping", *Psychological Bulletin*, nº 89, pp. 308-24, 1981.

Laubichler, M. D., "Frankenstein in the land of *Dichter* and *Denker*", *Science*, nº 286, pp. 1859-60, 1999.

Lazarus, R. S., *Emotion and adaptation*, Nova York, Oxford University Press, 1991.

Lee, Y.-T., Jussim, L. J. & McCauley, C. R. (eds.), *Stereotype accuracy: Toward appreciating group differences*, Washington, D.C., American Psychological Association, 1995.

Lehman, D., *Signs of the times: Desconstructionism and the fall of Paul de Man*, Nova York, Simon & Schuster, 1992.

Lehrman, K., *The lipstick proviso: Women, sex, and power in the real world*, Nova York, Doubleday, 1997.

Leibniz, G. W., *New essays on human understanding*, Nova York, Cambridge University Press, 1768/1996.

Lerdahl, F. & Jackendoff, R., *A generative theory of tonal music*, Cambridge, Mass., MIT Press, 1983.

Lesch, K.-P., Bengel, D., Heils, A., Sabol, S. Z., Greenberg, B. D., Petri, S., Benjamin, J., Muller, C. R., Hamer, D. H. & Murphy, D. L., "Association of anxiety-related traits with a polymorphism in the serotonin transporter gene regulatory region", *Science*, nº 274, pp. 1527-31, 1996.

Leslie, A. M., "ToMM, ToBY, and agency: Core architecture and domain specificity", em L. A. Hirschfeld & S. A. Gelman (eds.), *Mapping the mind: Domain specificity in cognition and culture*, Nova York, Cambridge University Press, 1994.

Leslie, A. M., "Pretending and believing: Issues in the theory of ToMM", *Cognition*, nº 50, pp. 193-220, 1995.

LeVay, S., *The sexual brain*, Cambridge, Mass., MIT Press, 1993.

Levins, R. & Lewontin, R. C., *The dialectical biologist*, Cambridge, Mass., Harvard University Press, 1985.

Levitt, P., "Molecular determinants of regionalization of the forebrain and cerebral cortex", em M. S. Gazzaniga (ed.), *The new cognitive neurosciences*, Cambridge, Mass., MIT Press, 2000.

Lewis, H. W., *Technological risk*, Nova York, Norton, 1990.

Lewontin, R., "How much did the brain have to change for speech? ", comentário sobre Pinker & Bloom, "Natural language and natural selection", *Behavioral and Brain Sciences*, nº 13, pp. 740-1, 1990.

Lewontin, R., *Biology as ideology: The doctrine of DNA*, Nova York, HarperCollins, 1992.

Lewontin, R. C., *Human diversity*, San Francisco, Scientific American, 1982.

Lewontin, R. C., "The organism as the subject and object of evolution", *Scientia*, nº 118, pp. 65-82, 1983.

Lewontin, R. C., Rose, S. & Kamin, L. J., *Not in our genes*, Nova York, Pantheon, 1984.

Lingua Franca, Editores, *The Sokal hoax: The sham that shook the academy*, Lincoln, University of Nebraska Press, 2000.

Lockard, J. S. & Paulhaus, D. L. (eds.), *Self-deception: An adaptive mechanism*, Englewood Cliffs, N. J., Prentice-Hall, 1988.

Locke, J., *An essay concerning human understanding*, Nova York, E. P. Dutton, 1690/1947.

Loehlin, J. C., *Genes and environment in personality development*, Newbury Park, Calif., Sage, 1992.

Loehlin, J. C., "Behavior genetics and parenting theory", *American Psychologist*, nº 56, pp. 169-70, 2001.

Loehlin, J. C. & Nichols, R. C., *Heredity, environment, and personality: A study of 850 sets of twins*, Austin, University of Texas Press, 1976.

Loury, G., *The anatomy of racial inequality: Stereotypes, stigma, and the elusive quest for racial justice in the United States*, Cambridge, Mass., Harvard University Press, 2002.

Lubinsky, D. & Benbow, C., "Gender differences in abilities and preferences among the gifted: Implications for the math-science pipeline", *Current Directions in Psychological Science*, nº 1, pp. 61-6, 1992.

Lumsden, C. & Wilson, E. O., *Genes, mind, and culture*, Cambridge, Mass., Harvard University Press, 1981.

Lutz, D., "The relative influence of European writers on late eighteenth-century American political thought", *American Political Science Review*, nº 78, pp. 189-97, 1984.

Lykken, D. T., *The antisocial personalities*, Mahwah, N. J., Erlbaum, 1995.

Lykken, D. T., "The causes and costs of crime and a controversial cure", *Journal of Personality*, nº 68, pp. 559-605, 2000.

Lykken, D. T., McGue, M., Tellegen, A. & Bouchard, T. J., Jr., "Emergenesis: Genetic traits that may not run in families", *American Psychologist*, nº 47, pp. 1565-77, 1992.

Lytton, H., "Child effects — Still unwelcome? Response to Dogge and Wahler", *Developmental Psychology*, nº 26, pp. 705-9, 1990.

Lytton, H. & Romney, D. M., "Parent's differential socialization of boys and girls: A meta-analysis", *Psychological Bulletin*, nº 109, pp. 267-96, 1991.

Maccoby, E. E. & Jacklin, C. N., *The psychology of sex differences*, Stanford., Calif., Stanford University Press, 1987.

Maccoby, E. E. & Martin, J. A., "Socialization in the context of the family: Parent-child interaction", em P. H. Mussen & E. M. Hetherington (eds.), *Handbook of child psychology: Socialization, personality, and social development* (4ª ed.), vol. 4, Nova York, Wiley, 1983.

Macnamara, J., *Through the rearview mirror: Historical reflections on psychology*, Cambridge, Mass., MIT Press, 1999.

Macnamara, J. & Reyes, G. E. (eds.), *The logical foundations of cognition*, Nova York, Oxford University Press, 1994.

Maguire, E. A., Gadian, D. G., Johnsrude, I. S., Good, C. D., Ashburner, J., Frackowiak, R. S. J. & Frith, C. D., "Navigation-related structural change in the hippocampi of taxi drivers", *PNAS*, nº 97, pp. 4398-403, 2000.

Maier, P., *American scripture: Making the Declaration of Independence*, Nova York, Knopf, 1997.

Mallon, R. & Stitch, S., "The odd couple: The compatibility of social construction and evolutionary psychology", *Philosophy of Science*, nº 67, pp. 133-54, 2000.

Marcus, G. F., "Rethinking eliminative conectionism", *Cognitive Psychology*, nº 37, pp. 243-82, 1998.

Marcus, G. F., *The algebraic mind: Reflections on connectionism and cognitive science,* Cambridge, Mass., MIT Press, 2001 (a).

Marcus, G. F., "Plasticity and nativism: Towards a resolution of an apparent paradox", em S. Wermter, J. Austin & D. Willshaw (eds.), *Emergent neural computational architectures based on neuroscience*, Nova York, Springer-Verlag, 2001 (b).

Marcus. G. F., Brinkmann, U., Clahsen, H., Wiese, R. & Pinker, S., "German inflection: The exception that proves the rule", *Cognitive Psychology*, nº 29, pp. 189-256, 1995.

Marks, I. M. & Nesse, R. M., "Fear and fitness: an evolutionary analysis of anxiety dirorders", *Ethology and Sociobiology*, nº 15, pp. 247-61, 1994.

Marr, D., *Vision*, San Francisco, W. H. Freeman, 1982.

Marslen-Wilson, W. D. & Tyler, L. K., "Rules, representations, and the English past tense", *Trends in Cognitive Science*, nº 2, pp. 428-35, 1998.

Martin, N. G., Eaves, L. J. Heath, A. C., Jardine, R., Feingold, L. M. & Eysenck, H. J., "Transmission of social attitudes", *Proceedings of the National Academy of Science*, nº 83, pp. 4364-8, 1986.

Martindale, C., *The clockwork muse: The predictability of artistic change*, Nova York, Basic Books, 1990.

Marx, K., "Theses on Feuerbach", em K. Marx & F. Engels, *Basic writings on politics and philosophy*, Nova York, Anchor Books, 1845/1989.

Marx, K., *The poverty of philosophy*, Amherst, N. Y., Prometheus Books, 1847/1995.

Marx, K., *Contribution to the critique of political economy*, Nova York, International Publishers, 1859/1979.

Marx, K., *Capital: A critique of political economy*, Londres, Penguin, 1867/1993.

Marx, K. & Engels, F., *The economic and philosophic manuscripts of 1844*, Amherst, N. Y., Prometheus Books, 1844/1988.

Marx, K. & Engels, F., *The German ideology: Parts I & III*, Nova York, New World Paperbacks/International Publishers, 1846/1963.

Masters, R. D., "Is sociobiology reactionary? The political implications of inclusive-fitness theory", *Quarterly Review of Biology*, nº 57, pp. 275-92, 1982.

Masters, R. D., *The nature of politics*, New Haven, Conn., Yale University Press, 1989.

Maynard Smith, J., *The theory of evolution*, Nova York, Cambridge University Press, 1975/1993.

Maynard Smith, J. & Szathmáry, E., *The major transitions in evolution*, Nova York, Oxford University Press, 1997.

Mayr, E., *Animal species and evolution*, Cambridge, Mass., Harvard University Press, 1963.

Mayr, E., *The growth of biological thought*, Cambridge, Mass., Harvard University Press, 1982.

McCauley, C. R., "Are stereotypes exaggerated? A sampling of racial, gender, academic, occupational, and political stereotypes", em Y.-T. Lee, L. J. Jussim & C. R. McCauley (eds.), *Stereotype accuracy: Toward appreciating group differences*, Washington, D.C., American Psychological Association, 1995.

McClelland, J. L., Rumelhart, D. E. & PDP Research Group, *Parallel distributed processing: Explorations in the microstructure of cognition* (vol. 2: *Psychological and biological models*), Cambridge, Mass., MIT Press, 1986.

McCloskey, M., "Intuitive physics", *Scientific American*, nº 248, pp. 122-30, 1983.

McCloskey, M. & Cohen, N. J., "Catastrophic interference in connectionist networks: The sequential learning problem", em G. H. Bower (ed.), *The psychology of learning and motivation* (vol. 23), New York, Academic Press, 1989.

McCord, W. M., *Voyages to Utopia: From monastery to commune: the search for the perfect society in modern times*, Nova York, Norton, 1989.

McCrae, R. R., Costa, P. T., Ostendorf, F., Angleitner, A., Hrebickova, M., Avia, M. D., Sanz, J., Sanchez-Bernardos, M. L., Kusdil, M. E., Woodfield, R., Sauders, P. R. & Smith, P. B.,"Nature over nurture: Temperament, personality, and life span development", *Journal of Personality and Social Psychology*, nº 78, pp. 173-86, 2000.

McElroy, W., *Sexual correctness: The gender-feminist attack on women*, Jefferson, N. C., McFarland, 1996.

McGinn, C., *Problems in philosophy: The limits of inquiry*, Cambridge, Mass., Blackwell, 1993.

McGinn, C., *Evil, ethics, and fiction*, Nova York, Oxford University Press, 1997.

McGinn, C., *The mysterious flame: Conscious minds in a material world*, Nova York, Basic Books, 1999.

McGinnis, J. O., "The original constitution and our origins", *Harvard Journal of Law and Public Policy*, nº 19, pp. 251-61, 1996.

McGinnis, J. O., "The human constitution and constitutive law: A prolegomenon", *Journal of Contemporary Legal Issues*, nº 8, pp. 211-39, 1997.

McGue, M., "The democracy of the genes", *Nature*, nº 388, pp. 417-8, 1997.

McGuinness, D., *Why our children can't read*, Nova York, Free Press, 1997.

McLearn, G. E., Johansson, B., Berg, S., Pedersen, N. L., Ahern, F. Petrill, S. A. & Plomin, R., "Substantial genetic influence on cognitive abilities in twins 80 or more years old", *Science*, nº 276, pp. 1560-63, 1997.

McLeod, P., Plunkett, K. & Rolls, E. T., *Introduction to connectionist modelling of cognitive processes*, Nova York, Oxford University Press, 1998.

Mead, M., *Coming of age in Samoa: A psychological study of primitive youth for Western Civilization*, Nova York, Blue Ribbon Books, 1928.

Mead, M., *Sex and temperament in three primitive societies*, Nova York, William Morrow, 1935/1963.

Mealey, L., "The sociobiology of sociopathy: An integrated evolutionary model", *Behavioral and Brain Sciences*, nº 18, pp. 523-41, 1995.

Mealey, L. Daood, C. & Krage, M., "Enhanced memory for faces of cheaters", *Ethology and Sociobiology*, nº 17, pp. 119-28, 1996.

Meltzoff, A. N., "Understanding the intentions of others: re-enactment of intended acts by 18-months-old children", *Developmental Psychology*, nº 31, pp. 838-50, 1995.

Melzack, R., "Phantom limbs and the concept of a neuromatrix", *Trends in Neurosciences*, nº 13, pp. 88-92, 1990.

Melzack, R., Israel, R., Lacroix, R. & Schultz, G., "Phantom limbs in people with congenital limb deficiency or amputation in early childhood", *Brain*, nº 120, pp. 1603-20, 1997.

Mesquida, C. G. & Wiener, N. I., "Human collective aggression: A behavioral ecology perspective", *Ethology and Sociobiology*, nº 17, pp. 247-62, 1996.

Miller, E. E., "Could nonshared environmental variaton have evolved to assure diversification through randomness?", *Evolution and Human Behavior*, nº 18, pp. 191-221, 1997.

Miller, E. K., "The prefrontal cortex and cognitive control", *Nature Reviews Neuroscience*, nº 1, pp. 59-65, 2000.

Miller, G. A., Galanter, E. & Pribram, K. H., *Plans and the structure of behavior*, Nova York, Adams-Bannister-Cox, 1960.

Miller, G. F., *The mating mind: How sexual choice shaped the evolution of human nature*, Nova York, Doubleday, 2000 (a).

Miller, G. F., "Sexual selection for indicators of intelligence", em G. Bock, J. A. Goode & K. Webb (eds.), *The nature of intelligence*, Chichester, U. K., Wiley, 2000 (b).

Miller, G. F., "Aesthetic fitness: how sexual selection shaped artistic virtuosity as a fitness indicator and aesthetic preferences as mate choice criteria", *Bulletin of Psychology and the Arts*, nº 2, pp. 20-5, 2001.

Miller, K. D., Keller, J. B. & Stryker, M. P., "Ocular dominance and column development: Analysis and simulation", *Science*, nº 245, pp. 606-15, 1989.

Miller, K. R., *Finding Darwin's God: A scientist's search for common ground between God and evolution*, Nova York, Cliff Street Books, 1999.

Minogue, K., *Alien power: The pure theory of ideology*, Nova York, St. Martin's Press, 1985.

Minogue, K., "Totalitarianism: Have we seen the last of it?", *National Interest*, nº 57, pp. 35-44, 1999.

Minsky, M. & Papert, S., "Epilogue: The new connectionism", *Perceptrons* (ed. expandida), Cambridge, Mass., MIT Press, 1988.

Mithen, S. J., *The prehistory of the mind: A search for the origins of art, religion, and science*, Londres, Thames and Hudson, 1996.

Miyashita-Lin, E. M., Hevner, R. Wassarman, K. M., Martinez, S. & Rubenstein, J. L. R., "Early neocortical regionalization in the absence of thalamic innervation", *Science*, nº 285, pp. 906-9, 1999.

Monaghan, E. & Glickman, S., "Hormones and aggressive behavior", em J. Becker, M. Breedlove & D. Crews (eds.), *Behavioral endocrinology*, Cambridge, Mass., MIT Press, 1992.

Montagu, A. (ed.)., *Man and aggression* (2ª ed.), Nova York, Oxford University Press, 1973 (a).

Montagu, A., "The new litany of 'innate depravity', or original sin revisited", em *Man and aggression*, Nova York, Oxford University Press, 1973 (b).

Moore, G. E., *Principia ethica*, Nova York, Cambridge University Press, 1903/1996.

Mount, F., *The subversive family: An alternative history of love and marriage*, Nova York, Free Press, 1992.

Mousseau, T. A. & Roff, D. A., "Natural selection and the heritability of fitness components", *Heredity*, nº 59, pp. 181-97, 1987.

Muravchik, J., *Heaven on Earth: The rise and fall of socialism,* San Francisco, Encounter Books, 2002.

Murdoch, I., *Metaphysics as a guide to morals*, London, Allen Lane, 1993.

Murphy, J. P. M., "Hitler was *not* an atheist", *Free Inquiry*, Primavera, 9, 1999.

Nagel, T., *The possibility of altruism*, Princeton, N. J., Princeton University Press, 1970.

Neel, J. V., *Physician to the gene pool: Genetic lessons and other stories*, Nova York, Wiley, 1994.

Neisser, U., *Cognitive psychology*, Englewood Cliffs, N. J., Prentice-Hall, 1967.

Neisser, U., Boodoo, G., Bouchard, T. J., Jr., Boykin, A. W., Brody, N., Ceci, S. J., Halpern, D. F., Loehlin, J. C., Perloff, R., Sternberg, R. J. & Urbina, S., "Intelligence: Knowns and unknowns", *American Psychologist*, nº 51, pp. 77-101, 1996.

Nesse, R. M. & Lloyd, A. T., "The evolution of psychodynamic mechanisms", em J. H. Barkow, L. Cosmides & J. Tooby (eds.), *The adapted mind: Evolutionary psychology and the generation of culture*, Nova York, Oxford University Press, 1992.

Neville, H. J. & Bavelier, D., "Specificity and plasticity in neurocognitive development in humans", em M. S. Gazzaniga (ed.), *The new cognitive neurosciences*, Cambridge, Mass., MIT Press, 2000.

Newell, A., "Physical symbol systems", *Cognitive Science*, nº 4, pp. 135-83, 1980.

Newsome, W. T., "Life of faith, life of science", trabalho apresentado na conferência "Science and the Spiritual Quest", Memorial Church, Harvard University, Cambridge, Mass, 2001.

Nisbett. R. E. & Cohen, D., *Culture of honor: The psychology of violence in the South*, Nova York, HarperCollins, 1996.

Nolfi, S., Elman, J. L. & Parisi, D., "Learning and evolution in neural networks", *Adaptive Behavior*, nº 3, pp. 5-28, 1994.

Norenzayan, A. & Atran, S., "Cognitive and emotional processes in the cultural transmission of natural and nonnatural beliefs", em M. Schaller & C. Crandall (eds.), *The psychological foundations of culture*, Mahwah, N. J., Erlbaum, no prelo.

Nowak, M. A., May, R. M. & Sigmund, K., "The arithmetic of mutual help", *Scientific American*, nº 272, pp. 50-5, 1995.

Nozick, R., *Anarchy, state, and utopia*, Nova York, Basic Books, 1974.

Nozick, R., *Philosophical explanations*, Cambridge, Mass., Harvard University Press, 1981.

Nunney, L., "Are we selfish, are we nice, or are we nice because we are selfish?", resenha de E. Sober & D. S. Wilson, "Unto others", *Science*, nº 281, pp. 1619-21, 1998.

Orians, G. H., "Human behavior ecology: 140 years without Darwin is too long", *Bulletin of the Ecological Society of America*, nº 79, pp. 15-28, 1998.

Orians, G. H. & Heerwgen, J. H., "Evolved responses to landscapes", em J. H. Barkow, L. Cosmides & J. Tooby (eds.), *The adapted mind: Evolutionary psychology and the generation of culture*, Nova York, Oxford University Press, 1992.

Ortega y Gasset, J., *The revolt of the masses*, Notre Dame, Ind., University of Notre Dame Press, 1932/1985.

Ortega y Gasset, J., *Toward a philosophy of history*, Chicago, University of Illinois Press, 1935/2001.

Orwell, G., *1984*, Nova York, Harcourt Brace Jovanovich, 1949/1983.

Padden, C. A. & Perlmutter, D. M., "American Sign Language and the architecture of phonological theory", *Natural Language and Linguistic Theory*, n⁰ 5, pp. 335-75, 1987.

Paglia, C., *Sexual personae: Art and decadence from Nefertiti to Emily Dickinson*, New Haven, Conn., Yale University Press, 1990.

Paglia, C., *Sex, art and American culture*, Nova York, Vintage, 1992.

Panksepp, J. & Panksepp, J. B., "The seven sins of evolutionary psychology", *Evolution and Cognition*, n⁰ 6, pp. 108-31, 2000.

Passmore, J., *The perfectibility of man*, Nova York, Scribner, 1970.

Patai, D., *Heterophobia: Sexual harassment and the future of feminism*, Nova York, Rowman & Littlefield, 1998.

Patai, D. & Koertge, N., *Professing feminism: Cautionary tales from the strange world of women's studies*, Nova York, Basic Books, 1994.

Patai, R. & Patai, J., *The myth of the Jewish race* (ed. rev.), Detroit, Wayne State University Press, 1989.

Patterson, O., "From whom the bell curves", em S. Fraser (ed.), *The bell curve wars: Race, intelligence, and the future of America*, Nova York, Basic Books, 1995.

Patterson, O., *The ordeal of integration*, Washington, D.C., MIT Civitas, 1997.

Patterson, O., "Taking culture seriously: A framework and an Afro-American illustration", em L. E. Harrison & S. P. Huntington (eds.), *Culture matters: How value shape human progress*, Nova York, Basic Books, 2000.

Pedersen, N. L., McClearns, G. E., Plomin, R. & Nesselroade, J. R., "Effects of early rearing environment on twin similarity in the last half of the life span", *British Journal of Developmental Psychology*, n⁰ 10, pp. 255-67, 1992.

Pennock, R. T., *Tower of Babel: The evidence against the new creationism*, Cambridge, Mass., MIT Press, 2000.

Pennock, R. T. (ed.), *Intelligent design: Creationism and its critics*, Cambridge, Mass., MIT Press, 2001.

Peretz, I., Gagnon, L. & Bouchard, B., "Music and emotion: Perceptual determinants, immediacy, and isolation after brain damage", *Cognition*, n⁰ 68, pp. 111-41, 1998.

Perloff, M., "In defense of poetry: Put the literature back into literary studies", *Boston Review*, n⁰ 24, pp. 22-6, 1999.

Perry, B. D., "Incubated in terror: Neurobiological factors in the 'cycle of violence'", em J. D. Osofsky (ed.), *Children in a violent society*, Nova York, Guilford Press, 1997.

Persico, N., Postlewaite, A. & Silverman, D., *The effect of adolescent experience on labor market outcomes: The case of height*, Philadelphia, Department of Economics, University of Pennsylvania, 2001.

Petitto, L. A., Zatorre, R. J., Gauna, K., Nikelski, E. J., Dostie, D. & Evans, A. C., "Speech-like cerebral activity in profoundly deaf people while processing signed language: Implications for the neural basis of all human language", *Proceedings of the National Academy of Sciences*, n⁰ 97, pp. 13961-66, 2000.

Petrinovich, L. F., *Human evolution, reproduction, and morality*, Nova York, Plenum Press, 1995.

Petrinovich, L. F., O'Neill, P. & Jorgensen, M., "An empirical study of moral intuitions: Toward an evolutionary ethics", *Journal of Personality and Social Psychology*, n⁰ 64, pp. 467-78, 1993.

Pinker, S., "Formal models of language learning", *Cognition*, n⁰ 7, pp. 217-83, 1979.

Pinker, S., *Language learnability and language development* (reimpresso com nova introdução, 1996), Cambridge, Mass., Harvard University Press, 1984 (a).

Pinker, S., "Visual cognition: An introduction", *Cognition*, nº 18, pp. 1-63, 1984 (b).

Pinker, S., *Learnability and cognition: The acquisiton of argument structure*, Cambridge, Mass., MIT Press, 1989.

Pinker, S., "A theory of graph comprehension", em R. Friedle (ed.), *Artificial intelligence and the future of testing*, Mahwah, N. J., Erlbaum, 1990.

Pinker, S., "Rules of language", *Science*, nº 253, pp. 530-5, 1991.

Pinker, S., *The language instinct*, Nova York, HarperCollins, 1994.

Pinker, S., "Language learnability and language development revisited", em *Language learnability and language development*, Cambridge, Mass., Harvard University Press, 1996.

Pinker, S., *How the mind works*, Nova York, Norton, 1997.

Pinker, S., "Still relevant after all those years", resenha de Darwin, "The expression of the emotions in man and animals, 3ª ed.", *Science*, nº 281, pp. 522-3, 1998.

Pinker, S., *Words and rules: The ingredients of language*, Nova York, HarperCollins, 1999.

Pinker, S., "Four decades of rules and associations, or whatever happened to the past tense debate?", em E. Dupoux (ed.), *Language, the brain, and cognitive development*, Cambridge, Mass., MIT Press, 2001 (a).

Pinker, S., "Talk of genetics and vice-versa", *Nature*, nº 413, pp. 465-6, 2001 (b).

Pinker, S. & Mehler, J. (eds.), *Connections and symbols*, Cambridge, Mass., MIT Press, 1988.

Pinker, S. & Prince, A., "On language and connectionism: Analysis of a Parallel Distributed Processing model of language acquisition", *Cognition*, nº 28, pp. 73-193, 1988.

Pinker, S. & Prince, A., "The nature of human concepts: Evidence from an unusual source", *Communication and Cognition*, nº 29, pp. 307-61, 1996.

Plamenatz, J., *Man and society: A critical examination of some important social and political theories from Machiavelli to Marx* (vol. 2), Londres, Longman, 1963.

Plamenatz, J., *Karl Marx's philosophy of man*, Nova York, Oxford University Press, 1975.

Plomin, R., "The role of inheritance in behavior", *Science*, nº 248, pp. 183-248, 1990.

Plomin, R., "Continuing commentary: Why children in the same family are so different from one another", *Behavioral and Brain Sciences*, nº 13, pp. 336-7, 1991.

Plomin, R., *Genetics and experience: The interplay between nature and nurture*, Thousand Oaks, Calif., Sage, 1994.

Plomin, R. & Daniels, D., "Why are children in the same family so different from one another?" *Behavioral and Brain Sciences*, nº 10, pp. 1-60, 1987.

Plomin, R., DeFries, J. C. & Fulker, D. W., *Nature and nurture in infancy and early childhood*, Nova York, Cambridge University Press, 1988.

Plomin, R., DeFries, J. C., McClearn, G. E. & McGuffin, P., *Behavior genetics* (4ª ed.), Nova York, Worth, 2001.

Plomin, R., DeFries, J. C., McClearn, G. E. & Rutter, M., *Behavioral genetics* (3ª ed.), Nova York, W. H. Freeman, 1997.

Plomin, R., Owen, M. J. & McGuffin, P., "The genetic basis of complex human behaviors", *Science*, nº 264, pp. 1733-9, 1994.

Polti, G., *The thirty-six dramatic situations*, Boston, The Writer., Inc., 1921/1977.

Pons, T. M., Garraghty, P. E., Ommaya, A. K., Kass, J. H., Taub, E. & Mishkin, M., "Massive cortical reorganization after sensory deafferentation in adult macaques" *Science*, nº 252, pp. 1857-60, 1991.

Pope, G. G., *The biological bases of human behavior*, Needam Heights, Mass., Allyn & Bacon, 2000.

Pratto, F. & Bargh, J. A., "Stereotyping based on apparently individuating information: Trait and global components of sex stereotypes under attention overload", *Journal of Experimental Social Psychology*, nº 27, pp. 26-47, 1991.

Preuss, T., "The argument from animals to humans in cognitive neuroscience", em M. S. Gazzaniga (ed.), *The new cognitive neurosciences*, Cambridge, Mass., MIT Press, 1995.

Preuss, T. M., "What's human about the human brain?", em M. S. Gazzaniga (ed.), *The new cognitive neurosciences*, Cambridge, Mass., MIT Press, 2000.

Preuss, T. M., "The discovery of cerebral diversity: An unwelcome scientific revolution", em D. Falk & K. Gibson (eds.), *Evolutionary anatomy of the primate cerebral cortex*, Nova York, Cambridge University Press, 2001.

Price, M. E., Cosmides, L. & Tooby, J., "Punitive sentiment as an anti-free rider psychological device", *Evolution and Human Behavior*, nº 23, pp. 203-31, 2002.

Proctor, R., *The Nazi war on cancer*, Princeton, N. J., Princeton University Press, 1999.

Provine, R. R., "Laughter punctuates speech: Linguistic, social, and gender contexts of laughter" *Ethology*, nº 95, pp. 291-8, 1993.

Putnam, H., "Reductionism and the nature of psychology", *Cognition*, nº 2, pp. 131-46, 1973.

Quartz, S. R. & Sejnowsky, T. J., "The neural basis of cognitive development: A constructivist manifesto", *Behavioral and Brain Sciences*, nº 20, pp. 537-96, 1997.

Quine, W. V. O., "Natural kinds", em W. V. O. Quine (ed.), *Ontological relativity and other essays*, Nova York, Columbia University Press, 1969.

Rachels, J., *Created from animals: The moral implications of Darwinism*, Nova York, Oxford University Press, 1990.

Raine, A., Lencz, T., Bihrle, S., LaCasse, L. & Colletti, P., "Reduced prefrontal gray matter volume and reduced economic activity in antisocial personality disorder", *Archives of General Psychiatry*, nº 57, pp. 119-27, 2000.

Rakic, P., "Setting the stage for cognition: Genesis of the primate cerebral cortex", em M. S. Gazzaniga (ed.), *The new cognitive neurosciences*, Cambridge, Mass., MIT Press, 2000.

Rakic, P., "Neurocrationism — Making new cortical maps", *Science*, nº 294, pp. 1011-2, 2001.

Ramachandran, V. S., "Behavioral and magnetoencephalographic correlates of plasticity in the adult human brain", *Proceedings of the National Academy of Sciences*, nº 90, pp. 10413-20, 1993.

Ramachandran, V. S. & Blakeslee, S., *Phantoms in the brain: Probing the mysteries of the human mind*, Nova York, William Morrow, 1998.

Ramachandran, V. S. & Hirstein, W., "The science of art", *Journal of Consciousness Studies*, nº 6/7, pp. 15-41, 1999.

Rapin, I., "An 8-year-old boy with autism", *Journal of the American Medical Association*, nº 285, pp. 1749-57, 2001.

Ravitch, D., *Left back: A century of failed school reforms*, Nova York, Simon & Schuster, 2000.

Rawls, J., *A theory of justice*, Cambridge, Mass., Harvard University Press, 1976.

Recanzone, G. H., "Cerebral cortical plasticity: Perception and skill acquisition", em M. S. Gazzaniga (ed.), *The new cognitive neurosciences*, Cambridge, Mass., MIT Press, 2000.

Redmond, E., *Tribal and chiefly warfare in South America*, Ann Harbor, University of Michigan Museum, 1994.

Reed, T. E. & Jensen, A. R., "Conduction velocity in a brain nerve pathway of normal adults correlates with intelligence level", *Intelligence*, nº 17, pp. 901-3, 1992.

Reeve, H. K., Resenha de Sober & Wilson, "Unto others", *Evolution and Human Behavior*, nº 21, pp. 65-72, 2000.

Reiner, W. G., "Cloacal extrosophy", trabalho apresentado a Lawson Wilkins Pediatric Endocrine Society, Boston, 2000.

Reiss, D., Neiderhiser, J. M., Hetherington, E. M. & Plomin, R., *The relationship code: Deciphering genetic and social influences on adolescent development*, Cambridge, Mass., Harvard University Press, 2000.

Renfrew, J. W., *Aggression and its causes: A biopsychosocial approach*, Nova York, Oxford University Press, 1997.

Rice, M., "Violent offender research and implications for the criminal justice system", *American Psychologist*, nº 52, pp. 414-23, 1997.

Richards, R. J., *Darwin and the emergence of evolutionary theories of mind and behavior*, Chicago, University of Chicago Press, 1987.

Richardson, L. F., *Statistics of deadly quarrels*, Pittsburgh, Boxwood Press, 1960.

Ridley, M., *The problems of evolution*, Nova York, Oxford University Press, 1986.

Ridley, M., *The red queen: Sex and the evolution of human nature*, Nova York, Macmillan, 1993.

Ridley, M., *The origins of virtue: Human instincts and the evolution of cooperation*, Nova York, Viking, 1997.

Ridley, M., *Genome: The autobiography of a species in 23 chapters*, Nova York, HarperCollins, 2000.

Roback, J., "Beyond equality", *Georgetown Law Journal*, nº 82, pp. 121-33, 1993.

Rogers, A. R., "Evolution of time preference by natural selection", *American Economic Review*, nº 84, pp. 460-81, 1994.

Roiphe, K., *The morning after: Sex, fear, and feminism on campus*, Boston, Little, Brown, 1993.

Romer, P., "Increasing returns and new developments in the theory of growth", em W. Barnett, B. Cornet, C. d'Aspremont, J. Gabszewick & A. Mas-Collel (eds.), *International Symposium in Economic Theory and Econometrics*, Nova York, Cambridge University Press, 1991.

Romer, P. & Nelson, R. R., "Science, economic growth, and public policy", em B. L. J. Smith & C. E. Barfield (ed.), *Technology, R&D and the economy*, Washington, D.C., Brookings Institution, 1996.

Rose, H. & Rose, S. (eds.)., *Alas, poor Darwin! Arguments against evolutionary psychology*, Nova York, Harmony Books, 2000.

Rose, S., "Pre-copernican sociobiology?" *New Scientist*, nº 80, pp. 45-6, 1978.

Rose, S., *Lifelines: Biology beyond determinism*, Nova York, Oxford University Press, 1997.

Rose, S. & the Dialectics of Biology Group, *Against biological determinism*, Londres, Allison & Busby, 1982.

Rosen, S., "War power and the willingness to suffer", em J. A. Vasquez & M. T. Henehan (eds.), *The scientific study of peace and war: A text reader*, Nova York, Lexington Books, 1992.

Rossen, M., Klima, E. S., Bellugi, U., Bihrle, A. & Jones, W., "Interaction between language and cognition: Evidence from Williams syndrome", em J. H. Beitchman, N. J. Cohen, M. M. Konstantareas & R. Tannock (eds.), *Language, learning, and behavior disorders: Developmental, biological and clinical perspectives*, Nova York, Cambridge University Press, 1996.

Rossiter, C. (ed.), *The Federalist Papers*, Nova York, New American Library, 1961.

Rousseau, J.-J., *The first and the second discourses together with the replies to critics and Essay on the origin of languages*, Nova York, Perennial Library, 1755/1986.

Rousseau, J.-J., *Discourse upon the origin and foundation of inequality among mankind*, Nova York, Oxford University Press, 1755/1994.

Rousseau, J.-J., *Emile*, Nova York, Basic Books, 1762/1979.

Rowe, D., *The limits of family influence: Genes, experience, and behavior*, Nova York, Guilford Press, 1994.

Rowe, D. C., "The nurture assumption persists", *American Psychologist*, nº 56, pp. 168-9, 2001.

Rozin, P., "Towards a psychology of food and eating: From motivation to module to model to marker, morality, meaning, and metaphor", *Current Directions in Psychological Science*, n⁰ 5, pp. 18-24.

Rozin, P., "Moralization", em A. Brandt & P. Rozin (eds.), *Morality and health*, Nova York, Routledge, 1997.

Rozin, P. & Fallon, A., "A perspective on disgust", *Psychological Review*, n⁰ 94, pp. 23-41, 1987.

Rozin, P., Markwith, M. & Stoess, C., "Moralization and becoming a vegetarian: The transformation of preferences into values and the recruitment of disgust", *Psychological Science*, n⁰ 8, pp. 67-73, 1997.

Rue, L., *By the grace of guile: The role of deception in natural history and human affairs*, Nova York, Oxford University Press, 1994.

Rumelhart, D. E. & McClelland, J. L., "PDP Models and general issues in cognitive science", em D. E. Rumelhart, J. L. McClelland & PDP Research Group (eds.), *Parallel distributed processing: Explorations in the microstructure of cognition* (vol 1: *Foundations*), Cambridge, Mass., MIT Press, 1986.

Rumelhart, D. E., McClelland, J. L. & PDP Research Group, *Parallel distributed processing: Explorations in the microscturcture of cognition*. (vol 1: *Foundations*), Cambridge, Mass., MIT Press, 1986.

Ruse, M., *Taking Darwin seriously: A naturalistic approach to philosophy*, Amherst, N. Y., Prometheus Books, 1998.

Ruse, M., *Can a Darwinian be a Christian? The relationship between science and religion*, Nova York, Cambridge University Press, 2000.

Rushton, J. P., "Race, intelligence, and the brain: The errors and omissions of the 'revised' edition of S. J. Gould's 'The mismeasure of man'", *Personality and Individual Differences*, n⁰ 23, pp. 169-80, 1996.

Rushton, J. P., Fulker, D. W., Neale, M. C., Nias, D. K. B. & Eysenck, H. J., "Altruism and aggression: The heritability of individual differences", *Journal of Personality and Social Psychology*, n⁰ 50, pp. 1192-8, 1986.

Rutter, M., "Nature-nurture integration: The example of antisocial behavior" *American Psychologist*, n⁰ 52, pp. 390-8, 1997.

Ryle, G., *The concept of mind*, Londres, Penguin, 1949.

Sadato, N., Pascual-Leone, A., Grafman, J., Ibañez, V., Delber, M.-P, Dold, G. & Hallett, M., "Activation of the primary visual cortex by Braille reading in blind subjects", *Nature*, n⁰ 380, pp. 526-8, 1996.

Sahlins, M., *The use and abuse of biology: An anthropological critique of sociobiology*, Ann Arbor, University of Michigan Press, 1976.

Salmon, C. A., "The evocative nature of kin terminology in political rhetoric", *Politics and the Life Sciences*, n⁰ 17, pp. 51-7, 1998.

Salmon, C. A. & Symons, D., *Warrior lovers*, New Haven, Conn., Yale University Press, 2001.

Samelson, F., "Intelligence and some of its testers", resenha de S. J. Gould, "The mismeasure of man", *Science*, n⁰ 215, pp. 656-7, 1982.

Saperstein, A. M., "War and chaos", *American Scientist*, n⁰ 83, pp. 548-57, 1995.

Sapolsky, R. M., *The trouble with testosterone: And other essays on the biology of the human predicament*, Nova York, Simon & Schuster, 1997.

Sayre-McCord, G., *Essays on moral realism*, Ithaca, N. Y., Cornell University Press, 1988.

Scarr, S. & Carter-Saltzman, "Twin method: Defense of a critical assumption", *Behavior Genetics*, n⁰ 9, pp. 527-42, 1979.

Scarr, S. & Weinberg, R. A., "The transmission of authoritarian attitudes in families: Genetic resemblance in social-political attitudes?", em S. Scarr (ed.), *Race, social class, and individual differences in IQ*, Mahwah, N. J., Erlbaum, 1981.

Scarry, E., *Dreaming by the book*, Nova York, Farrar, Straus & Giroux, 1999.

Schaller, M. & Crandall, C. (eds.), *The psychological foundations of culture*, Mahwah, N. J., Erlbaum, no prelo.

Schellenberg, E. G. & Trehub, S. E., "Natural musical intervals: Evidence from infant listeners", *Psychological Science*, nº 7, pp. 272-7, 1996.

Schelling, T., *The strategy of conflict*, Cambridge, Mass., Harvard University Press, 1960.

Schütze, Y., "The good mother: The history of the normative model 'mother-love'", em P. A. Adler, P. Adler & N. Mandell (eds.), *Sociological studies of child development* (vol. 2), Greenwich, Conn., JAI Press, 1987.

Schwartz, F. N., *Breaking with tradition: Women and work, the new facts of life*, Nova York, Warner Books, 1992.

Scott, J. C., *Seeing like a state: How certain schemes to improve the human condition failed*, New Haven, Conn., Yale University Press, 1998.

Searle, J. R., *The construction of social reality*, Nova York, Free Press, 1995.

Segal, N., "Virtual twins: New findings on within-family environmental influences on intelligence", *Journal of Educational Psychology*, nº 92, pp. 442-8, 2000.

Segerstråle, U., *Defenders of the truth: The battle for sociobiology and beyond*, Nova York, Oxford University Press, 2000.

Seligman, M. E. P., "Phobias and preparedness", *Behavior Therapy*, nº 2, pp. 307-20, 1971.

Sen, A., *Poverty and famines: An essay on entitlement and deprivation*, Nova York, Oxford University Press, 1984.

Sen, A., "East and West: The reach for reason", *New York Review of Books*, 20 de julho de 2000.

The Seville Statement on Violence, *American Psychologist*, nº 46, pp. 1167-8, 1990.

Shalit, W., *A return to modesty: Discovering the lost virtue*, Nova York, Free Press, 1999.

Sharma, J., Angelucci, A. & Sur, M., "Induction of visual orientation modules in auditory cortex', *Nature*, nº 404, pp. 841-7, 2000.

Sharpe, G., *William Hill's bizarre bets*, Londres, Virgin Books, 1994.

Shastri, L., "Advances in SHRUTI: A neurally motivated model of relational knowledge representation and rapid inference using temporal synchrony", *Applied Intelligence*, nº 11, pp. 79-108, 1999.

Shastri, L. & Ajjanagadde, V., "From simple associations to systematic reasoning: A connectionist representation of rules, variables, and dynamic binding using temporal synchrony", *Behavioral and Brain Sciences*, nº 16, pp. 417-94, 1993.

Shatz, A., "The guilty party", *Lingua Franca*, B17-B21, 1999.

Shepard, R. N., *Mind sights: Original visual illusions, ambiguities and other anomalies*, Nova York, W. H. Freeman, 1990.

Sherif, M., *Group conflict and cooperation: Their social psychology*, Londres, Routledge & Kegan Paul, 1966.

Shipman, P., *The evolution of racism*, Nova York, Simon & Schuster, 1994.

Short, P., *Mao: A life*, Nova York, Henry Holt, 1999.

Shoumatoff, A., *The mountain of names: A history of the human family*, Nova York, Simon & Schuster, 1985.

Shweder, R. A., "Cultural psychology: what is it?", em J. W. Stigler, R. A. Shweder & G. H. Herdt (eds.), *Cultural psychology: Essays on comparative human development*, Nova York, Cambridge University Press, 1990.

Shweder, R. A., "'You're not sick, you're just in love': Emotion as an interpretive system", em P. Ekman & R. J. Davidson (eds.), *The nature of emotion*, Nova York, Oxford University Press, 1994.

Shweder, R. A., Much, N. C., Mahapatra, M. & Park, L., "The 'big three' of morality (autonomy, community, and divinity) and the 'big three' explanations of suffering, em A. Brandt & P. Rozin (eds.), *Morality and health*, Nova York, Routledge, 1997.

Siegal, M., Varley, R. & Want, S. C., "Mind over grammar: Reasoning in aphasia and development", *Trends in Cognitive Sciences*, nº 5, pp. 296-301, 2001.

Silverman, I. & Eals, M., "Sex differences in spatial abilities: Evolutionary theory and data", em J. Barkow, L. Cosmides & J. Tooby (eds.), *The adapted mind: Evolutionary psychology and the generation of culture*, Nova York, Oxford University Press, 1992.

Simon, J. L., *The ultimate resource 2*, Princeton, N. J., Princeton University Press, 1996.

Singer, I. B., *Enemies, a love story*, Nova York, Farrar, Straus & Giroux, 1972.

Singer, P., *The expanding circle: Ethics and sociobiology*, Nova York, Farrar, Straus & Giroux, 1981.

Singer, P., *A Darwinian left: Politics, evolution, and cooperation*, New Haven, Conn., Yale University Press, 1999.

Siple, P. & Fischer, S. D. (eds.), *Theoretical issues in sign language research*, Chicago, University of Chicago Press, 1990.

Skinner, B. F., *Walden Two*, Nova York, Macmillan, 1948/1976.

Skinner, B. F., *Beyond freedom and dignity*, Nova York, Knopf, 1971.

Skinner, B. F., *About behaviorism*, Nova York, Knopf, 1974.

Skuse, D. H., James, R. S., Bishop, D. V. M., Choppin, B., Dalton, P., Aamodt-Leeper, G., Bacarese-Hamilton, M., Cresswell, C., McGurk, R. & Jacobs, P. A., "Evidence from Turner's Syndrome of an imprinted X-linked locus affecting cognitive function", *Nature*, nº 287, pp. 705-8, 1997.

Sloman, S. A., "The empirical case for two systems of reasoning", *Psychological Bulletin*, nº 119, pp. 3-22, 1996.

Slovic, P., Fischof, B. & Lichtenstein, S., "Facts versus fears: Understanding perceived risk", em D. Khaneman, P. Slovic & A. Tversky (eds.), *Judgement under uncertainty: Heuristics and biases*, Nova York, Cambridge University Press, 1982.

Smith, A., *The theory of moral sentiments*, Indianapolis, Liberty Classics, 1759/1976.

Smith, A., Jussim, L. & Eccles, J., "Do self-fulfilling prophesies accumulate, dissipate, or remain stable over time?", *Journal of Personality and Social Psychology*, nº 77, pp. 548-65, 1999.

Smolensky, P., "Tensor product variable binding and the representation of symbolic structures in connectionist systems", *Artificial Intelligence*, nº 46, pp. 159-216, 1990.

Smolensky, P., "Constituent structure and explanation in an integrated connectionist/symbolic cognitive architecture", em C. MacDonald & G. MacDonald (eds.), *Connectionism: Debates on Psychological Explanations* (vol. 2), Cambridge, Mass., Blackwell, 1995.

Snyderman, M. & Rothman, S., *The IQ controversy: The media and public policy*, New Brunswick, N. J., Transaction, 1988.

Sommers, C. H., *Who stole feminism?*, Nova York, Simon & Schuster, 1994.

Sommers, C. H., "Why Johnny can't tell right from wrong", *American Outlook*, pp. 45-7, 1998.

Sommers, C. H., *The war against boys: How misguided feminism is harming our young men*, Nova York, Touchstone Books, 2000.

Sougné, J.,. "Connectionism and the problem of multiple instantiation", *Trends in Cognitive Sciences*, nº 2, pp. 183-9, 1998.

Sowell, T., *Knowledge and decisions*, Nova York, Basic Books, 1980.

Sowell, T., *Marxism: Philosophy and economics*, Nova York, Quill, 1985.

Sowell, T., *A conflict of visions: Ideological origins of political struggles*, Nova York, Quill, 1987.

Sowell, T., *Race and culture: A world view*, Nova York, Basic Books, 1994.

Sowell, T., "Ethnicity and IQ, em S. Fraser (ed.), *The bell curve wars: Race, intelligence, and the future of America*, Nova York, Basic Books, 1995 (a).

Sowell, T., *The vision of the anointed: Self-congratulation as a basis for social policy*, Nova York, Basic Books, 1995 (b).

Sowell, T., *Migrations and cultures: A world view*, Nova York, Basic Books, 1996.

Sowell, T., *Conquests and cultures: An international history*, Nova York, Basic Books, 1998.

Spann, E. K., *Brotherly tomorrows: Movements for a cooperative society in America, 1820-1920*, Nova York, Columbia University Press, 1989.

Spelke, E., "Initial knowledge: Six suggestions", *Cognition*, nº 50, pp. 433-7, 1995.

Spelke, E., Breilinger, K., Macomber, J. & Jacobson, K., "Origins of knowledge", *Psychological Review*, nº 99, pp. 605-32, 1992.

Sperber, D., "Anthropology and psychology: Towards an epidemiology of representations", *Man*, nº 20, pp. 73-89, 1985.

Sperber, D., "The modularity of thought and the epidemiology of representations", em L. Hirschfeld & S. Gelman (eds.), *Mapping the mind: Domain specificity in cognition and culture*, Nova York, Cambridge University Press, 1994.

Spiller, R. J., "S. L. A. Marshall and the ratio of fire", *RUSI Journal*, p. 133, 1988.

Sponsel, L., "The natural history of peace: The positive view of human nature and its potential", em T. Gregor (ed.), *A natural history of peace*, Nashville, Tenn., Vanderbilt University Press, 1996.

Sponsel, L., "Yanomami: An area of conflict and aggression in the Amazon", *Aggressive Behavior*, nº 24, pp. 97-122, 1998.

Staddon, J. R., "On responsibility in science and law", em E. Paul, F. Miller & J. Paul (eds.), *Responsibility* (vol. 16), Nova York, Cambridge University Press, 1999.

Steiner, G., *Language and silence: Essays on language, literature, and the inhuman*, New Haven, Conn., Yale University Press, 1967.

Steiner, G., *Antigones: How the Antigone legend has endured in Western literature, art, and thought*, New Haven, Conn., Yale University Press, 1984.

Steiner, W., *Venus in exile: The rejection of beauty in 20th-century art*, Nova York, Free Press, 2001.

Stevens, M., "Only causation matters: Reply to Ahn et al.", *Cognition*, nº 82, pp. 71-6, 2001.

Stevens, P., "Magical thinking in complementary and alternative medicine", *Skeptical Inquirer*, pp. 32-7, 2001.

Stevens, W., *The necessary angel*, Nova York, Random House, 1965.

Stevenson, L. & Haberman, D. L., *Ten theories of human nature*, Nova York, Oxford University Press, 1998.

Stoolmiller, "Implications of the restricted range of family environments for estimates of heritability and nonshared environment in behavior-genetic adoption studies", *Psychological Bulletin*, nº 125, pp. 392-407, 2000.

Storey, R., *Mimesis and the human animal*, Evanston, Ill., Northwestern University Press, 1996.

Stromswold, K., "Genetics of spoken language disorders", *Human Biology*, nº 70, pp. 297-324, 1998.

Stromswold, K., "The cognitive neuroscience of language acquisition", em M. S. Gazzaniga (ed.), *The new cognitive neurosciences*, Cambridge, Mass., MIT Press, 2000.

Stryker, M. P., "Precise development from imprecise rules", *Science*, nº 263, pp. 1244-5, 1994.

Sulloway, F. J., "Birth order and evolutionary psychology: A meta-analytic overview", *Psychological Inquiry*, nº 6, pp. 755-80, 1995.

Sulloway, F. J., *Born to rebel: Family conflict and radical genius*, Nova York, Pantheon, 1996.

Sur, M., "Visual plasticity in the auditory pathway: Visual inputs induced into auditory thalamus and cortex illustrates principles of adaptive organization in sensory systems", em M. A. Arbir & S. Amari (eds.), *Dynamic interactions in neural networks* (vol. 1: *Models and data*), Nova York, Springer-Verlag.

Sur, M., Angelluci, A. & Sharma, J., "Rewiring cortex: The role of patterned activity in development and plasticity of neocortical circuits", *Journal of Neurobiology*, nº 41, pp. 33-43, 1999.

Swim, J. K., "Perceived versus meta-analytic effect sizes: An assessment of the accuracy of gender stereotypes", *Journal of Personality and Social Psychology*, nº 66, pp. 21-36, 1994.

Symons, D., *The evolution of human sexuality*, Nova York, Oxford University Press, 1979.

Symons, D., "Beauty is in the adaptations of the beholder: The evolutionary psychology of human female sexual attractiveness", em P. R. Abramson & S. D. Pinkerton (eds.), *Sexual nature, sexual culture*, Chicago, University of Chicago Press, 1995.

Szathmáry, E., Jordán, F. & Pál, C., "Can genes explain biological complexity?", *Science*, nº 292, pp. 1315-6, 2001.

Tajfel, H., *Human groups and social categories*, Nova York, Cambridge University Press, 1981

Talmy, L., "The cognitive culture system", em L. Talmy (ed.), *Toward a cognitive semantics* (vol. 2: *Typology and process in concept structuring*), Cambridge, Mass., MIT Press, 2000.

Taylor, J. K., *Reclaiming the mainstream: Individualist feminism rediscovered*, Buffalo, N. Y., Prometheus Books, 1992.

Taylor, S. E., *Positive illusions: Creative self-deception and the healthy mind*, Nova York, Basic Books, 1989.

Tesser, A., "The importance of heritability in psychological research: The case of attitudes", *Psychological Review*, nº 100, pp. 129-42, 1993.

Tessier-Lavigne, M. & Goodman, C. S., "The molecular biology of axon guidance", *Science*, nº 274, pp. 1123-32, 1996.

Tetlock, P. E., "Coping with tradeoffs: Psychological constraints and political implications", em A. Lupia, M. McCubbins & S. Popkin (eds.), *Political reasoning and choice*, Berkeley, University of California Press, 1999.

Tetlock, P. E., Kristel, O. V., Elson, B., Green, M. C. & Lerner, J., "The psychology of the unthinkable: Taboo tradeoffs, forbidden base rates, and heretical counterfactuals", *Journal of Personality and Social Psychology*, nº 78, pp. 853-70, 2000.

Teuber, M., "Gertrude Stein, William James, and Pablo Picasso's Cubism", em W. G. Bringmann, H. E. Luck, R. Miller & C. E. Early (eds.), *A pictorial history of psychology*, Chicago, Quintessence Publishing, 1997.

Thaler, R. H., *The winner's course*, Princeton, N.J., Princeton University Press, 1994.

Thiessen, D. & Young, R. K., "Investigating sexual coercion", *Society*, nº 31, pp. 60-3, 1994.

Thompson, P. M., Cannon, T. D., Narr, K. L., van Erp, T. G. M., Poutanen, V.-P., Huttunen, M., Lönnqvist, P. M., Standertksjöld-Nordenstam, C.-G., Kaprio, J., Khaledy, M., Dail, R., Zoumalan, C. I. & Toga, A. W., "Genetic influences on brain structure", *Nature Neuroscience*, nº 4, pp. 1-16, 2001.

Thornhill, R., "Darwinian aesthetics", em C. Crawford & D. L. Krebs (eds.), *Handbook of evolutionary psychology: Ideas, issues, and applications*, Mahwah, N. J., Erlbaum, 1998.

Thornhill, R. & Palmer, C. T., *A natural history of rape: Biological bases of sexual coercion*, Cambridge, Mass., MIT Press, 2000.

Thornhill, R. & Palmer, C. T., "Rape and evolution: A reply to our critics (Preface to the paperback ed.), *A natural history of rape: Biological bases of sexual coercion* (paperback ed.), Cambridge, Mass., MIT Press, 2001.

Tierney, P., *Darkness in El Dorado: How scientists and journalists devastated the Amazon*, Nova York, Norton, 2000.

Tinbergen, N., "Derived activities: Their causation, biological significance, origin, and emancipation during evolution", *Quarterly Review of Biology*, n° 27, pp. 1-32, 1952.

Tomasello, M., *The cultural origins of human cognition*, Cambridge, Mass., Harvard University Press, 1999.

Tong. R., *Feminist thought: A more compreehensive introduction* (2ª ed.), Boulder, Colo., Westview Press, 1998.

Tooby, J. & Cosmides, L., "On the universality of human nature and the uniqueness of the individual: The role of genetics and adaptation", *Journal of Personality*, n° 58, pp. 17-67, 1990.

Tooby, J. & Cosmides, L., "Psychological foundations of culture", em J. Barkow, L. Cosmides & J. Tooby (eds.), *The adapted mind: Evolutionary psychology and the generation of culture*, Nova York, Oxford University Press, 1992.

Tooby, J. & DeVore, I., "The reconstruction of hominid evolution through strategic modeling", em W. G. Kinzey (ed.), *The evolution of human behavior: Primate models*, Albany, N. Y., SUNY Press, 1987.

Tooley, M., "Abortion and infanticide", *Philosophy and Public Affairs*, n° 2, pp. 37-65, 1972.

Toussaint-Samat, M., *History of food*, Cambridge, Mass., Backwell, 1992.

Tramo, M. J., Loftus, W. C., Thomas, C. E., Green, R. L., Mott, L. A. & Gazzaniga, M. S. 1995, "Surface area of human cerebral cortex and its gross morphological subdivisions: In vivo measurements in monozygotic twins suggest differential hemispheric effects of genetic factors", *Journal of Cognitive Neuroscience*, n° 7, pp. 267-91, 1995.

Tribe, L., "Trial by mathematics: Precision and ritual in the legal process", *Harvard Law Review*, n° 84, pp. 1329-93, 1971.

Trivers, R., "The evolution of reciprocal altruism", *Quarterly Review of Biology*, n° 46, pp. 35-57, 1971.

Trivers, R., "Parental investment and sexual selection", em B. Campbell (ed.), *Sexual selection and the descent of man*, Chicago, Aldine, 1972.

Trivers, R. "Parent-offspring conflict", *American Zoologist*, n° 14, pp. 249-64, 1974.

Trivers, R., "Foreword", em R. Dawkins, *The selfish gene*, Nova York, Oxford University Press, 1976.

Triver, R., "Sociobiology and politics", em E. White (ed.), *Sociobiology and human politics*, Lexington, Mass., D. C. Heath, 1981.

Trivers, R., *Social evolution*, Reading, Mass., Benjamin/Cummings, 1985.

Trivers, R., "As they would do to you", resenha de E. Sober & S. D. Wilson, "Unto others", *Skeptic*, n° 6, pp. 81-3, 1998.

Trivers, R. & Newton, H. P., "The crash of Flight 90: Doomed by self-deception?", *Science Digest*, pp. 66-8, 1982.

Trivers, R. L. & Wilard, D. E., "Natural selection of parental ability to vary sex ratio of offspring", *Science*, n° 79, pp. 90-1, 1973.

Turkheimer, E., "Three laws of behavior genetics and what they mean", *Current Directions in Psychological Science*, n° 5, pp. 160-4, 2000.

Turkheimer, E. & Waldron, M., "Nonshared environment: A theoretical, methodological, and quantitative review", *Psychological Bulletin*, n° 126, pp. 78-108, 2000.

Turner, F., *Natural classicism: Essays on literature and science*, Nova York, Paragon, 1985.

Turner, F., *The culture of hope*, Nova York, Free Press, 1996.

Turner, F., "Modernism: cure or disease?", *Critical Review*, n° 11, pp. 169-80, 1997.

Turner, M., *Reading minds: The study of English in the age of cognitive science*, Princeton, N. J., Princeton University Press, 1991.

Turner, M., *The literary mind*, Nova York, Oxford University Press, 1996.

Tversky, A. & Kahneman, D., "Availability: A heuristic for judging frequency and probability", *Cognitive Psychology*, nº 4, pp. 207-32, 1973.

Tversky, A. & Kahneman, D., "Judgement under uncertainty: Heuristics and biases", *Science*, nº 185, pp. 1124-31, 1974.

Twain, M., *Adventures of Huckleberry Finn*, em D. Voto (ed.), *The portable Mark Twain*, Nova York, Penguin, 1884/1983.

Valero, H. & Biocca, E., *Yanoáma: The story of Helena Valero, a girl kidnapped by Amazonian Indians*, Nova York, Kodansha, 1965/1996.

Valian, V., *Why so slow? The advancement of women*, Cambridge, Mass., MIT Press, 1998.

Van den Berghe, P. L., *The ethnic phenomenon*, Westport, Conn., Praeger, 1981.

Van Essen, D. C. & Deyoe, E. A., "Concurrent processing in the primate visual cortex", em M. S. Gazzaniga (ed.), *The cognitive neurosciences*, Cambridge, Mass., MIT Press, 1995.

Van Valen, L., "Brain size and intelligence in man", *American Journal of Physical Anthropology*, nº 40, pp. 417-24, 1974.

Vandell, D. L., "Parents, peer groups, and other socializing influences", *Developmental Psychology*, nº 36, pp. 699-710, 2000.

Vasquez, J. A., "The steps to war: Toward a scientific explanation of Correlates of War findings", em J. A. Vasquez & M. T. Henenah (eds.), *The scientific study of peace and war: A text reader*, Nova York, Lexington Books, 1992.

Veblen, T., *The theory of the leisure class*, Nova York, Penguin, 1899/1994.

Venable, V., *Human nature: The Marxian view*, Nova York, Knopf, 1945.

Venter, C. *et al.*, "The sequence of the human genome", *Science*, nº 291, pp. 1304-48, 2001.

Verhage, M., Maia, A. S., Plomp, J. J., Brussaard, A. B., Heeroma, J. H., Vermeer, H., Toonen, R. F., Hammer, R. E., van den Berg, T. K., Missler, M., Geuze, H. J. & Südhoff, T. C., "Synaptic assembly of the brain in the absence of neurotransmitter secretion", *Science*, nº 287, pp. 864-9, 2000.

Vonnegut, K., *Welcome to the monkey house*, Nova York, Doubleday, 1968/1998.

Waddington, D. H., *The strategy of the genes*, Londres, Allen & Unwin, 1957.

Wakefield, J. C., "The concept of mental disorder: On the boundary between biological facts and social values, *American Psychologist*, nº 47, pp. 373-88, 1992.

Walker, L. J., "Sex differences in the development of moral reasoning: A critical review", *Child Development*, nº 55, pp. 677-91, 1984.

Walker, P. L., "A bioarchaeological perspective on the history of violence", *Annual Review of Anthropology*, nº 30, pp. 573-96, 2001.

Walker, R. (ed.), *To be real: telling the truth and changing the face of feminism*, Nova York, Anchor Books, 1995.

Wang, F. A., Nemes, A., Mendelsohn, M. & Axel, R., "Odorant receptors govern the formation of a precise topograph map", *Cell*, nº 93, pp. 47-60, 1998.

Ward, K., *Religion and human nature*, Nova York, Oxford University Press, 1998.

Warren, M. A., "On the moral and legal status of abortion", em J. Feinberg (ed.), *The problem of abortion*, Belmont, Calif., Wadsworth, 1984.

Watson, G., *The idea of liberalism*, London, Macmillan, 1985.

Watson, J. B., *Behaviorism*, New Brunswick, N. J., Transaction, 1924/1998.

Weiskrantz, L. (ed.), *Thought without language*, Nova York, Oxford University Press, 1988.

661

Weizenbaum, J., *Computer power and human reason*, San Francisco, W. H. Freeman, 1976.

White, S. H., "The relationships of developmental psychology to social policy", em E. Zigler, S. L. Kagan & N. Hall (eds.), *Children, family, and government: Preparing for the 21st century*, Nova York, Cambridge University Press, 1996.

Whorf, B. L., *Language, thought, and reality: Selected writings of Benjamin Lee Whorf*, Cambridge, Mass., MIT Press, 1956.

Wilkinson, M. J., "The Greek-Turkish-American triangle", em M. Abramovitz (ed.), *Turkey and the United States*, Nova York, Century Foundation, no prelo.

Wilkinson, R., *Mind the gap: Hierarchies, health, and human evolution*, Londres, Weidenfeld and Nicholson, 2000.

Willerman, L., Schultz, R., Rutledge, J. N. & Bigler, E. D., "In vivo brain size and intelligence", *American Journal of Physical Anthropology*, nº 15, pp. 223-38, 1991.

Williams, G. C., *Adaptation and natural selection: A critique of some current evolutionary thought*, Princeton, N. J., Princeton University Press, 1966.

Williams, G. C., "Huxley's evolution and ethics in sociobiological perspective", *Zygon: Journal of Religion and Science*, nº 23, pp. 383-407, 1988.

Williams, J. M., *Style: Toward clarity and grace*, Chicago, University of Chicago Press, 1990.

Williams, K., Harkins, S. & Latané, B., "Identifiability as a deterrent to social loafing: Two cheering experiments", *Journal of Personality and Social Psychology*, nº 40, pp. 303-11, 1981.

Wilson, D. S. & Sober, E., "Re-introducing group selection to the human behavior sciences", *Behavioral and Brain Sciences*, nº 17, pp. 585-608, 1994.

Wilson, E. O., *Sociobiology: The new synthesis* (edição de 25º aniversário), Cambridge, Mass., Harvard University Press, 1975/2000.

Wilson, E. O., *Biophilia*, Cambridge, Mass., Harvard University Press, 1984.

Wilson, E. O., *Naturalist*, Washington, D.C., Island Press, 1994.

Wilson, E. O., *Consilience: The unity of knowledge*, Nova York, Knopf. 1998.

Wilson, J. Q., *The moral sense*, Nova York, Free Press, 1993.

Wilson, J. Q. & Herrnstein, R. J., *Crime and human nature*, Nova York, Simon & Schuster, 1985.

Wilson, M, & Daly, M., "The man who mistook his wife for a chattel", em J. H. Barkow, L. Cosmides & J. Tooby (eds.), *The adapted mind: Evolutionary psychology and the generation of culture*, Nova York, Oxford University Press, 1992.

Wilson, M. & Daly, M., "Life expectancy, economic inequality, homicide, and reproductive timing in Chicago neighborhoods", *British Medical Journal*, nº 314, pp. 1271-4, 1997.

Wilson, R. A. & Keil, F. C., *The MIT Encyclopedia of the Cognitive Sciences*, Cambridge, Mass. MIT Press, 1999.

Witelson, S. F., Kigar, D. L. & Harvey, T., "The exceptional brain of Albert Einstein", *Lancet*, nº 353, pp. 2149-53, 1999.

Wolfe, T., *The painted world*, Nova York, Bantham Books, 1975.

Wolfe, T., *From Bauhaus to our house*, Nova York, Bantham Books, 1981.

Wolfe, T., "Sorry, but your soul just died", em *Hooking up*, Nova York, Farrar, Straus & Giroux, 2000.

Wrangham, R., "Is military incompetence adaptive?", *Evolution and Human Behavior*, nº 20, pp. 3-17, 1999.

Wrangham, R. W. & Peterson, D., *Demonic males: Apes and the origins of human violence*, Boston, Houghton Mifflin, 1996.

Wright, F. A., Lemon, W. J., Zhao, W. D., Sears, R., Zhuo, D., Wang, J.-P., Yang, H.-Y., Baer, T., Stredney, D., Spitzner, J., Stutz, A., Krahe, R. & Yuan, B., "A draft annotation and overview of the human genome", *Genome Biology*, nº 2, pp. 0025.1-18, 2001.

Wright, L., "Double mystery", *New Yorker*, 7 de agosto, pp. 45-62, 1995.

Wright, R., *The moral animal: Evolutionary psychology and everyday life*, Nova York, Pantheon, 1994.

Wright, R., *NonZero: The logic of human destiny*, Nova York, Pantheon, 2000.

Yinon, Y.. & Dovrat, M., "The reciprocity-arousing potential of the requestor's occupation, its status, and the cost and urgency of the request as determinants of helping behavior", *Journal of Applied Social Psychology*, nº 17, pp. 429-35, 1987.

Young, C., *Ceasefire! Why women and men must join forces to achieve true equality*, Nova York, Free Press, 1999.

Zahavi, A. & Zahavi, A., *The handicap principle: A missing piece of Darwin's puzzle*, Nova York, Oxford University Press, 1997.

Zahn-Wexler, C., Radke-Yarrow, M., Wagner, E. & Chapman, M., "Development of concern for others", *Developmental Psychology*, nº 28, pp. 126-36, 1992.

Zentner, M. R. & Kagan, J., "Perception of music by infants", *Nature*, nº 383, p. 29, 1996.

Zhou, R. & Black, I. B., "Development of neural maps: Molecular mechanisms", em M. S. Gazzaniga (ed.), *The new cognitive neurosciences*, Cambridge, Mass., MIT Press, 2000.

Zimbardo, P. G., Maslach, C. & Haney, C., "Reflections on the Stanford Prison Experiment: Genesis, transformations, consequences", em T. Blasss (ed.), *Current perspectives on the Milgram paradigm*, Mahwah, N. J., Erlbaum, 2000.

Zimler, J. & Keenan, J. M., "Imagery in the congenitally blind: How visual are visual images?", *Journal of Experimental Psychology: Learning, Memory, and Cognition*, nº 9, pp. 269-82, 1983.

664

Créditos das imagens

Agradeço a permissão para reproduzir o seguinte material protegido por direitos autorais. *Página 44*: letra de "A simple desultory phillipic (or How I was Robert McNamara'd into submission)"; copyright © 1965, Paul Simon; usado sob permissão da editora Paul Simon Music. *Página 88*: Gráfico "Porcentagem de mortes de homens causadas por guerras", de Lawrence H. Keeley, *War before civilization*, copyright © 1996 de Oxford University Press, Inc.; usado sob permissão de Oxford University Press, Inc. *Página 129*: Diagrama das conexões do sistema visual dos primatas, de Michael Gazzaniga, *The cognitive neurosciences*, The MIT Press (1996). *Página 249*: Letra de "Gee, Officer Krupke", de Leonard Bernstein & Stephen Sondheim; © 1956, Amberson Holdings LLC e Stephen Sondheim; copyright renovado; Leonard Bernstein Music Publishing Company LLC, editor; usado sob permissão. *Página 276*: Diagrama "Turning the tables", de Roger N. Shepard, *Mind sights*, © 1990 de Roger N. Shepard; reproduzido sob permissão de Henry Hold and Company, LLC. "Checker shadow illusion" © Edward Adelson, 2002; reproduzido sob permissão. *Página 443*: Letra de "You don't mess around with Jim", escrita por Jim Croce; © 1972 (renovado), Time in a Bottle/Croce Publishing (ASCAP); todos os direitos reservados; usado sob permissão.

Índice remissivo

1984 (Orwell), 575
2001: uma odisséia no espaço, 456

Abbott, Jack Henry, 357-8
aborto, 313-5, 368
Abzug, Bella, 477
Adams, John, 205, 405
Adams, Scott, 362
Adão, 20
Addams, Chas, 74-5, 507
Adelson, Edward, 276-7
adoção, estudos sobre, 76-7, 506, 508-10, 512-3, 529
Adorno, Theodor, 560
Afeganistão, 348, 416
África, 25, 101-4, 214, 428, 436, 465, 495, 552-3
África do Sul, 436
African queen, The, 229
afro-americanos, 38, 156-7, 300, 359, 406, 446-7
"Against 'Sociobiology'" (Gould *et al.*), 158, 174, 187
Against our will (Brownmiller), 487-9
agressão. *Ver* violência

agricultura, 202, 326-7
Akerlof, George, 412
Alcock, John, 189-91
Alcohol, Drug Abuse, and Mental Health Administration, 426
Alexander, Richard, 272, 346
alimentos geneticamente modificados, 315-8
Allen, Woody, 78, 248, 335, 341, 365
alma, 27-9, 52, 54, 188, 259-60, 308-12, 334, 400. *Ver também* fantasma na máquina
altruísmo, 332-4, 349-57, 370, 413-4; experimentos sobre, 351-2; reciprocidade e, 349-50, 352, 356, 390, 414
ambientalismo, 217, 227
American Academy of Pediatrics, 422
American Anthropological Association, 157, 166
American Association for the Advancement of Science, 160
American Medical Association, 422
American Psychological Association, 422
American Revolution, 404
amígdala, 71, 131, 136, 176, 246, 429, 470

analogia, 154. *Ver também* metáfora

Anderson, Elijah, 446

Anderson, John, 119

Anderson, Steven, 145

androgênios, 469-71. *Ver também* testosterona

anemia da célula falciforme, 203

Animal liberation (Singer), 435

Anistia Internacional, 418

Annie Hall, 264-5

Antigones (Steiner), 364, 582

antropologia, 44-6, 64, 86-8, 147, 158, 165-6

AntZ, 335, 341, 365

Apted, Michael, 504

Ardrey, Robert, 177

aristocracia, 24, 414

Aristóteles, 363

Arlo and Janis, 228

armas, 423

armas nucleares, 439-41

Arnhart, Larry, 407

arqueologia, 86

Arquipélago Gulag (Soljenitsin), 220

arquitetura modernista, 14, 238, 554

Art (Bell), 558

artes, 299-300, 541-66; atração sexual e, 550-1; cérebro e, 548; gostos universais e, 551-4; modernismo e, 553-9, 563-4; natureza humana e, 546-66; pós-modernismo e. *Ver* pós-modernismo; prevalência das, 546-7; raízes psicológicas das, 547-53, 557, 563; sistemas visuais e, 548, 556, 563-4; três áreas problemáticas das, 545-6

Asimov, Isaac, 189

associacionismo, 39-40, 42, 95, 118, 120

Astell, Mary, 457

astonishing hypothesis, The (Crick), 67

ativismo judicial, 398

Atran, Scott, 317

Austad, Steven, 536

Austrália, 101-4, 550

autismo, 74, 94-5

auto-engano, 161, 182, 356-63, 381, 396, 400-3, 410, 440-2, 448, 455, 572-9

aventuras de Huckleberry Finn, As (Twain), 578-82

Baby and child care (Spock), 42

Baddeley, Alan, 290

Bailey, Ronald, 186

Baker, Mark, 63

Bakunin, Mikhail, 403, 449

Bambi, 31

Barash, David, 494

Barry, Dave, 517, 575

Barthes, Roland, 288

Bates, Elizabeth, 60-1

Bauhaus, 564

Bazelon, David, 252

Beatles, 544

Beauvoir, Simone de, 239

Becker, Gary, 483

behavior of organisms, The (Skinner), 41

behaviorismo, 40-3, 67, 178, 237, 246

Behe, Michael, 184-5

beleza, 84, 524, 548; negação da, 558-9

Bell Curve, The (Herrnstein e Murray), 10, 410-1

Bell, Clive, 558

Bell, Quentin, 551, 559

bem-estar (*welfare*), 396, 414

Benbow, Camille, 462, 478, 481

Benedict, Ruth, 48

Benny, Jack, 378

bens não rivais, 327

bens públicos, 350-3, 401

Bentham, Jeremy, 389

Berkeley, George, 44

Berlin, Isaiah, 213, 237, 393

Berra, Yogi, 437

Bethell, Tom, 185

Betzig, Laura, 462

Bever, Tom, 119

Beyond freedom and dignity (Skinner), 236

Bíblia, 20, 183

Bierce, Ambrose, 330

bifurcação de Hume, 247

Big chill, The, 361
biofilia, 548
biologia: conceito de alma e, 308-12; intuitiva, 303; reducionismo e, 105-8
biologia dialética, 163, 180, 191
Block, Ned, 31
Boas, Franz, 44, 47, 101, 287
Boehm, Christopher, 406
Bogart, Humphrey, 229
bom selvagem, 25, 50, 54, 170-1, 227, 357, 400, 515, 569; comunalismo e, 349; defesa do, pela ciência radical, 177-9, 190; estupro e, 489; evolução e, 87; feminismo e, 458; neurociência e, 71; violência e, 425, 455
bonobos, 73
Borges, Jorge Luis, 91
Bork, Robert, 185
Born to rebel (Sulloway), 515, 526
Boston Globe, 127, 420, 459, 487, 500, 517, 533-4
Botticelli, Sandro, 552
Bouchard, Thomas, 511, 515
Bourdieu, Pierre, 551, 558
Bowles, Samuel, 413
Boyd, Brian, 563
Braceras, Jennifer, 478
Braille, 138-40
"Brain is Wider Than the Sky, The" (Dickinson), 573-4
Brain storm (Dooling), 245
Brando, Marlon, 507
Brasília, 238
Brazelton, T. Berry, 522, 533
Brecht, Bertold, 237
Breggin, Peter, 427
Breland, Keller, 42
Breland, Marian, 42
Brennan, William, 252
Broca, Paul, 71
Brooks, Rodney, 93
Brown, Donald, 86, 89, 586-90
Brown, Roger, 284
Brownmiller, Susan, 487-93, 497

Bruer, Jon, 522-3
Bryan, William Jennings, 185
Buckley, William F., 185, 358
Buda, 229
Bueno de Mesquita, Bruce, 433
Bukharin, Nikolai, 219
burguesia, 182, 214, 220-2, 554-5, 562
Burke, Edmund, 392-5
Buruma, Ian, 381
Bush, George W., 32, 185, 373
Buss, David, 430
Butler, Judith, 560-2
Byatt, A. S., 565

Calvin e Haroldo, 261
Camboja, 214, 218, 221
Canadá, 36, 423, 449, 452
canhotismo, 173
canibalismo, 417, 434
capitalismo, 226, 338-9, 396-7, 402, 409-14, 531
características: emergênicas, 214-5; hereditariedade de, 73-5, 78-81, 504-11; maquiavélicas, 355-6
Carey, Susan, 306
Carnegie, Andrew, 36
Carroll, Joseph, 563
Cashdan, Elizabeth, 462
categorização, 279-86, 315
cegos, 138-41
células-tronco, pesquisas sobre, 32, 309, 311
Centers for Disease Control, 424
cérebro, 42, 67-73, 111-2, 123-46, 572-3; anatomia do, 72; arte e, 548, 556; complexidade do, 273; corpo caloso cortado no, 70; córtex visual do, 128-42; desenvolvimento do, 123-45, 312, 522-3, 536-7; diferenças dos sexos no, 469-70; genética e, 78-9, 132-7, 142; hemisférios do, 70, 143-4; inibição e, 72; lesão no, 69-72, 142-5, 361; neurociência cognitiva e, 186-7; plasticidade do, 72-3, 112, 124-46. *Ver também* plasticidade neural

Cézanne, Paul, 553

Chagnon, Napoleon, 166-71, 426, 439, 452, 582

Chamberlain, Neville, 451

Chandigarh, 238

Cheers, 544

chimpanzés, 73, 94-5, 131, 190, 201, 429, 497

China, 214, 218, 221, 337

Chirot, Daniel, 237

Chomsky, Noam, 60-4, 86, 106-7, 206-7, 338, 349, 409-10

Chugani, Harry, 127

Chung, Connie, 507

Churchill, Winston, 404, 416, 451

ciência cognitiva, 55, 563-4

ciências humanas, 542-66

ciências sociais, 24

ciganos, 216

Clark, Ramsey, 425-6

Clarke, Arthur C., 456

classicismo natural, 563

Claverie, Jean-Michel, 116

Clemenceau, Georges, 392

Clinton, Bill, 250, 292, 424, 477, 522

Clinton, Hillary, 250, 522, 532

clonagem, 309-12, 373-4

Clube de Roma, 325

Cohen, Dov, 444-5

coletivização, 337

comércio, 234-6, 321-4, 349-50, 396-7, 405, 435

Commentary, 185

Como a mente funciona (Pinker), 119, 530

competição sexual, 433, 469; artes e, 550-2

comportamento sexual, 41, 85, 87, 92, 131, 162, 187, 209, 225, 248-9, 292, 325, 344-8, 365, 369, 373, 375, 457, 465, 471, 482, 486-91, 496-8, 500-2

compositividade, 61-3, 119, 325-8, 455

computação, 55-9

Computer power and human reason (Weizenbaum), 153

comunas, 337, 352-3

comunismo. Ver marxismo

comunismo primitivo, 349

condicionamento: clássico, 40, 137, 558; operante, 40, 237

Condorcet, marquês de, 393

conexionismo, 43, 51, 60-1, 112, 117-22, 146

Conflict of visions, A (Sowell), 392

conflito entre irmãos, 340-2, 364-9, 525-7

conformidade, 96-9, 370-1, 401

Confúcio, 200, 267

conquest of Granada, The (Dryden), 25

Conquest, Robert, 237

Conselho de Bioética, 185

conservadorismo, 182-9, 388-415, 532

Consilience (Wilson), 158, 190

consiliência, 53, 92, 102, 105-6

Constituição dos Estados Unidos, 405-7

construcionismo estrito, 398

construcionismo social, 24, 37, 44-52, 54, 64, 67, 190, 274, 444, 461, 531

contrato social, 27, 212, 267, 389-91, 404, 447

Contrato social (Rousseau), 27

controles de preços, 322

cooperação, 83, 333, 349-54

Coren, Stanley, 173

córtex, 124, 128-46; auditivo, 139-41; pré-frontal, 145; ventromedial, 145; visual, 128-41, 144

Cosmides, Leda, 190, 321, 462, 493

Cowen, Tyler, 545

Craig, Venter, 113-4

criação de enteados, 230-1

criação de filhos, 10, 12-3, 230-1, 238-40, 512-40; conflitos na, 342-4; criação de enteados, 230-1; diferenças entre os sexos na, 345-8, 467, 473, 482-3; genética comportamental e, 512-23; individualizada, 523-7

criacionismo, 20-1, 183-5, 187-9

Crick, Francis, 54, 67, 129

crime, 74, 80-1, 357-9, 391, 399-400, 415-7, 421-4, 428-30, 442, 445-7, 448-51. Ver também estupro; violência; psicopatia; genética e, 74, 80-1, 244, 247; grupo de iguais e, 529-30; punição e, 251-7, 360, 399, 447-51

Crime in America (Clark), 425
crime of imprisonment, The (Shaw), 252
crime of punishment, The (Menninger), 252
Crítica da razão prática (Kant), 268
Crittenden, Danielle, 459
Croce, Jim, 443
Cronin, Helena, 462
cultura: aprendizado da, 91-109; autonomia da, 46, 50; circuitos neurais e, 93; diferenças na, 103-5; emoções e, 64-6; estabilidade e mudança na, 100-1; modelos epidemiológicos de, 99; socialização e, 510, 528-9, 539; sucesso material e, 101
Culture of honor (Nisbett e Cohen), 444

Dahmer, Jeffrey, 359
Daly, Martin, 191, 230-2, 253, 348, 415, 426, 433, 441, 443
Damasio, Antonio, 145
Damasio, Hannah, 145
Daniels, Denise, 515
Darkness in El Dorado (Tierney), 167
Darrow, Clarence, 185
Darwin, Charles, 20, 36, 52, 54, 81, 100, 187, 213, 259, 348, 390, 415
Darwinian left, A (Singer), 407-8
darwinismo social, 36, 151, 159, 189, 199, 209-12, 214, 220, 227, 575; crença de Hitler no, 216, 220
Dawkins, Richard, 83, 162-4, 265-6, 331, 432-3
Death by government (Rummel), 450
Declaração de Independência, 205
Declaração de Sevilha, 418
Declaração Universal dos Direitos Humanos, 233
Deep Blue, 58
defesa da insanidade, 255
Degler, Carl, 37
Delaney, Cláusula, 379
Delay, Tom, 183
democracia, 404-7
Denfeld, Rene, 464
Dennett, Dan, 30, 246, 299

Derrida, Jacques, 288
derrière garde, 562
Descartes, René, 27-9, 68, 180, 297
desconstrucionismo, 274, 288-9. *Ver também* pós-modernismo
desenvolvimento infantil: acaso no, 535; efeitos da família no, 341, 512-40; hereditariedade de características no, 504-11
desenvolvimento neural, 123-45, 313, 522-3, 535-7
design inteligente, 184, 189
desigualdade, 199-222, 414
destino, 537
destruição mutuamente assegurada, 441
determinismo, 162-3, 174-5, 181, 242-58
determinismo linguístico, hipótese do, 287-8
devil's dictionary, The (Bierce), 330
DeVore, Irven, 161, 327
dialectical biologist, The (Levins), 180
Diálogo sobre os dois máximos sistemas do mundo (Galileu), 196
Diamond, Jared, 102-4
Dickeman, Mildred, 462
Dickens, Charles, 398
Dickinson, Emily, 573-4
Didion, Joan, 463
diferenças entre os sexos, 200, 204, 240, 247-9, 284, 344-8, 456-502, 571, 584; disparidade entre os sexos e, 474-89; incômodo com, 474; mulheres como pesquisadoras sobre, 462; na criação de filhos, 344-8, 473; na violência, 420-3, 427-31; no cérebro, 469
Dilema do Prisioneiro, 453-4
direita religiosa, 182-9, 229, 244, 342, 391-2
direitos dos animais, 313-4, 434
Discovery Institute, 226
discriminação, 199-200, 204-9, 279-80, 282-6, 296-7, 300, 423-4; por idade, 208; sexual, 37-8, 204, 209, 280, 285, 373, 456-9, 461, 474, 478-83
Disney, Walt, 31
disparidade entre os sexos, 460, 474-89
Disraeli, Benjamin, 392

Dissanayake, Ellen, 547-9

dissonância cognitiva, 362, 401

Divale, W. T., 89

documentos com declaração de não desejar ser mantido vivo por aparelhos, 313

Dooling, Richard, 245

Dostoiévsky, Fiodor, 68, 418

Double-Bind Dictator, jogo, 351

Douglas, William O., 252, 362

Dred Scott, decisão, 398

drogas, políticas sobre, 450

Dryden, John, 25

dualismo, 27-30. *Ver também* fantasma na máquina; divisão mente-matéria; alma

Dunbar, Robin, 406

Durham, decisão, 256

Durkheim, Emile, 46-7, 158, 219, 389, 391, 577

Dutton, Denis, 546, 549-50, 560, 563

Dworkin, Andrea, 239, 493

Dworkin, Ronald, 393

Eagly, Alice, 420

Easterlin, Nancy, 563

Eastwood, Clint, 302

economia: do comportamento, 351-3, 412-4; intuitiva, 304, 321-4, 412-3; natureza humana da perspectiva da, 351, 389-91, 412-3

educação, 306-8, 324, 411; artes e humanidades na, 542-3

efeito Pigmalião, 285

egoísmo, 80, 83, 226-9, 236-7, 264-6, 332-40, 349-60

Ehrlich, Paul, 325

Einstein, Albert, 72, 554

Eiseley, Loren, 51

Ekman, Paul, 64, 156-7

Elbow room (Dennett), 246

Eliot, T. S., 411, 542

Elisa, 153

elitismo, 210, 410, 575

Ellwood, Charles, 51

Elman, Jeffrey, 60-1, 124

Elshtain, Jean Bethke, 463

Ember, Carol, 88

emoções, 64-6, 235; altruísmo e, 349; cultura e, 64-6; moralidade e, 370-1

empirismo, 23, 44-5, 51, 59, 61, 177; autismo e, 95. *Ver também* tábula rasa

emprego, disparidade entre os sexos no, 474-88

Enemies, a love story (Singer), 582-5

Engels, Friedrich, 180, 218, 349

engenharia intuitiva, 304

engenharia social, 221, 236-41

Escandinávia, 36, 76, 107, 428

escravidão, 24, 36, 159, 203-5, 218-9, 398, 406, 446, 457

eslavos, 216

Esopo, 350

esportes, 430

esquizofrenia, 73-4, 298

essay concerning human understanding, An (Locke), 23-4

essencialismo, 317-8

Estados Unidos, 20, 36, 88, 203, 215, 283, 352, 416-1, 422, 448, 452-3, 458

estatística, 319

estereótipos, 279-86

estoicismo, 267

Estrich, Susan, 478, 482

estrogênio, 469-71

estudos culturais, 274, 295-6

estudos de ciências, 275

estupro, 10, 224-30, 245, 461, 468, 486-502; indício de componente sexual no, 496-8; redução do, 498-501

etnocentrismo, 401

eufemismos, 292-5

eugenia, 36, 159, 167-8, 187, 189, 199, 214-5

eutanásia, 313-4

Eva, 20

Evans, David, 563

evolução, 20, 36, 131, 260, 332; cooperação na, 90, 98, 234, 332-6, 349-54; criacionismo e, 188-9; crítica conservadora da, 182-4, 407; dos humanos, 37, 84, 327; faculdades intuitivas e, 307; genoma e, 133; seleção de grupo e, 353-4. *Ver também* seleção natural

evolution of human sexuality, The (Symons), 165

Expanding circle, The (Singer), 233, 435

expressão das emoções no homem e nos animais, A (Darwin), 156-7

Fagan, Jeffrey, 447

falácia física, 322

falácia moralista, 228, 248, 425

falácia naturalista, 211, 227-30

famílias: amor em, 336-40; conflito em, 340-4; e política, 339, 363-6, 401, 577; em genética comportamental, 512-23. *Ver também* criação de filhos

fantasma na máquina, 28, 30, 51-2, 54, 188, 308, 334, 400; apoio da direta a, 182-4; defesa pela ciência radical, 180-2; determinismo e, 242-6; genética e, 81, 112; neurociência e, 69, 71, 184; plasticidade neural e, 128; responsabilidade de, 256

Farah, Martha, 144

Faris, Ellsworth, 47

Faris, Robert, 51

Farley, Frank, 533

Fausto-Sterling, Ane, 468

Fear of flying (Jong), 347

Federação Iroquesa, 404

feminine mystique, The (Friedan), 475

feminismo, 225-6, 239-40, 458-64; de diferença, 463; de eqüidade, 461-2, 464, 478, 491, 499; de gênero, 461-4, 487-9, 493-6

Ferguson, Andrew, 186, 188

Feynman, Richard, 329

filosofia, 23-33, 39, 44-6, 57-60, 64-5, 98-9, 105, 147, 195-8, 204-14, 224, 226, 233-7, 240, 242-58, 261-3, 266-7, 287, 297, 313-5, 329-30, 373-4, 380-1, 392-4, 404-7, 431-51, 454-7

Fisher, Helen, 462, 480

física, 54, 195, 329; intuitiva, 303, 307, 329

Fiske, Alan, 321, 339, 352

Flynn, James, 286

Fodor, Jerry, 60, 119

Food and Drug Act (1958), 379

Forster, E. M., 404

Foucault, Michel, 560-2

Fox-Genovese, Elizabeth, 463

Frank, Robert, 354, 377, 413

Franklin, Benjamin, 235

Frazer, James George, 316

Freedman, Jonathan, 423

Freeman, Derek, 87, 166

free-rider ("carona"), problema, 351, 354

Freud, Sigmund, 67, 71, 265, 361, 516, 554

Friedan, Betty, 239, 475, 477

Friedman, Milton, 393, 531

fumar, 375, 505, 529, 532

fundamentalismo cristão, 183

Furchgott-Roth, Diana, 478

Gabriel, Peter, 545

Gage, Phineas, 69, 145

Galbraith, John Kenneth, 393

Galileu Galilei, 29, 195-7, 286

Galton, Francis, 36

Gardner, Howard, 306

Garfunkel, Art, 44

Gauguin, Paul, 553

Gazzaniga, Michael, 70

Geary, David, 306-8

Geertz, Clifford, 48, 287

Gell-Man, Murray, 329

Gelman, Susan, 317

gêmeos, estudos de, 73-7, 143, 147, 201, 206, 506-13, 534-7

gênero. *Ver* sexos, diferença entre os

genes: "egoístas", 83, 265; atos anti-sociais e, 79-81; autismo e, 74, 94; características emergênicas e, 214-5; cérebro e, 78; crime e, 74, 79-81, 244, 247; doença mental e, 74; inteligência e, 75, 210-1, 504-11; linguagem e, 76-9; Neel e, 165-71; personalidade e, 74-81, 503-10; violência e, 80, 88-90, 416-55. *Ver também* genética comportamental

genética comportamental, 73-81, 162, 177, 189, 201, 558; ambiente único em, 514-5; divisão mente-matéria e, 73-81; efeitos da família em, 512-23; três leis da, 503-14, 531. *Ver também* hereditariedade

gênio, 72

genoma humano, 77, 111-7, 273, 535; complexidade humana e, 115-6; em negações da natureza humana, 111-7, 145-8; evolução e, 133-4; número de genes e, 111-7; variabilidade no, 201-2

Gestalt, 564

Ghiglieri, Michael, 232

Gibran, Khalil, 342

Gigerenzer, Gerd, 412

Gilbert, William, 387

Gilligan, Carol, 240, 463

Gilmore, Gary, 357

Gingrich, Newt, 335

Gintis, Herbert, 413-4

Glendon, Mary Ann, 371

Glover, Jonathan, 237, 373, 381, 435-6, 454

Godwin, William, 31, 392-3

Goffman, Erving, 361

Goldberg, Tiffany F., 248

Goldblum, Jeff, 361

Goldin, Claudia, 478

Golding, William, 177

Goldman, Emma, 215

Good morning America, 358

Gopnik, Adam, 300, 561

gorilas, 497

Gorky, Maximo, 219

Gottfredson, Linda, 462, 477-8, 485

Gottschall, Jonathan, 563

Gould, Stephen Jay, 158, 161, 164, 174, 178, 181, 187-9, 210, 228

Gowaty, Patricia, 462

Grã-Bretanha, 36, 104, 107, 203, 404

Graglia, F. Carolyn, 459

gramática gerativa, 62-3, 233, 324

gramática universal, 63, 86

grande cadeia do ser, 195-8

Grande Sociedade, 390

Green, Ronald, 314

Greene, Graham, 336

Grogger, Jeff, 447

grupos étnicos: diferenças genéticas entre, 202-4; estereótipos de, 282-6; neologismos para, 292-5; violência e, 88-90, 438

guerra, 178, 224, 416-7, 436-9, 442-3, 451-5

Guerra Civil Espanhola, 436

Guerra do Vietnã, 225, 406, 442

Guerra Mundial, Primeira, 225, 279, 439-40, 452-4

Guerra Mundial, Segunda, 50, 62, 89, 216, 218, 283, 323, 437, 451-3

guns of August, The (Tuchman), 440, 453

Guns, germs, and steel (Diamond), 102

Gur, Batya, 337

Gur, Raquel, 462

Hacking, Ian, 280

Hadley, Robert, 119

Haidt, Jonathan, 369, 371-3

Haldane, J. B. S., 215

Halpern, Diane, 173, 462

Hamilton, Alexander, 393, 405

Hamilton, William, 157-8, 161, 335, 349

Harris, Judith Rich, 10, 434, 515, 520, 527, 534-40

Harris, Marvin, 97

"Harrison Bergeron" (Vonnegut), 574

Harvey, William, 53

Hatch, Orrin, 311

Hausman, Patti, 476-7

havaiano, 34-5

Hawkes, Kristen, 462

Hayek, Friedrich, 213, 393, 397-9

Healey, Bernardine, 426

Hebb, D. O., 134

Hegel, G. W. F., 389

Heisenberg, Werner, 554

Hepburn, Katharine, 229
hereditariedade, 73-81, 504-11; da inteligência, 74, 206-7, 211, 404, 506-11; de atitudes políticas, 74, 387
Hernadi, Paul, 563
Herrnstein, Richard, 10, 155, 206-7, 411-2
Hillel, 267
Hillenbrand, Lynne, 484
Himmelfarb, Gertrude, 185
hinduísmo, 371
Hines, Melissa, 462
hiper-realidade, 296
Hirshleifer, Jack, 354
história natural intuitiva, 303
Hitchcock, Alfred, 544
Hitler, Adolf, 216-8, 220, 263
Hobbes, Thomas, 26-7, 57, 59, 87, 267, 389, 393, 404, 432-3, 437-41, 447-8, 450, 454
Hoffer, Eric, 96
Hogan, Patrick, 563
Holmes, Oliver Wendell, Jr., 252, 393, 398
"Homem Negro, O", exposição de arte, 300, 555
homossexualidade, 72, 74, 136-7, 216, 229, 279-80
honra, comportamento violento e, 442-6, 579-82
Horácio, 548
Horowitz, Donald, 452
Hrdy, Sarah Blaffer, 343, 463
Hubel, David, 141, 157
Huckleberry Finn, As aventuras de (Twain), 578-82
Human universals (Brown), 586-90
humanidades, 24, 54, 92, 102-8, 112, 190, 389, 481, 541-66
Humboldt, Alexander von, 409
Hume, David, 118, 250, 380, 404, 551
Hummel, John, 119
Hunt, Morton, 182
Hurtado, Magdalena, 463
Huston, Anjelica, 583

ianomâmis, 165-71, 426, 439, 452, 582
Ifaluk, 64-5
Igreja Católica Romana, 259-60, 309
iguais, grupos de, 528-30, 533-5, 539
Igual Proteção, cláusula de, 406
Igualdade de Direitos, emenda da, 460
Iluminismo, 23-6, 30, 39, 44, 343, 457, 461
ilusões visuais, 276-9
imagens, 295-301
imagens mentais. *Ver* psicologia das imagens mentais
imigração, 37, 528
imitação, 92-9
infanticídio, 315, 340-1
informação, 55-8, 327
Inge, Dean, 392
Inherit the wind, 185
Iniciativa Contra a Violência, 426
Inquisição, 195
inteligência, 57, 72, 154-6, 328, 507; hereditariedade da, 74, 206-7, 211, 401, 506-11; múltipla, 303; negações da, 210-1
inteligência artificial, 57-8, 93, 153-5
intimidação, 251-8, 440-51
Irmãos Marx, 544
Israel, 337, 352, 423
It takes a village (Clinton), 532
Iugoslávia, 449

Jackson, Andrew, 445
James, Oliver, 531
James, William, 41, 87, 281, 564
Japão, 422, 498, 551
japonês, 63, 107
Jefferson, Thomas, 205
Jensen, Arthur, 156
Jespersen, Otto, 34-5, 45
Jesus Cristo, 267
Jivaro, 169-70
João Paulo II, Papa, 185, 259, 309
Johnson, Lyndon, 390, 398, 406, 419, 425
Johnson, Philip, 185
Johnson, Samuel, 53, 195, 200, 564

Jones, Owen, 231, 245, 496, 501

Jong, Erica, 347

Josué, 195

judeus, 36-8, 44, 101, 185, 200, 202, 214, 216-7,
279, 283, 300, 323, 344, 374, 582-3

Jumpers (Stoppard), 436-7

Junger, Sebastian, 353

junk DNA, 116

juros, emprésimo a, 322-3

Kagan, Jerome, 533-4

Kahneman, Daniel, 412

Kamin, Leon, 162-5, 175-6, 180, 511

Kaminer, Wendy, 463

Kant, Immanuel, 250, 267-8, 393, 409, 451

Kantor, J. R., 41

Karamazov, Dmitri, 126

Kasparov, Garry, 58

Kass, Leon, 185, 188, 373-4, 459

Katz, Lawrence, 142

Keegan, John, 452

Keeley, Lawrence, 88

Keil, Frank, 317

Kelly, Alice, 517

Kenessey, Stefania de, 562

Kennedy, Edward M., 395-6

Kennedy, John F., 453

Kennedy, Randall, 450

Kennedy, Robert F., 393-6, 409

Kenrick, Douglas, 430

Kevles, Betty, 419

Kevles, Daniel, 419

Keynes, John Maynard, 215

Khmer Vermelho, 214, 220

kibutzim, 337, 352, 468

Kimball, Roger, 185

Kimura, Doreen, 462

Kindlon, Dan, 420

Kleinfeld, Judith, 462, 478, 485

Klineberg, Otto, 50

Koch, Christof, 129

Koch, Robert, 217

Koertge, Noretta, 463

Kohlberg, Lawrence, 397

Kohn, Alfie, 420

Komar, Vitaly, 552

Koss, Mary, 499-500

Kosslyn, Stephen, 298

Kristol, Irving, 185-6

Kroeber, Albert, 46, 52, 54, 158, 219, 389

Kropotkin, Peter, 349

Kruchóv, Nikita, 453

Kubrick, Stanley, 456

kulaks, 213, 221

!Kung San, 87-8

ladeiras escorregadias, 315

Laframbroise, Donna, 463

laissez-faire, economia de, 413

Landers, Ann, 75

Laski, Harold, 215, 254

Lawrence, D. H., 224

Lazarus, Richard, 64

Le Corbusier, 237-8

Lefkowitz, Mary, 463

Lehrman, Karen, 464, 478

Lei do Superfundo (1980), 379

Leibniz, Gottfried Wilhelm, 59

Lenin, V. I., 214, 219, 221

Leo, John, 532

Lepowsky, Maria, 458

Lessing, Doris, 463

leviatã, 26-7, 431-2, 447-51

Leviatã (Hobbes), 26, 432-3

Levins, Richard, 180

Lévi-Strauss, Claude, 389

Levy, Jerre, 462

Lewinsky, Monica, 292

Lewontin, Richard, 158, 161-5, 174-7, 180-2,
189, 349, 511

liberalismo, 23, 31, 152, 170, 215, 385, 387-
415, 422, 449, 461-3, 562

Lifelines: biology beyond determinism (Rose),
165

limits of family influence, The (Rowe), 515

Lincoln, Abraham, 205

língua de sinais, 139-40, 528
língua inglesa, 34-5, 62-4, 107-8
linguagem, 44-6, 62-4, 76-8, 93, 95-6, 235, 251, 304, 307, 325, 328, 528, 549, 554, 560, 562, 576; aquisição de, 63-5, 84, 93, 95-6, 105-15, 528; cérebro e, 144; mudança na, 101, 107; níveis de análise e, 106-9; pensamento e, 286-92, 576; redes neurais, 120-3
linguagem integral, 306
linguística, 34-6, 60-5, 217, 288, 527-8, 562
Lippman, Walter, 279
Lipstick Lesbian, 464
livre-arbítrio, 181-2, 244-50, 537
Lloyd, Allan, 361
Locke, John, 23-4, 31, 39-40, 58-9, 118, 177, 267, 389-91, 404, 410
lógica, 304, 324
Lomax Jr., Alan, 157
Lord of the flies (Golding), 177
Lorenz, Konrad, 177, 440
Los Angeles Times, 293
"A loteria da Babilônia" (Borges), 91
Lott, John, 423
Loury, Glenn, 286
Love, canal, 379
Low, Bobbie, 463
Lowie, Robert, 49, 52
Lubinski, David, 481
Lutz, Catherine, 64
Lyell, Charles, 53
Lykken, David, 515

M'Naughten, regra de, 255
MacKinnon, Catherine, 239, 493
Madison, James, 393, 404-6
Maeterlinck, Maurice, 392
Mahabharata, 267
Mailer, Norma, 357-8
maioria moral, 376
Mallon, Ron, 64
Malthus, Thomas, 325, 328
Man and aggression (Montagu), 177
man who came to dinner, The, 545

Mansfield, Harvey, 459
Mao Tsé-tung, 31, 99, 180, 219, 221
Mapplethorpe, Robert, 559
Maquiavel, Nicolau, 389
march of the folly, The: from Troy to Vietnam (Tuchman), 440
Marcos, Ferdinand, 88
Marcus, Gary, 119
Margaret Mead and Samoa (Freeman), 166
Marr, David, 106, 548
Martindale, Colin, 557
Marx, Karl, 180-1, 186, 218, 220-1, 226, 349, 388-9, 403, 408, 410
marxismo, 155, 175, 180, 218-21, 237, 388-92, 403-4, 408, 413, 461, 555, 577
Masters, Roger, 230, 389, 391
materialismo, 175, 180, 260
mating mind, The (Miller), 550
Matrix, 297
maus tratos a crianças, 230-1, 419-20
Mayr, Ernst, 205, 318
Mazursky, Paul, 583
McCarthy, Joseph, 170
McClelland, James, 43, 60, 112
McClintock, Martha, 462
McElroy, Wendy, 463, 491-2, 500
McGinnis, John, 404-6
McGue, Matt, 509
McGuinness, Diane, 462
McVeigh, Timothy, 420, 422
Mead, Margaret, 48-50, 87, 157, 486, 571
Mealey, Linda, 357, 463
mecânica quântica, 329
medos, 318
Mehler, Barry, 511
Melamid, Alexander, 552
Melzack, Ronald, 143
membros fantasmas, 143
memória, 56, 66, 69, 281, 290-1, 297-9
Mencken, H. L., 50, 376
Mendel, Gregor, 54, 415
Mengele, Josef, 511
Menninger, Karl, 252

677

mentalidade de grupo, 49-50, 157, 221-2. *Ver também* superorganismo

mente: como sistema complexo, 65-7, 86; conceito de, 29, 55-9; debate Pólo Leste-Pólo Oeste sobre a, 60-1, 112, 124, 303; dualismo e, 27-30, 308-13; limites da, 329; mecanismos universais na, 63-5; módulos da, 65-7, 147, 176, 232, 303-5; na teoria judaico-cristã da natureza humana, 20; níveis de análise da, 106-7; teoria computacional da, 55-8; teoria da. *Ver* teoria da mente

mente-matéria: ciência cognitiva e, 55-8; divisão, 27-31, 55-77; genética comportamental e, 73-81; neurociência e, 186-7; psicologia evolucionista e, 81-90. *Ver também* dualismo; fantasma na máquina; alma

metáfora, 30-1, 289, 426, 432

mídia: estereótipos na, 279, 282-6; imagens na, 295-301; violência e, 422

mil e uma noites, As, 565

Mill, John Stuart, 39-40, 118

Miller, Geoffrey, 495, 550-51

Miller, J. Hillis, 288

Miller, Kristen, 248

Milne, A. A., 243

Minogue, Kenneth, 237

Minsky, Marvin, 119

"misbehavior of the organisms, The" (Breland e Breland), 42

mismeasure of man, The (Gould), 210

Mísseis Cubanos, Crise dos, 453-4

modelo padrão da ciência social, 102, 104. *Ver também* construcionismo social; ciências sociais

modernismo, 237-8, 553-9, 562-4

Money, John, 472

Montagu, Ashley, 47, 50, 177, 190, 353, 418

Monty Python's Flying Circus, 108

Moore, G. E., 211

moralidade, 367-81; auto-engano e, 360-3; base da, 235-6, 261-4, 267-8, 308, 373-4; ciência e, 151-2, 197; diferenças entre culturas na, 233-6, 370-4; emoções e, 370-1,

380; religião e, 259-64; universalidade da, 235-6, 261, 267, 370-4

moralização, 374-7

Mount, Ferdinand, 338

movimento da ciência radical, 161-2, 173-98, 206-8, 215, 400, 494, 576-7

mulheres: constituição dos E.U.A. e, 406; interesses das, 240, 456-8, 482-6, 488, 490, 493, 500-2; Talibã e, 348; visão bíblica das, 20. *Ver também* feminismo; diferenças entre os sexos

Muller, Hermann, 215

Murdoch, Iris, 463, 565

Murdock, George, 47

Murray, Charles, 411

música, 543-5, 548, 553-4, 563

mutualismo, 333

myth of the first three years, The (Bruer), 522

Nações Unidas, 50, 418, 487

Napoleão I, imperador da França, 402

National Center for Science Education, 184

National Endowment for the Arts, 543

National Institute of Mental Health, 424

National Institutes of Health, 426

National Public Radio, 232

National Science Foundation, 486

nativos americanos, 25, 32, 44-5, 88, 165-71, 178, 293, 406, 450

natural history of rape, A (Thronhill e Palmer), 10, 225, 486-98

navajo, língua, 62

nazismo, 216-22, 251-2, 371-2

Neel, James, 165-71

Neill, A. S., 306

neologismos, 292-5

nepotismo, 337, 346, 401

Nesse, Randolph, 361

neurociência, 162, 186-7, 462, 522-3; aplicações comerciais da, 128; cognitiva, 67-73; divisão mente-matéria e, 67-73; e fantasma na máquina, 69, 71, 184. *Ver também* cérebro

678

new know-nothings, The: The political foes of the scientific study of human nature (Hunt), 182

New York Review of Books, 158, 358

New York Times, 127, 250, 458, 472, 559

New Yorker, 74, 167, 249

Newell, Alan, 154

Newman, Barnett, 558

Newton, Huey, 161

Newton, Sir Isaac, 53

Nietzsche, Friedrich, 187, 197, 287

niilismo, 367; preocupações religiosas com, 259-64; preocupações seculares com, 264-8

Nim Chimpsky, 94

nipo-americanos, 423

Nisbett, Richard, 444-5

Nixon, Richard M., 251, 406, 442

Noivo neurótico, noiva nervosa, 264-5

Non Sequitur (quadrinhos), 249

Not in our genes (Kamin), 162, 180

novo formalismo, 563

Nozick, Robert, 209, 213

nurture assumptions, The (Harris), 10, 515, 530

Nussbaum, Martha, 241

Oakshott, Michael, 396

Ofili, Chris, 559

Oklahoma City, bomba em (1995), 420

olfativo, sistema, 136

olhos, 81

Onion, The, 559, 575

orangotangos, 497

ordem de nascimento, 526-7

orientação sexual, 72, 74, 136-7, 216, 229, 279-80

Ortega y Gasset, José, 47, 418

Orwell, George, 436, 575-8

Ozick, Cynthia, 463

Paddock, Paul, 325

Paddock, William, 325

Paglia, Camille, 463-4, 499-500

Paine, Thomas, 393

painted world, The, 559

paleontologia, 86, 417

Palmer, Craig, 10, 225, 245, 486-99

Panteras Negras, 161, 410

Papert, Seymour, 119

paralisia cerebral, 143

Parallel distributed processing (Rumelhart, McClelland *et al.*), 43

Parsons, Talcott, 389-91

Pascal, Blaise, 565

pássaros-caramancheiros, 551

Passmore, John, 224

Pasteur, Louis, 217

Patai, Daphne, 463

Paul, Elizabeth, 347

pena de morte, 251-3, 449

pensamento, linguagem e, 286-92

Percy, Walker, 289

perfect storm, The (Junger), 353

perfectibilidade, 50, 223-41

perfil racial, 207

período crítico, 522

Perry, Bruce, 238

personalidade, 74-81, 190, 505; socialização e, 534. *Ver também* características de

Petitto, Laura, 94, 139

Philosophy and literature, 560

Picasso, Pablo, 553

Píndaro, 393

Piss Christ (Serrano), 559

plasticidade neural, 71-3, 112, 123-45, 519-23; biologia do desenvolvimento e, 132-45, 522-3, 535-7; córtex sensitivo primário e, 128-33, 136-8; do córtex, comparada a estruturas sub-corticais, 131; lesão cerebral e, 142-5

Platão, 267, 389

Plomin, Robert, 515

Pocahontas, 31

poderoso chefão, O, 254

Pol Pot, 221

política, 387-415. *Ver também* conservadorismo; liberalismo; movimento da ciência radical

política de identidade, 387-415

Pollack, William, 420

Pope, Alexander, 196, 504

Popper, Karl, 213, 393

população, 325-7

population bomb, The (Ehrlich), 325

pós-modernismo, 274, 280, 288, 295-6, 300, 389, 556-64, 576

Posner, Richard, 393

Postrel, Virginia, 463

Poussaint, Alvin, 156

povo universal, 86

Pratto, Felicia, 463

preconceito, 199, 204-9, 279-80, 282-6, 293-6, 300, 456-61, 475, 479-81

presentation of self in everyday life, The (Goffman), 361

Principia Ethica (Moore), 211

probabilidade, senso de, 304, 318-21

Proctor, Robert, 217

progresso moral, 233-5

Projeto Genoma Humano, 112-7, 191, 511

propriedade intelectual, 327

Pryor, Richard, 359, 575

psicanálise, 67. Ver também Freud, Sigmund

psicologia, 24, 39-42, 44, 46, 51, 105, 237, 252, 255-6, 266, 296, 311, 321, 341, 412, 571-2; artes e, 546-53, 557, 563; da percepção, 275-9, 296-8, 547, 563; das imagens mentais, 297-9, 325, 549, 564; de categorias, 279-86; do desenvolvimento, 147, 518-27; emoções estudadas na, 64-7, 156-7, 305, 334, 349, 370-5; estereótipos e, 279-81; genética e, 79; neurociência e, 72; social, 97, 282-5, 321-2, 331, 336, 338, 349-53, 361-3, 368-75, 377-81, 385-6, 402, 413-4, 436, 444-5. Ver também associacionismo; genética comportamental; behaviorismo; emoções; psicologia evolucionista; memória; senso numérico; personalidade; teoria da mente

psicologia cognitiva, 281

psicologia evolucionista, 81-90, 102, 131, 162, 179, 186-7, 189, 201, 336, 404, 407, 413, 462-3, 526; artes e, 563-4; criação de enteados e, 230-2; estupro e, 486-7; intimidação e, 253, 440-4

psicologia intuitiva. Ver teoria da mente

psicologia popular. Ver teoria da mente

psicopatia, 80, 178, 354-60, 428

psiquiatria, 252, 256

Public Enemy, 446

Public opinion (Lippman), 279

punição, 251-8

Putnam, Hilary, 105, 210

Pylyshyn, Zenon, 119

Quartz, Stepehn, 124

Quayle, Dan, 532

"Quem porá o sino no gato?" (Esopo), 350

quociente de inteligência (QI), testes de, 10, 155-6, 190-1, 204-7, 279, 410-1, 511; genética do comportamento e, 505, 513

raças: e violência, 425-8; palavras para, 292-5; possibilidade de diferenças genéticas entre, 24, 35-9, 101-5, 156, 202-4

raciocínio combinatório, 61-2, 119-21, 324-8, 407, 454-5

racismo, 35-7, 157, 204, 209, 280, 373. Ver também preconceito

Rage Against the Machine, 338, 409

Raising Cain (Kindlon), 420

Ramachandran, V. S., 548

Rand, Ayn, 349

Rawls, John, 212

Reagan, Ronald, 392

Real boys (Pollack), 420

realidade social, 98-9, 444

realismo ingênuo, 276

reconhecimento da fala, software de, 154

recursão, 61-3, 118-21, 325, 455

redes neurais, 42, 69, 117-23, 134

Redmond, Elsa, 169

reducionismo, 30, 105-8, 162-5, 170, 180

Regra de Ouro, 236, 261, 267, 309, 374, 455

relativismo, 45, 240, 274-80, 288, 295-6, 371-2, 555, 576; linguagem e, 286-92. *Ver também* pós-modernismo

religião, 137, 182-8, 195, 217, 232, 244, 253, 259-64, 308-15, 330, 337-9, 352, 360, 391-4; moralidade e, 196, 253, 259-64; natureza humana e, 20-1

religiosidade, 507

renovação urbana, 238

República (Platão), 389

resgate do soldado Ryan, O, 225

resolução de conflito, 90, 235, 448, 450-5

responsabilidade, 186-8, 233, 242-58

retaliação, lei da, 440-2. *Ver também* vingança

Rethinking innateness (Bates e Elman), 60-1, 124

Retorno da Beleza, 563

Revolução Chinesa, 31, 214, 218-21, 402

Revolução Cultural, 214

Revolução Francesa, 224, 237, 394, 402

Revolução Russa, 402

Rhodes, Richard, 419-20

Rice, Marnie, 359, 463

Richards, Robert, 216

Ridley, Matt, 350

riqueza das nações, A (Smith), 321

risco, 318-21

rixas, 440-7, 580-1

Roback, Jennifer, 478, 483

robôs, 93. *Ver também* inteligência artificial

Rockefeller, John D., 36

Rockwell, Norman, 544

Roiphe, Katie, 464

romantismo, 30, 217, 223-32, 349, 359-61, 409, 449, 558. *Ver também* falácia naturalista; bom selvagem

Romer, Paul, 327

Roosevelt, Theodore, 215

Rorty, Richard, 280

Rose, Hilary, 349, 494

Rose, Steven, 161-5, 175-7, 180-1, 188, 349, 511

Rosencrantz and Rosencrantz and Guildenstern are dead (Stoppard), 430

Rossi, Alice, 463

Rousseau, Jean-Jacques, 25-7, 30-2, 87, 224, 267, 389, 392-3, 404, 409

Rowe, David, 515

Rozin, Paul, 317-8, 371, 374

Rumelhart, David, 43, 60, 112

Rummel, R. J., 450

Russell, Bertrand, 21, 50, 368

Ryle, Gilbert, 28-9, 180

Sahlins, Marshall, 158, 191

Salmon, Catherine, 463

samoanos, 87

Sanger, Margaret, 215

Sapir, Edward, 287

Sargent, John Singer, 224

Sarich, Vincent, 203

Sartre, Jean-Paul, 250

Satel, Sally, 463, 500

Saturday night live, 464

Scarr, Sandra, 515

Scarry, Elaine, 563

Schelling, Thomas, 437

Schlesinger, Laura, 229

Schwartz, Felice, 478

Schwarzenegger, Arnold, 312

Scopes, Julgamento do Macaco de, 185

Scott, Dred, 398

Scott, James, 237

Searle, John, 98, 444-5

Segal, Nancy, 76

Sejnowski, Terrence, 124

seleção de grupo, 353-4

seleção dependente de freqüência, 356-7

seleção natural, 52, 79-83, 85-7, 123, 147, 201, 318, 341; Dawkins sobre, 431-3; razões entre os sexos e, 465. *Ver também* evolução

self unificado, 69-70

selfish gene, The (Dawkins), 162, 177, 331-2

Sen, Amartya, 326, 371

senso espacial, 304
senso numérico, 267, 289-91, 304, 307
Serrano, Andres, 559
Shakespeare, William, 273, 308, 564
Shalit, Wendy, 459
Shastri, Lokendra, 119
Shatz, Carla, 134-5
Shaw, George Bernard, 215, 252, 393, 572
Shaywitz, Sally, 462
Shepard, Roger, 276-7, 548
Sherman, Cindy, 556
Shockley, William, 215
Shosha (Singer), 344
Shweder, Richard, 49, 370
Silk, Joan, 463
Silver, Ron, 583
simbiose, 333
Simon, Herbert, 154, 412
Simon, Julian, 326
Simon, Paul, 44
síndrome de Turner, 472
Singer, Isaac Bashevis, 344, 582-5
Singer, Peter, 233, 407, 435
sistema de atenção supervisora, 66
sistema de hábito, 66
sistema olfativo, 136
sistema visual, 81-2, 128-41, 144, 276-8, 297-8;
    artes e, 548, 556, 563-4
Skinner, B. F., 41, 236, 246, 287, 337
Sledgehammer, 545
Slovic, Paul, 319, 412
Small, Meredith, 463
Smith, Adam, 226, 321, 389, 393-4, 396, 412
Smith, John Maynard, 157, 234, 388
Smolensky, Paul, 119
Smothers Brothers, 342
Smuts, Barbara, 463
Sober, Elliot, 354
socialismo, 352. *Ver também* marxismo
socialização pelo grupo, teoria da, 527-37;
    reação do público à, 530-4
socialização, personalidade e, 534
Sociedade Justa, 390

sociedades de caçadores-coletores, 84, 96, 103,
    321-2, 401, 416-7, 429
sociobiologia, 24, 38, 44-52, 54, 83, 92, 101,
    158, 177, 191, 279, 287, 341, 389-90, 410,
    418, 462, 478, 566
Sociobiology (Wilson), 157-61, 166, 177, 388-90
sociologia, 46, 50, 389-91
Sócrates, 45
Sokal, Alan, 554
Solzhenitsyn, Aleksandr, 220
Sommers, Christina Hoff, 240, 461-3
Sontag, Susan, 463
sorte, caminhos da vida e, 535
Sowell, Thomas, 392, 402
Specter, Arlen, 424
Spencer, Herbert, 36, 211
Sperber, Dan, 99
Sperry, Roger, 70
Spock, Benjamin, 42
Sponsel, Leslie, 166-71
Springsteen, Bruce, 248
Sta. Helena, 423
Stalin, Joseph, 214, 221, 402
Stardust memories, 78
status, 43, 65, 82, 99, 155, 160, 182, 301, 308,
    343, 372-3, 400, 412-5, 433, 442-7, 467,
    480-1, 485, 522, 528, 547-51, 562
Stein, Gertrude, 564
Steinem, Gloria, 239, 464, 477
Steiner, George, 364, 561, 582
Steiner, Wendy, 563
Stephen, James, 253
Stevens, Wallace, 324
Stich, Stephen, 64
Stills, Stephen, 347
Sting, 347
Stockhausen, Karlheinz, 561
Stolba, Christine, 478
Stoppard, Tom, 430, 436-7
Storey, Robert, 563, 566
Strossen, Nadine, 463
Suíça, 423
sulistas, 445, 578-82

Sullivan, Andrew, 470
Sullivan, Arthur, 387
Sulloway, Frank, 515, 526
Summerhill (Neill), 306
superorganismo (mentalidade de grupo), 49, 158, 241, 335, 349, 389, 404, 420, 576
Suprema Corte (E.U.A.), 183, 398
Sur, Mriganka, 125, 139
surdez, 139
Symons, Donald, 165, 345, 365-6, 372
Szathmáry, Eörs, 234

tabaco, indústria do, 375, 532
tábula rasa, 30-1, 38; ascensão da, 37-8; origem do termo, 23. *Ver também* tópicos específicos
Take our daughters to work day, 459, 475
tálamo, 71, 128, 134, 139-40, 142
Talibã, 348
Tasmânia, 104
Taylor, Joan Kennedy, 463
Tay-Sachs, 203
Tchekhov, Anton, 14
tecnologia, 103-4, 305, 326-8, 457
Tennyson, Alfred, lorde, 332
teoria crítica, 274
teoria da apreensibilidade, 146
teoria da doença por germes, 217
teoria da mente, 94-6, 303, 308, 314; aprendizado da cultura e, 94-6; arte e, 557, 563; chimpanzés e, 94
teoria do agente racional, 413. *Ver também* economia, natureza humana da perspectiva da
teoria dos jogos, 91, 253, 333-4, 349-54, 438, 453-5
testosterona, 429, 445, 469-71. *Ver também* androgênios
Tetlock, Philip, 378-9
teto invisível, 475
Thaler, Richard, 412
Thatcher, Margaret, 390-2, 400
theory of moral sentiments, The (Smith), 393

Thomas, Elizabeth Marshall, 87
Thornhill, Nancy Wilmson, 463
Thornhill, Randy, 10, 225, 245, 486-99
Tierney, Patrick, 166-71
Tiger, Lionel, 161
Tilghman, Shirley, 484
Tinbergen, Niko, 106
Todorov, Tzvetan, 190
Tolstoi, Leon, 340
tomada de decisão, 66, 69-72, 81, 90, 243-4, 412-4
Tooby, John, 190, 321, 327, 493
Tootsie, 545
totalitarismo, 214, 218, 221, 237, 403, 575-8
Traffic, 377
Trivers, Robert, 157, 160-1, 331, 335, 340, 344-5, 360, 363, 370, 410, 433, 464, 526
Trudeau, Pierre, 390
Truman, Harry S., 243
Tuchman, Barbara, 440
Tucídides, 437
Turkheimer, Eric, 503, 513
Turner, Frederick, 555, 563
Turner, Mark, 563
Turner, Terrence, 166-71
Tversky, Amos, 412
Twain, Mark, 578-82

Ultimatum, jogo, 351
União Européia, 316
União Soviética, 214, 218, 221, 337, 392, 422, 449, 453, 554
universais humanos, 63, 86, 586-90. *Ver também* tópicos específicos
Updike, John, 582
usura, 323
utensílios, feitura de, 304, 327, 438
utopismo, 236-8

Valian, Virginia, 286
van Buren, Abigail, 74
van Gogh, Vincent, 550, 553-4
Vanatinai, 458

variação genética, 79-80, 200-5, 504

Vasquez, John, 439

Veblen, Thorstein, 549-51, 559

vegetarianismo, 313-4, 374, 435

Verbal behavior (Skinner), 287

vingança, 84, 251-3, 437-47, 578-82

violência, 72, 88-90, 401, 416-55; como problema de saúde pública, 424; honra e, 442-7; medo e, 437-43; moralidade e, 431-7; prevenção da, 447-51; rixas e, 580-1

visão trágica, 393-415

Visão Utópica, 393-415

Vonnegut, Kurt, 574-5

Waal, Frans de, 235, 406

Waddington, C. H., 158

Wald, George, 215

Walker, Rebecca, 464

Wallace, Alfred Russel, 52, 69

war against boys, The (Sommers), 240

Ward, Elizabeth, 517

Warhol, Andy, 555

Warren, Earl, 252, 393, 398

Watson, John B., 40-2, 47, 54, 115, 176-7, 287

Webb, Beatrice, 410

Webb, Sydney, 215, 410

Weber, Max, 389

Weizenbaum, Joseph, 153-5, 380

Wells, H. G., 215

Wertheim, Margaret, 494, 531

West Side story, 249

West, John, 184

White, Leslie, 48-9

Whitney Museum, 300, 556, 563

Who stole feminism (Sommers), 461

Who, The (banda), 289, 402

Whorf, Benjamin, 287

Wiesel, Torsten, 141, 157

Wilkinson, Milton J., 455

Williams, George, 157, 228, 335, 349, 353

Wilson, David Sloan, 354

Wilson, E. O., 53, 157-64, 177, 187, 190, 388-90, 400, 403, 548

Wilson, Margo, 230-2, 253, 348, 415, 426, 433, 441, 443, 463

Wilson, Woodrow, 279

"Wisdom of repugnance,The" (Kass), 373

Witelson, Sandra, 462

Wittgenstein, Ludwig, 287

Wöhler, Friedrich, 54

Wolfe, Tom, 187-8, 551, 559

Wooldridge, Adrian, 410-1

Woolf, Virginia, 546, 553, 558

Words and rules (Pinker), 120

Wordsworth, William, 223, 237, 402, 504

World Wide Web, 107, 544

Wrangham, Richard, 440

Wright, Robert, 189, 234-5, 336, 435

Yeats, William Butler, 234

Young, Cathy, 463, 478, 487

Zahavi, Amotz, 549

Zimbardo, Philip, 436

Zing Yang Kuo, 41

Zippy, 474

1ª EDIÇÃO [2004] 6 reimpressões

ESTA OBRA FOI COMPOSTA PELO ACQUA ESTÚDIO EM DANTE E IMPRESSA PELA
GRAFICA PAYM EM OFSETE SOBRE PAPEL PÓLEN SOFT DA SUZANO S.A.
PARA A EDITORA SCHWARCZ EM JULHO DE 2021

A marca FSC® é a garantia de que a madeira utilizada na fabricação do papel deste livro provém de florestas que foram gerenciadas de maneira ambientalmente correta, socialmente justa e economicamente viável, além de outras fontes de origem controlada.